新人文

隐匿的整体

程巍 自选集

河南大学出版社·开封

图书在版编目(CIP)数据

隐匿的整体:程巍自选集/程巍著. —开封:河南大学出版社,2009.4
("新人文"书系)
ISBN 978-7-81091-950-0

Ⅰ.隐… Ⅱ.程… Ⅲ.文学研究—外国—文集 Ⅳ.I106-53
中国版本图书馆 CIP 数据核字(2009)第 025113 号

责任编辑 谢景和
责任校对 默 茗
封面设计 马 龙

出 版	河南大学出版社		
	地址:河南省开封市明伦街 85 号	邮编:475001	
	电话:0378-2825001(营销部)	网址:www.hupress.com	
排 版	郑州市今日文教印制有限公司		
印 刷	河南新华印刷集团有限公司		
版 次	2009 年 4 月第 1 版	印 次	2009 年 4 月第 1 次印刷
开 本	787mm×1092mm 1/16	印 张	31.75
字 数	536 千字	定 价	58.00 元

(本书如有印装质量问题,请与河南大学出版社营销部联系调换)

作者像

序

> 小子！何莫学夫诗？诗，可以兴，可以观，可以群，可以怨。
> ——《论语·阳货》

牛津第一位英国文学教授瓦特·雷利爵士（1904年任命）一向不大瞧得起自己的职业。大丈夫立身有正道，要么雄辩于议会、折冲樽俎于列国或征战于疆场，要么兴办实业或从事发明创造，以此为国效力，即便投身学术，亦当驻足于政治学、哲学、法学、历史、古典语文学等更男子气也更专业的学科领域。可英国文学算什么正经玩意儿？那不过是一堆飘忽不定的用谁都会说的英语所表达出来的意象和感觉，是英国妇女和下层阶级爱不释手的东西。而且，最早的英文系设立于英国的前殖民地美国和当时的殖民地印度（1885年秋，雷利爵士被任命为印度英东学院首任英国文学教授），是英国向其前殖民地和殖民地的人提供的一种简便的英国人文主义教育，而牛津自身的古典人文主义传统则以希腊文和拉丁文典籍为本。如果一位牛津教授也像女人似的整天泡在英国诗歌和小说中，大谈什么幻想、感觉和体验，那别说一般严肃的牛津学者会说些不中听的话，即便自己也会有一种学科身份危机感。

"一个年轻人若想找到这么一个团体，那里人们只谈感觉和体验——而且是以信口开河的方式——那大概非文学院莫属。"1921年1月11日，雷利写信给同病相怜的乔治·戈登（牛津另一个英国文学教授），自嘲道："上帝宽恕我们吧！如果在末日审判的那一天，我被控教授文学，我将申辩道，我可从来没有把它当真，不过为稻粱谋而已。"好在1914年爆发了世界大战，把雷利爵士从英国文学研究中拯救了出来。他迫不及待地投身于战争宣传，尤其关注这场战争中出现的一种新型的作战方式——空战。有意思的是，这位英国文学教授写得最好的著作竟是《空战史》（第一卷），而他在英国文学学科史上给人留下最深刻印象的反倒是他对英国文学研究的冷嘲热讽。

不过，让他意想不到的是，这次大战及其激发出来的强烈的民族主义情感，却使此前一直遭到轻视的英国文学研究突然蔚为大观，成了一项其重要性丝毫不亚于政治、外交、军事和实业的伟业。它不再是女人们在喝下午茶时的浅薄话题,它变得深奥了,专业了,并形成了"文学知识分子"这个声势显赫的群体。它雄心勃勃,声望飙升,甚至开始挤压其他专业学科,这导致1950年代末C.P.斯诺向剑桥英文系及其掌门人F.R.利维斯发难,由此拉开"两种文化"的旷日持久的大辩论,至今余音未绝。它当初的那些弱点——如诉诸英语语言文字、情感、无意识、体验、想象,是英国普通民众的读物,等等——如今反倒成了它的力量之源,被用来磨砺英国人对本国语言的敏感,激发英国人对本国的制度文物和山川草木的热爱,培养英国人的民族自信和骄傲,塑造英国人的民族身份认同,最终促成英国的现代民族—国家意识的形成和巩固。英国文学研究的兴起,与大型英语词典的编撰同时(如 The Oxford English Dictionary,通译为《牛津英语大词典》,但译作《牛津英语词源》更能体现其"历史语义"的编撰方针,其最初出版的十大卷原名为 New English Dictionary on Historical Principles),都是这一时期英国民族主义在语言文学上的产物。

民族文学之所以能承担如此重大的作用,在于它承载着一个民族的"生活世界",深深扎根于男男女女的日常语言、经验、历史记忆、意识、情感、梦想、无意识和非理性之域。阅读行为看起来是某个人临睡前读几行诗或几页小说,其实也是他变成以赛亚·伯林所说的"群体个人"的过程。当英国作家乔治·吉辛在他的随笔集中反复感叹"英国的小牛肉是普天下最美味的小牛肉"时,他不是在描述一个事实,而是在表达一个英国游子对于故土的怀念,这就像F.R.利维斯那一代英国文学学者,当他们以显微镜的方式来细察英国文学时,总是能从其字里行间发现英国作家在美学和道德方面的特别的敏感。阅读英国文学,就是对自己的美学敏感性和道德敏感性的磨砺。每一页英国文学都变成了一个深不可测的意义旋涡,读者不知不觉卷入其中,而这个旋涡的底部通向"英国特性"(Englishness)这条浩瀚的民族性暗河。每一次阅读行为,都使大不列颠人更接近"英国人"(English)这重被构建起来的民族—政治共同体身份。在1917年,苏格兰人伊安·黑伊曾出版一本题为《被压抑的英格兰人》的小册子,其中写道:"当一个苏格兰人说到苏格兰时,他指的只是苏格兰。当一个爱尔兰人说到爱尔兰时,他指的只是爱尔兰,不是别的地方。但当一个英格兰人说到'England'时,他指的可能是苏格兰、爱尔兰,或者甚至是加拿大!这种想当然地把英格兰当成整个帝国、把整个帝国当做英格兰的好玩的习惯,并不总是有利于帝国诸邦的手足之情,尽管在绝大多数情形下它根本无意冒犯谁。"但英国语言文学研究的重任之一,就是将苏格兰人、威尔士人、爱尔兰人、英格兰人或大英帝国人塑造成"英国人"。

这在后来引起了诸如威廉斯和伊格尔顿等一批左派批评家的不满。他们从小熟读马克思主义的著作,磨砺了自己的政治敏感,而且,他们是英国文学的行家。但与 F.R. 利维斯那一代英国文学学者不同,他们把得自英国文学研究的对文本的敏感性用在政治解读方面,在每一个节点上阻击英国文学的表述。经过他们的批评利刃的分解,在过去几代人那里一直被当做圣物一样供奉起来的英国文学变成了一堆有罪的意识形态,支撑的是阶级统治和殖民统治的秩序。在同一个方向上,但在不同的领域,法国的福柯、布迪厄和美国的萨义德从事着几乎相同的工作。布迪厄在他的一本书中告诫他的读者,若要摆脱那种"视语言为沉思之物而非行动和权力的用具"的社会哲学,"就必须牢记交流关系——语言交往——也是象征权力的关系,交谈双方或其各自所属的群体的权力关系在其中得以实现"。

文学批评的事业于是转而与自由和解放的政治事业息息相关,而每一次批评行为都变成了一次精细的政治训练,其目标是为了形成一种更为复杂和精致的政治文化。一种成熟的政治文化不仅体现为人们乐于谈论政治,更体现于人们能从日常生活中发现权力关系的种种更为精致的难以察知的存在形式。没有比一种粗糙的没有扎实的理论根基和深厚的感性基础的政治文化更糟糕和更危险的了,因为这种政治文化之中的人,无论激进派,还是作为其对立面的保守派,其实都处于同一种思维和话语水平。一种粗糙的政治文化的逻辑现实就是一种粗糙的政治,其特征是大词、全称判断和逻辑跳跃的流行。那是法国大革命式的政治话语方式。但政治不是诗,它是一个复杂的综合工程。

当初,文学形式主义批评家为文学自主性辩护时,曾高喊"文本之外空无一物",如今的批评家可能会说:"文本之内应有尽有,因为内就是外,外就是内。"面对象征与权力的这种关系,面对无处不在的意识形态,他已厌倦了充当风花雪月的审美家的角色,而且认为文学批评若沿着形式一途走下去势必使文学批评变成无足轻重的东西,正如他拒绝充当义愤填膺的道德家的角色,认为文学批评沿着道德一途走下去势必使文学批评变成一种道德压迫。但这并不意味着他轻视文学形式主义者对于人们的形式敏感性的磨砺,正如他不会忽视 F.R. 利维斯式的道德批评对于人们的道德敏感性的培养,但光有这些还不够,还必须具备一种高度的政治敏感性,并且将一切纳入政治的解读之中。具备了这些,他才能像一个极有专业素质的侦探,潜入流光溢彩的文学文本的昏暗的字里行间,从中发现权力或意识形态的蛛丝马迹,并寻找它们与现实权力体系或者不同政治利益之间的构成关系,因为文学文本不仅"再现",而且不断"再生产"——在一代代读者那里再生产出它所需要的那些东西,并使之沉淀于人们的无意识,成为一种意识控制。于是,文学批评变成了批评思维的一种综合训练。

批评事业宛如双面刃,它在分解各类统治神话的同时,也伤及了"核",产生一种无政府主义的离心力。批评家一方面要警惕权力的滥用,另一方面,还"必须保卫社会"。

本集的论文部分主要涉及19世纪初到20世纪的英美文化史和文学史。仅从国别上说,英美文化和文学(或者说西方文化和文学)才构成一个与中国不太相干的他者,但当它们被译介到中国时,就渐渐脱离了它们特定的历史语境和权力场,被浪漫化了,暗中转化为中国现代文化的内在部分,甚至其中一些已沉淀为中国人的集体无意识。这当然不总是一种无偿的文学馈赠,因为其中夹带着基于英美社会自身的小至阶级利益、大至国家利益的"再现"。当我们仅仅带着文学的兴趣去阅读它们时,就极有可能无意识地在自己内心"再生产"这些价值并使自己成为一个具有战斗精神的西方中心论者,视本国的典章制度、文物衣冠为野蛮丑陋之物,欲付诸一炬方能解心头大恨。

西方中心论者并不见得非是西方人,黄皮肤的西方中心论者也比比皆是,而且,他们率尔操觚、鲁莽灭裂的话语风格甚至令白皮肤的西方中心论者都觉得难为情。于是,当英美文学在其本土遭到左派批评家的系统清算时,它通常能在其遥远的文化殖民地找到自己忠心耿耿的崇拜者。对比一下当今英美两国大学的英文系与中国大学的英文系(中文系何尝不是如此),就会发现,那些在其本国已流离失所的文学幽灵们依然端坐在"英东学院"的神龛里,接受"远东"的一批批年轻学子们的膜拜。

本集的论文部分亦编入了三篇有关中国现代文学的论文——中国现代文学,这也是这些幽灵徘徊不去且施加统治的场所,只不过换上了东方的装束和面孔。但批评的任务是祛魅,而不是收留和供奉幽灵。出于同样的原因,我在随笔部分亦将一篇有关中国当代电影的随笔置于那几篇有关"美国社会与文化"的随笔之后。无疑,这些论文和随笔都是我在上面提到的那种"综合训练"的尝试,而最好的训练方式是"案例分析"。我将这些论文和随笔视为磨砺自己的美学、道德和政治的敏感性的一个过程,其粗糙、笨拙、错谬之处还望方家不吝赐教。

收在本集中的这些文字，均发表于上世纪 90 年代至本世纪前八年，此次为了结集出版，其中一部分做了一些或大或小的修改。大修改仅止于论文部分，这是由论文自身的性质所决定。所谓"学术的进步"，套用钱锺书的一个比喻说，当制伞的技艺已成为一种常识时，再用几根棍子支撑一块布就很难说是一种发明。至于本集的随笔部分，时间所限，我只做了为数不多的几处修改，由于时光荏苒，物是人非，个别当初在旧作中出现的活生生的人此刻已成古人，我亦尽可能补充一些后续细节；而小说部分则几乎原封不动，它们的笨拙常使我怀念一个已经遁去的溺于幻想的时代。

目 录

序 ……………………………………………………………… （ 1 ）

论 文

伦敦蝴蝶与帝国鹰：从达西到罗切斯特 ………………… （ 3 ）
清教徒的想象力与 1692 年塞勒姆巫术恐慌
　　——霍桑的《小布朗先生》 ……………………………（ 37 ）
《汤姆叔叔的小屋》与南北方问题 ………………………（ 57 ）
盖茨比与"地下商业帝国" …………………………………（ 82 ）
霍尔顿与脏话的政治学 ……………………………………（104）
阐释《爱情的故事》，或 1968 年造反学生分析 …………（119）
圣殿与鼹鼠：英文系史论稿 ………………………………（140）
墙或塔：犹太复国主义者的梦 ……………………………（216）
蔡元培的"辞职启事" ………………………………………（246）
为林琴南一辩："方姚卒不之踣"案的大政治与小政治 …（269）
现代性与东方情调
　　——析张爱玲《倾城之恋》 ……………………………（313）

随 笔

"美丽的绿苍蝇"与反淫秽物品法 …………………………（333）
"赞助行动"及其法律问题 …………………………………（338）
犹太复国主义者伯林的想象力 ……………………………（347）
对两起谋杀案的审判 ………………………………………（356）
他人之痛的见证 ……………………………………………（367）
两种想象力
　　——评《乱》与《英雄》 ………………………………（377）

小 说

木樨地桥 ……………………………………………………（389）
雪地上的图案 ………………………………………………（400）
屋顶上的巴黎 ………………………………………………（420）
敞向草坪的窗口 ……………………………………………（452）

后记 …………………………………………………………（495）

论

文

伦敦蝴蝶与帝国鹰：从达西到罗切斯特

在追寻达西和罗切斯特这两个男性文学形象分别在1813年和1847年的对应历史群体原型前，我想先谈一谈流行于18世纪末和19世纪英国中产阶级妇女中的写作癖或"蓝袜子的涂鸦搔痒症"（伍尔夫语）。这不仅因为《傲慢与偏见》(1813)和《简·爱》(1847)的作者从属于这个庞大的阅读和写作群体，还因为这个群体在不同时代对男人的想象分别为她们的写作提供了灵感。

我将说明英国中产阶级妇女的欲望的一种变迁：1813年她们倾心于达西这类高雅而冷淡的纨绔子（dandy），而到了1847年前后，这类男子却被她们冷落，以罗切斯特为理想人物的另一类粗野而热情的男子取而代之。在英国中产阶级妇女欲望的变迁下，是英国社会对"理想男子"的要求的变迁，简·奥斯丁和夏洛蒂·勃朗特不过把这种关于"男子气质"（manhood）的美学/政治要求带入了文学想象。

每个时代都会为本时代的理想的"男子气质"给出自己特定的定义。它看起来是一个美学的或者心理学的概念，并因此只与个人有关。但美学和心理的形态的变化无非一个时代的政治、权力、外交、经济和阶级关系等社会性变动的一种映射，是一个时代的占有文化领导权的阶级、阶层或社会群体对自身形象的正当化和普遍化的象征表述，同时，它又带有意识操纵的特征，反过来在真实生活中塑造合乎这类理想的男子。在此，文学的"创造"蕴涵了两种意义：它是作家从虚无中创造出来的文学文本，同时，它又在现实生活中创造出实实在在的人格类型。当我们按照自己所处的时代关于"男子气质"的流行定义来塑造自己，或——正好相反——拒斥这一定义时，我们就在不自觉地分享这个时代的某个阶层、阶级或者社会群体的意识形态。

不管有意或是无意，奥斯丁和勃朗特的文学行动都构成了她们各自所属的那个时代的意识形态建构的一部分，并且为她们各自笔下的理想男子及其现实对应阶层提供了充足的美学价值和道德合法性，而这反过来又影响了现实中的人的美学和道德的选择，把自己塑造成那个时代的理想人物，并对不愿或无力按照这种要求来塑造自己的人和群体形成一种美学的、心理的以及政治的压迫。这一过程就是对象征资本的争夺和控制的过程。文学作品不仅反映现实,而且塑造现实,就这一点而言,它既是消费性的,又是生产性的。在1813年,《傲慢与偏见》的热心读者觉得模仿达西高雅而冷淡的伦敦上层社会的方式说话、着装、举手投足,是一种能够获得象征资本并进而获得社会尊敬的时髦;但到了1847年,中产阶级的男人们感到《简·爱》中的罗切斯特的那种具有外省风格的粗野而充满激情的言行举止更合乎他们的口味和时代的要求。

这几十年间到底发生了怎样的社会变动,以致前一个时代的理想男子在下一个时代遭到了社会性的贬低?一方面是因为英国社会内部两个阶级之间的政治斗争从政权和经济领域进入象征领域,一方面是因为英国在经历了它的全球战略收缩(如贸易保护主义的兴起)后开始再次转向全球战略的扩张(以自由贸易为名义的殖民扩张)。这两方面大致构成上层建筑/经济基础或者象征/权力的互动关系。

揭示文学与现实之间的这种互动关系,丝毫不减损奥斯丁和勃朗特在文学上的个人创造性,她们都是自觉的文学现实主义者,而文学现实主义者的最大成就,就是再现时代的一般心理特征——但对研究者来说,则不仅要揭示这种一般心理特征,还必须将它再度外在化和历史化,将其还置于由国内政治、权力、经济、阶级意识、象征形式以及国际局势等各个互动层面所构成的动态社会结构中。

1

"18世纪末发生了一种变化",弗吉尼亚·伍尔夫在回顾英国中产阶级妇女的写作史后,颇有感触地说,"如果让我来重新撰写历史,我将把这种变化描述得比十字军东征或玫瑰战争更详尽,赋予更重大的意义。这个变化是:中产阶级妇女开始写作了。"①不过,她把中产阶级妇女的写作动机,阐释为获取个人经济的独立。她对文学妇女说:"用你的智力一年可挣五百英镑。"②这大致相当于伍尔夫发表这篇题为《自己的一间房子》的演讲的1928

---

① Virginia Woolf, *A Room of One's Own*, London:The Hogarth Press,1931, p.97.

② Virginia Woolf, *A Room of One's Own*, London:The Hogarth Press,1931, p.99.

年一个中等生活水准的伦敦佬一年的开销。她的看法基于她自己以及像她一样的英国文学妇女的状况：长子继承权（迟至1925年才被废除）和儿子优先女儿的继承原则剥夺了她们的经济来源，而如果她们的婚姻又不幸被延迟，甚至被耽搁，无法通过婚姻获得生活保障，那么，写作就成了唯一的谋生之道。伍尔夫的说法更适合奥斯丁的时代，因为那时英国社会没有为中产阶级妇女提供什么"体面"职业。妇女的职业主要是女仆和女工，而这是下层妇女的职业。

摄政时代（乔治四世摄政始于1816年，但史家一般都将1800年到1830年统称为摄政时代）的中产阶级妇女瞧不起这些职业，在她们看来，"工作"意味着"不体面"。她们被迫或自愿局限于家庭，过着足不出户的生活，而写作是唯一既可足不出户又能获得收入的体面职业。到勃朗特所处的维多利亚时代早期，出现了另一种妇女职业，即家庭或初级教育机构的女教师，吸引了中产阶级中下层少数妇女进入"社会"。更重要的是，这一时期复兴的清教主义赋予"工作"以一种高尚的伦理意义，扭转了摄政时代更贵族化的对待工作的态度。

从1813年到1847年，英国发生了一连串事件，先是拿破仑战争，然后是摄政时代伦敦纨绔子反资产阶级"粗俗"的斗争，最后是维多利亚时代在工商业、殖民地和海外贸易方面的再度扩张。这一连串大事件，把英国男人大部分的想象力和创造力引向了非文学方面，又没给英国中产阶级妇女留下一片可以施展才华的社会舞台。这是英国男人形成自己的"manhood"的自恋时代，中产阶级妇女受到忽视，发现自己唯一可以施展才华的地方，只剩下家庭。可即使在家庭，她们也被闲置起来，处于伊安·瓦特所说的"被强加的闲暇"中，因为家里的男仆和女仆已使她们从家务中解脱出来。

"被强加的闲暇"还有悲剧性的一面：中产阶级妇女总是成为"婚姻市场"昂贵的滞销品。这一时期，考虑金钱和门第，中产阶级妇女不会下嫁给下层男子，而中产阶级男子也面临同样的经济压力，除继承父亲财产的长子外，其他儿子不得不自谋生路，经过漫长的个人奋斗获得稳定的经济来源后，才娶妻生子，而这时往往年过而立。长子继承权是为了确保家族的地产和房产的不分割，以维护贵族土地所有者的权势，这样就造成了一个不劳而获的由长子构成的社会群体，而只能获得一些诸如母亲的首饰或者一套银餐具等"动产"的次子们如果不想沦入贫困，则必须外出工作，自立门户，而发家致富的最好途径是去海外从事殖民战争或者殖民贸易。"进取"精神因而主要表现在次子们身上。假若说摄政时代是不劳而获的长子们从美学和道德上压迫次子们的时代,那么,维多利亚时代则是心怀不满的次子们力图扭转长子的美学和道德统治并为通过个人努力发家致富的资产阶级精神正名的时代。长子继承权在把长子"贵族化"的同时,也将次子们变成了为财富而奔走并具有侵犯性和扩张性的资产阶级。

此外,中下层中产阶级男子经常在颇具姿色的女仆或女工中寻找妻子,而这样就耽搁了相应数量的中下层中产阶级女子的婚姻①。再就是拿破仑战争、殖民地战争以及海外贸易,使大量年轻男子(无遗产可继承的中下层社会的男子以及被剥夺了继承权的大户人家的次子)长久地离开了英国,其中一些再也未能回来,这也造成了成年男女比例的失衡。尤其是对于摄政时代的中产阶级妇女,特别是那些能写会读的知识妇女而言,还有一重很少为研究者所注意的原因加重了她们中的部分人的婚姻障碍,那就是伦敦纨绔子的时髦刊物和小说造成了一种对于中产阶级形象的普遍贬低,使得一些有才貌的中产阶级年轻女子不愿屈就与同阶层男子的婚姻,而无休无止地幻想和等待着某个达西似的年轻绅士将自己从粗俗的资产阶级家庭和交际圈中带走,而这一等,常常就把自己等成了再也无人问津的老处女。

这导致了两个后果:首先,相当一部分中产阶级妇女的婚姻被耽搁了。这一时期在中产阶级家庭出现了数量惊人的老处女,甚至,到19世纪80年代,这一状况仍然触目惊心。"老处女"成了这一时期文学中不可或缺的形象,经常是小说的年轻女主角的某个姨妈或者舅妈,有那么一点感伤,又有那么一点滑稽。"大量的妇女从未结过婚",F. M. L. 汤普生说,"例如,在1881年,英格兰年龄在四十五到五十四岁之间的妇女,百分之十二从未结婚,在苏格兰,是百分之十九。"②这个统计数字没说明在中产阶级妇女中间,这种现象更突出,因为下层妇女有更多机会接触男性,如在工厂里,而且她们的婚姻态度非常现实,不指望嫁给另一阶层的男子。她们基本上是在自己所属的社会阶层里寻找丈夫。

另一个后果是:更多的中产阶级妇女虽然结了婚,可结婚年龄被大大延后。下层妇女在二十五岁后结婚,会被认为是晚婚,而中产阶级妇女却经常在二十五岁后才结婚。"1825年后,不识字的人比识字的人结婚更早,尤其

---

① F. M. L. Thompson, *The Rise of Respectable Society: A Social History of Victorian Britain*, 1830—1900, Cambridge: Harvard University Press, 1988, p. 95.

② F. M. L. Thompson, *The Rise of Respectable Society: A Social History of Victorian Britain*, 1830—1900, Cambridge: Harvard University Press, 1988, p. 52.

是不识字的妇女。"哈维·J.格拉夫说,"不过,史料证明,识字的夫妇比不识字的夫妇生育了更多的孩子。"对这种怪现象,他解释说:"也许,识字的妇女以高生育率来弥补自己的晚婚。"①

这种弗洛伊德主义的解释,我后面将从另一个角度进行分析,这里,只提供一个非弗洛伊德主义的事实,即女工的低生育率与其家庭和工厂的卫生条件有关,而且,由于女工生育后不久就得重返工厂,身体受到损害,影响了以后的生育,又因无暇照看婴儿,导致了婴儿的高死亡率。19世纪60年代后,由于经济压力、卫生条件、避孕方法的改善,中产阶级家庭的生育率也开始呈下降趋势,到这个世纪的末期,家庭平均的孩子数目减到2.65个,比下层家庭的3.76个还要少。②

不管怎样,从1813年到1847年,中产阶级家庭一般子女成堆。例如,加上夭折的孩子,奥斯丁家有7个孩子,勃朗特家有6个。在这些女儿成堆的家庭,谈得最多的是如何猎获门第高贵的贵族青年,以及——退而求其次——富有的中产阶级青年。这成了每个待字闺中的中产阶级女子最热烈的幻想和最伟大的事业。可这并不容易。例如,奥斯丁的婚姻就被彻底耽搁了,正如勃朗特的妹妹艾米莉和安妮,而还算幸运的勃朗特也迟至三十八岁才结婚,婚后不久,身怀六甲的她就因病而"带着未能做成母亲的遗憾和对丈夫的深深的眷恋"去世。可以说,在这个伍尔夫所说的妇女的"史诗时代",大部分文学妇女的婚姻要么被耽搁,要么被延后,使她们面临漫长而无趣的闺房岁月。如果不想沉溺于庸俗消遣,那么,阅读和写作就成了唯一高雅的消遣。何况,这种消遣还有这么一个好处,可以在幻想中获得在现实中错过的理想婚姻。

还必须弄清她们文学修养的来源。在奥斯丁和勃朗特所处的时代,英国虽有牛津、剑桥两所大学,但只招收贵族及中产阶级男子,中产阶级女儿只能在初级或专科学校接受教育,课程无非音乐、绘画、识字和缝补(到勃朗特时代,增加了地理课,我在后面将分析其意义),如罗切斯特讥讽的那样,什么都知道一点点,目的是培养高雅的家庭主妇,而不是有一技之长、自食其力的社会人。甚至,摄政时代保守的托利党人在反对城市工业文明时,也

---

① Harvey J. Graff, *The Legacies of Literacy*, Indianapolis: Indiana University Press, 1987, p. 320.
② F. M. L. Thompson, *The Rise of Respectable Society: A Social History of Victorian Britain*, 1830—1900, Cambridge: Harvard University Press, 1988, pp. 60—70.

反对为妇女和下层阶级提供教育机会,他们担心,如果这些人获得了教育,就会对自己的社会处境产生不满的意识,这显然对统治不利。

不过,中产阶级父亲一般具有辉格党自由主义倾向,虽不主张女儿外出工作,却也不希望女儿愚昧。家庭教育成了初级公共教育之外的弥补。这也主要是人文教育而非技能教育,目的是使她们变得聪慧,而不是外出谋生。这与下层妇女很不一样。这样,从幼年起,中产阶级女儿就沉浸在家庭圈子里的文学游戏中,这是形成作家的最好条件。可以说,那个时代把中产阶级妇女局限在家庭四堵墙之间,却又为她们打开了一扇幻想的窗子,无意间培养了她们阅读和写作的热情和才能。E.J. 霍布斯鲍姆说:"也许主要是通过资产阶级家庭女性成员的白日梦,浪漫主义才得以进入中产阶级文化。"① 如果不怕得罪中产阶级男子,那么,一般地说,这个时代中产阶级妇女的文学修养要高于中产阶级男子。这对她们的婚姻未必是什么好事。

中产阶级妇女的文学修养,还体现为妇女识字人数的逐年增加。在《傲慢与偏见》问世的1813年,识字的英国妇女占妇女总数的40%,到《简·爱》发表的1847年,比例上升到54%。② 这主要是中产阶级妇女识字者的增加,她们成为妇女作家巨大的读者群。当然,她们读得最多的是爱情小说和类似《婚姻指南》一类的册子,它们充斥于书籍市场,指导中产阶级的年轻女性读者如何在婚姻市场上出奇制胜。小说成为英国中产阶级妇女幻想外面世界的一个窗子,也成了她们自我教育的一种方式。这导致了她们处境上的分裂:虽有很高的文学修养,却被社会冷落。巴黎女权主义者弗罗娜·瞿斯坦在那个世纪的30年代访问伦敦时,对此留下了深刻印象。"英国存在着多么鲜明的对比啊",她说,"一方面是妇女受奴役,一方面是妇女作家的高超智力。"③

比起同时代英国中产阶级妇女来,瞿斯坦是幸运的,可以独自一人跑遍欧洲,像此前的斯达尔夫人一样,而不必考虑闲言碎语。英国中产阶级妇女却是家庭一员,受到父母或兄长的严格监护,很少离开家庭,更不用说长久离开本乡本土了,而本地的舞会,通常就是她们的"社交界"。这在奥斯丁时

---

① E.J. Hobsbawm, *The Age of Revolution*:1789—1848, New York: New American Library,1962, p.321.

② Harvey J. Graff, *The Legacies of Literacy*, Indianapolis: Indiana University Press, 1987, p.324.

③ Ellen Moers, *Literary Women*, New York: Doubleday & Company,Inc.,1976, p.21.

代尤其如此,年轻女子们总是热切地等待着地方上举办的舞会,一场舞会结束后就开始等待下一次舞会,为舞会而精心装扮自己。在舞会上,她们不仅有可能遇见初来乍到的外地青年,还必须面对怀有同样渴望的女友们的竞争。下层阶级的年轻女子因为不得不外出工作而比中产阶级女子多一点地理的和社会的流动性,但也只是多一点点而已。

这种地理上和社交上的欠流动性,使她们只能以阅读和写作幻想性地满足自己。勃朗特姐妹出名后,曾结伴去伦敦访问,她们将这次伦敦之旅视为一次难得的远行,并在那里见识了《傲慢与偏见》中的那些高雅角色的现实原型,而她们的外省中产阶级的情感使她们对这些装模作样的伦敦时髦人物既感到不适应,又感到厌倦。在学习写作的阶段,夏洛特倒是去过英吉利海峡对岸的欧洲大陆,并在那里待过一段时间,这成了她在社会和地理流动上的最远点,而她小说中的人物则满世界乱跑,最远到达了印度或"东方"。

地理和阅历上的局限性使她们的写作主要局限于男女情感和家庭题材。如果说 F. R. 利维斯能从这些小题材的高超处理中发现她们的伟大,那么,伊安·瓦特在《小说的兴起》这本有名的著作中就只评价了英国男性作家,而"未能解释18世纪以来大部分小说是由妇女创作的"①这一事实,仅简单提到:"从某种意义说,妇女有更好的感受力,来发现私人关系中的微妙之处,因而在小说领域具有真正的优势。"②他还补充道,文学已成为主要的女性消遣物,她们有大量闲暇来把自己培养成饱学之士和作家。但他主要是将妇女作为小说的读者群置于他对小说兴起的社会原因的探求中的。弗洛伊德以他惯有的方式,把英国妇女的写作癖阐释为无处释放的力比多的升华。写作既是一种自我表达、自我愉悦的方式,又是她们获得社会承认的唯一途径。在前一种情况下,她们沉溺于写作小说、书信和日记,在后一种情况下,她们乐于把这些东西寄给远在伦敦的没有见过面的出版商。这当然是一些主要围绕情感、婚姻和家庭题材展开的文学作品,处理最为微妙的私人关系。可是,中产阶级妇女是从何处了解到私人关系中的微妙之处的呢?靠读小说?靠幻想?无疑,私人关系中相当多的一部分是男女关系。然而,

---

① Nancy Armstrong, *Desire and Domestic Fiction: A Political History of the Novel*, Oxford University Press, 1987, p. 7.
② Ian Watt, *The Rise of the Novel*, Berkeley: University of California Press, 1957, p. 57.

除了父亲和兄弟,她们私下接触的男人非常有限。例如,在奥斯丁形单影只的一生中,只在1803年某个时候与某位绅士有过一段短暂的以这位绅士的匆匆病故而告终的恋情,而勃朗特虽最终结了婚,可她所有的作品都是在她待字闺中的孤独岁月中完成的。而且,很难设想单身的奥斯丁和婚前的勃朗特在性方面会有什么体验或经验。传统习俗和道德产生的犯罪感使她们几乎不敢设想婚前性行为①。她们的贞操观比下层妇女更保守,而下层妇女在工厂里与男工频繁接触,早就懂得了风月。皮特·盖伊以他所掌握的史料证实,那时,在男工与女工之间,秘密传阅着色情小说,而这类读物难得进入中产阶级家庭。她们有少数几个"闺中密友",但没有大的社交圈,而风流韵事大多发生在本地封闭的小圈子之外。

有趣的是,色情小说充斥在同时代法国的书摊上,而英国书摊上的婚姻小说却总是一本正经,很难向毫无经验的女读者提供必要的指导。盖伊以可信的史料证明,那时,在中产阶级家庭,甚至母亲都忌讳向女儿直接谈到女儿不知所措的初潮,而在女儿出嫁前夕,才会以一些隐晦的比喻来暗示女儿在新婚之夜该怎么做。然而,出人意料,这些似乎对自己和男人一无所知的女子,在婚后显示出一种奇特的对性的激情②。上面曾提到,中产阶级妇女比下层妇女更多地生育孩子,除格拉夫解释的"弥补晚婚"外,还有一些更内在的原因:由于迟迟待字闺中,她们不得不长久地压抑性欲,另一方面,阅读爱情小说又不停地刺激她们对性的好奇心,这样,一旦结婚,受压抑的性欲就变成了狂热。盖伊说,焦虑、等待和幻想,使这个时代的中产阶级未婚女子普遍患上了神经官能症。也许,精神分析学科恰恰出现在这个时代快终结的时候,也正好说明了这一点。

显然,她们对男人和性并非一无所知,只是她们这方面的知识,大多是从偷阅爱情小说以及与闺中密友的密谈中获得的,而密谈的话题,也经常是爱情小说和男女情感。奥斯丁和勃朗特的小说显示出一种老练的眼光,能

---

① 例如奥斯丁《傲慢与偏见》中伊丽莎白的小妹妹与一个军官私奔,就被认为是家庭丑闻。另外,历史学家皮特·盖伊曾描绘过英国1822年左右两对男女的恋爱,甚至到订婚阶段,他们都不曾有过任何越轨行为。盖伊依据的材料是当事人的日记和书信,有足够的可信度(详见 Peter Gay, *The Bourgeois Experience*, Vol.2: *The Tender Passion*, Oxford University Press, 1986, pp.3—42)。

② 参阅 Peter Gay, *The Bourgeois Experience*, Vol.1: *Education of the Senses*, London, Oxford University Press,1984, 其《一份色情记录》一章对1879年一个名叫马贝尔·鲁米斯的美国中产阶级女子婚前和婚后的秘密日记作了详细解读。

对走进她们视野的每一个男人作出迅速的观察,并迅速给出评价。这种速度,既是一种必备,因为必须在婚姻市场迅速把握行情,好把自己迅速地、合适地嫁出去;同时,又是一种才能,因为阅读小说已经使她们熟谙此道。如果按伍尔夫的说法,中产阶级妇女写作小说是为了挣钱,那么,她们阅读小说,就是为了获得一种与自己命运攸关的知识,为此她们不惜花钱。F. A. 萨瑟兰提供的价格表说明了当时书籍市场的情况。例如,在奥斯丁写作《傲慢与偏见》初稿的1796年,一本平装小说的零售价大约是三先令,此后,拿破仑战争和对书籍开始征税导致书价持续上涨,到勃朗特发表《简•爱》的1847年,才稳定在十先令上下,不管怎样,这都相当于一个普通工人一个星期的收入。此外,有钱的中产阶级妇女往往订购豪华大开本,而中下层阶级的妇女往往去流动图书馆花少量的钱租阅普通小开本①。

然而,中产阶级妇女闺房中的幻想并非与闺房外的社会没有关系,甚至可以说,她们以小说的方式再现了她们各自时代对男子的审美要求。从这一点说,她们暗中分享了男性社会的意识形态,并以文学形象强化了它。她们小说中的理想男子,都可以在现实中找到自己的原型:达西是摄政时代的伦敦纨绔子,而罗切斯特则是维多利亚时代的孔武有力的"男子汉"。从1813年到1847年,英国中产阶级妇女对男人的欲望幻想发生了巨大变化:她们最初欣赏伦敦蝴蝶,后来开始欣赏帝国鹰。

2

《傲慢与偏见》第一句是:"大凡有钱的单身汉,总想娶位太太,这已成了公理。"(奥斯丁忘了提供这一公理的女性版:大凡有些姿色的女子,总想嫁个有钱的绅士。)②这确定了它的主题范围及诙谐的世俗风格。小说在吵吵嚷嚷的具有外省气息的中产阶级家庭气氛中展开。由于浪搏恩突然来了两个有钱的伦敦纨绔子,这个小地方所有女儿成堆的中产阶级家庭陷入了一场猎取东床快婿的明争暗斗。班纳特先生家有五个姿色和修养各异的女儿,不过,我不准备一一描绘她们,而是把聚光灯打在二女儿伊丽莎白身上,并通过她的眼睛,看看她爱上的这位伦敦来的达西先生到底是何等人物。

---

① F. A. Sutherland, *Victorian Novelists & Publishers*, The University of Chicago Press, 1976, p. 11.

② Jane Austen, *Pride and Prejudice*, New York: The World Publishing Company, 1946, p. 11. 以下引自该书的引文只在文内标注页码,不另作注。

奥斯丁把自己的才智和情感赋予了伊丽莎白。比起姐姐简来,伊丽莎白不那么漂亮,性格也不那么柔和;比起妹妹玛丽来,她读书很多,却没有玛丽的讨厌的女学究气;比起妹妹丽迪雅和吉蒂来,她更没有丝毫俗气。这最后一点,是伊丽莎白最大的特点。就她所处的摄政时代而言,"不俗"是一个人最大的优点,也是评价一个人的主要美学和道德指标。

从1800年到1830年,在乔治四世的保护下,伦敦形成了一种风气,塑造了一种非常独特的男人,其杰出代表是乔治·布鲁梅尔,一个服装设计师。他设计的那种线条简洁、颜色单一的黑色燕尾服(饰以白色宽领结,外加一顶黑色圆筒帽),后来成了维多利亚时代英国中产阶级的标准行头。布鲁梅尔试图将英国男子(具体地说,是英国贵族)从18世纪花里胡哨、累赘繁复的宫廷服装样式中解放出来,赋予其一种更具阳刚气的男子风度。

生活史家爱德华·傅克斯谈到这种首先出现于伦敦的服装样式时,说它体现了资产阶级对政治民主和肢体灵活的要求:"男子的装束变得更为英俊刚毅。这十分符合资产阶级文化的本质,因为资产阶级无疑是一种进取的、创造性的、有效益的文化,所以它真正的代表者是男子。"他将旧制度下男子的着装比做妨碍人灵活自如地行动的"囚服",是"游手好闲的人、无所事事的懒汉"用来"摆谱显阔的一种手段",但资产阶级的服装却不同,"他的举止必须是运转自如、朝气勃勃而迅速的,因为生活不再以四平八稳的节奏在豪华客厅的虚礼客套中展开,而以越来越快的、而且往往是变化不定的步调进行着。服装不应当妨碍而应当有助于人的活动。人的步伐必须是坚定、沉着的,他的手势必须刚毅有力。他一生中最主要的各个阶段不是在豪华的客厅中和拼镶的木地板上,而是在工厂、在公事房得到发展。资产阶级服装就应当体现这个不知疲倦地攫取、聚敛财富的思想,因为它已经成了生活的主要内涵,而资产阶级服装也确实十分清晰地体现了这种思想。各种各样的装饰、排场都不见了。服装被整理成了简明扼要的线条。再也看不到节日装束似的花哨华丽。颜色也像代数题一样朴素无奇"。①

但是,对18世纪的反叛,并不一定是对旧制度的反叛,因为18世纪不仅仅有旧制度,还有体现于《鲁滨逊漂流记》一类文学作品中的生机勃勃的资产阶级精神,它是一个处于上升阶段的阶级的自信的表现。但在1789年法国大革命之后,作为对这种资产阶级精神的反动,欧洲泛滥起了一股贵族文

---

① 爱德华·傅克斯:《欧洲风化史:资产阶级时代》,赵永穆等译,辽宁教育出版社,2000年版,第161—163页。

化和生活方式的逆流,而发端于摄政时代的伦敦的纨绔子风气是其弄潮者。布鲁梅尔设计这套线条简洁、用色单一的服装,绝对不是为了满足资产阶级对于政治民主和肢体灵活的要求,恰恰相反,是为了向根本不会穿衣打扮的"粗俗的资产阶级"显示贵族的高雅风度,以便从美学和道德上贬低他们。纨绔子刻意培养的这种"高雅风度"主要体现为举止、言行、欲望、激情等方方面面的"节制",显示的是人的意志对于欲望的绝对控制,恰好是对傅克斯所概括的那种以"动"为特征的"资产阶级文化"的反动。

至于这身被伦敦纨绔子用来反衬资产阶级的粗俗的行头日后何以竟成了资产阶级的制服,部分是因为它的确适合一个患多动症的资产阶级时代的人们普遍的着装要求,部分是因为已被贵族从文化和生活方式上贬低的资产阶级丧失了美学自信,狂热地模仿那个时代最时髦的贵族纨绔子的着装风格。前一点正好背离了布鲁梅尔的设计本意,他原本是想以这种去掉了所有滑稽的缀饰的服装来达到"不动"的效果:它突出男子身体的笔直的线条,以便在他人的视野中成为一尊凝止不动的雕像或者一棵挺立不动的侧柏树。

在纨绔子看来,资产阶级是一个像动物一样在本能欲望驱使下忙个不停的阶级,这正是资产阶级的俗气之处。布鲁梅尔设计这款服装,是为了通过贬低资产阶级的美学品位来打击资产阶级的阶级自信心,因此,他通过这些简洁的线条和单一的颜色所刻意表达出来的阳刚气,是一种只有光而没有热的阳刚气,冷淡而节制,恰如冰冷而高贵的大理石雕像。它去掉多余的缀饰,追求一种与资产阶级经济学的"多"迥然不同的"少"。

布鲁梅尔是摄政时代的灵魂。在伦敦上流社会中,他远比体弱多病、深居简出的老国王乔治三世(美国独立革命使英国被迫失去一大块殖民地,这对他的身心是巨大的打击,他从此一蹶不振,到 1800 年前后,就几乎离不开病榻了)和不理朝政的摄政王乔治四世有更大的权威,被认为是伦敦上流社会的国王。摩尔斯从"摄政"一词里读出了"不负责任"的含义,是对摄政时期的政治和道德风气的准确把握。摄政王对时装的关心要远远超过对英国国运的关心。他混迹于纨绔子圈子,一度是布鲁梅尔最大的崇拜者。但肥头大耳的乔治四世在风度和谈吐方面远逊于布鲁梅尔,嫉妒之心使他开始疏远布鲁梅尔,在社交场上装着不认识他。高贵冷淡的布鲁梅尔也不拿正眼瞧乔治四世,只是问乔治四世身边的一位熟人:"您那位胖朋友是谁?"与乔治四世不欢而散,加上又被债务所逼,使布鲁梅尔离开了英国,去了法国的卡昂,在那儿度过了自己穷困潦倒的余年。在他之后,一个具有法国血统的纨绔子多塞伯爵取而代之，成了伦敦纨绔子圈子的核心角色，也是一帮因国内革命而流亡到英国来的法国贵族崇拜的偶像，其中就包括小拿破仑——路易·波拿巴。

但多塞伯爵引领下的纨绔风气，已不像布鲁梅尔时代那样吸引英国政界的大人物，纨绔子的大本营也由圣詹姆士街和国王街的俱乐部迁到了多塞伯爵的客厅。多塞伯爵是一位美男子，但他的美不是布鲁梅尔的那种阳刚美，其女人般美丽的面孔就和他过于柔和的性格一样，把一种更阴柔的或者说女里女气的气质带进了布鲁梅尔更阳刚气的纨绔风格，表现在服装上，就是大量使用皱边，并饰以花哨的领结（这种纨绔子风格在维多利亚时代末期的伦敦纨绔子奥斯卡·王尔德那儿更增添了一重脂粉气）。他被称为"蝴蝶"，这个词后来成了纨绔子的同义词。顺便说一句，尽管伦敦纨绔子在中产阶级小姐们的白日梦中经常以情人的身份出现，但纨绔子大多是单身汉，个别的还是同性恋，而纨绔子圈子几乎是清一色的男性，甚至，对他们中的一些人来说，男女之情也是应该克服或者至少用意志来控制的动物本能。他们过于关注自己的身体，一生的事业就是将自己的身体塑造成艺术品，而家庭是这尊艺术品的破坏者。顺便提一句，在法国文学热衷于女人崇拜时，英国文学却热衷于男人崇拜，并从中形成了"英国绅士"这一类独特的文学形象。

除服装高雅脱俗外，纨绔子还是一个举止得体、谈吐机智的人，略带一丝忧郁，动作和言语很少（植物性），但每一个动作都恰到好处，每说的一句话必定包含令人回味的讥讽。这既能显示他们气质上的脱俗，又能显示其智力上的优越。通过漫长的自修和相互的切磋，他们在梳妆室、俱乐部和客厅创造出了一种精致的关于穿衣、举止、风度、谈吐的艺术，连扭动一下脖子、欠欠身这样简单的动作都有十分的讲究，都被严格地编码。一句粗俗的话就很可能使一个纨绔子在圈子里名声扫地，而一句将机智和冷淡融为一体的妙语则可能在一夜间传遍整个上流社会，为它的主人带来荣誉。当有位夫人问布鲁梅尔是否吃了蔬菜时，他冷冷地说："夫人，我吃了一颗蚕豆。"此类机智的冷幽默构成了一个标准纨绔子的智力部分。

他们具有强烈的阶级意识，但出自一种迂回的战术，他们将自己对于新兴资产阶级的政治反感表现为一种美学反感以及道德反感。在他们看来，资产阶级是俗气的，粗野的，成天在钱眼里兜圈子。纨绔子自己当然不反感钱，而是反感通过工作来赚钱，他们瞧不起一切通过工作谋生的人，发现无所事事正是一个人社会优越感的体现。这其实是对自己经济生活的委婉曲折的美化和道德化,因为他们自己主要是靠地租、遗产、赠予、年金或借高利贷过活的,用不着工作,而中产阶级则必须工作。因此,对工作的贬低,就是对资产阶级的贬低。在伦敦纨绔子圈子里以机智的谈锋而不是以诗才出名的乔治·拜伦甚至对从事文学创作这一行当的人都甚为反感,说他们"可能成为才子,却断无可能成为绅士"①,因为哪怕是写作,都与赚钱有些关系。

纨绔子追求一种没有多少欲望的植物性生活,也像植物一样依恋于一块有限的地理空间。但这与其说是出于慵懒的性格,还不如说是刻意造成一种阶级对比:因为中产阶级是动物性的,他们精力充沛,激情洋溢,吵吵嚷嚷,满世界跑,到处寻觅财富。反正,凡是资产阶级的,就一定是粗俗的。这说明他们讥讽的不是资产阶级的粗俗,而是通过讥讽资产阶级的粗俗来打击这个阶级作为统治阶级的合法性。美学问题的背后潜伏着一种处心积虑的政治动机。纨绔子的"高雅"变成了一种政治反击武器,用来夺取那个在议会和交易所接连打败自己的资产阶级(或英国式的称呼"中间阶级")的文化领导权。

文化领导权事关政治和道德的合法性问题。失去文化领导权的资产阶级尽管在经济和政治上势力日渐壮大,但当它逼近它梦寐以求的经济霸权和政治霸权时,却突然发现自己"不能再现自己,而只能被再现"(套用马克思在《路易·波拿巴的雾月十八日》中评述法国小农的著名句子),而且是被敌对的那个阶级再现。当霍布斯鲍姆说"也许主要是通过资产阶级家庭女性成员的白日梦,浪漫主义才得以进入中产阶级文化"时,他未能征用葛兰西文化领导权理论来分析与18世纪资产阶级文化格格不入的浪漫主义"进入"中产阶级文化并对其产生的腐蚀和分解的效应,这种腐蚀和分解一方面使资产阶级变得驯服,一方面对资产阶级施加了一种心理控制。

"浪漫主义"进入中产阶级文化,是一种典型的施加文化领导权的"分子入侵",它首先将自己表述为"一种有关生活的普遍观念"②以掩盖其阶级性和意识形态性,然后以"巨大数量的书籍、小册子、报刊文章、不断重复的谈话以及存在于其庞大的总和中的长期努力",在对立阶级的成员那里"产生某种程度上完全一致的集体意志",即成功地操纵其意识,给他们洗脑,"它

---

① Ellen Moers, *The Dandy: Brummell to Beerbohm*, New York: The Viking Press, 1960, p.42.

② Antonio Gramsci, *Prison Notebooks*, Volume I, New York: Columbia University Press, 1992, p.153.

不像阶级力量冲突那样展现，而是看不见地、一点一滴地改变着每个人意识中的观点和意向"。① 当纨绔子以自己的有关"高雅"的观念、"高贵"的身体、"浪漫主义"时髦小说、刊登"高雅生活场景"一类文章的时髦刊物和小册子以及不断被重复的谈话，一点一滴地入侵中产阶级年轻先生小姐们的情感和意识时，就开始暗中操纵了他们对于本阶级的道德、文化和生活方式的评价，瓦解了资产阶级在上升阶段所表述出来的那种充满自信和活力的意识形态以及围绕这种意识形态而产生的集体意志和团结，使这些资产阶级分子对本阶级充满美学的和道德的厌恶之情。

只有将自己的阶级动机表述为一种"关于生活的普遍观念"，才具有正当性和诱惑力，因此，纨绔子的"高雅风度"和"时髦小说"必须掩盖自己特定的阶级属性和阶级诉求，以便将自己呈现为"永恒价值"、"普遍标准"或者"文化"。这也是纨绔子何以抓住资产阶级的"粗俗"大做文章的原因。在一个日益资产阶级化的时代，没落贵族阶层剩下的唯一库存或者优势是"高雅"，它必须在资产阶级最难以招架的环节向资产阶级的内心发起进攻，让资产阶级自惭形秽。一旦"高雅"和"浪漫"成功地渗透进中产阶级文化，它就开始在那里专横地推行自己的价值，使资产阶级通过贵族而不是自己的评价体系来评价自己，最终完成从"被贬低"到"自我贬低"的心理转换。

"浪漫主义"进入中产阶级文化，并不是为了让自己成为中产阶级文化的一部分，而是为了腐蚀这种文化的自信的核，让它不再继续像18世纪那样为中产阶级提供政治、经济行为、美学、道德以及生活方式诸方面的价值感、合法性和意义。于是，当18世纪的中产阶级以它所掌握的庞大的社会财富和即将到手的政治权力非常自信地进入19世纪时，突然发现"社会"对自己的评价已完全变样，那个被自己在经济和政治上大大削弱的贵族阶层以"伦敦纨绔子"的形象重新激起了人们的热情和想象力，并轻易地收复了中产阶级年轻的先生和小姐们，而18世纪的那种生机勃勃的资产阶级精神一时还找不到自己有力的辩护者。

3

纨绔子很少离开伦敦，他们太需要伦敦的那些高档商铺提供的奢侈品（精美布料、瓷器、餐具等）和优质服务（如裁缝店、家具店），还需要能够在那

---

① 谢·卡拉—穆尔扎：《论意识控制》，徐昌翰等译，社会科学文献出版社，2004年版，第78—79页。

里展示自己高雅脱俗的风度的场所——圣詹姆士街与国王街的上流人士俱乐部。由于把自己的身体当做了武器,他们只有在贴近资产阶级成堆的地方,才能有效发挥自己的作用。这并不妨碍他们中的一些人终有一天在伦敦之外找一处风景优雅的乡间地产、买一套古老的大宅子住下来,但必须定期去伦敦的高档商铺和裁缝店,因为在任何地方,他们都必须是一眼就可以被人辨认出来的"伦敦来的时髦人物"。

"纨绔子的目标是成为他自己。"艾伦·摩尔斯在《纨绔子》一书中说,"在他看来,这意味着严谨,节制,在生活的各个方面尽善尽美,谨防对粗人来说合适而对纨绔子来说却不合适的那些言行。对他而言,自我不是一个动物,而是一位绅士。本能反应、激情和热情,全是动物的特征,必须抛弃。"①纨绔子无比关注自己的身体、服装、举止和言谈,在他们身上,我们看到英国摄政时代的上流社会男子的一种不懈的努力,要使自己的身体成为一个艺术品(难怪马修·阿诺德在1869年出版的《文化与无政府状态》中将贵族文化视为一种"外在的"文化,其典型象征就是"身体",包括与身体有关的一些肢体语言、礼仪、着装以及谈吐)。但身体不仅是身体,而且是有关身体的大量观念的集合体。身体的每一平方厘米都被编码成意义系统中的一个小单元。他们绝对不是无所事事、游手好闲之人,只不过他们将自己的金钱、精力和时间花在了一项对忙忙碌碌的资产阶级来说完全不可理喻的事业上。资产阶级一开始并没有发现这是一项美学政治事业。

当阿尔伯特·加缪和摩尔斯分别将纨绔子称为"形而上的反抗者"和"精神的人"时,他们就简单地把纨绔子对身体、着装、谈吐和风度的"完美之追求"等同于艺术家的"绝对之探求",仿佛纨绔子仅仅在追求一种绝对完美的形式。但身体、着装、谈吐和风度在纨绔子那里不仅是一种外在的形式,还是一种处心积虑的政治。布鲁梅尔和多塞伯爵一连数小时端坐在梳妆镜前仔细琢磨自己的身体和装束的每个细部的形象,不是一个孤芳自赏者的形象。尽管这一形象也体现了人的意志对本能的史诗般的战争,是精神对物质、诗对散文、艺术对庸俗的持久的反抗,但他们心中有一个非常现实的敌人,那就是先前已攫取经济霸权、如今又吵吵嚷嚷要求政治平等权的英国中产阶级。他们在穿衣镜前花漫长的时间并以不屈的精力来修饰自己,是为了在出门时让满街忙忙碌碌的资产阶级暴发户们自惭形秽,重新承认贵

---

① Ellen Moers, *The Dandy: Brummell to Beerbohm*, New York: The Viking Press, 1960, p. 18.

族的优越。动机如此,他们就断断不会像湖畔派诗人那样跑到乡野隐居起来。他们必须在资产阶级成堆的地方展示自己。

倘若纨绔子是"形而上的反抗者"和"精神的人",那他们将对一切体现着庸俗、粗野、不洁的人和物开火,而不仅仅针对资产阶级。最能显示纨绔子的"高雅"的意识形态性和政治动机的,是他们反倒对衣不遮体、肮脏龌龊的下层阶级和工人有一份持久的同情。日后,巴黎的浪荡子波德莱尔在诗中将这些人绘成了"拾垃圾者"的群像,他们是"波希米亚人"的兄弟。

就摄政时代的英国社会阶层变化而言,上层社会和下层社会同时感到自己是新崛起的资产阶级的受害者,它侵蚀了前者的政治特权和经济霸权,并使后者沦为自己工厂的廉价雇佣劳动力。它像楔子一样插进英国社会从前一直视为自然状态的上下两个阶层的传统社会结构,使社会阶层之间的纵向流动加剧,模糊了当初清晰稳定的阶层等级之分。伦敦纨绔子的全部努力,是想至少在文化和生活方式上重建这一已经变得模糊的社会等级意识。纨绔子第一位小说家罗伯特·华德在谈到这个新崛起的阶层时讥讽地说,他相信上层阶级和下层阶级,"但对那中间的,却不那么有把握"。1812年2月,继承了勋爵爵位和十万英镑遗产的拜伦在上议院第一次发表演讲,为那些因破坏纺织机器而可能面临法庭的死刑宣判的纺织工人(卢德分子)仗义执言。

但伦敦纨绔子罕有行动的欲望和激情。他们追求植物性,而行动的欲望和激情是动物性的,即资产阶级的,是粗糙的还未被人的意志所驯服的自然本能。假若说纨绔子的简洁的着装是对18世纪过于繁复的花枝招展的人工性的反动,那么这种反动并没有使他们像同时代的浪漫派诗人一样走向纯朴的自然,而是要将人工性呈现为一种意志对于自然的绝对控制。一个失去至亲的上流社会女子不会像同样失去至亲的下层阶级妇女那样号啕大哭,发泄自然的情感,因为她在任何时候都必须显示意志对于自然的控制。

浪漫派厌恶资产阶级成堆的工业城市,认为它是现代罪恶的汇聚地。他们逃离伦敦,在乡野的湖光山色中寻觅自然的诗灵。对18世纪雕琢繁复的诗风的厌倦,使威廉·华兹华斯在《抒情歌谣集》1802年版序言中给诗下了一个新定义——"诗是强烈情感的自然流溢",他甚至呼吁用"口头语"、"自然语言"和"乡间言语"作诗。尽管后来他在不同场合对这个定义进行了某种程度的修正,但"自然"依旧被作为浪漫派诗歌写作的源泉,以至于丹麦文学史家以"英国自然主义"来概括这一时期英国的浪漫派的文学特征。正如对资产阶级的粗俗的反感,伦敦纨绔子对浪漫派诗人"强烈情感的自然流溢"也同等反感,这基于他们对于人工性的全新理解。但纨绔子的人工性不同于18世纪的那种繁复雕琢的人工性,它是被意志严格控制的一种人工性,或者说,它是经过人工设计的一种"自然"。布鲁梅尔说:"我花了好几个小时来整理自己的领结,好让它看起来像是匆忙系上的。"这种被精心设计的局部的零乱或者随意,体现了对社会常规的蔑视和对一种刻意而为的"自然"的追求。资产阶级却相反,几分钟之内就把自己穿戴得整整齐齐、一丝不乱,就像从自己工厂的流水线出来的标准制品一样。

湖畔派创造了一种清新自然的文学,而伦敦纨绔派则创造了一种人(男子)的类型,一种纯粹消费型的人,而一个纯粹的消费者,如果他是上流社会中人,在资产阶级将勤俭奉为一种宗教的普遍匮乏时代,并不见得一定会被看做败家子。这有赖于这种宗教到底是全民宗教还是某个阶层的宗教,或是否已成为"一种关于生活的普遍观念"。在1800年到1830年间,显然资产阶级的勤俭精神只是针对资产阶级自身,而以伦敦纨绔子为代表的贵族的奢侈消费则被普遍认为更能使一个人在社会上获得敬意和荣誉。它也变成了一种宗教,而且侵入中产阶级人群,在那儿腐蚀着资产阶级在18世纪以初出茅庐者所具有的自信实践着的清教工作伦理——清教徒作家笛福的小说《鲁滨逊漂流记》就是这种工作伦理的图解。

纨绔子对一切职业和工作的反感,其背后就有这种"荣誉宗教"的支撑。无所事事,对他们来说,意味着一种脱离为生计而奔忙的自由状态。在这个圈子里,欠一身债并不是一件难堪的事;如果在负债的情形下还能大摆排场,反倒会增加自己的荣誉。但这不仅是贵族寻求个人社会优越感的生活方式,还是对资产阶级施加一种美学、道德和政治的评价标准的意识控制行为。但纯粹的消费,毕竟给他们留下了债务危机,以至他们中的一部分人后来不得不选择写作,靠写有关"高雅生活场景"的小说来赚取正狂热崇拜和模仿纨绔子高雅生活的资产阶级年轻的先生小姐们的钱。

4

伊丽莎白不幸出生在浪搏恩,又不幸在一个俗气的中产阶级家庭长大。她的不幸感一定非常强烈,以致每次看到母亲或妹妹在外人面前显出俗气,都感到非常痛苦。在一次有达西和彬克莱在场的社交会上,"伊丽莎白觉得她家里人好像约定了非在今晚来这儿尽量出丑"(第123页),此时她观察她家里人的眼光就重叠在达西的眼光中,即带着达西的伦敦纨绔子的标准而不是浪搏恩的标准来评判浪搏恩的乡亲。在浪搏恩,没有人能理解她的渴望,因为没有人像她那样熟读那些有关高雅生活的文字。当柯林斯先生自以为胜券在握,贸然向她求婚时,他使自己成了一个滑稽角色。很难想象伊丽莎白能成为这种人的妻子,尤其当他以未来牧师的口吻提到小说会败坏人的道德感时,他就完全把自己推向了她最反感的人物之列,而当她的闺中密友夏洛特小姐接受了柯林斯的求婚后,奥斯丁这样描绘她此时的反应:"她一直觉得夏洛特在婚姻上的见解与她有些差别,但她没有想到,一旦付诸行动,夏洛特居然会为了那一点世俗的好处而宁愿牺牲自己全部的美好情感。柯林斯太太夏洛特,这是一幅多么丢脸的画面啊!"嫁给俗气的柯林斯,使夏洛特小姐在自己的朋友圈里的身价一落千丈,而伊丽莎白费尽心机地嫁给了有钱的达西,倒好像是嫁给了"高雅"。很难设想如果达西不是继承了家里的地产和房产的长子,而是一个手头拘谨的次子,他对伊丽莎白小姐会产生多大的吸引力——他甚至都不可能来浪搏恩附近置地购房,而大有可能去海外发迹或在英国哪个城市做一点生意,使自己成为一个俗气的资产阶级。

如果达西不从伦敦来,那么,不愿按浪搏恩的习俗嫁给随便哪个有钱人的伊丽莎白,一定会以老处女的身份终老在浪搏恩,就像她的作者奥斯丁。达西身上有一些让伊丽莎白一眼看不透的神秘感,其实那背后可能并没有太多深刻的东西。他的高雅脱俗、忧郁、刻薄和无所不在的阶级优越感,使浪搏恩一带的中产阶级年轻男子看起来像是一群俗得不可救药而且在爱情上没有指望的俗人。他从伦敦纨绔子为那些在中产阶级青年中大有市场的时髦杂志所写的"高雅生活"的文字中走出来,来到了浪搏恩这个小地方,让伊丽莎白小姐看到了希望,余下的事是把希望变为现实。

纨绔子开始创作时髦小说,是在 1825 年后,不过,探讨"高雅生活"的纨绔子杂志,如 *La Belle Assemblée*,*Bell's Court and Fashionable Magazine* 及 *The New Bon Ton Magazine*,在奥斯丁写作《傲慢与偏见》的年代就已非常流行,成为评判男子的美学标准,引得中产阶级男子群起效仿。纨绔子正好利用了他们的自卑感,把自己的文化标准和生活方式标准推向了一个极端,成为对中产阶级的一种心理压迫。这一时期的出版物也打上了这种精神的烙印。有趣的是,在资产阶级开始大权在握的时候,资产阶级却起劲地谈论贵族气质、贵族纹章、贵族生活方式。尽管他们不是贵族,但在意识上已贵族化了。一个不具备或者躲避自身阶级意识的阶级,是很容易被一个具有清晰的阶级意识和推行这种意识的技巧的阶级所操纵的。

奥斯丁暗示达西来自"英格兰的北部"(第 11 页),这是指最早开始工业化的北部地区,它也是奥斯丁的家乡,那里云集了钢铁厂、纺织厂及通商港口,还形成了以城市工商阶层为主体的反《谷物法》联盟的曼彻斯特派。达西和彬克莱这两个显赫贵族世家的长子,通过长子继承权获得了大片地产(长子继承的主要是不动产,例如地产、房产),而且,随着铁路和工厂出现在地产上,还可以坐收高额地租。一句话,他们是坐享上代人的余荫的不劳而获的闲人。然而,摄政时代的风气,使这两个从工业化中获利的世家子反倒瞧不起工商阶级。"她们对自己的出身记得挺牢",浪搏恩的太太们议论彬克莱的姐妹时说,"却忘了她们的财产和她们兄弟的财产,原本是做生意赚来的。"(第25页)在出入伦敦纨绔子俱乐部和客厅时,他们除了古老贵族的傲慢外,又学会了高雅的风度。他们离开伦敦,来到浪搏恩,是因为伦敦的政治喧闹和工业烟雾已使纨绔子无法待下去了。

在伦敦,具有辉格党自由主义倾向的中产阶级正在呼吁议会改革,扩大选举权,并以自由贸易取代关税壁垒。这显然危及老式贵族的政治理想和生活方式。然而,在摄政时代,自由主义改革还仅仅是呼声和递交到议会的提案。摄政王本人是一个纨绔子,他的内阁由保守的托利党组成,几任首相全是托利党人。1815年颁布的《谷物法》建立了关税壁垒,以损害城市工商业者的利益来维护贵族土地所有者的利益。托利党保守主义理论来自埃德蒙·柏克这个前辉格党理论家,他痛感法国大革命和工业化带来的灾难,由自由主义转向保守主义,强调传统、秩序和特权,体现了英国保守主义者对田园诗般的传统英国生活方式的留恋以及对城市、变革、工业、自由和平等的恐惧。达西不把继承来的遗产用于在北部城市兴建工厂,或在海外进行殖民扩张,而是在南部乡村购房置地,仅此就能说明他是一个有托利党色彩的贵族保守主义者。

"他身材修长,眉清目秀,举止高贵。"(第18页)奥斯丁这样描写达西的出场(在描写贵族青年时,摄政时代以及维多利亚时代的作家都无意地分享了一个人类学假设,即贵族比别的阶层的人长得英俊,尽管人类学研究无法支撑这一假定),但很快就发现了他的另一面:"傲慢,瞧不起人,不易相处。"(第20页)高贵和傲慢其实并不矛盾,同是摄政时代排外主义纨绔子的特征。要知道,他们是方方面面的"排他主义者"。但达西尽管傲慢,却没有多少侵犯性,因为这只伦敦蝴蝶太关注自己的翩翩风度,失去了向外的热情和冲动。如果他一生有什么事业的话,那就是在乡下购置一块地产,娶一位高雅的太太,靠银行利息或地租无忧无虑地生活,最好还能被册封一个爵位,然后,在儿女成群后,以一个年迈而依然高雅的绅士身份,终老在这块仿佛失去时间概念的地产上。他当然反对蚕食他的土地和幻想的圈地运动,当然赞成托利党政府的《谷物法》。在这一点上,高雅的达西和不高雅的自耕农站在了一起。这体现了那个时代的一个特征,即在对抗社会革命、工业革命和自由贸易时,贵族和农民常常是同盟者。农民本来就是贵族地主庄园上的人。我不想提1793年法国贵族和农民肩并肩对抗来自巴黎的资产阶级革命军的史实,只说明一点:摄政时代托利党的社会基础是经济落后、思想保守的农村地区,当圈地者或工业家分别带着尺子和机器走进这些地区时,贵族和农民都同时感到了某种危及他们传统生活方式的变革的到来,他们有理由站到一起。

贵族土地所有者是工业化和自由贸易的最初受益者,却竭力保持传统的生活方式。"英国贵族和绅士几乎没受工业化的影响,除非是在好的方面。"E.J.霍布斯鲍姆说,"随着农产品需求增大,城市(他们在这里有房产)、矿业、冶炼和铁路(这些出现在他们的地产上)扩大,他们的地租反倒有增无减。"① 可是,他们不将地租用于工业或商业投资,而是用于纯消费方面,这又事与愿违地在经济上支持了他们在政治上反对的资产阶级。贵族的奢侈消费导致了财富由贵族阶层渐渐向资产阶级转移,而资产阶级立即将自己获得的财富变为扩大再生产的资本。财富的雪球在资产阶级那里越滚越大。

新兴的城市工商业者没有地产可以继承。"尤其是,他们大多数不是盎格鲁人,来自缺乏贵族传统结构的地区,因而对旧制度没有情感依恋。这成了以新兴商业世界曼彻斯特为基地的反《谷物法》联盟的支柱。"② 城市日益成为工业家、商人和工人的世界,一个忙碌而吵闹的世界,建筑和街道被林立的烟囱喷吐出来的浮云般的烟雾熏得发黑。显然,它已不适合纨绔子居住,他们纷纷迁往工业化起步较晚的南部,在日益缩小的田园诗的乡村土地上寻找传统生活方式的最后堡垒。在与达西交谈时,卢卡斯得知达西在伦敦还有一处房产,便说:"我曾想在城里安家,因为我喜欢上流社会。不过,我可不敢说伦敦的空气适合卢卡斯太太。"(第36页)而卢卡斯获得爵士头衔后,开始讨厌起做生意和住在城里,他迁到乡下,做了悠闲的绅士(第27页)。工业、城市、生意,对纨绔子来说,都是难以忍受的。撇开伊丽莎白有一群庸俗的家庭成员不谈,仅因为她"有个姨父在乡下当律师,还有个舅舅在伦敦做生意"(第214页),就足以让她在达西面前抬不起头。

---

① E. J. Hobsbawm, *Industry and Empire*, London: Penguin Books, 1990, p. 80.
② E. J. Hobsbawm, *Industry and Empire*, London: Penguin Books, 1990, p. 83.

达西是介于拿破仑战争与维多利亚时代之间泛滥于全欧洲的那股贵族文化逆流的昙花一现的产物。说穿了，他无非一个厌恶任何工作的食利者。一个标准的伦敦纨绔子正具有食利者的特征。然而，由于纨绔子无意于扩大再生产，又要维持高雅排场，遗产很快告罄，地产渐渐转移到放高利贷的资产阶级手中。《傲慢与偏见》发表十几年后，从1825年起，纨绔子开始走下坡路，为了谋生，不得不选择一门很能挣钱的职业——写时髦小说，向中产阶级青年男女兜售"高雅生活"。实际上，在1825年后，纨绔子已相当熟悉中产阶级商业社会的营销术。这在维多利亚时代晚期的伦敦纨绔子王尔德那里表现得尤其明显，他以自封的"美学教授"身份去新大陆展开了一场对美圆的远征，正如此前他的牛津校友马修·阿诺德一样。来往于大西洋两岸的这种稀里糊涂的文化贸易，正如来往于新大陆和旧大陆的婚姻贸易一样，通常表现为美圆的大量流失，而作为交换，美国人获得的是一大堆有关英国文化如何精美绝伦而美国文化如何粗俗不堪的高谈阔论，并对其报以热烈的掌声。直到第一次世界大战之后，美国人才隐约意识到，亦步亦趋于欧洲文化，永远改变不了美国作为欧洲文化的"外省"的地位，只有将美国文化的根重新扎在新大陆的土地里，扎在本民族的地理、历史和经验中，才能开出一朵名叫"美国文学"的奇葩。于是，曾经成群结队去欧洲膜拜的自我流放者又成群结队地归来了，以便日后向老欧洲发起文化逆袭。

达西不会料到1825年后他这类男子的处境。1813年的他仍是一个有魅力的纨绔子，非常投合伊莉莎白对男人的幻想。比起浪搏恩的众女子来，伊莉莎白在婚姻市场最幸运。除了高雅，她一无所有，却嫁给了那些男人中最有钱、最英俊、最高雅的一个。她庸俗的母亲会以商人的眼光来看待这桩婚姻，满意地说，这是一宗不坏的买卖。而对女儿的聪明一直非常赞赏的班纳特先生却可能没料到他给予女儿的高雅教育，在婚姻市场上具有极高的交换价值。稍后一些时候，也就是当众多贵族已贫穷到只剩下一个高贵的出身而众多资产阶级已富裕到只缺少一个高贵的纹章时，资产阶级男子与贵族之女或资产阶级女继承人与贵族青年之间的"金钱与头衔的买卖"才盛行起来。这正是巴尔扎克和托马斯·哈代最热衷的题材。

我无意贬低伊莉莎白的爱情，然而与当时的婚姻手册一样，情节曲折的《傲慢与偏见》一直围绕一个核心展开，即开篇所说的那个"公理"。不管怎样，这是一个如何猎获"a man in possession of a good fortune"的故事。假若说F. R. 利维斯这位男评论家从奥斯丁小说中处处发现"使她成为伟大小说家的那种深厚的道德关怀"①,那么,女评论家南茜·阿姆斯特朗则以不带浪漫成分的政治眼光,发现"奥斯丁所有小说的第一行都提到了钱",并且,"她以一个深谙两性关系的作家自居,致力于揭示性契约的真理"。② 阿姆斯特朗有意在"性契约"与"社会契约"之间建立一种同构,揭示其交换关系。

5

勃朗特对奥斯丁很不以为然。在致《简·爱》当初的审稿人 W. S. 威廉斯的信中,她说:"[奥斯丁]是一位贵妇,但决不是一个女人,"因为"她对人的眼睛、嘴、手和脚的关注远大于对人心的关注。"③在致 G. H. 刘易斯的信中,她对这位眼光犀利的评论家居然如此欣赏奥斯丁的《傲慢与偏见》表示不解,说自己"一点也不愿意与她的那些住在雅致但却密封的房子中的女士们和先生们生活在一起"。在她看来,对内在激情的忽视,使奥斯丁笔下的人物缺乏性格深度。

姑且不论此番评价是否公允,它至少抓住了摄政时代时髦男女的一种特征,即植物性或大理石雕像。它有光但没有热,像人的眼睛。摄政时代的人看重视觉,但他们的视觉只停留在客厅,停留在客厅里的时髦男女身上,即使偶尔穿越窗口,也只落在几米远的花园里。这是一种向内而非向外的视力,不是简·爱渴望的那种"能超出极限的眼力","使我能看到繁华的世界,看到曾听说过却从未到过的城镇和地区"④。这眼力一次次越出英国的边界,延伸到西印度群岛和更遥远的东方。这当然不是在精致的花园里优雅地飘飞的蝴蝶的视力,而是迎风高举的鹰的视力,一个殖民者或帝国主义者的视力。

与《傲慢与偏见》的逼仄的空间相比,《简·爱》弥漫着海外气息,它的多数人物来自殖民地(西印度群岛,如罗切斯特、疯女人、梅森;马德拉群岛,如简·爱的叔叔),要么将去殖民地(印度或"东方",如圣约翰)。我注意到,勃

---

① F. R. Leavis, *The Great Tradition*, New York University Press, 1963, p. 7.

② Nancy Armstrong, *Desire and Domestic Fiction: A Political History of the Novel*, Oxford University Press, 1987, p. 42.

③ Charlotte Brontë, Letters to W. Smith Williams in 1859, included in T. J. Wise and J. A. Symington, eds., *The Brontës: Their Friendships, Lives and Correspondence*, Vol. 3, Oxford University Press, 1932, p. 99.

④ Charlotte Brontë, *Jane Eyre*, Oxford University Press, 1980, p. 110. 以下引自该书的译文只在文内标注页码,不另作注。

朗特至少四次提到"地球仪"(第47页和第104页)和"地图"(第89页和第107页),而海外地名更是遍布字里行间,可以说,她被一种扩张的地理意识所吸引。只是,奇怪得很,她没有一处提到中国,而她创作这部小说的时间,正是英国对华第一次"通商战争"(鸦片战争)之后不久和第二次"通商战争"(第二次鸦片战争)即将爆发之前。作为一个维多利亚时代的爱国者,她当然不想谈论英国对华鸦片贸易这一让英国国旗失色的丑恶之事。在英国议会和报纸上谈论得十分起劲的中国话题,在她这部小说中完全消失在"东方"这个含混的地理名称里。

这种地理学还与博物学及海外故事混杂在一起。我只提一下简·爱年幼时最着迷的几本书就行了,如博物学家比维克的《禽鸟史》(第8页),斯威夫特的《格列佛游记》(第21页)及东方的《一千零一夜》(第38页)。这也是勃朗特在少女时代最喜欢的读物,此外,还得加上《圣经》、《鲁滨逊漂流记》、《天路历程》以及司各特的那些小说。在她那时写的大量习作中,可以看到以下题目:《十二个冒险家》、《爱德华·德·克瑞克历险记》、《欧内斯特·阿里姆博特历险记》、《岛民生活的故事》等等。她笔下的理想人物都有一种要从封闭的客厅逃出去、逃向远方的冲动。她所阅读的东西,说明她的幻想和情感停留在十七八世纪的那些为了上帝的恩宠、世俗的财富、海外经历以及罗曼蒂克的爱情而冒险和扩张的岁月里,与19世纪前三十年处于英国全球战略收缩时期的伦敦风气格格不入。

这是关于海外风俗、传说、风物的知识,而《圣经》和《天路历程》则为这种渴望海外冒险和征服的冲动提供了宗教驱动力以及道德合法性。关于海外的知识与对海外的权力经由"责任"和"天职"结合在一起。同一时期,伦敦为赴印度殖民地任职的英国人提供两年职业培训的海莱伯里学校,也正在为学员们传授这类知识。与剑桥和牛津偏重古典人文教育不同,海莱伯里有明确的实用目的。它的立校原则是效率,而不是礼仪。而且,由于它率先实行考试制度,避免了流行于牛津、剑桥的那种懒惰的贵族风气,成为日后英国文官制度改革的范例。其实,地理学和博物学在很大程度上是殖民事业的构成部分,甚至是其前锋。罗切斯特和圣约翰是剑桥毕业生,但他们的精神却是海莱伯里的,既不看重仪表或风度,也不留恋英国,而是被一种向外拓展的激情所充满。

这也是勃朗特的激情。值得一提的是她的爱尔兰裔身份,正如1865年出任首相的狄斯累利的犹太裔,不会因为对英国土地和旧制度的依恋而把自己拘泥于英国。不过,她同时又分享了英国人对待英属殖民地爱尔兰的敌视态度,通过罗切斯特说道:"我不大喜欢爱尔兰这个国家。"(第254页)要知道,那时爱尔兰正在为独立而与英国斗争,但勃朗特特别强调自己作为英国人的身份,时刻表现出自己对于"国家"的责任。奥斯丁的小说显示出她对客厅里的谈话的观察的细腻,但勃朗特却显示出丰富得多的地理学和博物学知识。中产阶级的目光穿越客厅窗子,落在广博的大地和海洋上,他们的脚步随后也将到达那里。

勃朗特对奥斯丁的评价,透露出时代风气的变化。其实,从摄政王死的1830年起,变化就开始了,它致力于扫荡伦敦的华而不实的纨绔作风。也许不该夸大勃朗特的爱尔兰裔使她产生的对伦敦时髦社会的疏离感,然而,她的确把一种非常有个性的北部中产阶级男子带入了文学,赋予他高度的评价。与达西相比,罗切斯特不是家庭长子(也就是说,他不能继承遗产,只得去西印度群岛发迹),且相貌不雅,举止粗鲁,有侵犯性,行踪不定,激情似火。这全是摄政时代纨绔子竭力避免的动物性。再看看简·爱,这个在环境恶劣的慈善学校培养出来的女教师,与伊莉莎白不同,是一个孤儿,姿色平常,衣着朴素,说起话来也不那么婉转曲折,而且,更让人头痛的是,她打小就反抗权威。勃朗特有意嘲讽摄政时代的高雅人士,当他们出现在罗切斯特的客厅时,她使他们成为装模作态的喜剧角色。"我在高雅人士中生活过一个时期,"她说,"跟他们在一起真是活受罪。"(第95页)勃朗特出名后去伦敦访问,就自己在伦敦穿什么衣服合适而咨询于自己的出版商史密斯先生,她在信中写道:"裁缝已将我需要的衣服做好了,不过,我还是希望你能来为我参谋一下,给一些意见。我还是坚持将衣服做得非常朴素。"她要穿着那套简·爱式的服装去伦敦向高雅人士示威。

这还不仅仅是审美观念的变化。摄政王刚死,格雷组建的辉格党自由派内阁就掌握了大权,取代托利党保守派。同年,反纨绔派杂志《弗雷泽》创刊。"乔治四世已死,一个新时代诞生了。"①布韦尔说。布韦尔原是一个写时髦小说的纨绔子,像卡莱尔、狄更斯、狄斯累利和萨克雷这几位纨绔子一样,对时代风气的变化有非常敏感的嗅觉,也突然意识到了自己的真实阶级身份——他们来自社会的中下层,靠自己的努力才获得如今的地位。这几位前纨绔子以《弗雷泽》为阵地,率先开始对纨绔子的挞伐。这意味着改革风气的来临。上台伊始,格雷内阁就致力于改革,清除托利党设置的种种特

---

① Ellen Moers, *The Dandy: Brummell to Beerbohm*, New York: The Viking Press, 1960, pp. 184—185.

权障碍。1832年颁布《改革法案》扩大了选举权（使部分城市的有产者获得选举权），瓦解了摄政时代的贵族排外主义，1846年又废除了《谷物法》，代之以自由贸易政策，更为工商业松了绑。《简·爱》的写作正是在这一政治动荡的时期，而这本小说试图为18世纪更为自信和进取的资产阶级精神恢复名誉，并支持资产阶级及其"伟大的尾巴"无产阶级的要求政治平等的运动。

可以看出，辉格党的社会基础不同于托利党，主要是城市工商业者以及满世界跑的殖民者。1833年，《弗雷泽》宣布取得了对纨绔子的胜利。然而，使新风气成为新的时代精神的人物，是1837年登基的维多利亚女王。1837年6月20日清晨，坎英翰勋爵把她从梦中唤醒，禀告她老王刚刚去世、她从现在起是英国女王时，这位十八岁少女在当天的日记中踌躇满志地写道："我将尽力履行我对我的国家的责任。我很年轻，在许多方面没有什么经验，但我肯定，没有人比我有更强的意志和更强的愿望去做合适而正确的事。"①她所说的"合适而正确的事"，在数年后很快被证明是殖民主义和帝国主义，或如她后来的首相狄斯雷利所说："东方，是一个事业。"纨绔子或许有成为帝国主义者的才能，却没有这个兴趣，因为这些排外主义者迷恋于英国的乡村，顶多像蝴蝶一样在庄园附近优雅地飘飞一圈。显然，他们不是维多利亚女王所希望的那种理想英国男人，那种粗糙有力、野心勃勃的男人，那些工业家、生意人、传教士、殖民者和军人——他们才是使英国从摄政时代的文弱状态中重新振作起来的力量。能指望那些花好几个小时来整理自己的领结以便把它弄得像是匆忙系上去的英国男人吗？

还在少女时代，维多利亚就对充斥在宫廷的华而不实的纨绔子非常反感。的确，就像任何处在她这个年龄和她所属的上流社会圈子里的年轻小姐一样，她也一度迷恋于纨绔子的高雅风度，但她身边很快聚拢了一群辉格党人，他们一刻不停地向她灌输有关"英国的对外贸易的危机"、"君主对于国家的责任"、"神奇的机器和工业发明"等等的布道。她登基后，伦敦纨绔子的日子更不好过了。多塞伯爵流亡到了巴黎，在那儿靠他当初的崇拜者路易·波拿巴的提携，当上了第二帝国的艺术总监，把伦敦纨绔子风气带到了巴黎，使巴黎的资产阶级也患上了严重的贵族崇拜症，稍晚一点的巴尔扎克甚至说出了"三代才能培养出一个贵族"的蠢话。但维多利亚女王治下的英国已脱离了轻浮的纨绔子时代。

---

① Gordon S. Haight, ed., *The Portable Victorian Reader*, London, Penguin Books, 1988, p.20.

维多利亚女王是一个非常有主见的年轻女子，这甚至体现在她对丈夫的选择上。她谢绝了英国的那些风流倜傥的公子哥儿的追求，与私订终生的日耳曼人亚尔培结为夫妻。亚尔培对工业和技术非常入迷，他宁可把时间花在观察机器的齿轮是否脱落上，也不愿与伦敦的一帮高雅的纨绔子在客厅的无聊的谈话中浪费光阴。再说，他的外国身份也使他在这个圈子里显得落落寡合。由于是女王的丈夫，不能干预政治，他就对糜费、混乱的宫廷家政进行了一番改革。这是他后来涉足政治改革的预演。维多利亚女王突然发现丈夫是一个具有各方面才干的人，于是在国家大政方面也经常听取他的意见。为维多利亚女王写传的里顿·斯特莱切说亚尔培在首相墨尔本爵爷退任后"变成了女王的秘书、她的亲信、她的心腹"，而在皮尔首相下台后"实际上已经变成了英国国王了"。① 斯特莱切总想让人相信年轻的维多利亚女王背后肯定躲着一个高参，所以他就把亚尔培当做"影子内阁"来加以描绘。不过，亚尔培的确对女王有很大的影响力，尤其是当他们的婚姻越来越使女王幸福的时候。顺便说一句，亚尔培这个日耳曼人一直受到伦敦时髦人物的嘲笑和嫉恨，而他对待时髦人物的冷淡态度也深刻地影响了维多利亚。

年轻的女王敏锐地感到美国和德国这两个新兴工业国对英国古老霸主地位的威胁，她考虑的不是风雅，而是实力，是重新将停滞的英国带到世界帝国的位置。她有意恢复英国18世纪那种体现在航海家和殖民者鲁滨逊·克鲁梭身上的有侵略性和扩张性的"男子汉气"。看一看勃朗特对罗切斯特的描绘，我们对这种理想男子就能获得一个大致印象："体育家的身材"（第141页）、"又圆又亮的鹰眼"（第275页）及"像狮子或这一类的东西"（第441页），等等，不过，最多的还是"鹰"，总之，是突出其高远和有力，并把"力"看得比"美"更重要（第248页："你的严厉有一种超越美的力。"）。摄政时代的蝴蝶在维多利亚时代的鹰面前失去了魅力。粗野有力的中产阶级已经获得自信，为自己的形象加了冕。

此外，让纨绔子纷纷逃避的烟雾弥漫的工业城市也不再是可怕的地方，也具有了某种美学特征。简·爱说："我渴望到有生活、有活动的地方去。米尔柯特是艾河上的一个工业大城，它准是个热闹非凡的地方，这就更好，对我至少是一个彻底的改变。这并不是说我一味沉浸于对那林立的烟囱和

---

① 里顿·斯特莱切：《维多利亚女王传》，卞之琳译，商务印书馆，2005年版，第116页。

浮云般的浓烟的幻想,而是,桑菲尔德也许离城太远了。"(第89页)烟囱和烟雾进入了工业时代的美学。看来,1847年离摄政时代的确很远了。这种美学本质上是实用主义美学,意味着大量的工业产品和巨额的贸易顺差。当罗切斯特对简·爱说"瞧,算术是有用的"(第125页)时,他触到了这个时代英格兰北部地区的工业主义及自由主义的核心,即可测定的数量概念,它既表现为工业家的效率和科学领域的实证主义,又表现为边沁所说的"尽可能多的人的尽可能大的快乐"。

同样,"工作"这个被摄政时代贬低的词,在维多利亚时代重又获得了它在17世纪和18世纪时的尊严。由于复兴的清教主义进一步把它纳入神学范畴,它甚至变成了"责任"或"天职"。我们在维多利亚女王的日记中看到过这个词,而它在《简·爱》中俯拾皆是。如果说《傲慢与偏见》描绘了世俗的逸乐,那么,《简·爱》就差不多是清教徒作家班扬的《天路历程》在维多利亚时代的翻版,只不过艰险的"天路"变成了通向"东方"的海路,而朝圣者变成了海外传教士和殖民者。勃朗特这个圣公会牧师之女不仅是《天路历程》的热情读者,并在《简·爱》中对它多处加以引用,而且,《简·爱》的精神也是清教主义的,尽管它试图与禁欲主义保持一定距离(第372页)。它的画面中到处晃动着《圣经》里的意象和面孔,如"桑菲尔德"(Thornfield,即"荆棘地")、"冰"与"火"(《启示录》)、圣约翰等。甚至,简·爱从桑菲尔德出走,冒着冷雨,忍饥挨饿,在泥泞路上跋涉三天两夜,圣约翰在天职的召唤下,历经海上颠簸,热切地到遥远而酷热的印度传教,最终死在那儿,这些,都象征性地再现了《出埃及记》里的犹太人或《天路历程》里的朝圣者的经历。一方面是去远方的冲动,另一方面是清教徒的天职,而把两者结合起来,去远方就变成了天职。

简·爱对待工作的态度充满了清教徒般的热忱。勃朗特最喜欢读的作品之一,是笛福的《鲁滨逊漂流记》。在她1842年7月所写的一篇题为《皮埃尔·里士满的肖像描写》的习作中,她以雄浑的文笔写道:"不时地,生活中的人要被用来当做大变革中黑色的或政治的工具……有时,这是一个热情的教徒,就如马奥梅或皮埃尔·里士满,用思想的杠杆支撑起所有的民族,将他们连根拔起,移植到新环境中,使欧洲的居民移向亚洲。"①勃朗特很少谈到钱(这和奥斯丁正好相反),这给人一种印象,仿佛她对"东方"的兴趣只

---

① 盖斯凯尔夫人:《夏洛蒂·勃朗特传》,张淑荣等译,团结出版社,2000年版,第184页。

是宗教上的,即同一篇习作中所说的"感化东方那些萎靡不振的国家"。她写这篇习作时,正是《南京条约》(1842年8月)签订的前夕,该条约为英国带来了二千一百万银元的赔款,这还不算此前英军在进攻广州等地时沿途抢劫的七百三十多万银元。几千英军就为英国带来了如此巨额的财富,并在遥远的中国沿海撕开了英国鸦片贩子费尽心机也没能撕开的贸易缺口,足以让英国政府再次伺机进行这样的"起因就不公正而且对英国极不光彩"的远征。引号中的话是威廉·格莱斯顿在议会中反对鸦片战争而说的,但反对的声音那么少,完全淹没在议会里吵吵嚷嚷的要求重新开战的声浪中。当英国资产阶级的男女蜂拥到英国的码头去欢迎凯旋的皇家海军时,爱国主义的令人晕眩的冲动使他们装做不知道这一切均得自鸦片贸易和野蛮掠夺,何况,英国的法学家和外交家早已将这场战争合理地解释为对不讲贸易规则的"野蛮人"的战争,是"通商战争"。英国人非常气愤地得知,这些傲慢无礼的东方野蛮人居然没收并销毁了英国的"财产",并称呼英国人为"英夷"(经由在华传教士的再次翻译,这个词由最初的"外国人"变成了"野蛮人"),倒好像鸦片这种"财产"在英国本土可以合法拥有,倒好像英国人从来不把东方民族称为野蛮人。

海外视野如此开阔的勃朗特居然没有一句提到"鸦片",就像当时的英国作家们很少谈到它一样。"维多利亚时代人"(Victorians)这个后来的称呼,暗含了"伪善"的词语,这至少在英国对东方的关系中是恰如其分的。但爱国主义使这一切显得正当。勃朗特也是一个按1842年的精神所定义的"爱国者"。在她的书信和作品中,"国家"一词出现的频率堪比奥斯丁笔下的"上流社会",而她笔下的"国家"和日渐萎缩的"上流社会"不同,是一个只有一个权力中心而其边界却可以随着英国的战舰和货船无限延伸的世界帝国。

维多利亚时代复兴了英国18世纪资产阶级的清教工作伦理和政治自由主义,为英国带来了大量的财富,但清教工作伦理本身很快就被金融投机和海外冒险及其带来的一夜暴富的热烈幻想所瓦解。资产阶级的发家致富的观念像军号一样回荡于英国社会,而政治自由主义则在英国国内取得长足进展时,英国在对外关系中却一直奉行着一种唯利是图的利益至上主义。此时的卡莱尔突然感到一头从物质欲望中释放出来的巨兽正在碾碎一切心灵的、道德的、正义的东西,他一方面求助于他心目中的"英雄"来对抗这头怪兽(**《英雄和英雄崇拜》**,1841),说它精神平庸、道德可疑,因此接近当时的牛津天主教复兴运动对资产阶级自由主义的批评;另一方面又试图向这头怪兽灌输一些宗教精神以驯服它,说一切真正的工作都是宗教(《过去与现在》,1843),这又使他的苏格兰式的加尔文主义接近十七八世纪英格兰资产阶级关于清教工作伦理的表述。

对资产阶级的自由主义和机器文明的抵抗,在伦敦纨绔子当初的母校之一牛津形成了一场运动。1833年到1845年间,以亨利·纽曼博士为灵魂人物,以牛津为中心,一些知名人士展开了一场范围有限的被称为"牛津运动"的天主教复兴运动,他们在天主教中发现了可以用得上的武器。阶级意识非常敏感的马修·阿诺德从牛津运动中看出了它的反资产阶级的政治动机,他后来说,牛津运动滋养了"对美和文雅的渴望",显露出"对中产阶级自由主义的僵硬和粗俗的强烈厌恶",并"使中产阶级清教教义的丑恶怪诞纤毫毕现"。① 牛津运动的反对者在政治上也十分敏感,他们看出这些一天到晚把"美和文雅"挂在嘴边的牛津人是想通过这场具有天主教色彩的运动来恢复贵族文化和生活方式的专横领导,是资产阶级自由主义精神的最阴险的敌人,是"加尔文主义者"②。

新教与天主教自十五六世纪以来的持续不断的斗争在维多利亚时代中期的激化,不仅与英国资产阶级对自己的形象的重新表述的努力有关,还因为维多利亚时代所激发的爱国之情使众多英国人不能忍受罗马天主教教会对于英国人的精神的控制。勃朗特的爱尔兰血统也未能使她对纽曼博士的天主教运动有丝毫的同情,她是反对天主教复兴运动的。1842年,也就是牛津运动处于顶峰的时刻,时在布鲁塞尔跟随埃热先生学习写作的勃朗特在一封信中谈到了英国的许多新教徒纷纷改信天主教,写道:"对于那些经不起诱惑的信天主教的新教徒,他们应该过海去欧洲大陆,参加一个时期的弥撒;仔细观察可笑的仪式,以及教父们的愚蠢、贪婪的嘴脸。然后,如果他们仍然认为天主教不是一种最虚伪、幼稚的宗教,那么就让他们去信天主教吧。"③她没有提到英国的新教徒们此时正在把整船整船的鸦片从东印度公司经营下的印度贩运到中国,而英国政府却严厉禁止哪怕一箱鸦片流入英国,除非用于医疗目的。她对世界的热情是一个宗教和财富的征服者的热情。有意思的是,在1858年11月英中签订的《通商章程善后条约》中,"洋

---

① Matthew Arnold, *Culture and Anarchy*, p. 63.
② R. W. Church, *The Oxford Movement*, London, MacMillan and Co., Limited, 1922, p. 13.
③ 盖斯凯尔夫人:《夏洛蒂·勃朗特传》,张淑荣等译,团结出版社,2000年版,第189页。

药"(drug)这个委婉的词取代了它的本名"鸦片",倒好像仁慈的英国政府突然开始关心起中国人的健康,而强迫他们服用"洋药"。实际上,自1843年起,英国的一些政治家就想使对华鸦片贸易合法化,如帕尔默斯顿爵士指示派驻中国的代表"采取举措,使中国政府准许鸦片作为一种合法贸易商品进入中国"①。以"洋药"取代"鸦片",正是他们试图将非法的鸦片贸易合法化时进行的词语替换。难怪勃朗特以为去"东方"的英国新教徒都是些了不起的圣人,如她笔下的圣约翰。

轰轰烈烈一时的"牛津运动"最终证明自己不过是贵族文化的一曲哀凄的挽歌,它和维多利亚时期强调实利的精神格格不入,遭到资产阶级实利主义者们的迎头痛击,在1845年左右分崩离析、一蹶不振了。牛津的阿诺德于1869年发表《文化与无政府状态》,对"牛津运动"的失败扼腕叹息:"看一看约30年前那场震撼牛津、波及其心脏的伟大运动的历程吧!它针对的东西,一言以蔽之,是'自由主义'。这一点,凡是读过纽曼博士《自辩书》的人都看得出来。自由主义甚嚣尘上;它是受命前来经营时务的力量;它应和时求,不可避免,自然广为流行。牛津运动于是分崩离析,落了个败局。"②贵族文化已经不能像伦敦纨绔子时代那样进行专横的统治,它退守到了防御战阶段,并指望"赢得人心"。动物性终于战胜了植物性。纹丝不动的大理石雕像变成了一手执十字架、一手持火枪的殖民者。

不管"东方"在简·爱的想象中激起多少诗意和色欲的想象,它主要是一个异教徒的东方,有时是一个作为市场的东方,而英国传教士和殖民者有责任去那儿完成使命,像圣约翰所说:"去扩大主的王国,为十字旗赢得胜利。"(第380页)这句话在英国殖民者那里的世俗版是:去扩大女王的帝国,为米字旗赢得胜利。圣约翰又说:"上帝给我一个使命:如果我把它带到远方并很好地完成,就必须有技巧和力量,勇气和雄辩,这些是军人、政客、演说家的素质,全集中在一个好传教士身上。"(第366页)勃朗特在幼年时曾经常与姐妹们在桌子上摆弄绘着士兵、殖民者和传教士形象的木偶玩具,幻想在东方异教世界里创造出种种丰功伟绩(获得爱情和财富、征服异教徒),现在,这些早年的木偶形象全都集中在圣约翰这个人物身上了。勃朗特写道:"他坚定、忠实、虔诚,精力充沛,激情洋溢,满怀真理,为他的人类同类而工

---

① W. W. Willoughby, *Opium as a International Problem*: *The Geneva Conferences*, Baltimore: The Johns Hopkins Press, 1925, p.11.

② Matthew Arnold, *Culture and Anarchy*, p.62.

作:为他们扫除进步路上的障碍,像巨人一样斫去挡在路上的教义、种族偏见。他或许是严厉的,苛刻的,野心勃勃的,但是,他的严厉,是武士'伟心'的严厉,保护着朝圣者免受亚波里昂的袭击;他的苛刻,是使徒的苛刻,当基督说'跟从我的人,都得抛弃自己,背上十字架,来跟从我'时,他唯斯言是听;他的野心,是殉道者的野心,想在那些从尘世获救的人们中获得第一排的一个位置,他们毫无瑕疵地站在上帝宝座前,共享耶稣最终胜利的荣光;他们是被召唤的人,被选中的人,忠诚的人。"(第457页。随便提一句,武士"伟心"和亚波里昂都是班扬《天路历程》中的人物)简·爱只因为留恋罗切斯特的怀抱才没有跟从圣约翰去东方,可她并不缺乏这种热情:"我愿意作为他的助手或同志,与他一起漂洋过海,一起在东方的烈日下、亚洲的沙漠里辛勤工作。"(第412页)。

这些话,对那些成群结队去东方发财的英国人来说,简直是出发前的宗教布道。在离开罗切斯特后,一贫如洗的简·爱突然得到了一笔两万英镑的遗产,它来自她的一个叔叔,一个在马德拉群岛可能从事酒类贸易的英国商人(小说并没有明白交代钱的来路,但这谨慎的一笔却意味深长,因为那个时候的英国人大多不会自寻烦恼地去追问自己或他人的每一笔来自海外的钱是否有一个道德的来源)。这可是一大笔钱,想一想吧,简·爱在罗切斯特家当家庭教师的年薪才30镑(这并不低)。当圣约翰将这笔钱转交给她时,对她说:"你现在有钱了。"(第386页)这笔遗产像机械降神一样,在简·爱最需要钱的时候出现在她眼前,情节虽然有点离奇突兀,但从当时英国的海外掠夺和合法与不合法的海外贸易来说,却有逻辑联系。一个从零开始的普通英国人,如果他在英国国内工作,是不可能赚到这么多钱的,但如果他去海外发展,则是一个能够快速致富的途径。得自海外和殖民地的巨额财富,既解决了英国各行各业所需的资金问题,又使更多的英国人产生了出国淘金的诱惑,缓解了国内的失业危机。简·爱的个人奋斗,最终以不劳而获的一笔海外遗产而告终,这对勃朗特试图赋予简·爱这个角色的"个人奋斗"、"经济独立"、"平等"等诸种美德来说,不啻一个败笔;但它却像一个裂口,透露出维多利亚时代中后期英国经济形态的结构性变化及其对道德的深刻影响,那就是英国的殖民贸易和殖民掠夺的极度扩张以及由此引起的获利方式的改变,为无数英国人带来了一夜暴富的梦想,这对以"勤俭"为核心的清教工作伦理来说无疑是一种腐蚀剂。

6

简·爱最终没有成为殖民地的传教士,而成了国内的宪章主义者。这两者并不矛盾。与反《谷物法》联盟一样,宪章运动的发源地也在英格兰北部的工业地区。我们知道,勃朗特的家乡约克郡正在这一带。《简·爱》第130页隐约提到一天夜里,罗切斯特"要去米尔柯特参加一次公共会议"(显然,这是宪章主义者的秘密会议);第272页,简·爱对罗切斯特说:"我将收拾行装,出门去给受奴役的人们宣讲自由……除非你签署一个宪章,君主所能签署的最自由的宪章,否则……"第368页提到在谢菲尔德发生骚乱后,一个步兵团驻扎到该地(显然,这场骚乱是因宪章主义者的请愿活动遭警察和军队的阻止而引发的)。难怪托利党评论家在《每季评论》上对《简·爱》发表评论说,正是滋养了宪章运动的那同一种思潮孕育了这部作品。其实,简·爱从罗切斯特身边出走后的那段经历,也是一个宪章主义者的经历。她在一所为贫苦女孩子设立的乡村学校担任教师。"我不能忘记,这些衣着粗陋的小农民,是用与名门望族后裔一样的血肉组成的;她们心中,与出身最好的人的心中一样,埋藏着天然的美德、优雅、聪明和仁慈感情的胚芽。我的责任是培育这些胚芽;我在履行这个职责时,肯定会发现乐趣。"(第363页)如果说简·爱在宗教上显示出一种清教主义的热忱的话,那这里就显示出一种对平等的热忱。但这个"平等"在范围上是有限的,不能无偿馈赠给东方的"野蛮人"。

平等观念使简·爱一度离开了罗切斯特,并在成为与他平等的人后,重新回到他的身边,也使英格兰北部的工商业者和工人于1838年发动宪章运动,要求普选权,使每个成年男子享有一人一票的权力(1867年议会颁布第二个《改革法案》,使部分城市的工人获得选举权,而英国妇女到1918年才获得选举权)。宪章运动的参加者主要是北部工人,它的精神后来孕育了1848年革命以及1893年工党的建立,而它最大的受益者是辉格党(1831年托利党获得保守党的名称,而辉格党也从此被称为自由党)的北部工商业者,他们被推上政治舞台,为工业和自由贸易松了绑。难怪恩格斯在1871年说,在将近四分之一世纪的时间内,英国工人阶级甘心充当"伟大的"自由党的尾巴。

英国工人阶级之所以在很长时间里充当着资产阶级自由党的跟班,不仅因为资产阶级将自己的政治要求表述为一种普遍的要求,对政治上无权的工人阶级具有强大诱惑力,还因为资产阶级的意识形态家向他们指出了一条更容易致富的路,那就是跟随英帝国的舰队到海外去掠夺,去殖民,去扩充市场。这样,那些因摄政时代的贸易保护主义而导致的大量游手好闲并对秩序构成危险的失业者,终于有了一个去处,而他们在每次凯旋时,背上总有一个鼓鼓囊囊的行军包,里面塞着掠夺来的财富(如英法士兵将圆明园掠夺一空后,回国前曾在香港举行拍卖会,而拍卖行为则将被掠夺之物合法化了)。摄政时代的纨绔子提倡的"植物性"只会妨碍英国的工商业和海外贸易的发展,但维多利亚时代的资产阶级意识形态家却重新为"动物性"赋予了一种崇高的宗教色彩,使英国人的目光掠过英伦三岛,穿过重洋,远远落在亚洲大陆上,那里还存在一个庞大的尚未被殖民的停滞的老帝国,而且拥有大量的对英国的海外贸易来说至关重要的硬通货——白银。

摄政时代的布鲁梅尔设计的那款为显示贵族的高雅的纨绔子服装,成了维多利亚时代的资产阶级的整齐划一的制服,他们穿着这套黑色的行头,脚步匆忙地出入伦敦的公事房和交易所,或远赴殖民地,俨然一支为财富和不义之财而奔走的军队。1800年,英国对华鸦片贩运量为四千多箱,到1838年,也就是维多利亚登基的次年,激增至二万多箱。不久,年轻的女王陛下又因为虎门销烟的事件而对华开战,割取了香港这个通向中国腹地的跳板,使英国的工业品以及英国人在印度种植加工的鸦片得以源源不断流入中国。正是维多利亚女王使英国的势力从南亚次大陆的印度进一步向东亚的中国延伸,形成了一个日不落的英帝国。大量的白银,为英国资本主义的迅猛发展提供了强悍的金融支持,到1851年5月伦敦万国博览会举办之际,女王治下的英帝国可以向全世界炫耀它的面积、财富、胆量、技术发明和想象力了。

维多利亚女王亲自为博览会执开幕礼,而整个博览会的宏大而现代的设计方案出自她的丈夫亚尔培。博览会一开始便大获成功。几天后,女王在一封信中表示了她对亚尔培的敬仰,说开幕日是"我们历史上最伟大的日子,最美丽最堂皇最惊心动魄的空前大观,我心爱的亚尔培的成功"①。博览会上最引人注目的是那座用玻璃搭建成的"水晶宫",它成了维多利亚时代英国资产阶级辉煌的顶峰的标志。在这个举国为工商业、殖民地、海外贸易和水晶宫发狂的时代,纨绔子再也难以找到感觉了。帝国鹰振翅而起,高飞在日不落帝国广袤的海洋和陆地上。

---

① 里顿·斯特莱切:《维多利亚女王传》,卞之琳译,商务印书馆,2005年版,第123页。

在新一代更为雄心勃勃的资产阶级前（如年轻的圣约翰），罗切斯特显得有些过时了。他只能算是一只折翅于乡间的帝国鹰，正如他的创造者勃朗特能够欣赏烟囱和烟雾却难以发现现代建筑之美一样。她于万国博览会开幕后一个月来到伦敦，参观了水晶宫，但她对水晶宫的观感，说明她来自一个尚处于工业化阶段的地区，而不是一个人声鼎沸的繁荣的商贸区，但伦敦的新精神正体现为"世界之都"的商业，其在建筑上的表现则是玻璃的大量使用，以便在一种晶莹剔透的场景中展示来自世界各国的琳琅满目的商品，这样，你即便在玻璃窗的外边走过而且兜里只有一便士，你也似乎行走在伸手可及的财富的边缘，它与你之间仅隔着一层薄且透明的墙，而你若想真地拥有它，就得先绕道去工厂、证券和股票交易所或者——更远一点——海外殖民地。

"水晶宫"的设计者曾经设计过一个巨大的玻璃花房，而维多利亚女王的丈夫希望它像展示鲜花一样展示来自世界各国的商品。财富成了维多利亚时代供奉在玻璃神龛里的偶像。当日后豪斯曼男爵为路易·波拿巴治下的巴黎设计拱廊街时，他也感到玻璃和商业之间的紧密联系。但更强调工作而不是消费的勃朗特则更喜欢结实的石头一类的东西。她在一封致友人的信中写道："星期五，我去了水晶宫。那是个奇迹，它的景象令人浮想联翩迷惑不解。这既是一座魔鬼宫殿，又是一个巨大的市场。但我对它没有大兴趣，我还是较喜欢听报告。"① 对勃朗特来说，艺术与商业是分离的，正如"宫殿"（如罗切斯特家的古堡式建筑）与市场是分离的一样，就此而言，她的想象力还停留在18世纪，停留于资本主义原始积累阶段，其特征是勤俭。她是18世纪资本主义精神的女儿，但帝国的新精神却在将艺术商业化了的同时，也将商业艺术化了。商业资本主义带来的是一种奢侈消费的风气，而这种新精神更多地体现于维多利亚中后期的工艺派以及唯美派身上，他们复活了摄政时代的纨绔子风格。

---

① 盖斯凯尔夫人：《夏洛蒂·勃朗特传》，张淑荣等译，团结出版社，2000年版，第414页。

清教徒的想象力与 1692 年塞勒姆巫术恐慌
——霍桑的《小布朗先生》

纳撒尼尔·霍桑在《海关》中为塞勒姆勾勒了一幅素描:"该镇地势平坦,地貌单一,上面盖的房屋主要是木头的,无一可称得上具有建筑之美;整个布局凌乱,既非风景如画,又非古香古色,而只是平淡无奇而已;它那条长而不成样子的街道疲倦地贯穿整个半岛,一头是绞架山和新几内亚村,从那里可望见另一头的贫民救济院。"(Hawthorne,1980:19—20)除绞架山还能让人产生一种恐怖而神秘的历史联想外,这幅素描的其余部分世俗到了乏味的程度,仿佛一个平庸时代的遗迹。它无遮无碍。在绞架山上登高一望,这一大片一直蔓延到海边的不起眼的街道和房舍可尽收眼底,没有什么足以引起遐思的阴影,也不可能从哪片阴影里突然冒出一个骑在扫帚柄上的老巫婆。

在这幅 1850 年的素描中,已见不到原始森林。参天大树早已变成木头房子和德比码头上的木帆船。这容易使人忘记这个半岛在 1692 年时还被密密匝匝的原始森林所覆盖。《小布朗先生》(其时间背景为 1692 年)中有一段对塞勒姆村外原始森林的描绘:小布朗走出村子,"踏上一条阴郁的林中小路,阴森森的树木把小道遮蔽得不见天日,其密实的程度,仅能容一条狭窄的通道蜿蜒其间,人一走过,树木就会在他身后重新合拢"(McMichael:1136)。研究美国化工史的历史学家威廉斯·海恩斯谈到早期移民与森林的关系时说:"这些无限延伸的难以穿越的林地——巨松,白橡树,山毛榉和榆树,糖槭——是他们遇到的头一个障碍,它让他们感到沮丧,感到害怕。"(Haynes:16)

面对蕴藏丰富资源的茫茫林海,17 世纪的塞勒姆人的沮丧心情有些令人吃惊,仿佛这批来自英国城市中产阶级的清教徒执意要在这片可耕地少得可怜而薄薄的土层下尽是砾石和树根的土地上做一辈子农民。他们对商业活动持一种不同于新英格兰其他地区清教徒的轻蔑态度,因此,当波士顿、费城、纽约和詹姆斯顿等沿海城市开始兴建大型码头和木材加工厂,把取之不尽的森林资源化为木桶、厚木板、细木板以及纸浆,卖给大西洋对岸的商人时,守着良好海湾的塞勒姆却发展缓慢,连座像样的码头都没有(到18世纪末才有一座巨型码头,即《海关》中谈到的德比码头,由在独立战争中发了一笔横财的本地望族德比家建造),处于半岛腹地的塞勒姆村则更加落后,"至少从外观上看,很像中世纪英格兰的村落"(Williamson:61)。这批为宗教自由和财富而来的英国清教徒奇特地把自己变成了中世纪的农民,并且把宗教自由的梦想也抛诸脑后,代之以中世纪的神权政治。

"莽林"意象,是任何有关1692年塞勒姆巫术恐慌的描述不该遗漏的部分。已习惯于英国城市生活的清教徒移民突然置身于他们从未见过、仍保持史前状态的原始森林,这对他们的宗教想象力造成了微妙的影响。假若说莽林(或早期清教徒移民所说的"荒野")对第一代移民意味着一个陌生的难以进入的他者,一个有待克服的物质障碍,一个与匮乏或"饥饿"重叠的意象(这正是他们使用"荒野"一词来描述这片其实覆盖着密密匝匝的原始森林的土地的原因),那么,对塞勒姆村的移民后代来说,它已经不是一个他者,而是转换成了一种与他们发生心灵感应的灵性存在,是清教徒的自我的一个部分。

对莽林的描述,屡见于第一代移民及其后代的文字(日记、书信及各类文学作品)。我们可以从霍桑的两篇小说看出这种细微的然而其重要性却足以左右想象力的性质的区别。在《恩地科与红十字》中,塞勒姆第一代移民约翰·恩地科说:"这荒野有多凄凉!我们走出屋外不几步,就会碰上狼和熊。野人埋伏在密林的阴暗角落,等着我们。我们想犁地,可硬邦邦的树根把犁头都弄折了。我们的孩子喊饿,我们就得去海边的沙子里翻找一点吃的,拿来给他们填饱肚子。我再说一遍,我们为什么跑到这个土里尽是石头、天寒地冻的地方来?还不是为了要享有我们的公民权利吗?还不是为了根据我们自己的内心来自由敬拜上帝吗?"(Hawthorne,1980:252)在这段表述中,莽林等同于荒野,意味着饥饿和危险,不过最主要的还是一个有敌意的他者的形象,而清教徒移民"被召唤的"或自我给定的使命,是要征服这个他者,以便在它的基础上建立一个阳光灿烂的"山巅之城"。

但对土生土长的第一代清教徒移民的后代来说,作为他者的"荒野"的意象隐遁了,取而代之的是密密匝匝的"莽林"。饥饿不再是他们的话题,他们谈论更多的是莽林的神秘的恐怖,而且莽林不再是一个冷漠的他者(凄凉的荒野),而是一个被巫灵化的存在,一个清教徒们纠缠于其中并失去了现实和幻觉之间的界线的世界,它进入了清教徒的自我,使其想象力更倾向于巫术方面。以移民后代为背景的《小布朗先生》中有一段很能体现移民后代与森林的这种感应关系的文字:"实际上,在这鬼魂出没的森林里,再也没有什么东西比布朗先生的身影更可怕。他疯狂地挥舞着拐杖,在阴森森的松树中间飞奔,一会儿发泄一通可怕的亵渎神明的话,一会儿又纵声狂笑,惹得森林里回声四起,犹如群魔在他四周狞笑。即便魔鬼以它本来的面目出现,也没有它在人心中兴妖作怪时那样狰狞可怕。"(McMichael:1141)

以莽林为其穴居之地的魔鬼已经由一个外在的他者变成了清教徒的自我的一部分。他害怕自己,也令人害怕。尽管莽林的恐怖均见于第一代移民及其后代,但对恩地科们来说,只是实实在在的恐怖,是危险,是现实存在并可看见的"狼、熊和野人";可对小布朗们来说,恐怖已具有神秘色彩,是不能被看见但能被感知的恐怖,是鬼魂或魔鬼,是内心的恐怖幻觉。阴森森的莽林不再是物质存在,它被巫灵化,其阴影落在清教徒的内心,成了他们借以观察世界的变了形的透镜。这种不把树木当树木的眼光,肯定来自泛灵论者。巫觋、1692年塞勒姆村的清教徒以及霍桑时代的超验主义者全可归于此列,其特征是把万物划分为表象与意义,仿佛一树一木都寄居着神灵或恶灵。由于1692年的塞勒姆村人的想象力更倾向于魔鬼,所以在前辈人眼中仅被当做外在的他者的东西在移民后代那里已内在化。

对"新英格兰清教徒的想象力"泛泛而论,把1692年塞勒姆的清教徒的想象力等同于普里茅斯、康涅狄格和罗德岛等地的清教徒的想象力,肯定不能解释1692年的巫术恐慌以及对巫觋的残酷迫害为何发生在塞勒姆而不是新英格兰其他地方。即便对这些地方的清教徒做一区分,说塞勒姆(或马萨诸塞)的清教徒奉行严厉的法律主义和共同体利益至上主义,而普里茅斯、康涅狄克和罗德岛的清教徒则信仰自由主义和个人主义,虽一定程度上可解释1692年巫术审判中塞勒姆清教徒所表现出来的加尔文宗的严厉,却无法解释这场席卷塞勒姆及周边村镇的巫术恐慌何以发生。巫术恐慌与想象力有关,而巫术审判则是司法行为。

更不好解释的是,在塞勒姆或马萨诸塞的第一代移民时代,即约翰·温思罗普和恩迪科的时代,也曾迫害过宗教异端,但迫害主要表现为"驱逐"或"禁止入境",即把异端挡在境外,免得他们在此蛊惑人心。1637年马萨诸塞议会通过一项法律,禁止任何非正统信仰者在该殖民地境内居住,把那个时代最具自由思想的几位清教徒思想家(托马斯·胡克、罗杰·威廉斯和安妮·哈钦森)及数不清的贵格会教徒赶到了康涅狄格和罗德岛。

尽管如此,总督温思罗普却不是一个宗教狂人,而且,读他的著作,会产生这么一种印象,仿佛宗教或上帝只不过被他用来作为"行政官的权威"的合法性来源。他像被他驱逐出境的胡克、威廉斯和哈钦森夫人一样是理想主义者,只不过道不同不相与谋而已。尽管"他对政治的理解无一不基于宗教教义,比他同时代的教士们更依靠圣经的和宗教的权威而不是世俗的古典作品"(McWilliams:133),但他的著述风格是明朗的,古典的,绝无一星半点鬼神气掺杂其中。这种明朗而古典的精神状态,使他在对付异端时都显示出君子风度。他经常与他们通信,旷日持久地讨论神学和治理问题,想以此表述自己的观点,并说服他们;如果最终说服不了,就请他们离开马萨诸塞——即便此时,他也不失君子风度。在驱逐威廉斯出境时,适逢严冬,为了让这位没被说服的思想对手在前往罗德岛的风雪旅途中走得从容些,马萨诸塞法庭给了他几个月宽限。他们之间的争论是卓越的思想对手之间的争论。

毕竟,第一代新英格兰人早在移民前,其性格和宗教思想已然形成,而且形成于老英格兰的城市社会。他们是成年人,他们来到这片土地,是为了实施早在移民前就已制订好了的计划,如温思罗普在率众移民美洲前夕写的《基督徒之间兄弟之爱的一个典范》中提出的"山巅之城"(McGiffert:84)。尽管恶劣的自然环境使他们的计划遭遇到许多始料不及的挫折,但挫折被他们读解为上帝对他们的意志的考验。他们的想象力更倾向于上帝,而且能从一切迹象上发现上帝的意志的体现。但移民后代则不同,他们一出生就置身于莽林中,莽林是他们的家,而不像移民先辈那样在人生的中途被突然抛到莽林中,把莽林视为一个异在的他者(荒野)。对他们来说,莽林不再是一个"在那儿"的他者,而是自我形成史中的一个主要的塑造因素之一。他们的想象力更接近幽深神秘的原始莽林,而不是记忆中的喧闹拥挤、一览无余的城市街道(作为在莽林中土生土长的清教徒,他们没有父辈对故国城市生活的记忆)。换言之,他们的宗教想象力更接近于美洲森林土著的宗教想象力。在他们眼中,这片覆盖着原始林木的土地到处游荡着魔鬼的影子,这使得他们的宗教想象力从一开始就容易陷入神秘莫测的"看不见的世界",陷入原始的巫术幻境。读一读温思罗普的著作,再去读后一个时代"新英格兰最有学问的人"科顿·马瑟牧师的著作,就像从阳光充沛的"山巅之城"突然下到了光线晦暗的谷底森林。

约翰·迪伦贝格和克劳德·韦尔施谈到宗教活力在马萨诸塞移民后代身上的衰退时说:"他们是信仰上帝的好人,但他们已完全没有了先辈身上的那种热忱。"(Dillenberger:118)但宗教活力的衰退以及"好人"云云,不足以解释1692年塞勒姆村的巫术恐慌以及随后的一连串轻率的审判和迅速的处决。没有迹象表明1692年塞勒姆清教徒的宗教热忱已不如其先辈,恰恰相反,他们的宗教热忱甚至已变成了宗教狂热(如果不是这样,怎么会发生巫术恐慌?),只不过"热忱"的对象改变了而已。再说,他们两位从何处得知科顿·马瑟时代的塞勒姆人信仰"上帝"而不是"魔鬼"?他人的内心是一座不可透入的墙,只有巫术才宣称自己具有通灵的本领。此外,把信仰"上帝"的人定义为"好人",就是在专横地施加一种"基督教中心主义"的道德评判。有意思的是,这两个问题(以巫术来辨别巫觋,然后以摩西的法律对其进行惩处)恰好是1692年塞勒姆审判中遇到的问题。

另一方面,进步主义史学家沃浓·帕灵顿将移民后代"喋喋不休、爱管闲事、动辄骂街"的风格归因于狭隘的地方观念:"当一个世纪的鼎盛时期随着名人的丰功伟业的完成而成为过去时,依旧徘徊在其索然无味的末年已不是什么令人愉快的事了。接受迈克尔·威格尔斯沃斯为诗人、视科顿·马瑟为最著名的文人的一个世界在文化上一定是落后的……随着移民时代的消失,一种狭隘的地方观念在马萨诸塞海湾的政区落脚。此时期没有一部名书问世;在蛮荒的背景下也几乎没有一个大人物出现。贫瘠的土地,摩西的法律,共同创造了一个有能力却没有成就、平凡而吝啬的种族。"(帕灵顿:78)但"地方观念"也不足以解释1692年塞勒姆的巫术恐慌和巫术审判。温思罗普时代的地方观念即便不是远远超出、也丝毫不让于科顿·马瑟时代,却没有发生巫术恐慌和对巫觋的成批处决;其次,在1692年审判中被指控为巫觋的人,都不是外来者,而是塞勒姆及附近几个村镇的清教徒居民,与告发、审判和处死他们的人一样是土生土长的本地人,都是其宗教正统性已经过行政官核准而有资格居住在这片土地上的清教徒。

为什么在塞勒姆这个清教徒村子会突然出现巫术恐慌,仿佛一夜之间本来信仰上帝的清教徒全都变成了相信魔法的巫觋?政治经济学提供的解释是把1692年塞勒姆巫术恐慌和审判归因于塞勒姆村落后的农业经济,是塞勒姆的地主、贵族、牧师以及普通庄稼汉对沿海商业城市以及本村新出现的商业阶层的反感和嫉妒的复杂情绪的总爆发。但何以解释这场持续多月的巫术恐慌席卷了几乎各个社会阶层,而且被告发、审判和处死的巫觋也来自社会的各个阶层?此外,为审判巫觋而临时设立的塞勒姆特别法庭为何采用与伏都巫术(voodooism)异曲同工的"影子证据法"(spectral evidence)?如果法官们自己不相信巫术,不相信一个人的影子能危害他人,那他们何以据此判决被告是巫觋？他们大可一笑置之。自1663年到1692年，三十年间，整个新英格兰只有波士顿在1688年处死了一名女巫。这足以说明，在这三十年间，曾经被温思罗普时代拒之门外的宗教自由和宗教宽容的种子已在新英格兰其他地区生根发芽，而温思洛普当初寄予厚望的马萨诸塞的清教徒则退回到了蒙昧时期，其宗教想象力离开了理性和常识的正道，拐进了神秘的巫魔世界。1692年的塞勒姆人只是名义上的清教徒，他们的宗教想象力更多的是巫术的，而不是清教的。

波士顿是马萨诸塞的首府，也是其智力生活的中心。科顿·马瑟就生活在这里，还担任着老北方教堂的教长之职，而他的影响力则渗透于马萨诸塞的政治、宗教和社会生活的各个方面——不幸，也渗透到了1692年塞勒姆巫术恐慌和巫术审判中。他一辈子写了几百本书，藏书更是达三千多册，这在当时的新英格兰完全称得上大藏书家，而且不止是神学方面的书，五花八门的其他书籍，甚至欧洲最新出版的哲学、医学、自然科学和政治学方面的著作，都可以在他的书架上找到。劳伦斯·克雷明说："他显然十分熟悉牛顿和洛克的学说……最起码也曾亲自读过洛克的《人类理解论》和《基督教的合理性》等著作，并且无疑十分熟悉艾萨克·沃茨和威廉·惠斯顿这样一些洛克著作的评论者。"（克雷明：242）这位兴趣广泛、求知欲很强的牧师，还在家里搞起了种痘实验，并矢志不渝地在波士顿推广这种预防天花的方法。

按说这样一个人最有可能成为牛顿、洛克或富兰克林一类的人物，怎么会和巫术扯在一起？纳尔逊·布莱克一语道破天机，说科顿·马瑟对科学实验的热切兴趣（或兴趣的一个方面）"是一种想要调查巫术现象的野心"（布莱克：130）。在1692年塞勒姆巫术审判之后，备受指责的几位法官带着复杂的心情请科顿·马瑟把这一段历史写下来。不久，这本名为《不可见的世界》的书出来了，可人们发现科顿·马瑟在其中大大缩小了自己在这场荒诞的审判中的作用。可是，如果不是他，不是他1689年出版的那本小册子**《难忘的天命：关于巫术和魔鬼附体》**）激发了马萨诸塞清教徒们本来就存在的对巫术的兴趣，那三年后距波士顿20英里的塞勒姆村就可能不会发生巫术恐慌。在巫术审判开始后，科顿·马瑟还不辞劳苦，从波士顿一路颠簸到了塞勒姆，向特别法庭的法官们面授"影子证据法"，以巫术的方式来辨认巫术，并以严酷的惩罚来扑灭巫术恐慌（他本人正是引发这场巫术恐慌的诱因之一）。如果根据他的影子证据法，他才是一个真正的觋，因为他的确相信一个人用针刺另一个人的偶像（如小布人）就能危害后者本人。

有理由把科顿·马瑟看做温思罗普时代之后的马萨诸塞清教徒的一个

典型,而其"影子证据法"则证明清教徒的宗教想象力已走向巫术方面。我们先来看看这本《难忘的天命:关于巫术和魔鬼附体》。科顿·马瑟写作该书的目的,不是为了揭示巫术的虚妄,而是证实巫术确实存在。他本来就对巫术怀有一种知识上的兴趣,而1688年他恰好获得一个机会去波士顿监狱探望行将被处死的爱尔兰女巫格罗福太太,他的求知欲迫使他贪婪地了解这位爱尔兰女人的行巫经验。他和几位"其诚实不可怀疑"的先生花了好些天来验证这名女巫的巫术是否灵验,结果让他对"不可见的世界"的存在更加确信不疑。书中有些记载显得稀奇古怪,例如邻居一男孩说自己"看见房间里有一个带绿帽子的黑影在折磨他",他的母亲于是跑到监狱里责问格洛弗太太为何加害自己的儿子。没走出监狱一步的女巫承认自己确曾化身为"一个带绿帽子的黑影"去过邻居家。科顿·马瑟将这件事也列为"奇迹"之一,以证实巫灵的存在以及"影子证据法"的有效。但格罗弗太太可能平时就带着绿帽子,邻居家的男孩对她的装扮很熟悉,在高烧的幻觉中看见她的影子出现在自己的房间也实属正常。科顿·马瑟反复强调自己是这些奇迹的目击者,以打消读者对他作为"一个历史学家和一个基督徒"的诚实的怀疑。他在该书最后一部分写道:"有了此番经历,我遂打定主意,不再与那些否定魔鬼和女巫的存在的人费半点口舌。"(Mather: Sect. XXXIII)此时,"新英格兰最有学问的人"就把自己降到了一个疯疯癫癫的老婆子的智力水平,而且这个习惯于将所有"发现"笔之于书的学者还迅速将他的这个"发现"公之于众,极大地影响了马塞诸塞清教徒的想象力。连博学的科顿·马瑟牧师都在为巫术和魔鬼附体的存在作证,那孤陋寡闻的塞勒姆人还有什么理由不去相信这一切是真实的呢?

科顿·马瑟先预设了一个"不可见的世界",这和一般清教徒没有什么不同,但他接着就想通过幻影来证实这个世界的存在,这就必须具有巫师的本领了。该书正文前有一段"致威特·温思罗普阁下"的文字,其中写道:"这本小册子辑录了若干件令人惊异的巫术和鬼魂附体现象,这些现象部分为我亲眼所见,部分为我确凿所知。"(Mather: 1)他一再强调视觉,却无法区分视觉和幻觉。可是,如果这个"不可见的世界"其实并不存在,那能够证明其存在的影子证据无非自己意念的幻觉而已。这典型体现了17世纪马萨诸塞清教徒的宗教想象力的二元性,即在可见世界之外,或在其背后、其上,存在"魔鬼"和"上帝"两个看不见的世界,但它们都以某种可见的方式(幻影)进入这个可见的世界。

在科顿·马瑟这本小册子里,"不可见的世界"用的是单数,指魔鬼或巫觋的世界,足见1688年的他已开始把世界看做一个已被魔鬼或巫觋侵占的世界,而温思罗普一代人则更多地把脚下这片土地看做"山颠之城"的基址。不过,科顿·马瑟年轻的时候倒也经常想到上帝,但他的上帝和温思罗普的上帝很不同。温思罗普虽强调教会和行政官是上帝意志的执行者,但从不描绘上帝的模样,因为这是不可知的。在《自由小论》中,他对马萨诸塞人说:"困扰这片土地的大问题,是行政官的权威与人民的自由。是你们把我们选上台的,你们既然选了我们,根据上帝的规条我们就有了上帝赋予的权威,如同上帝的印记留在了它上面。"(McGiffert:85)这番话只可能出自一个政治家,他把上帝当做行政官的权威的合法性来源,而依据则是圣经中的相关教义。但对科顿·马瑟来说,上帝是可见的存在,尤其对科顿·马瑟眷顾有加,常派天使来到他在波士顿的住宅窗口,向他传达重要信息。他早期的日记中记载了一些分明是宗教狂人才会有的幻觉:"在阵阵迸发的祈祷过后,在狂热和斋戒之中,一个天使出现了。他的面孔像中午的太阳闪耀着光芒。他长着人的五官,没有胡须;他的头缠绕着一个金光闪闪的环饰;肩上长着翅膀;他穿着白色闪光的服装,长袍拖地,腰上系着一条带子,那并非不像东方人的腰带。这位天使说,主耶稣派他来回答一个年轻人的祈祷,带来了耶稣的回话。这位天使说的许多事情都不适合于在这里写出。但不能忘记的是,他宣称这个年轻人的命运将以最好的方式在他身上充分表现出来……"(帕灵顿:98)

显然这不是一个真正的清教徒崇拜上帝的方式。哪怕是在他看见天使的时候,他也是以巫术的方式,即通过意念中的影子来达到对不可见的存在的把握。这样,他就遗忘了清教教义的核心是一种不可知论,即承认上帝存在的同时,承认没有人能够知道上帝的具体模样并对圣经作出完全符合"本意"的阐释(否则他就是上帝)。清教是谨防偶像崇拜的,在宗教改革时代,清教徒对天主教的指责之一,就是天主教太注重视觉形象,有偶像崇拜之嫌。派瑞·米勒谈到某些清教徒习惯于把不可见的存在形象化的倾向时说:"某些清教徒只是口头上承认这一教义,科顿·马瑟在他的内心深处从来就没怀疑过上帝是一个长得和科顿·马瑟本人极为相像的存在物。尽管清教徒个人或许忘记了清教的这种含义,但对清教本身来说,有一点是基本的,即上帝,或圣灵、神灵、宇宙的生命,对人来说一定是隐匿的,不可知的,无法预见的。他是终极的秘密,是令人敬畏的奥秘。他的本质'无法确切界定';我们只能说,他是'无法理解的、最高的和绝对的存在'……那些把这一教义抛诸脑后的人,那些把上帝描绘成如此这般的一种存在物或说上帝'必定'符合这些或那些规律的人,肯定不是清教徒……假若人一定要无休止地追问一种人无法理解的本质,那么他们的宗教生活或许就陷入了迷乱,屈从于那些难以用语言表达的冲动,而清教的意图也不可能有任何结果。"(Miller:10—11)

"不可见的世界"对科顿·马瑟一代的马萨诸塞清教徒来说,至少从求知欲上来说是不可忍受的。他们希望一切都是可见的,因为见到才能证实,这就使他们的宗教想象力陷入了迷乱。此外,一个不可见、不可知因而也无法控制的世界对强调律法主义的加尔文宗清教徒来说,也意味着无政府主义。温思罗普时代就已经向"不可见的世界"迈进了一步,但仅止于言论,即通过一个人明白无误地表达出来的言论来判断他的信仰,而不是根据自己的臆测。温思罗普之所以把贵格会教徒、胡克、威廉斯以及哈钦森夫人驱逐出境,是因为这些人明白无误地表明了自己的信仰,而他们的信仰不同于马萨诸塞行政官所认可的教义。换言之,他禁止的不是思想自由(内在自由),而是言论自由(表达自由)。它停留在一个理性的范围内,认为他人的内心是不可知、不可见亦无从判断的。

但科顿·马瑟这一代被求知欲弄得走火入魔的清教徒则不同,他们认为不可见的世界其实并非完全不可透入,它会派一些影子来传达它的信息,例如科顿·马瑟幻觉中的天使的影子以及1692年在塞勒姆随处可见的巫觋的影子。对那些经常在森林里看见魔鬼影子的塞勒姆村人来说,这种表象/实质的观察眼光会导致一种多疑的习惯,即怀疑每个人、每个物在别人看不见也无法透入的深处,都可能寄居着魔鬼,而科顿·马瑟则以一个博学的学者身份向他们证实了巫术和魔鬼附体现象绝非虚构。清教徒的想象力被引导进入了一个充斥着巫魔的世界。

帕灵顿把1692年的塞勒姆人更多地从可见之物上寻找魔鬼的存在而不是上帝存在的证据的原因,或者说1692年塞勒姆巫术恐慌的原因,部分归结为世纪末的来临对塞勒姆人的心理产生的微妙影响。由于相信圣经中描述的世界末日将在这个世纪末降临,"人们的思想自然要转向魔鬼信仰,这是希伯来二元论的逻辑结果,而最聪明者认为没有理由怀疑'当我们走进世界的黄昏/夜狼已经全部出洞'的说法。塞勒姆的巫术迷信已经有了心理基础,而当科顿·马瑟惊呼'邪恶的军队已经攻破了中心,在某种意义上,那是我们的第一个英国拓居地'时,他所说的已经是普通大众都信以为真的事了。在这个问题上,如在许多其他问题上一样,牧师们并不比他们的信众强多少。他们是盲人的瞎领袖,把他们的认可借给了不宽容的大众裁决"(帕灵顿:79)。但世界末日的传言同样传遍了新英格兰其他地区,却不曾像塞勒姆那样发生巫术恐慌。即便这一传言对塞勒姆清教徒的心理造成了影响,也只起到了"激发"的作用,即它激发了长久以来就已在塞勒姆清教徒移民后代内心形成的巫术想象力,并以社会事件的方式表现出来。

1692年塞勒姆巫术恐慌,标志着马萨诸塞的加尔文宗清教的一次失败,是马萨诸塞清教徒的那种倾向于从幻觉寻找魔鬼存在的证据的宗教想象力走火入魔的体现。从他们的意念中飞出来一大群恐怖的幻象,把他们自己吓坏了,于是就以流血的方式使已误入歧途的清教想象力回复到正常状态,回复到可靠的常识范围。有人必须为之去死,作为拯救已陷入巫术境地的清教徒共同体的祭品。

1692年塞勒姆村的巫术恐慌始于1月下旬几个十岁左右的小姑娘接连出现的古怪行为。她们发着烧,神情怪异地跑来跑去,有时害怕地躲在桌子下面。塞勒姆人对巫术的兴趣此时在这几个高烧的少女那里产生了幻觉。村医格里格斯先生被请来检查小姑娘的病情。他查不出什么原因,就按照科顿·马瑟那本小册子中有关"中邪"或"魔鬼附体"的症状的描述,说小姑娘们中了巫蛊。牧师们和小姑娘的父母们向地方治安官施压,要查出谁在暗中行巫。一个印第安女仆受到指控,遭到逮捕(她根据英国民间流行的配方,用中了邪的小姑娘的尿液和着黑麦粉,烘制了一块"巫饼"并拿来喂狗,为小姑娘驱邪,因为据说狗是魔鬼的仆人)。本来是小女孩之间无害的游戏,一旦被格里格斯医生按照科顿·马瑟的理论判定为巫术,就引起了恐慌。另外几个小姑娘这时也指控其他一些人对自己施巫。为了自保,也为了报复,人们纷纷指控他人为巫觋,而被指控者又反过来指控指控人。在几个月的时间里,被指控为巫觋的人达到了数百。这暴露出了塞勒姆人之间的相互不信任(几十年前,温思罗普曾自信地宣布要在这块土地上建立"基督徒之间兄弟之爱的一个典范")。一时间,恐慌笼罩了整个塞勒姆,并波及附近一带村镇。既然谁都有可能被指控为巫觋,那就人人自危了。5月底,新到任的总督威廉·菲普斯任命约翰·哈桑等人组成塞勒姆特别法庭。看一看厚达三大卷的《塞勒姆巫术审判文献汇编》辑录的庭审记录,就可知道这一连串庭审的荒诞风格。以下是约翰·哈桑对布里季特·毕肖普的审讯记录(Boyer:1:85):

哈桑:"你怎么知道你不是巫?"

毕肖普:"我不知道你在说什么。"

哈桑:"你怎么知道你不是巫,也不知道巫是什么?"

这种颠来倒去就那么几句话的盘问就这么继续下去。不久,大陪审团宣布毕肖普太太有罪,法院随即判处其死刑,8天后吊死在绞架山。从6月到9月,先后有19人在经过草率审判后在绞架山被处绞刑,1人死于刑讯,4人死于羁押期间。10月初,连菲普斯总督(他的夫人也被指控为巫)都开始不相信塞勒姆会有如此之多的巫觋。马萨诸塞人突然恢复了理智。菲普斯总督下令停止审判,释放所有囚徒。5年后的1697年,马萨诸塞宣布塞勒姆巫术审判为冤案,下令在全境斋戒一日,向死者谢罪。曾担任塞勒姆特别法庭法官的塞缪尔·休厄尔此时也因舆论的压力和对自己所犯下罪行的意识,举行了一次当众忏悔的仪式。要是我们了解"当众忏悔"在新英格兰社会意味着什么(读过《红字》的读者想必对此记忆犹新),就知道为何时人和后人会原谅他在1692年的行为。

但约翰·哈桑法官不忏悔,尽管他对被指控为巫觋的人更加冷酷无情,恨不得把每个被怀疑的对象都送上绞架山。他不仅继承了他的父亲威廉·哈桑当初对付贵格会教徒的那种冷酷风格,还继承了他的固执的性情。他们都不屑于忏悔自己的罪过,而这就把他们的一个后裔留在了家族罪恶史的耻辱中。

"他(威廉·哈桑)集清教徒所有的品性于一身,无论德行,还是罪孽。"哈桑家族的这位后代写道,"他还是一个残酷的迫害者,贵格会教徒可以证实这一点,他们在自己的史册中一直没放过他,并记下了他酷待他们教派中的一位女士的事,此事留给人们的记忆之久,恐怕要超过他的为数甚多的善行。他的儿子(约翰·哈桑)继承了这种迫害人的禀性,在迫害巫觋这件事上把自己弄得臭名昭著,据说巫觋们的血在他身上留下了一个血斑。这血斑渗得如此之深,以至他那埋葬在宪章街墓地里的枯骨如果尚未化作粉尘,肯定还留着印记。我不知道我的这两位先祖是否曾想到过忏悔,是否请求过上天宽恕他们的残酷行为,或者,九泉下的他们如今是否因承受不了那些残酷行为的严重后果而倍受煎熬。无论如何,我,本文的作者,作为他们的继承人而替他们感到羞耻。"(Hawthorne,1980:20—21)

写下这段文字的是纳撒尼尔·霍桑。他在大学毕业后不久,把英文字母"w"塞进家族姓氏中,从 Hathorne(哈桑)变成 Hawthorne(霍桑),以象征的方式宣布自己与这两位祖先划清界线(这个 w 是否是 witch 和 wizard 的首字母？如果是,那霍桑等于把一根记忆的刺扎进家族姓氏中,使继承哈桑姓氏的后人任何时候都感到痛。这比"划清界线"更符合霍桑的罪意识),但他其实多么顾怜他那两位在羞耻中忍受煎熬的先祖啊。他创作的大部分文字看起来都像是替他的这两位固执而骄傲的先祖举行的一场迟来的"当众忏悔"仪式,好拯救他们的灵魂。这就不难理解他在《海关》中写下"我,本文的作者,作为他们的继承人而替他们感到羞耻"这句话后,紧接着说:"并且,我祈祷上帝,愿他们招致的上天的诅咒从此解除。"(Hawthorne,1980:21)

但霍桑为他的先祖举行的这场"忏悔仪式",并不像 1697 年塞缪尔·休厄尔法官的当众忏悔那样是对个人参与一桩丑恶审判并在其中起了何种作用的忏悔。如果是这样,我们会多了一个休厄尔,而少了一个霍桑。他在《海关》中表示要为两位先祖的罪孽进行忏悔,但这篇被置于小说《红字》之前当做该小说"序言"的特写只是一篇随笔文字,而不是小说本身。在该小说正文部分,正如在《教长的黑面纱》、《小布朗先生》和《七个尖角顶的房子》等小说中一样,"家族忏悔"却发生了一种意义深远的转换,即最初是揭示某些个人的罪孽,但最终变成了所有人的罪孽。《教长的黑面纱》中的胡珀教长在弥留之际喊道:"我环顾四周,啊,每张脸上都有一块黑面纱！"(McMichael:1160)在《小布朗先生》中,一个"无论就装束还是举止都酷似新英格兰教堂的某位庄重的牧师"(霍桑是否暗指波士顿老北方教堂的科顿·马瑟牧师,我就不得而知了)的人对参加巫觋集会的人说:"靠着你们的人类之心与罪恶的那种感应,你们能从一切场所——无论是教堂,卧室,街道,田野,还是森林——察觉到罪恶,并欣喜地看到整个世界就是一块罪恶的污迹,一块巨大的血斑。你们要做的远不止这些,还应该识破隐藏在每个人的心中的罪恶的秘密以及一切邪恶花招的源头。"(McMichael:1142)

有些评论家将这种转换视为霍桑的"道德暧昧性"的表现,但这种将罪分摊给所有人的倾向,其实与作为移民后代的清教徒的宗教想象力有关。在这种想象力的作用下,世界无处不存在罪和恶。霍桑的宗教想象力更接近于科顿·马瑟时代的清教徒,而不是约翰·温思罗普时代的清教徒,而且,无疑,他将此视为自己的一种写作优势。他不进行道德评判,而是去追寻罪孽的发生史,如同他在《七个尖角顶的房子》的"作者自序"中所说的那样,是还其"原子状态"(Hawthorne,1988:viii)。

当他创作《小布朗先生》时,他的历史动机要强于为家族罪孽史进行忏悔的道德动机。的确,很难把《小布朗先生》视为霍桑家族的后人写的一篇忏悔录。它从头至尾被封闭在1692年塞勒姆村的一个清教徒的内在世界里，而他眼中的那个世界，即通常被称为"外在世界"的那个分布着村庄、森林和道路的世界，是以内在世界的逻辑建构起来的。我们每个人都以自己的方式在内心重新建构这个世界。对1692年塞勒姆的清教徒来说，塞勒姆村被以巫术的方式建构起来，所以它的森林里才会有魔鬼和巫觋。世界还是老样子，但观察它的眼光变了，于是世界仿佛也变了。

与霍桑的其他小说不同，《小布朗先生》是一篇没有行动的小说，所有的一切都发生在那个叫"小布朗先生"的人的内心。的确，这个时候，塞勒姆村这个安静的林间世界并没有被触动，它和往日一样躺在林间空地里懒洋洋地晒太阳，但观察它的眼光已经悄悄地发生了变化。这不再是清教徒的眼光，而是巫师的眼光，它能看到清教徒看不到的东西，而这些东西震惊了这双眼睛的主人，他重新意识到了自己清教徒的身份。当他以巫师的眼光看见了清教徒看不见的东西时，巫术恐慌就降临了；而当他突然再度意识到自己的清教徒身份时，巫术审判就不可避免了。为了清除内心的巫术恐慌，塞勒姆的清教徒就把自己中的一些人当做祭品。在绞架山上绞死19名所谓的巫觋，无非一场为拯救已陷入巫术幻境的塞勒姆村而举行的活人祭。

"日落时分，小布朗先生走出家门，来到塞勒姆村的街道上。"

《小布朗先生》开头这平铺直叙的一句，给人一种强烈的现实主义印象。这里不存在巫术的神秘。直读到几页后，当小布朗走出塞勒姆村，沿一条林间小路走进密林深处的一个弯道时，一切还都是现实主义的。换言之，一切都给人一种时空意识正常的感觉。通过小布朗的处于正常状态的视觉、听觉、触觉和嗅觉，我们看到世界本来的样子——或者，更确切地说，这个世界呈现给我们的样子。我们（或小布朗）逗留在现象中，只接受世界呈现给我们的样子，并确信现象背后一无所有，无论是"上帝"，还是"魔鬼"。这里面有一种可靠的常识。

可读到小布朗走过那个幽暗的林中弯道，看见前面一棵古树下坐着一个黑色人影时，我们就开始隐约察觉到时空方面有什么地方不对劲了，仿佛小布朗的视觉、听觉、触觉和嗅觉发生了轻微的反常。尤其是当他和这个陌生人并肩继续往前走，追上前面的一个老妇人，而这个老妇人在谈话中向陌生人提起"扫帚柄"时，我们才豁然明白，原来作者是在写一篇关于巫觋的怪诞的传奇故事。随后的描写风格也证实了这一点，例如那位陌生人从身边的枫树上折下一根满是枝桠的树枝当手杖用，"他的手指一碰，那些枝桠就奇怪地枯萎干缩了"(McMichael:1139)。本来没有阴影的现象世界突然裂开了一个神秘的口子,让人感到另一个看不见的而且有违常识的世界的存在。

但随即,我们对自己下的这个判断又开始变得不自信,因为在这篇荒诞故事中出场的有名有姓的人物大多在史书上有据可查,例如在小说中出场的那几个老巫婆。费了一番周折,我在1692年塞勒姆巫术审判文献中找到了她们的名字:克洛伊斯太太(Goody Cloyce),即 Sarah Cloyce;柯里太太(Goody Corey),即 Martha Corey;玛莎·卡丽娅(Martha Carrier),即 Martha Carrier,她们均于1692年在塞勒姆巫术审判中被判死刑,绞死在绞架山上。在保持现场风格的庭审记录中,就如同日常生活中那样,Sarah Cloyce 被称做 Goody Cloyce,Martha Corey 被称做 Goody Corey。我们知道,17世纪的新英格兰人习惯用"Goodman"(先生)和"Goody"(太太,即 Goodwife 的简称)来分别称呼社会地位中等的已婚男女,而社会地位高的人则享受另外的称呼,如"Mister"(君)被用来称呼无可非议的绅士,而如果是地方治安官或地方议会议员,则姓后加上"Esquire"(阁下)。在原始庭审记录中,约翰·哈桑的名字被书记员缩写成"Hathorn, esq"。

看来霍桑对1692年审判的卷宗或资料相当熟悉。可是,既然他带着历史学家的兴趣来查阅这些历史档案,本该成为如实描写1692年塞勒姆巫术恐慌的历史小说家,为何非要把巫术的技巧掺杂在其中,造成一种亦真亦幻、现实和幻觉相混淆的效果?这个问题把我们带到了《小布朗先生》这篇传奇作品的结构中心,即它是对17世纪末或1692年塞勒姆清教徒的心理世界的模拟,是心理现实主义的而非全知视角的现实主义的。现实和非现实在心理世界中失去了明晰的界限,或者说,现实被心理化了,而同时心理也被现实化了。对经历过"祛魅"手术的当代读者来说是幻觉或荒诞的东西,对17世纪末的塞勒姆清教徒来说却可能是"真实发生"的东西。他们的世界原本就是这样,如果我们感到荒诞,那只说明我们已脱离了这个世界(这典型地体现于塞勒姆审判的突然中止上,在那一刻,马萨诸塞人脱离了巫术世界)。我们应该把《小布朗先生》看做17世纪末塞勒姆清教徒的宗教想象力的呈现。霍桑在《七个尖角顶的房子》的"作者自序"中曾区分"传奇"和"小说",说前一种体裁应"不偏离人心的真实"(Hawthorne,1988:vii)。他这是在暗示一种"心理现实主义",即以现实主义的风格呈现"内部"发生的一切。考虑到每个人都在以自己的方式在内部重新建构这个外在的世界,那么,通过小布朗的眼睛,我们看到了的这个"外部世界",其实是一个已被17世纪末塞勒姆清教徒的意识重新建构起来的世界，一个已被重新编码的世界，对他们自己来说，这个世界是现实的，是可感的。

《小布朗先生》虽然采用了第三人称叙述，仿佛空中有一双全知的眼睛望着他，但我们很快发现，霍桑非常严格地将小布朗关闭在他自己的意识中，即他只知道自己的意识，别人的意识对他来说是一堵堵无法穿透的墙。巫术正是为了穿越这一堵堵不可能被穿越的墙。本来，他人的意识就和上帝一样不可知，这是人的有限性，也是常识，但巫术试图穿越这种不可能被穿越的障碍，其结果就是把自己的意念当做了现实，将自己的意念误当做他人的意念。巫术的这种目标，和马萨诸塞的加尔文宗清教的神权政治的目标其实非常一致，即不允许任何自由意志的存在，哪怕是在内心里。它们都徒劳地想控制那本来不可控制的领域，其结果就是共同体的失控。

小说的第一个场景，即小布朗夫妇告别的场面，就有这种"他人是墙"的隔绝感。尽管小布朗很爱"美丽的爱妻"菲丝，而且菲丝也表示很爱他，但他既然不能进入她的意识，又怎能知道她到底是否爱他，或是否"信仰上帝"，尽管霍桑故意给她取了一个"恰当的名字"——Faith，这既表示"忠实"，又表示"信仰上帝"。下一个场景则更加强化了这种隔绝感。小布朗在林中小路拐弯处遇到的陌生人，即那个将引他去密林深处的巫术仪式的人，"与小布朗先生显然属于同一个社会阶层"，而且很有可能就是他的父亲老布朗，但小布朗没有认出他来，只是觉得他和自己长得有几分相像，"会被人错当做父子"（McMichael：1136）。但老巫婆克洛伊斯太太一眼就认出了老布朗，说："啊，果真是老爷子您吗？可不是吗，和我那个老朋友布朗先生，也就是小布朗这个傻小子的爷爷，活脱脱一个模样。"（McMichael：1138）如果说老巫婆克洛伊斯太太看到的只是一个长得和小布朗本人以及他的祖父相像的人，而不是老布朗本人，那霍桑为何在小说中一再使用"Young Goodman Brown"这个稍显冗长的称呼，而不干脆使用1692年塞勒姆村人更习惯的叫法，称他"Goodman Brown"？

他是在暗示小布朗在林中小路遇到的那个上年纪的人其实正是他的父亲老布朗。"Young Goodman Brown"这个称呼的第一个词"Young"并非一个可有可无的描绘性形容词（年轻的），因为他的年龄在这篇小说里没有功能意义，而是一个不可或缺的标示辈分的词（小布朗）。只有这样理解，才能达到霍桑的一个关键意图，即全塞勒姆村的人，无论是夫妻、父子还是邻人，彼此之间都是不可透入的墙，但人人都在墙外猜测墙那边发生了什么。

接着，小布朗由那个与他的父亲长得有几分像的中年人引导，走进密林深处的一块空地,那里正在举行盛大的异教入会仪式,他在那里似乎见到了整个塞勒姆村甚至马萨诸塞的人:"在这群随着火光的忽明忽暗而时隐时现的人群中间,有第二天将在地方议会上见到的那些面孔,还有来自本地那些最神圣的布道坛的牧师们,他们在每个安息日,都虔诚地仰望着上天,慈祥地俯视着拥挤的信众。有人肯定总督夫人也在场。至少,有她的熟人圈里的一些名媛淑女,以及一些达官贵人的夫人,一大群遗孀,名声极好的老处女,和唯恐自己的母亲发现自己在这儿而抖个不停的美丽少女们。要不是那不时把场地突然照得通亮的火光使小布朗先生感到一阵眼花缭乱,他就真的辨认出了在塞勒姆村以圣洁著称的二十个神职人员。善良的老古金执事也来了,此刻正侍立在那位可敬的圣徒、年高德劭的教长身边。但是,不协调地混杂在这些庄重、可敬、虔诚的人们、这些教会的长老、这些贞洁的贵妇和纯洁的处女中间的,是一些生活放荡的男人和声名狼藉的女人,一些无恶不作甚至可能犯有令人发指的罪行的歹徒。奇怪的是,这些好人并不回避那些坏人,而罪人在圣人面前也毫无羞愧之感。再就是一些印第安祭司,或者说巫师,他们也夹杂在这些他们一向视为敌人的白种人中间。"(McMichael:1142)

"莽林"和"塞勒姆村"重叠在一起,既意味着塞勒姆村清教徒已获得了一种巫觋的眼光,同时在这种眼光下,整个塞勒姆村也像森林一样充满了鬼魂,每一个人都魔鬼附体。尽管在小布朗眼中,这是一场邪恶的巫术入会仪式,是一起自己参与的"罪恶的勾当",但看上去更像是一场所有人平等相处的盛会。人和人全都丢开伪装,敞开心扉,突然发现彼此都是罪的兄弟姐妹。对"表象下的实质"狂热地追寻,使表象一律成了伪装。表象不再是表象本身,背后一定隐藏着另一重隐蔽的不能暴露在阳光下的身份。以这种多疑的眼光去看世界,世界就变成了不真实的影子。这几乎是一个职业侦探观察世界的眼光:不要被表象所迷惑。

小布朗在一阵油然而生的绝望中大声喊道:"尘世间无所谓善,而恶也只是徒有其名。"(McMichael:1141)可此时,他又分明感到自己和这些人多么相似,于是他"从树木的阴影中走出来,朝会众走去,并且因自己内心中的一切邪恶的东西而对这些人产生了一种可憎的兄弟情谊"(McMichael:1142)。在"四棵燃烧的松树"(或"地狱里点燃的火把")的照亮下,塞勒姆的清教徒们成群结队地走向魔鬼的祭坛。但即便在这个时刻,他们内心深处的另一重身份(清教徒)也没有完全睡去,而是在对自己的行为不停地进行道德评判。他们的身上重叠着"巫觋"或"罪人"与"清教徒"或"法官"的双重角色。

  在小说结尾,小布朗从半梦半醒的状态中醒来,发现自己孤零零置身于一片宁静的夜色中。从这一刻起,就像小说开头部分那样,感觉的正常状态又回到了小布朗先生身上。他倚着巨石摇摇晃晃地站起来,穿过林中小路,慢腾腾地回到塞勒姆村的大街上。

  霍桑写道:"难道小布朗先生那时在森林里睡着了,巫觋聚会只是一场荒唐梦?"(McMichael:1144)

  "如果你愿意这样想,那就是吧。"这简单的一句插入语,与其说是在证实某件事,还不如说是让它重新回到现实与幻觉之间的模糊地带。倘若说小布朗在日落时分离开塞勒姆村只是为了在阴冷而潮湿的森林中睡一会儿觉,那他无疑是一个莫名其妙的梦游者,因为他说过,哪怕只是一个夜晚,他也舍不得离开菲丝温暖的怀抱("帽子上的粉红色缎带"、"床"、"依偎在她的裙子旁"、"娇嫩可爱的心"等,这些充满肉欲暗示的描写足以让小布朗在那个夜晚留在菲丝温暖而柔软的怀抱中)。极有可能,在那个已被巫术恐慌折腾得人人神经过敏、人人自危的黄昏,他并没离开塞勒姆村,而是在菲丝的怀抱中度过了一个多梦的夜晚,并在梦中参与了全村的一个罪恶勾当。

  虽然是梦或幻觉,但它像真实发生的事情一样对醒来后的小布朗产生了效力。他开始使用科顿·马瑟的"影子证据法"来发现他人的罪孽。他从自己的梦或幻觉中获得了一种怀疑眼光。当他带着这种眼光行走在再熟悉不过而且在阳光下显得如此安宁的塞勒姆村的街道上时,阳光下本来清晰的一切全都显出了深深的阴影,现实变成了假象。那些他再熟悉不过的虔诚而善良(我怎么知道他们既虔诚又善良?)的村民们,每一个脸上都挂着一幅黑面纱。"对小布朗先生来说",霍桑写道,"这是一场充满凶兆的梦。自打做了那个可怕的梦后,他就变了,即便不是心如死灰,也变成了一个严厉、悲伤、苦思冥想、疑神疑鬼的人。在安息日,当教民们一起唱神圣的赞美诗时,他听不见,因为这时候,总会有一首罪恶的颂歌在他耳边嗡嗡作响,完全盖过了那支神圣的曲调。当教长在布道坛上手按打开的《圣经》,以激昂有力的嗓音,滔滔不绝地向教民们讲述我们的宗教所包含的神圣真理、圣徒般的生活和壮丽的殉难、天国里的极乐或地狱中的煎熬时,小布朗先生就会脸色发白,生怕教堂的屋顶会轰地一声塌下来,压在那位头发花白的渎神者和他的听众头顶上。他经常在半夜惊醒,然后从菲丝的怀抱中挣脱出来;清晨或傍晚,当一家人跪下来祈祷时,他总皱着眉头喃喃自语,用严厉的目光盯

着妻子,然后转过脸去。"(McMichael:1144)

他怀疑别人也像他自己一样不虔诚。但问题是,他无法确切地知道别人是不是不虔诚。他能察觉自己的内心,但他无法知道别人的内心。他的目光从别人的身上反弹回来,根本透不进去——对别人来说,他也是一堵无法透入的墙。如果不是巫术想象力的作用,那小布朗不会将梦当做罪恶的证据。只有当现实和幻觉之间的界线在想象中变得模糊时,幻觉才有可能获得现实性。小布朗在林中聚会中获得的那种"道德暧昧性"本来可以使他成为一个宽容之人,即认识到每一种道德观或宗教观都缺乏终极依据,但又各有其合理性,是不同的人用来使他自己的世界充满意义并使他的每个行为或选择合法化或合理化的意义体系,无所谓"巫"与"正"之分。但在他走回塞勒姆村的那一刻,他就带着一种憎恶之情把"道德暧昧性"丢开了,他身上的清教徒身份盖过了"巫觋"的身份。这预示了日后的巫术审判。梦幻中的森林里的经历只是强化了小布朗的加尔文教的悲观主义,并把他带向罪意识的深处。沿着这个方向走下去,他本可以成为一个忏悔者。但他不满足于这个角色,因为他"发现"(在梦中发现)那些曾构成他的全部生活的稳固基础的东西——妻子菲丝的诚实、古金执事的虔诚、布朗家族上两辈人的好名声等等,全都不可靠。为了测量自己失败的深度,他担当起了监视和评判自己邻居的义务法官的角色,把自己本来有的那些好品质全丢弃了。当他巡视在塞勒姆村的街道上时,他探询的目光总能发现恶。在他神经衰落的幻觉中,恶灵已占据塞勒姆村,并在巫觋身上现身。派瑞·米勒说:"清教徒将他们的神经衰弱宇宙化了,他们相信自己的恐惧和焦虑源自他们实实在在看见的事物本身。"(Miller:7)可以想象,在紧随巫术恐慌而来的巫术审判中,小布朗会成为一个告发者,当然也有可能同时成为一个被告发者。

1692年塞勒姆村清教徒的宗教想象力就这样与1688年科顿·马瑟的宗教想象力重叠在一起。"影子证据法"由一种法庭证据法变成了一种观察世界的眼光。塞勒姆村人眼中的世界是一个现实与幻觉之间的界线已然模糊的世界。他们把自己的巫术幻想当做别人施行巫术的证据。《小布朗先生》正是一个塞勒姆清教徒的梦幻,但这个梦幻在巫术的神秘转换下已具有现实性。

当塞勒姆村发生巫术恐慌的消息传到波士顿后,科顿·马瑟仿佛看见他在1689年出版的那本关于巫术现象的描绘性小册子里肯定无疑地提出来的东西全都得到了印证。他在老北方教堂的布道坛上大声宣布:"最终的审判降临了,科顿·马瑟教长和菲普斯总督将率领大家对魔鬼军团进行最终的指控。"这个不可见的魔鬼军团其实来自科顿·马瑟以及塞勒姆人自己的意念,他们在自己内心见到了它的影子,就断定它的存在。小布朗在一场荒诞的梦中见到了全村人都在参加森林里的巫术仪式,就断定每一个村民其实都已魔鬼附体。巫术恐慌的心理基础已经形成,就等着一个发着高烧、行为怪异的人来提供影子证据。

参 考 书 目

Boyer, Paul, and Stephen Nissenbaum, eds., *The Salem Witchcraft Papers*, in three Volumes, New York: Da Capo Press, 1977.

Dillenberger, John, and Claude Welch, *Protestant Christianity*, New York: Charles Scribner's Sons, 1954.

Hawthorne, Nathaniel, *The House of the Seven Gables*, Bantam Books, 1988.

Hawthorne, Nathaniel, *The Scarlet Letter*, New American Library, 1980.

Haynes, Williams, *American Chemical Industry: A History*, Volume I: 1609—1911, D. Van Nostrand Company, Inc., 1954.

Mather, Cotton, *Memorable Providences, Relating to Witchcrafts and Possessions*, printed at Boston, 1689 (see Salem Witchcraft Trials Homepage).

McGiffert, and Skotheim, eds., *American Social Thought: Sources and Interpretations*, Volume I: *Colonial Beginnings to the Civil War*, Addison—Wesley Publishing Company, 1972.

McMichael, George, ed., *Anthology of American Literature*, Volume I: *Colonial Through Romantic*, Part 2, Macmillan Publishing Co., Inc., 1980.

McWilliams, Wilson Carey, *The Idea of Fraternity in America*, University of California Press, 1973.

Miller, Perry, *The New England Mind*, The Belknap Press of Harvard University Press, 1982.

Williamson, Harold F., *The Growth of the American Economy*, Englewood Cliffs, Prentice—Hall, Inc., 1951.

布莱克,纳尔逊·曼弗雷德:《美国社会生活与思想史》,上册,许季鸿等译,商务印书馆,1994年版。

克雷明,劳伦斯:《美国教育史》,第一卷:《殖民地时期的历程,1607—1783》,周玉军等译,北京师范大学出版社,2003年版。

帕灵顿,沃浓·路易:《美国思想史,1620—1920》,陈永国等译,吉林人民出版社,2002年版。

《汤姆叔叔的小屋》与南北方问题

    哈里特·比彻·斯陀1862年应总统亚伯拉罕·林肯之邀访问白宫。她从北方新英格兰地区一路南下,前往位于交战线附近的首都华盛顿。这一年她51岁,是一个满身病痛的小个子北方妇人。她可能会把总统的这次召见理解为总统的一时心血来潮。使她名传遐迩的那本小说,不过是她十年前的作品;何况,此时,与南方的战争已进入第二个年头,日理万机的总统想必不会有闲心来与一位作家消磨几个钟点的时间。

    1862年的形势对北方来说不容乐观。本来占尽军事优势的北方军队自开战以来却连遭败绩。在白宫,总统皱着眉头翻看着前线的战况报道和后方的骚乱消息,围绕在他身边的,是一大群一筹莫展的将军和参谋人员;而在白宫外,在那些自迁都以来一直来不及铺设砖石路面的泥泞街道上,熙熙攘攘地行走着开往南方的北方军队和从南方逃来的黑奴,全都显得疲惫不堪、精神涣散。在这种并不轻松的时刻邀请一位女作家来白宫,显然不是为了在茶桌上谈谈文学。林肯正在酝酿一个后来使他获得了"伟大解放者"的美誉的计划,一个将改变眼前这场打得颇不顺手甚至颇为难堪的战争的性质的计划。

    当斯陀夫人被迎进白宫时,正在为战事发愁却仍不失幽默感的总统对她说的头一句话是:"原来你就是那位写出那本引发了这场战争的书的小妇人!"他指的是1852年出版的《汤姆叔叔的小屋》。把一场已经打了一年多的残酷内战的起因归之于一个小妇人十年前出版的一本小说,这看起来是一种言不由衷的恭维,尽管后来的文学史家一谈到这本小说,必定引用这句说得非常漂亮的话。但这句话决不是林肯灵机一动随口说出来的,它的真实用意远比恭维或者幽默复杂得多。实际上,它是林肯为改变这场已经在战场上和合法性上面临双重危机的北方对南方的战争的性质而进行的一系列意识形态策划中的一环。1862年的林肯考虑的不是文学,而是如何取得战场上的优势,要达到这一目标,就必须为这场战争找到一个神圣的理由,而不仅仅是"维护联邦的统一"。换言之,必须将这场世俗的内战转变成一场具有宗教意味的圣战,才能动员北方一切社会力量和南方数目庞大的黑人,以此来瓦解南方政权的群众基础和经济基础。林肯邀斯陀夫人来白宫,与他签署《哥伦比亚特区解放法案》、《初步解放宣言》和《解放宣言》是在同一时期,这并非偶然。

这场在1862年后被称为"解放战争"的南北战争,在战争爆发的1861年,并不以解放南方黑奴为目标,甚至根本没有将解放黑奴列入战争议程。林肯政府不想触动自17世纪以来就已形成并且被1787年《美利坚合众国宪法》所确认的南方奴隶制。他考虑的是如何维护这部宪法所取得的政治成就,即一个建立在联邦法律至上主义基础上的统一的联邦国家。宪法史家查尔斯·比尔德和J.艾伦·史密斯分别在著作《美国宪法的经济解释》和《美国政体的实质》中,把1787年的宪法看做是有产者维护自身经济利益的政治行为,是对民主理念和体现于1776年《独立宣言》中的自由精神的反动。作为国家多事之秋时期的总统,林肯的情感是一个联邦党人的情感。他像1787年费城制宪会议上的联邦党人一样,把维护联邦统一和联邦政府权威当做自己的职责,甚至为此不惜断送反联邦党人通过《权利法案》(宪法修正案前十条)所取得的公民个人自由权,如中止"人身保护令",逮捕对其政策持异议的人。当他于1861年4月宣布对南方开战时,他是为了以武力把分裂出去的南方重新纳入联邦的版图,而不是黑人的自由。对他来说,自由这个字眼过于微妙,南方不正是以自由为旗帜宣布从联邦脱离的吗?使林肯由汉密尔顿主义者(国家分裂时期的总统必定是一个国家至上主义者或联邦主义者)在1862年突然间变成一个表面的杰佛逊主义者的原因,是这场本来以联邦重新统一为战争目标的内战从一开始就遭遇到了始料未及的合法性危机。

南方与北方之间的分裂并非始于1861年,因为早就存在南方与北方两个不同的美国。至少在战争爆发前的四十年,北方与南方就已形成一条泾渭分明的经济和政治分界线,大致沿1820年《密苏里妥协案》第八款所注明的北纬36°30′一线划定,其北边为自由区,以工商业经济为主,其南边为蓄奴区,以种植园经济为主。经济史家吉尔伯特·C.菲特和吉姆·E.里斯在他们合著的《美国经济史》一书中谈到南方与北方不同的经济形态时说:"在南北战争以前,双方基于各自的经济发展类型滋长了相当强烈的地区意识。南部的农业占优势,把奴隶制视为种植园经济必要的组成部分。在北部,农业是主要经济活动之一,但工业和贸易也愈来愈重要。南北双方沿着不同的经济道路向前发展。"①

实际上,南方和北方不同的经济形态和地方意识从17世纪初最早的两批英国殖民者分别在北美大陆东海岸的北边和南边登陆的那一刻起,就已经体现出来了:1607年在南方的詹姆斯敦登陆的英国殖民者建立了南方第一块殖民地,主要以种植业为主,而1620年在北方的普里茅斯登陆并建立北方第一块殖民地的那批英国清教徒则由于当地土地贫瘠而转向发展工业和贸易。由于种植业需要大量廉价劳动力,南方很快就开始使用从非洲西海岸或西印度群岛贩运来的黑奴,形成了与南方经济形态相适应的奴隶制生产关系。北方决不会错过利用奴隶贸易赚钱的机会,它的造船厂很快就制造出北美大陆第一艘大型贩奴船("希望号"),为南方的奴隶市场提供货源。南方制造不出这种贩奴船,因为它不像北方那样具有雄厚的制造业。到南北战争爆发前的1860年,北方的制造业已占全国制造业的90%。但这些粗糙的北方工业制品却难以进入欧洲市场和南方市场,因为那时西欧各国的制造技术(尤其是精工产品)远远领先于美国,而且成本价格更低,而南方的大种植园主要以手工劳动为主,也不怎么需要北方的机器。就日常消费品而言,南方贵族化的种植园主不屑于使用北方粗劣的制品,宁可远道从欧洲购买服装、瓷器、家具、书籍以及其他高质量奢侈品,甚至直接从欧洲(主要是德国和意大利)雇手艺人来修建别墅、布置庭院、装饰房间等等②,而种植园出产的大量茶叶、棉花和烟叶则主要销往英国。

北纬36°30′这条无形的线,使北方成了一个几乎封闭的市场。此外,这条线还是一条具有均衡意义的政治分界线,北方是共和党的天下,而南方则是民主党的天下。南北双方各有数目相等的州,这意味着它们在参议院拥有数目相等的席位,尽管人口更多的北方在众议院的席位要多于南方。对于南北战争的起因,美国史研究者们一向众说纷纭,但把它说成是南方奴隶制的邪恶激起了北方的普遍道德义愤,却可能非常勉强。实际上,对北方的决策层来说,到1862年,也就是战争已打了一年多而北方却胜少负多的时候,奴隶制问题才作为北方试图扭转战场局势而采取的一种策略进入林肯

---

① 吉尔伯特·C.菲特、吉姆·E.里斯:《美国经济史》,司徒淳等译,辽宁人民出版社,1981年版,第330页。

② 这方面的材料,参阅如下著作:Thorstein Veblen, *The Theory of the Leisure Class:An Economical Study of Institutions*, New York: Vanguard Press, 1935; Gordon S. Wood, *The Radicalism of the American Revolution*, New York: Knopf, 1991;维尔纳·桑巴特:《奢侈与资本主义》,王燕平等译,上海人民出版社,2000年版。

政府的议程。如果把南方奴隶制理解为对北方工业经济的一种市场限制，而不是一种邪恶——即理解为一个经济问题，而不是道德问题——那么奴隶制一说才站得住脚。北方没有建立奴隶制，是因为北方的工业经济需要自由流动的廉价劳动力，而奴隶制却把劳动力终身拴在土地上。北方从自身经济的考虑反对奴隶制，但这并不意味着奴隶制不以变相的形式存在于北方的政治生活和社会生活中。

并非偶然的是，在1787年费城制宪会议上讨论未来的众议院席位分配时，南方代表坚决要求把黑奴计算在选区人口中，而北方代表则坚决反对给予黑奴以这种哪怕是名义上的公民权：由于南方的总人口少于北方，而且黑人在南方人口中又占很大一部分，因此，若把黑奴计算进选区人口，南方在众议院里就能获得与北方大致均衡的席位，而这正是北方所担心的。南方与北方在这一问题上的妥协结果，变成了1787年宪法第一条第二款的内容，即每个黑人被折算成3/5个白人计算进选区人口。这种奇怪的折算方式，说明黑奴问题对这个时代的南方和北方来说都不是一个道德问题，而是一个经济和权力问题。实际上，除了南方实行奴隶制经济而北方实行自由经济制度外，在社会生活、道德生活和政治生活中，南方与北方对待黑人的态度并没有什么太大的不同。如果说南方对黑人是一种制度性歧视的话，那么北方对黑人就是一种社会性歧视。这正如20世纪30年代流亡美国的法兰克福学派成员对美国的反犹主义进行研究后得出的那个相似的结论(见《权威人格》)，认为美国的反犹主义甚至超过纳粹德国的反犹主义，即反犹主义在美国是社会性的，比纳粹德国的制度性反犹主义具有更庞大的群众心理基础。①

至少，1862年前的林肯对南方奴隶制采取的是一种不干涉政策，例如他在1861年的就职演说中再次明确表示自己无意干涉南方奴隶制。因此，南方诸州迅速作出的对立反应，宣布脱离联邦，就不是因为作为南方经济支柱的奴隶制受到了威胁，而是因为刚刚取代民主党布坎南政府的林肯共和党政府根据《莫里尔法案》宣布提高关税税率，对进出口商品课以高额关税。南方经济虽然是奴隶制农业经济，却高度依赖进出口，而北方经济虽是以工

---

① Martin Jay, *The Dialectical Imagination*, Boston: Little, Brown and Company, 1973, p.162. 法兰克福学派成员对美国的反犹主义的看法，基于他们自己在美国的日常体验以及经验性研究得出的结论，如庞大的"偏见研究"计划，其中阿多诺主编的《权威人格》(T. W. Adorno, *The Authoritarian Personality*, New York: Harper & Brothers, 1950)在其中占最重要的分量。

商业为主的自由市场经济,其市场却局限于北方本地。这就是北方的共和党政府为什么执行一项有悖于自由主义市场经济原则的关税政策的原因。提高关税税率,增强了北方工业制品的市场竞争力,但却直接损害了南方各州的经济利益,因为这意味着南方的出口商品竞争力的降低和进口商品价格的上升。南方种植园主们有充分的理由把这种政策视为"北方佬儿"对南方的经济入侵。最南部的南卡罗来纳州是南方各州中最早预感到南方经济命运的州,所以当林肯当选的消息在1860年11月间传到该州时,当地分离主义者就开动组织机器,于次月20日使该州脱离联邦。紧随其后,在1861年头两个月里,有6个州宣布脱离联邦,后来又接连有6个州采取了相同的行动,并在蒙哥马利城设立了一个与联邦政府分庭抗礼的南方邦联政府。作为脱离联邦的一个具有象征意味的军事步骤,南方军队于1861年4月派兵包围了联邦军队把守的萨姆特要塞,并对它进行炮击。

　　林肯在1861年3月4日正式就任总统时,面临的就是这种南北开始分裂、联邦政府权力已遭极大削弱的局面。作为共和党温和派人物,林肯一开始想以牺牲南方黑奴的利益来与南方蓄奴州达成妥协,以保住联邦的统一。虽然林肯坚决反对种植园主把蓄奴制扩散到尚未加入联邦的西部和西南部的准州,但很难说他这个时候是一个废奴主义者。历史学家小阿瑟·施莱辛格在他主编的《美国共和党史》中引用林肯谈到种族问题时的一句非常出名的话,来说明林肯在这个问题上"不可能走得更远,时代的一般偏见使他不可能超越这个限度"。这句在不该幽默的问题上也不放过幽默机会的话是:虽然黑人也许不是在所有方面都与白人平等,"但在把他亲手赚来的面包塞进自己嘴里的权力上,他与任何人都是平等的,不管是白人还是黑人"。① 这种有限度的平等观,使他在就职演说中再次向南方白人保证,他对他们并不怀有敌意,只是宣称南方脱离联邦是非法的。问题似乎归结到南方脱离联邦的行为是否合法或合宪上了。林肯依据的是基于联邦主权说的1787年宪法,但主张州主权说的南方分离主义者则完全可以依据1781年的第一部美国宪法,即被费城制宪会议于1788年废除但此前却获得南北各州立法机关批准的《邦联条例》(Articles of Confederation),不仅认为联邦政府无权干涉各州内部事务,而且从州主权说和契约说的角度认为各州有权自行决定是否留在联邦。仅仅从宪法上争论孰是孰非,肯定得不出一个结果,

---

① 小阿瑟·施莱辛格主编:《美国共和党史》,复旦大学国际政治系编译,上海人民出版社,1977年版,第107页。

因为存在着两部宪法,而从合法性或合宪性来说,1787年宪法本身就令人质疑,它废除了一部当初为各州所认可的宪法,而它自己在成为联邦宪法时只获得了九个州的同意。

此外,南方和北方的分裂,虽然在1862年前并不明显表现为宗教上的分裂,但宗教在南方与北方各自的社会生活中所占的分量却极不相同。北方(尤其是新英格兰地区)是宗教情感浓郁的地区。1620年乘坐"五月花号"船从英国移民到北方的那一批"朝圣之父"(Pilgrim Fathers)早就塑造了新英格兰地区严厉的清教主义气质。作为"美洲第一份绝对民主"[①]的政治文献,他们所订立的《五月花号公约》具有浓厚的宗教气息,开头就祷告道:"以上帝的名义,阿门。"自那以后,两百多年来,在这片教堂林立、钟声回荡、到处是宗教团体的北方土地上,总是时不时地爆发出一阵阵宗教狂热,例如烧死女巫、驱逐宗教异端等等。新英格兰人把自己的尘世生活当做是一次漫长的充满考验的朝圣之旅,这使得他们的宗教想象力非常接近17世纪英国清教徒作家约翰·班扬《天路历程》(*The Pilgrim's Progress*)中的朝圣者,其思维是隐喻性的,如该书开头部分的《辩辞》所说,充满了"隐喻"、"黑色的意象和寓言"以及"光亮和光线",以此来"陈述真理"、"把黑沉沉的夜变成白昼"。[②] 这种黑白色调尖锐对立的宗教想象力,如果局限于内在宗教生活,可能会造就一些即便性格狭隘然而高尚的人;倘若进入社会生活,则会引发零星的宗教迫害事件;而若进一步渗进政治生活,则必定导致圣经启示录中那种具有善恶大决战色彩的血与火的大灾难。清教的这种严厉性,在于它执意于自己所定义的那种尽善尽美,但政治和社会生活若以"尽善尽美"为目标,而不容忍历史、现实或无论什么因素导致的不完美状态的存在,反以激烈的方式加以"清洗"("Puritan"这个名称本身就来自动词"purify"),那势必引发社会性的迫害、不义和动乱。

好在最初塑造美国政治生活和政治格局的那些人,不是北方新英格兰地区的清教徒,而大多是具有18世纪启蒙时代理性主义精神的南方人。他们是一些冷静的现实主义者,而这个群体中来自北方的那些政治家,如马萨诸塞州的约翰·亚当斯、费城的本雅明·弗兰克林、纽约的亚历山大·汉密

---

① Harold Underwood Faulkner, *American Political and Social History*, New York: F. S. Crofts & Co., 1943, p. 28.

② John Bunyan, *The Pilgrim's Progress*, New York: Airmont Publishing Company, Inc., 1969, p. 12.

尔顿，也具有同样的冷静气质。不管美国建国之父们之间对国家政治结构的见解有多大差异，他们都没有把宗教因素和宗教狂热带入这一时期的政治生活。1787年费城的制宪会议大厅不是一个教堂，更像是一座民事法庭。代表们更乐于就技术细节问题进行讨论、争辩，而避免过多地涉及原则问题。《联邦党人文集》和《制宪会议记录》中收录的论辩文字，都体现了这一风格。

从某种意义上说，主要是南方，而不是北方，更不是北方新英格兰地区，才真正塑造着1862年前美国的政治生活特征。尽管位于马萨诸塞州的哈佛大学在后来的校史上强调"先有哈佛，后有美国"，但时间上的"先"并不等于它在当时国家政治生活中的分量；此外，从时间上看，南方的詹姆斯敦的建立，也比北方的普里茅斯的建立早13年，而弗吉尼亚的威廉—玛丽学院的建校时间也仅比哈佛学院晚57年。我们应该习惯于把诸如哈佛校史中的这类夸大北方历史作用的描述，看做是北方在业已取得对南方的政治优势后对美国历史的一种有利于北方的重写，而北方的政治优势恰恰是在1862年后开始获得的，到战争结束的1865年，北方已经把南北美国的整个经济资源、政治资源和文化资源悉数垄断在自己手中了。从南方的历史起源看，1607年从英国移民弗吉尼亚殖民地的那一批英国人，主要是英国弗吉尼亚公司的商人，他们从一开始就使南方的世俗色彩远胜于宗教色彩。历史学家丹尼尔·布尔斯廷在描绘了新英格兰地区严厉的清教气质后，谈到弗吉尼亚的精神风貌，说完全是另一番景象，这里没有理想主义的激情，没有主教，没有宏伟的规划，"有的只是为移植各种机构和制度所作的平凡的努力……弗吉尼亚人头脑里想的是按照正常运行的社会的实际特征揉和而成的模式：这个模式就是英国，特别是17、18世纪田园式的英国"，但当他说"只有事后的阴差阳错才使殖民地时代弗吉尼亚的政治体制成为美国民主平权的萌芽"时，就显示出这位曾任国会图书馆负责人的历史学家对北方的历史观偏爱了，尽管他是一个南方人，一个不再存在南方意识的时代的南方人。①

殖民地时代的南方人务实的现实主义气质，使他们能够成为政治家，而不是宗教狂。很难想象一大群新英格兰牧师会以怎样一种方式创造美国政体。签署1776年《独立宣言》、领导美国独立革命、制订1781年《邦联条例》和1787年《美利坚合众国宪法》的人，主要来自南方，如弗吉尼亚州的乔治·

---

① 丹尼尔·布尔斯廷：《美国人：开拓历程》，中国对外翻译出版公司翻译，生活·读书·新知三联书店，1993年版，第109页、第124页。

华盛顿、托马斯·杰佛逊和詹姆斯·麦迪逊,他们三个后来都先后当了总统,形成了所谓"弗吉尼亚王朝"。此外,更能体现这一代"建国之父"(Founding Fathers)的冷静气质和理性主义色彩的是他们的职业。这是北方清教徒最反感的一种职业。据罗伯特·A.弗格森的统计:"《独立宣言》的56 位签名者中,有 25 位是律师,制宪会议的 55 位代表中,有 31 位是律师。"①这多少能够说明他们所撰写、签署和颁布的那些政治文献何以具有如此突出的律师文本风格,几乎看不到一丝宗教色彩。例如,当杰佛逊将《独立宣言》的草稿交给亚当斯过目时,后者只改动了第一句,把"我们认为这些真理是神圣而不可否认的"改成"我们认为这些真理是自明的",大概他觉得在这篇严肃的文献里夹杂一个"神圣",只会有伤于它的现实主义契约风格,而且令人起疑。

这些建国者在塑造国家政治生活格局时特别提防宗教狂热和语言暴力的渗入,以致《独立宣言》这部宣示脱离宗主国英国统治的文献看起来更像是英国国王乔治三世的一份政治负债表,而不是一篇战争檄文。它不借助于隐喻、夸张、明暗对比以及宗教意象,而是干巴巴地一项项罗列乔治三世的实际罪状。苏珊·邓恩在对美国独立革命和1789 年法国大革命进行对比研究时发现:"法国煽动性的革命语言不仅震动了社会,最后甚至还震动了理性本身的根基……然而,对大多数美国人来说,美国革命的推动并非来自于对力量的信仰,而是来自于对严密的甚至是冗长乏味的国会程序的忠诚。"②卡尔·贝克尔也持这种观点,例如他谈到杰佛逊的文风时说:"人们很难想象,杰佛逊会举起手臂用颤动的声音激动地喊出'不自由,毋宁死'的壮语来。我能想象他会说:'勇敢的精神让我们宁为自由人而死,不为奴隶而生。'这种句子不大会让我们激动地从座位上站将起来,尽管我们可能会夸赞演讲措辞的巧妙。"③

按约瑟夫·J.埃利斯的说法,作为"苏格兰人的私生子"的汉密尔顿(出生于西印度群岛)是这一代人中唯一喜欢使用人身攻击的恶毒语言的人,这直接导致当时的副总统、饱受他的人身攻击的亚伦·伯尔在 1804 年与他进

---

① Robert A. Ferguson, *Law and Letters in American Culture*, Harvard University Press, 1984, p.11.

② 苏珊·邓恩:《姊妹革命:美国革命与法国革命启示录》,杨小刚译,上海文艺出版社,2003 年版,第 131—132 页。

③ 卡尔·贝克尔:《18 世纪哲学家的天城》,何兆武译,生活·读书·新知三联书店,2001 年版,第 306 页。

行决斗(虽然他们之间并无好感,但交恶的政治原因却是汉密尔顿极力以联邦政府接管各州债务为诱饵来强化联邦政府权力,得罪了南方那些主张州主权的人)。在纽约哈德逊河对岸一处悬崖的狭窄平台上,汉密尔顿中了伯尔射来的致命一枪,不日死去。埃利斯把汉密尔顿与伯尔最终走向决斗,看做是"美国独立战争那一代中占主流的非暴力对抗模式的一次短暂崩溃"(套用此说的话,那南北战争可以说是这种传统模式在国家政治而非私人交往上的一次短暂的总体崩溃),而对那一代人的绝大多数来说,则"找到了持续的辩论或对话的方式,以这种方式包容了他们之间的争论的爆炸性能量,而且,此种辩论或对话最终因政党的创建而被制度化了,而且变得安全了"。① 这些律师甚至在成为政治家之后,也没有忘怀自己的律师本能。既然是辩论或者对话,那么就会使用一种非隐喻性的语言,而这个时期以及稍后的时代,在北方清教主义盛行的新英格兰地区,却滋生着一种极大地影响着当地精神生活的文学和政治上的浪漫主义,它的语言风格是隐喻性的,不是律师的语言,而是诗人、道德家和宗教狂的语言,或者说是一种乌托邦语言,但它还尚未进入国家的政治话语。

《独立宣言》的现实主义风格在1781年《邦联条例》和1787年《美利坚合众国宪法》中得以延续。这些政治文献的起草者和签署者都遵循托马斯·潘恩1776年说过的一句话:"在美国,法律才是国王。"所以,1781年《邦联条例》只在结尾处出现一句"世界的主宰",似乎是指上帝,而其开头部分则像一份契约:"新罕卜什尔、马萨诸塞湾、罗德岛及普罗维登斯种植园、康涅狄克、纽约、新泽西、宾西法尼亚、特拉华、马里兰、弗吉尼亚、北卡罗莱纳、南卡罗莱纳以及佐治亚,上述各州结成邦联和永久同盟,兹订立条例如下。"②而1787年宪法则以完全世俗的风格写道:"我们合众国人民,为建立一个更完善的联邦,树立正义,确保国内平安,提供共同防御,增加公共福利,并保证我们自身和子孙后代永享自由的幸福,特制订美利坚合众国宪法。"

1781年《邦联条例》的目的是把独立后的十三州组成一个松散的联合体,但强调"各州均保留其主权、自由与独立"(第二款),总统和中央政府的

---

① 约瑟夫·J.埃利斯:《那一代》,邓海平等译,中国社会科学出版社,2003年版,第46、16页。

② James Bryce, *The American Commonwealth*, Vol. 1, The MacMillan Company, 1912, p. 700.

权限受到极大限制,几乎成了挂名的象征,致使中央政府在处理危机时显得极其无力。这份条例充分考虑了殖民地当初处于英国控制下的无权状态,不愿看到另一个强大的政府来过分干涉自己的自由。该条例第十三款以法律的形式把用鲜血换来的自由主权固定起来:"各州必须遵守邦联条例的全部条款,不得违反,联合体必须永久存在;除非联邦议会批准,并随后由各州立法机构予以认可,否则任何时候都不得改动其中任何条款。"1787年的宪法之所以被认为违宪,正在于它违反了《邦联条例》第十三款的规定,也违反了作为该条例灵魂的州主权理论。联邦政府要维护联邦的统一,就必须以联邦主权说取代州主权说。

南北战争期间的北方政府(联邦政府)与南方政府(邦联政府)分别把自己的合法性源头追溯到1787年《美利坚合众国宪法》和1781年《邦联条例》。南方邦联议会甚至在南方脱离联邦的当年还以《邦联条例》和《美利坚合众国宪法》为蓝本颁布了一部新宪法(《**邦联宪法**》),其开头部分与1787年宪法雷同,但出现了"上帝"字样:"我们,邦联之国民,基于主权和独立,为创立一个永久政府,维护正义,确保国内和平,并谋求国民及其子孙后代永享自由,今在万能上帝的帮助和指导下,郑重宣布制订邦联宪法。"出任邦联总统的杰夫逊·戴维斯在1862年就职演说中为南方脱离联邦提供了法律上的说明:"合众国政府已经落到部分地区的大多数人手中。那些人将会滥用万众最神圣的信仰,毁灭他们曾经宣誓保卫的各种民主权利。我们的人民已经意识到继续留在合众国,便意味着将要长期忍受无意义的偏袒,将要被迫屈从与他们利益不相一致的东西,而一个自尊的民族是无法忍受这一切的……革命先辈们开创了一个独立自主的各州自发组成的合众国,庄重地用法律条文写下了他们的目标。如今这一切都已经被那些人滥用。他们只要独断的权力而不要民主的权力,他们只尊重自己的意愿而不遵循法律。那个政府已不再为它受命之初的目标而奋斗了。"① 显然,对南北双方来说,不论它们各自依据的是哪一部宪法,它们都不具备充分的合法性。

甚至连"自由"这个字眼也难以成为合法性的依据。要是我们看到这个字眼如此密集地出现在《邦联宪法》、戴维斯的演说以及南方作家们的著作中,那我们不必惊讶,因为同一个字眼也同等密集地出现在林肯的演说、废奴主义者的小册子以及诸如斯陀夫人《汤姆叔叔的小屋》的作品中。当同一

---

① J.艾捷尔主编:《美国赖以立国的文本》,赵一凡等译,海南出版社,2000年版,第283页。

个本来激动人心的词语出现在两种对立的意识形态话语中,尤其是当这个词语具有同等抽象的意义时,就产生了一种自我抵销的作用。这恰恰是南北战争开始第一年的情形。1862年前的林肯还没有意识到赋予"自由"以某种具体含义时这个词所具有的巨大社会动员能量,甚至为了维系联邦的完整还在1861年就职演说中保证"无意干涉奴隶制",温情脉脉地对南方人说"我们不是敌人,而是朋友"。就职演说的如下一段文字最能显露林肯对北方发动的这场战争在合法性上的不自信:"在我们目前的分歧中,难道双方都没有信心认为自己是站在正确的一边?如果代表永恒真理和正义的全能上帝站在你们北方一边或者站在你们南方一边,那么,经过美国人民这个大法庭的裁决,真理和正义定将普照天下。"尽管这一段话并不像它乍看上去那么那么具有实际意义(实际上,它显得非常空洞),但其中出现了一种重要的表述方式,即"站在正确的一边"。虽然对哪一方究竟站在正确的一边,他还没有十分的把握,但这种表述方式具有一种潜在的可怕的隐喻力量。到1862年,当北方在战事上处于不利局面时,林肯突然感到自己不得不使用这种力量,把此前一直不怎么为他关心的黑奴问题置于南北战争合法性的最前沿,使一场本来为维护联邦统一而发动的世俗战争转变为一场针对南方奴隶制的具有基督教色彩的"圣战"(crusade)。在一种以隐喻为特征的宗教想象力的作用下,北方白人的福音教派终于与南方黑人的基督教达到了象征上的契合。

这种转变与北方当时面临的战场形势有关。在此之前很长一段时间,林肯对黑奴的态度摇摆不定,例如他在1858年芝加哥竞选演说中对听众大谈"所有人生而平等",可两个月后,当他来到南方的查尔斯顿作竞选演讲时,却立刻变了一副调子:"我声明,我从来不赞成白种人和黑种人以任何方式获得社会和政治上的平等(听众鼓掌);我从来不赞成给黑人以投票权。黑人不得成为陪审员,不具备担任公职的资格,不得与白种人通婚……同其他人一样,我赞成将高人一等的地位给予白种人。"[①]历史学家霍华德·津恩把林肯的这种摇摆态度看做是政客竞选时惯用的花言巧语,其目的是为了同时获得北方和南方的选票。在战争开始后不久,林肯在答复《纽约论坛报》主编霍勒斯·格里利一封提醒他关注黑奴问题的公开信时,阐释了他的真实立场:"在这场战争中,我的最高目标既非挽救奴隶制度,亦非摧毁奴隶

---

① 霍华德·津恩:《美国人民的历史》,许先春等译,上海人民出版社,2000年版,第162页。

制度,而是拯救联邦。如果无需解放一个奴隶就能拯救联邦,那么我将不会解放一个奴隶;如果必得解放所有的奴隶方能拯救联邦,那么我将会解放所有的奴隶。"① 正是这种考虑,使林肯在战争第一年在黑奴问题上极其谨慎,不仅拒绝黑人参加北军,而且指令北军哨卡阻拦从南方逃亡来的黑奴,不使其进入北方,对那些已进入北方的南方黑奴,则甚至默许南方奴隶主越过北军防线把他们重新领回去。这无疑大大挫伤了北方和南方废奴主义者的积极性,也使南方黑人处于更为糟糕的状况。林肯本以为凭着北方远多于南方的人口、制造业和铁路,就能立刻打败南方,可是,在相继展开的半岛战役、第二次布伦河战役以及西部的几次战役中,北军连遭重创。北方士兵不清楚自己为何而战,而南方士兵对战争的目标倒非常明确,那就是"主权"、"独立"和"自由",是为家乡的土地和父老乡亲而战。这多少可以解释南方士兵在战场上的勇敢远胜过北方士兵。

在北方迅速获胜无望的战场形势下,林肯才被迫重新考虑战争的合法性问题。看来,只有把解放黑奴当做北方的社会动员策略,才能有效瓦解南方的道德基础(即他当初所说的"如果必得解放所有的奴隶方能拯救联邦,那么我将会解放所有的奴隶")和战时经济基础(南方军队的军需物品主要由南方黑人生产,所以当南北方军队在南北分界线一带进行拉锯战时,侵入南方的北方军队在撤退时总要顺便带回大批南方黑人,以削减南方的劳动力数量)。这样,1862年的林肯多少有些出人意料地突然以"伟大解放者"(the Great Emancipator)的形象出现在白宫的窗口,向云集在外面的由废奴主义者、北方士兵、南方来的黑奴组成的人群颔首致意。为了使美国的废奴主义者和黑人相信这个新形象的真实性,他采取的头一个行动就是于当年4月宣布废除首都所在地的哥伦比亚特区的奴隶制,紧接着于6月在联邦属下的准州采取了同样的措施,到9月22日,则发表《初步解放宣言》,声明自1963年1月1日起,"凡届时尚在反叛美利坚合众国的任何州或州内特定领土,其境内所有奴隶将从此永远获得自由"。这份文件在1863年1月1日以《解放宣言》的正式名称颁布。但该文件仍局限于南方叛乱各州。到次年4月,参议院通过第十三号宪法修正案,宣布在联邦境内结束奴隶制。

既然北方对南方的这场战争似乎已开始从一场本来以统一为目标的内战转变为一场以解放黑奴为目标的圣战,那就意味着,北方不必再围绕南方

---

① 霍华德·津恩:《美国人民的历史》,许先春等译,上海人民出版社,2000年版,第164—165页。

脱离联邦的行为是否合法或到底哪一部宪法更具合法性这些棘手的法律问题与南方进行旷日持久而又毫无结果的争论。战事的僵持不决，只会对南方有好处，因为持久战不仅会使南北之间的仇恨和地方意识激化，而且可能造成一种南北分离的既定事实。林肯当然知道把内战变成一场圣战会带来众多潜在的可怕的危险，但1862年的局势使他不得不被迫选择这种按他的本性来说不愿选择的方式。这样，在战争胜负难决的阴霾中，他突然抛出了一个崭新的道德理念，把北方对南方的战争描述为一场正义对非正义的战争，使南方立刻处在道德上非常尴尬的位置。换言之，带有技术色彩的法律话语不再适合南北战争的要求，必须有一套新的充满乌托邦色彩的话语，一套将正义、道德、人性、博爱等概念融合在宗教象征里的话语。这套话语能够使北方获得一种巨大的道德优势，仿佛北方一直站在上帝的一边，而南方，由于它施行可恶的奴隶制，则无可救药地站在魔鬼的一边。林肯当然不是虔诚的教徒，从来就不是，而且从未加入任何教会。毋宁说他是一位自由思想家，与独立革命时期那一代人的世俗的理性精神非常接近，例如他在1842年的一次演说中大谈"万能的理智"，并说"为理智支配一切而呼唤吧"，以致几年后，当他竞选国会议员时，民主党的一位竞争对手并非毫无根据地谴责他不信基督教[①]。但自1862年起，宗教语言和意象开始越来越频繁地出现在他的演说中。

这套充满宗教词语和意象的北方正义神话，必须以南方的邪恶神话作为反衬。南方的不利之处在于，奴隶制本来是与南方特定的种植园经济相适应的一种经济制度，却被北方非历史地从道德的角度看成一种野蛮而落后的制度。在这种情况下，南方无法为自己的传统制度进行道德上和宗教上的辩护，尽管这种制度本身受到1787年宪法的保护和林肯1861年就职演说中的口头担保。一旦这个问题成了一个道德或者宗教问题，那么南方和北方的形象就开始发生微妙而深刻的变化，于是，北纬36°30′以北成了光明之地，以南则笼罩在可怕的黑暗中。从南方逃向北方的黑奴，是在奔向光明；而朝南方开进的北方军队，则是去消灭黑暗。但要让整个北方都相信南方是邪恶的、黑暗的，让整个南方的黑人都相信北方是正义的、光明的，还必须先把南方和北方从文学上进行这种象征编码。政治鼓动语言必须被翻译成一套作用于情感而不是理智的隐喻符号，才能变成集体神话。

---

① 艾德蒙·威尔逊：《爱国者之血》，胡曙中等译，上海外语教育出版社，1993年版，第86页。

因而，斯陀夫人于1862年应邀前往白宫接受林肯的召见，就不是一种文学行为或者个人行为（她可能这么认为），而是一种政治象征行为。林肯需要动用斯陀夫人的巨大象征资本来构造北方政府的正义神话。对林肯来说，没有什么比《汤姆叔叔的小屋》更有利于在普通美国人的想象中塑造南方邪恶、北方正义的神话。由于斯陀夫人在大西洋对岸也享有不小的文学名声（《汤姆叔叔的小屋》发表的次年，她曾访问过苏格兰和英格兰，所到之处受到热烈欢迎），那么还可以通过她，把北方正义、南方邪恶的神话传播到大西洋对岸的外国人的想象中，为这场残酷的内战获得国际支持。这本1852年出版的小说，在出版当年仅在美国就售出30多万册（当时美国人口才3千万），早就激起了北方人和南方黑人的想象力。在这部小说里，南方的皮鞭、黑人的血泪和惨死、通往自由北方的地下交通线、宗教的祷告等等，描绘出一南一北两个美国的神话；此外，根据宗教情感非常虔诚的斯陀夫人自己的回忆，她当初在餐桌上写作这部小说时，感到上帝的手在指导她。"是上帝写的。"她说。的确，《汤姆叔叔的小屋》具有与1850年代的一般精神风貌形成一定反差的浓厚的宗教气息，只可能是北方新英格兰地区某个信仰虔诚而性格狂热的牧师的作品。

关于上帝与她的小说之间的神秘关系，斯陀夫人或许并没有撒谎，因为对于一个宗教想象力异常发达的人来说，上帝的存在是一种真实的体验，真实到产生幻觉的程度。弗侬·路易·帕灵顿说，斯陀夫人无法摆脱内心深处的清教主义道德家的特征，她父亲是牧师，丈夫是牧师，兄弟们和儿子们也都是牧师，她整个一生都生活在这种浓郁的宗教氛围中，她对宗教历史知识的了解甚至胜过许多专业神职人员。帕灵顿把斯陀夫人称做"清教的女儿"①，尽管其他一些评论家（如艾德蒙·威尔逊）可能不得不顺便指出，斯陀夫人同时也是一个出色的生意人，而卷帙浩繁的《美国文学作品选集》的编者们在谈到她的时候，则显得更为尖刻："哈里特·比彻·斯陀是位精明的女商人，在与出版商讨价还价上，远比库柏、麦尔维尔和欧文成功。"②这两种身份出现在同一个人身上，并不矛盾。实际上，自韦伯《新教伦理与资本主义精神》这部开创性的著作问世以来，没有人怀疑北方新英格兰地区的清教

---

① 沃侬·路易·帕灵顿：《美国思想史》，陈永国等译，吉林人民出版社，2002年版，第669页。

② George McMichael ed., *Anthology of American Literature*, Volume II, *Realism to the Present*, New York: Macmillan Publishing Co., Inc., 1980, p.178.

徒内心同时受着宗教驱动力和经济驱动力的左右。不能怀疑斯陀夫人的诚实，但并不能因此就说，《汤姆叔叔的小屋》是南方的一幅真实形象，正如南方作家以田园诗风格描绘的"南方美好生活"可能只是种植园主眼中的南方一样。不少批评家指出《汤姆叔叔的小屋》对南方的描绘失之片面。说这样话的人不见得都是不诚实的人，或都是奴隶制的支持者。但神话所依赖的那种隐喻性思维的特征恰恰在于，把一种东西说成是另一种东西（亚里士多德《诗学》对隐喻的经典定义是："以他物之名名此物。"）：先把奴隶制等同于南方，再把南方等同于基督教的敌人。

因此，最能激发读者宗教想象力的倒不是该小说对南方的描绘，而是小说把南方与基督教对立起来的那种隐喻方式。这种或显或隐的比较在小说中俯拾即是。在小说最后一章中，斯陀夫人从描写中走出来，一步登上高耸的布道台上，以一个新英格兰牧师的狂热语调呼唤道："北方基督教的男人和女人们！"尽管到了小说最后一页，她似乎又想淡化她在前面几百页里所描绘的那条北方与南方之间的善恶分界线，以免激发南方与北方之间的仇恨。在这一点上，她与林肯太像了。她说："北方和南方在上帝面前都是有罪的。"①我们记得林肯也说过类似的话。但新英格兰的宗教想象力中的罪的概念，主要是与"他者"（天主教、殖民地早期的印第安人、新英格兰的女巫以及南北战争期间的南方等等）联系在一起的，这正是它之所以显得如此阴森严厉的原因。如果一种宗教想象力总是转向自身内部，那它就总在自身内部发现罪孽，以致难以对他人遽下判断，像四福音书所说："不要评断人，免得你们被评断。你们怎样评断人，也必这样被评断。你们用何种尺度衡量人，也必被用同样尺度来衡量。"不过，新英格兰的宗教想象力似乎不受反省性和精确性的影响，它总是一笔带过北方自身的种种罪恶（对印第安人的杀戮、对黑人的歧视等），然后将南方的罪恶与基督教对立起来，构成一种圣经启示录般善恶大决战的神话。

以这种方式抹黑南方，使其处于道德和正义的另一边——这种宗教想象力影响了并没有多少真实宗教情感的林肯的表达方式。应该说，林肯直到1865年被南方的刺客击中身亡时，作为当初的一位律师，他一直是一个自由思想家和非教会中人，但他1862年以后的文件和演说却突如其来地开始越来越多地使用宗教语言和意象。这对国内政治来说，是非常危险的，因为

---

① Harriet Beecher Stowe, *Uncle Tom's Cabin*, New York: Bantam Books, 1981, p.446.

它极易激发非理性狂热和无名仇恨,反过来使国家政治生活处于无政府状态。在1861年的就职演说中,林肯还只把"上帝"当做一个空洞的称呼,整个演说倒像是律师的一篇雄辩文章,因而当他谈到南方与北方究竟谁"站在正确的一边"时,他并没有从宗教的意义上借题发挥。但自1862年北方遇到一连串战场失败后,他的文章风格迅速由律师的辩护状变为牧师的布道辞,如他在这一年秋对报上一篇文章所加的一段按语:"上帝的意志普遍存在。在重大的争夺中,双方都称自己在按上帝的意志行事,有可能双方都是错的,但有一方必定是错的。上帝不可能同时既支持又反对同一件事情。就目前的南北战争而言,很可能上帝的用意与任何一方的意图都不相同……是上帝决心要我们打这一仗,并且决意不让战争现在就结束。上帝以其无比的威力影响着参战者的头脑,他本可以不让凡人打一战便能拯救或消灭这个合众国。然而战争打起来了,而且既然已然开始了,上帝可以于任何时候让任何一方赢得最后的胜利。"他甚至开始频繁地与教会中著名的女教徒们通信,如他在1864年北方快要赢得胜利时给贵格会的一位女士写信道:"我们曾希望这场可怕的战争早在这以前就圆满地结束,可是上帝知道得最清楚,上帝作出的裁决是另一个样……无疑,上帝想使这场大灾难带来更大的益处。"①很难想象林肯居然虔诚到在一句不长的话里接连喊出好几声"上帝",就像这位律师、政治家、自由思想者果真相信是上帝在亲自操纵这一切似的,而他碰巧偷看到了上帝就美国内战所写的一篇评论。

最典型的要算1865年他连任总统时的就职演说。与四年前具有理智和论辩色彩的第一篇就职演说不同,1865年的就职演说像是一篇出自某个狂热的新教牧师之手的布道辞(很像《汤姆叔叔的小屋》最后几页的风格),字里行间充满了宗教意象和词语,而且大段大段直接搬用圣经中的句子,以情感而不是理智的方式让美国人相信北方站在上帝一边(而不仅仅是1861年就职演说中以世俗的语言所说的"站在正确的一边"),其中写道:"双方念诵同样的圣经,祈祷于同一个上帝,甚至于每一方都求助同一上帝的援助以反对另一方,人们竟敢求助上帝,来夺取他人以血汗得来的面包,这看起来是很奇怪的。开始我们不要判断人家,免得别人判断我们。我们双方的祈祷都不能够如愿,而且从没全部如愿以偿。上苍有他自己的目标。'由于罪恶而世界受苦难,因为罪恶总是要来的;然而那个作恶的人,要受苦难。'假使

---

① 艾德蒙·威尔逊:《爱国者之血》,胡曙中等译,上海外语教育出版社,1993年版,第90页。

我们以为美国的奴隶制是这种罪恶之一,而这些罪恶按上帝的意志在所不免,但既经持续了他所指定的一段时间,他现在便要消除这些罪恶;假使我们认为上帝把这场惨烈的战争加在南北双方的头上,作为对那些招致罪恶的人的责罚,难道我们可以认为这件事有悖于虔奉上帝的信徒们所归诸上帝的那些圣德吗?……'主的裁判是完全正确而且公道的。'我们对任何人都不怀有恶意,我们对任何人都抱好感,上帝让我们看到正确的事,我们就坚定地信那正确的事。"①

林肯在 1862 年前后突然出现的宗教色彩,当然与斯陀夫人的来访无关。从宗教虔诚而不是宗教话语和意象的密集程度来说,林肯远不如斯陀夫人。一个自由思想家要皈依宗教,远比一个宗教徒成为自由思想家要困难得多,因为失去的天真不可能重新获得。此外,对于一个政治家来说,过于浓厚的宗教性格也可能造成国家政治生活中的狂热。艾德蒙·威尔逊在谈到林肯 1862 年后的宗教语言时说:"我们在此远离了赫恩登,而与哈里特·比彻·斯陀离得较近。作为社会活动家的林肯需要用合乎公众胃口的话表达自己的思想,如果这种需要可能在导致他加强和体现他对 18 世纪自然神论的信仰方面起了某种作用,如果战局的延续真的引起了人们越来越多的不满情绪,那么乞求传统所说的万军之主的保佑对他的好处就越来越多……他本人看待这场冲突的态度越来越宗教化,措辞越来越圣经化,样子也越来越启示录化了。"②把一场内战转变为一场圣战,就可能把它转化成了善与恶的大决战,使双方军队在战场上的对垒扩大为一场遍及整个地区的毁灭性大杀戮。1862 年前,南北战争还不具备善恶大决战的宗教色彩,但随着正义/邪恶的神话的形成和渗透,盲目的仇恨像瘟疫一样扩散开来。由于战场主要在南方,南方遭到的毁坏比北方更可怕,可南方由于背上了邪恶的罪名,南方人的残酷就显得更无人道,十恶不赦,而北方的残酷则由于沾上了正义的光辉,似乎变得情有可原。北方军队在南方广大地区的烧杀掳掠、胡作非为,都被认为是正义之神对邪恶的惩罚。

与这种大规模毁灭和杀戮相一致的,是北方参谋人员提出的一种十分现代而且自此以后一直是美国战略思想核心的策略,即以摧毁敌军战略资

---

① J.艾捷尔主编:《美国赖以立国的文本》,赵一凡等译,海南出版社,2000 年版,第 291—292 页

② 艾德蒙·威尔逊:《爱国者之血》,胡曙中等译,上海外语教育出版社,1993 年版,第 90—91 页。

源为主的"国民生产总值战",而所谓"战略资源",既可以包括桥梁、房屋、公路、铁路、庄稼,又可以根据需要包括平民、城市以及任何一种东西(从二战后期盟国空军对德国后方城市的狂轰乱炸,到不久前的伊拉克战争,都是这种以消耗敌方国力来拖垮敌人的战争模式的翻新,即战争不局限于交战线附近,而在交战线的后方,是敌方的资源)。此外,北方的制造业此时也开始大量生产与这种以大规模杀戮和大规模破坏为特征的现代战争相匹配的自动火器(如格林机关枪和远距离杀伤的线膛炮)。既然把南方描绘成了邪恶之地,那么北方将军们根据上面那种现代战争理论并以现代火器大规模毁灭南方,就并不有太多道德顾虑。他们相信自己站在上帝和正义一边,把他们在南方土地上燃起的熊熊大火看做是一种洗涤:"我用水给你们施洗,"《马太福音》上说,"但在我后面来的那个人,将用圣灵与火给你们施洗。"1864年,北方的格兰特将军就南方谢南多亚河谷的那些农场给手下谢里登下达了一份指令,进一步发展了这种打击敌人资源的战略思想。指令说:"如果战争还要延续一年的话,我们就需要谢南多亚河谷继续成为颗粒不收的荒原。"①

格兰特的思想在他的手下谢尔曼将军那里得到了最惊人的发挥和实践,他说:"我们不仅是在和敌对军队作战,而且是在和敌对人民作战。我们必须使他们不分老幼、无论贫富都感到战争以及有组织的军队的无情力量。"②他率领一支部队穿越佐治亚州和南卡罗来纳州,进入南方腹地,给予南方致命的一击。"这支复仇之师所到之处,炸桥梁,烧仓库,把铁轨扭曲到无法修复的地步",历史学家纳尔逊·曼弗雷德·布莱克说,"再把工厂、谷仓和大楼付之一炬,毁掉庄稼,屠宰牲畜,把60英里宽的一条狭长地带夷为平地。这次对南方最富饶地区的破坏在其他地方又重复了几次,终于加速了邦联的崩溃。"③实际上,不少黑人之所以逃离南方,不是为了虚幻的自由,而是为了食物。与北方军队的现代战略相反,南方军队的军官们(他们身上有浓厚的贵族气)大多仍抱着18世纪的那种军人荣誉观点,认为战争就是两支穿得漂漂亮亮的军队在野外战场进行的较量,其总司令李将军甚至认为

---

① 拉塞尔·F.韦格利:《美国军事战略与政策史》,彭光谦等译,解放军出版社,1986年版,第180页。

② 拉塞尔·F.韦格利:《美国军事战略与政策史》,彭光谦等译,解放军出版社,1986年版,第182页。

③ 纳尔逊·曼弗雷德·布莱克:《美国社会生活与思想史》,下册,许季鸿等译,商务印书馆,1997年版,第9页。

军队不应该在敌方土地上就地取材,解决军需,必须从南方运来。从气质上说,李将军是拿破仑时代的军人,军事史家拉塞尔·F.韦格利说他"太拿破仑化了":"与拿破仑一样,由于他对歼灭战略以及名副其实的高潮型、决定性战役的热情,他最终所毁灭的不是敌军,而是他自己的部队。"①李将军一直渴望与敌军进行一场面对面的决战,但北方军队却经常采取机动穿插的作战,深入南方各地,对南方的资源进行大规模破坏,使交战线上的南方军队得不到后方补给,失去战斗力。

在北方战略家看来,"解放黑奴"是资源战的一个组成部分(这正好可以解释林肯于1862年9月22日发布并从1863年1月1日开始实施的《解放宣言》只针对南方黑人,而不包括联邦境内一切黑人),因为黑奴尽管不是前线战斗力,却是南方经济的支柱,是南方的一种重大战略资源。通过地下交通线鼓动黑人离开南方,或指令深入南方的北方军队在北撤时卷走大批南方黑人,并使部分身体强壮的黑人加入北方军队,就可以有效地削弱南方的战略资源。南方只是到了内战后期,才意识到黑人是一种战略资源,李将军甚至还像北方军队一样征召了几支黑人军队。但这一切已于事无补。南方的战争观念停留在18世纪,认为惟有"公民"(黑人不在此列)才有资格拥有武器,保卫国家。

林肯在1862年后感到的苦恼,不再是北方军队在战场上的接连失利,而是北方军队在战争范围和残酷程度上的失控。这应验了当初他的担心,但他又自辩道:"要预见所有可能伴随发生的事件以及所有可能随之而来的破坏是不可能的。"②北方的圣战从制度上瓦解了南方,从经济上彻底摧毁了南方,还造成南方黑奴和白人平民的大量死亡。菲特和里斯在他们的书中说:"财产损失,主要在南方,是无法估计的。战争结束时,南部的经济实际上被摧毁了。"③与此相反,自1862年后,北方经济在战争拉动下迅速发展。这场战争在把一个忍辱屈服的南方重新拼接到联邦的版图上时,把一个敞开的庞大的南方市场交到了北方工业家和商人的手里。

必须看到1862年宗教语言和意象对政治话语的侵入与这场战争的扩大

---

① 拉塞尔·F.韦格利:《美国军事战略与政策史》,彭光谦等译,解放军出版社,1986年版,第155页。
② 拉塞尔·F.韦格利:《美国军事战略与政策史》,彭光谦等译,解放军出版社,1986年版,第166页。
③ 吉尔伯特·C.菲特、吉姆·E.里斯:《美国经济史》,司徒淳等译,辽宁人民出版社,1981年版,第334页。

化和残酷性的内在关系。乔治·弗里德里克·霍尔姆斯曾批评斯陀夫人的宗教风格语言,在《南方图书信报》上撰文道:"它是一个道德绝对性问题,如果它被当做政治哲学,只会导致无政府主义。"①林肯在1862年开始以宗教语言和意象来构筑北方正义、南方邪恶的神话时,本是为了动员战争力量,然而,一旦充满宗教色彩的神话渗入国家政治话语中,就可能危及作为政治核心含义的"妥协",导致绝对的善和绝对的恶的概念,从这里滋生出绝对可怕的政治狂热主义。就这种意义而言,南北战争与法国大革命是同一类的激进革命,与美国独立战争的那种精神气质大不相同。领导独立战争的那一代人是18世纪的理性主义者,是一大群律师,他们谨防宗教狂热对政治领域的渗透,所以不会求助于宗教语言和意象来使冲突蜕变为善恶之战。他们与其说是牧师—政治家,还不如说是律师—政治家。最能反映他们这种气质的是1787年的宪法,这不仅是一部以妥协和制衡为政治原则的文献,而且从一开始就以宪法修正案第一条的形式确定了价值中立的原则,防止任何一种价值评判(善恶)处于垄断地位。1862年的林肯试图保住1787年那一代人的政治成就,却采取了一种与1787年宪法精神格格不入的制造神话的方式。

南方绝对不是这种神话所反映出的那种邪恶面目,正如北方绝对不是正义的化身。南方有2/3的白人并不拥有奴隶,而且约有数百万白人是生活贫困的农民。此外,南方的种植园主与奴隶的关系并不都是鞭子与背的关系,而南方经济的凋敝导致的普遍贫困也与北方联邦政府提高关税税率有关。但虚构的神话总具有一种可怕的渗透力,它是一种隐喻,把人从现实带向宗教,带向一种道德狂热,使人成为"上帝"实现其神秘意图的无意识工具,也因此消除了人的犯罪感。神话并不诉诸人的理智,而是诉诸情感和想象力,如佩里·米勒在《新英格兰的心灵》一书中谈到清教的虔诚时所说的:"虔诚不是辩证的,人们内心所信仰的东西不必合乎逻辑。"②正因为它既不辩证,又缺乏逻辑,所以当它渗入政治话语中时,就会造成可怕的灾难。林肯所塑造的那个神话,在多大程度上应该为南北战争的残酷性负责?它激起的仇恨,远比它许诺的东西更有害;其次,它与它所反对的东西实际上处在同一种思维水准上:拒绝给予黑人以自由的种族主义者往往把黑人描绘

---

① Harriet Beecher Stowe, *Uncle Tom's Cabin*, p. XIII.

② Perry Miller, *The New England Mind*, *The Seventeenth Century*, Cambridge: The Belknap Press of Harvard University Press, 1982, p. 17.

成魔鬼,正如北方把南方描绘成同一种形象。

　　林肯塑造的这个神话如此成功,以致它所激起的仇恨使他本人成了牺牲者,但这却反倒使他更像一个殉道者,被宗教幻觉所包围的约翰·海伊把他称为"耶稣基督以来最伟大的人物"。理查德·霍夫斯塔德在《美国政治传统》一书中也评论道:"林肯传奇逐渐占据了美国人的想象力,使其他的政治神话相形见绌。这是一场戏剧,在其中,一个伟大的人肩负着一个盲目的、有罪的民族的苦难和道德压力,为他们而受难,使他们赎罪,重获基督教的美德。"① 是北方制造了这个神话,而对这个神话来说,林肯的死似乎是必要的,正如耶稣基督被钉上十字架是那个重大戏剧情节的预定的结局,因为他们的死可以最终赦免众人的罪。在宗教想象力的幻觉中,林肯被刺的场景与基督被钉上十字架的场景意味深长地重叠在了一起。他的死赦免了北方人的罪。

　　南方丢掉的不仅是一场战争,而且是一种文化传统,一套象征体系。从此,北方或者新英格兰地区的宗教气氛就渗进了此前一直以世俗理性主义为特征的国家政治话语中。南北战争的一个直接后果,是美国政治传统的地理核心由南方转移到了北方,由1607年嫁接到了1620年,仿佛美国史不是始于1607年,而是1620年。美国的历史教科书、诸如布尔斯廷这样的历史学家的大部头著作以及甚至诸如丹尼尔·贝尔这样的社会学家的见解深刻的著作,在谈到美国史时,都把1620年而不是1607年作为起始点,而近四百年的北美—美国史仿佛就等于"五月花号"登陆——哈佛学院创立——独立战争——南北战争等十来个"事件"。就像当初印第安人不仅输掉了一场战争,而且失去了本民族的语言和集体记忆一样,南方在输掉一场战争的同时,也丧失了那种用来再现自己的象征能力,变成了一个沉默的"老南方"。"Yankee"一词不再是"北方佬儿"或者新英格兰人的特指,它成了美国人的代称,正如英格兰是不列颠的代称,所以当美国社会学家C.怀特·米尔斯决定写一本书,反驳美国政客对古巴革命的邪恶描绘时,他想到的最贴切的书名是《听着,美国佬儿》(*Listen, Yankee*)②。南方不再能再现自己,成了一个落后的、流血的、阴郁的、怀旧的、女性的南方,躲藏在进步的、乐观的、男性

---

① Richard Hofstadter, *The American Political Tradition*, New York: Vintage Books, 1973, p. 118.

② C. Wright Mills, *Listen, Yankee: The Revolution in Cuba*, New York: McGraw—Hill Book Company, Inc., 1960.

的北方的阴影里。

在斯陀夫人访问白宫后的第三年,即北方军队以多路反攻的方式向南方各地长驱直入的1864年,一个名叫索约尔娜·特鲁丝的又高又瘦的67岁的黑人妇女,从林肯自1862年4月到1863年1月接连签署的那三份地理覆盖范围越来越大的解放宣言中,看到了"美国历史的新曙光",于是决定由孙儿萨缪尔·班克斯陪伴,踏上了前往遥远的华盛顿的朝圣之旅,要亲眼见一见"第一位反奴隶制的总统"。特鲁丝并非等闲之辈,她是一位早期的女权主义者,一位反奴隶制的行动分子,还以花甲之年一度担任北军的侦察兵。她与斯陀夫人和著名的废奴主义者加里森在共同的事业中一直互相支持。她满口的方言曾使斯陀夫人觉得十分有趣,并写了一篇有关她的文章,但特鲁丝粗哑而富于节奏感的歌喉却具有打动人的力量。她是怀着一颗自由心唱着歌去华盛顿的。在她自己创作的一首歌曲里,林肯被描绘成了"吾父亚伯拉罕"("Father Abraham"),而像她一样的自由黑人则成了"黑皮肤的北方战士"("We are colored Yankee soldiers")。前面提到林肯在被刺身亡之后被看做殉难的耶稣,但在1864年他还活着时,他的形象在北方人和南方黑人的宗教想象力中常常重叠在《创世记》中的一个古老形象上,那个被神称做"众国之父"("a father of many nations")的亚伯拉罕,当神要用硫磺和火毁灭所多玛与蛾摩拉这两座被罪恶所笼罩的城时,他徒劳地恳请神不要那样做,因为那会把善人和恶人一起化为灰烬。以这种宗教想象力的联想逻辑,所多玛与蛾摩拉势必成为南方的隐喻。但1864年的亚伯拉罕似乎不像旧约中的那个同名者那样慈悲,他只是冷淡地"朝所多玛和蛾摩拉的方向望去,看见烟从那个地方升起来,如同火炉冒出的烟",把这当做是上天的惩罚。这首歌的每一阕歌词后,都有一段雄壮的宗教合唱,像是十字军的东征歌:

Glory, glory, hallelujah! Glory, glory, hallelujah!
Glory, glory, hallelujah! As we go marching on.

在另一首歌曲中,她把华盛顿描绘成"光明之城",尽管华盛顿的马车夫们全都拒绝为一位黑人驾车,气得她站在泥泞的街道上大喊:"我要坐车!

我要坐车!! 我要坐车!!!"并不由分说地跨上一辆马车。①"战前,华盛顿是一座死气沉沉、尚未完工的村子,街道泥泞不堪,街道上到处是四处搜寻食物的猪、动物的尸体以及下水道的污物。"特鲁丝的传记作者内尔·厄尔文·佩特描绘道,"不过,当索约尔娜·特鲁丝和萨缪尔·班克斯于1864年秋天到达华盛顿时,它已成了一个人流熙来攘往的战争中心。两年里它的人口增加了不止两倍,而从马里兰州和弗吉尼亚州逃来的成千上万的前奴隶则在它冷漠的怀抱里避难。"②战争给这座城市带来了繁荣。1790年众议院通过的《建都法案》之所以决定把首都从北方的费城迁到波托瓦克河的这片荒无人烟之地来,是考虑到它恰好位于北方与南方的中间地带(处在北方政治中心费城与南方政治中心里士满市的中间点上)。费城的那些政治家是些搞平衡的老手,这从1787年宪法的权力制衡就可以看出来,甚至后来划定的南北分界线,也是一条政治平衡线。但现在平衡被打破了,南方开始经历其痛苦而漫长的"北方化"。

特鲁丝要进白宫见林肯,并不特别困难。那时的白宫无非一座屹立在一大片木板房和帐篷中间的白色小楼,而且,要在街道上遇见总统也并非不可能。但把一个黑人妇女迎进白宫,却具有重大的象征意义,而且她并非一个普通黑人妇女。林肯当然明白这一点。若在《解放宣言》发表的次年,总统(在当时一些黑人看来,他不过是白人的总统)就在白宫会客厅里接见一位充满传奇色彩的黑人妇女,只会使北方正义神话显得更为神圣。林肯不仅亲自接见了她,还破例把她介绍给了第一夫人和自己全家。特鲁丝与总统一家愉快地度过了几个时辰。事后,她在废奴刊物上发表了一封赞美信,说林肯对她的来访既热情,又礼貌。本来对她的华盛顿之行充满疑惑的另一个名叫哈丽雅特·塔布曼的黑人妇女(坚定的反奴隶制行动分子,曾与约翰·布朗密谋起义,并多次潜入南方带领黑人逃往北方),在看到这封信后,改变了对林肯的看法。此前,她目睹解放的黑人仍遭北方白人的歧视,甚至北方军队中黑人士兵的军饷也少于白人士兵,不相信白人真会把黑人当做平等的人相待。特鲁丝的公开信使她感到自己错了。"是的",多年后,她回忆早已被刺身亡的林肯时说,"我现在感到很难过,我当初没有去见林肯,向

---

① Nell Irvin Painter, *Sojourner Truth*, *A Life*, *A Symbol*, New York: W. W. Norton & Company, 1996, p.209.

② Nell Irvin Painter, *Sojourner Truth*, *A Life*, *A Symbol*, New York: W. W. Norton & Company, 1996, p.210.

他表示感激。"①

但比特鲁丝小24岁的塔布曼当初对南北战争、林肯的黑人政策、战后种族主义的回流的观察,其实远比特鲁丝深刻。南北战争的真正受益者,是北方,是北方的工商业,它发达的战时经济使其在战争尚在进行的1863年就开始呈现一派繁荣景象,而南方经济则被大举侵入的北方军队彻底摧毁了。获得解放的南方黑人大批流向北方工业城市,在那儿成了资本家的廉价劳动力。种植园的奴隶变成了工厂的无产阶级。黑人在南北战争中付出了沉重代价:在1862年到1864年间,约18万黑人参加了北军,其中约7万人战死;而跑到北方军营中避难的南方黑奴则因饥饿和疾病,死亡率高达25%。此外,在战乱中死亡的黑人更是不计其数。菲特和里斯的书中写道:"战争在北部产生了'新富人'阶级,他们以摆阔气挥霍浪费来炫耀其财富。"也正是在1863年,托马斯·克劳福德当初设计的那尊巨大的"自由雕像"在仓库里堆放了几年后,终于被吊装到国会大厦的圆顶上,她手持一柄长剑,在南北分界线上俯瞰着繁荣的北方与破败的南方在血与火中重新走向统一。不过,这尊雕像的自由帽(象征获得解放的奴隶)却被换成了一顶头盔。黑人有理由对南北战争的结局感到失望,他们的解放还要经过一百多年的斗争。

《汤姆叔叔的小屋》在南北战争之后逐渐不那么流行了,不久"终于绝版了。一直到1948年,此书列入'现代图书馆丛书'时才得以重印。在那以前,除了在旧书店以外,事实上已很难寻觅到它的踪影了"。爱德蒙·威尔逊接着说:"在美国,《汤姆叔叔的小屋》通常被认为是一部带有宣传色彩的小说,仅此而已。一旦目的达到,也就失去继续存在的必要了。"②但威尔逊并不认为时代性是这本从文学角度来说显得粗糙的小说失去吸引力的唯一原因,实际上,它让人回忆起南方与北方都不愿意再去回忆的那场战争:"北方人一提起那场战争就感到不安。对于这场战争,他们并非问心无愧。在北方,早在战前,人们就心照不宣,在公共场合下避免谈论黑奴问题。到了战后,就更不愿重提北方对战前情况的评论了。本世纪初,要是南卡罗莱纳州的教员叫学生们举起右手,发誓永远不读《汤姆叔叔的小屋》,这并不奇怪。

---

① Nell Irvin Painter, *Sojourner Truth, A Life, A Symbol*, New York: W. W. Norton & Company, 1996, p. 203.

② 艾德蒙·威尔逊:《爱国者之血》,胡曙中等译,上海外语教育出版社,1993年版,第3页。

南北双方在经历了那场可怕的战争后,都希望能把这部有名的小说打入冷宫。"①1865年后的美国不再需要这种激发北方与南方之间冲突的小说,它必须小心翼翼地遮盖或遗忘北方与南方的各自的伤痕和相互的仇恨,因此它更愿倾听瓦尔特·惠特曼的歌声。战争期间惠特曼并没有报名参军,而是在华盛顿的伤兵医院里义务照料伤兵,不管是北方的伤兵,还是南方的伤兵。他身上有一种无所不包的气质,当他唱出"我听见美利坚在歌唱"的诗句时,给人的感觉是北方与南方似乎从来就没有分裂过,而是一直和谐地并躺在美利坚合众国的版图上。

但神圣正义的北方与邪恶不义的南方的神话,在战后并没有从美国的政治话语中消失,只不过从国内政治话语转变成了国际政治话语(如"东西方"、"南北方")。它毫无道理地认为,美国永远站在上帝、正义、正确或者与历史方向一致的那一边,而地理上处在东方、南方的国家和地区,则永远站在邪恶、无赖、魔鬼或者与历史相悖的那一边。从罗纳德·里根的"邪恶国家"概念,到克林顿的"历史的对立面"的说法以及白宫谋士亨廷顿的东西方文明冲突论,再到小布什的"无赖国家"、"邪恶轴心"等概念,美国的政治想象力似乎一直没有离开过林肯1862年到1865年间宗教化的或道德化的政治话语的窠臼。十字架和剑缺一不可,前者为后者提供它所需要的合法性,尽管看起来剑倒像是十字架的仆从。当哈佛大学的约瑟夫·奈教授几年前将十字架和剑重新定义为"软实力"和"硬实力"时,他就为"美国负有推行民主的使命"一类自欺欺人的意识形态话语祛魅了。尼采曾经认为基督教道德使西方人失去了权力意志,但如果权力的行使添上一层道德正义的基督教涂饰,难道不比赤裸裸的权力意志更有力?

---

① 艾德蒙·威尔逊:《爱国者之血》,胡曙中等译,上海外语教育出版社,1993年版,第4页。

盖茨比与"地下商业帝国"

小　引

　　康奈尔大学的中国庚款留美生胡适于1914年7月23日应邀到绮色佳城基督教妇女禁酒联盟发表演讲,题目是《美国生活中的移民》。他在当晚所写的日记中记载了此事:"[上午]八时起,读书至两时,始将演说题'The Immigrant in American Life'写成大纲,不及逐节写出。三时至妇人节制会(Women's Christian Temperance Union)会所演说。妇女节制会者,此邦妇人本不饮酒,此会以提倡禁绝沽酒酿酒之业为宗旨,各城皆有分会。此间分会会员有八百人之多。然大半皆附名而已。今日以大雨故,到者尤寥寥。"①因数年前的一个夜晚在上海酒后寻衅,殴伤巡捕,被关进巡捕房,胡适对酒产生了恐惧,于是戒掉了饮酒的习惯,到美国后更是滴酒不沾,顺带连吸烟的习惯也戒掉了,尽管后者戒得比较艰难。

　　但胡适的戒酒与基督教妇女禁酒联盟的禁酒出自不同的理由,他把饮酒看做一个健康问题,也是一个个人选择问题,因为酒这种饮料在中国文化中从来没有被赋予一种固定的道德的或宗教的象征意义。酒可伤身,亦能乱性,但酒同样也被认为是超逸、融洽、胆量或文学灵感的来源,这样,在中国文化中,酒的正面和负面的意义相互抵消,饮不饮酒,就纯粹成了个人的选择。中国历史上没有哪个社会阶层、信仰团体或社会群体会以酒为武器来展开一场道德纯洁运动,因为酒没有承担道德或宗教的功能。

　　但胡适没有意识到,在多种文化、多种宗教并存的美国,饮酒还是一个文化和宗教问题,因此,依据美国宪法修正案第一条所保证的公民自由权,又进一步牵涉到一个政治民主问题。基督教妇女禁酒联盟这一民间组织的名称前有一个形容词——"基督教",暗示其所持的道德观是基督教或清教的,而清教教义是禁止饮酒的,如同它当初禁止戏剧一样,认为酒和戏剧不

---

　　① 《胡适日记全编》,曹伯言整理,安徽教育出版社,2001年版,第1册,第384页。

仅是引诱人堕落的东西,还是一种与清教教义相抵触的偶像崇拜。倘若基督教妇女联盟的禁酒运动仅局限于基督徒内部,那只是敦促教友们践行加入教会时承诺的行为,但如果强制非基督教徒也按基督教的教规来生活,则无异于强迫非基督教徒改宗——例如,对天主教徒而言,酒不仅是一种饮料,而且已象征化为圣体(基督的血)。

绮色佳城基督教妇女禁酒联盟的女士们显然片面理解了胡适戒酒的动机。对她们来说,胡适堪称一个没有恶习的模范男人,是基督教教会可以发展入会的对象。这或许正是她们邀请他来发表演说的原因。况且,自1911年6月起,胡适与基督教教会的联系就很多,而且差一点就加入了教会。他在1911年6月21日致许怡荪信中谈及他头天参加了一次布道会,被仪式和痛改前非者的忏悔所感,"连日身所经历,受感益甚,昨日之夜,弟遂为耶氏之徒矣。"他并没有成为"耶氏之徒"。他只是在情感上入了教,但尚未举行入教仪式,所以该信又补充道:"予为堕泪,听众亦无不堕泪。会终有七人起立,自言愿为夜教信徒,其一人即我也。"①这并不说明他对基督教有深刻的理解,不过是因为布道现场的庄重仪式和气氛,加上忏悔者煽情的告白,使胡适联想到了自己这些天的经历(宴睡、打牌、友人程乐亭之死等),而产生了情感上的共鸣。日后(1919年),他对自己这一段经历有数句酷评:"此书所云'遂为耶氏之徒'一层,后竟不成事实。然此书所记他们用'感情的'手段来捉人,实是真情。后来我细想此事,深恨其玩这种'把戏',故起一种反动。"②

但胡适为自己将在基督教妇女禁酒联盟发表的演讲所拟的这个具有世界大同主义色彩的演说题(他那天上午在别处发表的一篇演讲,题目就是"大同"),却太不适合在基督教妇女禁酒联盟中宣讲,因为它的众多会员暗中持一种排外主义的或种族主义的观点,即认为酒的问题是移民和种族问题,是饮酒成习的爱尔兰人、犹太人和意大利人在腐蚀美国人的清教道德观,这等于在贬低和排斥同样作为美国人的天主教徒和犹太教徒。胡适没有意识到这一点,而欲在基督教妇女禁酒联盟发挥他对世界大同主义的天真见解,于是只得将"到者尤寥寥"先归因于"大半皆附名而已",再归因于"大雨"。但她们极有可能不是因为大雨才不来听胡适的高论的,而是不愿

---

① 《胡适日记全编》,曹伯言整理,安徽教育出版社,2001年版,第1册,第108—110页。

② 《胡适日记全编》,曹伯言整理,安徽教育出版社,2001年版,第1册,第110页。

冒着大雨来听胡适大谈不同文化、宗教、种族和族群的彼此尊重、和谐共处之类直接瓦解禁酒运动宗教基础的蛊惑之言。要是宣扬不同宗教、文化、种族和族群彼此尊重、和谐共处,那就不必禁酒了,因为禁酒运动恰恰是向其他宗教的人强制推行基督教的道德观。

"此邦妇人本不饮酒"一句尤非事实,仿佛美国那些饮酒的天主教和犹太教妇女不是美国人。他无意中认同了基督教妇女禁酒联盟的排外立场,即视"沽酒酿酒之业"为天主教和犹太教移民的勾当,从而将美国社会的一切道德问题归咎于非基督教徒或移民。1914年的胡适当然不可能读出禁酒运动背后的文化政治含义。作为一个只出入正经场所的拘谨羞怯的中国留学生和正人君子,他无法知道"此邦妇人"不少也有饮酒的习惯,更不知道禁酒运动带来的是更多的人饮酒作乐,且丝毫没有犯罪感——与胡适不同,他们不把饮酒当做一个道德问题,而是一个政治问题。他们通过饮酒来反抗基督教教会的道德暴政,而地下私酒行业的兴旺以及其中透露出的对清教勤俭伦理的反叛,奇特地为20年代美国经济的大繁荣作出了贡献。清教道德节制人的消费欲望,它造成了一种不断扩大再生产却视消费为道德污点的风气,产品堆积如山,却无法变成扩大再生产所需的资本,于是,到了一定程度,再生产就难以为继了。1929年到1933年的经济大萧条使美国的当政者敏锐地看出了其中的吊诡,于是采用经济学家凯恩斯扩大内需的经济政策,竟使美国经济在很短的时间里起死回生。这足以说明,起源于普遍匮乏时代并适应这一时期经济要求的清教道德,在一个开始走向普遍富裕的消费时代,已经变成了一种失去其经济功能并妨碍经济发展的道德意识形态,反倒是反禁酒运动的人以道德的暧昧性为美国经济松了绑。他们将一种无罪的消费观念带进了清教道德霸权之下的美国。

胡适于1917年6月归国,未能目睹禁酒运动最为轰轰烈烈的时期存在于地下的一个庞大的以私酒贩运、分装、包装、出售为产业链的商业帝国的形成,它支撑并调节着地面上的合法经济,甚至,有时,地面上的经济就是地下经济的一个延伸部分。基督教妇女禁酒联盟的女士们洁白的内衣可能正是由大私酒贩子名下的合法服装厂生产的。

在写于1914年四五月间的一篇日记①中,胡适记载了当时禁酒运动在各州的情况,此时距离美国国会正式批准通过宪法修正案第十八条以及《禁酒令》的发布还有五年:

---

① 《胡适日记全编》,曹伯言整理,安徽教育出版社,2001年版,第1册,第271页。

美国禁酒政策，主张者甚众，现有人在议会提议，立法由中央政府禁止酒业。盖今日之禁律由各省或各市政府自定之，故不能划一也。

全省禁绝者　　　　　九省
大半禁绝者　　　　　十七省
有禁酒之城市者　　　十三省

如果仅某些州、市立法禁酒，那是起不到什么效果的，因为饮酒者只要越界去邻近的一个不禁酒的州或市，照样能豪饮一番，甚至还会在归途中偷偷带回几瓶威士忌，自己喝，或在黑市卖一个好价钱。所以，主张禁酒的民间团体势必要对联邦政府和联邦议会施压，以期在全国范围内立法禁酒，使酒从美国的土地上彻底消失，同时在美国海岸线和陆地边境线构筑一道抵挡来自国外的私酒的防线，这样，酒的问题就彻底解决了——只不过，他们没有考虑执法成本。如果一项法律无法严格执行，那么，就会使更多的违法者将这项法律视为儿戏，反倒损害了法律的精神。何况，这项法律本身就存在违宪问题。换言之，禁酒运动的参与者们是在要求联邦政府去执行一项就能力而言它根本无法完成、在政治上有违自由民主制度、在经济上不利于复苏的任务。等待它的，将是一场全面的失败，而这场失败导致了清教伦理的霸权的瓦解。它最终无非为日后的美国宪政提供了一个堪为前车之鉴的负面案例：通过立法手段来强制推行一种道德，其结果，反倒使这种道德之外的人获得了一种反对这种道德的政治合法性。

1

弗·司·菲茨杰拉德贪杯成瘾，一有机会便喝得酩酊大醉。当他写作时，或者说不喝酒时，他就让笔下的人物大量喝酒，而且不愁弄不到酒。1920年3月，他发表小说《人间天堂》（其中一个人物因失恋而长醉三星期），开始把他的读者带进他命名为"爵士时代"的1920年代。他说："这是美国历史上最会纵乐、最绚丽的时代，关于这个时代将大有可写。"两年后他发表小说集《爵士时代的故事》，依然是纵酒作乐的年轻人的故事。

菲茨杰拉德的小说若缺了酒，就如同巴尔扎克的小说缺了票据。但此时他笔下的人物都是酒的消费者，而非供应者。既然他立志像巴尔扎克充当19世纪法国社会的书记员那样成为爵士时代的编年史家，那么，在这个市面上根本见不到酒的时代，酒怎样通过无数秘密渠道源源不断流进美国人的酒杯,对他来说,就并非题外话。实际上,没有酒,就不可能有爵士时代。于是,非法酒商进入了他的小说。1925年4月他在纽约出版了小说《了不起的盖茨比》,其主人公是一个(按法国人的说法)"伟大的情人",周旋于上流社会,但他还有一重不能示人的秘密身份,即"大私酒贩子",控制着一个庞大的地下商业帝国。他在自己宫殿般的豪宅举办的那些周末晚会,吸引了纽约长岛一带上流社会的男男女女。他们成群结队而来,尽情享用着他提供的原装优质苏格兰威士忌,而他本人则几乎滴酒不沾——他的隐蔽职业要求他这样。

作为一个家族里有爱尔兰移民血统和天主教信仰传统的作家,菲茨杰拉德对这个人物的评价肯定不同于他的清教徒读者。在为这部小说寻找题目时,他毫不吝啬地在主人公的姓氏前添了一个形容词——"了不起"(great),而当这位主人公巨大的美国梦破碎在纽约上流社会的虚伪和冷漠上时,他又借故事叙述者卡罗威之口,对草坪那一边渐渐走远的盖茨比喊道:"他们是一帮混蛋,他们那一帮人加在一起也比不上你。"①

此话是对1925年的美国读者说的,而这部以一个大私酒贩子为主人公的小说出版于禁酒运动在全国紧锣密鼓之际,并且受到了读者和文学评论家的热烈追捧,实在耐人寻味。盖茨比秘密从事的不是一般的非法买卖,恰恰是1919年到1933年被单项列入联邦宪法修正案第十八条的那种非法买卖——贩运、销售私酒。换言之,他在"顶风作案"。轻描淡写地说他从事"非法买卖"就失去了许多意义,并且使上引卡罗威对盖茨比的那句评价变得莫名其妙,因为"私酒"不同于一般的非法买卖,它体现了美国的非基督教徒对基督教徒试图将自己的道德价值和生活方式强加于其他种群和其他宗教信仰的人的道德暴政的反抗。如果盖茨比从事的是诸如贩卖鸦片或打家劫舍一类的非法勾当,恐怕难以在1925年的美国读者或任何别的时候和别的国家的读者那里产生一种情感共鸣。

菲茨杰拉德并没有在小说中明白交代盖茨比的大私酒贩子的身份。在与卡罗威的几次似乎推心置腹的交谈中,他详细介绍了他的家世、经历以及自己巨大财富的来源,例如,有一次,盖茨比对卡罗威说:"我是中西部某个有钱人家的儿子——家里人现在都死光了。我在美国长大,不过是在牛津接受的教育,因为我家祖祖辈辈都是在那里接受教育的。这是个家庭传统

---

① F. Scott Fitzgerald, *The Great Gatsby*, Penguin Books Ltd., 1986, p.146. 本文后面再引用该书,只在文中标注页码,不再作注。

……我家里人都死光了,我继承了很多钱。"(p. 64)并且,盖茨比还不时拿出一些证据来向卡罗威证明自己所说非妄。但卡罗威日后多次吃惊地发现盖茨比关于自己生平的描述有隐瞒和捏造之处,例如他后来发现盖茨比的父母不是中西部的阔人,而是碌碌无为的庄稼人。

盖茨比的深居简出、不喜欢抛头露面的行事风格,也使他的身份充满了神秘感。他甚至在自己举办的酒会上都很少露面,或不声不响地混坐在客人中间,让那一大群来自长岛和别的什么地方的上流社会的时髦男女自酌自饮,一直喝到醉意迷蒙、步态蹒跚地准备驱车回家时,依然弄不清这位慷慨地以成箱成箱贵重的苏格兰威士忌招待自己的盖茨比先生到底是什么人。于是,这些喜欢传播隐私的人开始猜测他巨大财富的来源,有人说他是"德皇威廉的侄儿或者什么别的亲戚,他的钱就是这么来的",有人说"在大战期间当过德国人的间谍",而且还打赌说他"一定杀过人"。但传得最多的,是说他是一个"大私酒贩子",例如汤姆就肯定地说"很多新近暴富的人都是大私酒贩子",但他又说自己并无实据,是"猜的"。不过,对盖茨比心怀嫉妒的汤姆(他的妻子黛西是盖茨比的旧情人,而且此时又在一起了)倒是私下对盖茨比做过一些调查,发现他开办了许多药店。"这年头药店里什么都买得到。"他大有深意地对盖茨比说,而卡罗威发现盖茨比听到这句话时"脸上掠过一种难以形容的表情",事后他突然联想到那是想杀人时的表情。

"这年头药店里什么都买得到"一句,对黛西和卡罗威来说"没有什么意义",因为只有买私酒的人才知道药店和加油站这一类地方可以搞到酒。由于无法合理解释盖茨比何以在数年内就累积了如此巨大的一笔财产,大家的想象力自然就往"大私酒贩子"的方向走:"成百上千的人因为在他家做过客而成为他的经历的权威,由于他们的散播,盖茨比的名声在这个夏天与日俱增,就差成为新闻人物了。当时的各种传闻,如'通往加拿大的秘密通道'之类,全和他挂上了钩,还有一个流传更久的说法,说他根本不是住在一座房子里,而是住在一条看起来像房子的船上,沿着长岛的海岸秘密地来回移动。"(p. 94)所谓"通往加拿大的秘密通道"和"沿着长岛的海岸秘密地来回移动"的像房子一样的船,都暗示他是在秘密从事私酒贩运,因为美加边境和纽约一带的海岸,正是来自加拿大和英国的大宗私酒秘密进入美国的主要地点。

但这些谣传,正如盖茨比对自己生平的描述一样,因为证据不充分或存在相反的证据,都不能成为判定盖茨比是否为"大私酒贩子"的充足依据。这正是作者菲茨杰拉德的高明之处:他一方面通过这些似是而非的言语来强化这个人物的神秘性，以暗示一个巨大的地下商业帝国的存在；一方面又使那些出入他非法酒会的体面的上流社会时髦男女非神秘化——他们虽约略猜出他"大私酒贩子"的秘密身份，却一如既往地而且大多不请自来地出现在他的酒会上，豪饮《禁酒法案》明文禁止的酒类。说白了，他们无非这个巨大的地下商业帝国的一部分，是其最后的环节，是消费者。盖茨比与他们之间的关系，是供应商与主顾之间的关系。

菲茨杰拉德在小说中零星地放入了一些片断线索，以暗示盖茨比的秘密身份和这个庞大地下商业帝国的存在，它正是盖茨比巨大的个人财富以及盖茨比公馆酒会上源源不断的名贵酒的隐蔽来源。对禁酒时期的私酒贩运史有所了解的读者，不难将这些零碎的似乎与小说的故事情节没有什么关系的线索拼接成一幅以私酒的贩运和销售为核心的地下商业帝国的网络图。盖茨比时常挂在嘴边的"老兄"(old sport)，就不是美国英语口语中常用的称呼语，难怪汤姆后来质问他："你张口闭口都是'老兄'。你是从哪里学来的？"(p.121)大概是从那些来自英国的走私船上的水手那里学来的。盖茨比的长途电话很多，当他与人聊天时，他的管家总是急急忙忙跑过来，"报告他芝加哥有长途电话找他"(p.49)，或者"先生，费城有长途电话找您"(p.54)；当卡罗威预感到盖茨比可能会出事而急忙从纽约给盖茨比公馆打电话时，"不耐烦的接线员告诉我，这条线路在等底特律的长途"(p.148)，等等，提到长途电话的地方不下七八处，尽管几乎无一句透露电话的内容。但那三个反复出现的地名（芝加哥、底特律、费城）却暴露了天机——这三个城市正是私酒贩运入境和中转分装销售的秘密中心。

再就是小说中不时提到的"药店"，如黛西（她不知道药店的秘密）以崇拜的口气提到盖茨比："他是开药店的，开了好多家药店。全是他自己一手搞起来的！"(p.104)另外，如果说出入盖茨比的酒会的都是他不怎么熟悉也无意去交往的人，那么，他很熟悉而且秘密交往的人是不太会出现在他的酒会上的，甚至他们的名字都不会出现在盖茨比的电话簿里——他们是"沃尔夫山姆手下的人"(p.134)。小说中的人，包括盖茨比在内的私酒贩子，许多人的名字都带有爱尔兰人或犹太人的姓名特征。这是一个触角伸向各个角落而且在社会各阶层、政府各部门都有"自己人"的秘密网络，例如当盖茨比驾驶他"车身长得出奇"的豪华轿车在纽约违犯交通规则时，一个警察气急败坏地开警车追了上来，但盖茨比只从皮夹里掏出一张白色卡片在警察眼前一晃，警察就立即用手碰了一下帽檐，说："行啦。下次就认识您啦，盖茨比先生。请原谅我！"坐在副驾驶座上的卡罗威以为盖茨比向警察出示的是一张照片,盖茨比含糊其辞地解释道:"我给警察局长帮过一次忙,因此他每年都给我寄一张圣诞卡。"(p. 67)盖茨比曾向卡罗威提到他有一些"关系"("gonnegtion",盖茨比显然是在用法语读音来弱化 connection 这个过于直露的词),而且自己"附带搞点小小的副业",他说他愿意帮卡罗威一个小忙,"不用花多少时间,你就能赚一大笔钱。不过,这事恰巧不能声张,你知我知就行"。(p. 80)盖茨比的正业是什么,菲茨杰拉德没有给出任何暗示,言下之意,是他的正业正是这种不用花多少时间就能赚大钱的"小小的副业"。汤姆一语道破天机:"许多新近暴富的人都是大私酒贩子。"

将盖茨比"大私酒贩子"的真实身份处理得遮遮掩掩,而以浓墨重彩来描绘他的绅士风度以及他对自己年轻时代的恋人黛西的一往情深而且最终为之丢掉性命的爱,是为了防止读者匆忙对他作出道德评判。他的神秘性透露出一种道德上的暧昧性,但道德上的暧昧性不是盖茨比的专利,它同样渗透于他的那些毫无神秘性可言的酒客身上,即道德暧昧性在这些人身上已发展到无须遮掩的地步,因此,当他们中的一些人以明晰的道德语言来贬低盖茨比时,只会令人联想到"虚伪"。例如汤姆既酗酒,又在外面养着一个女人,这是谁都知道的事情,但他却在一次聚会上像一个基督教禁酒联盟的女士那样义正词严地谴责社会风气:"这年头,人们对家庭生活和家庭制度嗤之以鼻,这还刚刚开头,下一步,他们就该抛弃一切纲纪,搞黑人和白人通婚。"对此,卡罗威的反应是:"每次他一张口,我就忍不住想笑。一个酒色之徒摇身一变竟成了一个十足的道学先生","自以为单枪匹马地屹立在文明的最后堡垒上。"(p. 124)

在这些道德上同样有缺陷但比较虚伪的人群面前,盖茨比倒显示了某种罕见于这个人群的情感上的执著、忠诚和献身的精神。至少,盖茨比是有梦想的,一个浪漫到甚至想突破罩在情感上的雾障而去发现最纯粹的快乐的梦想,并且,他为自己的梦想付出了生命的代价,而那些上流社会中人则显得庸庸碌碌、缺乏想象力、感情粗糙。菲茨杰拉德通过一个爱情故事,弱化了盖茨比令人反感的方面。后来,我们得知,他之所以买下那座濒临小海湾的豪宅,并隔三岔五地在那里举行酒会,是为了以一种不那么唐突的方式将住在小海湾对面的他年轻时代的恋人、现为汤姆之妻的黛西吸引过来,以重续旧情。他那双在黑暗中长久地凝视远处小海湾对面黛西家码头的灯光的眼睛,像是一个十几岁的初恋者的眼睛。在盖茨比死后的一天夜里,卡罗威独自坐在盖茨比曾经常坐的地方,"我想到了盖茨比第一次认出黛西家码头尽处的那盏绿灯时所感到的惊奇。他走过了漫长的路,才来到这片蓝色的草坪,离他的梦似乎一定近在咫尺、伸手可及了。他不知道那个梦已被遗弃了,遗弃在城外这片无垠的浑沌的某个角落,那里,美利坚的黑黢黢的原野在夜色下如浪涛一样汹涌向前。盖茨比相信这盏绿灯,相信这个一年一年渐渐离我们远去的极乐的未来"(p.171)。被众人丢弃的美国梦居然以强劲的方式依然作用于盖茨比,充溢于这个大私酒贩子的内心。

　　他花费如此之大的代价终于实现了自己其实相当简单的计划:他和黛西在一起了。尽管从第一眼起,他就有了一种不祥的预感。作为牵线人的卡罗威从盖茨比的眼神中捕捉到了这一信息:"我走过去告辞的时候,看到那种惶惑的表情又出现在盖茨比脸上,似乎他有一点怀疑他刚刚获得的幸福是否如他期待的那般完美。几乎五年了! 甚至就在那天下午,一定有过一些时刻,黛西远不如他的梦想——并不是因为她本人的错,而是由于他的梦幻所具有的巨大活力。他的梦想超越了真实的她,超越了一切。他带着一股子创造性的热情,一头扎进了这个梦,不断为它添枝加叶,用飘来的每一根绚丽的羽毛装饰它。再多的激情,再美的容颜,也赶不上一个人在他不染凡尘的心里所集聚的情思。"(p.92—93)他的内心有某种高贵的被这个时代所丢弃的品质,而无论黛西,还是其他人,都不过是随岁月而褪色的俗人——或许他们从来就是如此。这一发现,使卡罗威对盖茨比作出了如下评价:"他们是一帮混蛋,他们那一帮人加在一起也比不上你。"

　　这句评价,是在盖茨比为保护车祸的肇事者黛西而甘愿把责任揽在自己身上的时候。黛西接受了他的慷慨,尽管知道这对盖茨比非常不利,而汤姆也不失时机地顺水推舟,向死者(汤姆的情妇)的神志恍惚、一心要报仇的丈夫暗示肇事者是盖茨比,结果,这个可怜的糊涂虫就出现在了盖茨比的公馆附近,将他射杀在游泳池里,然后饮弹自尽。卡罗威操办了盖茨比的葬礼,到场的只有几个人。那些曾出现在他酒会上的时髦男女以及出没于他地下商业帝国的"沃尔夫山姆们"无一出席。卡罗威说:"汤姆和黛西,他们是冷漠的人——他们砸碎了东西,毁灭了人,然后又缩回到他们的金钱、无比的冷漠或其他什么使他们得以维系关系的东西中去,让别人去收拾他们制造的烂摊子……"(p.170)卡罗威对自己在冲动中朝盖茨比说出的那句话并不感到后悔,他说:"我后来一直很高兴我说了那句话。那是我对他说过的唯一的好话,因为我自始至终都不喜欢他。他先是礼貌地朝我点点头,随后,他脸上露出那种灿烂的、会心的笑,仿佛我们俩在这件事上一直是心醉神迷的同谋。"(p.146—147)

　　菲茨杰拉德把那个时代被基督教教会人士视为"恶棍"和"罪犯"的大私

酒贩子盖茨比置于一场伟大的爱情中加以描写，使他显得不那么令人讨厌，其动机不言而喻，那就是恢复他有血有肉、有情有义的"人"的一面，正如他让那些通常不被视为"恶棍"和"罪犯"的上流社会人士暴露出他们的种种道德缺陷、冷漠甚至邪恶。他以此将一种道德暧昧性带进了1920年代善与恶泾渭分明的道德意识中，模糊其界线。一个缺乏阅读经验的读者可能会因为盖茨比表现出来的情义和他对感情的执著追求而给予他高于汤姆或黛西的评价，但黛西和汤姆在他们的婚姻因盖茨比的介入而面临崩溃的那一刻所显示出的对他们往昔的一些动人时刻的珍惜，亦说明情义和良心在他们心中并没有被磨灭，也有重新苏醒的时刻。当盖茨比自以为胜券在握，要从汤姆身边带走黛西时，他非常不明智地要求黛西当着汤姆的面说她从来就没爱过他。黛西于是很勉强地说："我从来没爱过他。"绝望的汤姆此时突然发问道："在凯匹奥兰尼时也没爱过我吗？"黛西回答："没有。"汤姆又追问："那天，我把你从'甜酒钵'号游艇抱下来，不让你的鞋子沾到水，你也不爱我吗，黛西？"

　　黛西的防线垮了，再也不能否认自己曾经爱过汤姆，而这种爱也没有被完全磨灭。盖茨比再一次成了失败者。黛西是因为社会地位和金钱的考虑而嫁给汤姆的，但不能说他们之间不存在某种同样超越金钱的眷恋，至少，在汤姆最后的那句追问和黛西的反应中，他们一下子触到了使他们结合在一起的另外一种东西，而这种东西，无论是盖茨比远比汤姆更多的财产，还是其激情、俊气和风度，都无法夺走。俗物深处的真情实感的电光一闪，将他的部分品质从酒色之徒中拯救出来。与其说菲茨杰拉德——如某些评论家所说——"揭露了上流社会的虚伪和冷漠"，不如说他弱化了道德评判，而突出了人的道德的复杂性。这对禁酒时期基督教道德观的暴政来说，不啻一场小小的颠覆战。

　　基督教道德观将自己视为唯一正当的道德观，一种可以向不同信仰和生活方式的人群强制推行的普适的道德观，因此它必须借助于一种简单的二元对立的思维模式，而菲茨杰拉德以道德的暧昧性来拆解了这个二元对立的道德模式。盖茨比和汤姆一样，都是他人婚姻的破坏者，但菲茨杰拉德对两人形象的刻画却使同一宗罪在盖茨比和汤姆那里显示出不同的美学的和激情的等级，以至盖茨比的通奸比起汤姆的通奸来似乎成了一个极其浪漫的故事。的确，在道德评判中断后，就只能求助于美学和激情了，因为它们被认为是超越道德的。

　　禁酒运动是基督教道德观以酒为武器向一切信奉其他宗教或生活方式

的人展开的一场政治战,这一点,它的反对者从一开始就心知肚明,而禁酒运动的失败,也说明在一个自由民主体制的国家,一部分人若将自己的道德观强制性地向全国推广,他们就是在实践一种与自由民主的精神格格不入的专制暴政。暴政不一定只体现于政治体制层面,它还体现于宗教、文化、言论、生活方式等方面的强求一律。这对美国这个多宗教、文化、种族和生活方式的国家来说尤其如此,而那些反对禁酒的团体、组织和个人——包括以非法手段破坏《禁酒法案》的私酒贩子以及饮酒者——不管其动机如何,也不管是地上人或地下人,他们的活动汇合在一起,最终瓦解了基督教道德的暴政企图。

2

1920年3月,即《人间天堂》发表的同月,市面上的酒早已绝迹,仿佛随着1月16日宪法第十八条修正案和《禁酒法案》(《沃尔斯特德法案》)的正式生效,酒在美国土地上立刻无影无踪了。这种令行禁止的局面,使禁酒运动领导人威廉·布莱恩感到振奋,于3月在纽约召开庆祝会,宣布《禁酒法案》将像1863年的《解放黑奴宣言》使美国摆脱奴隶制一样摆脱酒精。这是一个危险的比喻。把酒精比做奴隶制,就隐含了这么一重隐喻,即饮酒者和奴隶主一样邪恶,必须用立法手段将其从美国肌体里除掉。这种隐喻性联想,使禁酒人士感到自己站在普遍道德和正义一边,正在对饮酒者展开一场圣战。

布莱恩是个头脑简单而又思想顽固的正人君子,只会沿着街道察看那些有营业执照的酒馆和咖啡馆是否不再经营酒类生意,或是否已经关闭,因此得出了上面那个令他振奋的结论。他当然不会光临黑市,而黑市正是私酒的集散地,其交易量远远超过禁酒之前的市场交易量。来自英国的大型走私船穿梭在大西洋上,把整船整船的苏格兰威士忌卸在美国东海岸,而来自加拿大的走私酒则装满卡车或小型走私船穿越美加陆地边界或界河,然后,美国的私酒贩子再将这些酒分装,运往各地,秘密地在药店、加油站等场所销售。弄不到走私酒的人则自己动手,在库房或地下室酿酒。更多的美国人在喝酒,喝得比以前还多。到后来,私酒就变成半公开的事了。到处是征酒逐肉的大军,各处的酒会(秘密的或半公开的)常常通宵达旦。从来就没有一个纽约警察或者联邦禁酒局的侦探会不知趣地出现在盖茨比公馆的酒会上。

布莱恩的名声还与一起著名的诉讼案有关,而这件案子恰恰发生在《了不起的盖茨比》出版的那一年。表面看来,这起诉讼案与私酒没有关系,但与禁酒时期的基督教道德暴政关系甚大。这就是发生在1925年的田纳西州诉斯柯普斯案,俗称"猴子审判案"。田纳西的一位名叫斯柯普斯的教员在课堂上向学生讲解"猴子是人的祖先",触犯了禁止在课堂上讲解进化论的法律。为什么美国以法律形式禁止传授进化论?仅仅因为进化论对于人类起源的解释违背了基督教圣经《创世记》中关于上帝造人的教义。于是,田纳西的检察官在德顿地方法院向斯柯普斯提起诉讼,由于这场审判第一次采用了无线电全国直播,更由于进化论与基督教教义之间的冲突,吸引了全美国的关注。年事已高的布莱恩又一次看到了捍卫基督教教义的机会,他风尘仆仆地赶到德顿,手摇一柄大蒲扇,在法庭上充任控方的代理人,最终让法庭判斯柯普斯有罪。但专程从纽约赶到德顿来报道审判现场的专栏作家 H. L. 门肯(犹太裔的纽约人,他刚住进德顿的旅馆就从店伙计那里弄到了酒)却肯定地说,布莱恩此举是想借机报复沿海大城市的知识分子对他的嘲弄,该审判不是知识的较量,无非一个"乡巴佬"的拙劣表演,仿佛布莱恩特意拿他的无知和固执来德顿法院丢人现眼,并通过无线电让全美的人都知道新教徒(布莱恩是新教基要派教徒)在宗教上的冷酷和在智力上的无能。

田纳西诉斯柯普斯案与禁酒运动,都是基督教道德暴政的表现,因而布莱恩的身影出现在禁酒运动的前沿和反进化论的前线,也就不足为怪了。事实上,他是在打击东西海岸那些移民成堆的大城市所流行的非基督教的信仰和生活方式,而这些大城市是知识分子云集的地方,其中许多人是来自爱尔兰、俄罗斯、东欧和意大利的新移民或第一代移民的后代(主要是犹太人、意大利人和爱尔兰人,信奉犹太教或天主教),所以布莱恩打击的主要就是知识分子,说这些"东部佬儿"头脑复杂,是一些颓废的道德虚无主义者。从这里也可以看出美国社会生活中那种顽强的反智主义的道德基础。

既然提到了进化论在美国的境遇,就顺便再提一下1910年到1915年间的胡适,即那个情感已经进入可双脚还徘徊在基督教教会门口的胡适。他离开充满革命气息和强烈变革愿望的中国,万里迢迢来到据说代表了当今西方文明的典范的美国,却发现这里的思想风气和社会风气相当保守,这使他产生了一种莫名其妙的民族优越感。他在1911年3月14日的日记中记载道:"是日,闻生物学教员言美国今日有某校以某君倡言'天演论'致被辞退者,可谓怪事!"查胡适日记,得知他几天前(3月10日)曾从图书馆借阅达尔文的《物种起源》,当天日记如此记载:"上课。读达尔文'Origin of Species'。夜打牌,宴睡。"但胡适显然要么没有得该书要领,要么对这部厚达五百多页的科学著作只是略微翻了翻就搁下了,因此他所理解的"天演论"依然是出国前读到的严复根据社会进化论者斯宾塞的演讲集《进化论与伦理学》而半译半著且删去其伦理学方面内容的"天演论",不是达尔文的物种进化论。严译《天演论》的落脚点在"物竞天时,适者生存",这对当时委靡不振的中国人来说无异于当头棒喝,但这句口号对美国人来说,却是经济自由主义的老生常谈。

美国人对达尔文进化论的反感和排斥,基于基督教伦理。达尔文对人的起源的解说违背了神创造人的教义,将人从万物之灵的高度降到了灵长类动物的层次。因此,那位因"倡言'天演论'致被辞退"的美国某校某君,他在课堂上所宣讲的就决不是"物竞天择,适者生存"这种大有正统经济自由主义色彩的格言,而是"人是从猴子变来的"这种与基督教教义格格不入的科学命题。但"人是从猴子变来的"这一让基督教的卫士们感到尴尬和愤怒的科学命题,对熟读《西游记》、《聊斋志异》或别的什么"变形记"的中国人的想象力来说,却构不成一场足以改变人在自然界的位置或在宗教中的"格位"的"哥白尼式的革命",而诸如"物竞天择,适者生存"这一类美国人耳熟能详的格言,对奉行"不争主义"的中国人来说却振聋发聩,在1901年严译《天演论》刊行后迅速成为年轻知识分子挂在嘴边的时髦语,连安徽绩溪的一个中学生都感到有必要将自己的名字改为"胡适"并取字"适之"才显得符合潮流。

1915年5月8日胡适在日记中又一次谈到进化论,其内容足以证明胡适对进化论的理解在过去四年没有任何长进,依然处在严译《天演论》阶段,因此他和新结交的美国女友韦司莲之间的这段谈话,谈的并非同一个问题:"偶语韦女士吾国士夫不拒新思想,因举《天演论》为证。达尔文《物种起源》之出世也,西方之守旧者争驳击之,历半世纪而未衰。及其东方,乃风靡吾国,无有拒力。廿年来,'天择'、'竞存'诸名词乃成口头常语。女士曰:'此亦未必为中国士夫之长处。西方人不肯人云亦云,而必经几许试验证据辩难,而后成为定论。东方人士习于崇奉宗匠之言,苟其动听,便成圭臬。西方之不轻受新思想也,未必是其短处;东方之轻受之也,未必是其长处也。'此甚中肯。今之昌言'物竞天择'者,有几人能真知进化论之科学的根据耶?"

韦司莲此语使胡适大为折服,由进化论在美国的被禁看出美国人不肯人云亦云的科学精神。但韦女士显然对达尔文进化论在美国受排斥的原因进行了一番错误的解释,并误导了胡适对美国的科学精神的崇拜。不过,既然以法律形式禁止讲授进化论,连进化论是何物都不知道,何谈"几许试验"?拒斥进化论,不是因为其证据不足,而是因为它的证据太足,以致对《创世记》的教义造成了颠覆性的威胁。允许自由宣讲进化论,无异于允许人自由饮酒,对新教徒来说,都是在腐蚀美国道德的基础和核心——基督教。无论韦女士,还是胡适,都没有从进化论和酒在美国的双双被禁,读出一场以"道德暴政"为标志的权力斗争,而如果没有读出这一层文化政治含义,就大有可能成为禁酒运动的热心参与者。实际上,禁酒协会的女士们中不乏女权主义者,她们在赞成自己所反对的东西——那种将属于某个群体或性别的道德观强加于另一些社会群体或另一个性别的传统道德体系。

就在布莱恩举行胜利庆祝会的前两个月,即第十八条修正案和《禁酒法案》开始生效的时刻,芝加哥、纽约等地的黑帮头目(阿尔·卡彭、阿诺德·罗思坦、"幸运儿"卢西亚诺、"百条腿"戴蒙德等)纷纷举行庆祝会,庆祝《禁酒法案》给他们带来了滚滚财源。"幸运儿"卢西亚诺谈到纽约黑市的繁忙景象时说:"我们知道,假如《禁酒法案》持续一百年,不论我们能搞到多少酒在那里也会供不应求。"①

在1917年12月18日美国国会通过宪法第十八条修正案前,南部和中西部的一些州就已立法在本州境内禁酒(佐治亚州率先于1907年禁酒,到1914年末,已有十四个州实行禁酒)。在这些州,盎格鲁-撒克逊裔人口和新教徒占多数,禁酒团体拥有巨大的社会影响力,也有久远的民间禁酒传统,加上一战期间美国政府为保障谷物储备而实施的酿酒战时禁令,因此,禁酒从民间运动走向立法并不太难。但在非新教徒(天主教徒、犹太教徒等)占多数的州或新移民占多数的大城市,尤其是东部大城市,禁酒遇到了相当大的阻力。反禁酒人士指出,禁酒违反了宪法保证的自由权,并引宪法修正案第一条为自己辩护,而一些强调州权的人则担心禁酒会成为联邦法律,危及州权,因此坚持在是否禁酒的问题上各州拥有自由选择权。

但禁酒团体加强了在全国范围内实现无酒化的努力。这些团体大多具有浓厚的宗教和道德色彩,如美以美教会主教辖区禁酒协会、基督教妇女禁酒联盟以及美国反酒馆联盟。在其推动下,国会于1913年通过《韦伯-肯庸法案》,在全国范围内禁止进口致醉酒类。到1917年,联邦最高法院裁决此法案合宪。这一年11月,禁酒团体向国会递交一份提案,试图以宪法修正案

---

① 马丁·戈斯克、理查德·哈默:《一个黑手党首领的自白》,张志明等译,北京出版社,1988年版,第42页。

的形式在全国禁酒,但参众两院围绕提案争论了很长时间,直到1917年12月18日才正式通过,然后提交给各州议会批准。该修正案规定:"在本条批准起一年后,禁止在合众国及其管辖下的一切领土内酿造、出售或运送致醉酒类,并且不准此种酒类输入或输出合众国及其管辖下的一切领土。"在内布拉斯加州于1919年1月16日批准该修正案后,该修正案已获法定的三分之二州批准,一年后(1920年1月16日)正式生效。

第十八条修正案禁止的是致醉烈性酒,对淡酒和啤酒并无规定。因此,诸如马萨诸塞、马里兰、新泽西等东部州在宪法修正案批准后,虽禁止烈性酒,但仍允许出售淡酒和啤酒。这使坚决主张禁止一切酒类的禁酒人士非常不满,又鼓动国会于1919年10月28日通过《沃尔斯特德法案》,规定酒精含量超过0.5%的一切饮料均属禁止之列。

财政部下属的联邦禁酒局也随即挂牌成立(将禁酒局设在财政部,而不是司法部,这从一开始就造成了政府部门间的不合作),负责全国禁酒。尽管手下只有一千五百多号人马,但禁酒局的首任局长非常有信心地保证:再也不会有人造酒,"也不会卖酒、送酒或用任何东西在地上、地下或空中运酒"。

第十八条修正案和《禁酒法案》的法理依据,并非医学方面的,而是道德方面的。很少有人谈到酒精对身体的危害,而这本可以使禁酒获得更多的合法性(如日后的禁毒)。在新教徒看来,饮酒与其说有伤身体,不如说有害于道德,并偏离了教义,因此尽管淡酒和啤酒通常不会带来多大的身体损害,依然被强令禁止。一个明显的反证是,淡酒和啤酒对健康的损害不及吸烟,但新教徒并不禁烟,因为新教徒自己也吸烟,而且南部农业州还是烟叶的主要产地。从这里可以看出,禁酒的道德依据其实是一种道德意识形态,只符合新教徒和农业州的利益。再说,烟这种东西从来就没有在宗教中获得象征意义,因此,禁烟的理由就纯粹是健康方面的,对所有人一视同仁(这正是克林顿时代以来美国的禁烟运动几乎没有遇到宗教和种族方面的麻烦的原因)。但酒不一样,它在清教和天主教的教义中恰好具有对立的象征意义。

对酒的恐惧和反感,源自17世纪英国清教徒的宗教想象力,是在对天主教的逆反中形成的。酒(红葡萄酒),对天主教仪式来说,是基督之血的象征。四福音书中除《约翰福音》外都有一段有关耶稣受难前饮酒的大同小异的记述:耶稣端起酒杯,向上帝谢恩后,把杯子递给门徒,他们都喝了杯中的酒,然后耶稣说:"这酒是我立新约而为众人流下的血。"天主教对这段经文的释义是把酒当做圣体,因而领圣餐(饼和酒)就意味着领圣体(肉和血)。这种仪式,甚至到1962年第二届梵蒂冈公会议后,在天主教会新编写的弥撒感恩经中还得到进一步发挥:"他拿起酒杯,谢了恩,递给门徒,让他们喝,并说:这是我的血,为订立永久的新约的血,将为你们众人而倾流,以赦免罪恶。你们要这样做,来纪念我。"

由于酒对天主教仪式如此重要,所以天主教徒不仅在领圣餐时饮酒,而且在日常生活中也大量喝酒。但清教徒反对偶像崇拜,认为跪领圣餐意味着向降临在酒中的物质的身体表示崇拜。对酒的反感,随英国清教徒于1620年移民新大陆而扎根在美国的宗教和社会生活中。乔治·马斯顿谈到南北战争后美国天主教徒面临的来自新教徒的敌意时说:"天主教徒不守安息日,他们跳舞狂欢,作为欧洲人,他们中的多数人都饮酒,而且往往十分贫穷,因而普遍地被视为这个国家的稳定与道德健康的一种威胁。"对酒的反感,于是从一种宗教反感,变成一种道德反感,进而变成一种政治压迫,甚至变成了一种维护美国主权的冲动。这最后一点听起来颇为奇怪,但天主教徒只承认罗马教皇在精神上的权威,使美国政府和那些狂热的美国主义者担心,假若在美国之外还存在着一个可以控制某些美国人的政教合一的权威,那么对美国的独立自主来说决不是什么好事。

菲茨杰拉德出生于中西部明尼苏达州的圣保罗市,家里信奉天主教,外祖父是爱尔兰移民(菲茨杰拉德称之为"1850年番薯荒的爱尔兰饥民")。对新移民和天主教徒的反感,使圣保罗市的新教徒们对天主教徒产生了一种诡异的想象,"我们街上的男孩子们还以为天主教徒每天晚上在地窖里操兵,准备把教皇庇护九世捧为美国的专制君王"(菲茨杰德回忆)。

因此,禁酒,对新教徒来说,就不是在禁止一种饮料,而是在以道德的名义打击天主教、犹太教和新移民(尤其是爱尔兰、意大利和犹太移民)及其代表的文化和生活方式,以使清教道德成为一种霸权。这恰恰是禁酒运动下面所隐含的权力关系,它试图以国家暴力机器来向全社会强制推行一种仅仅属于某个社会群体的道德价值观。假若说天主教徒从酒中看见基督的身体是一种宗教幻觉,那么,新教徒从酒中看见堕落就是一种道德意识形态。酒就是酒,本来和基督的身体或道德的堕落没有任何逻辑上的关系,一旦被当做道德问题而被立法加以禁止,就成了政治压迫的一种形式,是新教徒强制性地将新教道德标准推广到其他宗教和人群的一种努力。大私酒贩子卢西亚诺是来自天主教气氛甚浓的西西里岛的移民,托《禁酒法案》的福从街头盗贼转眼间变成巨富,但他对《禁酒法案》所暗含的宗教和政治压迫有清楚的意识,以他惯有的口吻说:"[这条法律]是由那些比学校女教师更丑陋的基督教妇女禁酒联盟的老婊子们强加于国家头上的。"①

正因如此,私酒贩子在从事私酒贩运和销售时就不会有任何犯罪感,而饮酒作乐者也会把饮酒当做政治反抗的一种形式。谈到19世纪30年代法国对酒课以重税并在城门口设立税收所时,本雅明写道,该税损害了城镇居民的利益,迫使他们到城门外寻找便宜的逃税酒喝。"如果H-A.傅雷杰,一位警察总局的处长的话可信",他说,"那么一个工人是充满了骄傲和挑衅来炫耀这种酒给他带来的享受的,就好像这是他唯一能得到的享受。'有的妇女毫不犹豫地跟着丈夫带着已大得可以工作的孩子来到城门外……过了一阵,他们半醉地往家走去,摆出一副大醉的样子,以便让人人都看到他们颇喝了不少。有些孩子也学着父母的样子做。'"②

这种描述,也适合于美国的禁酒时期,并可以部分解释众多美国人为何在这个时期反倒比平时喝酒更多。卢西亚诺说,饮酒,对缺乏娱乐而又贫穷的人们来说,是唯一的娱乐,"当他们一无所有时,他们一定得喝酒,要不然就会出事"。本雅明引述一位观察家的话说,法国城镇的城门外的逃税酒"挽救了统治结构,使之免遭许多打击"。这同样适合于美国的禁酒时期。正是那源源不断的私酒(兑水的和不兑水的)挽救了统治结构,使之免遭了许多打击,因为人们把反抗消解在纵酒作乐中,感到生活在"爵士时代",不至于因为没酒喝而闹事。或许正是大大小小的盖茨比们才使美国免遭一场可能的政治动荡。

此外,更具反讽意义的是,正是私酒使这些本来靠杀人越货、打家劫舍来敛财的黑帮组织变成了以利润为目标的非法商业组织。贩运和销售私酒当然比打打杀杀和抢夺无辜者财产的生活更安全,也更无犯罪感。即便在某次走私中不巧被禁酒人员抓获,惩罚也比杀人、抢劫等轻得多。何况,被抓住的可能性很小,因为禁酒局那区区一千五百多号人(1930年增至两千八百多人)根本不可能把守住美国漫长的东海岸线、美加边界以及密如蛛网的国内公路线,而联邦禁酒局官员和地方上的警察通常很容易被贿赂。据历史学家阿瑟·林克等人估算,除非禁酒局扩编到一百万人,否则禁酒法就无

---

① 马丁·戈斯克、理查德·哈默:《一个黑手党首领的自白》,张志明等译,北京出版社,1988年版,第40页。
② 本雅明:《发达资本主义时代的抒情诗人》,张旭东等译,生活·读书·新知三联书店,1989年,第36页。

法严格实施。即便不考虑财政预算,那么,用一百万联邦人员来监视美国人的私生活,就足以使美国从民主国家变成警察国家。禁酒运动为自己确立了一个根本不可能实现的法律目标,造成了犯法而不受罚的现象,反倒使国民开始蔑视法律。

既然市面上的酒不见了,那黑市酒价自然高得惊人。禁酒前,一箱(12瓶)来自英国格拉斯哥的苏格兰威士忌的离岸价格是 17 美元,在美国海岸售给私酒贩子的价格大约是 28 美元 40 美分,然后私酒贩子将原装酒用卡车拉到自己的工厂兑水,再发送到各地的药店、加油站等私售点,这样一箱原装酒就可获利 1 千美元。当然,私酒贩子并不把所有原装酒都兑水,而是留下一些,好打点重要人物(政府官员、社会名流等)。但私酒贩子自己很少喝酒,并勒令手下不得喝酒,怕酒醉误事。要是基督教妇女禁酒联盟的女士们知道私酒贩子是不饮酒的楷模,那她们大概会以一种复杂的心情看待自己竭力推动的禁酒运动。

3

私酒成了一项庞大的地下产业。各地黑帮纷纷改换门庭,成了以贩运和销售私酒为业的非法商业组织,而黑帮头目则成了手下控制着大批人手、私人卫队、工厂、运输队的大私酒贩子。由于私酒的贩运、兑水、重新包装、销售牵涉到许多行业,这些非法商业组织像滚雪球一样越滚越大,成了一个个地下商业帝国,堪与任何合法大公司相媲美。理查德·哈默写道:"只有苏格兰威士忌和其他威士忌酒是不够的,即使除此以外还能控制用来掺假的粮食酒类也不行。还必须掌握进行掺假的工厂,必须拥有和原来完全一样的瓶子以便把酒重新装瓶。因此他们进入了造瓶业。他们还需要和原来一样的标签,所以他们进入了印刷业,买了大批的彩色印刷机,消耗了大量的纸张和油墨。还需要仓库来堆放酒瓶,因此他们又进入了房地产业。还需要运输,因此他们又成立了一个庞大的卡车公司。"①地下的商业就这样向地面延伸,构成了非法和合法的商业相互支撑的关系。稍有一点经济头脑的地方官员不会不知道,假若他冒失地对大私酒贩子的地下商业进行打击,那么,地上商业就会垮塌一大片,造成大量的失业,使城市出现大批漂泊不定的靠打家劫舍或聚众造反的危险分子,其危险程度远高于私酒贩子,因为

---

① 马丁·戈斯克、理查德·哈默:《一个黑手党首领的自白》,张志明等译,北京出版社,1988 年版,第 51 页。

私酒贩子会约束他的手下,并且很少侵害普通市民。

大私酒贩子有了大钱,就想进入上流社会。他们购买豪华别墅,好在那里招待上流社会的时髦男女,而这些时髦男女不会放过在那里痛饮优质原装苏格兰威士忌的机会。为了把自己打扮成上流社会中人,私酒贩子越来越讲究着装的品位,细心观察上流社会人士的谈吐举止并加以模仿。不久,他们以绅士的派头出现在上流社会的社交会上,使得上流社会的年轻女子芳心大乱。黑帮组织也逐渐变得文明起来,制订严格的内部规章,以规范成员的衣着与举止。卢西亚诺的组织就是如此。哈默写道:"他下令他的人员穿戴要整洁庄重,像机关职员一样,完全禁止穿戴宽边帽子、过分花哨的衬衫和领带以及奇装异服。驾驶车辆时,除非绝对必要,不得开快车,不得违反交通规则。"华纳兄弟电影公司在后来的电影中常把禁酒时代的黑帮人物描绘成头戴宽边帽、嘴叼粗雪茄、驾驶黑色轿车招摇过市、一句话不入耳就掏家伙的歹徒形象,但卢西亚诺说这些影片纯粹是在胡扯。盖茨比就是一个极其文雅、寡言少语、不爱抛头露面的私酒贩子,似乎对谁都无害。

丹尼尔·贝尔在《犯罪,作为一种美国生活方式》一文中说:"当美国社会越来越'组织化',当美国企业越来越'文明化'和非'匪徒化'时,那些当初以打家劫舍为业的黑帮也越来越具有相似的倾向。正如合法企业的结构发生了重大变化,那些'体制化'的非法企业也在转型。"[①]他谈到大私酒贩子罗斯坦时说,这位"地下世界的沙皇"控制了男装和女装工业、油墨业、面粉运输业以及其他一些行业,并且通过出色的协调使它们组织化,因此,"具有反讽意味的是,在诸如服装业这种混乱不堪而竞争残酷的行业中,匪徒们居然起到了规范竞争、稳定价格的平衡作用"[②]。此外,对"爵士时代"的经济繁荣更为重要的是,匪徒们控制的私酒、赌博、卖淫、服装、面粉、汽车等行业大大刺激了大众消费。贝尔强调:"犯罪,用社会学家的术语来说,在美国社会具有'功能性'作用,在美国社会生活中,城区的非法行业——我指的是以利润为目标而组织起来的违法活动,而非个人的犯罪行为——是使人攀上更高

---

① Daniel Bell,"Crime as an American Way of Life", in John Lankford and David Reimers, eds., *Essays on American Social History*, New York: Holt, Rinehart and Winston, Inc., 1970, p. 230.

② John Lankford and David Reimers, eds., *Essays on American Social History*, p. 231.

社会阶层的那些梯子之一。"①这对新移民来说更是如此。他们处在社会边缘，往往以"边缘职业"（法律上很难界定的职业）甚至犯罪开始其美国梦。菲茨杰拉德就有意将盖茨比的那个历久不衰的梦重叠在美国梦中。可惜，贝尔未能就非法行业与合法行业之间的相互支撑和渗透的关系给予更多的经济学阐释，同时，也未能解释非法行业和合法行业之间的角色转换，即某一个时期的非法行业可能在下一个时期就变成了合法行业，而合法行业反倒成了非法行业——这容易造成一种道德上的虚无主义，因为意识形态家们必须为他们昨天坚决反对或双手赞成的事再一次提供他们如今双手赞成或坚决反对的理由。

4

如果说禁酒运动是新教伦理对天主教和犹太教发动的一场宗教攻势，那么，从地理上说，由于新教主要是美国小城镇和农村地区的传统信仰，因此禁酒运动又可视为中西部和南部地区对东西海岸大城市发起的一场文化攻势，是前现代性、单一文化、保守主义、农业和"土生土长的美国人"对现代性、多元文化、自由主义、商业和工业、"外国人"以及现代生活方式的十字军东征。新教伦理的核心是"勤俭"，即多积累少消费，而1920年代在大城市开始实施的信用证制和分期付款制却以"多消费"甚至"提前消费"危及了新教伦理。

大城市之所以采取刺激消费的措施，是因为商品供应第一次超过了市场需求。享乐主义是富裕时代的道德意识形态，正如禁欲主义是匮乏时代的道德意识形态。如果消费者仍受制于新教的节俭传统，那对富裕时代的经济来说无异于灾难。在一个经济发达的时代，禁欲主义业已丧失其历史合理性。禁酒运动代表了一种反经济学的过了时的道德意识形态。

在这种意义上，贝尔不无道理地把《禁酒法案》看做"美国文化政治学方面最重大的象征性事件，是小城镇和传统势力为了向社会其他阶层强制推行其特定的价值观（禁止饮酒）所作的主要的——也几乎是最后一次——尝试。一开始，当然是保守派们赢了"②。如果说守旧派获得了胜利，那也只是立法上的胜利，而不是执法上的胜利。它在立法上目标过高，高得使它无力

---

① John Lankford and David Reimers, eds., *Essays on American Social History*, p. 230.

② Daniel Bell, *The Cultural Contradictions of Capitalism*, p. 77.

去实现。这也是一切对道德进行立法的举措常有的结局,因为道德属于内在范畴。人的道德状态,无论从心理学还是法律角度上说,都具有无法透入和无法证实的特点,因此,对道德的立法最终就变成了对某种可见的行为的立法(如"禁酒"),然后就变成了对身份的立法,即你只要属于某个信仰群体(如天主教)或种群(如犹太人),就会成为这种法律的牺牲品。道德的立法于是变成了暴政。

就宪政而言,既然清教主义者把酒精看做一个道德问题和宗教教义问题,那么,就道德和宗教问题立法,直接危及了宪法精神本身,并造成一种连锁反应,使宪法失去公信力。道德,是一个主观价值判断问题,如果可以以立法来强制推行某一种道德,那就意味着同样可以以立法来禁止任何一种非正统(确切地说,是非霸权地位的)的思想和生活方式。

禁酒运动并不是小城镇和保守势力对大城市的文化和生活方式发动的"几乎最后一次"攻势,因为在1940年代中期,它又以"麦卡锡主义"的旗号卷土重来,而麦卡锡主义的地区基础正是禁酒势力的地区基础,或按欧文·豪在《希望的边际》中的说法,"是中西部那些仍残留着民粹主义情感的地区"。禁酒时代同时也是种族隔离的时代和实施反淫秽物品法的时代。这些排斥性的法律制度构成了一种形态关系,其核心是白种人的、盎格鲁－撒克逊裔的、基督教的价值观。我们知道,爱尔兰作家乔伊斯的《尤利希斯》刚一出版,就因"淫秽"而被禁止进入美国。直到宪法修正案第十八条和《禁酒法案》被废除的1933年,此一禁令才由纽约地方法庭宣布解除。

禁酒运动的政治地图亦重叠在美国政党的政治地图上。支持禁酒的州,往往是共和党占主导地位的州,而反对禁酒的州则主要是民主党占上风的州。民主党把反对禁酒作为竞选的一种策略,赢得了越来越多的选民。到1929年,大部分美国人都体验到了宪法修正案第十八条和《禁酒法案》给美国社会带来的道德、政治和经济诸方面的灾难。这一年10月,随着纽约股市的突然崩盘,美国从爵士时代进入大萧条时代。私酒交易富了少数不法之徒,使社会财富更集中在少数人手里,危及民主制度的基础。民主党总统候选人罗斯福充分利用了选民们对共和党的不满情绪,在1932年11月大选中击败谋求连任的共和党总统候选人胡佛,于次年开始新政。凯恩斯的经济学成了新政的理论依据。

1933年2月22日国会通过宪法修正案第二十一条,废止第十八条修正案。一个月后,罗斯福签署一项议案(后成为法律),规定自4月17日起,啤酒和酒精含量不超过3.2%的酒合法化。这也为烈性酒的合法化开了绿灯。

联邦政府从解禁中得到的第一个好处,是对酒课税从而为国家增加了大量急需的岁入。这一年年底,长久遭禁的《尤利希斯》也获得解禁。这预示着大城市的消费经济学、多元文化、生活方式和道德观在大城市取得了领导权,并开始向保守主义的腹地(中西部和南部地区)进行逆袭。

禁酒运动被称为"崇高的实验"。"实验"一词尚可,但"崇高"却未必,因为它试图通过立法来把一种本身就成问题的道德观强加于全国。它以失败而告终,也就顺理成章。正如伯特兰·儒弗内尔所说,如果试图利用社会机制提高人们行为的道德标准,就可能出现意图与结果相悖的局面,而且,任何想利用改变人的精神之外的其他办法改变人的行为的企图,通常都无果而终,他的道德不可能有任何提高。

对禁酒运动的失败,哈默评论道:"1933年圣诞节前的三个星期,崇高的禁酒实验寿终正寝了。几乎没有人为此感到痛心。它从一开始就是失败的,企图通过立法来改造社会态度和行动的尝试往往都是如此。然而实施这项法律的十四年的历史却导致了社会危机和道德败坏,培养了认为违犯不得人心的法律没有什么错误的一代新人。"①

无论是儒弗内尔,还是哈默,都没有就"道德"一词本身进行意识形态分析,因此当他们批评禁酒运动反倒使人们"道德败坏"时,依然是站在传统的道德立场上,和基督教妇女禁酒联盟的女士们其实五十步笑百步。他们不赞成以立法或者"社会机制"的方式来推行清教主义的道德,但这并不意味着他们不把这种道德观视为唯一正确的道德观。他们的道德视野是重合的。这就与1960年代的造反大学生对"道德"的理解不一致了,在后者看来,道德不止一种,而是多种,而且它们之间并不存在价值等级的差别,只是不同罢了。以1960年代造反者的眼光看,以立法来推动禁酒,不止在技术上显得荒唐,而且由于它其实是政治、宗教和道德压迫的一种形式,它在政治上就显得更为可恶。所以,当1960年代的学生吸毒和乱交时,就不会产生犯罪感,恰恰相反,他们通过冒犯那些不得人心的法律制度和道德成规而体验到一种冒险和报复的双重快感。他们一开始就赋予了自己的行为以合法性。

---

① 马丁·戈斯克、理查德·哈默:《一个黑手党首领的自白》,张志明等译,北京出版社,1988年版,第208页。

霍尔顿与脏话的政治学

"如果你真想听我的故事,你想知道的头一件事大概是我出生何地、我晦气的童年是怎么回事、我出生前父母是干什么的以及这类大卫·科波菲尔式的废话,但实话相告,我懒得说这些。"①《麦田守望者》以这种大城市少年故意冒犯人的口语风格开始并保持到最后一页。脏话在第一页就出现了,出现两次,并以这种频率出现在随后的每一页上,似乎故意以脏话在数量上的堆积达到对标准语言的冒犯。这种风格大大偏离了1951年左右美国批评家对文学语言的一般看法。

在关于《麦田守望者》的第一批评论中,弗吉尼亚·皮特森的文章最值得重视,它把女性的直觉、母性的担忧、基督徒的观念和批评家的美学洞察力及道德敏感性融合在一起。"霍尔顿站在天使一边。他固然受了粗野、欲望、谎言、诱惑、鲁莽和愤世嫉俗风气影响,但这不过是从外部考验他的魔鬼,他内心并没被诱惑。"她在《论坛报》撰文说,随后谈到语言风格,"像口头禅一样,《麦田守望者》一再重复那种平直、口语化散体的伪自然节奏,在最好情况下,它具有打动人的力量,在最坏情况下,却无意间成了淫秽。近来战争文学已使我们习惯丑陋的词语和意象,但它们出自非常年轻、仍受保护的人之口,听来还是特别冒犯人。纵观全书,霍尔顿每句话都夹杂着这些词语,当它们一个个叠加起来成为单调的堆积时,我们的耳朵简直不相信是真的。"②同样的担心使莫里斯·朗斯特思在《基督教科学箴言报》上宣布,此书为淫秽之作,"不宜孩子阅读。连许多成人都觉得霍尔顿语言刺耳"。他进而对该书作者J. D. 塞林格进行了没有依据的人身攻击:"人们很难相信,一

---

① J. D. Salinger, *The Catcher in the Rye*, Boston: Little, Brown, and Company, 1991, p. 1.
② Marvin Laser and Norman Fruman, eds., *Studies in J. D. Salinger: Reviews, Essays and Critiques of The Catcher in the Rye and Other Fiction*, New York: The Odyssey Press, 1961, pp8—9.

个真正热爱孩子的人会创作出这样一部作品。"①

某些左派评论家却不这么看,而赋予霍尔顿的脏话以道德上的正当性,如哈里森·斯密斯在《星期六评论》上把它解释成"对粗陋、罪恶、残酷或他所说的'装腔作势'的东西的道德厌恶"②。但无论左派,自由派,还是右派,都没把关于《麦田守望者》的争论置于更大社会政治氛围中,把一个政治问题处理成了道德问题。这在人人自危的时代尽管可以理解,却构成某种重大缺陷,因为争论发生在麦卡锡主义笼罩社会政治生活的时刻。但左派运动与其说被瘫痪或从内部涣散了,处于失去目标、无所作为的困惑状态,不如说它神不知鬼不觉地从现实领域转移进了语言或广义的象征领域。左派评论家欧文·豪在《异议》创刊(1954年)时说过一句意味深长的话:"当知识分子不能做别的事时,就转而办杂志。"③早些时候的结构主义就已预示理论从分崩离析的现实的全面撤出,试图在现实外建立一个由能指和所指构成的稳定、静态的语言桃花源,而自解构主义始,批评家纷纷把未能在现实中实现的革命能量带入这个桃花源,很快在那里聚集起爆炸性能量,指望发生在语言结构中的爆炸能波及现实结构。他们失去了现实阵地,却没费多大劲就占领了文化制高点。这与资本主义制度在法律与文化之间遗留的空间有关,即民主制保证了非资本主义思潮存在的合法性。丹尼尔·贝尔感叹:"当资产阶级伦理在现实领域土崩瓦解时,它在文化领域却无辩护者(有哪位作家为哪种体制辩护过?)。"④但更深刻的悖论是,当左派理论家洋洋自得地以为至少已象征性地炸毁了资本主义体制时,他们其实只炸宽了它的边界,反成了该体制合法性的证明。

新左派的尴尬不在于该体制的排斥性,反在于其大得令人绝望的包容性,似乎能稀释任何一种革命能量,并技术性地对它进行政治无害化处理,最终变成时髦,如牛仔裤、波希米亚式长头发、现代派、摇滚乐及色情电影。《深喉》是部表现交媾的黄色电影,其男演员"成了美国历史上第一个因在一部电影中扮演角色而被联邦法院提起刑事诉讼"的人,起诉罪名是"淫秽",但被告律师、法学家艾伦·德肖微茨技术性地把这个道德案件转变成了人

---

① Marvin Laser and Norman Fruman, eds., *Studies in J. D. Salinger*, p. 5.
② Marvin Laser and Norman Fruman, eds., *Studies in J. D. Salinger*, p. 8.
③ Irving Howe, *A Margin of Hope: An Intellectual Autobiography*, London: Secker & Warburg, 1983, p. 234.
④ Daniel Bell, *The Contradictions of Capitalism*, New York: Basic Books, 1996, p. xxiv.

权案件,打赢了官司。他依据的是宪法修正案第一条,即公民不能因其所持价值和生活方式的不同而被惩罚,"淫秽"却是道德价值评判。德肖微茨本人对《深喉》并不欣赏,或许也不欣赏脏话,但更重要的法律问题潜伏在这类诉讼中。他援引斯坦纳姆的话说:"反黄色下流物品法的漫长历史已经证明该法律常被用来反对政治上或生活方式上持异端的人。"他补充道:"在人们内心深处,每个人都希望对他不喜欢的东西进行检查控制。很多犹太人认为,应禁止佩戴卐字符号的纳粹党徒在二次大战犹太人集中营幸存者居住的街道行进;有些黑人想禁止《小黑孩》和《哈克贝利·芬历险记》这样的书,认为书中有侮辱黑人的描写;同性恋者反对贬低同性恋的电影。没有一种客观衡量什么有害什么无害的程度标准……谁——特别是政府——能对此作出相对客观的衡量标准?如果政府准备禁止以上任何一种现象,就必须一视同仁地全部禁止;如果政府不准备禁止其中一种,就必须毫无例外地一概不禁。如果女权主义者可以禁止她们认为是有害的材料,那么道德流派当然也可以禁止他们认为是有害的材料。这个社会想要相安无事,除了两者择一别无他路:要么大家都对自己感到有危害的东西作些容忍退让,以换取一个多样化的社会;或是生活在那种只允许没有人感到有危害的东西存在的单一社会之中。"①搁置价值判断,实际保证了各种价值的合法性,使任何专断的价值评判被迫保持沉默。如果说这种法律精神使色情和脏话在法律上获得了生存空间,那从更严肃的方面看,也保证了黑人、妇女、亚文化的权力和《异议》这类政治反对派刊物的合法性。

另一方面,在文化领域,资产阶级伦理并非没有辩护者。莫里斯对《麦田守望者》的酷评,代表了1951年左右道德纯洁派的看法,他们人数不多,处于守势,却能时不时地在地方甚至全国掀起一阵道德狂热症。这些人在政治上也是同一时期兴起的麦卡锡主义的地方基础和群众基础②。贝尔自己在谈到《禁酒法案》和麦卡锡主义时给这些人画出一张地域分布图:"这是小

---

① 艾伦·德肖微茨:《最好的辩护》,唐交东译,法律出版社,1994年版,第223—224页。

② "麦卡锡主义"常被理解为"反共",但"共产主义"只是被当做"外来的"、"自由主义的"、"国际主义的"、"东部文化人的"因素中的一种而被排斥的,并非麦卡锡主义全部。众议院非美委员会调查的美国人达两千万,其中大多是"自由主义者",约占美国人口的10%,大大高出当时美国共产党和社会主义者人数。据霍夫斯塔德等人对麦卡锡主义地区基础和群众基础所作统计,麦卡锡主义者主要分布在中西部和南部经济落后地区,而他们调查和迫害的对象主要是东西海岸大城市的知识分子。

城镇和保守势力向社会其他阶层强制推行其特定价值(禁止饮酒)所作的主要(几乎最后一次)尝试。"①欧文·豪对麦卡锡主义者地域分布的描绘更详细:"那些试图仍以旧的简朴方式生活的美国乡下人和中西部小城镇人觉得自己受到东部大城市现代主义复杂性的威胁。他们恐惧东部自由主义,东部'国际主义',东部商人。"他在《希望的边际》中说,"正是这些被取代的小资产阶级、消失的小商人和农村土老冒儿成了麦卡锡的后盾。"②实际上,禁止、销毁、谴责《麦田守望者》的事件大多发生在这些地区。

从地域上说,对《麦田守望者》的攻击,是小城镇岌岌可危的传统文化对大城市现代主义文化的短暂战斗的文学辅助战。由于大城市青年是最城市化的人群,是现代主义亚文化的主体,因而这场战斗还具有年龄意义,是成年人试图向未成年人强制推行其特定价值所作的(几乎最后一次)尝试,而随着麦卡锡主义在1950年代中期的终结,一个以城市大学生为主体的造反时代来临了。《麦田守望者》是这场运动的序幕,它第一次把处在半隐蔽状态的青年亚文化诉诸文字从而使其获得正当性,使学生敢于公开与之认同,而脏话成了认同的切口:你不说句"他妈的",就难被"下东区"看做一伙的,你很可能是"上城区"的(当莫里斯·狄克斯坦无意间选择了去上城区看戏而不是去下东区听金斯堡朗诵时,就产生过这种感觉:"我似乎无意间证明了自己对等级制的赞成,因为那晚我进城去看了莎士比亚的戏。这实在不是一个蓄意的保守姿态,可别人或许会这么想。"③)。据罗伯特·伽特维里格统计,截至1961年,《麦田守望者》仅在美国就售出150万册,而1951年当年售出的25万册平装本"大多被耶鲁、北部浸礼会神学院和全国其他275所学院及大学的学生买走"④。他感叹道:"这部小说在当今大学年青一代心中所占位置,正如二十年代菲茨杰拉德《人间天堂》在他们父母一代心中所占位置。"⑤家长和教会人士有理由担心,他们发现孩子一拿起《麦田守望者》,就成了霍尔顿,模仿其口吻,开口便是"他妈的"。对脏话的热情在随后的年代里有增无减,脏话数目也比霍尔顿单调的"他妈的"(damn)更丰富,出现了"shit"、"fuck"等更具冒犯性的口头禅,成为青年时尚,连妙龄少女都把它们

---

① Daniel Bell, *The Contradictions of Capitalism*, p. 125.
② 98 Irving Howe, *A Margin of Hope*, pp. 219—220.
③ Morris Dickstein, *Gates of Eden: American Culture in the Sixties*, Cambridge: Harvard University Press, 1997, p. 4.
④ Marvin Laser and Norman Fruman, eds., *Studies in J. D. Salinger*, p. 1.
⑤ Marvin Laser and Norman Fruman, eds., *Studies in J. D. Salinger*, p. 1.

当做类似香烟一样必须随身携带的时髦物,以至高雅文化守卫者莱昂内尔·特里林生造了"四字母词"这个新词,用来称呼这些常以四个字母组成的脏话。

脏话堆积在《麦田守望者》里,但皮特森、莫里斯和哈里森都没指出其数目的贫瘠,因为霍尔顿只说"他妈的"。可"他妈的"到底他妈的是什么意思?为何说话中夹带一句"他妈的"就被认为是冒犯?何以解释"我他妈的"?此外,当一个人独自走路时兀自说一句"他妈的"又冒犯谁?显然,它在冒犯语言本身。它是"非语言",不指向具体意义,或者说它的意义正是没有意义,是废话。这个独立使用的语气词没有主语,也没有宾语,有时甚至不起强化语气的功能,纯粹成了身体快感。用符号学术语说,它是一个没有所指的纯粹能指。它之所以刺耳,是因其未被纳入资产阶级标准语言辞典,其使用者只应是未受教育的"粗人"。其实,崇尚标准语言的皮特森所说的"丑陋的词语"不仅包括脏话,还包括诸如"lousy"、"crumby"这些俚词俗语;此外,她大概觉得"willya?"、"oughta"、"why don't cha?"这类大舌头连音也显出教育方面的缺陷。① 19世纪某些对无产者怀有同情心的小说家在塑造无产者形象时,常天真地让他冒出一句"他妈的",以和资产阶级的高雅谈吐形成对比,仿佛没有这个口头禅,就不足以显示其原始能量和革命性。罗兰·巴特在《写作的零度》中谈到这类写作时说:"埃贝尔每当动笔写作《杜歇纳神父》,总要用些'见鬼'(foutre)和'他妈的'(bougre)。为何?因整个革命形势使然。这类粗话不指向什么,却表示什么。我们由此看到这么一种写作的例证,其作用不再只是传达或表达,而是施加某种语言外的东西,它既是历史,又是人在历史中扮演的角色。"②这些脏话听上去颇能激怒人,但角色的历史处境可能并不妙,其行动意志基本被瘫痪了。

霍尔顿把"他妈的"挂在嘴边,也正因为它没有意义,当他遇到真正有意义的脏话时,就立刻换上一副不亚于其批评者莫里斯的道学面孔:在小说最后的章节,他看到有人用粉笔写在学校墙壁上的"fuck you"(操你),怒不可遏,很快擦掉了它。他此时的心理值得评论家留意:"它他妈的简直把我气疯了。我琢磨菲比和其他孩子会看到它,猜测是啥意思,临了总会有个脏小

---

① 有趣的是,纽约市立大学的米娜·肖勒希主任有感于1960年代后"大学生在文法上令人吃惊的欠缺"而于1977年出版《错误与期望》一书,"为基础写作课教师提供指导",(见 Mina P. Shaughnessey, *Errors & Expectations*, Oxford University Press, 1977, "Preface")。

② Roland Barthes, *Le degré zéro de l'écriture*, Paris: Seuil, 1972, p.7.

子出来向他们解释它的意思,他们听后自然瞪大了眼睛,此后就满脑子是这档子事,甚至为此犯起愁来。我真想宰了写这句话的家伙。"①他显然清楚"damn"和"fuck you"之间的区别,因为后者有意义,是一个动宾结构的短语,动作直接关联现实,而他梦想的是从现实疏离出去。霍尔顿的模仿者后来以他的方式处理了"fuck you",使它由动词转化成"fucking"这个名词化的语气词,丧失了与现实的指涉关系或意义。动词的名词化是日后的一种语言趋势,它体现了语言的物化或零散化,即总体性的瓦解,也体现了行动意志或能动性的衰落,是政治寂静主义的修辞学表达。换言之,动词的名词化使动词不仅失去可辨的主体(施动者)和客体(受动者),成了抽象状态,而且通过冻结动词的动能,成了令人放心的静态。毕竟,"No smoking"(勿吸烟)总比"Don't smoke!"(不准吸烟)听来更少冒犯性。这种和缓语气里隐藏着消减意志、与人为善的愿望。

把脏话与政治寂静主义相连,可能出乎皮特森和莫里斯的意料,更出乎哈里森的意料。不过,在《麦田守望者》字里行间泛动的大量脏话泡沫下,的确呈现出某种寂静状态,它有时表现为"东方哲学"(第十九章有一大段关于"东方哲学"的半认真、半猥亵的讨论),有时表现为梭罗式的"隐居"(该书作者后来真的隐居了),总之是某种与老资产阶级进取精神相反的生活方式。霍尔顿不想成为科学家、律师等在老资产阶级看来出人头地的职业,因为那是意志的体现。他仅满足于做"麦田守望者":"我知道这不像话,但这是我真想做的事。"②有时他甚至连麦田守望者都不想做,而梦想去"马萨诸塞和佛蒙特"一带隐居。"我不开玩笑",他说,"咱们可以住在那边的林中小屋,直到把钱花光。花光后,我可以在哪儿找个活儿,咱们可以在溪边什么地方住,过些日子还可以结婚。到冬天,我会出门打柴。老天爷,咱们会过得多开心啊!Wuddaya say? C'mon! Wuddaya say?"③或许老资产阶级不该为霍尔顿们的语言担心,更该为其怠惰状态担心,脏话和粗话只是该状态的掩饰,当堆积成废话时,就完全失去了行动意志,成为一堆有伤大雅却也无害的摆设,仅意味着身体某个部位的空气颤动。

阿伯特·加缪是影响1950年代美国青年的法国作家,但他们似乎没注意《局外人》对"男子汉"的定义,即"不说废话"。实际上,在对废话的陶醉

---

① J. D. Salinger, *The Catcher in the Rye*, p. 201.
② J. D. Salinger, *The Catcher in the Rye*, p. 173.
③ J. D. Salinger, *The Catcher in the Rye*, p. 132.

中,隐含着对"意义"的回避或对"深度"的厌恶,它倾向于身体的直接反应,按苏姗·桑塔格1964年《反对阐释》一文的阐释,它意味着"恢复我们的知觉。我们必须学会去多看,多听,多感觉。我们的任务不是在艺术作品中寻找尽可能多的内容,更不是从内容明了的作品中榨取更多内容。我们的任务是消减内容从而使我们能直接看到事物"。文章最后一节只有一行字:"为取代艺术阐释学,我们需要一门艺术色情学。"①对内容的痛恨狂热到这地步,以致一步就跨入了反智主义和非理性主义,奇特地与麦卡锡主义对复杂性的农民般的反感不谋而合,尽管各自的出发点并不相同:在这方面,麦卡锡主义追求某种禁欲主义(倾向于"少"),而青年反智主义追求某种享乐主义(倾向于"多")。这种带有色情意味的反智主义或非理性主义最能俘获头脑简单的年轻人。废话的流行,是这个时代青年政治寂静主义的典型症候。如果说老中产阶级曾患上"多动症",行动多于言语,那可以说新中产阶级患了"多语症",在废话中无限期地延宕行动,而越不行动,就越说废话。霍尔顿除滔滔不绝地说废话外,在任何一个行动意愿上都最终瘫痪了:他想夺回意中人,却只说说而已;想嫖妓,却在妓女宽衣解带之际大说废话;想隐居,却始终停留在嘴上,等等。我们还可以从同时代其他人那儿获得废话与行动瘫痪之间关系的大量例证,如甲壳虫乐队演唱的《嘿,裘德》,其结尾是反复吟唱、长达数分钟的"la——la—la—lalala—la——",而西豪艾特演唱组的《找份工作》则把废话推向顶点:

Sha da da da

Sha da da da da

Ba do

Sha da da da

Sha da da da da

Ba do

Sha da da da

Sha da da da da

Ba do

Sha da da da

---

① Susan Sontag, *Against Interpretation*, London: Eyre & Spottiswoode, 1967, p.14.

  Sha da da da da
  Bah do
  Bah yip yip yip yip yip yip yip yip
  Mum mum mum mum mum mum
  Get a job.

  的确,意义在废话般的节奏中达到了贫瘠。后来成为造反学生领导成员的托德·吉特林回忆1950年代末听到这些废话般的音乐节奏时说:"语言并非歌曲传达情感的唯一渠道。那些废话般的节奏组成的旋律将嗓音变成声音振动,变成纯声音,是对语言不能表达的东西的次语言(或'超'语言)的表达。白种成年人对此退避三舍。"①他在此暗示成年人与未成年人之间的代沟,具体说是经历过1929年—1933经济萧条与1941年—1945世界大战的那一代与他们在1945年后"Economic Boom"("经济繁荣时期")和"Baby Boom"("生育高峰时期")出生的下一代之间的代沟。可问题是,为什么代际冲突发生在1950年代,而此前社会冲突表现为阶级或阶层冲突?此外,代际冲突为何表现为不同文化的冲突,而不是不同经济或政治利益的冲突,像1968年巴黎的造反大学生在小册子中宣布的"资产阶级革命是司法革命,无产阶级革命是经济革命,而我们的革命将是社会和文化革命,旨在使人成为他自己?"②这种文化革命是对资本主义的反抗,还是以激进方式要求资本主义实现其"尚未实现的许诺",因而仍从属于资产阶级革命范畴,是"未完成的现代性"的完成?

  经历过经济萧条和战争的老一代资产阶级养成了一种浮士德式的性格,即坚强、克己、野心勃勃、开拓进取,而战争胜利和战后经济持续繁荣又给他们带来了自豪感和乐观主义。吉特林说,战后生育高峰正是老资产阶级乐观主义的体现。这同时体现了老资产阶级对现存社会结构和价值的认同。他们当然是保守主义者。他们在文学上渴望某种巴洛克风格的作品,作为这代人不凡经历和帝国雄心的文学表达。但他们的下一代却没有这些历史体验,性格未曾被历史事件所磨砺,显得敏感脆弱。此外,他们出生在富裕的时代和阶层(即加尔布雷斯1958年描绘的"富裕社会"),从一开始就

---

  ① Todd Gitlin, *The Sixties: Years of Hope, Days of Rage*, New York: Bantam Books,1989, pp. 40—41.
  ② Morris Dickstein, *Gates of Eden*, p. 267.

是消费的一代,而且把富裕当做一种与生俱来的自然状态,而非必须奋斗以求的未定状态。社会提供了享乐的物质条件,而其清教伦理却又贬低享乐,这使他们感到压抑,并从压抑感中体会到其他受压迫群体的处境。

"如果说学生缺乏社会责任感,那他们同样是理想主义的。"马丁·里普塞特分析伯克利造反学生时说:"大致说,尽管受了很好教育,大学生尚未建立与成人机构的密切联系;其人生阅历尚未严酷到认可不完美状态。他们的力比多尚无着落;他们与人类、受压迫者、穷人和不幸的人等大范畴的认同能力比入校前和毕业后要强得多。他们与所在社会的既定道德和政治标准的接触是抽象的,将其视为上代人灌输的条条框框,是权威施加的东西,而非融合于自身经历并被经历所浸染的准则。"①此番政治社会学分析突出了校园与社会之间的冲突,却未能说明"反文化"的来源。实际上不仅存在校园与社会的冲突,还存在校园中两种文化的冲突,即作为学校教育方向的传统文化与大学生自己的亚文化(被认为是"反文化")的冲突,而这种亚文化(例黑人音乐)来自亚社会,来自中产阶级社会边缘的"受压迫者、穷人和不幸的人"。学生运动最终与黑人民权运动和反战运动融合在一起,也说明了这种关联性。

"社会"一词通常掩盖着某些东西,似乎是指社会全体成员,但其实有排斥性,如 19 世纪初英国贵族提到社会时,是指"我们的社会",即他们的社会;而 1950 年代美国中产阶级说到社会时,是指"中产阶级社会",把"受压迫者、穷人和不幸的人"排斥在外。必须对社会一词提出这个问题:谁的社会?文化一词也是这样。当皮特森说霍尔顿受了"粗野、欲望、谎言、诱惑和愤世嫉俗风气的影响"而"所有这些不过是从外部考验他的魔鬼"时,我们隐约感到她说的"外部"指什么,是社会的外部,也是文化的外部,是这么一些化外之人,他们丑陋、贫穷、肮脏、言语粗野,为动物本能所掌握,与社会和文化离得最远,是马修·阿诺德曾说的"想上哪儿游行就上哪儿游行,想去哪儿集会就去哪儿集会,想打哪儿进就打哪儿进,想起哄就起哄,想恫吓就恫吓,想砸就砸"的"群氓"或"劳工阶级"。② 尽管阿诺德指的是 19 世纪英国工人阶级、破坏机器者、宪章运动派和社会主义者,尽管劳工运动 1950 年代早已偃

---

① 110 Seymour Martin Lipset and Sheldon S. Wolin, *The Student Revolt: Facts and Interpretations*, New York: Doubleday & Company, Inc., 1965, p. 3.

② Matthew Arnold, *Culture and Anarchy*, Cambridge University Press, 1988, p. 76.

旗息鼓,但劳工社会的亚文化依然被当做无政府主义的东西,像阿诺德的美国传人特里林和"被新情感吓得躲进教会怀抱"的欧文·豪 1950 年代所言,是"无知波希米亚人"或"乌合之众"的"新原始主义"。①

然而,出生于中产阶级社会的霍尔顿们为何不认同"文化",反转向亚社会的亚文化?这不仅是一种心理逆反,还与资产阶级自由主义的人道主义有关,它在资产阶级内心投下一片对下层阶级或浓或淡的内疚云翳。造反学生领导成员安德烈亚·卡曾斯回忆其富翁父亲时说:"他喜欢托尔斯泰的简朴生活的观点……我记得我们小时候,我父亲说'我'这个词很可耻,不让我们说'我的';我也觉得说出以'我'开头的句子很不自然。这就是非自我中心化,想着那些没你幸运的人……反正,拥有财富是很让人愧疚的。"②而鲍勃·罗斯(同为造反学生领导成员)记得他生平唯一一次挨母亲打,是在他参加一个社区舞会前,他担心得与社区黑人女孩跳舞,就把担心告诉母亲,结果挨了一耳光,还被警告不准使用"黑鬼"这个词。"这给我的印象很深刻。我并没有被伤害自尊心,而是从中学到了重要的道理。"对下层阶级的内疚感并非例外或个别事例,而与资产阶级的历史体验和普世主义伦理有关,是等级制贵族文化缺乏的东西。把这种东西从政治领域移入文化领域,必然会瓦解次序井然的传统文化。但老资产阶级没走出这一步。

然而使亚文化成为中产阶级青年文化特征的时代因素却是城市化和电影、流行歌曲等"大众文化"。城市化不仅意味着财富从农村和小城镇向大城市的转移,也意味着青年人口从农村和小城镇向大城市的转移。战后出生率猛增导致大学数量猛增("University Boom"),而离家来到大城市的大学生不仅发现自己远离了出生地、家庭、社区和教区,还发现了大量情形相似的同龄人;此外,正如麦卡锡担心的,此时的大学讲坛已被"颓废的东部佬儿"所占据,他们向大学生灌输"颓废的自由主义"。大学和大学生令人联想到 19 世纪的工厂和那些脱离故乡土地、进入城市工厂的工人。这种脱离和聚集的状态导致大学生彼此之间的认同,并从"同伴意识"中产生一种基于共同利益的阶级意识,而不是与出生地、家庭、社区和教区的传统价值认同。横向认同取代垂直认同,必然导致代沟。如果说青年之间的认同最初以"街头文化"出现,如社会学家威廉·富特·怀特《街头社会》(1943 年)一书描绘

---

① Morris Dickstein, *Gates of Eden*, p. 4—p. 10.
② 理伯卡·E.卡拉奇:《分裂的一代》,覃文珍等译,社会科学文献出版社,2001 年版,第 42 页。

的那样，那到 1950 年代，大众文化强化了这种认同，并使街区范围的认同扩大到一代人之间的认同。

犯罪电影、摇滚乐、流行音乐等为高雅文化所不齿的亚文化是 1950 年代少年热衷的东西，它散发出规规矩矩的中产阶级生活所没有的魅力。少年们模仿电影中身穿黑色皮夹克骑摩托车四处寻衅滋事的不良分子，把马隆·白兰度和狄恩·莫里亚蒂看做"邪恶可爱"的家伙。中产阶级的孩子像一般孩子那样厌恶清规戒律，但因性格软弱，其模仿顶多表现为语言而非行动，实际把它无害化了。这种无害化还表现在摇滚乐中。这本是南方黑人"忧郁、流血、女性色彩"（吉特林语）的情绪的表达，被文化工业制作成流行音乐后，成了白人中产阶级孩子的致幻剂，以云集在一起的无数身体的"rock'n'roll"来象征性地反抗。大众文化正是亚文化流入中产阶级学生的关键渠道。从这种群聚状态中形成了团体感情和群落意识。吉特林这么描绘 1950 年代末年青一代的习见场面："在遍布全国的咖啡馆和学生会里，在邻近的桌子旁，人们听到他们喋喋不休地进行垮掉派风格的谈话、伪垮掉派风格的谈话、先锋派风格的谈话以及关于政治、性、文学和艺术的谈话，尽管这些谈话并不总有逻辑性。"① 他们并不在乎逻辑性。可以想象，脏话是这些场面不可或缺的东西。

大卫·里斯曼 1950 年出版的《孤独的人群》，对"老中产阶级"和"新中产阶级"的性格特征进行了社会学描绘，认为老中产阶级是"内在指向的"，关注内心意念，并坚韧不拔地追求实现这种源于家族和个人期待的雄心壮志，而新中产阶级则是"他人指向的"："他人指向的人有一种共性，即以同时代人作为自己个人指向的来源，这或是他认识的人，或是通过朋友和大众传媒间接认识的人。这种来源当然是'外在化'的，因为他依赖它对生活提供指导。他人指向的人追求的目标随这种指导的变化而变化：这只是追求过程本身而已，是对那些自身不变化的人所发出的指令的关注。这种与他人保持接触的方式，使行为趋于一致。"② 里斯曼所说的"新中产阶级"正是战后成长起来的一代："由于他人指向的人见于青年中，见于大城市中，见于高收入阶层中，因而可断定，若当今这种倾向不被扭转，要不了多久，他人指向的性

---

① Todd Gitlin, *The Sixties*, p. 53.
② David Riesman, *The Lonely Crowd*, New Haven: Yale University Press, 1971, p. 21.

格将处于支配地位。"①他以此说明新中产阶级自身政治意识的缺乏,处在致命的依附状态,不足以成为一种革命力量。

另一部几乎同时出版的社会学著作以更尖锐的风格呼应了这种悲观主义,这就是 C.怀特·米尔斯的《白领》(1951 年),其开篇就说:"白领已悄悄溜进现代社会。无论他们各自历史怎样不同,都是没有事件的历史;无论他们有怎样共同的利益,都不会使他们团结起来;无论他们有怎样的未来,这未来都不取决于他们自己。即或他们想有所作为,也会遵循某种中间路线,而当中间路线行不通时,就转而遵循虚幻社会的虚幻路线。他们内部处于分裂、零散状态,外部依附于更大力量。即使他们偶尔获得行动勇气,由于行动缺乏组织,与其说像一场运动,不如说像一团彼此没有联系的挣扎。作为一个群落,他们威胁不到任何人;作为一个个体,他们不能独立生活。"②米尔斯谢世(1962 年)前有感于那时已显端倪的学生运动,对自己的悲观主义作了修改,称学生是"未来历史变革的主体"。预言很快得到证实,但他似乎错估了这场运动的性质,把它想象为对资本主义体制的革命。而从后来的历史看,尽管它以激进或新左派的形式出现,实质却是资产阶级革命本身在文化领域的延伸或完成,与其说改变了资本主义,不如说拓宽了它的制度空间。1970 年代后造反学生纷纷进入高级白领阶层,倒印证了《白领》的预言。

把《麦田守望者》、《孤独的人群》和《白领》三部几乎同时问世、影响同样广泛的作品置于同一社会状况中考察,会发现某种共同的东西,那就是中产阶级学生的政治寂静主义,尽管《麦田守望者》貌似对另两部作品的政治预言的反驳。但霍尔顿的"反叛"是一种象征行为,一种姿态,而 1960 年代大学生(长大了的霍尔顿)的造反也表现出这种倾向,是各种象征形式的泛滥,如大量脏话、大话、口号、传单、墙上涂抹、撕征兵证及万人静坐等。迈克尔·赫尔因 1970 年代大量越战电影而怀疑这种战争是否真的发生过,他说:"[越南]这个名字本身已变成了祈祷词,像其他祷文一样,既非祈求请愿,亦非感恩戴德:越南,越南,越南,一遍遍地说,直到这个词失去了旧有的痛苦、欢乐、恐怖、内疚、怀旧等等内涵。"③在文学被革命化时,革命也被文学化了。假如说真正意义上的社会革命意味着政治权力和经济利益在不同阶级之间

---

① David Riesman, *The Lonely Crowd*. p.20.

② C. Wright Mills, *White Collar: The American Middle Classes*, Oxford University Press, 1953, p. ix.

③ 詹姆斯·罗伯逊:《美国神话　美国现实》,贾秀东等译,中国社会科学出版社,1990 年版,第 5 页。

的重新调整,那么这并非中产阶级学生追求的目标,因为那意味着对作为政治和经济既得利益阶层成员自己的革命。中产阶级学生之所以在文化领域冒革命风险,在于该领域直到那时仍控制在"贵族"手里,是等级制的遗留物。

在对付封建等级制或"旧制度"时,肆无忌惮的老资产阶级在几乎一切领域都显出令人咂舌的建设性和破坏性,可唯独在文化领域显出过分的谦卑,仿佛那是载满神迹的圣地。吉特林对这种可爱的谦卑有一番讥讽刻画:"美国中产阶级正变为文化杂食者。他们越来越多的人出国旅行,参观国家公园和历史名胜,上电影院,光临博物馆,听音乐会,而他们以前从未涉足这种场所。这种文化上的雄心渐渐走向更高层次。越来越多的中产阶级消费者觉得读报是自己义不容辞的责任。他们大量购买用于摆设的精美画册,订《星期六评论》,向'每月一书'邮购书籍,买唱片,使自己对艺术有个大致了解。更富裕的则大肆购买画作,迫使抽象表现主义画家一夜成名,并出乎画家自己意料暴富起来;不那么富裕的则购买复制品。业余爱好者现在也试着一展舞姿,在合唱队一展歌喉,或在家里笨手笨脚地弄弄艺术。大量购买画作是流行的狂热,它体现了五十年代中产阶级的矛盾抱负,即渴望创造性又渴望安全感。"① 但确切地说,这种既渴望创造性、又渴望安全感的抱负更明显地见于吉特林一代人,这体现为"象征反抗"这种形式。

考虑到 1950 年代中产阶级正是吉特林一代的父辈,那上面的描绘就显得缺乏温情,但这是 1960 年代学生对待父辈的流行方式,尽管作为造反者,他们还要依靠父辈按月寄来的支票维持生活和学业。中产阶级学生的造反之所以对其父辈造成无法弥补的无形伤痕,在于它击中了父辈内心保存得最完好、最神圣的那部分,他们有意义的生活正建立在这部分上。他们发现在一个非神圣化的时代,再也找不到心灵的归属感。某种相对主义和虚无主义的忧郁氛围由此弥漫开来,仿佛在一堵让人倍感压抑的高墙被推倒后,无限的空间展现在眼前,可兴奋劲儿还没过去,某种不祥的东西却隐约出现在天际,因为这空旷得令人眩晕的自由让人感到脚下轻飘飘的。这其实是自我涣散的状态:如果说老中产阶级的"自我"源于土地、传统和历史因而有坚实的存在感,那新中产阶级通过文化造反瓦解了一切地方性、传统和历史因而就涣散了"自我",使自我呈现出稀薄的状态,以致只有通过废话般的"damn"、"fucking"及大麻一类的刺激物才能短暂地多少恢复一下身体的感觉。

文化革命的部分残余能量在随后年代里奇特地转变成对身体的关注,

---

① Todd Gitlin, *The Sixties*, p.16.

但在对身体的高度关注中，身体也被象征化了，成了某种和器官、组织没多大关系的符号。"用不了多久，当代批评中的身体就会比滑铁卢战场上的尸体还要多。"特雷·伊格尔顿说，"在这种时髦的身体学转向的情况下，书店里越来越辨不清哪儿是文学理论部分，哪儿是软色情书架，哪儿是罗兰·巴特的后期著作，哪儿是杰基·柯林斯的最新小说。许多迫不及待的自慰者肯定会拿走一大册看上去很性感的书，结果发现自己攻读的不过是那个飘浮的能指。"①这个"飘浮的能指"是文化革命另一部分残余能量全神贯注的对象，即那个由大量符码堆积而成"文本"。这种近乎狎昵的把玩态度同样有软色情倾向，是革命能量从现实领域撤入语言领域后孤芳自赏、自以为是和自我无限繁殖的结果。巴特有理由将其视为类似"密谋"的政治策略，在解释自己何以进入法兰西学院这个文化堡垒时说：

> 但是在语言结构中奴役和权势必然结合在一起。如果我们说自由不只是指逃避权势的能力，同时尤其是指不使别人屈从自己的能力，那么这种自由就只能存在于语言之外。遗憾的是人类语言没有外部，它"禁止旁听"。我们只能求诸不可能之事来越出语言之外，如通过一种神秘的个别性，像克尔凯戈尔所描述的那样。他把亚伯拉罕的献祭描绘成一种十分奇特的行为，它不包含任何言语，甚至连内心的言语也没有，以此来反抗语言的一般性、群体性和道德性。或者通过尼采的"阿门"，它像是给予语言的奴役性、给予德鲁兹所说语言的反应性伪装的一种令人愉快的震动。但对我们这些既非信仰的骑士又非超人的凡夫俗子来说，唯一可做的选择仍然是（如果我可以这样说的话）用语言来弄虚作假和对语言弄虚作假。这种有益的弄虚作假，这种躲躲闪闪，这种辉煌的欺骗，使我们得以在权势之外来理解语言，在语言永久革命的光辉灿烂之中来理解语言。我愿把这种弄虚作假称做文学。②

但问题是，资本主义体制不仅接受或认可了文字色情主义的"弄虚作假"，甚至给予其高得令人嫉妒的交换价值。发生在象征领域的反叛实际成

---

① 特雷·伊格尔顿：《历史中的政治、哲学、爱欲》，马海良译，中国社会科学出版社，1999年版，第199页。
② 《法兰西学院文学符号学讲座就职讲演（1977）》，见罗兰·巴特《符号学原理》，李幼蒸译，生活·读书·新知三联书店，1988年版，第6页。

了现实的同谋。我们可以看到,当初显现在《麦田守望者》中的政治寂静主义在与现实的疏离中走出了多远,以致走回了现实,正如霍尔顿最终以一个无害的浪子形象回到纽约并擦去了墙壁上那句用粉笔涂抹的脏话:他大可不必擦去它,因为那已经是一个飘浮的能指了。

阐释《爱情的故事》,或 1968 年造反学生分析

我试图回答这么一个问题:奥利弗·巴雷特为什么反抗他的父亲?或者:作为中产阶级之子的奥利弗·巴雷特为什么反抗他的中产阶级父亲?乍一看,这两个问题似乎是同一个问题。然而,在第一个问题中,也就是在《爱情的故事》的第一集中,人物被剥离了社会身份,因而奥利弗对父亲的反抗,更多的是一种生物学意义上的反抗,是一个儿子对他强大的父亲的反抗,具有精神分析意义上的成人式色彩。在《爱情的故事》的第一集中,尽管奥利弗常常带着矫揉造作的口吻发表几句对他的百万富翁的父亲的不恭之辞,不过,"社会"仍然只是以某种杂音或者背景音的形式模糊地回响在奥利弗与詹妮凄婉的爱情的外部。因此,可以说,奥利弗与詹妮在爱情中遇到的种种困难,是奥利弗特意为自己营造出来的,以显示他的男子汉气概,而詹妮成了这些困难(或者说奥利弗潜在的心理需要)的牺牲品。这就使《爱情的故事》成为弗洛伊德曾经阐释的"俄狄浦斯情结"的一个美国翻版。

作者伊里奇·西格尔在小说中并非偶然地借奥利弗之口谈到哈姆雷特。其实,在奥利弗身上,一直重叠着经弗洛伊德阐释过的哈姆雷特的影子。不过,西格尔显然不满足于这种弗洛伊德主义的阐释,因为它仅仅赋予奥利弗的反抗一种生物学上的意义,从而越出了具体的社会-历史语境。因此,言犹未尽的西格尔感到有必要让年轻的鳏夫奥利弗走进"社会"中(在地理上,是从波士顿到纽约),在心理学或者生物学的阐释之外,为奥利弗的反抗再提供一种社会学意义上的阐释。这样,就出现了《爱情的故事》的第二集,也使上面的第一个问题过渡到第二个问题。弗洛伊德主义在第二集中并没有消失,不过,另一种更重要的东西溢出了表面,那就是马克思主义,它借"激进派经济学家"唐纳德·沃格尔之口,铺陈出一篇"美国早期纺织工业史",令人想起马克思当初对英国早期纺织工业史的分析。奥利弗在心理学层面上对父亲形象的反抗,在第二集中被纳入了社会学的范畴,由此这种反抗成了奥利弗对他的中产阶级父亲的反抗。正是这种意义上的反抗,导致了奥利弗与玛西的爱情悲剧,因为奥利弗从"百万富婆"的玛西身上,看到

了他父亲的形象。玛西成了奥利弗反资产阶级意识的牺牲品。在奥利弗眼中,她与其说是一个年轻漂亮的女人,不如说是一个"每一个毛孔都滴着血和肮脏的东西"的资产阶级。或者说,玛西的不幸之处在于,作为单个女人的她,必须为整个资产阶级的历史罪过负担责任。这对她来说怎么也是不公正的。尤其不公正的是,她还成了奥利弗父亲历史罪过的替罪羊,奥利弗以离开她的方式最终与自己的父亲达成了和解。

相应于反抗的双重性而言,这种和解也是双重性的:其一是心理学意义上儿子与父亲的最终和解,儿子在内疚感的驱使下认可了父亲的权威形象(在《爱情的故事》第一集的结尾,奥利弗扑进了父亲的怀抱,"我哭了。"①他说);其一是社会学意义上的中产阶级之子与中产阶级父亲之间的和解,造反的儿子终于接受了中产阶级的价值规范,在意识上中产阶级化了(在《爱情故事》第二集的结尾,奥利弗接受了父亲庞大的产业,成为一个年轻而富有的中产阶级。第385页:"在父亲站立的地方,我看到了一个完全不同的人,这个人与我有着共同的情感,这是我过去不知道的。"奥利弗说,第387页又补充道:"我毕竟是奥利弗·巴雷特,巴雷特家族的第四代。")。《爱情的故事》第一集和第二集都以父子的和解场面结束,这并非偶然,而且,这种和解是往深处递进的,从血缘的认同走向价值的认同,也就是说,从生物学意义上的认同走向社会学意义上的认同。如果西格尔还想把奥利弗的故事延续下去,写出《爱情的故事》的第三集,那将是大人物奥利弗的故事,或者说,是奥利弗的哈佛校友比尔·盖兹或者艾尔·戈尔的故事,是《成功之路》。

《爱情的故事》的时代背景是1969年到1970年。它发表于1970年,在大学生中引起了广泛的共鸣。1970年代初是一个非常微妙的时刻,1960年代的激进主义运动开始衰微,保守主义正在回流。《爱情的故事》里面所勾勒的反抗和回归的心理历程,正映射出时代的心理史。它的作者是哈佛大学英语系的教师,而奥利弗的原型是哈佛大学的学生、富家子弟艾尔·戈尔,克林顿时代的美国副总统。指出这一点也许并非没有意义,因为,尽管《爱情的故事》讲述的是奥利弗的两段爱情故事,它其实也是资产阶级对其历史犯罪感的供认。对犯罪感的供认具有某种精神疗效,那就是平息了内心的犯罪感,使对立的因素走向彼此的宽容。我感兴趣的是,中产阶级之子为什么会产生这种历史犯罪感?此外,这种犯罪感又为什么会消失?这就

---

① 伊里奇·西格尔:《爱情的故事》,王伟轩、戴铭苏译,花城出版社,1988年版,第129页。以下引自该书的引文只在文内标注页码,不另作注。

确定了我切入《爱情的故事》的角度：它与其说是文学的，毋宁说是心理学的和社会学的。在一部深受时代欢迎的小说与一部深受时代排斥的小说之间，前者更多地透露出那个时代的普遍心理，而后者由于具有不被那个时代所普遍接受的价值因素，或者说，由于它超越了那个时代的价值规范，带上了天才的印记，只能显示少数颖脱之士的特殊心理。

此外，在进入正式的分析之前，还必须廓清两个概念：第一，标题中所说的"1968年"并非一个严格划分的具有编年史意义的确定的年代，而是一个政治—文化概念，它在时间上涵盖了从1950年代末一直延续到1970年代初这长达十几年的青年反抗时期，它介于欧文·豪鄙夷地称之为"这个循规蹈矩的时代"的麦卡锡主义的1950年代与丹尼尔·贝尔欣喜地称之为"大修复"的保守主义回流的1970年代之间，一种新的情感在这个反抗的时期渐渐酝酿、成熟、扩散、形诸街头政治并在而后的政治高压下渐渐消退，它盛极而衰的顶点是在1968年①。第二，我在这里不加区分地使用了"资产阶级"和"中产阶级"这两个名词，而这两个名词，无论就其历史来源，还是就其意识形态意义，都大有区别。"资产阶级"（bourgeois）最初来源于法语，有贬义色彩，而"中产阶级"（middle class）最初来源于英国，是介于贵族和下层阶级之间的所谓"中间阶级"，尽管最初也有贬义色彩，然而，它更多的是一个社会分层概念（美国的社会学进而将其复数化，成了middle classes，以此模糊经典的社会阶级划分），而不是一个阶级对抗概念。以"中产阶级"这个中性化的词语取代"资产阶级"这个意识形态化的词语，本身就体现了资产阶级社会学的一种意识形态。对受马克思主义影响的1960年代的造反学生而言，这两个词语并无太大区别。时至今日，我们有"中产阶级"，而无"资产阶级"，不仅说明了我们与1848年马克思构思《共产党宣言》时的社会情势已经大不一样，而且，也说明了资产阶级的意识形态策略的成功。丹尼尔·贝尔在1960年所说的"意识形态的终结"，并没有终结意识形态，而是终结了某种形式的（或者说某种古典的笨拙的）意识形态。只要权力存在，意识形态就存在，只是当今的意识形态，恰如当今的权力形式，采取了一种更难以辨认的隐蔽方式。

---

① 在1970年代保守主义的回流中，对"造反年代"造成的社会和文化分裂的记忆，仍历历在目，因此，很少有评论家（甚至包括哈贝马斯、屈瑞林、贝尔以及欧文·豪）对这种新情感持公允的评价。莫里斯·狄克斯坦是一个少有的例外，作为1960年代反抗运动的一个目击者，其关于1960年代的经典描绘《伊甸园之门》，立足于"参与者兼旁观者的批评家立场"，在显示出历史学家对事实的准确描绘时，并不回避自己的价值评判。参阅 Morris Dickstein, *Gates of Eden*, Harvard University Press, 1977年版。

1

"身为奥利弗·巴雷特四世,不仅意味着要与哈佛校园里那座灰色石头大堂共存亡,还要经受某种体魄上的压力。"奥利弗说,"前辈在体育上的成就,像阴云压顶那样,压在我的头上。"(第31页)奥利弗感到他父亲强健的体魄对他产生的压力,令人想起卡夫卡在《给父亲的一封信》中对他父亲体魄上的优势的恐惧:"现在我还记得我们时常一起在更衣室脱衣服的情景。我瘦削、弱小、肩膀很窄。您强壮、高大、肩膀宽阔。在更衣室,我就觉得我够可怜的了,而且不单在您面前,在全世界面前我都觉得自己可怜,因为您是我衡量一切事物的标尺呀。"①卡夫卡的确不怎么强壮,不过,如果我们了解到卡夫卡的身高在1.90米左右,那我们就应该把卡夫卡在引文中的自我描绘,更多地视为一个心理学意义上的现实,而不是生物学意义上的现实。卡夫卡从他父亲那儿感到的不仅有体魄上的压力,还有作为父亲权威形象的压力。在卡夫卡的日记以及后来的传记家的描绘中,卡夫卡的父亲赫尔曼很像是一个粗暴的下级军官,认为"练步伐、行军礼、唱军歌、喝啤酒"以及"纵声大笑"②,是培养男子汉气概的有效方式。然而,这种方式事与愿违地压垮了卡夫卡的自信心。

战战兢兢的卡夫卡一辈子也没有像个男子汉似的与他的父亲握过一次手。他笔下的人物也总在忐忑不安中来回奔走,向一个巨大的不见形迹的权威徒劳地寻求它下达给他的莫名其妙的判决的理由,然而权威并不解释,它甚至不露面,可判决是绝对的,是不由商量的。卡夫卡一辈子也没有完成"成人式",他始终笼罩在父亲的阴影里。相对而言,奥利弗的父亲更像是一位慈父,与其说奥利弗恐惧他,不如说他恐惧奥利弗。他或许有些冷淡,这和他的清教信仰有关,也与一般父亲在长大成人的儿子面前经常会有的那种不自在有关,但他决不是一个巨大得让儿子不得不激烈地反抗的专横的父亲。因此,从一开始,奥利弗向父亲权威的挑战就不仅缺乏理由,而且轻易地获得了成功。从这种意义上说,1960年代与其说是弑父的年代,还不如说是C.赖特·米尔斯所说的"没有父亲的年代"。奥利弗本可以和他的父亲建立某种融洽的平等关系,然而,一种愚蠢的观念使他把"父亲"视为一个敌人。他甚至不能理解詹妮家下一代与上一代之间的亲密关系,把它说成是

---

① 罗纳德·海尔曼:《卡夫卡传》,赵乾龙等译,作家出版社,1988年版,第30页。
② 罗纳德·海尔曼:《卡夫卡传》,赵乾龙等译,作家出版社,1988年版,第20页。

"意大利人看待父母的错误观念"(第86页)。

奥利弗显然不像詹妮那样对人性有充分的了解,毋宁说他是观念的囚徒。奥利弗的父亲之所以"可恶",或者,用奥利弗的话说,之所以是一个"王八蛋"(第30页),是因为他太有钱,而且,这个太有钱的人居然就是他奥利弗的父亲(第31页:"可他干了什么使得他得到王八蛋的称号呢?"詹妮迷惑不解地问。"生了我。"奥利弗回答说。)。不管怎样,金钱和父亲,这并不构成一种罪恶。考虑到与父亲决裂后将失去生活来源的奥利弗也在为金钱而犯愁,而且,在与詹妮结婚后也时时渴望生一个小奥利弗,即未来的巴雷特五世,那么奥利弗为自己的反抗所涂抹的崇高色彩就失去了道德的合法性。

其实,大可把奥利弗对父亲的反抗,视为心理学意义上的反抗,即一个不愿意接受父亲的荫庇的儿子试图另立门户,通过自己的努力来获得与父亲的平等。这里体现了非常有美国特色的那种个人主义以及公平竞争的观念。因此,奥利弗反抗的并不是他的父亲,而是他自己眼下还不十分显赫的"儿子"地位。这种反抗与其说动摇了奥利弗的父亲所代表的那种中产阶级价值,不如说反倒强化了它,因为奥利弗不仅从内心遵从这种价值,而且通过个人的奋斗说明了这种价值的合法性。《爱情的故事》的第一集以奥利弗与他父亲的最终和解结束:他扑进父亲的怀抱,哭了起来。这个充满人情味的场面揭示出这么一个事实,即奥利弗与他父亲之间并不存在价值上的对立。而詹妮的不育症,从象征层面可以解释为,中产阶级与下层阶级之间不可能出现真正的融合。要知道,奥利弗与父亲最终的和解场面,发生在离詹妮的遗体不足几步远的地方。如果说一个底层阶级的女儿的死拉近了中产阶级反叛的儿子与他父亲之间的距离这种说法非常愚蠢的话,那么,西格尔在最后一刻把詹妮由一个下层阶级之女描绘为一个天主教徒,就显得既聪明又落俗套了,因为宗教在分裂的时刻又一次充当了超阶级的弥合剂,散发出一个虔诚的老太婆身上的柔和的气息。

不过,奥利弗并不是一个宗教徒,他是一个无神论者。如果说詹妮的天主教精神最终感染了他,那他也狭隘地理解了詹妮的宗教宽容。这在奥利弗对待犹太人的态度上可以看出苗头来。当奥利弗获得法学院毕业班第三名时,他得意地说:"前十名只有我一个人不是犹太人(说这个无所谓的人其实满脑子都是这种想法)。"(第98页)一个对犹太人不宽容的人,在很多方面都不会宽容,因为他的内心盘踞着的是诸如"民族"、"国家"、"阶级"等抽象的观念或者神话,而不是"人",一个个具体存在着的人,一个个有血有肉的人。这种人在一般的时候会是一个排外主义者,在少数时候会是一个反自由主义者，极端的时候就会不自觉地堕落成一个法西斯主义者①。尽管奥利弗自认为是一个自由主义者，也如愿地被人称为一个自由主义者（"演说结束了吗，自由派先生？"被奥利弗那一套关于"劳工法"的说教惹恼了的约翰讥讽地说。见第374页），不过，他对抽象概念的爱好，使他无意间成了一个反自由主义者②。他对犹太人的态度是他根深蒂固的排外主义的一个方面。他的排外主义的另一个不那么明显的方面是：他对"品牌"的爱好。这在《爱情的故事》第二集中俯拾即是，例如他要喝"1966年的穆尔索特酒"（第190页），加入"戈瑟姆网球俱乐部"（第227页），喜欢谈论诸如"伯格、福塔斯以及宪法"（第191页）等大人物和大事情，更不用说他过分看重的"哈佛大学橄榄球队"的荣誉以及哈佛大学的《深红报》（第385页）。

所有这些，保证着奥利弗成为那些具有排外主义色彩的"小圈子"里合格的一员。以"品牌"为标准形成的趣味圈子，是贵族圈子在民主社会的一个变种，它旨在排斥大多数人，显示少数人的自我优越性。因此，在奥利弗的平民主义的深处，或者，在他与平民之女詹妮的关系中，还隐藏着某种贵族主义的东西，即那种高人一等的傲慢做派，甚至詹妮的平民出身也被他当做某种可资炫耀的东西。一个贵族的傲慢并不表现在贵族圈子里，而表现在对整个贵族圈子的傲慢上。瞧，我能娶一个小店主的女儿为妻，你们敢吗？说到底，这是为了显示他不受约束的自由。这一点很像拜伦。不过，奥利弗更乐于以丹麦王子哈姆雷特自喻。哈姆雷特的影子并非偶然地、一而再地出现在小说中，当我们在第二集的第二章读到以下一段内心独白时，我们才会明白奥利弗的内在动机："这个世界的构造总有些不对劲儿，而我则应该去纠正它们。"（第141页）熟悉莎士比亚的读者不用费什么神就能联想

---

① 1940年代，霍克海默曾主持"权威与家庭"的研究项目，参加者包括阿多诺和马尔库塞等人，以问卷调查的方式考察民主制度下的美国人的种族倾向。考察的经过出人意料，因为相当多的美国人具有法西斯主义人格。霍克海默和纽曼甚至认为，美国人的反犹主义要多于德国人，因为德国的纳粹主义因其非理性而缺乏一种真正的政治理论。霍克海默、阿多诺、纽曼和马尔库塞都是从纳粹德国流亡到美国的犹太人，因此，他们的证词具有相当的客观性，尽管他们对美国人的法西斯主义人格的形成的分析并不十分令人满意。

② 马尔库塞在1930年代末、1940年代初的著作中，表达了这么一种观点：极权主义既是对自由主义的背离，又是自由主义的一个逻辑结论。与霍克海默和阿多诺不同的是，马尔库塞不重视经验性的研究，而是从权威主义思想史的角度阐释权威主义的形成，认为从路德的"内在自由"开始，西方思想已经将"外在自由"委托给了一个外在的权威，从而导致了极权主义的产生。

到哈姆雷特曾经说过几乎同样的话。这种作派在他谐谑地谈论那些大人物时最为明显,因为只有大人物或者潜在的大人物才会这样去谈论另外一些大人物。至少,奥利弗的岳父、糕点店的小店主菲尔除了谈谈意大利面条的几种复杂的做法外,很难就尼克松的越南政策发表一番高论。

西格尔把哈姆雷特的影子重叠在奥利弗身上,初衷大概是想赋予奥利弗一种经过弗洛伊德阐释过的哈姆雷特潜在的"俄狄浦斯情结",尤其是当《爱情的故事》第二集里借奥利弗的精神分析医生之口说出"恋母情结"(第171页)时,西格尔的用意就非常明显了。然而,没有任何迹象表明奥利弗暗恋他的母亲,更没有任何迹象表明奥利弗之所以仇恨他的父亲,是因为他的父亲占有着他的母亲,而出自某种古怪的心理,他接受不了这一事实。在奥利弗眼中,他的父母是一体的,都属于那个高高在上的社会阶层。奥利弗从出生之日起就属于这个阶层,而且,经过一段短暂的被他自己过分夸张的反叛后,日后还要重返这个阶层。此外,他对詹妮的魅力,也部分来源于他所属的这个阶层的气质。奥利弗与这个阶层之间并没有价值上的对立,否则,在第二集的结尾,他就不会重新回到这个阶层中,并继承他父亲庞大的产业(按奥利弗以前的说法,这份产业最初来自"血汗工厂",见第369页)。按照爱情小说通常的写法以及1960年代的造反学生可能会有的冲动,奥利弗在詹妮死后,应该隐居于阿巴拉契亚山中,①在落满松果的针叶林里缅怀他对詹妮"刻骨铭心的爱"。或者,要是他觉得山中寂寞的话,也可以去老菲尔的

---

① 我认识几位1960年代的造反先生,残存的"新左派"。其中一位曾对我回忆说,当国民自卫队开进伯克利校园并枪杀了一些造反学生后,像其他那些对这个权力体系深感绝望的大学生一样,他带着他的女朋友,隐居到了阿巴拉契亚山中。不过,几年后,他们终于承受不了山中的寂寞和被人遗忘的感觉,重新返回城市,尽管内心还满怀着不满和创伤,但迫于生计,不得不按这个社会通行的逻辑融入这个社会体系中,成为它的一员。由于内心残存的道德理想与眼下的社会角色之间可笑的对比,这些人在性格上多多少少显示出一种玩世不恭,这就使得他们爬不上更高的社会台阶,他们也似乎满足于眼下的状况。这些残存的"新左派"一般说来非常正直,心中依然保存着当初那份受伤的理想主义,不过,同时,又都非常天真。而在奥利弗身上,看不到这些所谓"新左派"的影子,尽管后来成为律师的他在正义的名义下致力于从资产阶级法庭上拯救那些被捕的造反学生。作为一个远离尘嚣的象征,阿巴拉契亚山在《爱情的故事》第二集的结尾处出现过一次:当奥利弗以玛西"肮脏的财产"为借口要离开她时,玛西对他说:"算了吧,你是在自欺欺人,即使我将一切财产都捐给慈善事业,而且跑到阿巴拉契亚山里去教书,你也会找到别的理由(离开我)的。"(第378页)此外,阿巴拉契亚山还是当时大学生逃避兵役的地方。《爱情的故事》第二集里所说的逃避兵役者聚集的"维蒙特州",其实就是指韦蒙特州境内的阿巴拉契亚山。奥利弗曾在法庭上为这些逃避兵役者辩护。

糕点店,帮他做意大利面条,听他谈詹妮小时候的顽皮故事。然而,他哪儿也没有去,甚至,才 18 个月,他就移情别恋了。

不该对他求全责备,这无非人之常情,没什么了不起,可是,当他以夸张的崇高色彩来描绘自己的动机时,就让人对他的真实动机起疑了。奥利弗其实是一个极端自私的人,这一点他自己后来都不否认(他的精神分析医生也从他对詹妮的死怀有的挥之不去的内疚感中挖掘到了这一点),他考虑的是怎样显示他的男子汉气概。"我重述了自己与家庭决裂的事。"奥利弗回忆与精神分析医生的谈话时说,"还叙述了自己如何与一个社会地位有差别(应当是巨大差别!)的姑娘结婚,并以此来宣布自己的独立。走着瞧吧,满身铜臭的老子,我要完全依靠自己的努力。"(第 173 页)括号中的那个惊叹号透露出他对自己所作"牺牲"的夸耀心理,而那个"以此"更泄露了他最隐蔽的心理。这番独白非常重要,因为它透露出奥利弗反抗他父亲的真实动机,即显示自己的独立,或者说,男子汉气概。平民出身的詹妮被他用来(即"以此")作为一种反抗的工具。她不再是一个完整的主体,而被他暗中异化成了一个物,一种手段,被剥夺了自由的性质。

此外,从性/政治来看,一个上流社会的公子哥儿占有一个下层阶级的姑娘,并不特别损害他的主体性,甚至会强化他的主体性。奥利弗的反抗并没有使他失去什么,而是有所获:他没有太多的理由就反抗父亲,获得了不需反抗就能获得的独立,最后还获得了他父亲一直执意给他而他一再拒绝的巨大财产;他在法庭上为被捕的造反学生辩护,没挽救什么人,自己也没有进监狱,却如愿地获得了"激进自由派"的鼎鼎大名,等等。可以说他总是有意无意地夸大他每次遇到的困难,以便更夸张地克服它,这当然能显示他的男子汉气概。这是他潜在的心理需要,尽管他自己或许没有意识到。谈到他参加的一次学生游行时,他倒非常坦白:"在某些圈子里,人们认为挨一下催泪弹才显示他的男子汉气概。她(指玛西)倒说中了我的心理。"(第 286 页)

我不能否定奥利弗对詹妮的感情中包含着真实的热情,也无意把他描绘成他本可以引为知己的加缪笔下的若望-巴蒂斯特·克拉芒斯,也不否认他在为被捕学生辩护时的正义之感,然而,这些并不妨碍他同时"以此"来显示他的男子汉气概。他离开玛西,并不是因为玛西是一个"可恶的资产阶级"(奥利弗自己不久就继承了他父亲"不干不净的钱财",等而下之地成为一个可恶的资产阶级),而是因为"沙巴皇后"(奥利弗对玛西的形容,见第 253 页)般的玛西使他体验不到男子汉的气概。换句话说,奥利弗遇到了一个不被他的主体性所压制的强大的主体性,一个他者,这就贬低了他自己的主体性,他为此感到沮丧(第241页有一段很有深意的描写:"我先不厌其烦地向她叙述了自己对父亲既要竞争又要钦佩的心理,然而她也深表同感。她在生活中所采取的每一行动,都总是为了向他的父亲挑战或者示威。"隔两行,奥利弗继续分析他与玛西的相似之处:"我们就像两个演员在分析各自在《哈姆雷特》这场演出一样。使我惊讶的是,玛西并非扮演奥菲莉亚,她也像我一样,都是在扮演那忧郁的王子。")。一个富家公子遇到了另一个富家小姐,而且是一个自己已经成功的富家小姐。奥利弗本指望遇到一个像詹妮那样柔弱的女人,不料遇到了一个具有强大人格的强者。奥利弗喜欢比自己弱的人,他可以在他们身上体验自己的优越感。①

对这一点,玛西看得非常清楚,当奥利弗抗议她不能总是"厮守"在他身边时,她说:"你是说,我们中的一个应当老是跟着另一个人,做其应声虫吗?"(第355页)可想而知,奥利弗离开玛西,是他保持自己完整的主体性的唯一方式。也许深入到这一点,我们才真正抓住奥利弗的无意识动机。可以说,奥利弗反抗他的父亲,娶平民之女詹妮为妻,参加游行,为被捕学生辩护,离开玛西,等等,本身全没有充足的理由,或者说,它们有唯一的理由,那就是为了获得、强化以及保持自己的主体性,用奥利弗自己的话来说,是为了显示他的男子汉气概。也就是说,奥利弗把他的父亲、詹妮、被捕的学生以及玛西当成了他体验自己的主体性或者男子汉气概的工具。与其说奥利弗反抗了什么,不如说他强化了什么,那就是所谓的"美国精神"或者"成功神话":一个人依靠自己的力量爬向社会台阶的高层。这里最核心的是"自我",而不是奥利弗所设想的"人道主义"。这里遭到忽视的恰恰是"人",确切地说,是"别人"。这样,在道德的层面上,《爱情的故事》便落入一种可疑的意识形态暗流中,尽管表面上浮动着一些反资产阶级的言语泡沫。西格尔大概看出了这一点,所以,他立刻以第二集或者续集的形式,为奥利弗的反抗提供一种社会学意义上的阐释,把他从道德的可疑性中拯救出来。

2

第二集开篇不久,西格尔为小说引入了两个新的人物:一位是弗洛伊德

---

① 萨特对恋人之间的"相互贬低"的分析,因其过于偏重于权力而不是自由,在许多人看来,是亵渎了一直被视为"平等而高尚"的爱情。参阅萨特的《存在与虚无》,尤其是该书的第三卷第三章《与他人的具体关系》。此外,还可以参阅黑格尔对这一问题的最早阐释,见黑格尔《精神现象学》第四章第一节《主人与奴隶》。然而,在爱情关系中,正如在其他一切社会关系中,只要牵涉两个人以上,权力就出现了。

学派的精神分析医生埃德温·伦敦,另一位是激进的马克思主义经济学家唐纳德·沃格尔(小说并没有明确说他是"马克思主义者",只是说他是一位激进派经济学家,见第175页,不过,从沃格尔对早期资本主义发展史的分析来看,他很像是1844年左右的马克思,即写作《经济学-哲学手稿》的人道主义的马克思)。由于西格尔引入这两个人物,是为了阐释作为中产阶级之子的奥利弗为何反抗他的中产阶级之父,因此,从文学上说,这两个人物非常抽象,简直成了两张模糊的脸。西格尔为了弥补这一点,就给他们分别添上了一些漫画特征,于是,激进派经济学家沃格尔在向哈佛学子们讲解"美国工业发展史"时,动不动就插进一句"他妈的",仿佛不这样,就不足以显示他的激进主义①,而那位精神分析医生永远是那么"面无表情",只会在每一次诊断结束时,不动声色地说一句"明天下午五点钟再来吧"。不过,从社会学上说,把弗洛伊德主义和马克思主义同时放进《爱情的故事》中,正触及了1960年代的哲学精神。如果说1960年代的造反学生有一套哲学的话,那就是弗洛伊德主义的马克思主义,其滥觞是"性解放"的提倡者威尔海姆·赖希,其最完整的表述者是1960年代造反学生的精神父亲赫伯特·马尔库塞。西格尔融合这两种主义的方式,是将弗洛伊德主义对早期创伤的回忆重叠在马克思主义对早期资本主义发展史的揭示上,从而把奥利弗在第一集中的生物学或心理学意义上的反抗的根源追溯到社会学的深层。

奥利弗仇恨他的父亲,可是,通过我上面的分析,可以看出,他对父亲的仇恨没有正当的理由。可是,现在不同了。沃格尔对"美国纺织工业发展史"的揭露,对奥利弗来说,是一个哈姆雷特似的"发现":他发现巴雷特家族庞大的财产原来是阶级剥削的产物,而作为巴雷特四世,巴雷特家族未来的财产继承人,他在继承这份庞大产业时,也得继承资产阶级发家史的历史犯罪感。在第二集快要结束的时候,奥利弗又有了一次相似的"发现":发现他的情人玛西的万贯家产原来也是通过压榨第三世界(香港的"一条又拥挤又肮脏、几乎见不到阳光的街道",见第369页)的童工的血汗得来的。于是,玛西在他眼中不再是一个可爱的情人,而是一个剥削阶级。玛西显然对奥利弗追究每一笔财产的来历的做法非常反感,她说:"你活像那些抱着历史不

---

① 脏字眼儿与政治激进主义的关系在1960年代非常密切,这些通常以四个字母构成的脏字眼儿(莱昂内尔·屈瑞林鄙夷地称之为"四字母词",例如"damn"、"shit"、"fuck"等等)与其说表明了什么反抗的主张,不如说表明了一种反抗的姿态。仿佛把这些语言粪便抛到资产阶级整洁的脸上,革命就获得了一次象征的成功。1960年代的造反,在这种意义上,可以说是一种"象征革命"。

放的坏脾气激进分子!"(第304页)历史,或者说"发家史",对资产阶级来说,意味着某种道德创伤。

如果说资产阶级哲学倾向于非历史化,借此掩盖或者遗忘历史的犯罪感,那么,对历史的揭示,就能再度唤醒资产阶级的历史犯罪感,而这是令人难堪的。西格尔通过这种方式,将奥利弗对父亲的仇恨,由一种家庭仇恨,拓展为一种阶级仇恨。于是,在第二集中,第一集中并不特别显眼的一个小人物,小糕点店的店主菲尔,奥利弗已故妻子詹妮的父亲,就变得重要起来,成为下层阶级的一个代表。奥利弗成了他忠实的朋友。更为明显的是,作为纽约著名律师的奥利弗,在1960年代末、1970年代初的学生造反运动中,始终站在造反学生一边,在资产阶级的法庭上为他们辩护。"我干的事与自由有关。"(第190页)他第一次向玛西介绍自己的职业时说,"我在尽力使政府循规蹈矩。"(第191页)并且补充道,当时,进步的律师都卷入维护正义中去了。1960年代,美国社会(当然,也包括其他西方发达资本主义国家)分裂成了左和右两个阵营,一个是以大学生或者"新左派"为代表的激进主义阵营(校园),一个是以中产阶级为代表的保守主义阵营(政府,或者统治阶级)。在《爱情的故事》中,这缩影为奥利弗与他的父亲以及他的情人玛西之间的对立。

奇怪的是,作为中产阶级之子的奥利弗为什么反抗他的中产阶级父亲,继之反抗他的中产阶级情人?而且,更为奇怪的是,他一方面反抗他的中产阶级父亲,一方面又追求玛西,这个中产阶级女人,而当他以"可恶的资产阶级"为借口最终离开玛西后,又奇特地回到了他的中产阶级父亲身边,继承了他"不干不净的财产"?显然,奥利弗并不像他自认为的那样在道德上崇高或者天真。他在政治上的暧昧性瓦解了他当初为自己涂抹的道德崇高感。只要看一看他眼中玛西的一切,就能说明他那时的感情,并不是下层阶级看待上层阶级时通常会有的那种感情。他羡慕玛西的富有、贵族做派以及宫殿般的豪宅,甚至为自己父亲家那种俭朴的清教徒似的浴室而感到羞赧(见第261页:"然而,区别就在于浴室!在这点上巴雷特家证明他们无法摆脱清教徒的传统:浴室讲究实用和基本功能。铺上白瓷砖,简单大方——甚至可以说是简朴的。当然,没有人会在这里面**流连忘返**,但是**宾宁戴尔家**就不是这样,他们的浴室配得上一位罗马皇帝,或者更为确切地说,是现代的罗马王侯创造了它们。这种浴室的'**设计**'本身就超越了巴雷特家的想象。")。

请读者注意引文中的黑体字,它们表达了一种语气上和心理上的惊羡。

奥利弗已经从哈姆雷特这位忧郁的王子变为罗马的皇帝了。看来,我们离奥利弗与詹妮的爱情已经相当远了。詹妮也许会爱上某个忧郁的王子,但很难爱上某个罗马皇帝。谁都知道罗马皇帝的奢华和权势,也知道罗马帝国的衰落在很大程度上正是由于这种生活的腐化以及权力的滥用①,而从路德开始的宗教改革一方面是为了使教权地方化,另一方面,也是最能唤起大众的方面,是为了涤荡这种弥漫于天主教世界的腐化的颓风。英国宗教改革的极端分子在反对这种奢华的习气时,形成了严格的禁欲主义的清教,它的极端性使它在英国受到了压制,清教徒于是把这种禁欲主义带到了新大陆。清教与资本主义的关系,马克斯·韦伯已经作了深刻的分析,认为清教是资本主义发展的一种宗教驱动力。不过,韦伯没有谈到,清教其实是经济相对不发达时期的资本主义的一种意识形态,它以禁欲主义来遏制人的享乐,而使人的精力和金钱全部用于对经济的发展上。然而,当资本主义发展到一个物质丰裕的发达工业社会时期后,建立在不发达状况上的禁欲主义也就失去了合理性。享乐主义必定开始在社会生活中蔓延。其实,从20世纪初起,尤其是在1950年代以后,资产阶级政府就暗中鼓励着这种享乐主义,以带动消费。表现在经济上,就是采用分期付款制度以及信用制度。丹尼尔·贝尔在《资本主义文化矛盾》中说:"造成新教伦理最严重伤害的武器是分期付款制度,或直接信用制度。"②奥利弗并非偶然地提到"清教",在他与他的精神分析医生的一次谈话中,他评价弗洛伊德主义说:"你们的学科似乎缺少关于快乐的专门术语。"(第244页)这句话透露了奥利弗与当时的弗洛伊德主义的马克思主义的联系,而马尔库塞的弗洛伊德主义的马克思主义正是想把马克思的解放理论注入弗洛伊德的本能理论中,以扭转弗洛伊德在文明与本能之间确立的压抑模式。此外,奥利弗还有一句话也显示了这种联系:"根据我在文章中读到的,我们正生活在一个解放的时代。"(第199页)

弗洛伊德主义的马克思主义的主题并不是反对阶级剥削,而是要解放人的受压抑的本能,它在理论上有一个假设的前提,即我们当今生活在一个物质高度丰裕的社会,然而,与此形成对比的是,这又是一个压抑的不自由

---

① 罗马帝国衰落的原因非常复杂,不过,罗马皇帝生活的奢华肯定是其中一个重要原因。吉本在他对罗马帝国研究的大部头著作《罗马帝国的衰落》中,也表达了这种看法。

② Daniel Bell, *The Cultural Contradictions of Capitalism*, New York: Basic Books, 1996(new edition), p.21.

的社会。造反学生考虑的不是贫穷问题,因为这个问题据说已经被发达工业社会的技术成就解决了,而是这个丰裕的社会没有提供与之相应的快乐。从这里我们可以看到造反学生的中产阶级家庭经济背景,他们是不用为生计操心、每个月都能准时收到自己中产阶级父亲寄出的支票的青年。如果说在《爱情的故事》的第一集中,奥利弗与詹妮之间动人的爱情还裹着贫穷的衣衫的话(当然,贫穷与爱情结合在一起,会令人产生一种崇高的感觉,然而,这种建立在贫穷上的爱情只会是一种短暂的爱情,如果不想使它变质,那就需要在适当的时候及时地中断它,所以,西格尔很快让詹妮死去了),那么,到第二集中,贫穷的景象消失了,取而代之的是富丽堂皇、雍容华贵的场面,奥利弗与玛西的爱情便发生在这样的场面中,而且,奥利弗似乎热衷于在这样的场面中与玛西谈情说爱。

在这样的场面中,"情调"或者"趣味"是显示同一经济阶层的人与人之间社会差别的准绳,所以,奥利弗老派的父亲,那个简直不知道把简朴的浴室装修成具有"罗马皇帝"气派的浴室的老清教徒,或者那个只知道做意大利面条的老菲尔(顺便说一句,菲尔在第二集中越来越朝一个为奥利弗"拉皮条"的角色转化),不管他们是否有钱,都根本涉足不了这个"趣味圈子"。也很难想象詹妮(假若她还活着)能够自如地在这样的圈子里周旋——要知道,詹妮临终之前,都未能实现她一辈子最大的梦想,那就是去巴黎看看。当然,出入这个"趣味圈子"的人,必须要有钱,大量的钱,不过,钱并不是这个圈子的通行证,而是"文化",或者说,是某种能够显示"高雅趣味"的精神素质。从奥利弗和他的情人玛西身上,我们看到了不久将登上美国社会场景的雅皮士的雏形。与1960年代那些以奇装异服和污言秽语来象征性地反抗社会的嬉皮士相比,雅皮士衣着讲究、谈吐得体、名车良犬,似乎优哉游哉于这个社会之外。然而,没有谁比他们更深地与既定的社会秩序纠结在一起,因为,在经济上,他们依赖于这个社会提供的利润;在政治上,他们依赖于这个社会提供的稳定;因此,他们必定是既定的社会秩序的维护者,或者说政治保守主义者。从这个意义上说,奥利弗离开玛西,其原因并不像他当初与父亲决裂时所怀有的对资产阶级的仇恨,因为他离开玛西后,又回到了父亲身边,并继承了父亲庞大的产业。在《爱情的故事》的第二集中,奥利弗终于从第一集中的一个资产阶级的不驯服的儿子转变成了一个驯服的资产阶级。

与其说《爱情的故事》描绘的是心理学意义上的成人式,不如说描绘了社会学意义上的成人式:资产阶级造反的儿子通过反抗自己的资产阶级父亲而终于成为一个资产阶级。心理学意义上儿子对父亲的反抗，仍会在每一代人那儿以或激烈或平缓的方式重复，而社会学意义上资产阶级之子对资产阶级父亲的反抗，却是资产阶级的最后一次反抗，它把资产阶级从早期革命年代里残留下来的最后一点能量耗尽了。资产阶级之子开始以商人般的冷静，把《资本论》这部几年前他们在神经质的革命热情中挑灯夜读的政治著作，当做一部经济学著作来钻研，因此学会了比他们僵硬的父辈更灵活的生财之道；又通过弗洛伊德主义的马克思主义的洗礼，把困扰他们父辈的清教禁欲主义的阴影甩开，因而熟谙享乐的科学；此外，通过实证主义和经验主义对抽象概念的瓦解来消除早期资产阶级"普适主义"中暗含的道德正义，因而在政治上更加老于世故。新一代的资产阶级就这样把自身内部和外部曾对它不利的一切，以"只取所需"的方式，融合成了一个对它有利的复合体。"我声明，"他们的精神牧师丹尼尔·贝尔在1978年以一种可爱的坦诚说，"我在经济上是一个社会主义者，在政治上是一个自由主义者，在文化上是一个保守主义者。"

除了可能不再是一个社会主义者外，奥利弗成了一个政治上的自由主义者和文化上的保守主义者。不过，在经济上，他是一个什么"者"呢？《爱情的故事》的第二集末尾把早已过时的长子继承权重新抬出来，着实出人意料。这是否暗示西格尔迷恋于早期资本主义的家族观念，像激进派精神领袖马尔库塞迷恋于封建宗法制色彩的"前技术时代"？1960年代的造反运动其实是在政治激进主义的名义下进行的一场回归贵族文化传统的文化保守主义运动，是浪漫主义时代的反现代性情感在现代的延续和回光返照，至少在它的精神领袖那儿是这样，尽管它在造反学生那里以反传统的方式出现，而他们的精神领袖有理由抱怨他们没读懂他的教诲。1968年的学生在墙上刷过这么一条标语："革命不仅是对资本主义社会、而且也是对工业文明的挑战。"这和浪漫派当初的立场相去不远。这种怀旧病，与其说是美国式的，不如说是老英国或者老欧洲式的。奥利弗为继承家产和缓解思乡病，从纽约重返了出生地马萨诸塞州。他依然保持着雅皮士的风格，不过，同时，他又成了一个传统主义者。马萨诸塞州这个英国当初在北美最早的殖民地，似乎还顽强地保持着老欧洲的传统，这样，爱尔兰裔的经济大亨巴雷特家族一代接一代在这个州湿润的土地上繁衍着，正如巴雷特的爱尔兰同乡、政治大亨肯尼迪家族也在这个州湿润的土地上一代接一代地繁衍着一样，维持着统治的连续性以及传统的连续性。马尔库塞的"大拒绝"终于走向了贝尔的"大修复"。

3

从群体的延续性上看,雅皮士基本上就是当年的嬉皮士,或者说,是当年具有嬉皮士精神的造反学生,用奥利弗描绘玛西的话说,是"六十年代初期成长起来的"(第199页)那一代。奥利弗第一次参加斯坦家的音乐会时,对那些音乐家有过一番观察:"他们中大多数是长大成人的嬉皮士,而年轻的则像小嬉皮士。"(第161-162页)斯坦家的那场音乐会大约发生在1970年春天的某个星期天,而此时,在美国各地的校园里和大街上,造反学生正在与警察作最后的对抗,把校园的文化激进主义引申为街头的政治激进主义。马尔库塞在某个场合曾把这种街头政治学称为超现实主义的政治学①(屈瑞林讥讽地称之为"街头现代主义"),是因为这场政治运动不是一场马克思意义上的经济革命,而是一场"文化革命"②。这就意味着,在"新左派"旗号下发生的1960年代的学生造反运动,不同于当初"老左派"的经济—社会革命(从19世纪中期开始的社会主义运动一直到20世纪50年代麦卡锡主义前的左翼运动)③,其理论重心已经出现了重大的偏移,由经济基础转移到上层建筑,或者说,由经济领域转移到文化领域,相应的,这种理论所诉诸的历史主体也已发生重大的变化,由当初的无产阶级或工人阶级转变为中产阶级富裕家庭的大学生。他们蜂拥而入老左派的圣殿,但那个圣殿的圣台上供奉的却是新左派的那些时髦人物。

如果我们更深入地了解一下这些造反学生的家庭背景,就会惊讶地发现,他们基本上出生于富有的中产阶级家庭,正在具有贵族教育传统的著名

---

① 马尔库塞认为超现实主义是对现实的一种否定,而造反学生的街头政治学,不仅具有超现实主义艺术的表现形式,而且,就其政治意义而言,是对既定政治结构的象征反抗。参阅 Herbert Marcuse 所著 Counter—Revolution and Revolt 一书,尤其是第三章(*Art and Revolution*),及 *An Essay on Liberation* 一书第二章(*New Sensibility*)。

② Herbert Marcuse, *Counter-Revolution and Revolt*, p.79.

③ 1968年巴黎索尔邦学院的造反学生在《对权力的想象》中宣称:"资产阶级革命是司法革命;无产阶级革命是经济革命;我们的革命将是社会和文化革命,其目的是使人能够实现自我。"引自 Morris Dickstein 所著 *Gates of Eden* 一书,第267页。

高等学府里享受着高级的教育①。1968年的运动,因此是中产阶级内部的一场运动,是中产阶级的子弟造中产阶级父亲的反。严格说来,在1960年代中期到1970年代初期的学生造反运动中,工人也并没有袖手旁观,然而,他们主要是作为造反学生的声援力量参加到运动中来,而不是这场造反运动的真正主角。此外,工人声援的主要是造反学生的反越战示威以及黑人的民权运动,而不是造反学生的反抗现代社会的运动。尽管这三种运动重合在60年代,并经常融合在一起,不过,它们之间有巨大的差别:工人反对越战和种族政策,然而,他们并不反对现代丰裕社会,因为,他们是这个丰裕社会的获益者,至少,现代技术的发展,使工人的生活比上个世纪有很大的改善,因而不再存在马克思当初所说的无产阶级。"奥利弗,"玛西在反驳奥利关于资本主义早期的"血汗工厂"的观点时,说,"那已经是过去的历史了,今天,参加了工会的工人挣得多——"(第304页)她的话被不耐烦的奥利弗打断了,卡在那个破折号上。

但不管奥利弗怎样不满,玛西的观察并没有错。马尔库塞对发达资本主义社会工人状况的描绘也印证了这一点:"如果工人和他的老板享受着同样的电视节目,旅游于同样的风景名胜,如果打字员和她雇主的女儿一样打扮得漂亮,如果黑人也拥有着卡迪拉克牌轿车,如果他们阅读着同样的报纸,那么,这种同化并不表明阶级已经消失,而是下层阶级在很大程度上分享了使这个既定秩序得以保存的那些需要和满足。"②也就是说,发达资本主义社会为下层阶级一方面不断提供着"需要"(奥利弗在小说中使用了一个马尔库塞的术语——"虚假的需要",见第274页。所谓"虚假的需要",乃是指"自由"以及"解放"等"真实的需要"之外的需要,例如"时装"或者"生活方

---

① 我使用的造反学生家庭背景的材料主要来自以下几本著作:S. M. Lipset 和 S. S. Wolin 两人合编的 *The Berkeley Student Revolt*,New York: Doubleday & Company, Inc.,1965年版,及 George Katsiaficas 所著的 *The Imagnation of the New Left*, Boston: South End Press,1987年版,以及 Morris Dickstein 的 *Gates of Eden*,这几部著作对1960年代造反学生的构成成分有很好的分析。法国的学生造反运动兴起于具有贵族教育色彩的巴黎索尔邦学院,而在美国,则兴起于具有精英主义传统的纽约哥伦比亚大学。随便提一句,法兰克福学派流亡美国后,在哥伦比亚大学重建了自己的社会学研究所(1934—1950),对哥伦比亚大学的学生有直接的影响。《爱情的故事》的第一集的主要场景发生在美国的哈佛大学,这同样是一座有贵族教育传统的古老学府,而第二集中所说的"被捕学生",应该是纽约哥伦比亚大学的造反学生(那时,奥利弗已经在纽约做律师)。

② Herbert Marcuse,*One—Dimensional Man*,p.8.

式"),另一方面又不断地满足这些需要,这样就使工人或者下层阶级被卷入了发达资本主义的价值体系中,遗忘了自身的阶级意识。因此,在发达资本主义社会,作为一个阶级,马克思所说的"无产阶级"已经消失,或者说,已经同化于资产阶级的价值规范中了,失去了当初的革命性,成了一种维护既定统治秩序的保守力量。正是在这种意义上,丹尼尔·贝尔在1960年得出了"意识形态的终结"[①]这个结论。不过,终结的不是意识形态本身,而是某种形式的意识形态,因为,马尔库塞在贝尔的意识形态的终结后揭示出了技术在发达工业社会里的意识形态性。

其实,对无产阶级失去其当初的阶级意识的担忧,并不始于1960年代,而是肇始于第一次世界大战结束之时的1920年代。不过,需要指出,当时在德国法兰克福的那些马克思主义者,通过把马克思主义追溯到马克思早期的著作以及黑格尔哲学那里,把政治经济学的马克思阐释成了一个人道主义的马克思,它关心的与其说是"无产阶级",还不如说是"人",一个在现代工业社会中感到自己被异化的人。马克思在《1844年经济学—哲学手稿》以及《德意志意识形态》中无疑表达了对因机器的使用而导致的社会分工的厌恶,他甚至以摩尔根的《古代社会》为材料,构思出一个原始的共产主义社会,在他看来,现代分工的出现,是导致这一理想状态瓦解的原因。假若说后来的马克思重新评估了技术或者机器的积极意义,那么,早期的马克思对机器所持的怀疑态度,说明他那时并不是一个社会进步论者,而是一个资本主义机器文明的批判者。这就使他分享了1800年到1830年前后德国和英国的那些浪漫主义者的反现代的怀旧情感。换句话说,马克思此时关心的不是无产阶级的物质生存问题或者经济问题,而是人的价值问题。甚至可以说,1848年前的马克思(即写作《共产党宣言》以前的马克思,法兰克福的马克思主义者非常仔细地把1848年前后的马克思区分开来,例如马尔库塞在《历史唯物主义的基础》这篇书评里的做法)并不是无产阶级的马克思,而

[①] 参阅 Daniel Bell, *The End of Ideology*, Harvard University Press, 1988年新版。

是资产阶级的受过高等教育的子弟们的马克思。①

罗莎·卢森堡在那个时候说过一句话："资产阶级在进行最后的斗争，不过他们打错了旗帜，这是一面革命的旗帜。"②卢森堡的观察没有错。只要我们看一看法兰克福的那些马克思主义者的家庭出身，就不会觉得这个结论过于唐突。无论是卢卡契，柯尔施，还是后来成为法兰克福学派的那些犹太人，包括霍克海默，阿多诺，本雅明，纽曼，马尔库塞，洛文塔尔，等等，几乎无一例外地出自富有的资产阶级家庭，而他们理论的继承人，1960年代的那些造反学生或者"新左派"，也几乎有相似的家庭背景。

这正是资产阶级的"历史错误"：它先是通过工业革命，在自身外部为自己创造了一个反抗的无产阶级，继而又通过把自己的子弟送进贵族化的教育机构，在自身内部为自己培养了一群对他们充满伦理和美学上的厌恶感的反叛子弟。资产阶级通过工业革命和社会革命，从贵族手里夺取了经济和政治权力，然而，它在文化上还不自信，这就使得资产阶级在文化上承认贵族文化的优越，把自己的子弟的教育委托给了对它充满敌意的文化贵族。大约在1848年后，富裕起来的资产阶级"暴发户"开始把自己的子弟送进以前的贵族学校，接受贵族教育。这正是马修·阿诺德开始对"文化"进行定义的时候，而"文化"的目的，是想使粗俗的资产阶级变得文雅起来。斯蒂芬·茨威格对上个世纪维也纳富裕起来的犹太人的描绘，可以说是当时整个欧洲资产阶级的缩影："在犹太人的内心，都不知不觉地在竭力避免成为一个道德上不可靠、令人讨厌、小里小气、把一切视为交易、只讲做买卖的无知无识的人，而是努力争取跻身于较为纯洁、不计较金钱的知识者的行列，说得直率一点，仿佛他要把自己和整个犹太民族从金钱的不幸中拯救出来似的。因此，在一个犹太家族中往往是经过两代人或至多三代人以后，追求

---

① 当今有一种流行的说法，说资产阶级的知识分子由于关切人的价值，必定是一个马克思主义者，或者至少具有左派的倾向。萨特也许是这样的知识分子的一个代表。这种说法并不夸张，因为，在当代西方，大多数人文知识分子都经历过马克思主义的洗礼，只是他们的马克思主义是一种书斋化了的马克思主义。正如我们在达尔文之后，只可能是一个物种进化论者，在弗洛伊德之后，只可能是一个弗洛伊德主义者；在马克思之后，我们也只可能是一个马克思主义者，因为它们构成了我们看待世界的视界，具有一种回避不了的先验性。关于马克思主义与资产阶级知识分子的关系，Paul Mattick 甚至还有这么一种说法："马克思主义是资产阶级的最后的避难所。"见其著作 *Marxism: Last Refuge of the Bourgeoisie?* London: the Merlin Press, 1983年版。

② 转引自 Paul Mattick, *Marxism: Last Refuge of the Bourgeoisie?* 一书，第 V 页。

财富的劲头便告衰竭,而且恰恰是在家族的极盛时期遇到了一些不愿意接受自己父辈的银行、工厂、规模巨大和生意兴隆的商号的子孙。"①

在《上个世纪的学校》这一章中,茨威格写道,从国民小学毕业后,他被顺理成章地送进了中学,"因为每户有钱人家为了自己的社会地位都精心培养'受过教育'的儿子,要他们学习法语、英语,让他们熟悉音乐,并先后让家庭女教师和家庭男教师管教他们的礼貌举止"②。我在这里大段地引用茨威格的回忆,不仅因为这是当事人的证词,而且因为它还透露了资产阶级子弟所受教育的性质,可以说这种教育与资产阶级的"生意经"毫无关系,甚至,是对资产阶级"生意精神"的否定。我曾在哈佛大学的瓦德勒图书馆查阅过该校1960年代的课程安排,发现"人文学"以及"艺术"占了很大比例。其实,在《爱情的故事》中就处处显露出当时哈佛大学的教育内容(巴赫,普鲁斯特,意大利歌剧《乡村骑士》,勃朗宁夫人的诗,莫扎特,勃拉姆斯,等等,等等)。这种教育本身具有反资产阶级的性质(马尔库塞说它是一种"前技术文化",包含了反资本主义的"前技术时代的价值"),因为它不仅培养了学生对美、自由、人的完整性的向往,而且容易唤起一种道德感,或者,按茨威格的说法,一种普遍的人性。但是,它又是一种贵族文化,因为在前技术时代,只有贵族才有钱和闲暇来创造文化。基于这种理由,马尔库塞反对工业社会的大众文化,进而在政治上反对民主制,因为大众文化和民主制只会复制同样面孔的人,实际上成了统治阶级的操纵手段。贵族文化的这种反资本主义的性质,使资产阶级受过教育的子弟在价值上与他们只知道挣钱的资产阶级父亲对立起来(尽管他们尚依赖于父亲的金钱的资助),这样,在大学校园与校园外的"社会"之间,就不可避免地发生了价值上的冲突,是"前技术文化的价值"与"技术时代的冷酷理性"之间的冲突。

不过,在对资产阶级父亲的"商业精神"进行反抗的同时,造反学生也把矛头对准了高雅文化,这不仅因为他们的资产阶级父亲崇拜这种文化,而且因为这种文化本身就具有某种压抑人的本能的崇高因素(耶鲁"四条汉子"之一的哈罗德·布鲁姆在1973年发表《影响的焦虑》,表达了传统文化的这种压抑感。要知道,这是经过弗洛伊德主义洗礼过的一代人)。于是,从一开始,造反学生就放弃了他们的道德感得以建立其上的传统文化,处于一种历史虚无主义的反抗冲动中(马尔库塞所说的"大拒绝"),这就使他们的

---

① 斯蒂芬·茨威格:《昨日的世界》,舒昌善等译,三联书店,1991年版,第22页。
② 斯蒂芬·茨威格:《昨日的世界》,舒昌善等译,三联书店,1991年版,第32页。

反抗在政治上成了一种姿态,在文化上成了一种胡闹,或者,按莫里斯的说法,他们把一场严肃的政治和文化运动"文学化"了,为他们的反对者提供了口实。

一位尖刻的批评家甚至这样评价1960年代的造反学生,说这帮乳臭未干的小子其实是依靠资产阶级父亲的资助才得以进行这场所谓的街头革命的。丹尼尔·贝尔无疑也持这种观点。"六十年代所谓的反文化是一场孩子们发达的十字军远征,它试图抹掉现实与幻想之间的界限,在解放的旗号下发泄生命的冲动。"他说,"它宣扬要嘲弄资产阶级的假正经,其实仅仅抖搂出自由派爹妈的私生活。它宣称代表着新潮与勇敢,实际上只是以更为闹腾的方式重复了半个世纪前纽约格林威治村那些波希米亚们的孩子气的恶作剧。与其说这类玩意儿是反文化,不如称它为假文化。"①贝尔的保守主义使他没有看到1960年代的文化反叛所具有的严肃的道德意义,更没有看到它其实涤荡了资产阶级自身内部的"毒素",即资产阶级的反资本主义性。实际上,资产阶级太需要这么一场无法无天的文化运动来瓦解它自身残存的超验道德感,从而消除它从历史和宗教两方面继承下来的犯罪感和顾虑,彻底世俗化。1970年代以后的社会变迁证实了这一点。就造反学生那方面而言,他们本来是想以丰满的人性来抗议冷酷的工具理性,但由于采取了文化虚无主义和政治激进主义的方式(在很多时候,甚至表现为吸毒和乱交),实际上给他们要维护的东西带来了创伤。

再说,一场没有任何经济基础和清晰的政治理念的文化虚无主义和政治激进主义的反抗,只可能以失败而告终,而当革命的红雾消散之后,现实生活的压力却浮现出来了,于是,后来走出校园、进入社会的那一代造反者纷纷务实起来,重新回到他们曾经否定的中产阶级的秩序中。"如果六十年代的口号是自我表现和自我发展,"狄克斯坦说,"那么现在许多人能够勉强生活就心满意足了(例如,学生们从学文科转而学习那些谋生糊口的课程,不顾一切地挣学分)。"②随着他们在经济上的逐渐中产阶级化,他们在政治上和文化上也逐渐中产阶级化,也就是说,由当初的激进主义一变而为现在的保守主义(那个1973年发表《影响的焦虑》的布鲁姆,在1994年发表了《西方经典》,重新认可了传统的价值和不可动摇的权威)。从1970年代开始,教育改革的施行(例如"巨型大学"),彻底瓦解了校园与社会之间的价值对立,

---

① Daniel Bell, *The Cultural Contradictions of Capitalism*, pp. XXVI—XXVII.
② Morris Dickstein, *Gates of Eden*, p. 272.

使校园成为为社会输送"有用人才"的职业培训基地,而不再是培养具有独立批判意识的人的堡垒。可以说,从1970年代开始,资产阶级在教育上终于取得了胜利,这个社会成了一个没有反对者的社会。如果还有什么敌人的话,那就是外部的敌人,即冷战战线另一边的"邪恶的国家"。如果我们再去翻阅一下1970年代以后哈佛大学的课程安排,就会发现,当初的"人文学"和"艺术"正在萎缩,而政府系和商学院的课程越来越占据着重要的分量,更主要的是,像莫里斯所说,学生们热衷于这些能使他们日后在社会上占据一个不错的社会地位的课程。在黄昏时,再听到哈佛大学校园里某个角落偶尔传来《爱情的故事》的电影主题曲,真有一种恍若隔世的感觉,噢,那不过是骚动的青年时代的一段凄婉动人的经历,尽管它还回响在记忆的某个地方,却与现实没有什么关系了。

圣殿与鼹鼠:英文系史论稿

"英国文学"并不是一个"自然"概念,并不是说自打英国有了大学(在几百年里,说到英国的"大学",仅指牛津和剑桥),就自然有了作为一门课程的"英国文学",有了作为一个院系的英文系。实际上,"英国文学"最早设立于英国的前殖民地美国和殖民地印度的大学,然后才零星地出现于英国本土的一些边缘大学,而它进入作为英国文化核心地带的"牛桥"(Oxbridge,乃Oxford 和 Cambridge 两校名称的合写),则是在牛津(1168 年)和剑桥(1209年)建校七百多年以后的事:1904 年和 1912 年,瓦特·雷利爵士和阿瑟·奎勒·考奇爵士被先后任命为牛津和剑桥的第一位英国文学教授。

而且,并非凡是英国人用英语写作的文学作品都被看做"英国文学"。"英国文学"依附于体制化的学术机构,而正是这个机构才有权决定何为"英国文学",或哪一部作品有资格成为"英国文学",从一开始就具有意识形态性。例如考奇爵士就不承认古英语英雄史诗《贝奥武夫》(*Beowulf*)是英国文学,他在 1913 年 10 月的系列讲座"英国文学的源流"中,说这部作品乃"舶来品","它来自不明的祖先,[在英国文学中]亦无后裔。所谓'我国光辉璀璨的文学源自《贝奥武夫》'这一假论,不客气地说,是一种奸计,是那些日耳曼教授和日尔曼化的教授植入我们的教科书里的谎言"。① 他并非偶然提到"日耳曼教授和日耳曼化的教授",实际上,"英国文学"的兴起与第一次世界大战前后弥漫英国社会的反德情绪有重大关系,是消除英国学术中的日耳曼崇拜的政治行为。所以,与日耳曼教授和日耳曼化的英国教授不同,考奇爵士认为类似乔叟《坎特伯雷故事集》这样的文学作品,才是英国文学的真正源头,"我们在其中看到了日后英国文学的众多特征"云云。

英国文学进入牛津和剑桥,并体制化为一个院系,是 19 世纪末和 20 世纪初兴起的英国现代民族国家意识在文化上的产物,而它自身又被视为培

---

① Sir Arthur Quiller—Couch, "On the Lineage of English Literature", in *On the Art of Writing Lectures Delivered in the University of Cambridge*, 1913 - 1914, New York: Bartleby.Com, 2000, p.18.

养这种民族国家意识的最佳工具。正是在第一次世界大战爆发前十年的民族意识的普遍觉醒中,才出现"第一批英国文学教授"。此前的牛津和剑桥一向视希腊语和拉丁语的古典文化教育为大学的立身之本,而"英国文学"则被英国人自己当做了拿不上台面的东西。

另一个因素,是英国中产阶级或者说资产阶级的崛起,而"英国文学"成了资产阶级文化与英国贵族文化争夺领导权的战场。如果牛津和剑桥继续死死守护着以希腊文和拉丁文古籍为本的古典人文主义的崇高威望和统治地位,那不像悠闲的贵族那样有大量时间去学习这两门外语的人数庞大的中产阶级就难以获得自己的文化自信,而自居于贵族文化统治之下。"英国文学"由文化的边缘地带进入核心地带的历史,也是英国中产阶级与贵族阶级夺取文化领导权的历史(需要说明的是,阶级意识并不等于在身份上从属于这个阶级的某些个人的意识,所以作为个人的某个贵族或中产阶级人士有可能无意识地分享其对立阶级的意识,而真正的阶级意识,是这个阶级的代言人对自己所代表的那个阶级的利益、要求、地位和在历史中的作用的理性意识,并将其"赋予"这个阶级)。

"英国文学"在19世纪末和20世纪初的兴起,依托于三种特定的历史情势:其一是民族国家的,其二是阶级斗争的,其三是男权主义的,而其在20世纪中后期的衰落,也与这三种历史情势息息相关。

1. 纨绔子与浪漫派

伊格尔顿在《批评与意识形态》一书中分析19世纪下半叶牛津学者马修·阿诺德的文化事业时,把它看做资产阶级夺取文化制高点的一次行动:"阿诺德的社会批评是为了把鼠目寸光、各自为阵、斤斤计较自己的物质利益的资产阶级转变成一个真正独霸权力的阶级。这个阶级已经取得了历史的支配地位,它要求与此相适应的足够的文化资源。对阿诺德来说,贵族正在迅速失去政治霸权,但糟糕的是,它的历史继承者资产阶级还没有做好接过霸权的准备。"①

伊格尔顿政治上是左派(或"新左派"),但在文化上,作为"牛津剑桥的文化人",他暗中分享了贵族阶级的部分意识形态。毕竟,资产阶级是左派和贵族的共同敌人,因此,当一个左派批评家从文化上谈论资产阶级时,完

---

① 特雷·伊格尔顿:《历史中的政治、哲学、爱欲》,马海良译,中国社会科学出版社,1999年版,第3页。

全可以借用贵族当初谈论资产阶级时使用的那些词汇(如"鼠目寸光"、"各自为政"、"斤斤计较"等等)。像当初的贵族一样,他习惯于在资产阶级的称谓前加上一系列贬义词,而这些表示价值评判的词本该置于括号中,因为它们是一个心怀不满的没落阶级(贵族)对一个取代它的阶级的贬低之词,就像法庭上原告的一面之词一样不足采信。

但伊格尔顿可能错判了阿诺德的用意,而作为阿诺德的没有见过面的校友,他本该对阿诺德的计划心领神会。阿诺德虽一度出任辉格党领袖兰斯顿勋爵的私人秘书,在政治上具有自由主义倾向,但在文化上却更像托利党人,否则就不会把工业革命和宪章运动看做一场文化危机和社会危机。他曾就读于牛津贝利奥尔学院,在那儿成了一个文化贵族。与卡莱尔不同,阿诺德对贵族的政治命运心知肚明。在贵族作为一个封建特权阶层大势已去之时,他并不指望贵族能够继续成为当权者。这体现了他的政治现实主义。但对他来说,新的统治者资产阶级只是一种物质的力量,难以承担领导英国的重任,因此,当务之急是使资产阶级在文化上贵族化,也就是说,接受贵族的文化领导。

贵族作为一种政治力量正在衰落,但在文化上仍构成一个阶级——这个阶级的标志不再是贵族纹章或封号,而是"高级文化",它处处打着牛桥的古典人文主义的印记。尽管阿诺德把穿袍贵族称为"野蛮人",似乎为自己对中产阶级和下层阶级的指控奠定了一个无所偏袒的公正基础,但他并没有在文化上贬低贵族。贵族的文化是一种身体的或外在的文化,体现为"高雅"、"精致"和"节制"等等,而阿诺德则试图同时将其内在化,变成心灵的一种品质。

可问题是,贵族可能并不打算助中产阶级一臂之力,因为它并不认可这个主子,否则它就不会给中产阶级贴那么多丑陋的标签。情形可能恰好相反,贵族或贵族化的文化精英是想成为中产阶级的文化主子,以便对中产阶级进行心理控制。他们从来就不认可中产阶级的文化——对他们来说,"文化"一词是单数的。一个有说服力的例子是,1887年,当阿诺德的牛津同行约翰·切顿·柯林斯等人提议在牛津设立"英国文学"学院机构时,却遭阿诺德反对,致使该提案搁浅。

阿诺德无疑是从文化领导权考虑这个问题的。在那个时代,"英国文学"主要是资产阶级妇女、劳动大众以及英属殖民地或前殖民地人的读物,而英国文学作为一门课程,也是在诸如"二流大学"、机械学院、女子学校、工人学院以及大学附属夜校等具有中下层中产阶级和大众色彩的教育机构中最先设置的,而最早的英国文学系则设立于英帝国的文化边缘地带,如殖民地印度和前殖民地美国的大学,为的是"向英国公学和牛津剑桥这个难以进入的小圈子之外的人提供一种简便的'人文'教育"①。不那么简便的人文教育当然是指以希腊文和拉丁文典籍为本的古典人文主义。因此,"英国文学"若进入牛津和剑桥,就意味着中产阶级和大众的文化趣味进入英帝国的文化核心地带,与牛津和剑桥的古典人文主义争夺文化领导权。

牛津是什么?对阿诺德来说,是贵族文化的堡垒,而像他一样的牛津人则是文化神职人员,负有教化英国资产阶级和下层阶级的重任。以下摘自阿诺德《文化与无政府状态》中的一段话,典型反映出阿诺德的政治意图。该书有一个副标题——"政治和社会批评",说明阿诺德的最终兴趣不在文化,而在文化领导权。在"牛津,旧日的牛津"这一声充满怀旧情感的赞叹后,他写道:

> 我们牛津人,曾沐浴着那个美丽地方的优美和文雅的光辉而长大,还没有失败到放弃这个真理,那就是优美和文雅是人类完美的基本特征。当我执意这么说时,我就已经完全置身于牛津的信仰和传统中了。我斗胆说一句,正是我们对优美和文雅的情愫,对丑恶和粗鲁的憎恶,一直支撑着我们投身于如此之多的失败的事业,支撑着我们反对如此之多的成功的运动。这种情怀是虔诚的,也从来没有被彻底击败,甚至在失败中也显示着力量。我们还没有赢得我们的政治战争,我们还没有使我们的主要观点广为传播,我们未能阻止我们的对手的前进步伐,我们也未能胜利地步入现代世界;但是我们一直悄悄地对这个国家的心灵施加影响,我们培养的情感之流将冲蚀我们的对手看似已经占据的阵地,我们一直保持着与未来息息相通。②

阿诺德的时代,正是维多利亚时期的英国资产阶级大力发展工业和贸易、劫掠于各大洲的蒸蒸日上、志得意满的时代。可阿诺德为何会有一种失败感?整个牛津为什么看起来像是受了重创?这说明他的内在自我并不是资产阶

---

① Terry Eagleton, *Literary Theory: An Introduction*, Oxford: Basil Blackwell Publisher Limited, 1983, p.27.

② Matthew Arnold, *Culture and Anarchy*, Cambridge University Press, 1988, p.61—62.

级,而是贵族。这一时期也正是没落贵族普遍感到失败的时期。

并非偶然的是,正是在19世纪初,也就是贵族在资产阶级的"双重革命"的打击下逐渐失去其政治和经济统治大权的时候,它才开始意识到文化的重要性,才开始有意塑造"绅士风度",把优美和文雅提升到政治斗争的高度。更早一些时候的贵族,或者说贵族统治时代的贵族,并不怎么操心"优美和文雅",也没有在教养和风度上显示出特别之处。据历史学家戈登·伍德及其他一些历史学家的研究,17、18世纪的英国贵族像普通人一样爱说粗话、随地吐痰、铺张浪费、比勇斗狠。18世纪初英国驻巴黎大使曼彻斯特勋爵,就出身和职业来说,本该是礼仪的典范,然而此公却因糟糕的举止而为法国人耻笑,以致影响了英国的国家形象:"这位大人用餐巾擤鼻涕,朝房间中央吐痰,哈哈大笑,像一个平头百姓,他不适宜作大使。"英国贵族不雅的举止使当时一些英国学者和批评家感到惭愧和焦虑,如讽刺作家理查德·斯梯尔和约瑟夫·爱迪生双双在《闲谈者》上撰文,嘲弄英国人举止粗野,奉劝国人注重仪表礼仪,来一场"文化革命"。① 与此形成对比的,倒是同一时期新崛起的资产阶级,尽管他们在礼仪上也与普通人没有多大差别,其形象却充满了活力、智慧和骄傲,如笛福笔下的鲁滨逊·克鲁梭,被认为给英国带来了财富、荣誉、殖民地和政治抱负。

贵族把"绅士风度"作为一项政治事业提到日程上,是在法国大革命余波未平之时。1800年到1830年的英国处在摄政时期。国王乔治三世疾病缠身,由摄政王乔治四世代理朝政。"摄政"这个词颇有象征意味,因为在中产阶级日渐壮大的势力下,贵族的权势已大打折扣。当贵族无力以赫赫权势压服人时,必求助于别的东西来继续这种压服。不过,在摄政时代,贵族文化最初是以非常外在的方式出现的,表现为一种可见的身体文化,或关于身体的一种学问。摄政王乔治四世被认为是一个不理朝政的纨绔子。但或许正是他才深刻理解了贵族黯淡的前途及其可能的转机:在贵族日益失去其经济和政治权势的大势时,他预感到贵族若不想以没落阶级的身份就此消失在历史中,就必须转而求助别的资源或者说"象征资本",利用自己在生活方式和文化上的优势,夺取资产阶级的文化领导权。

乔治四世把宫廷变成了一个展示贵族气质的舞台。在他的庇护下,伦敦出现了一群被称做"dandies"(纨绔子)的高雅人士,大多是贵族,靠地租、遗产、年金、高利贷或馈赠过活。他们几乎无一例外是公学的毕业生,后又

---

① 以上资料引自阎照祥《英国贵族史》,人民出版社,2000年版,第270页。

成了"牛桥"的毕业生。后来的阿诺德以及更后一点的奥斯卡·王尔德也是如此,他们与纨绔子一起,构成了牛桥联绵不断的"反非利斯人"传统。这种传统在纨绔子那里表现为一种身体上的优势,在阿诺德那里表现为一种文化上的优势,到王尔德那里,则仅表现为一种会说俏皮话的"机智"了。

纨绔子认为无所事事才是一个人优越感的真正标志。拜伦在纨绔子圈子里享有大名,不靠其诗才,而靠风度和谈吐。他曾鄙夷地谈到以写作为生的人,说他们"可能成为才子,却断无可能成为绅士"①。工作,这是与忙忙碌碌的资产阶级联系在一起的东西。而贵族有土地,有封赏,什么都没有的话,还可以从资产阶级那里借高利贷。他们鄙视工作,因为他们有一件值得花精力和金钱从事的大事,那就是把自己培养成一件高雅的艺术品。这并不是出于某种怪异的个人爱好。实际上,当他们一连几小时站在穿衣镜前琢磨着身体、动作和服装的每一个细部时,或在沙龙及俱乐部发展一种精致的谈吐艺术时,就是在向"粗俗"的资产阶级展开一场悄无声息的战争,一场不是在战场上和交易所里决出胜负的战争。他们敏感得异乎寻常的阶级意识使他们一开始就占据了战场的主动。贵族虽然在两个战场上接连失败了,但还有一个无形的战场,一个中产阶级开始不怎么在意可日后证明非常关键的战场。战场上和交易所里的失败者抢在胜利者的前面,占领了这个无形战场的制高点。

在战线这一侧,伦敦纨绔子并不是唯一的一支力量。他们有政治上的同盟军——浪漫派诗人。纨绔子把自己的身体打扮成高雅脱俗的艺术品,是为了向资产阶级显示贵族文化的优越,反衬资产阶级的粗俗,而忙于生计、商业和投资的资产阶级根本没有这么多闲暇来琢磨怎样穿衣服,怎样说话,怎样转动脖子。纨绔子手中的利器是教养和风度,是人工性,而移居北部湖区的浪漫派诗人,则以浪漫的气质、热情的心灵、梦幻般的诗歌以及作为这一切的理论基础的自然主义,来对抗工业主义、资产阶级、技术、机器和城市。

纨绔子的艺术是一种身体艺术,类似于身体表演,非得在资产阶级云集的城市进行展示方能达到政治效果。城市是他们的舞台。他们聚集在伦敦圣詹姆斯街和国王街的几处贵族俱乐部里,向全伦敦的资产阶级发起连续不断的进攻。尽管贵族此时还把持着朝政,但在中产阶级及其政治代言人

---

① Ellen Moers, *The Dandy: Brummell to Beerbohm*, New York: The Viking Press, 1960, p.47.

辉格党人一波接一波的政治和经济攻势下,其政治特权正在变作一种象征存在。战场实际已移至别处。摄政王乔治四世甚至都懒得过问朝政,而是流连于圣詹姆斯的那些俱乐部,与那帮高雅人士混在一起。在穆尔的一首题为《纸堆的造反》的讽刺诗里,我们读到,摄政王的桌子上,一头摆着时装杂志,一头积压着未曾签署的死刑执行令以及各种呈文。勃兰兑斯谈到摄政王时说:"本世纪的前半叶,欧洲的四位君主——巴伐利亚的路德维希一世、普鲁士的弗雷德里克·威廉四世、丹麦的克里斯蒂安八世和这位英国摄政王——彼此有着极其相似之处。他们是四个在位的反动的艺术涉猎者。"① 按勃兰兑斯的话说,摄政王刚被授予大权,就与支持他的辉格党朋友闹翻了,变成了托利党人。

对摄政时代来说,真正的统治者是乔治·布鲁梅尔,一个服装设计师。他举止和谈吐的高雅脱俗就不用说了。使他在上流社会和"绅士文化史"上占据显赫地位的,是他为贵族设计出了一些线条简洁、裁剪紧凑、颜色单一的服装样式,如猎装、黑色燕尾服和后来转而成为资产阶级标准行头的西装,从而把贵族从18世纪的假发、香粉和宫廷小丑似的花哨打扮中拯救出来。继他之后,在维多利亚女王时代引领时髦潮流的另一个纨绔子,是多塞伯爵,他把某种女性的柔和融进了布鲁梅尔更男性化的风格中。这种女性化的高雅风格后来又在维多利亚女王时代的末期在唯美派的王尔德身上以更加花枝招展的方式回光返照了一段时间,到最后,就转换成了男同性恋者的坎普风格了。

维多利亚女王虽是女流之辈,而且1837年登基时才18岁,却具有勃勃雄心,对女里女气的"优雅之士"没有好感。在她那个时代,德国和美国正在迅速崛起,危及英帝国的传统优势。维多利亚女王认为,英帝国若要挽其雄风于不坠,就必须大力发展工业,扩展贸易,开拓殖民地。这使她更像是辉格党人。显然,英帝国不能指靠一群只会说冷隽的幽默话、除了风度和服装外一无所长的女里女气的高雅人士,而要依靠工业家、商人、传教士、殖民者和士兵。维多利亚女王强调"力",致力于在英国人中间恢复18世纪英国有关"男子汉"的那种观念。最能体现这种观念的是笛福笔下的鲁滨逊·克鲁梭,他身上汇聚了航海家、士兵、商人、殖民者和传教士的品质。

对纨绔子的文化反击,早在1833年就开始了。1832年颁布的《改革法

---

① 勃兰兑斯:《十九世纪的文学主流·英国的自然主义》,徐式谷等译,人民文学出版社,1984年版,第28页。

案》使中产阶级部分获得了选举权。它在文化趣味上的代言人也不失时机地组成一支反纨绔子的力量,以刊物《弗雷泽》为阵地,对纨绔子口诛笔伐,很快就旗开得胜。维多利亚女王登基后,纨绔子的日子更不好过,先是从宫廷消失,然后渐渐从英国的政治和社会舞台上消失。其核心人物多塞伯爵则流落到法国,一度成为他当初的追随者路易·波拿巴的第二帝国的艺术总监,把贵族时髦风度带到了巴黎,使得巴黎的男男女女竞相模仿,一时竟成风气。在英国,以《弗雷泽》为阵地的反纨绔派圈子,在取得对纨绔子的胜利后,就不再充当资产阶级文化代言人的角色。他们原本就不是地地道道的资产阶级,只是短暂地配合了一下资产阶级的政治斗争。毕竟,那个时候,资产阶级和下层阶级有更多共同点,例如都没有选举权。资产阶级大权在握后,当初以《弗雷泽》为阵地的反纨绔子阵营的主将们就转向了别处:卡莱尔转向"精神贵族",而萨克雷和狄更斯则转向下层。

纨绔子在维多利亚时代早期的消失,并不表示纨绔子所代表的那种文化的消失。它先是退到牛津和剑桥,在维多利亚时代后期又以唯美派的面貌出现在伦敦。不过,它越来越以更内在、更无形、也更有力的方式发生作用。资产阶级斥退了纨绔子,不过文化领导权依然不在资产阶级手中。资产阶级的漫画般的形象已成了一幅标准像。文化领导权的确被转交,但这是一种内部移交,发生在反资产阶级阵营的内部,从圣詹姆斯的贵族俱乐部转移到了牛津和剑桥——这恰恰是纨绔子们的母校。

在18世纪,牛津和剑桥接纳了全英国96%的贵族大学生,让他们接受拉丁文、希腊文、宗教、文史经典等学科的教育,而中产阶级子弟一般只能上普通学院、技术学院、函授大学,学的课程也主要是实用性知识,以获得一技之长。早在17世纪末,中产阶级的理论代言人就指责牛津和剑桥的通才教育,为中产阶级的实用教育辩护。约翰·洛克讥讽地说:如果一位父亲耗费自己的金钱和儿子的时间,让他学习拉丁语,同时又指望他日后从事商业,而在商业中拉丁语又毫无用处,这岂不可笑?洛克的实用主义教育理论的信徒们也说(引文中的"大学"指的是牛津和剑桥):

> 如果一所大学长期在做一些无用的事,那么做有用的事对他们来说就会有失礼面。在牛津,举办有关政治经济学的系列讲座是得不到赞同的,会遭到鄙视,也有可能被禁止。讨论公地圈占问题,谈谈进出口货物,关心大众生活,这都会让人感到有损尊严甚至感到羞耻。同样,在一所大学里,如果把[塞缪尔·]帕尔或[里查德·]本特利与中性

盐的发明者相提并论,那简直是对前者的羞辱。然而,要衡量智力劳动,还有比有用更体面的标准吗?"大学"这个词应意味着什么?难道不是一个传授对人来说既全面同时又实用的科学的地方?我们始终如一地呼吁实用性,在评价人类知识时,应把古典文学限定在一定的范围内。①

洛克及其信徒们的观点决不含糊,但有一个致命的弱点,那就是忽略了"古典文学"这种被我们当今称为"软力量"或"象征资本"的东西的实用性。对贵族来说,被洛克以"无用"之名打发掉的那些非实用性知识,正是贵族统治术的重要组成部分,日后还成了唯一的部分。贵族统治是一种身份等级制,要依靠一整套礼仪来区分各个等级和阶层。贵族不需要技能教育,甚至,按纽曼和阿诺德的见解,技能教育会使人变得眼光短浅。历来为贵族统治者的教育进言的著作(如马基雅维利的《君王论》和伊拉斯莫的《论基督教君主》等)都不会啰啰唆唆地把诸如修理门窗、计算账目等技能教育列入君王的课程中,这不是君王理当操劳的事。君王必须有远大的眼光,有通盘考虑问题的智慧,还得有修养和学识,为此就必须进行通才教育。英国议院的议员大多来自牛津和剑桥,在1799年占到上议员议员总数的60%以上。

这正是阿诺德在《文化与无政府状态》中强调"文化"的真正原因。所谓"文化",在他看来,就是"古希腊文化"和"希伯来文化",即拉丁文和希腊文的古典文化,此乃贵族的文化库存。它具有两个排斥性的特征:其一,它是古代的,其二,它是外语的。显然,若非经过长久的学习和训练,就无法掌握这种文化。有难度的东西,就不是普通人的东西,正如贵重的东西也不是普通人的东西一样。这正是贵族热衷于"文化"和奢侈品的原因,它们都具有排他性,可以作为贵族优越感的象征。对贵族的一个准确的定义,如艾伦·摩尔斯所说,是"排他主义者"(exclusivist)。阿诺德之所以反对英国文学进入牛津,恰恰在于英国文学既是现代的,又是英语的——换言之,是容易的,这就意味着,英国人谁都可以读懂它。既然谁都可以读懂它,也就无需权威的指导。所谓权威,就是垄断着某种权力资源的人。

牛桥对英国文学的排斥,就像宗教改革前的英国教会对英语版《圣经》的排斥,都是为了垄断文化权力。教会担心,假若英国人人手一册威廉·廷

---

① 转引自 John Henry Cardinal Newman, *The Idea of A University*, London: Longmans, Green, and Co., 1907, pp160—161.

戴尔翻译的英文版《圣经》,他们就不必上教堂去聆听神父的布道了,那样的话,教会的权威安在?必须垄断对《圣经》的解释权,而要做到这一点,就必须强制使用普通英国人无法读懂的拉丁文或希腊文《圣经》。英国教会对文化领导权的重视,使它竭尽全力禁止英文版《圣经》流入英国。因此,奇怪的事情就发生了:英国人廷戴尔只能在德国的符滕堡进行他的翻译工作,而他翻译的英文版《圣经》居然要以走私的方式悄悄运进英国。他本人最后还为此付出了生命的代价,"被绞死在火刑柱上,尸体被烧成了灰"①。

中产阶级之所以引起阿诺德的反感,当然不是因为中产阶级给英国带来了财富、税收和殖民地,而是因为它以财富为筹码,以穿越此前一直严加把守的传统阶级界线,使本来等级分明的英国社会处于"无政府状态"。阿诺德聪明地回避了中产阶级对英国的实际贡献,死死抓住中产阶级在文化修养上的弱点。他并非为了卖弄学问,才从德语中挑出"市侩"这个生僻的字,作为"中产阶级"的同义词。他这样做,是为了在一切场合提醒中产阶级,它是一个没有文化的阶级。

阿诺德玩了一个逻辑上的花招:当他说中产阶级缺乏文化修养,是一个庸俗的阶级时,他把本属于一个特定阶级的"文化"旨趣,伪装成一种具有普遍意义的评判标准。与资产阶级不同,贵族在自己统治的鼎盛时代,不仅控制了政治和经济大权,还牢固控制着文化领导权,因此,贵族文化就成了全民文化。这也是阿诺德不屑于在"文化"一词前添上一个限定词的原因。当贵族文化成为全民文化时,就会发生一种"意识操控"现象,全民都按照贵族制定的文化标准来看待他人和自身,在潜移默化中将这种文化内在化。换言之,全民在想象力和判断力上都贵族化了。因此,当贵族指控资产阶级"庸俗"而中产阶级接受这一指控时,它们其实分享着同一套"编码"系统。中产阶级无法为自己辩护,因为依据这套编码系统,它的确是庸俗的。

把"中产阶级"与"市侩"等同起来,就使中产阶级变成了一个贬义词。不过,在伦敦纨绔子行将从英国政治舞台上消失的时候,1830年,阿历克斯·德·托克维尔,一个出身小贵族的法国年轻人,通过他在美国的9个月的考察旅行,重新定义了"中产阶级",把它描绘成一种推动历史进步的力量。美国独特的社会形成史决定了它迥异于旧大陆国家的社会阶级构成特征。它是一个移民国家,不存在一个拥有悠久传统的贵族阶层,而阶层之间

---

① Lewis W. Spitz, *The Protestant Reformation*, 1517—1559, New York: Harper & Row, Publishers, 1984, pp.247—248.

频繁的流动将一群群移民从本来一贫如洗的穷人变成小有资产的中产阶级。由于移民来自各种不同的文化传统，不可能将某一特定的文化传统作为普遍的文化标准，据以评判别的文化，因此就形成了一种以个人主义和文化多元主义为特征的民主文化。这一切对美国的前宗主国英国来说是完全陌生的东西。《美国民主》的第一个英译者亨利·里夫就遇到了这个问题，他在译注里承认"个人主义"和"平等"这些字眼在英国人听来颇为陌生，"就我所知，在英语中，根本找不到与之对等的词"。①

但这主要还不是一个翻译问题，而是19世纪30年代的英国人的意识中缺乏这种东西。就连《美国民主》的作者托克维尔都对美国民主在文化上的"削平"效应表示担心。这透露出他在文化上仍是一个老欧洲人。他无疑分享了欧洲的这一成见，即民主制能创造出最繁荣的经济，而贵族制则能创造出最高级的文化。"削平"一词本身就暗含等级。19世纪上半叶，英国贵族阶级正处在被逐渐削平的焦虑中，因此才会以一种病态的热情，竭力在文化上重建在政治和经济上行将失效的等级制，把贵族的意识形态转化为一种文化领导权。

这样，当中产阶级刚以胜利者的形象出现于英国社会就遭到了贬低，被认为是一个不伦不类的新阶层，唐突地塞在英国两大传统阶层（上层社会与下层社会）之间，破坏了一直处于高度稳定状态的等级制政治权力结构。艾伦·摩尔斯在其历史著作《纨绔子》中写道："在19世纪早期，下层阶级开始学会了识字，而中产阶级也获得了财富、闲暇和自信。贵族阶级在阅读和一切社会活动中，竭力防止自己被粗俗所污染。"②这听起来倒像是贵族的文化防御战。但贵族并不是在竭力防止自己被"粗俗"所污染，当它把下层阶级和中产阶级的文化趣味说成是"粗俗"时，就已经在专横地向下层阶级和中产阶级施加一种美学的和道德的评价。摩尔斯对"纨绔主义"的定义显示了这一点："作为一种态度，它使不以财富和权力为基础的那种社会优越感显得正当。作为一种姿态，它对那些痛惜在'发家致富吧'这句资产阶级口号前遭遗弃的贵族理想的人来说，是对粗俗的反击。"③

这是一场争夺文化领导权的战争。贵族在头一个回合里就赢得了胜

---

① Alexis de Tocqueville, *Democracy in America*, trans. by Phillips Bradley, New York: Vintage Books, 1945, p. vi.
② Ellen Moers, *The Dandy*, pp. 50—51.
③ Ellen Moers, *The Dandy*, p. 122.

利。每一种社会罪恶都被毫无疑义地归在资产阶级的名下：它不仅是粗俗的,而且是腐败的,因为它所拥有的只是金钱的力量。纨绔子作家华德在《特美娜》的序言里典型地表达了19世纪初英国贵族对新崛起的中产阶级的有意贬低：

> 财富导致了奢侈,而奢侈的流行毁掉了曾经属于我们的那种诚实的生活方式,瓦解了我们的独立性,使我们的品德处于岌岌可危之中。而我们这些人将来可能是政治家、哲学家或者时髦人物。①

"我们",其实是指"贵族阶层"。华德不加说明地在"那种诚实的生活方式"、"独立性"、"品德"这些名词前加上"我们的",给人的感觉是他身后站着全体英国人,而英国中产阶级则成了"他们"。使用"我们",就能壮大自己的声势,好把英国的一切危机归罪于英国中产阶级。但华德把奢侈风气的流行和因此导致的道德堕落,归罪于"那处在中间的"阶级,几乎是在栽赃陷害,因为开奢侈之风的正是贵族自己,而华德的时代也正是贵族奢侈之风最为盛行的时候。"纨绔子"这个词就充分显示了这一点。中产阶级由于奉行一整套清教禁欲主义的经济伦理,强调节俭、投资和积累,因此从本性上说决不会奢侈。何况,那个时代的中产阶级并不像贵族那样拥有作为不动产的土地和稳定的地租收入,他们的个人财富永远处在市场经济的高度不稳定的状态中。再说,为从美学上贬低中产阶级而讥讽它"精打细算",与为从道德上贬低中产阶级而谴责它"奢侈",至少从逻辑上说站不住脚。但华德并不看重逻辑,重要的是在一切方面贬低中产阶级。

奢侈风气是通过中产阶级的太太小姐和公子哥儿渗透到中产阶级内部的,因为这些人是贵族纨绔子的时髦小说最热心的读者,是贵族纨绔子的最狂热的模仿者。这已得到大量史料和研究的证实。桑巴特在《奢侈与资本主义》中以详细的史料描述了奢侈之风从宫廷向贵族、然后向中产阶级蔓延的过程,而韦伯则以对资本主义经济伦理的研究驳斥了自19世纪初以来由贵族所开启然后相沿成习的一种说法：

> 获利的欲望、对营利、金钱（并且是最大可能数额的金钱）的追求,这本身与资本主义并不相干。这样的欲望存在于并且一直存在于所有

---

① 转引自 Ellen Moers, *The Dandy*, p173.

的人身上,侍者、车夫、艺术家、妓女、贪官、士兵、贵族、十字军战士、赌徒、乞丐均不例外。可以说,尘世间的一切国家、一切时代的所有的人,不管其实现这种欲望的可能性如何,全都具有这种欲望。在学习文化史的入门课中就应该告诉人们,对资本主义的这种朴素看法必须扔得一干二净。对财富的贪婪,根本就不等同于资本主义,更不是资本主义的精神。倒不如说,资本主义更多地是对这种非理性欲望的一种抑制或至少是一种理性的缓解。①

华德对中产阶级的道德指控不以事实为依据,也无意把指控建立在事实上,因为他的目的不是做一个无所偏袒的历史学家,而是成为一个意识形态家。这就像对中产阶级的美学指控("粗俗"),也不以事实为依据,否则贵族纨绔子们为何不从道德上和美学上指控下层阶级,反倒把下层阶级当做一个值得信任的阶级?贵族是土地所有者,他们的经济资源和群众基础是在乡村。贵族通常把下层阶级(自耕农、佃户等)看做"自己的人",是替自己耕种土地并按时缴纳实物地租或货币地租的人,战时还是自己的士兵。这就不难理解18世纪末和19世纪初贵族与农民之间的那种同盟关系:一方面,在法国外省旺代的贵族反叛队伍中,有成群结队的农民,贵族与农民肩并肩对抗来自巴黎的资产阶级革命武装;另一方面,在浪漫派诗人的自然主义诗歌中,有农民高贵、善良而又隐忍的身影。华滋华斯虽出生于中产阶级家庭,却在剑桥接受教育,其精神和气质是贵族的。他感到城市、工业和资产阶级破坏了自然的和谐,驱走了诗灵,于是离开城市,隐居湖区。在一首题为《孤独的割麦女》的诗中,他把农民的形象巧妙地融进了自然:

> 瞧,那孤独的山地少女,
> 孤零零地在田地里,割着麦,唱着歌;
> 且停下你的脚步,要不就轻轻走过。
> 她独自割麦,独自捆扎,
> 唱着一支幽怨的歌子;
> 你听,那深深的山谷里,
> 满是她忧伤的歌声。

---

① 马克斯·韦伯:《新教伦理与资本主义精神》,余晓等译,生活·读书·新知三联书店,1987年版,第7—8页。

继承了祖父的勋爵爵位并毕业于剑桥的拜伦虽性情狂暴,对待自己的情人经常无比冷酷,可当他第一次在上议院发言时,竟是为因捣毁机器而可能面临死刑(1812年,上议院就这一法案进行辩论)的纺织工人(卢德分子)仗义执言①。顺便提一句,早年的拜伦是纨绔子,后来又成了浪漫派诗人。

几乎一切社会问题,都最终被归罪于中产阶级,正是它的出现,导致了传统社会的解体。对中产阶级的这种并不十分公正的道德和美学评价,经过不断重复,经过各种时髦刊物的渲染,越来越像是一种客观的定论,以至连中产阶级自己也都开始深信不疑。从它洋洋得意地获得经济和政治权力的那一刻起,它就突然变得格外谦逊了。

从文化领导权方面来说,18世纪末以前的中产阶级尽管政治上弱小,连选举权都没有,但其出版物却显得乐观、自信、放肆,充满生命力,没有一点病态的成分,倒是经常有开怀的笑。此外,在这些出版物中,中产阶级显得机智,富有才干,有道德感,而戴假发的贵族和体型肥胖的教士成了被嘲弄的对象。但这个由中产阶级自己所再现的健康的中产阶级形象,随着中产阶级相继获得经济和政治大权,就突然消失了。谁都在贬低中产阶级,渐渐把一种阶级偏见变成一种社会成见。这导致中产阶级不敢再正视自己的形象,急欲摆脱自己的形象,在美学上或道德上成为非中产阶级。桑巴特评论道:

> 在整个早期资本主义时代,社会观念一直认为富人的终极目标毫无疑问是最终为社会上层、绅士或贵族阶层所接纳;强调这一点具有重要意义。然而,显贵阶层的贵族特征表现在一个人被承认为贵族并不是只因为其财富,而是要求具备完全非资产阶级特征的品质。与实际的商业生活保持一定的距离,以及培养家族传统——这体现在贵族纹章这一不变的习俗中——是被上层社会接纳的先决条件。②

资产阶级的目标是成为"非资产阶级",这只能说明资产阶级处于自我贬低的心理状态。霍布斯鲍姆也注意到了这一点,在谈到摄政时代的那些出生

---

① 哈蒙德夫妇:《近代工业的兴起》,韦国栋译,商务印书馆,1959年版,第99页。
② 维尔纳·桑巴特:《奢侈与资本主义》,王燕平等译,上海人民出版社,2000年版,第16—17页。

于中产阶级却热烈地想成为贵族的人时,写到:"他宁可成为一个'绅士',拥有一座乡下房产,也许最终还能获得骑士或者贵族头衔,在议会谋个席位,让儿子在剑桥受教育,这样就有了一个明确而显赫的社会地位。而他的妻子则成为一位'贵妇'。"①

文化领导权的得手,绅士风度的培养,以及文学作品对贵族气质的虚构,使"贵族"不仅成了社会地位的标志,还成了高雅的美学趣味和生活方式的标志。失去政治霸权的贵族为了维护失而复得的文化领导权,即它如今唯一能积极行使的权力,将作为其看家本领的"高雅"之术发挥到了病态地步,甚至不惜走向常识的反面,以致"高雅"最后竟被等同于"苍白"、"柔弱"、"消极"。反正,一切被视为资产阶级特征的东西,如心广体胖、精力充沛、脸色红润、积极进取等,都是庸俗的,而其反面则是高雅的,是贵族的标志。显然,"高雅"在这里被当做了一种有效的政治斗争手段,拿来对付资产阶级。正是这种强烈的政治意图,才导致"贵族气质"、"绅士作风"蔚然成风于资产阶级统治时代,而不是贵族自己的统治时代。

资产阶级的文化和生活方式遭到全面贬低。1800年—1830年伦敦贵族纨绔子把资产阶级的上述特征贬斥为动物性特征,而提倡一种宁静、不动、消极的植物性生活。这的确令人联想到贵族田庄上的生活。纨绔子自己不工作(工作是资产阶级的,因此是庸俗的),靠地租、遗产、年金或高利贷过着奢侈的生活(而资产阶级却是节俭的,因此是庸俗的),而且是清一色的单身汉,因为他们对女人兴趣不大甚至毫无兴趣(既然欲望是动物的标志,那冷淡和节制才是贵族的标志)。"纨绔子的目标是成为他自己。"摩尔斯评论说,"这意味着严谨、节制,在生活的各个方面尽善尽美,谨防对粗人来说合适而对纨绔子来说不合适的言行。对他而言,自我不是一个动物,而是一位绅士。本能反应、激情和热情,全是动物特征,必须抛弃。"②

这种对更少生理能量的追求,导致了对柔弱的追求。例如,自浪漫主义时代起,"瘦"就被认为是一种美学和道德特征,并且这种观念一直延续进了现代文化中。当抒情诗人台尔菲·戈蒂埃说"作为一个抒情诗人,我难以接受任何体重超过99磅的人"时,他显然把体重看做了心灵的一个可见的指标。浪漫主义并不仅仅看重心灵的热情,由于它的想象力的联想性质,还发

---

① E. J. Hobsbawm, *Industry and Empire: From 1750 to the Present Day*, Penguin Books, 1990, p.82.

② Ellen Moers, *The Dandy*, p.18.

展了一种后来被称为"身体学"的学问,把身体(风度、气质等)看做是心灵的映射,因此与纨绔子的身体学殊途同归。贵族被认为是体型瘦长的,脸色苍白的,是忧郁的,而资产阶级则被认为是体型肥胖的,红光满面的,尽管既有不少体态肥胖、红光满面、乐乐呵呵的贵族,也有大量体型干瘦、面色苍白且露凝重之色的资产阶级,但神话的魔力正在于它可以完全不顾日常事实。

比"瘦"有更可怕后果的是对某些"贵族病"的向往。例如,也是自浪漫主义时代起,一直到 20 世纪 30 年代寻找到有效的治疗方法前,结核病被认为是一种具有高贵气质的浪漫病,出现在无数的小说、诗歌和绘画中,甚至一度流行痨病相。桑塔格在《作为隐喻的疾病》中说:"对势利者、暴发户和往上爬的人来说,结核病是文雅、精致和敏感的标志。18 世纪发生的新的社会流动和地理流动,使财富和地位不再是与生俱来的东西,而是必须有待确认的东西。确认的方式,是凭借有关服装的新观念('时髦')和对待疾病的新态度……痨病被理解为一种外显的风度,而这种外表成了 19 世纪礼仪的标志。胃口好成了粗鲁的表现,而看上去病恹恹,则成了荣耀。"①对胃口好、精力充沛、满世界跑买卖、搞发明的中产阶级的"粗俗"恐惧到如此程度,以致认为肺结核是使人变得高雅的一种有效途径。在贵族的文化战中,连可怕的疾病都被利用上了,被赋予了一种美学等级,成了贵族的一项资本。

没落贵族从自己给自己塑造的形象里捞取了不少实际好处,它通过"文化"使自己获得了大得惊人的象征资本。例如,有约三分之一的贵族家庭把自己的女儿嫁给前来求婚的有钱的中产阶级男子,或让自己的儿子娶有钱的中产阶级女继承人。同一时期,美国有财产的中产阶级女继承人则远道来到英国,寻觅有爵位的英国绅士。这类联姻占贵族婚姻总数的十分之一,以至出现"trading titles for dollars"(爵位换美元)的说法。当时报刊登载的大量征婚广告也说明了这一点,例如其中两则:"某军官,近卫军骑士,身材优美、匀称,出身名门望族,27 岁,欲娶有钱女子为妻。"另一则出自美国富有女继承人之手:"某美国女子,20 岁有余,父母双亡,年收入 10 万马克,容貌出众,光艳照人,酷爱体育和音乐,欲觅出身旧贵族家庭之亲王或绅士,尽快

---

① Susan Sontag, *Illness as Metaphor and AIDS and its Metaphors*, New York: Anchor Books, 1990, p. 28.

缔结婚姻。"①

这是财富与爵位的交易,贵族为了钱,而资产阶级为了荣誉和地位。爱德华·傅克斯说:"贵族要让两个门第结合,以便扩大家族的权势,或者(当然也是为了同样的目的)扩充人丁和产业。富有的资产阶级用完全相同的办法把两家的产业合在一起,或者(为了产业获得最大的效益)弄个爵位。"②资产阶级与贵族联姻,倒不是为了获得最大的经济效益,因为进入这个阶层,就意味着开始放弃资产阶级的撙节习惯,学会奢侈和摆排场。贵族与资产阶级的这种联姻,是社会优越感和经济优势的联姻。贵族必须牢固控制文化领导权,保持其文化优越感,因为当贵族渐渐失去奢侈和排场的资本后,文化变成了唯一能够保住其社会优越感的东西,为此,就必须持续不断地在美学和道德上贬低资产阶级。这反过来又导致了"爵位和财富"之间的婚姻的危机,因为这等于是在贬低自己的中产阶级丈夫或中产阶级妻子。19世纪的小说家把这种婚姻的命运看做一个上好的题材,例如巴尔扎克的《猫打球商店》、《苏镇舞会》等等。

此外,"高雅"也成了一项利润颇丰的产业。当伦敦纨绔子把继承下来的遗产、别人的馈赠和从高利贷商人那儿借来的钱挥霍一空后,就去写那些推销高雅生活的"时髦小说",其热情的读者群是资产阶级妇女和子弟。摩尔斯在谈到专门为纨绔子作家出书的出版家亨利·科布恩时说:"科布恩天才般地看到,由贵族排他主义者(或对他们了如指掌的人)为贵族排他主义者创作的关于贵族排他主义的文学作品,将使那些本身不是贵族排他主义者、可是竭力想成为贵族排他主义者的人乐于掏腰包,他们正是战后[指拿破仑战争]英国出现的暴发户们。从科布恩出版的小说里,这些'新人'能从'旧人'那里学到他们需要的一切。"③

非资产阶级因素就这样渗透到了资产阶级内部,并在那里悄悄地培养

---

① F. M. L. 汤普逊对这个时代英国社会各阶层之间普遍的联姻现象有详细的论述,并提供了一些相关的统计资料见 F. M. L. Thompson, *The Rise of the Respectable Society: A Social History of the Victorian Britain*, 1830—1900, Harvard University Press, 1988, pp. 85—113);爱德华·傅克斯在他的著作中虽没提供贵族与中产阶级联姻的统计数据,但大量引用了当时报刊上刊登的征婚广告,对当时贵族和中产阶级的婚姻态度是极有说服力的史料,见爱德华·傅克斯《资产阶级时代》,赵永穆等译,辽宁教育出版社,2000年,第四章。

② 爱德华·傅克斯:《风流世纪》,侯焕闳译,辽宁教育出版社,2000年版,第266页。

③ Ellen Moers, *The Dandy*, p. 52.

着资产阶级妇女和子弟的反资产阶级情感,因此并非偶然的是,对资产阶级家庭的反感和反叛,通常发生在资产阶级的妻子和子女身上。他的老婆由于看多了纨绔子的时髦小说和浪漫派的抒情诗,开始厌倦一天到晚忙于生意的乏味的丈夫,老是唉声叹气,而他的女儿则整天坐在窗子前,盘算着如何嫁给某位从窗口下走过的年轻爵爷,对前来求婚的杂货铺老板的儿子不屑一顾。霍布斯鲍姆说:"也许主要是通过资产阶级家庭女性成员的白日梦,浪漫主义才得以进入中产阶级文化。"① 丧失了文化领导权的资产阶级无法自己再现自己,而当这个形象不是由它自己、而是由对它怀有敌意的人再现时,它就被塑造成了一个集贪婪和乏味于一身的漫画人物。

2. 阿诺德与古典语文学

梅·亚德利告诉我们,阿诺德毕生努力使英国人明白这一点:"纽曼树立了英国文学有史以来对'文明的虔诚追求'的最杰出范例之一。"阿诺德对纽曼的敬意,经常是与他对"旧日的牛津"的情感纠缠在一起的。在他看来,牛津代表了那种朝着精致文化努力的精神。他这样评价多年前发生在牛津并以牛津为中心的天主教牛津运动,与他早已谢世的父亲当初对牛津运动的讥讽态度截然不同:"看一看约30年前那场震撼牛津、波及其心脏的伟大运动的历程吧!它针对的东西,一言以蔽之,是'自由主义'。这一点,凡是读过纽曼博士《自辩书》的人都看得出来。自由主义甚嚣尘上;它是受命前来经营时务的力量;它应和时求,不可避免,自然广为流行。牛津运动于是分崩离析,落了个败局。"②

阿诺德提请我们注意,上面提到的"自由主义",是中产阶级的自由主义,它推动了1832年《改革法案》的出台,从而扩大了选举人范围,使部分城市的中产阶级获得了选举权,又于1846年敦促议院废除《谷物法》,代之以自由贸易政策,从而打破了贵族土地所有者为保护自身利益而设置的关税壁垒,再于1867年推动议院通过第二个《改革法案》,使中产阶级以及部分工人获得选举权,等等,总之,是一步步打击了贵族的特权;此外,这种中产阶级自由主义还于1833年断送了伦敦的纨绔子作风,于1830年代了掀起大学教育论战,于1845年终结了天主教牛津运动,试图进一步夺取把持在贵族手中

---

① E. J. Hobsbawm, *The Age of Revolution*, 1789—1848, New York: New American library, 1962, p. 321.

② Matthew Arnold, *Culture and Anarchy*, p. 62.

的文化领导权。

贵族从此失去了当初的政治特权和经济特权：在政治上，它不再是一个垄断权力的集团；在经济上，工业、对外贸易和自由市场改变了获取财富的方式，使主要以地租为财富来源的贵族日渐失去经济优势。幸而还有牛津在，代表着一种不同于资产阶级自由主义的精神力量，它正是贵族夺取资产阶级文化领导权的基地。阿诺德的《文化与无政府状态》出版于1869年，是在贵族遭受一连串失败之后，是继纽曼博士的天主教复兴运动（牛津运动）之后牛津对资产阶级发起的又一轮文化反击战。阿诺德说，牛津运动尽管失败了，却也为这种精神力量增添了血液：

> 还用得着谁来告诉我们纽曼博士的运动所激发出的情感之流、它所滋养的对美与文雅的热望、它所显露出来的对中产阶级自由主义的僵硬和粗俗的强烈厌恶及其使中产阶级清教教义的丑恶怪诞纤毫毕现的那种强光——还用得着谁来告诉我们，所有这些起了多大的推波助澜作用，使那股一直冲蚀着前30年的自信的自由主义的基础、并导致其最终突然崩塌和遭人遗弃的不满潜流呈浩荡之势？正是通过这种潜移默化的方式，牛津的对美和文雅的情感才赢得了人心，也将以这种方式长期赢得人心！①

1830年后的英国社会状况，导致了对大学教育目的的激烈争论。1830年以前的牛津、剑桥致力于培养纨绔子这种无所事事的高雅人士。他们简直把家都搬进了校园，例如钱多斯公爵的大公子在牛津读书时有3名家仆和3匹马伺候他，而在完成学业去欧洲大陆游学（the Grand Tour）时，随行的有导师、车马和仆人。从公学，到牛桥，再到"大陆游学"，他们所学的科目——在教育改革派看来——无一例外都不是实用的，如"七艺"（文法、修辞、逻辑、算术、几何、音乐、天文）、古典文学、礼仪、风度、外语、跳舞、击剑、艺术等等，而且都能顺利毕业，因为直到1800年，牛桥还没有建立学位考试程序。安迪·格林在比较了19世纪英国和德国的教育制度后，感叹地说，英国这个在宗教改革时期欧洲文化程度最高的国家，却在维多利亚时期成了西欧文化

---

① Matthew Arnold, *Culture and Anarchy*, p. 63.

程度最低、教育最不发达的国家。①

格林所说的"文化",虽是同一个词,却意味着两种不同的文化。就此而言,19世纪的英国在古典人文教育(阿诺德所说的那种"文化")方面并不落后,牛桥依然盛产这方面的人才,但在科学技术(阿诺德贬斥为"机器文明"的那种文化)方面,却落在德国后面。正因为如此,当贵族文化保守主义者称"中产阶级"为"没有文化的庸人"时,中产阶级的文化代言人同样有理由指责牛桥大学生的惊人的无知,例如拜登·鲍威尔观察到,在牛津攻读学位的大学生中,掌握平常的加减乘除、能够说出昼夜成因或知道水泵工作原理的,不足十之二三。②

如果把维多利亚时代英国在科学技术教育方面的落后,归因于教育机构的忽视,那就回避了这一现象背后隐含的社会经济形态的转变以及更深刻的意识形态性。维多利亚时代的英国人通过开拓海外市场,大力发展了对外贸易。既然有庞大的海外市场,而已有的科技水平和工艺又能满足这个市场的需要,那英国人自然没有进一步创新的冲动。英国得自海外贸易的巨额财富,使英国人不必像勤奋的德国人或美国人那样热衷于发明创造,但德国人和美国人必须在科技上有所创新,跳跃发展,才有可能在世界市场和军事力量方面向老牌的英帝国发起挑战。英国人已经够富裕了,他们还希望把自己培养成绅士,于是,在维多利亚时代的中后期,他们开始将自己在维多利亚早期大加排斥的高雅之术重新迎了回来。

实际上,英国人学术追求的冲动在维多利亚时代已不如十七八世纪那样强烈,他们太注重实用的知识,那些以培养实用人才为目标的学院对基础理论和创造发明没有太大的热情,而最古老的两座大学(牛津、剑桥)却死守自己的古典人文传统。但牛桥绝对不是因为一时疏忽而忘了将科学技术纳入教育体系,而是在有意排斥它,因为排斥"机器文明",就能至少在道德和美学上打击势力日盛一日的中产阶级,维护贵族的文化领导权。因此,恰恰是在英国资产阶级大力提倡民主并开展平民教育的时代,一种带有旧时代典型特征的文化等级制出现了。对这一"现代史上最奇特的悖论",大卫·兰兹评论道:"一个18世纪在平等和社会阶层流动性上领先于其他国家的自

---

① 安迪·格林:《教育与国家的形成》,王春华等译,教育科学出版社,2004年版,第225页。

② 转引自安迪·格林:《教育与国家的形成》,王春华等译,教育科学出版社,2004年版,第267页。

由社会(英国),竟然恰恰在其追求进步的政治民主化时期丢失了某些自由平等的传统。"①但这还必须加以进一步区分,才能体会其中所暗含的阶级斗争:推动政治民主化的是资产阶级,而"丢失某些自由平等的传统"的是贵族。作为曾经的特权阶级的贵族,为抗衡资产阶级的民主化,以一种高度的政治敏感和政治热情建立起了文化等级制,并把牛桥作为强制推行这种文化等级制的堡垒。于是,牛桥对科学技术的排斥,就成了贵族文化的一种政治行为,而这对英国的国运绝对不是好事。

但牛桥竭力维护的这种等级制在牛桥之外却遇到了越来越大的阻力。随着摄政时代的终结、《谷物法》的废除以及两个《改革法案》的颁布,贵族的社会基础已经分崩离析,而中产阶级开始获得越来越大的权势。1837年登基的维多利亚女王非常清楚中产阶级的需要,并且把中产阶级视为重振英国国力的力量。在这种情况下,边沁的功利主义以及爱丁堡评论派的教育理论成了一种流行的教育观念,大学的功能似乎主要不是培养风度和美感,而是实用知识,为英帝国的"事业"提供源源不断的专业人才。在19世纪60年代和70年代曾两度出任首相之职的本雅明·狄斯累利在他1847年出版的小说《坦柯里德》(*Tancred*)中以一句精炼的话表达了维多利亚女王治下的大英帝国对东方的兴趣:"东方,这是一项事业。"

自1834年财政部以考试录用制取代早些年采用的试用制以来,考试录仕就成了英国文官制度改革的核心。1853年,诺斯科特和屈维廉起草了一份名为"关于建立英国常任文官制度的报告"的综合性报告,对以往人浮于事、缺乏效率的行政机构提出激烈批评,并把考试制度当做消除弊端的方法。与"诺斯科特—屈维廉报告"同时发表的,还有乔伊特致屈维廉的一封信,其中谈到考试科目的设置,大抵包括古典文学、数学及应用科学和自然科学、政治经济学、法律、近代哲学、现代语言、近代史和国际法②。尽管这些考试科目大多是依据大学课程而设置的,在一段时间里有利于以文史见长的牛津和剑桥的毕业生谋取"高级文官"职位,但毕竟为更有资产阶级特征的"二流大学"的毕业生提供了公平竞争的仕进机会。不管怎样,文官制度改革都对牛津、剑桥培养的那种纨绔子类型的"人才"是一个巨大打击,而新创办的大学则更侧重教育的普及和实用知识的传授。

---

① 安迪·格林:《教育与国家的形成》,王春华等译,教育科学出版社,2004年版,第225页。

② 程汉大:《英国政治制度史》,中国社会科学出版社,1995年版,第399页。

1836年创办的伦敦大学就具有这样的特点。它是一所开放性大学,还是英国唯一设置校外学位的大学。学生即使未在伦敦大学注册,只要修完伦敦大学规定的课程并通过伦敦大学的各项考试,就可获得学位。此外,由于大量三年制师范大学、工艺学院等教育机构本身不能授予学位,伦敦大学为这些学院的毕业生提供了获得学位的途径。① 伦敦大学是英国高等教育改革的一个实验,它废除了牛津和剑桥由来已久并已形成传统的学院制、寄宿制和导师制,使普通人获得高等教育的机会变得容易起来,而这就威胁到了牛津和剑桥的排他主义和传统声望。我们可以看到,伦敦大学创办的时间,正好处在《改革法案》颁布与《谷物法》被废除及第二个《改革法案》颁布之间,也就是处在英国中产阶级进行社会改革、废除贵族特权的时期。

由于事实上在牛津、剑桥之外,英国已经出现大量的工艺学院和职业学校,因此这场关于高等教育改革的争论,针对的是作为英国贵族文化堡垒的牛津和剑桥。亚德利说:

> 19世纪30年代,英国的高等教育引起了人们极大的兴趣。牛津及剑桥仍保留着社会及宗教方面的排外性,但伦敦、曼彻斯特及达勒姆等地创办了自己的新大学,虽然它们没有得到伟大传统的启示,却相应地摆脱了传统的桎梏。为工人阶级提供继续教育的机械学院,在许多中部城镇迅速崛起,即使莫里斯及社会党人的时代尚未来临,为这项工作效力的讲师已不乏其人。实用知识普及协会的影响力正值鼎盛时期,各类提供娱乐及实用信息的廉价书籍充斥于世,公共阅览室在各大城市里应运而生。为了使中下层人民的高级教育变得有吸引力、实用而富有成效,人们可谓竭尽所能。②

也许识字率是衡量这种教育民主化的成果的最确切指标。据肖菲尔德对前后两个时代教堂婚姻登记签名情况的调查,18世纪中期能亲手在婚姻登记册上签名的妇女占妇女总数的40%,到1840年,这一比例升至50%,到

---

① 巴巴拉·伯恩等编:《九国高等教育》,上海师范大学外国教育研究室译,上海人民出版社,1973年版,第45页、第47页。
② 见梅·亚德利为纽曼《大学的理想》所撰序言,《大学的理想》,《序》,第1页。

1860年迅速升至65％；男子的这一比例分别是60％（1795年）、67％和75％。① 从1750年到1860年的弧线表来看，识字率的上升主要集中在1840年到1860年这一段，男女识字者分别上升8％和15％。妇女识字率的上升之所以明显高于男子，是因为大量慈善学校的出现。我们以后将会看到，"英国文学"的读者主要来自识字的中下阶层的妇女。

下层阶级和妇女的识字率的大幅提高，得益于资产阶级教育激进派（边沁派和后来的教育委员会）推动的国民教育运动。1807年，塞缪尔·惠特布雷德就向国会提交了《教区学校法案》，提出从国库中拿出一部分钱来资助以下层阶级为教育对象的村社学校。该法案因贵族的反对而未能在上议院获得通过。在19世纪20—30年代，又陆陆续续有一些教育改革家向国会提交类似提案，均遭否决，议会由此获得了"埋葬教育法案的水泥"的坏名声②。贵族反对国民教育的理由，在戴维斯·基蒂的一次反对《教区学校法案》的演讲中被陈列出来：

> 不管向劳动阶级穷人提供教育这个计划在理论上有多么冠冕堂皇，在实际中它对于他们的道德观和幸福可能会是不公平的，因为它将教会他们瞧不起自己的生活，而不是教会他们成为农业生产或其他注定要从事的行业的好手。教育非但不能教会他们服从，反而会让他们变得偏激和难以驯服，就像在其他的制造业国家所发生的情况那样。教育将教会他们去读一些煽动性的传单、邪恶的书籍以及那些反对基督教义的读物；会让他们对上级不恭；并且用不了几年立法者就有可能发现，必须用强大的国家机器来对付他们，并派驻更多的军队去协助地方的治安。不仅如此，如果该法案获得通过，它将给国家带来大到无法计算的一笔支出，并且会使产业界负担更重的赋税。③

基蒂在这段文字中反复转换自己的角色：刚开始的时候，他以劳动阶级穷人

---

① Harvey J. Graff, *The Legacies of Literacy: Continuities and Contradictions in Western Culture and Society*, Indianapolis: Indiana University Press, 1991, pp. 313—314.

② 安迪·格林：《教育与国家的形成》，王春华等译，教育科学出版社，2004年版，第283页。

③ 转引自安迪·格林：《教育与国家的形成》，王春华等译，教育科学出版社，2004年版，第284页。

的代言人身份出现,似乎他就是这个阶级中的一员,深知这个阶级的幸福之所在;随后,他又从这一身份中跳出来,回到了贵族地主的角色,仿佛穷人的幸福在于他们瞧得起自己的生活并成为农业生产或其他注定要从事的行业的好手——所谓"注定要从事的行业",就是下等人因自身的依附身份而不得不从事的行业,如女仆、洗衣工、厨子、猎户等等。他们一直在主人面前恭敬服从,任劳任怨,尽管贫穷,却依然安于贫穷,乐天知命,并把主仆的这种关系视为天意。可国民教育运动却使他们得以识字,而一识字,就会阅读煽动性传单、邪恶的书籍和反对基督教义的读物,并开始向主人要求平等权,给社会带来动乱;说到这里,基蒂又以"立法者"和"地方治安官"的高参的身份出现,对下层阶级发出威胁;最后,基蒂又成了一个善于计算赋税收支的国民经济学家,认为从国库掏钱会使"产业界"(贵族地主常常有一些产业)负担更重的赋税。不管基蒂如何变来变去,万变不离其宗的是贵族地主这一角色,因为国民教育运动只会损害地主的庄园乌托邦,而要维护这一乌托邦,就必须使下等人继续愚昧下去,保持那种乐天知命的幸福状态——这样才能保持贵族地主的幸福。基蒂以耸人听闻的句子来吓唬上议院:如果它批准该法案,那地主们无非在掏自己的钱来培养反对自己的人。

从基蒂的演讲里也可以看出牛桥为何拒"机器文明"于千里,死死守护拉丁文、希腊文、古典文学等"人文"或"文化"的绝对统治,恰恰因为这些以外语和古代为特征的学问是劳动阶级无法企及的,可以使诚惶诚恐的劳动阶级自动地把领导权交到"文化人"手里。如果说阿诺德的"文化"在牛津人的眼中有其"优美和高雅"的一面,那从另一个角度看,"优美和高雅"也是一种统治术。"文化"并不一定以启发国民的心智为己任,因为它暗中执行的是一项愚民政策,所以当国民教育运动在中产阶级激进派推动下在英国各地展开时,"文化"就一定会激烈地谴责它。基蒂在上议院的这篇演讲和阿诺德日后的《文化与无政府状态》一书之间,存在着一种隐蔽的阶级关系,尽管后者善于以中立的评判者的身份来模糊其阶级性。

"英国的贵族精英阶层并没有去领导推动大众识字。"格拉夫说,"一场关于大众教育的激烈争论发生了。保守主义反对派坚持曼德维尔和詹宁的观点,而这两个人攻击慈善学校,恐惧下层阶级受教育,希望工人阶级无知。改革派从那些扩大慈善教育机会的教士那儿获得了更多的启发,辩护道,对大众进行教育,有利于社会稳定……改革派坚持认为:'对道德的训练,包括基本阅读,将使人们安于其命运,而不作非分之想,因而教育将促进社会的稳定,而不是腐败。'……改革派的观点之所以流行开来,是因为他们断言他们的计划将服务于保守派自身的目标:稳定、纪律和服从。"①

从某种意义上说,贵族保守派的观点是有预见性的,因为知识向下层阶级的渗透,会导致下层阶级自身阶级意识的觉醒,这对统治显然不利。实际上,从1940年代开始,伴随着英国工人阶级政治意识的觉醒,英国工人阶级的运动就此起伏地开展起来。工人阶级政治意识觉醒的标志,是工人不再像先前那样捣毁机器,而是进行社会运动,如声势浩大的宪章运动。但另一方面,贵族保守派的观点又是徒劳的,它无法逆转知识的这种民主化倾向,因为越来越现代化和规模化的英国工业需要大量受过基本文化教育和技能培训的男女工人。因此,保守派在反对中产阶级的工业和下层阶级的骚乱时,也反对机器,如阿诺德所说:"对机器的信仰,乃是困扰我们的一大危险。"②

这便是阿诺德面临的英国教育状况。他考虑问题的角度令人想到纽曼,而不是他的父亲托马斯·阿诺德。这不仅因为纽曼正是那种致力于扩大受教育人群的教士,还因为他提出了这种教育理念:让有理智的俗人恪守教规,让虔诚的教士变得理智。但阿诺德比纽曼要清醒得多。他意识到宗教在这个世俗化的工业时代业已失去了当初的感召力和凝聚力,对可能出现的无政府主义的分裂和混乱(在贵族眼中是无政府主义的分裂和混乱,在中产阶级和下层阶级看来则是争取权利的斗争),宗教的力量已无能为力。必须寻找另一种东西,一种世俗的东西,来作为宗教的替代品,其功效与宗教不相上下。这除了是文化,是牛桥代表的那种文化,还能是什么别的?阿诺德的计划是将保守派的政治目标和改革派的文化策略结合在一起。

他对教育的意义比一般的保守派和改革派有更深刻的理解。在他看来,大众教育是不可避免的。关键的问题不在这里,而在于:由谁来领导教育,以什么来进行教育。既然无法阻止中产阶级成为统治阶级,也无法阻止下层阶级从事政治活动,那么,剩下的问题,是如何去教育这些未来的统治者和正在觉醒的被统治者。

"马修·阿诺德对自己所属的社会阶级的需要敏感得异乎寻常,而他又是以直言不讳到可爱程度的方式来表达这一点的。"伊格尔顿说,"阿诺德认识到,最迫切的社会需要是对粗俗的中产阶级进行'希腊化'或教化,因为他们业已证明他们自己无力创造一套丰富而精致的意识形态,从根本上来巩

---

① Harvey J. Graff, *The Legacies of Literacy*, p. 315.
② Matthew Arnold, *Culture and Anarchy*, p. 49.

固他们的政治和经济权力。向他们灌输贵族阶级的传统方式,或许可以实现这一点,而贵族阶级,正如阿诺德敏锐地意识到的,已经不再是英国的统治阶级,但他们还有些意识形态库存,可以帮一帮他们的中产阶级主人。"①阿诺德是无袍的文化贵族,他与那个因被中产阶级取代而变得颇为玩世不恭的穿袍贵族阶级不同,有一种政治敏感性和策略灵活性,知道唯有贵族文化才能挽救贵族阶级的颓势。因此,很难说阿诺德是在把贵族的意识形态库存走私给中产阶级,并暗中帮忙,否则,他就不会挖苦那些正在为中产阶级意识形态的建设和下层阶级的教育而努力的教育改革派,就不会给中产阶级画一幅流传深远的讽刺画,使其在后来一个多世纪里抬不起头。

与资产阶级争夺文化领导权,这才是阿诺德考虑的核心问题。这就使阿诺德成了一个意识形态家。尽管他反复声称自己远离政治,并把远离政治视为一种智力优势(这似乎重复了摄政时代的一个流行观点,即职业导致眼界狭窄),但他是带着政治眼光来看待文化的。如果不是这样,那他的《文化与无政府状态》一书就不会从"英国社会各阶级分析"开始,并在这个话题上花去了全书一半篇幅。当阿诺德在前面的引文里说他自己"完全置身于牛津的信仰和传统中"时,我们或许应该这样推测,即他完全置身于牛津的排他主义信仰和传统中。

阿诺德把英国社会划分成三个彼此都有缺陷的阶级,分别是野蛮人、市侩和群氓,对应于贵族、中产阶级和大众。野蛮人高雅而无心智,市侩有心智却不高雅,而群氓则既无心智又无高雅。贵族时代以出身来划分社会等级。资产阶级没有显赫的出身,但拥有巨大的私人财富,因此倾向于以财富划分等级。阿诺德则另辟蹊径,以文化来划分社会等级。在他看来,上面三种人都不足以成为英国的统治力量。然而每一种人的内部都存在一定数量的"异己分子",他们摆脱了本阶级的狭隘性,获得了一种普遍人性:"因此,当我们谈到以野蛮人、市侩和群氓来划分人群时,必须理解我们这一层意思,即每个阶级的内部都存在着一定数量的'异己分子'——如果我们可以这样称呼他们的话——这些人主要被普遍人性和对人类完美的挚爱所引导,而不是被阶级精神所左右。"②阿诺德理想中的教育者正处在这个跨越阶级界限的人群里,他们克服了自身阶级的片面性,分享着人的普遍性。

这种超阶级论似乎保证了教育的非阶级性,似乎教育并不是为了哪个

---

① Terry Eagleton, *Literary Theory*, p. 24.
② Matthew Arnold, *Culture and Anarchy*, p. 109.

阶级的利益，而是为了使所有的人都成为"良好的公民"。然而，这种超阶级性实际掩盖了这么一个可能更为关键的事实：被选中的教育者其实仍属于一个特权阶级。阿诺德当然是在牛津和剑桥寻找他理想中的教育者的，而牛津和剑桥恰恰是贵族文化的堡垒，甚至是最后的堡垒。与那些普通大学、职业大学和工人机械学院不同，那时的牛津和剑桥主要接收贵族子弟，教师大多是贵族——即便出生于中产阶级，也贵族化了，成了"我们牛津人"。就这一点来说，阿诺德与已变成保守派的托马斯·卡莱尔差不多，尽管他讽刺后者不明智地寄希望于贵族阶级进行统治。

阿诺德不像贵族那样袒露阶级排斥性，而更像早期资产阶级那样乐于使用"普遍人性"、"人类"等抽象的词汇。比之资产阶级，贵族和无产阶级具有更清晰的阶级意识，也更倾向于清晰地表达自身的阶级意识，而资产阶级的阶级意识往往模糊不清，经常以全人类利益代表的虚假形象来自欺欺人。当葛兰西批评意大利都林地区的民众大学缺乏自己的阶级目标而沿用资产阶级大学的课程时，他谈到资产阶级大学与无产阶级文化协会的不同，说："它[民众大学]一直缺乏活力，一直没有很好地运转，以符合一种真正的需要。它起源于资产阶级，建立在精神人道主义的模糊而混乱的标准上。它与慈善机构的作用一样，相信用一碗汤就能满足那些又饥又饿、带着温柔的心向上层社会请求施舍的贫贱者的身体需要。社会主义者为之添砖加瓦的文化协会，必须具有阶级目标和界线。它必须是一个寻求特定目标的无产阶级机构。"[①]

尽管阿诺德的写作带有典型的资产阶级普遍主义色彩，热衷于使用"整体性"、"完美"、"道德"等普遍性概念，但他不过借用了这些概念的合法性外衣，以隐藏某个特定阶级的文化价值和政治目标。我们必须牢记他的身份：他是一个排他主义者。因此，他的写作不属于巴特所说的那种资产阶级革命写作，他比谁都清楚文化领导权的重要性和紧迫性，而这个时候的英国资产阶级尽管开办了众多的大学和学院，致力于普通教育和职业培训，却并没有意识到要去夺取文化领导权，或虽意识到了文化领导权的重要，却没有夺取牛津和剑桥这两个核心地带，而是在它们之外创建学院。牛津和剑桥依然控制在精神贵族手里，并以强化的排他主义来主导维多利亚时期的"高级文化"。

---

① Antonio Gramsci, *Selections from Cultural Writings*, Harvard University Press, 1991, p. 21.

在资产阶级教育家眼中,牛津和剑桥并不是资产阶级性质的大学,而是贵族文化机构。尽管如此,资产阶级内心对贵族文化仍有挥之不去的崇拜感,因为它当初就被教导成这样,受文化和心理上的惯性的左右。此外,如《现代性的五幅面孔》的作者马泰·卡林内斯库在谈到19世纪上半叶现代主义文化的遭遇时说:"与浪漫派的大胆相比,古典主义者显得小心谨慎,近乎怯弱。但当时的公众慑于过去的巨大声名,保护着古典主义者。这就是为什么那个时代为何不敢要求它所需要的东西的原因。人们不知不觉间沦为了习俗专制力量的受害者。"①可以说,在19世纪上半叶,取代贵族阶级而成为统治阶级的资产阶级仍陷在文化上的俄狄浦斯情结中,而贵族文化充分利用了资产阶级的犯罪感和自卑感,来向它强制推行自己的文化价值。

阿诺德在《文化与无政府状态》中长篇累牍的"英国社会各阶级分析",并没有采用后来的社会学家在进行类似研究时所必须采取的"价值中立"的基本原则。他把英国社会划分成三个阶级,是为了分别在道德和文化上贬低它们,而这样做,就是在坚持使用某种并非不带偏见的道德和文化价值标准。这除了是牛津和剑桥的贵族主义的文化和道德外,还能是什么别的阶级和地方的道德和文化?我们可以看到,直到20世纪60年代,通过那场漫长的文化造反运动,资产阶级才最终克服了文化上的俄狄浦斯情结。从这种意义上说,所谓后现代文化,不是别的,正是资产阶级或中产阶级的文化,它以"市场"为特征,对应于资本主义的自由市场经济和自由民主政治。市场,这是资本主义的特征,它倾向于在政治、经济和文化等各个层面实现自己。

阿诺德意义上的文化,是一种反市场的文化,因此也是一种反资本主义、反工业化的文化,因为市场意味着分工,而分工意味着专业化。既然"文化"意味着整体性,那么显然就不是专业化的,因为专业化意味着片面化。《文化与无政府状态》对"完美"充满了宗教般的渴望。在该书扉页上,可以读到一句卷首语,出自《马太福音》第5章第48节:"Estote ergo vos perfecti!"("所以你们要完美")但整本书毫无宗教精神,倒是充满贵族色彩的颐指气使以及爱使用生僻字眼讥讽人的机智。它有一种居高临下的态度,对其他阶层的人总是说"你们"。那么,这个居高临下的"我们"是谁?阿诺德后来告诉我们,是"我们牛津人"。

---

① Matei Calinescu, *Five Faces of Modernity: Modernism, Avant — Garde, Decadence, Kitsch, Postmodernism*, Durham: Duke University, 1987, p.40.

阿诺德的"文化"是以无政府状态的对立面出现的。他所说的"无政府状态",除了是"群氓"的"随心所欲",还包括资产阶级自由主义、社会分工、社会等级意识混乱等等。一句话,"无政府状态",就是"现代",而诸如波德莱尔这样的现代诗人则从"现代"看到了艺术的"另一半",并把"现代性"作为时代特征,其意义丝毫不亚于古希腊罗马艺术的古典性("艺术的另一半")。假若说"现代"意味着"机器时代"的话,那波德莱尔对机械并不反感,而是把它作为艺术体验的新形式。不管怎样,他是以19世纪巴黎抒情诗人的形象出现的,流连于正在工业化和现代化的巴黎的大街小巷里,发现其中稍纵即逝的魅力,并把这种魅力化为文字,使之经久不散。既然阿诺德的"无政府状态"意味着"现代",那么他所诉求的文化就决不是现代文化,而是古希腊罗马的文化。这样,他就通过拐弯抹角的方式,重申了牛津和剑桥的文化库存的重要性。"文化的作用在我们现代显得尤其重要,与希腊罗马文明相比,我们整个现代文明在很大的程度上是机器文明,是外部文明,且有愈演愈烈之势。"①他说:

> 真正的优雅和宁静是古希腊和希腊艺术提供的那种令人钦慕的完美理想的优雅和宁静——这宁静来自在不同观念之间建立起来的秩序与和谐。②

这当然不是阿诺德个人的观点,而是牛津和剑桥的观点,其对"优雅和宁静"的渴求令人联想到1800年—1830年间伦敦纨绔子和英国浪漫派的生活理想——这些人大多是牛津、剑桥的毕业生。与阿诺德名气不相上下的约翰·拉斯金这时也在牛津的课堂上对大学生们大谈"柏拉图和《约伯书》",谈现代政治家和工业家的邪恶"③。杰罗姆·哈密尔顿·巴克利把牛津和剑桥的这种反工业态度称之为"道德美学"④,而牛津、剑桥的文化派们似乎也乐于使用一些道德术语。然而,必须看到,在维多利亚时代,中产阶级是比贵族阶级更纠缠于道德的阶级,从而导致了神经官能症和精神分裂症这些常见于维多利亚时期中产阶级男女的精神疾病,甚至连"精神分裂症"这个诊

---

① Matthew Arnold, *Culture and Anarchy*, pp. 49—50.
② Matthew Arnold, *Culture and Anarchy*, p. 84.
③ Jerome Hamilton Buckley, *The Victorian Temper: A Study in Literary Culture*, Cambridge University Press, 1981, p. 152.
④ Jerome Hamilton Buckley, *The Victorian Temper*, p. 143.

断术语也出现于维多利亚时代后期。此外,弗洛伊德的精神分析兴起于这个时代结束之后不久,似乎也证实了这一点①。从某种意义上说,精神分裂症是伴随资产阶级产生的,因为他们的人格处于非同一性状态,其政治人格和经济人格与其文化人格和道德人格相冲突。19世纪的前30年,正是资产阶级人格开始发生分裂的时候,他们失去了17、18世纪的资产阶级的那种乐观、自信、自我肯定的精神气质。资产阶级的小说风格也因此发生改变,从放肆渐渐变为严肃。流连于奇风异俗的风俗画家变成了纠缠于内心冲突的道德家。

然而,19世纪的前30年,也就是维多利亚时代以前的所谓贵族风流时代,贵族们并没把道德放在眼里,而是一味地沉浸在奢侈浮华的享乐中,甚至以凌驾于道德之上作为本阶级的特殊性和优越性的一个证明。阿诺德本人在牛津上学时就一度像个纨绔子。慵懒,奢侈,层出不穷的恶作剧和小聪明,低效率的管理,等等,这些,就是当时牛津、剑桥的校风,以致当英国准备进行文官制度改革而欲寻找一座大学作为范例时,根本不去考虑这两座最有名望的大学,而是看中了海莱伯里学校——这是一个为赴殖民地任职的英国人提供两年职业培训的教育机构。

牛津和剑桥的"道德美学",实际上是一种"美学道德",即把粗俗、僵硬、无趣、混乱当做美学上的对立面来加以贬低。当"美学道德"进入政治领域后,就变成了"美学政治"。这就不难理解为什么提倡"完美"的阿诺德居然三番五次提到"国家",并认为:"无论是什么,只要它带来了动荡和无序,带来了我们拥挤的城市街道上的大规模游行,带来了在公共场合和公园的大规模集会——即在我们目前的事务进程中根本不必要的示威,我们最好的自我,或者说正确理性,就会毫不含糊地反对它。无论谁掌权,文化都将支持和拥护他们来坚决取缔这些行为。对此,文化的立场是鲜明的,也是坚决的,文化因而成了真正的权威原则,因为它是以良知来做到这一点的,因为它以这种方式强化了国家权力……文化知道,它是国家的支柱,是我们集体的最好自我以及我们国家的正确理性的喉舌;文化是良知的证明,在国家需要改革时,它支持它,正如在国家需要秩序时,它同样支持它;需要时,它会

---

① 参阅 Peter Gay, *The Bourgeois Experience: Victoria to Freud*, Vol. I—V: Vol. I: *Education of the Senses*, Oxford University, 1984; Vol. II: *The Tender Passion*, Oxford University, 1986; Vol. III: *The Cultivation of Hatred*, New York: W. W. Norton & Company, 1993; Vol. IV: *The Naked Heart*, New York: W. W. Norton & Company, 1995; Vol. V: *Pleasure Wars*, New York: W. W. Norton & Company, 1998.

挺而支持国家坚决对付托马斯·贝特森爵士的清教势力,对付 W. 卡特尔牧师对孩子们的劣质教育,正如它会坚决支持国家对付布拉德拉夫先生的街头游行。"①

"文化"在这里被拟人化了。这并非一种修辞学策略,而是暗指牛津和剑桥的文化人。不是文化而是文化人将成为国家的喉舌和支柱。国家形象的出现,使阿诺德的"文化"成了某种政治工具,尽管他声称文化是反工具的;此外,既然国家被定义为权威,它就不是良知,因为权威要求无条件服从,而良知却总是诉诸内在判断。每当提到"国家"这个词,阿诺德便添注着重号,足见他对国家权威的崇拜。阿诺德曾把文化看做对"内在状况"的关注,似乎重复了路德和康德对"内在自由"和"外在自由"的划分,但一当国家形象进入他的视野,内在与外在、私人和公共之间的必要界限就被他放弃了。无疑,无论路德,还是康德,都承认对外部秩序的服从,然而,他们谨慎地为个人保留了内在的自由,而内在自由表现为对外部秩序的一种批判的距离。从文化一步跨到对国家的服从,阿诺德几乎没有做任何有说服力的过渡,只是含混地说"国家是民族的正确理性最有资格的代表,因而最有资格进行统治"②。

阿诺德说中产阶级由于文化上的欠缺而不足以承担文化领导之责。"粗俗"是摄政时代纨绔子在贬低中产阶级时经常使用的一个词。阿诺德显然不喜欢这个过于平常的英语词,而以"市侩"(philistine)这个卡莱尔从德国人那里借来的拉丁词来描绘中产阶级,其含义——按1989年版《牛津英语大词典》在"1869年,马修·阿诺德《文化与无政府状态》"条下给出的释义——指"那些相信一个人有了钱就了不起和幸福的人,以及那些把时间和心思全花在赚钱上的人"。到维多利亚后期,唯美派只能交替使用"粗俗"和"市侩"来称呼中产阶级了,足见贵族的想象力已开始走下坡路。在摄政时代的纨绔子、维多利亚中期的牛津剑桥文化派以及维多利亚后期的唯美派之间,不仅存在着一种精神继承性,甚至还存在着一种人员继承性,例如牛津的拉斯金曾是苏格兰哲学家托马斯·卡莱尔的门徒,而卡莱尔曾一度出没于摄政时代伦敦纨绔子圈子,此外,拉斯金后来又成了唯美派的主要人物。美学,这是日渐衰落的贵族阶级的唯一库存,如果他们想要把这种库存变为一种文化领导权的话,就必须借助于道德语言,以"好与坏"的道德判断来掩盖

---

① Matthew Arnold, *Culture and Anarchy*, p. 97.
② Matthew Arnold, *Culture and Anarchy*, p. 82.

"美与丑"的美学判断。但不管怎样,这两种判断都致力于价值等级的评判,而其依据则是古代的和外国的智慧——这恰恰是牛津、剑桥古典人文主义的看家本领。

阿诺德的这种厚古薄今态度的基础非常脆弱,因为当他说到"希腊文化"时,往往把它等同于"希腊"。换言之,他是通过希腊的艺术来理解希腊的,因此就暗中对希腊进行了美学上的净化。在这里,历史被美学取代了,这正如早先的浪漫派和后来的唯美派的一贯风格。他们缺乏一种严肃的历史兴趣,或者说这种对历史的兴趣往往被对美学和政治的兴趣所取代。

真正的古希腊(不是通过诗歌、雕塑和建筑所想象的那个艺术化的希腊)可能并不那么优雅和宁静,至少,战争、权力争斗、饥饿和奴隶制是其日常状态。这就像古罗马,当后来的艺术史家流连忘返于已成古迹的大大小小的环形斗兽场时,他们一定会被某种美学情感所震撼,然而,从历史角度看,斗兽场无非野蛮的标志。对某些人是美学的东西,对另一些人来说却可能是另一种东西。阿诺德的希腊是温克尔曼带着对古典艺术的崇敬之情所描绘的希腊,是"高贵的单纯与静穆的伟大"。但温克尔曼自己却死于一个贪财的意大利人之手,此人看上了他收藏的古币。他的惨剧,源于他自己对历史的美学想象。他在想象中净化了这片布满了古代雕塑作品的国度,以至误认为这片国土上的人每一个都是艺术家,根本不可能有骗子、小偷、杀人越货之徒。他相信了自己的幻觉,并为这个幻觉付出了代价。

通过温克尔曼的眼睛来幻想希腊,正如通过马可·波罗的眼睛来幻想东方,其美学兴趣要压倒严肃的历史兴趣。但阿诺德谈到希腊和希腊艺术时,还不像温克尔曼那样出自好奇和钦慕,而有其政治动机。他的反对者提出的批评并非如他所说的那样尽是虚言,否则他这个"严肃的人"对这些不严肃的言论就不会那么在意,在第一章的开篇就谈到它们:

> 文化的诋毁者把追求文化的动机说成是好奇使然;有时,他们甚至还说追求文化的动机只不过是孤高和虚荣。所谓文化,不过是用一知半解的希腊文和拉丁文来装饰自己罢了,不过是智力的好奇心产生的;它之所以被推崇,要么出自虚荣和无知,要么被当做社会差别和阶级差别的标志,像徽章或头衔一样,使其拥有者与非拥有者区别开来。①

---

① Matthew Arnold, *Culture and Anarchy*, p. 43.

阿诺德认为他从事的文化事业恰恰是超越阶级的整体之物,是"文化宗教"。然而,如果这种文化宗教试图重新建立起秩序的话,那么,秩序不依靠等级,又依靠什么别的?秩序任何时候都是一种等级制。只是阿诺德巧妙地将社会等级和阶级等级偷换成文化等级罢了,以此来对抗资产阶级和下层阶级的教育民主运动。伊格尔顿把阿诺德的"文化"视为没落贵族阶级向它的资产阶级新主人提供的精神库存,以此来帮助资产阶级来对付劳工阶级:"资产阶级被剥夺了曾经支持贵族统治的那种渗透性的精神支配权。除非它能够迅速获得文化的最高地位,把自己作为真正的民族阶级置于社会的'知识中心',否则就不能完成从政治上将那个受它剥削的阶级收编进来的历史使命。"①

然而,在阿诺德时代,甚至远在他之前,并不缺乏一套资产阶级的意识形态,它由洛克、斯密和边沁这些人的思想以及后来那些资产阶级教育改革家的著作构成,并想借助19世纪30年代的教育改革运动来获得文化领导权。资产阶级的意识形态家几乎占领了除"文化中心"之外的一切边缘地带,创办了大量的开放式大学、机械学院和工人进修学院等,但当他们试图占领作为"文化中心"的牛津和剑桥时,却遭遇到了巨大的阻力。

牛津和剑桥的文化贵族们预感到来自资产阶级的文化威胁,急欲巩固文化领导权。他们所拥有的那种文化,是前资本主义时代的文化,具有非资本主义和反资本主义的性质。但如果这种文化以某个特殊阶级的文化面貌出现,就难以获得其他阶级的认可。必须隐藏这种文化的阶级性,使它看起来像是全民的文化,而要做到这一点,就必须去掉文化一词的阶级限定词,并诉诸人的怀旧情感,如马尔库塞的如下表述:

> 这是一个落后的前技术世界,一个对不平等和生活的艰辛有良知的世界,一个劳动注定仍是一种不幸的世界,不过,也是一个人与自然尚未被作为什物和工具而组织起来的世界。通过运用各种形式和风格的代码,运用文学和哲学的体裁、术语,这种已成往昔的文化表现了这样一个世界的节奏和内容:在这个世界中,山谷和森林、村庄和客栈、贵族和村夫、沙龙和官廷都是经验世界的一部分。前技术文化的诗歌和散文所表现的节奏,是那些信步漫游或驾马车巡游的人的节奏,是那些

---

① 特雷·伊格尔顿:《历史中的政治、哲学、爱欲》,马海良译,中国社会科学出版社,1999年版,第6页。

有时间和雅兴去苦思、冥想、体验和讲述的人的节奏。①

以"不过"这个转折词为分界,这段话的前半部分是人民史,后半部分却突然变成了贵族史。马尔库塞似乎在进行这么一种历史描绘:他一开始提到"人",仿佛要给我们提供"人的历史",但很快"人"就被从画面上裁剪掉了,只剩下唯一的一类人,即"有时间和雅兴的人"。试问:在前技术时代,即一个物质匮乏而劳动依然是一种不幸的时代,除了贵族,谁还有闲暇和雅兴去苦思、冥想、体验和讲述?前技术时代是一个低识字率时代,因此前技术时代的文化只可能是贵族文化,再现的是贵族自己的而不是"人"的意识、情感和体验。对贵族来说,那当然是一个值得怀念的时代。

因此,谈不上是资产阶级征用了没落贵族阶级的意识形态库存来统治工人阶级,而是没落贵族以自己的文化和意识形态库存来夺取资产阶级和工人阶级的文化领导权。这是一场干得非常漂亮的后卫战。贵族不仅守住了已有的阵地(牛津和剑桥),并且扩张了象征阵地(身体学、诗歌、小说、学术著作、报刊批评等),很快把资产阶级的女人们和孩子们收编进了自己的阵营,使他们成为在资产阶级内部反抗资产阶级的一支不可小觑的社会力量。这种外来的非资产阶级人格当然与资产阶级自身所固有的经济人格和政治人格处在冲突中,导致了资产阶级人格的非同一性,而这经常表现为以压抑、内疚、焦虑为症状的精神疾病和犯罪感,严重时则表现为精神分裂症。这同样也典型地反映在资产阶级的那种病态的艺术形式上,即现代主义,它失去了前技术时代的或者说"古典时代的"和谐与宁静,处在破碎、不对称、非调性、反透视的状态中。假如说资产阶级的现代主义艺术具有反资本主义现代性特征的话,那它正好暴露出资产阶级人格分裂的症状,即其反资产阶级性不是源于资产阶级人格本身,而是源于前技术时代的贵族文化。当资产阶级以前技术时代的意识和体验来看待自己的时代时,它就使自己处在了自己的对立面。

对比一下前技术时代或贵族时代的艺术,更能揭示这一点。在贵族时代,贵族阶级享有政治和阶级特权,在文化上处于领导地位——这就是说,它的文化能够再现它自己的意识、作为、理想和经验,因此贵族在人格上处在同一状态。贵族阶级从来没感到自己的文化—道德人格与自己的政治—

---

① Herbert Marcuse, *One-Dimensional Man:Studies in the Ideology of Advanced Industrial Society*, Boston:Beacon Press, 1964, p.59.

经济人格之间发生冲突。这决定了贵族时代艺术的一般特征,即和谐与宁静:绘画上的透视法,音乐上的对位法,诗歌的格律,建筑上的对称,等等,所有这些,都显示出一种稳定的秩序感或等级感。它们作为秩序的象征形式,强化了社会等级制,并为社会等级制提供了合法性。它们是贵族的——这就是说,不是资产阶级的,而资产阶级却偏偏认为是自己的。这正像19世纪的资产阶级狂热地追求贵族头衔和纹章,把被自己从政治和经济上推翻的那个旧阶级的等级标志别在自己的衣服上,从而否定了自己在1832年和1867年《改革法案》中提出的平等理念,也就相应地肯定了1830年前的等级观念。没有资产阶级对自己的阶级意识的遗忘,贵族是难以重新夺取文化领导权的。资产阶级的自卑感帮了没落贵族一个大忙。

如果说现代主义艺术是资产阶级的艺术,那它只是资产阶级内在冲突感的产物,当然不会产生"古典的和谐与宁静"。资产阶级只有克服了文化和道德上的自卑感,才会在诸人格中重建这种"和谐与宁静",而这典型地表现为"后现代文化",即晚期资本主义时代的文化,一种无深度的、游戏的、注重交换价值的文化,一种地地道道的民主文化,迥异于阿诺德时代的那种等级制的、严肃的、注重"价值"的文化。

牛桥被认为是英国文化的核心,是以教化英国资产阶级和下层阶级为己任的世俗神职人员的云集之地。纽曼出于培养"良好的公民"的考虑,认为大学应该以普通教育而不是"研究"为目标。他说:"在本系列演讲中,我对大学的看法如下:那是一个传授普遍知识的地方。这意味着,一方面,其目标是理智的,而非道德的;另一方面,它以讲授和推广知识而非促进学术进步为目的。倘若一所大学的目标是为了科学的发明和哲学的发现,那我不明白它为何接收学生;倘若它的目标是宗教修行,那我不明白它为何怎么能够成为文学和科学的场所。"[①]纽曼的宗教虔诚并没使他像大多数宗教保守派那样致力于民众的宗教训练,而是希望他们获得理智,所以纽曼尽管有自己的宗教信仰和道德标准,却并不把它们作为不言自明的东西强加于人。此外,纽曼认为大学教育既然以培养良好的公民为目标,就不该把大学变成一个只接纳特权人物的地方。

阿诺德尽管处处显示出纽曼对他的影响,却改写了纽曼关于"普遍"的真正内涵。纽曼是一个有平民倾向的人,他渴望的那种大学是一个兼收并

---

① John Henry Cardinal Newman, *The Idea of A University*, p. IX.

蓄的教育机构（他后来当校长的爱尔兰天主教大学，几乎没有一个贵族学生），他说："大学理应来者不拒。"尽管阿诺德也谈到对真理的追求，但当他把"真理"转化成"优美和文雅"时，也就把认识论转化成了美学。这种转化非常重要，因为在真理面前人人平等，何况，在纽曼看来，任何人都不能说他掌握了真理（这正是在真理面前人人平等的原因），但美学却是另外一回事，它不仅要求一种异乎寻常的敏感性，而且要求长久的训练。换言之，它要求一种特异性。阿诺德的"文化"不是平民主义的，而是贵族主义的，甚至是激进贵族主义的。

"牛桥"这弹丸之地于是被赋予了某种特权，不仅从文化上排斥贵族之外的其他社会阶层，而且试图向其他社会阶层强制推行其特定的文化价值，视之为唯一合法的价值，仿佛英帝国的中心是英国，英国的中心是牛桥，而牛桥的中心则是阿诺德先生。这构成了一种既是地理上的又是价值上的等级制。"我曾指出，"阿诺德在谈到他那个时代文学趣味纷然杂陈的局面时说，"在文学上缺乏一个法兰西学院式的权威中心如何造成了以上局面。"① 实际上，英国并不缺乏类似法兰西学院的机构，那就是牛桥。阿诺德考虑的不是这个问题，而是牛桥缺乏法兰西学院的那种权威性："很清楚，在我们之中不存在任何强有力的权威，而把随心所欲、张扬自我当做责任和幸福的观念却大行其道，这些都势必阻碍关于何为优秀的那些非常严格的标准的建立，阻碍对正确理性这个至高权威的信仰，也阻碍我们对深藏不露的最佳自我的认识。"② 阿诺德的"文化"进一步暗中转换成了"权威机构"，从而确立了一种等级制。这与作为资产阶级意识形态核心的自由主义和平等理念格格不入。他以此来对抗资产阶级的自由主义，而不是助其一臂之力。此外，阿诺德偏爱使用"正确"、"最佳"这些表示价值判断和价值等级的词，似乎他或者他所身处其中的那个权威机构掌握着"正确和最佳"的度量衡。文化的领导权由此转换成了文化机构的领导权，后一种领导权通常是文化领导权的行使方式。

阿诺德试图以文化来取代日渐失去领导力的宗教，却又把文化当做一种宗教，以便占据其空出来的位置。于是，他的文化政治学就妨碍了他对宗教的理解，或者说，他并不想真地去理解宗教，像虔诚而谦卑的纽曼那样。对他来说，宗教仅意味着"完美"，因此宗教的目标和文化的目标是一致的：

---

① Matthew Arnold, *Culture and Anarchy*, p. 110.
② Matthew Arnold, *Culture and Anarchy*, pp. 109—110.

宗教,是人类使自己变得完美起来的那种冲动中最伟大也最重要的努力,是从最深刻的人类体验发出的声音,它所嘱托和赞许的目标不仅就是文化的伟大目标,那种促使我们确立何为完美并使完美扩展开来的目标,而且,在界定人类完美总体上包含什么内容时,宗教得出的结论与文化得出的结论相一致。①

但宗教的美,还主要不是"优美和文雅",而是道德的完善,这充分体现在"谦卑"上。"优美和文雅"意味着对自我的全神贯注和高人一等,"谦卑"却处处关注他人。阿诺德对宗教的吁求性质令人怀疑,仿佛不是宗教情感本身,而是类似罗马教廷的权威机构才使他对宗教心驰神往。他欲使牛桥成为文化宗教的教廷。是领导权而不是宗教本身才是阿诺德关注的目标,所以当他决定为文化确定高贵的来源时,他就一步跨入了"异教世界"——古希腊罗马世界和古希伯来世界,此乃牛桥的世俗宗教,也是其看家本领。在这个世俗宗教的天地里,没有现代的地位,也没有英国的地位,它的万神殿里供着"希伯来精神"(Hebraism)和"希腊精神"(Hellenism):

两大精神准绳各有侧重:一个强调清晰的智慧,一个强调坚决的服从;一个强调全面了解个人责任的基础,一个则强调勤勉地实践责任;一个尽力提防我们别把黑暗误作了光明,另一个则一当弄清光明之所在,便全力跟从它。②

以这种方式,阿诺德将重大的时代意义赋予了饱受教育改革派的指责却是牛桥安身立命之物的古典语文知识。希腊文和拉丁文不再是什么有闲阶级的好古之趣,而是通向优美和文雅的艰苦途径。"文化"于是就被置于了其他阶层够不着的高处,成了一笔巨大的象征资本,其价值来自它的古老性和外国性。16世纪的英国教会对拉丁文《圣经》的崇拜和对英文版《圣经》的排斥,在19世纪的牛津文化人身上以一种类似的方式表现出来。但在德国的问题上出现了一个显著差别:前者因德国首开宗教改革之风并庇护了廷戴尔而对其深恶痛绝,后者却因德国发明了语文学这门学问而对其抱有好

---

① Matthew Arnold, *Culture and Anarchy*, p. 47.
② Matthew Arnold, *Culture and Anarchy*, p. 137.

感——不过,也恰恰因为语文学是德国的发明,它后来在牛桥的命运才变得悲惨,并被"英国文学"取而代之。这是后话。

阿诺德自己是一个用当代英语创作诗歌的诗人,但作为牛津的诗歌教授,他讲授的却主要是以拉丁文、希腊文或别的什么古代语言创作的文学作品(如荷马史诗一类),所谓"语文学"。雷纳·韦勒克说阿诺德对他那个时代的英国文学和欧洲现代语言不甚了了,"所有的著述翻来覆去谈的是拉丁、凯尔特、日耳曼种族之间所呈现的各种差别,或者希伯来精神与古希腊精神的区别":

> 阿诺德对多数侪辈作家评价不高,而20世纪中叶人们却对维多利亚时代揄扬备至,他或许为之惊讶。卡莱尔在他眼中是"无行文人","肆意为文,杂乱无章,迫露愤激"而成不了大家。罗斯金"古怪"而又"偏执教条"(和他本人一样),"但是不合正规"。尽管偶尔也称他为"最卓越最令人神往的诗人",丁尼生的地位在缪塞和海涅之下,《莫德》是"拙劣产品","通篇地方味道,毫无欧洲风调"。阿诺德给予布朗宁较高的地位,不过他主要是聪慧过人,其次才是诗人。斯温伯恩是"假雪莱",而小说家他则兴趣不大。1880年他初读《大卫·考坡菲》,认为狄更斯葬于威斯敏斯特教堂是"耸人听闻"。萨克雷依他来看是"一流的雇用匠人而非了不起的艺术家"。根据"哈渥斯教区墓地"来评判,阿诺德的确推重《简·爱》和《呼啸山庄》,不过论及《维耶特》的一封私人信件却骂得一无是处。①

对阿诺德来说,他那个时代的英国文学是处于干旱时代的"地方"文学,需要从作为"中心"的古代和外国输入思想。这样,阿诺德对"英国文学"的学科建设的作用就显得非常奇特:他对文学重要性的认识推动了英国大学对文学教育的重新认识,但另一方面,他对古典语文学的注重又妨碍了"英国文学"的研究。挟着古代和外国的巨大名声,"文化"赢得了一场领导权的斗争。"英国文学",尤其是作为英国资产阶级和下层阶级读物的当代英国小说,仍无缘进入"牛桥"的大门。阿诺德先生死死地把守着大门。

---

① 雷纳·韦勒克:《近代文学批评史》,第四卷,杨自伍译,上海译文出版社,1997年版,第190—191页。

3. 第一批英国文学教授

在英国妇女和工人阅读英国小说而英帝国的前殖民地美国和殖民地印度的大学纷纷设立英文系时,牛津和剑桥却一直将本国作家用现代英语创作的文学作品拒之门外。1887 年,阿诺德派中的约翰·切顿·柯林斯向牛津校务评议会提出一项提案,试图在牛津设立英文系,或至少设立英语文学学士学位课程,但该提案遭到否决。阿诺德不支持柯林斯,他预感到,"英国文学"进入牛津将瓦解古典语文学的权威,进而瓦解牛津的权威。他就像文化上的托利党贵族排他主义者,在文化领域从事着托利党人在议院里从事的工作。早在阿诺德拒绝英国文学进入牛津之前,托利党议员们就在议院里拒绝塞西尔爵士提出的以扩大选举权为目标的《改革法案》。他们对这份提案充满忧虑。提案若被议院通过,中产阶级和下层阶级就将进入政治,甚至进入议院,分享一直为贵族所垄断的统治权。

阿诺德维护的是牛津古老的贵族传统。在这种传统中,诸如划船和踢足球等校园体育活动被认为比物理系更接近"大学"的目标①。据说这类体育活动就像那些排外性的学生俱乐部一样有助于塑造学生的"人格",而所谓人格,就是"荣誉感",即贵族最看重的一种品质。"马修·阿诺德自己对这个提议中的学院感到忧虑不安,"阿尔文·柯南说,"这主要是因为他感到文学院会降低古典教育的重要性,而像约翰·莫利这些文人则认为'对英国文学的广泛而系统的研究能成为大学教育课程的一个有价值的补充'。"②提议遭拒绝,柯林斯大感失望,于 1891 年写了《论英国文学研究》一书,阐明英国文学研究何以能够成为一门独立的学科,认为它也是自成系统的,有自己的方法,不借助语文学同样能够达到细致入微的程度;此外,就最广泛的意义上来说,英国文学是"通才教育"的有益补充。

柯林斯实际想在语文学之外创立一个独立的以英国文学为领地的学科。阿诺德死于 1888 年。6 年后,又有人提出类似提案,而这一次,阻力似乎小了些,提案获得部分成功。柯南说:"如果要给英国文学正式进入最高学府体制确定一个日期和事件的话,那么把英语文学学士学位课程(English Honors School)在牛津的设立看做这么一个日期和事件,应该是合理的和有用的。英国文学教授和英文系大约出现在这一时期,在 19 世纪最后 25 年

---

① Alvin Kernan, *The Death of Literature*, p. 35.
② Alvin Kernan, *The Death of Literature*, p. 36.

里,美国首屈一指的大学和学院开始设立英国文学教授和英文系,而直到进入 20 世纪,剑桥才开始授予英国文学学位。"①

尽管维多利亚时代大多数教育改革家对拉丁文和希腊文教育的现实性和实用性表示怀疑,但却像柯林斯一样,认为英国文学研究和教育有利于国民文化素质的提高,而且它具有成为一个正式学科的全部因素。在英国文学进入牛桥前,它已事先进入教育体制的边缘地带。伊格尔顿指出:"意味深长的是,作为一门学科,'英国文学'的最初体制化,不是发生在大学,而是在机械学院、工人学院和大学函授学院及夜校。"②文学史家伊恩·瓦特证实,"英国文学"那时正乘着大棚车,走村串乡,为英国穷人提供了一种简便的人文主义教育(所谓"穷人的经典"):

> 绝大多数流动图书馆都收藏有各种类型的文学作品,但小说却被广泛地认为是它们的主要吸引力。几乎无可怀疑,正是这些图书馆导致了那个世纪出现的虚构故事读者大众最显著的增多。无疑,它们引起了对阅读普及到下层社会的现象最大数量的当代评论。这些"文学上的廉价商店"据说腐蚀了"遍及三个王国"的学童、农家子弟、"出色的女佣",甚至"所有的屠夫、面包师、补鞋匠和补锅匠"的心灵。③

在文化保守主义者看来,"英国文学"就像一场大瘟疫,流行于大不列颠"三个王国"的下层社会中,腐蚀着本来纯朴的下等人的心灵。对"英国文学"的这种可怕的描绘,与其说源自一种文学忧虑,不如说源自一种阶级忧虑,因为"英国文学"推动了工人阶级和下层妇女的识字,使他们变得能写会读。文化保守主义者突然关心起下等人的文学趣味和心灵来了,而他们自己却一直拒绝给下等人提供受教育的机会。或许他们把下等人的"愚昧"视为确保其"纯朴"的不二法门。

对比一下 1880 年代到 1910 年代英国识字率变化的统计数字也许很有意义,前一个可看做英国文学进入教育边缘地带的时代,后一个则可视为英国文学进入牛桥的时代。据肖菲尔德的英国识字率曲线图,这 30 年间,文盲率呈陡降之势:1880 年还有 25% 的英国人不识字(全英国人口的 25% 这个

---

① Alvin Kernan, *The Death of Literature*, pp. 35—36.
② Terry Eagleton, *Literary Theory*, p. 27.
③ 伊恩·瓦特:《小说的兴起》,三联书店,1992 年版,第 41 页。

总比例也许没有意义,因为这 25% 主要是英国下层人),到 1910 年,锐减到 1%。① 英国工人和妇女的高识字率,为英国工业提供了大量的有技能的劳动力;另一方面,工人和妇女学会了读书看报,却可能导致其政治意识的觉醒,危及社会秩序。

在宗教日益失去其当初的凝聚力的时代,怎样把这些因识字率提高而自我意识觉醒的劳动大众纳入秩序中,是意识形态家们考虑的核心问题。必须找到一个替代物,既适合劳动阶级的阅读水平和阅读兴趣,又像宗教一样能唤起民族的团结感。阿诺德的"文化"曾试图承担这一角色,但由于它是"古代的"和"外语的",不仅要求历史知识,还要求外语知识,因而是下层阶级够不着的东西。换言之,"文化"是针对资产阶级的,是为资产阶级提供的教材,其目标是夺取资产阶级的文化领导权。现在还必须找到另一样东西,来夺取正逐渐变得不听话的下层阶级的文化领导权。

显然,"英国文学"是近在手边的东西。为了让英国劳动大众不去阅读社会主义小册子,不去参加政治聚会,就必须使他们阅读英国文学,获得一种幻想性的满足。伊格尔顿对此加以评论说:"这种观点的一位 20 世纪的支持者以更露骨的方式表达了这一点:'如果拒绝工人阶级子女分享任何非物质财富,他们长大成人之后就会威吓地要求物质的共产主义。'如果不抛给群众几本小说,他们也许就会还以几座街垒。"② "英国文学"是否进入牛桥,就不仅是一个学科问题,更是一个领导权问题。何况,"英国文学"还有这么一个好处:它是用英国人自己的语言写成的,不需要漫长的语言训练就能自如阅读,而在阅读中,英国人不仅能培养敏感的道德意识,还能发现"英国文学"的伟大性,从而分享同一种民族情感,使分裂的各阶级重新团结起来:

> 从一开始,在诸如 F.D. 莫里斯和查尔斯·金斯莱这些"英国文学"先驱者的著作中,就强调社会各阶级的团结、"共同情感"的培养、民族骄傲的灌输以及"道德"价值的传播。这最后一项是这个意识形态计划的核心部分,时至今日,它仍是英国的文学研究与众不同的标志,也经常是让来自其他文化背景的知识分子目瞪口呆的东西。③

---

① Harvey J. Graff, *The Legacies of Literacy*, p. 314.
② Terry Eagleton, *Literary Theory*, pp. 24—25.
③ Terry Eagleton, *Literary Theory*, p. 27.

纽曼出自虔诚但不盲从的宗教信仰,认为应该把道德教育排除在大学之外,因为一种没有被理智检验的道德只可能是一种外部强制力量。阿诺德尽管也谈道德,但由于他诉诸"优美和文雅",实际用美学概念偷换了道德概念,因此他强调的是阶级的差别,而不是阶级的团结。此外,牛桥也不以道德为其安身立身之本。至少,就阿诺德的时代而言,牛桥的贵族作风就主要表现为懒散、奢侈、傲慢、机智以及对体育竞赛和排外性俱乐部的热衷,而所有这一切都是为了显示自身的社会优越感(对其他阶层而言)和荣誉感(对本阶级其他成员而言)。牛桥对道德问题如果说不是特别鄙视,也向来轻视,而全神贯注于美学问题;当美学与道德发生冲突时,会毅然选择美学。

阿诺德派(不是阿诺德本人)是"英国文学"进入牛津的推动者,但他们把阿诺德对美学的关注偷换成对道德的关注。伊格尔顿也注意到,英国的文学研究对道德问题的偏重,在阿诺德时代实际上还没形成一种传统,而正是阿诺德的后来者才把道德问题提高到文学研究的核心地位,这恰恰与英国文学进入大学机构同步。① 在古典语文学时代,"美学"是牛桥的文学学者关注的中心,当英国文学进入牛桥后,"道德"成了另一个被关注的中心,它们都有意识形态的诉求。在向资产阶级兜售美学后,又开始向资产阶级和劳动阶级兜售道德。这并不是说,牛桥放弃了美学,它一刻都没放弃,甚至在英国文学进入牛桥后,语文学意义上的美学发展得更精致、更敏感了。但语文学上的美学现在开始服务于道德阐释,即通过磨炼人的美学敏感性来获得道德敏感性。这决定了牛桥"英国文学"研究的方向。

作为课程,"英国文学"进入牛桥可追溯到19世纪末,但作为学科或院系,则迟至20世纪初,即第一批"英国文学教授"时代。由于"英国文学"出身卑微,更由于"英国文学"主要是中产阶级妇女和劳动阶级的读物,所以第一批英国文学教授对待英国文学的轻贱态度非常奇特,给人这么一种印象,仿佛"英国文学"的设立只不过是意识形态需要,本身则难以成为一门严肃学科。这种轻贱英国文学的态度,与阿诺德相去不远,他曾把英国18世纪英国文学讥为"外省的二流文学",说19世纪前25年的英国诗歌"莫名其妙"。②

牛津第一位英国文学教授是瓦尔特·雷利爵士,此公对于自己出任该职一直耿耿于怀。他在1921年致乔治·戈登(牛津另一个早期英国文学教

---

① Terry Eagleton, *Literary Theory*, p.27.
② 雷纳·韦勒克:《近代文学批评史》,第四卷,杨自伍译,上海译文出版社,1997年版,第187页。

授)的信中,谈到当初他竟何以成了英国文学教授:"上帝宽恕我们吧!如果在末日审判的那一天,我被控讲授文学,我将申辩道,我从来就没有把它当真,不过为稻粱谋而已。"①雷利之所以贬低英国文学,是因为在他看来英国文学不是一门正儿八经的学科,非男儿所为。伊格尔顿对此评论道:"既然英国文学不是什么劳神的事,涉及的不是货真价实的学术'学科'等更有阳刚之气的论题,而是更为细腻的感情,因而似乎不成其为一门学科,把它交给一直被排斥于科学和职业之外的女士们,倒是适得其所。"②

牛桥英国文学教授对待英国文学的态度,充分说明牛桥对待这门不得已而设立的新学科的一般态度。既然全英国的工人大学、机械学院和妇女学校都在讲授英国文学,而英国文学也是工人和妇女的主要读物,那至少从文化领导权上看,牛桥也不仅不能忽视它,甚至要成为英国文学研究的权威,即便它是一门不值得从事的充满女人气的学科。然而,正是作为"男性事业"的第一次世界大战,彻底改变了这种轻蔑态度。英国文学研究突然成了爱国主义的一种形式。牛桥的学者们当然并不全都喜欢雷利爵士那种赤裸裸的爱国宣传,而是采取了一种更为精致和细腻的形式,例如在剑桥第一位英国文学教授考奇爵士那里。

1918年以后的"英国文学"研究,不再是1914年前可有可无的女性学科,它关系到英帝国的荣耀和英国民族的认同,是与政治、军事、外交一样重大的男性事业。英国文学研究之所以突然与爱国主义挂上了钩,不仅因为战争,还因为在战争中,英国碰巧是德国的敌人,而牛桥以前安身立命的古典语文学恰恰是模仿德国大学设立的,充满了德意志色彩。牛桥到处都是爱国者。他们惊讶地发现,在自己眼皮底下,在英帝国的文化核心地带,居然长期供奉着一门德国学问,而这门德国学问以压迫者的形象先是将英国文学挡在门外,继而——当英国文学好不容易挤进牛桥的大门时——又一直让它呆在过道里受冷落。这使他们感到愤慨。在爱国主义热情下,一切带有德国印迹的东西,都被当做敌国的东西受到排斥。语文学自然也不例外。再从事语文学,就显得不够谨慎了:大英帝国的将士们在前线浴血,在马恩河和索姆河一线与德国人残酷地厮杀,而你却在安宁的后方一边喝着下午茶,一边谈论着德国学术如何了不起,而英国诗歌又是如何莫名其妙。

牛桥古典语文学的衰落发生在英国文学进入牛桥的同一时刻,这颇有

---

① Alvin Kernan, *The Death of Literature*, p. 1.
② Alvin Kernan, *The Death of Literature*, p. 28.

意味。伊格尔顿说:"[第一次帝国主义世界战争]也标志着英国文学研究在牛津和剑桥的最后胜利。语文学是英国文学最有力的对手之一,它与德国的影响密不可分;既然英国恰好在与德国进行一场大战,那就很容易把古典语文学斥责为一种粗鲁的条顿民族的胡说,任何一位自尊的英国人都不应该与之发生联系。英国战胜了德国,必然带来民族骄傲的复兴和爱国情绪的高涨,而这只会有利于英国文学的事业;然而,与此同时,战争造成的深刻创伤以及对于先前所持的一切文化假定的怀疑导致了一种如某个当代评论家所说的'精神饥饿',而诗歌似乎能提供一个答案。把英国文学学科在大学的设立,归功于或至少部分归功于一场毫无意义的大屠杀,这的确是一种折磨人的想法。"①

不管怎样,第一次世界大战为英国文学研究带来了转机。现在,从事英国文学研究,不仅时髦,而且是爱国情感的体现。民族主义和爱国主义就这样渗进了英国文学研究的源头:

> 如果说英国文学研究有其女人气的一面,那么,在 20 世纪到来之时,它也获得了男子气的一面。英国文学成为学院建制的时代,也是英国帝国主义高涨的时代。既然英国资本主义受到德国和美国这两个年轻对手的威胁,日益落在对手后面,那么,过多资本为追逐少得可怜的海外土地而展开的并将在第一次帝国主义世界大战中集中显现的肮脏无耻的争斗,使对民族使命感和认同感的需要变得尤为迫切。在英国文学研究中,重要的不是英国文学而是英国文学。②

如同批评家布莱恩·道尤尔所说:这并非"英语文学研究的历史",而是"民族语言和文学"寻找它自己作为资产阶级教育课程的中心位置的一种阐述。英国国内的社会分裂状况也要求英国文学赶紧提供一种社会黏合剂。文学至少有这样便利的好处:它诉诸的主要不是理智,而是细腻的情感和丰富的想象力,与深厚的日常体验息息相关,因此比相对而言比较抽象、单一、枯燥的学科(如哲学、法律、伦理学等)和经常出于权宜而摇摆不定的领域(如政治和经济)具有更突出的学科优势。一句话,它不仅与普通人有关,而且与普通人的日常经验有关。这一点使它与宗教很相似。普通英国人通过对本

---

① Terry Eagleton, *Literary Theory*, pp.29—30.
② Terry Eagleton, *Literary Theory*, p.28.

国伟大文学传统的了解,不仅会发现作为英国人的骄傲,还会把这种感情带向日常生活的感觉深处,在那儿,所有的英国人都惊奇地发现原来他们彼此是同胞,分享着同一种深厚的民族性。但同胞之谊并不意味着他们就没有了阶层之别。

牛津早期的英国文学教授戈登对英国文学研究的政治目标向来直言不讳,甚至在就职演讲中就指出了这一点:"英国正在生病,而……英国文学必须拯救它。对此,教会(就我的理解而言)已无能为力,而社会补救方法又难立竿见影,英国文学于是肩负起三重作用:我想,它将仍然愉悦我们,指导我们,不过,首要的是,它也将拯救我们的灵魂和疗救国家。"①

戈登这句话,非常典型地显示出第一批英国文学教授的某种因不自信而强作夸张之态的复杂心理,仿佛非得把文学当做一项政治事业,一项男性事业,才算最终为英国文学的学科合法性和重要性做了充足的辩护。

从某种意义上说,戈登是对的,因为"英国文学"的兴起本身就依赖于政治需要,也服务于政治需要,然而戈登这些人的风格过于直露,甚至到了可爱的地步,与英国文学研究本身所需要的那种精致细腻、委婉曲折毫无共同之处。在他之后进入牛桥的英国文学教授们则是自信得多,也沉着得多:他们发现自己已无须为英国文学的学科合法性和重要性辩护了。

4. F.R.利维斯集团

伊格尔顿以他独有的风格描绘了英国文学研究在 F.R. 利维斯时代蔚为大观的局面:

> 在20年代初期,谁都不清楚英国文学到底有何研究价值,但到了30年代初期,问题已经成为:除了英国文学,还有什么其他东西值得你去浪费时间?英国文学不仅是一门值得研究的学科,而且是最富于教化作用的事业,是形成社会的精神质料……在20年代末期和30年代,在剑桥做一个英国文学学者,就意味着参与进了那场针对工业资本主义最平庸化特征发起的声势日显、咄咄逼人的斗争。人们深知成为一个英国文学学者的意义,这不仅是有价值的,而且是一个人能够想象到的最重要的生活方式——他将以他自己最诚挚的方式,把20世纪的英

---

① 转引自 Terry Eagleton, *Literary Theory*, p.23.

国社会推回到 17 世纪英国的"有机"共同体。①

这是爱国主义的一种精致形式。第一次世界大战带来的一个后果,是民族主义的兴起。民族—国家,国家主权、国界、签证等等,对生活在 1914 年以前的时代里的欧洲人是陌生的。在他们那个时代,谁都陶醉于"欧洲人"甚至"世界公民"的梦幻中,一个奥地利公主完全可以因为姻亲的关系而成为西班牙女王,欧洲各国无产阶级也庄严地在"共产国际"章程上写下"无产阶级没有祖国"的句子,而欧洲各国的作家和艺术家同样可以在《超乎混乱之上》这篇政治宣言上以欧洲人的身份签上自己的名字。但 1914 年开始的厮杀把这一切统统扔进了历史,人们发现自己的名字比以往任何时候都更牢固地拴在国籍上。国界在各个领域都被划得泾渭分明。茨威格在 1939 年到 1940 年间写作回忆录《昨日的世界》时,对 1914 年前那个不需要签证就能自由出入各国的时代充满了无限留恋的回忆(他谈到齐伯林飞艇的首航如何使全欧人欢欣鼓舞,而它的坠毁又如何使全欧人潸然泪下):

> 维尔哈伦眼里含着泪水,非常激动。如果他仅仅作为一个比利时人,也许会对这次德国的空难抱无所谓的态度,但是,他觉得自己是一个欧洲人,是一个我们同时代的人,因此,他和我们一起分享战胜自然的共同胜利,同样,也为我们共同遭受到的考验而分忧。当布莱里奥驾驶飞机穿过英吉利海峡时,我们在维也纳的人也热烈欢呼,仿佛他是我们祖国的英雄。我们大家都为我们的科学技术所取得的日新月异的进步感到自豪,于是,欧洲是一个共同体的感情,即欧洲是一个国家的意识开始形成。我们心里想,如果任何一架飞机都像玩儿似地轻而易举飞越过国界,那么这些国界又有什么意思呢!那些海关壁垒和边防岗哨完全是褊狭的和人为的!和我们的时代精神完全是矛盾的!因为我们的时代显然热切盼望着彼此的紧密联系和世界大同。这种感情的高涨就像飞机的腾飞一样引人入胜。有些人没有亲身经历过在欧洲互相充满信任的那最后几年,我今天仍为他们感到遗憾。②

政治上的民族主义必然要求文学上的民族文学,把它作为民族共同体的塑

---

① Terry Eagleton, *Literary Theory*, pp. 31—32.
② 斯蒂芬·茨威格:《昨日的世界》,舒昌善等译,三联书店,1991 年版,第 220 页。

造者和黏合剂。不过,尽管利维斯集团精致的爱国主义与第一批英国文学教授直露的爱国主义同样强调英国的地方色彩,在历史观上却发生了微妙变化。第一批英国文学教授大多出生在维多利亚时代后期,经历过第一次世界大战。他们曾目睹英帝国的顶峰状态,而当他们在牛桥著书立说之际,却看到国势已露衰败之相。他们的爱国主义因此非常务实,即挽救英国的颓势。他们大部分的就职演说和类似宣言的东西,都可以直接拿到上议院去宣读。不管他们怎么看重牛桥的古老性和封闭型,他们和维多利亚时代的中产阶级一样,都有一种向外的冲动。他们对资本主义工业文明的文化和道德价值持怀疑态度,但也清醒地看到,正是资本主义工业文明才使英国成为强大帝国。

甚至,在更早的阿诺德身上,虽然反对机械文明的言论比比皆是,但他这样做,与其说是出自对工业的由衷反感,还不如说是出自一种聪明的对比手法,以便为"文化"的合法性辩护。因此,当他把"希腊精神"定义为一种"驱向思想的力"后,又觉得过于静态,必须以"希伯来精神"作为补充,把它定义为一种"驱向行动的力"①。如果说贵族阶级是"希腊精神"的体现,那么"希伯来精神"就体现于中产阶级。对他来说,希腊精神和希伯来精神的结合,或者说贵族与中产阶级的结合,脑和手的结合,才是英国的理想状态。到第一批英国文学教授的时代,这种柏拉图意义上的"哲学家-国王"形象早就过时了。伴随工业时代和民主体制而来的是一种技术官僚制(英国此时正在进行文官制度改革),个人作用在其中被大大削弱。第一批英国文学教授们关于英国文学研究的重大政治使命的夸张之辞(如戈登所说的"拯救灵魂、疗治国家"),实不过是一厢情愿。非个人化的官僚制趋势越来越使英国文学研究成为学院化的纯学术。这样,当20年代的政治大势顺便把英国文学从文化边缘地带推向作为文化核心的牛桥后,就让它停留在那里了,而它日后在那里的命运,将取决于它自身在学科上的高度专业性。可以看出,"英国文学"在参与到牛津的"针对工业资本主义最平庸化特征发起的声势日显、咄咄逼人的斗争"前,就已经暗中获得了工业资本主义的一些特征。

这正是利维斯那一代英国文学学者面临的局面,而他们很好地应付了它。与第一批英国文学教授不同,他们重新发现了古典语文学的长处,只不过把古典语文学的方法运用到了英国文学研究中。他们为自己的学科寻找到了一种新的意识形态,一种与第一批英国文学教授们略显浅薄的爱国主

---

① Matthew Arnold, *Culture and Anarchy*, p. 129.

义和民族主义不同的意识形态：17世纪的有机主义。在英国工人阶级不再捣毁机器的时代，这些英国文学学者们却开始象征性地捣毁机器。他们以英国文学来对抗英国的工业资本主义。如果说第一批英国文学教授们的想象中处处都可见到工人阶级和下层妇女的造反形象的话，那么，对利维斯这一代英国文学学者而言，这些已经变得驯服的形象失去了意义。他们所关注的不再是这些人，而是一个要小得多的专业圈子。这在写作风格上就明显地体现出来：从阿诺德到第一批英国文学教授们，尽管爱用个把生僻字，但都习惯于使用一种流畅易懂的文体风格，因为他们知道自己的读者不仅仅是牛桥人，而他们对文学的兴趣主要在政治－社会批评方面。罗伯特·魏曼说：

> 这种老式的文学批评基本上是工业革命以后这个时期[指维多利亚时期]的产物，这种批评传统今天在英国仍旧相当活跃。在工业革命之后的年代里，维多利亚文学批评找到了它相宜的形式，并从19世纪的个人主义与自由主义中得到了非常重要的推动。艺术上它得力于浪漫派的评论文章，它不是以学院的读者为基础，而是以开明的资产阶级业余读者为基础的，正如德莱顿在"男男女女的最好的朋友"中第一次所发现的。德莱顿在《论讽刺》中曾经写道："是为了让绅士、太太、小姐欣赏和消遣而写的，他们虽然不是学者，但也不是白痴，他们都有理解力，都是健全的人。"①

利维斯一代人则感到英国文学研究进入大学体制后必然面临的学科特征问题——它必须是"科学"的，否则就难以在日益专业化的牛桥立稳脚，守住好不容易夺来的地盘。

柯林斯提出设立英国文学研究机构时，除了政治理由，还提供了学科理由，即"英国文学"是一门自成系统的、有自己的方法论的、不同于古典语文学的学科。然而，即使他本人对此也没有十足的把握。第一批英国文学教授们的著作则更多地是一种社会和道德批评，风格类似于报刊评论。对利维斯等人来说，这种意义上的英国文学研究只不过是一种随心所欲的印象式批评和外在于文学的政治－社会批评，不足以使"英国文学"成为一门严

---

① 罗伯特·魏曼：《"新批评"和资产阶级文学批评的发展》，见赵毅衡编选《"新批评"文集》，中国社会科学出版社，1988年版，第570页。

肃的学科。对学科本身的存在理由的焦虑，使利维斯那一代英国文学学者重新拣起了被第一批英国文学教授排斥掉的语文学，而不用担心被扣上信奉"条顿民族的胡说"的帽子——他们来自小资产阶级家庭，而且由于年龄或别的什么原因，对这场战争没有直接责任：

> 这一新学科在剑桥大学的建设者大体上是这么一些人：在把英国劳工阶级引向战争惨境这件事上，他们没有过错。F. R. 利维斯在前线只从事伤病护理，而昆妮·多萝西·罗丝，即后来的 Q. D. 利维斯，因为是妇女而免于征兵，而且在战争爆发时她还是一个孩子。I. A. 瑞恰兹毕业后才进军队。这些先驱者的著名弟子威廉·燕卜荪和 L. C. 奈茨在 1914 年也还都是孩子。此外，英国文学的这些倡导者们大体上来自与把英国引入战争的那个社会阶层不同的社会阶层。F. R. 利维斯是乐器商人的儿子，而 Q. D. 罗丝是绸布商人的女儿，I. A. 瑞恰兹是柴郡一位工厂经理的儿子。英国文学研究将不是由那些占据着这些古老大学早期文学教席的贵族业余爱好者塑造的，而是由小家子气的小资产阶级的后裔们塑造的。他们是第一次跨进这些传统大学门槛的那个阶级的成员，因而能够辨别出那些渗透在文学判断中的社会假定，并对之进行挑战，而阿瑟·奎勒·考奇爵士的信徒们做不到这一点。①

英国文学研究进入牛桥并成为一门科学学科的历史，也就是小资产阶级开始进入牛桥的历史。这种从边缘向中心的突入，会对构成"中心"的那些假定（通常是被弥合得似乎天衣无缝的阶级偏见）提出挑战。然而，不能夸大这种挑战的能量。实际上，当英国文学进入牛桥后，它向外的能量就耗尽了，很快转向自身内部，并越来越以一种莫测高深的冷淡的学科外衣来保护自己好不容易夺来的学术阵地。因此，当小资产阶级出身的英国文学学者进入牛桥后，就以反抗工业资本主义以及劳动大众的形象出现，从而分享了牛桥由来已久的贵族排外主义。

小资产阶级与生俱来的不自信和对安全感的看重，以某种转换的方式在这里再度显示出来。利维斯集团从一开始就被英国文学的学科合法性所困扰。为了不至在牛桥诸学科中显得不伦不类，就必须为英国文学研究找到一种"科学"方法。阿诺德从来不会为古典语文学的学科合法性辗转反

---

① Terry Eagleton, *Literary Theory*, p. 30.

侧,甚至对学科界限不屑一顾,在"总体性"的名义下把政治评论、道德批评和文学鉴赏融为一体;第一批英国文学教授也没有为本学科的方法论伤多少脑筋,他们只是碰巧进入这个学科的,是一些业余爱好者,一旦遇到更合意的事业则溜之大吉。这与利维斯这些人不同。利维斯等人是把英国文学研究当做安身立命的东西来从事的,只有当英国文学研究获得了某种科学特征后,他们在牛桥才感到名正言顺。对方法论的焦虑,使他们在两个方面走在了与原初的"英国文学研究"相反的方向上:首先,使英国文学与第一批英国文学教授所关注的当代政治脱了钩;其次,使英国文学研究与阿诺德所提倡的总体性脱了钩。

换言之,英国文学研究突然间变得不那么有野心了,安于纯粹的文学研究,尽管它仍然暗中抱定小资产阶级的那种政治浪漫主义,认为通过仔细阅读文学作品,一个人就能变成一个更好的人,这使得它不是向广度,而是向深度来探索英国文学。显微镜取代了望远镜。1932年创办的同仁刊物《细察》(Scrutiny),连刊名都具有这种意味。后来被归于"新批评"一派的那些人物,如 I. A. 瑞恰兹(剑桥)和威廉·燕卜荪(牛津),都具有这种显微镜风格;他们把"英国文学"当做一片类似矿石一样的东西放在高倍显微镜下,不厌其烦地探究和分析其纹理、质地和成分。显然,对这种分析方法来说,短小的诗歌是最合适的。不能想象把巨石一样庞大的小说作品置于显微镜下会是怎样一种景象。对小说的排斥,就是对资产阶级和大众的排斥。

新批评派自认为他们为英国文学研究找到了科学的方法,把它称为"本体批评",有时又称为"反讽批评"、"张力批评"、"结构批评"、"分析批评"、"语境批评"、"文本批评"、"客观理论"或者"诗歌语义批评"等等,总之,凡是能够使英国文学研究听上去显得客观、本体、科学的名称,都不妨用上。但除了这些高深莫测的学科术语外,新批评似乎并不那么新,因为牛桥古老的语文学一直在从事这一类型的研究。

如果把小说视为资产阶级的文学,把诗歌视为贵族阶级的文学,那么,具有反讽意义的是,新批评派的狭窄眼光使这些小资产阶级出身的学者从一开始就把资产阶级自己的文学留在了牛桥外面,而一味沉浸在对贵族文学的把玩中。对诗歌的关注,使20世纪30年代牛桥英国文学学者与19世纪初的浪漫主义产生了情感共鸣。英国浪漫派的特征之一,是以逃离城市的方式来反抗工业和资本主义,提倡一种植物性的、静态的有机主义。有意思的是,英国浪漫派绝大多数是诗人,对他们来说,"诗"(verse)是与"散文"(prose)相对立的完满和谐的最高境界(因而在英语词典中,prose 还有"平凡"、"乏味"、"无聊"、"纯事实描述"等词义),而工业资本主义破坏了这一境界,从大地上驱走了诗灵,使"散文"成为时代的特征。作为英国文学学者,他们要迎回诗灵,重建"有机社会"的乌托邦。

严格说来,尽管利维斯集团里有不少新批评派人物,但利维斯本人不属于新批评派:一是因为他的文学批评主要是一种道德批评,二是因为他不拘泥于诗歌,三是因为他的历史视野比新批评派人物开阔得多。尽管如此,利维斯的历史视野仍太嫌狭窄,例如他眼中的英国小说的"伟大传统"只是简·奥斯丁、乔治·艾略特、亨利·詹姆斯和约瑟夫·康拉德区区几个人。我并不想就这几个人或别的什么小说家是否有足够的资格进入"伟大传统"发表什么看法,实际上,在《伟大传统》一书的头一章,利维斯自己就与那些批评他没有选入其他小说家的人进行了论辩。当然,我也不想就上面所列的那些人是否就是伟大的小说家来进行一番讨论。从某种意义上说,这个问题无法讨论,它主要是一个趣味问题,甚至连利维斯自己都以一种高傲的沉默来对待这种讨论:"要不为人误解,方法只有一种,那就是永远不要说出可能产生影响的评价——即什么都不说。"①

不管怎样,利维斯对"伟大传统"的定义和对"大小说家"的选择过于专断,自1960年代起就一直受到某些批评家的尖锐批评,如凯瑟琳·贝尔塞说:"利维斯式的解读是偏颇的,它体现在这个词的两层含义上:首先,在对某篇被评价文本的价值与手法进行再现时他的解读方式表现出一种先入之见;其次是在解读的过程中损失了原作的多元性。"②

是否有资格进入伟大传统之列,与是否是一个伟大小说家,这两个问题,乍一看是同一个问题的同义反复,然而,全部的玄机正在这种微妙的转换上。既然一个小说家是否伟大完全是个人趣味问题(你觉得谁伟大,那是你个人的事情),那么到底以谁的趣味标准来选择进入"伟大传统"的小说家呢?——显然,"伟大传统"已不属于我们的个人趣味,它进入了公共的"客观"的领域,获得了权威性(在这种情况下,你觉得谁伟大或不伟大,无关紧要,因为你被告知哪些人伟大,哪些人平庸)。文学史,这就是一种被权威化的花名册,或者说是一份册封名单。此外,《伟大传统》还具有大英帝国的那

---

① F. R. Leavis, *The Great Tradition*, New York: New York University, 1963, p. 1.
② 凯瑟琳·贝尔塞:《重新解读伟大的传统》,黄伟译,见《重新解读伟大的传统——文学史论研究》,社会科学文献出版社,1993年版,第185页。

种文化霸权作风，它像册封印度殖民地本地官员一样册封了一个出生于印度的作家，又册封了一个出生于前殖民地美国的作家，从而再一次收编了两个前殖民地的文学，真乃皇恩浩荡，印度和美国一定会感恩不尽。

然而，剑桥文学教授的文学趣味肯定非常不同于伦敦码头工人的文学趣味，而这同一个男性剑桥文学教授的文学趣味也可能非常不同于伦敦大学函授学院的女教师的文学趣味；此外，虽然说起来稍嫌啰嗦了一点，却并非不可能的是，这个男性剑桥文学教授的文学趣味可能在某种程度上不同于他自己当初在剑桥英文系读一年级时的文学趣味，也可能在某种程度上不同于他从剑桥教授职位上退休时的文学趣味。我这里所说的还只是白种的、土生土长的、说标准英语的英国人，并没有把前殖民地人、北爱尔兰人以及在跨国文学贸易中接触到英国文学的世界其他角落的人包括在内。要把他们全算进来的话，恐怕连什么是小说，都难以获得一致的定义，更谈不上英国小说的伟大传统了。

这当然不是一个新鲜的观点。不过，更多的时候，当我们真诚地说某一个小说家伟大时，也不一定就是趣味问题。例如，当我说简·奥斯丁是一个伟大的小说家时，就不一定代表了我的真实想法：不是我在说，而是我学会了这么说，或者说被教导这么去说，而且不这么说，就一定会被当做一个缺乏文学教养的粗人。这就是无数没有读过她的作品却听说过她的名字的人说她是伟大的小说家的原因。剑桥的利维斯博士都这么说，我们有什么理由不呢？此外，即使上面那句话代表了我的真实想法，它也不是依据我自己的标准，因为早在我作出这个判断之前，作为判断的基础，我早就已经被告知什么是文学，什么是良好的文学趣味，从小学到大学的文学课程一直在训练和强化这些判断标准，而且正是这些标准把简·奥斯丁置于英国文学史重要的一章。从这里可以看出某种非常狡猾的逻辑循环：当你作出一个判断时，你所依据的标准早已内在于这个判断中了。换言之，当你说简·奥斯丁是一个伟大作家时，你依据的恰恰是英国文学课程讲授的文学标准，而这个标准早已确定简·奥斯丁是一个伟大作家。

一个居住在苏格兰北部的农夫可能觉得他同村的一个喜欢说故事的鞋匠是比简·奥斯丁更伟大的作家，因为他编的故事不仅能听得懂，幽默风趣，而且具有打动他的邻居们的力量。简·奥斯丁与这个农夫以及他的村子有什么关系？他连最近的城市都没去过，当然更谈不上伦敦。他哪里知道伦敦的高雅男女说的那种"标准英语"（King's English 或 Queen's English），哪里知道他们在客厅里和舞会上打情骂俏、争风吃醋时的机智？

他只听得懂本地的方言俚语。简·奥斯丁不会使这个农夫感动,而且她原本就不是为这个农夫写作,她的潜在读者是受过良好英语教育并懂得上流社会礼仪的人。正是这些人掌握着学术机构、课堂、学位授予权、出版和刊物,决定谁是伟大作家,谁有资格进入文学史,并把这种标准强制推行到每一个社会阶层。

在这种情形下,那个苏格兰农夫迷恋的会说故事的鞋匠当然进入不了文学史,尽管比起简·奥斯丁来,他更能再现苏格兰那块地方上的农民及其生活。这个说故事的苏格兰鞋匠没有被写进文学史,这就意味着,英国文学史出现了一块空白:这个农民故事家所居住的那块地方没有在英国文学中获得再现,尽管在法律上它仍躺在英国的怀抱里,并且被强行分享英国的伟大文学传统。

利维斯致力于构建"传统"并视之为己任,不仅以《伟大传统》为英国小说确立传统,还试图通过《重估:英国诗歌的传统与发展》一书为英国诗歌确立传统,其方式同等地专横。对书写"传统"的注重,说明利维斯意欲夺取对"传统"的解释权。这种权力比一般人所想象的要大得多,也隐蔽得多,因为它假权威之名,把自己小圈子及其代表的阶级的文学趣味确立为一个时代的文学评判标准,以此影响和左右文学评论和当代文学写作。

"传统"因此只是某一类的虚构——确切地说,是某一类蓄意的虚构,它体现了某一类人的趣味,而这一类人偏偏要把自己的趣味当做公共标准。为了让这种虚构看起来其实并不那么虚妄,就得事先确定"什么是文学"。新批评派和以《细察》为阵地的利维斯集团自1920年代起,一直到1950年代,就不停地探讨"文学性"。这是一种高度科学化的、专业性极强的探索,和普通人所理解的"文学"毫无关系,甚至以大量晦涩的学科专业术语故意拒普通人于门外。读者的个人趣味在这里不再起作用,甚至就连作者本人的原始意图也被当做虚妄之物轻易地从"文本阐释"的天地里打发出去。既然新批评派的威廉·K.维姆萨特和蒙罗·C.比尔兹莱以"感受谬误"和"意图谬误"合法地剥夺了读者和作者对文学理解的权力,那么,可以想象,唯一具有这种权力的,只是"文学科学家",即牛桥的英国文学教授们。本来是劳动阶级和下层妇女的读物的"英国文学",此时成了牛桥学者的专利,他们冷淡地告诉"英国文学"原来的读者:你们尽管读得懂英语,却读不懂英国文学,或者说一直在以错误的方式阅读英国文学。新批评派以"文本"为文学的本体辩护,但正如"文本"是一个自成体系的封闭体系,从事"文本"研究的专业人员也成了一个排他的小圈子。

利维斯本人对新批评派的这种建立在科学术语基础上的排他主义持批评态度,他宁可称自己为"反哲学家的批评家"。他的妻子 Q. D. 利维斯在《细察》上撰文道:"30 年代文坛最精彩的场面之一,是学院派对现代文学批评的憎恨。"①考虑到 I. A. 瑞恰兹和威廉·燕卜荪也属于剑桥或牛津的学院派,那么利维斯夫人的区分并不特别准确。然而,从另一种意义上,她的说法又是意味深长的,甚至比她本人所能意识到的意味着更多的东西,那就是在剑桥和牛津之外发展起来的现代文学批评正日益危及 1920 年代进入牛津和剑桥的那些英国文学学者刚刚获得的稳固地位。值得深思的是,新批评派等现代文学批评正是以强烈的排他主义来对抗牛津和剑桥的利维斯主义者孤高的排他主义。

必须承认,利维斯对词语或句子中隐藏的委婉曲折的意义具有非同一般的敏感性,丝毫不亚于新批评派,但他的敏感性同时也是一种道德敏感性,这就使他与新批判派区别开来了,进入了牛桥的古老传统。发表于 1948 年的《伟大传统》可以说是这一类型的批判著作的最后一本,它只可能是 1950 年代以前牛津和剑桥封闭的小圈子里的学者们过于膨胀的自信的表达,因为在 1960 年代之后,再以这种方式撰写文学史,就不仅显得过于盲目,而且还有文化帝国主义的嫌疑,大概只有脾气古怪的人或封闭落后地区的文学史家才会这么做。

甚至在《伟大传统》问世的时代,它在英国就遇到了极有眼光的批评。尽管利维斯以"什么都不说"来对付这些批评,但只有一种近乎盲目的自信,才会相信英国小说的"伟大传统"居然就是三四个小说家,而其中一个或两个还不能算作地地道道的英国人。要是我们把这种触目的狭隘性仅仅理解为利维斯博士高度个人化的文学趣味使然,那么,我们显然忽略了隐匿在他瘦削的身影后面的那个更为庞大、更为稳定的存在,那就是牛津和剑桥由来已久的文化领导权:通过写作文学史,确立自己文学趣味的唯一合法性,并把这种本来属于某个小圈子的趣味强制推行到其他社会阶层。

如果利维斯仅止于谈论"几个真正伟大的小说家",那还没有什么,因为尽管这样确立了一种并非没有疑问的甄别原则,却并没有把这种原则带入文学史写作中,即没有将个人的(利维斯博士的或牛桥的)趣味转换成公共的趣味。私人领域和公共领域之间,仍有一道必要的防线在护卫着。但利维斯博士并不满足于个人趣味的发挥。如果仅仅是一种个人趣味,那么把

---

① Q. D. Leavis,"The Discipline of Letters",*Scrutiny*, winter, 1943, p. 21.

英国文学史上随便哪一个作家(如盖斯凯尔夫人)说成是伟大小说家,也未尝不可,顶多只会被人说成是"趣味不同"。但利维斯博士想以文学史的形式使个人趣味获得权威性。伊格尔顿评论道:"它注定是一种权威主义的理论,因为它完完全全依赖于直觉。"① 以下这段文字虽可作为他为他所描述的英国小说传统所作的辩护,但极有可能,这种辩护也会被别人用来攻击他,因为其基础仍是个人趣味或"直觉"——在新批评派看来,甚至是"心理学谬误":

> 当然,"传统"一词有多种含义——但经常是什么含义也没有。当今有一种习惯看法,认为存在着一种"英国小说"传统,而对这一传统(作为其独特性)所能说的无非是,你要"英国小说"是什么,它就是什么。就我上面提出的精神而言,把小说大家挑出来,就是在树立一种关于传统的更有用的观点(并承认关于英国小说历史约定俗成的观念需要彻底加以改变)。正是因为有了小说大家,那些按前面所列标准来说非常重要的小说家,传统才在严肃的意义上拥有了重要性。②

他所说的标准,即"提高人的敏感性和对生活多种可能性的敏感性"③。这看起来似乎是一个明白易懂的标准,但一深究,就发现困难重重:由于小说家本人不能声称自己提高了人的敏感性和对生活多种可能性的敏感性,因此,以这种标准对小说家进行评价,实际有赖于读者自己的敏感性。当利维斯还没有对小说家进行甄别之前,他就已经事先对读者进行了甄别,并把自己作为某一类具有特权的特殊读者,即批评家。他的这种自信,如我前面所说,源自剑桥、牛津的权威性。只有牛津、剑桥才有资格写作文学史,这是一种似乎约定俗成的权力。如果利维斯博士不幸是伦敦大学函授学院的教师,那他在把简·奥斯丁、乔治·艾略特、威廉·詹姆斯和约瑟夫·康拉德四个人指定为英国小说的伟大传统时,是会犹豫再三的,而且肯定会引来牛津或剑桥英语系的某个英国文学教授的讥讽,弄不好,还会为这种狂妄冒失的观点丢掉饭碗。

但牛津和剑桥就不同了,它们是文学史的最合格的写作者,也是标准英

---

① Terry Eagleton, *Literary Theory*, p. 57.
② F. R. Leavis, *The Great Tradition*, p. 3.
③ F. R. Leavis, *The Great Tradition*, p. 2.

语词典的最合格的编撰者(诸如"牛津英国文学史"、"剑桥英国文学史"、"牛津英语大词典"、"剑桥英语词典"等等)。此外,当利维斯于1948年发表《伟大传统》时,他已经是剑桥英文系的著名教授以及《细察》的核心人物,完全可以用这样专横的方式开始他的这部著作:"英国的大小说家是简·奥斯丁、乔治·艾略特、亨利·詹姆斯以及约瑟夫·康拉德——我们暂且停在这个比较有把握的时间点上。"①直截了当,简单明了,像是军队的点名,或白金汉宫的册封。

利维斯对这几个人的分析(实际是三个人,即乔治·艾略特、亨利·詹姆斯和约瑟夫·康拉德,另外补充了一小篇对查尔斯·狄更斯《艰难时事》的"分析笔记"),从分析的复杂性和给予每个人的篇幅来说,可以说是显微镜的杰作,的确达到了他自己为大小说家所制订的那个高标准。然而,问题也正出在这里:我们看到了四个英国作家,却几乎看不到英国小说的历史,历史像一大片阴影似地消失在显微镜的光圈外,而光圈内的这几个人则纤毫毕现。他以几句话就带过了菲尔丁、理查逊和司各特,口气颇为不屑。居然没有提到笛福,更不用说劳伦斯·斯特恩了。当然,文艺复兴时代的那些风格活泼、情节诙谐的故事集就断无任何可能登上"伟大传统"的大雅之堂,但正是这些作品,再现了中世纪市民阶级以及它的历史后裔资产阶级的体验、情感和意识。

19世纪以前英国资产阶级小说传统就这样被作为"史前史"轻易放弃了。但如果仅仅说这是利维斯的个人文学趣味问题,那我们对这个问题的更意识形态的一面就难以察觉到。我在前面说过,"趣味"并不是一个政治上纯洁的范畴,它从源头处就被意识形态浸透了,无非某个社会阶层的特定趣味。牛桥的精神贵族们若要在文化领导权方面支配资产阶级,那么仅仅诉诸"个人趣味",可能是徒劳的,因为既然是个人趣味,就不具备权威性。文学史的写作,是将特定的个人趣味权威化的最方便的捷径:既然以历史的面貌出现,就挟持了过去的尊严。通过把乔治·艾略特、亨利·詹姆斯、约瑟夫·康拉德等少数几个被牛桥承认的作家确定为英国小说的"伟大传统",就能有效地使牛桥的文学趣味权威化——也就是说,普遍化。

牛桥对文学史写作的垄断,说明它对"历史"阐释权的高度意识。只有牢牢控制历史的写作权和阐释权,才能牢牢控制当代文学的评判标准。并非偶然的是,1960年代提出"重新解读伟大传统"或"重写文学史"的那些批

---

① F. R. Leavis, *The Great Tradition*, p. 1.

评家,不是牛津和剑桥英语系的教授们,而是一些处于"权威中心"之外的普通大学的文学教师。他们与下层阶级的子弟更接近,甚至他们自己就大多来自下层阶级家庭,但他们在牛津和剑桥的文学史中看不到本阶级的形象再现。如果他们的阶级形象在历史中得不到再现,那么他们的阶级在现实中也将处于沉默状态。因此,重写文学史,并不是要对牛津和剑桥确定的伟大作家们在伟大传统中所处的位置进行一番重新编排,而是深入到牛津和剑桥文学史的意识形态潜文本中,瓦解其基础,只有这样,曾被牛津和剑桥的文学史剪掉、隐瞒和歪曲的那些阶级的意识和文学形象才能堂而皇之地进入文学史。

《伟大传统》象征着牛津、剑桥的英语系试图控制英国文学史写作大权的最初尝试。这本书典型地印刻着牛津、剑桥的传统以及自从设立英国文学研究学科以来获得的新特征。古典语文学的阐释功夫,阿诺德的政治批评,第一批英国文学教授的道德意识,以及新批评派的细读技巧——所有这些融合在一起,形成了利维斯对"伟大传统"的表述。

*　　　　*　　　　*

作为"伟大传统"的附笔,我想提一下在《伟大传统》问世时达到顶峰状态的美国的"名著阅读运动"。"名著阅读运动"兴起于1920年代,与英国文学进入牛津、剑桥的时间相近,其目的是向中产阶级和工人阶级提供"高级文化"培训,以培养"良好的公民",因此,它首先是在成人教育机构开始的(正如英国文学开始于机械学院、工人大学和妇女学院),以讨论班的形式研习但丁、柏拉图和吉本。①

考虑到这个时候英国的机械学院、工人大学和妇女学院的男女学生们阅读的主要是以英语创作的活泼易懂的英国现代小说,那么美国成人教育机构的学员们阅读和讨论的对象就显得过于深奥了,几乎全是从欧洲语言翻译过来的古典作品。"名著阅读运动"的时代,也是美国年轻的艺术家和文学家成群结队穿越大西洋,去巴黎、伦敦等欧洲大城市进行文化朝圣的时代,对他们来说,远去的祖国只是文化的外省,甚至是外省的外省。马尔科姆·考利在《流放者的归来》一书中描绘道:"在战后[指一战],几乎到处可以听到美国的智力生活比不上欧洲的论调……他们心底里甚至不相信美国

---

① 罗伯特·M.赫钦斯:《美国高等教育》,汪利兵译,浙江教育出版社,2001年版,第73页。

能为一部伟大的小说提供题材。美国题材——年纪大一点的评论家们这样想——不登大雅之堂。艺术和思想是根据欧洲专利权而制造出来的产品；我们充其量只能为这些产品提供通常情况下注定要浪费掉的原始人才。在文化生活的各个领域中——在绘画、作曲、哲学、民间音乐、民间酒会、戏剧、性爱、政治、民族意识等领域中——欧洲向各地提供了供模仿的范例。"①第一次世界大战后，尽管美国取代英国成为头号政治霸权国家，但文化上依然是英国（或欧洲）的殖民地。文化自卑感如此强烈，以至美国文学家在把美国当做一个文学题材时，都觉得难为情，拿不出手。这是当然的，如果美国人亦步亦趋于欧洲文学，他又怎能用欧洲文学的技巧来再现美国？这些技巧本来就是欧洲人为再现欧洲而发明出来的。看来，1783 年的独立只是一个政治事件，而不是文化事件。

"名著阅读运动"在芝加哥大学校长罗伯特·M.赫钦斯等人卓有成效的努力下，于 1930 年代进入芝加哥大学低年级课程。当赫钦斯于 1947 年出任刚成立的名著基金会的董事长后，面向成人和大学生的"名著阅读运动"就席卷了全美国，居然有一次出现了 9000 人涌入芝加哥交响乐厅共同讨论柏拉图《论辩篇》的盛大场面，真让人有点儿瞠目结舌了。先后参加"名著阅读运动"的美国人近 1500 万人。此外，由赫钦斯主编的《西方经典名著》(*Great Books of the Western World*)丛书（花了 9 年时间全部出齐）也成了热销书，在 25 年时间里售出 100 万册。

这套丛书突出体现了美国人对于老欧洲的一种文化自卑感。在该丛书所开列的全部 74 名作者的 443 部著作中，只有麦尔维尔、威廉·詹姆斯和《联邦党人文集》的作者是美国人，而且除了圣奥古斯丁（北非人）外，全是欧洲白人男性。此外，最近四个世纪的作者所占比例不及全部作者的六分之一。古代的和外国的——阿诺德的文化概念在这里以更扎眼的方式反映出来。美国人心甘情愿地把文化领导权交到老欧洲的手里，强化了自身的文化自卑感。

当时美国的大学教育主要是实用主义的，侧重于科学和实验，而赫钦斯想以他大学校长的权威地位，至少在他控制下的芝加哥大学强制推行"古典文化教育"或"通才教育"，并且通过名著阅读运动，向全国推广。约翰·杜威对赫钦斯的主张不以为然，在 1944 年写到："它表达了一种狭隘的传统，体

---

① 马尔科姆·考利：《流放者的归来》，张承谟译，上海外语教育出版社，1986 年版，第 84 页。

现了一种前科学的文化。"①杜威此言可谓一针见血。赫钦斯想通过"读古书"的方式使美国人从对科学的迷信中摆脱出来,而杜威却更多地看到科学带来的好处,例如"有助于教育的解放和人的能力的提高,也有助于大批廉价的消费品的生产"等等。赫钦斯实际上代表了一种老欧洲的传统和文化,这甚至在他的个人生活上都体现出来:一天下午,他从校长办公室出来,走在回家的路上,遇到一群学生。学生们赶紧为这位平时难得一见的"伟大的希腊之神"让路,大气都不敢出,也不敢正眼瞧。校长大人气宇轩昂地从他们身边走过,头也不回地丢下一句话:"当校长经过时,请脱下你们的帽子。"

　　反对赫钦斯的人里面还包括一些反对社会主义的分子。在这些人看来,提倡欧洲文化,就和社会主义相去不远了,因为社会主义也是欧洲文化的产物。多年后,当米尔顿·梅耶为赫钦斯作传时,他提到了赫钦斯的大学改革计划(例如学术自由、教师上交校外兼职所得报酬等等)与社会主义之间的关系,然后写道:"赫钦斯在一个国家的一个地方实行的社会主义——或布尔什维克主义——在他离开芝加哥大学之后即遭废除。"②

　　其实赫钦斯任校长的最后几年,就一直生活在反对声中。1940 年代的最后几年,是"名著阅读运动"的鼎盛时期,也正是从这时起,该运动遭遇到严厉的批评。批评者指责赫钦斯试图以大学校长的权威身份"把一种特定的哲学强加给大学"③,实际是在执行一种文化帝国主义的政策。赫钦斯对此反驳道:"我有义务为大学制订一个目标。"④文化领导权此时和行政权力合二为一。

　　耐人寻味的是,"名著阅读运动"的衰落,部分是因为 1945 年－1955 年的麦卡锡主义。麦卡锡主义具有与"名著阅读运动"恰好相反的两个特征,即排外主义和反智主义。把"西方"(其实是欧洲)文化帝国主义在美国的终结和美国本土文化意识的觉醒,归功于一场政治反动,就像把英国文学的兴起归功于一场毫无意义的屠杀一样,的确是一种令人不安的想法,然而这或

---

　　① 罗伯特·M.赫钦斯:《美国高等教育》,汪利兵译,浙江教育出版社,2001 年版,第 149 页。
　　② 罗伯特·M.赫钦斯:《美国高等教育》,汪利兵译,浙江教育出版社,2001 年版,第 126 页。
　　③ 罗伯特·M.赫钦斯:《美国高等教育》,汪利兵译,浙江教育出版社,2001 年版,第 138 页。
　　④ 罗伯特·M.赫钦斯:《美国高等教育》,汪利兵译,浙江教育出版社,2001 年版,第 139 页。

许是真的:在麦卡锡主义之前,美国文化基本上是欧洲文化的殖民地,从"迷惘的一代"作家们对欧洲文化中心的崇拜,到特里林把阿诺德的"高级文化"移植到美国,无不如此。在麦卡锡主义之后,美国文学才堂而皇之地进入了"经典"文学,并陆续出现一些美国文学史方面的重要著作,如范·怀克·布鲁克斯5卷本的美国文学史《创造者和发现者》的后4部(分别出版于1940年、1944年、1947年、1952年),亨利·纳什·史密斯的《处女地》(1950年),爱德蒙·威尔逊的《爱国者之血》(1962年)等等。威尔逊在1924年对布鲁克斯说:"当你头一个开始写作、开始严肃对待美国文学时,你几乎是茕茕孑立。"到1950年代,威尔逊和布鲁克斯会发现,书店里开始出现多种美国文学史著作——这传达出一个信息:美国人正在转向自己的民族文学,挖掘其历史和传统,好把自己从文化殖民地的次等角色中摆脱出来,获得与美国当今政治和经济地位相适应的文化领导权。

"垮掉的一代"和1960年代中产阶级造反大学生对麦卡锡主义当然没有任何好感,可在多大程度上,他们是麦卡锡主义的继承者或受益者呢?他们当然不排外,但他们带着同样粗野的作风,把"名著阅读运动"、利维斯的"伟大传统"和特里林的"高级文化"当做欧洲贵族文化的控制形式,统统扔进了垃圾桶。

*　　　*　　　*

英国文学研究在进入牛津、剑桥近40年后,到达了它的顶峰,而它的狭隘性和学院性也日益表现出来,不知不觉融进了牛津和剑桥的意识形态,并开始压制处于边缘地带的现代批评。它太容易忘记自己当初的边缘身份,忘记了自己在几十年前还主要是工人阶级和妇女的读物,而1961年进入剑桥英文系的那两个人将不时提醒他们这一点。

5. 拘留所里的内奸

多年后,雷蒙德·威廉斯在给利维斯写的一篇讣告中,回忆自己从1961年进入剑桥到1978年利维斯去世这段时间他对剑桥的感受:"[剑桥是]世界上最粗野的地方之一……到处听到冷酷、卑鄙、残忍的语言。"[①]这段文字又见于伊格尔顿写的一篇回忆威廉斯的文章。伊格尔顿自己也是在1961年进

[①] 特雷·伊格尔顿:《历史中的政治、哲学、爱欲》,马海良译,中国社会科学出版社,1999年版,第255页。

入剑桥英文系的,他的剑桥生涯并不见得比威廉斯愉快多少:"而我呢？我发现自己孤零零地处于一帮学生的围困之中,他们人高马大,看上去都在六英尺以上,说话像驴叫,看电影时哪怕最平淡的一句话都会逗得他们大跺其脚;他们在温馨幽静的咖啡馆里像是在群众大会上一样扯着嗓子叫唤。很难说我们两人谁的日子更难熬。"①被视为象牙塔的牛津和剑桥,在这两位来自工人家庭的马克思主义者看来,和小酒馆的情景差不多("驴叫"、"大跺其脚"、"扯着嗓子叫唤"等等)。阿诺德以"牛津,旧日的牛津"开头的那一段溢美之词,如今听上去,倒显得是讥讽了。牛桥学者引以为荣的那种冷隽的幽默,本来是为了显示高人一等的机智,在威廉斯耳朵里竟成了冷酷、卑鄙、残忍的语言。

威廉斯和伊格尔顿,这是剑桥英文系在1960年代初接纳的政治背景非常不同的一类教授。他们进入剑桥,象征着继1920年代小资产阶级进入剑桥后,工人阶级的代言人从文化边缘地带向核心地带的突入;同时,作为政治失败的补偿,也象征着马克思主义者和左派从现实领域向象征领域的战略转移。与利维斯等人极力消除本阶级的痕迹不同,威廉斯和伊格尔顿始终带着边缘地带的阶级特征,并以此作为批评力量取之不尽的源泉。

这里所说的边缘地带,还不是就象征或比喻的意义而言。利维斯当初也是从文化边缘地带进入中心的,但他是剑桥本地人,他跨进剑桥,虽也费了点劲,但毕竟不是长途跋涉。而威廉斯和伊格尔顿的边缘地带,还具有地理意义:威廉斯来自威尔士的农村工人阶级社区,而伊格尔顿则来自萨尔福德的一个爱尔兰移民工人家庭。按伊格尔顿描绘威廉斯时的说法,他们都是经过长途跋涉才从偏远之地来到剑桥的,在付出重大代价后,才知道剑桥的规矩和简慢的作风。

两人中年轻一点的、曾在牛津获得过硕士和博士学位的伊格尔顿,似乎显示出比威廉斯稍多一点的灵活性,并先后学会了牛津和剑桥的幽默的机智;而威廉斯在第二次世界大战中中断了在剑桥英语系的学习,指挥一队坦克兵在法国战场上作战,后来在工党执政期间,还一度加入共产党,并在农村工人阶级成人学校教过几年书。他重新回到剑桥时,已经历过了大多数剑桥人无缘经历的东西:"他的长相和说话都不像一个大学教师,更像是乡下人,热情而质朴,与上流中产阶级一贯的那种乖巧而简慢的作风形成很大

---

① 特雷·伊格尔顿:《历史中的政治、哲学、爱欲》,马海良译,中国社会科学出版社,1999年版,第255页。

反差。"①不管怎样,威廉斯和伊格尔顿都像是走错了地方,与这个地方保持着难以消弭的情感隔膜,并在政治上对这种制度保持着谨慎的距离。

然而,正如伊格尔顿所说,一个常见的悖论是,局外之人反而能维护一个地方最有创造性的传统:"我指的是剑桥英语系的优良传统,威廉斯在好多年里一直都是这一传统的化身,当然系里的同仁们往往很少知道他到底讲什么。威廉斯以一种新的方式把剑桥英国文学教学的文本细读分析与'生活和思想'研究两股截然不同的潮流合在一起。"②或者说,他把语文学和新批评派的文本细读方法与利维斯小圈子的文化批评,以一种马克思主义的方式结合在了一起,并一次次复活了他在自己的思想形成期所经历的团结互助的工人阶级生活的经验,对工业、农村、工人阶级甚至电影和通俗报刊这些剑桥英语系不曾涉足的领域有一种持久的兴趣——所有这些,又使他有别于剑桥英语系的传统。

伊格尔顿描绘他自己最初听到威廉斯从容不迫、娓娓道来的演讲的感受时说,那像是少年犯拘留所里一个垂头丧气的少年犯突然惊诧地意识到站在他面前讲话的所长大人正在发出拐弯抹角但确定无疑的信息——他也是一个罪犯,是混进拘留所里的一个内奸。伊格尔顿说:"通过他这个权威的中介,我觉得自己获得了表达自己的权威,并且通过我表达所有父老乡亲的心声,他们从未说过该说的话,从未得到允许说心里话的条件,从未有人愿意多问一句他们想说什么。"③威廉斯不是站在剑桥英语系的屋顶上来遥望威尔士农村工人阶级社区的,他始终是威尔士乡下人,他长途跋涉到剑桥英语系,不是为了登上那个屋顶,好向他的威尔士乡亲们骄傲地显示一个威尔士人已经在英格兰的核心地带混出了一个模样,而是为了下到这座建筑的光线晦暗的地下室,找到一些对它不利的东西,好在适当的时候炸飞那个高高耸立的屋顶。他与威尔士农村工人阶级是同谋。这种双重身份,带给他几乎所有作品一种二元对立的色彩,如《乡村与城市》和《文化与社会》等。

这种双重身份,也是双重视力。"有机社会"无疑是利维斯小圈子站在剑桥英语系的屋顶上遥望威尔士乡间时所看到的幻象,如当初的英国浪漫

---

① 特雷·伊格尔顿:《历史中的政治、哲学、爱欲》,马海良译,中国社会科学出版社,1999年版,第255页。

② 特雷·伊格尔顿:《历史中的政治、哲学、爱欲》,马海良译,中国社会科学出版社,1999年版,第258页。

③ 特雷·伊格尔顿:《历史中的政治、哲学、爱欲》,马海良译,中国社会科学出版社,1999年版,第256页。

派一样。在这个幻象中,反复出现的是山谷、河流和湖泊,而没有当地人,他们的日常生活、欲望、工厂、农田都被细心地从这幅图景中裁剪掉了,因为它们会使"有机社会"的幻象瞬间破灭。"有机社会"的幻象像一片安宁的祥云,浮在威尔士农村的上空,但威廉斯不是来自这片祥云,而是直接来自被祥云所遮没的苍凉的土地。

所谓"有机社会",不过是剑桥英语系的教授们对威尔士乡下的再现,他们握有写作的权力,出于自己的需要而替沉默的威尔士乡下人再现威尔士农村。换言之,他们僭取了威尔士乡下人再现自己的权力,而作为僭取这种权力的前提,他们并不给予威尔士人受教育的权力。"英国文学"进入牛桥后,就从工人阶级和妇女的读物转换成了大学教授们高深莫测、拒人千里的专业研究了。威廉斯不无感慨地说:要认识一个威尔士人,非得通过另一个威尔士人才行。①

这句话隐含了比它的字表意义更丰富的东西。它意味着剑桥英语系不可能像以前那样保持连贯一致的同质传统,即英格兰的、盎格鲁-撒克逊的、贵族-上层资产阶级的、男性的、古典人文主义的传统。以相似的方式,爱尔兰工人移民后裔伊格尔顿也把爱尔兰流血的形象带进了剑桥英语系,而剑桥英语系经常回避敏感的爱尔兰话题。爱尔兰是一个历史问题,也是一个现实问题,在1948年最终从英联邦独立出来前,爱尔兰一直处在英国的政治压迫和经济剥削之下。时至今日,英属北爱尔兰仍是一个相当棘手的民族问题。在多大程度上,"英国文学"参与了对爱尔兰幻象的塑造,这正是伊格尔顿想要揭示的;此外,正如他的意识形态批评的一贯特色,他认为,文学本身就是政治,是一种更精致的政治,完全不是牛津、剑桥英语系给外人留下的那种学术象牙塔假象。

"对于英国文化而言,"伊格尔顿说,"爱尔兰就成了自然。"②就像威尔士在英国文学中被梦幻成"有机社会"一样,爱尔兰也成了自然主义的田园。英国文学是以一种对待风景画的态度来对待爱尔兰的,使其土地风格化了,成了审美的对象。这种对待土地的方式,更多地根源于英国土地贵族与自己庄园的关系。对贵族来说,土地不是耕种的对象,他不必亲自耕种它就能

---

① 特雷·伊格尔顿:《历史中的政治、哲学、爱欲》,马海良译,中国社会科学出版社,1999年版,第260页。
② 特雷·伊格尔顿:《历史中的政治、哲学、爱欲》,马海良译,中国社会科学出版社,1999年版,第344页。

够从土地获得收益(地租),因此,从土地的经济学来看,他与土地只有一种抽象的所有权关系。何况,在维多利亚时代,贵族纷纷移居城市,只是偶尔去乡下庄园走一趟,而他们来到乡下,更多是为了度假。此外,由于贵族迁到城市,以前经常以实物形式支付的地租,改以货币支付,而货币使得这种本来就松散的与土地的关系变得更抽象了。

这种抽象性,一方面可以缓解或消除直接的经济剥削必然带来的犯罪感,另一方面又使土地成了一个处在一定距离之外的怀旧的审美的对象。这种看待土地的方式,使自然主义成了维多利亚时代英国文学的特色之一。英国文学习惯于用英国特色的自然主义来为经济殖民主义抹上一层宁静、神秘的异国情调,并且把这种文学观带给了殖民地的知识分子。既然"土地"成了一个审美对象,那就意味着,它被置于视觉的一个远处。一个耕种土地的爱尔兰人之所以不把爱尔兰土地当做审美对象,是因为他的视觉从没离开过脚下的土地,他与土地处于一种混沌的生死与共的关系中,就像土豆、甜菜、大麦、小麦与土地的关系一样。

为什么地球上大部分偏远地区的风景是由西方人发现的?我并不是指那种人迹罕至的角落,而是土著人在上面已繁衍生息无数代的土地。为什么土著人自己没有发现他们的土地是风景?恰恰是因为他们与土地的关系纯粹是耕种关系,无法获得一种外在于耕种关系之外的眼光来对这片土地进行审美观照。从对土地的凝视中产生的浪漫主义和自然主义,只是那些不必耕种土地的文化人、殖民者和上流社会对土地的想象而已。当他们把这种想象灌输给殖民地的知识分子时,就使这些知识分子从自己的土地、继而从自己的民族游离出来,成了殖民者的代理人。谈到爱尔兰,伊格尔顿说:

> 不管是什么原因,英国意识形态的自然化策略在爱尔兰似乎并不十分管用。声称要进行统治,但始终未能获得霸权地位,这表明它永远不能实现这样的自然化……社会制度被社会冲突弄得破绽百出,把这样的秩序想象成一个神秘自我更新的有机实体,颇不足取,尽管有的浪漫主义民族话语曾经竭力这样做。自然在爱尔兰可以看做一个伦理—政治范畴,也可以看做一个经济范畴;甚至可以看做一种主体,但这并不是从柯勒律治到劳伦斯以来关于自然世界的英国思想中那种超验生命意义上的主体。除了乔治·皮特里,很难想象爱尔兰还有一个罗斯金,当然时至今日,爱尔兰仍有几个建设性的工联主义者想装扮成爱尔兰的阿诺德。在爱尔兰,自然被道德化和性别化了;而且它身上还有一

种神话力量,因此也被超验化了。但在总体上,它似乎很少像在英国那样看做审美感知的一种客体,原因之一不难找到。爱尔兰的自然总是一种社会物质范畴,主要是租佃、耕作、养猪和种土豆的问题,很难使之距离化、风格化、主观化。①

"土地"一词,在英国文学中,唤起的经常是一种自然主义或浪漫主义的情感,对爱尔兰人来说,却主要是一个收成问题。但伊格尔顿并不是直接从爱尔兰的历史中收集材料来打击这种关于爱尔兰的英国想象的,要是这样的话,那他或许会成为一个不错的爱尔兰历史学家,甚至会成为一个爱尔兰民族主义者。当他说威廉斯是"混进所里的一个内奸"时,他自己也是这么一个内奸。像威廉斯一样,他也主要是从英国文学内部发现对英国不利的东西的。

必须具备一个内奸的训练有素的目光和进行内部颠覆的谋略,才能从这一大堆文学知识中发现一些至关重要的线索。一个词、一句不经意的话、一个不起眼的形象或一段风景描写,都可以成为英国文学的裂口,在那儿放置炸药,就能把英国文学炸出一个不小的窟窿。被利维斯《细察》小圈子和新批评派诸将磨得锋利无比的文本和语义分析方法,原本是用来磨砺英国人的美学感受力和道德敏感性的,好使他们在一个动荡、分裂的工业时代重新获得民族认同感,如今落在了威廉斯、伊格尔顿这帮马克思主义者手里,可想而知,他们会以自己的方式来使用这种方法。

我这里只谈到了威廉斯和伊格尔顿的批评方法的阶级－地域来源以及他们用这种方法处理的一个相似案例(英国文学中的威尔士"有机社会"形象和爱尔兰"自然主义")。他们当然比这幅简单的肖像要丰富得多、复杂得多。正是他们,才彻底改变了剑桥英语系的传统,或者至少使这种封闭的传统处于千疮百孔之中。正是他们,把一直为牛津、剑桥所排斥的劳工史、殖民史、工业和帝国、农业统计、性史等非文学文献带进了英国文学的研究中。"英国文学"如今不是被供奉在"伟大传统"的祭祀台上,而是被扔在尸体解剖台上,支解得七零八落,到处散落着意象、词语、概念。

在经历了他们批评智慧的洗礼后,牛津或剑桥的英语系不再可能出现利维斯《伟大传统》这样的著作了,甚至连利维斯这样的教授也不可能再度

---

① 特雷·伊格尔顿:《历史中的政治、哲学、爱欲》,马海良译,中国社会科学出版社,1999年版,第341—342页。

出现:原因很简单,那就是必须要有一个坚实的立足点,才能成为利维斯博士那样的人,也才能写出《伟大传统》那样的书,但从现在的眼光看,这一立足点本身都成了问题,因为构成这个立足点的材料(传统、经典价值、道德、土地、血缘等)无一例外都是成问题的。

然而,由于这一切都以象征革命的形式出现,它所产生的破坏性比它当初所预想的要小得多。利维斯构造的"英国文学"的确被炸塌了,但英国体制还在那儿。从某种意义上说,左派学者进入牛津和剑桥的英语系,恰恰是当左派革命在现实中变得软弱无力、可有可无的时候。他们所诉求的那个阶级,即他们曾生于斯、长于斯的那个阶级,并不特别需要他们的智慧,甚至不再以一个阶级的形象出现(北爱尔兰或许是唯一剩下的反抗的集体形象)。这里出现了一种奇特的角色转换,决定了下一个十年(1960年代)英国社会的时代特征,即当左派学者在大学里忙于向中产阶级子弟传授马克思主义时,中产阶级父亲却忙于为工人阶级改善福利(那时,英国工党政府和凯恩斯主义者正致力于把英国建设成一个"全民福利国家")。

从文化和生活方式看,1960年代的造反运动,是左派学者进入大学以来造成的传统内部紧张状态的一次"放血疗法",它舒缓了紧张的神经。剑桥英语系在1960年代初聘任威廉斯(1961年)和伊格尔顿(1964年)为研究员时,大概没料到几年后会爆发大规模的大学生造反运动。不过,这种象征性的"放血疗法",并没有像它当初预想的那样成为一场政治革命,实际上,它一直处在政治安全阀可承受的压力刻度下。当运动渐渐平息后,剑桥英语系发现自己应该为当初聘用左派学者的决定感到庆幸,因为威廉斯和伊格尔顿已经成了剑桥英语系的一笔可观的象征资本——当伊格尔顿后来离开剑桥,去牛津英语系当教授后,他又把这笔象征资本给予了牛津。这时,他已完成对剑桥"英国文学研究"传统的系统批判,必须转移阵地了。

威廉斯和伊格尔顿进入剑桥和牛津的英语系,意味着"批评"或者"理论"在英语系的最终胜利。在这些复杂而精细的理论面前,经验性的"英国文学研究"不仅显得苍白无力、思想狭隘,甚至是有罪的,因为它建立的基础始终是英格兰的、盎格鲁-撒克逊的、男性的和贵族-上流中产阶级的,是一种特定的意识形态,可偏偏要以一种虚幻的普遍性和同一性来掩盖这一点,并试图把这种用文学包裹起来的意识形态兜售给英格兰以外的地区、盎格鲁-撒克逊以外的民族、"另外那个性别"以及中下层阶级。

正是对"传统"的质疑和警惕,才使威廉斯和伊格尔顿像知识考古学家一样潜入到那个堆满废弃之物的历史地下室里,探索"历史连续性"曾经在哪一些点上暗中发生了遗漏、偏移、变形、改写、断裂、忘却，才形成它目前这副模样。确切地说，他们是解构主义的一代人。如果谁忽视他们的理论智慧，谁就有可能仍然停留在利维斯时代。伊格尔顿曾这样描绘利维斯时代带来的英国文学研究的繁荣局面："在 20 年代初期，谁都不清楚英国文学到底有何研究价值，但到了 30 年代，问题已经成为：除了英国文学，还有什么其他东西值得你去浪费时间？"把这句话略加修改，就完全可以表达 1960 年代以后英语系的状况："在 60 年代初期，谁都不清楚理论到底有何研究价值，但到了 70 年代，问题已经成为：除了理论，还有什么其他东西值得你去浪费时间？"

理论不再是英国文学研究的女仆，它成了一项大有可为的事业，甚至本身就成了"文学"。伊格尔顿对那些表示厌恶理论研究的批评家评论道："经济学家 J. M. 凯恩斯曾说过，那些厌恶理论或声称没有理论会更好的经济学家，不过是处在较为陈旧的理论的掌握中。对文学学者和批评家来说，这句话也适用。"到 1983 年，伊格尔顿非常有把握地写到，"对反对意见的简单答复是，如果没有某种理论，不管是粗糙的还是晦涩的理论，那么，我们首先就弄不懂'文学作品'到底是什么，怎样去阅读它。对理论的敌视，通常意味着对别人理论的反对和对自己理论的遗忘。"①

正是通过威廉斯、伊格尔顿这些人具有非凡创造性的理论研究成果，英语系才第一次成为理论输出的地方。英语系终于发现了自己真正的优势，那就是它对语义的辨析训练使它具有非同一般的语言敏感力，使它能看出隐藏在文本之中、之下、之外的多余意义，而对这些多余意义的政治思考使它走向了文化批评。威廉斯和伊格尔顿对"英国文学研究"的终结不仅为重新写作文学史奠定了基础，而且他们自己的著作就是这种写作的范例。所以，当 1982 年彼特·威德逊等人合写的论文集《重新解读英国文学》出版时，我们可以看到，他们开始以一种明目张胆的方式来从事威廉斯和伊格尔顿小心谨慎开启的事业，对"英国文学"研究和教学所依赖的权威原则、"标准"进行质疑。"重写文学史"这一口号，预示着更广泛的学术斗争。

6. 英帝国的鼹鼠们

如果说五六十年代左派学者对大学的大规模渗入标志着学院马克思主义松散群体形成的话，那么，1970 年代后陆续进入大学任教的前造反大学生

---

① Terry Eagleton, *Literary Theory*, pp. vii—viii.

及远道而来的前殖民地的学者,则给人一种主题各异、流派林立的印象。他们像是一群群牙齿细密而锋利的鼹鼠,在英帝国"高级文化"的地层中四处打洞。文化等级制终于遭到溃败。黑人研究、族群研究、贱民研究、传媒研究、女性研究、性别研究、新历史主义、后现代、后殖民主义等等,全都进入了英语系——或发端于英语系。它们在方法上有一个共同特点:起于文本分析,成于文化批评;在理论资源上,也有一个共同点,即阶级理论、解构主义及知识考古学等。文学作品对他们来说,不再是一个个文学文本,而是一份份政治—历史文献,里面隐藏着权力关系。

这种方法从一开始就使经典意义上的"文学研究"成为不可能,因为据以判断文学和非文学、"优秀作品"与"劣等作品"的基础标准本身就已包含众多并非没有疑问的假设。文化研究是一种不对文学作品进行文学价值判断的研究,它关心的是权力的表现形式,因此对它来说,越是那些隐含权力密码的作品就越有研究的价值。一句话,它是解神话的,对"真理"、"同一性"、"客观性"等曾被认为是知识的稳固基础的东西,持一种深刻的怀疑态度。

伊格尔顿对此颇有微词,说它是一场失败的政治运动之后泛滥起来的相对主义和虚无主义思潮的后现代表现形式。在谈到"后现代性"时,他定义说:"后现代性是一种思想风格,它怀疑关于真理、理性、同一性和客观性的经典概念,怀疑关于普遍进步和解放的观念,怀疑单一秩序、大叙事或者解释的最后证据。与这些启蒙主义规范相对立,它把世界看做是偶然的、没有根据的、多样的、易变的和不确定的,是一系列分离的文化或者释义,这些文化或者释义孕育了对于真理、历史和规范的客观性、天性的规定性和身份的一致性的一定程度的怀疑。"① 这样说也许并不公正。事实上,伊格尔顿自己就在一定程度上影响了"后现代性"。

关键不在于这种流行的怀疑精神,因为怀疑精神总是可贵的,而在于"后现代性"找不到自己的情感立足点。威廉斯和伊格尔顿那一代左派身上,有一种挥之不去的理论严肃性,因为这种理论不仅来源于对社会下层经验的顽强的儿时记忆,而且来源于那个沉默的人群的存在。但是,在他们之后进入英语系的年轻教师们,来源则要复杂得多,仿佛除了白人男性中产阶级(即唯一找不到情感立足点的阶级),其他一切阶层或群体——白种女人、黑人、亚裔、中东人等——全都可以在英语系找到他们富有激情的代言人。

---

① 特雷·伊格尔顿:《后现代主义的幻象》,华明译,商务印书馆,2000年版,《致中国读者》,第1页。

他们是地方意识和族群意识普遍觉醒的时代的人,都急切地想在文化力场的核心地带为自己夺得一席之地,好使自己所属的地区和人群的经验获得再现,而白人男性中产阶级感到自己的话已说完了,变得冷淡了,或者说,如果他还有什么话要说,那大概是道歉话。

"人们早已熟知的一个英国现代主义悖论是,被殖民者和被剥削者将继承文学领地。"伊格尔顿说,"关于这个问题,西恩·戈尔登写了一篇很有启发性的文章。他认为爱尔兰人和美国人早在本世纪初就夺取了'英国'文学的制高点,而且正因为他们没有那种曾经使土著人致残的英国文学传统中的情感既得利益,他们就能够把这种颠倒了的帝国主义武绩贯彻到底。詹姆斯、康拉德、艾略特、庞德、叶芝、乔伊斯以及贝克特,他们能从外面审视英国本土传统,出于各自的目的将传统的东西客体化或占有,既疏远又进入英国文学,而在虔敬这一传统中长大的人是做不到这一点的。由于这些艺术家基本上都处于边缘历史的范围,他们能够把英国本土传统看做一个问题对象,而不是一笔需要保护的遗产。不管是乔伊斯还是艾略特,他们都能徜徉于欧洲文学的整个疆域,他们是从祖国的俄狄浦斯约束下解放出来的一些绝不羞怯的修补匠。"①

这是问题的一个方面,不那么重要的一方面,因为上面那些文学家毕竟都是白人,几乎讲同一种语言,用同一种语言写作。但对于那些来自前殖民地的人来说,他们并不想从事"修补匠"之类的工作。他们带着暴露他们地域来源的口音,说着那门被称做"英语"的语言——对他们来说,那是一门外语,他们迫不得已才使用它,为的是让宗主国的白人听明白。可想而知,他们对待英语文学的方式,决不同于阿诺德、利维斯、威廉斯、伊格尔顿以及特里林,而类似于巴勒斯坦裔的美国人爱德华·萨义德。被威尔士人和爱尔兰人清算过的英国文学,现在轮到阿拉伯人、非洲人、中国人和印度人来清算了。他们是继威廉斯和伊格尔顿之后进入大学英语系的又一批学者,很难说他们是小资产阶级(像利维斯一样),也很难说是工人阶级(像威廉斯一样),而是"英帝国前殖民地人的后裔"。如果说威廉斯和伊格尔顿以"词语的语义史"来瓦解"英国文学研究"的虚构性及其意识形态,那么,这至少表明他们对语言潜在的可通约性是有信心的,因为那是一门单一的语言,是英语世界的人用英语写成的英语文学。

---

① 特雷·伊格尔顿:《历史中的政治、哲学、爱欲》,马海良译,中国社会科学出版社,1999年版,第209页。

然而,一旦两种语言碰撞在了一起,并且它们的持续相撞伴随着两个民族之间的战争、殖民、污辱、压迫、屠杀等创伤性体验,那就不仅仅是语言问题,也将不仅是翻译问题,因为这种创伤性体验无法在语言中获得完整的表达,更无法通过翻译进行传递。它是身体的、土地的、血液的、脑灰质的,一旦转换成外语,就变成了完全不同的东西。因此,这些进入大学英语系的前殖民地人后裔,将把"不可通约性"作为他们的符咒。

曾经由清一色的白种男性把持的英语系,在1970年代以后迎来了一批肤色不同的男性和女性学者,他们迅速占领了英语系的制高点。当你在英语系的廊道里不时遇到白种女教授、中东裔的男教授、黑人女教授或者印度裔的男教授,又看到一群群不同肤色的大学生从各个教室里涌出来,你肯定会惊讶万分,仿佛英语系正在沦为有色人种在西方白人的传统势力范围的殖民前哨。英国殖民者踏上殖民之路的最便捷的路径是海路,所以那些遥远的沿海地带就成了他们据以扩大势力范围的殖民前哨,如今,前殖民地的学者踏上"逆向殖民"之路的最便捷的路径是英语,所以宗主国的英文系是他们最初的落脚点。

这些先前处于沉默、失语状态的边缘地带的性别和种族的代表们对英语系的大规模渗入,使自利维斯那一代人以来苦心经营的"英国文学"象牙塔还来不及封顶就彻底崩塌了。这种逆向的文化殖民,将带给前宗主国一种深刻的自省意识。

他们进入英语系,并不是为了进入英国文学的象牙塔。在他们看来,这座白色的高塔是权力等级制的象征化形式,而有色人种、妇女成了它的献祭物。把那些一直处于沉默和失语状态的边缘之物以一种激烈的方式带进这座象牙塔,就能很好地从内部瓦解它。由于英语系自身的特点(文本细读训练以及对其他学科领域的僭越),英语系几乎成了1960年代以后唯一一个能提供自由解放能量的文化竞技场。它看起来倒像是巴别塔,每个人都说着独特的语言,阐述着不同的经验,仿佛他们之间唯一的共同点就是"英语"。利维斯博士的在天之灵俯瞰着以前耸立着象牙塔的地方,发现那儿火光冲天,一片混乱,人人各说各话,毫无秩序可言。利维斯集团曾赋予"英国文学研究"的那种庄严的秩序感和内部凝聚力,现在变成了离散力。英国文学与其说仍是阿诺德所梦想的文化宗教,不如说成了文化无政府主义者的轰炸机群的弹着点。保守人士惊恐地喊出了"英语文学的危机"的口号,而围绕这一危机,1980年的牛津展开了激烈争论;次年,争论之风又刮到了剑桥。

威廉斯和伊格尔顿当初进入剑桥,是为了终结利维斯派的"英国文学研究",使威尔士和爱尔兰的沉默的历史经验获得某种正确表达。然而,这还不够。在英格兰、威尔士和爱尔兰之外,还有更多的处于沉默甚至失语状态的土地,它的边界等于历史上的日不落帝国的边界。伊格尔顿把所有这些视为一场政治惨败后的产物,是激进主义退缩到大学校园后的政治反讽:"从秩序上说,后现代思想的典型特征是小心避开绝对价值、坚实的认识论基础、总体政治眼光、关于历史的宏大理论和'封闭的'概念体系。它是怀疑论的,开放的,相对主义的和多元论的,赞美分裂而不是协调,破碎而不是整体,异质而不是单一。它把自我看做是多面的,流动的,临时的和没有任何实质性整体的。"①在另外一处他又写到:"后现代主义所拒绝的不是历史而是大写的历史——即一种观念,这种观念认为存在着一个称为大写的历史的实体,它具有一种内在的意义与目的,它悄悄地在我们周围展开,甚至就在我们说话的时候。"②

到此为止,很难看出伊格尔顿与后现代主义的基本区别,因为他不正是以相似的方式来解构"英国文学"关于爱尔兰的幻象的吗?他并不拒绝爱尔兰的历史,而是拒绝英格兰为爱尔兰写作历史。对他来说,"英国文学研究"构成了一整套表征符号,以此来维护一种特定的、貌似普遍主义的、总体论的、本质主义的、连续性的价值体系,而爱尔兰人或者威尔士人在这个价值体系中要么被遗忘,要么被改写和误写。爱尔兰人和威尔士人不可能从"英国文学的伟大传统"中辨认出真实的自我。

后现代主义是威廉斯和伊格尔顿等人(我这里只谈到英语世界,就后现代主义而言,法语世界的影响可能更大,例如米歇尔·福柯和罗兰·巴特)曾经启发的那种思潮在1960年代以后的涌现和向其他"英语"地区和人群的渗透,它代表着以前的边缘地带的地方意识和地方尊严的觉醒,因而对构成英语世界基础的那些西方传统价值体系的合法性提出了激烈的挑战。作为一个以英语为母语的爱尔兰裔英国人,伊格尔顿对这种他称之为"相对主义"和"虚无主义"的浪潮感到焦虑,让人联想到当初的阿诺德:

> 它已经使许多自鸣得意的确定事物走下坡路,公开评判了某些患

---

① 特雷·伊格尔顿:《后现代主义的幻象》,华明译,商务印书馆,2000年版,《致中国读者》,第1页。

② 特雷·伊格尔顿:《后现代主义的幻象》,华明译,商务印书馆,2000年版,《致中国读者》,第38页。

妄想狂的总体性，玷污了某些被小心地加以保护的纯洁性，倾斜了某些压迫性的规范，动摇了某些看起来已经相当脆弱的基础。结果，它已经把那么完全了解他们自己是谁的人完全搞糊涂了，并且解除了这样一些人的武装，他们需要知道他们自己是谁，而又正好站在非常愿意告诉自己这一点的人们面前。它已经产生了一种在给人鼓舞的同时也使人麻痹的怀疑主义，借助于一种纯粹的文化相对主义——它无力保护西方或者东方的女人抵抗堕落的社会实践——剥夺了西方男人的统治权，至少在理论上是这样。①

伊格尔顿是想揭示后现代主义是一种以激进姿态出现在西方思想竞技场上的思潮，它最有力的武器是文化相对主义，以此来剥夺西方白种男人的文化统治权。可是，这种双刃的武器也很容易伤着自己，或被对手所用，结果，以"解放"为动员力量的后现代主义在它似乎就要成功的那一刻，又突如其来地塌陷下去了。存在着某种东方主义吗？那好，不也存在着某种西方主义么？既然有一种男性中心话语，那不也存在一种女性中心话语？伊格尔顿从相对主义中挖掘出后现代主义的自反性，以此说明它是一场政治瘫痪的替代物。

果真如此吗？考察一下伊格尔顿的英国式的马克思主义也许不无启发。伊格尔顿似乎坚持经济基础对上层建筑的决定作用。他对文化的考察往往深入到经济方式和经济事实之中。这和威廉斯式的马克思主义相似，也是他们各自作品所具有的巨大启发性的来源。然而，我们必须考虑另一种情形，即表现在阿诺德和利维斯思想中的文化和意识形态对经济基础的潜移默化的影响。伊格尔顿当然承认文化对人的塑造力，但他更多地把这种塑造力视为阶级和种族压迫的象征形式。他对"英国文学研究"的意识形态性的揭示，就是为了使文化回复到"真实"的状态，即试图让词语走向概念事实。按F.詹姆逊的说法，现象与本质之间的距离，是意识形态批评大有可为的地方，因为造成这种距离的正是意识形态。威廉斯和伊格尔顿的意识形态批评，表现为一种语义还原法，例如威廉斯的《关键词》、《乡村与城市》和《文化与社会》。最后那本书的前言的第一段是这种方法论的简明表述：

---

① 特雷·伊格尔顿：《后现代主义的幻象》，华明译，商务印书馆，2000年版，《致中国读者》，第28页。

本书的构成原则是发现文化观念以及"文化"这个词本身的现代用法是怎样进入我们通常称之为工业革命的那个时代的英语思维中的。本书试图揭示这一切是怎样发生的,为什么会发生,追踪这个观念从那时起一直到我们当今时代的轨迹,因此,本书成了对我们的思想和情感对18世纪末以来英国社会变化的反应作出的报道和阐释。只有在这种语境中,我们才能使用"文化"这个词,也才能精确地了解这个词所指涉的事物。①

语义还原法暗示一个词或一种观念可能被复原成原初状态。如果不是这样,那威廉斯对词和观念的追踪就会失去目标。可如果承认这一点,就必须承认一些具有本质意义的东西的存在,来作为我们随时可以折身返回的基点,这既可能是威尔士或爱尔兰,也可能是关键词。这恰好透露出了威廉斯和伊格尔顿的文化批评的意义和限度,即它是对"英国文学"蓄意塑造的神话的揭发,同时,它又把这种揭发停留在一定的限度内。在前一种意义上,它是激进的,在后一种意义上,它是保守的。剑桥英语系的传统这时就对威廉斯和伊格尔顿暗中发生了作用。他们并不是真的想引发一场文化无政府主义浪潮,而是想使文化从虚假状态回复到真实状态。毕竟,尽管威廉斯来自威尔士工人社区,伊格尔顿来自爱尔兰工人移民家庭,但他们无一例外地属于英国文化,而且是这种内部千疮百孔的文化的"修补匠"。

关键在于,威廉斯和伊格尔顿的"文化"一词虽然具有语义史,却仍是一个单数,他们是在广义的"英国文化"这个区域里从事研究的。对他们来说,不存在比较文学,也就是说,不存在其他的区域文化。当伊格尔顿以"文化相对主义"批评后现代主义时,恰恰透露出了他的英国文化身份:"后现代主义是一种完全西方的甚至美国的思潮呢,还是具有更多的全球意义?"这句不经意的话里出现了三个地名,其中"西方"和"全球"是抽象的,无具体所指,而"美国"却是具体的,指的就是北美洲那块飘扬着星条旗的长方形国度。这种印象被数行之下的另一句话强化了:"它[后现代主义]是像美国批评家弗雷德里克·詹姆逊指出的那样,是'晚期资本主义的文化逻辑',还是像其他人主张的那样,是一种……"②在这篇作为序言冠于《后现代主义的幻

---

① Raymond Williams, *Culture & Society*, 1780—1950, New York: Harper & Row, Publishers, 1958, p. ix.

② 见特雷·伊格尔顿为《后现代主义的幻象》中文版写的短小序言《致中国读者》。

象》中文版前面的短文里,美国是唯一被点名的国家。

从19世纪初开始,欧洲人就形成了一种思维定式,把美国看做是一个没有文化的国家。后来,从19世纪中后期开始,当美国成为一个经济和政治巨人后,它在欧洲的眼中更像一个资产阶级了。欧洲文学家所写的大量文学作品以及欧洲的街谈巷议都强化了这种观念,以致影响到了美国的文学家和艺术家对美国的态度。他们同欧洲人一起来嘲笑美国。

英国或西欧的文化殖民主义以一种精致的形式出现在1960年代以前的美国,甚至没有引起美国人的警觉,而其后果则是危险的。当金斯堡于1950年代末向特里林代表的高级文化发起第一轮攻击时,实际是通过攻击特里林来攻击阿诺德和英国文化——在他看来,这种文化是等级制的表现。他的直觉是对的。他对印度文化(不是被英国文化殖民主义弄得走了样的那种殖民地英语文化,而是作为"异教"的印度教文化)的向往,无非是向西方高级文化进行示威的一种姿态。

1960年代的反文化就是沿着这个方向走下去的,把被"高级文化"排斥、压制和贬低的那些文化(青年亚文化、黑人文化以及后来被统称为"美国文化"的那一堆东西)一点点从边缘带到中心。"反文化"不是别的,就是高级文化之外的一切其他文化。或者说,反文化就是把"文化"这个概念重新消融在"文明"之中。"反文化"派尽管是一帮年轻人,但在策略上却显得远比"高级文化"的辩护者们高明得多,难怪贝尔痛定思痛之际说他们"少年老成"、"狡黠"。如果他们试图在"价值"层面与"高级文化"的辩护者展开一场关于"反文化"和"高级文化"孰优孰劣的争论,那他们就将陷入一场没有结果的学术谈论,因为"价值"最终是主观范畴的东西;而且,由于"反文化"派没有控制大学和刊物,注定会落在下风。他们不去争论,甚至干脆拒绝争论("大拒绝"),这样就能把"高级文化"的辩护者孤零零地冷落在那里,连开口说话的机会都没有,而这时,"反文化"却在文化的边缘地带轰轰烈烈地壮大起来,并派出一股股小规模的袭扰队,神不知鬼不觉地侵入"高级文化"的传统地盘,模糊其一直严加守卫的等级界线,令"高级文化"防不胜防。毛泽东和托洛茨基的战术被"反文化"派结合在一起:一方面"以农村包围城市",一方面不断在城市秘密发动起义,最终夺取城市。

如果我们承认文化是有等级的,也就意味着一些文化不如另一些文化,例如东方文化不如西方文化,黑人文化不如白人文化,等等。当我们作出这个价值判断时,我们所依据的恰恰是我们自己文化所依据的假定,而当一个东方人或黑人承认自己的文化不如西方或白人文化时,他已经暗中分享了西方或白人文化的基本假定。我们可以看到,以"白人－西方－男性"为特征的文化殖民主义是伴随殖民主义产生的,政治或经济形态的殖民主义可能已经终结,但文化殖民主义仍以各种直接或间接的方式起作用。此外,必须强调一点,文化殖民主义不仅有国际表现形式,还有国内表现形式。

伊格尔顿说后现代主义是1960年代政治失败的产物。如果说1960年代运动被定义为"新左派运动",那当然是一场政治失败。但"新左派"不过是这场运动错打的一个旗号。这场以中产阶级大学生为革命主体的反文化运动其实是资产阶级为夺回文化领导权而进行的革命。对资产阶级来说,它是成功的,而后现代主义正是这场政治成功的产物。它终结了传统的文化等级制和生活方式的专横的统治,使文化和生活方式领域成为一种类似自由市场的东西,从而为一切不同的文化和生活方式的彼此竞争提供了可能性。正因为如此,当1960年代运动在街道上败退后,女性主义、后殖民主义、族群研究、黑人文化、亚裔文化、大众文化等等却全都凯旋进入了以前为白种男性所把持的英文系。没有1960年代革命,这一切是不可能的。

由于不再存在一个价值给出的中心,不再存在一个普遍适用的尺度,或者说,不再存在垄断,那不同文化和生活方式之间的竞争就必须服从于市场竞争的一般规则。后现代主义的自由为一切曾被排斥在外的东西打开了大门,另一方面,对规则(例如学术制度)的强调,又一定程度瘫痪了这些曾被排斥的文化或生活方式的批判性能量,使其在政治上无害化。

从某种意义上说,在第二次世界大战后兴起的殖民地独立解放运动接近尾声的1960年代,西方宗主国国内又兴起了一场"国内殖民地"独立解放运动,这既是社区意义上的,又是文化意义上的,既意味着"ghetto"(贫民窟),又意味着"R'n'R"(摇滚乐)。我们太容易把"殖民主义"想象成国界以外的存在,是发生在另一个遥远而陌生的国土上的政治和文化的压迫形式以及经济剥削形式,甚至连萨义德都不例外。然而,殖民主义还有一种精致而隐蔽的国内形式,不容易被发现,因为它总是被国家形象、文化、语言、仪式、节日等同一性象征所遮盖,而所有这些象征形式又反过来不停地强化认同感。当纽约哈莱姆区的一个黑人被称为"美国人"时,他就似乎与不远处的华尔街白人银行家一起分享了同一个国家形象,尽管他不得进入后者的车厢和饭店。

1960年代运动打碎了这一幻象,而这个幻象的破裂,只会使华尔街的白人银行家感到惊恐。并非偶然的是,支持共和党保守派尼克松上台收拾1960年代混乱局面的人,正好来自白人银行家、保险业巨头、股票交易商等豪富阶层,他们为他提供了巨额的竞选捐款。在1980年大选中,上面这些人又支持了更强硬的共和党保守派罗纳德·里根,使他成为到他为止美国历史上获竞选捐款最多的总统竞选人。难怪当在各地拉选票的里根在穿过新泽西州一个正在衰落的工业城市时,看到那儿的抗议人群打出了这么一面旗帜,上书:"里根代表富人,那么穷人怎么办?"①

当伊格尔顿把"后现代主义"说成是"美国的"时,实际强化了那种由来已久的欧洲优越幻象。维护民族认同的最好方式,是将一切不愉快的东西说成是别人的(外国的或其他民族的),造成一种"他者=威胁"的幻象,而自己的形象则再一次被净化、巩固、变得清晰,成了无罪的、轮廓分明的"我"。后现代主义想打破这个无罪的、貌似轮廓分明的"我",把"非我"的因素带进"我",并使其无害化。它决不是政治瘫痪的产物,恰恰是政治的表现形式。它当然也是一种意识形态,但那是沉默的边缘地带的意识形态,它将在与中心地带的意识形态同归于尽后,才会与遭了重创的中心地带握手言和。

后现代主义因此是一种唤醒"大叙事"的犯罪感的主义,它自己则以一系列层出不穷的小叙事出现。伊格尔顿以下一句话无疑是对的:"如果不关注作品的历史参照范围,就很难公正地对待'书页上的文字'。"②当这样的小叙事占满牛津、剑桥、哈佛、哥伦比亚的英语系的办公室、教室和廊道后,才可能溢出英语系这个前哨,向依然主要被白种男人所把持的政治系、法律系、经济系等所有致力于大叙事的院系渗透。英语系并没有在1960年代政治失败中失败,相反,它吸收了反叛力量,扩大了地盘和人群,由一个最保守、最封闭的院系变成了最激进、最开放的院系,并以自己的方式与自由、平等、公正的事业息息相关。这正是英语系能吸引一大批肤色各异、大有作为的男女学者的原因。在其他学科院系因单一文化的控制而显得想象力和创造力日渐衰落和萎缩的时候,这些带着不同文化背景、经验和思考方式的学者使英语系成了最富于想象力、创造性、开放性和批评性的一个系。这个系古老的大理石三角门楣上,以前镌刻着西方圣哲的箴言,如今刷上了这么一行红字——"文化批评"。

---

① 西奥多·怀特:《美国的自我探索》,中国对外翻译出版公司译,美国驻华大使馆文化处出版,1984年版,第455页。

② 特雷·伊格尔顿:《历史中的政治、哲学、爱欲》,马海良译,中国社会科学出版社,1999年版,第115页。

墙或塔：犹太复国主义者的梦

布拉格的犹太人弗兰茨·卡夫卡在1917年初曾幻想自己生活在古老的中华帝国，是距离京城"比来世还要遥远"的帝国东南方的某个偏僻村子的村民。帝国的疆域如此辽阔，必然带来一个问题，那就是作为帝国"中心"的京城如何与帝国最遥远的部分保持一种即时的畅通的联系，从而使帝国的每一部分、每一分子与帝国的"伟大整体"息息相通，形成一个步调一致的政治共同体，而不仅仅满足于一个无形的精神共同体。这是卡夫卡思考的起点和终点。

不过，在进入这个起点和终点以前，作为一个附笔，我想以类型的方式而不是按照思想史的严格顺序，围绕"想象的民族共同体"和"现代民族国家共同体"这两个核心概念来罗列一下西方关于中华帝国的几种想象以及1910—1930年代的中国学者对于本国状态的分析，从而标示卡夫卡对于中华民族的想象——这只是他关于犹太民族的想象的一个隐喻——在其中所处的位置：它恰好卡在以"共同的想象"为象征纽带的古老的民族共同体与以"国家主权"和"国家全面控制"为标志的现代民族国家之间。换言之，犹太民族是成为一个散居于他国的精神共同体（文化复国）而存在，还是作为一个拥有自己的主权的现代民族国家共同体（政治复国）而存在。在他看来，这两个计划是相互妨碍的，不可能经由文化复古而建成一个现代民族国家。

卡夫卡对于中华民族或者犹太民族的思考，与黑格尔一百多年前思考日耳曼民族的非国家状态时如出一辙。黑格尔大概会认为本尼迪克特·安德森的"想象的民族共同体"只是他的"世界精神"在其外化的某个阶段的一种历史形态，还不成其为一个现实的民族国家——"存在于地上的神圣理念"。当这个由古老的想象而不是由"现代国家的政治组织的技术"联系起来的松散的民族共同体遭遇民族危机的时刻，就会立即显示出马克思在描述缺乏阶级意识的法国小农时所说的"一袋土豆"的状态。关于阶级、民族或者国家，人们只有意识到，它才会存在，但意识本身还不成其为一个有形的共同体,即想象中的民族共同体还未现实化为一个被现代政治组织技术整合起来的民族国家。

在1802年所写的《论德国的宪法》一文中,黑格尔指出日耳曼人太自由散漫,只看得见一个个日耳曼人,而看不见一个共同的日耳曼国家,"个人隶属于全体只是在风俗、宗教、看不见的精神和一些主要的利益方面。在其余的地方,他不允许他自己受全体的限制","日耳曼的政治机构只不外是各个部门从全体中取走的权利和利益的总和罢了",但"一个国家要求一个共同的中心,一个君主和代议机构,把关于对外关系、战争和财政的权力集中起来。这样的中心又必须具有必要的权力以指导这些事务,以执行它的决定,以维系各个部门使从属于它","按照国家的概念和国家权力范围的科学考察来加以规定的话,就可以看见,德国不能够真正地被称为一个国家"。

当拿破仑的炮队在轰击被围困的耶拿城时,耶拿城里的黑格尔一边听着炸弹爆炸的声音,一边在自己的书房里撰写他的《精神现象学》,那里寄托了他对于一个统一而强大的日耳曼国家的隐蔽激情。城破之日,黑格尔看见拿破仑骑着高头大马,从耶拿街头走过。他在1806年10月13日以一种兴奋的心情写信给好友尼达麦:"我看见拿破仑,这个世界精神,在巡视全城。当我看见这样一个伟大人物时,真令我发生一种奇异的感觉。他骑在马背上,他在这里,集中在这一点上他要达到全世界、统治全世界。"表面看来,黑格尔对这个外来征服者和占领者的热情,与他的日耳曼精神格格不入,也因此受到官方和舆论的排挤;但作为一个不为一时的事变所左右的哲学家,他更多地从拿破仑身上看见了"马背上的世界精神"——因大革命而处于政治分裂和社会无序的法国在拿破仑的专制统治下变成了一个统一的并且以现代政治组织的技术高度整合起来的现代民族国家,如今,他像一个骑马而来的信使,把现代民族国家的意识("世界精神")带到了四分五裂的德国。当这种世界精神降临在日耳曼的土地上时,它就会寻找自己的代理人——这个代理人日后证明是"铁血宰相"俾斯麦。

因此,黑格尔不像一般德国人那样心思系于一城一堡之得失。1807年1月,他在写给自己的学生蔡尔曼的的信中说:"只有知识是唯一救星。唯有知识能够使我们对于事变之来,不致如禽兽一般,木然吃惊,亦不致仅用权术机智以敷衍应付目前的一时。唯有知识才可以使我们不致于把国家灾难的起源认作某某个人智虑疏虞的偶然之事,把国家的命运认作仅系于一城一堡之被外兵占领与否,且可以使我们不致徒兴强权之胜利与正义之失败的浩叹。"他把德国的战败看做必然,与守城将领是否勇敢或者决策圈子有无谋略无关,因为一个经由古老的想象而象征性地联系在一起的民族,不可能是一个经由现代的政治组织技术而整合在一起的民族国家的对手,即便它在某个局部战场侥幸获得了胜利,这胜利也是短暂的。

但法国人则不同,"法国人经过革命的洗礼,曾经从许多典章制度里解放出来……这种死板的制度压迫法国人及其他民族的精神,有如枷锁。尤其值得注意的是,就是法国的个人,在革命震动期间,曾经破除畏死之心,洗掉礼俗的生活,因为生死的念头当时代大变革的时候,对于个人已没有什么意义。所以法国人所表现出来以反对其他民族的伟大力量,都是由于为这种革命所鼓舞。因此,法国人就胜过了那还在朦胧中没有发挥出来的日耳曼精神。但是如果这些日耳曼人一旦被迫而抛弃掉他们的惰性,就会激荡起来奋发有为。因而在他们接触和战胜外界事物的过程中,仍能保持其内心生活,也许他们可以超过他们的老师"①。

按照黑格尔的这种绝对精神的历史形态学,中国尚属于一个缺乏历史运动的民族。在《历史哲学》中,他通过检视中国的历史著作,在那里没有发现"主观性的因素",也就因此不存在历史的运动。那些就数量而言令西方为之惊叹的历史著作,无非一些年月日的流水账,可是主观精神从来没有超出具体的事变。在这种意义上,他说中国"既是最古老的、同时又是最新的德国","中国很早就已经进展到了它今日的情状;但是因为它客观的存在和主观运动之间仍然缺少一种对峙,所以无从发生任何变化,一种终古如此的固定的东西代替了一种真正的历史的东西。中国和印度可以说还在世界历史之外,而只是预期着、等待着若干因素的结合,然后才能够得到活泼生动的进步"。

尽管比起当时由几百个小邦松散结合起来的日耳曼来,中华帝国可以称为一个统一的国家,但它的终古不变的以家长制为伦理核心的专制主义则使君主和臣民同样失去了使"反思"得以成为可能的个人主观性,如此就阻碍了帝国的历史运动。他把中国的皇帝称为一个"大家长……在宗教事件和学术方面都是至尊","做皇帝的这种严父般的关心以及他的臣民的精神——他们像孩童一般不敢越出家族的伦理原则,也不能够自行取得独立的和公民的自由——使全体成为一个帝国","他因为地位的关系,不得不亲自处理政事;虽然有司法衙门的帮助,他必须亲自知道并且指导全国的立法

---

① 转引自黑格尔《精神现象学·译者导言》,王造时译,商务印书馆,1996年版,第4—6页。

事务。他的职权虽然大,但是他没有行使他个人意志的余地;因为他的随时督察固然必要,全部行政却以国中许多古训为原则",为维持帝国的运转,"皇帝必须是不断行动、永远警醒和自然活泼的'灵魂'。假如皇帝的个性竟不是上述的那一流——就是,彻底地道德的、辛勤的、既不失掉他的威仪而又充满了精力的——那么,一切都将废弛,政府全部解体,变成麻木不仁的状态,因为除了天子的监督、审查以外,就没有其他合法权力或者机关的存在"。黑格尔甚至从中国文字看出它对于科学思维的妨碍。

总之,他把中国看做一个"孩童般"的国家,其反思的历史意识尚沉睡在蒙昧中,而德意志则不同,尽管它目前不足以成为一个统一的国家,但个人的精神是自由的(文学史家勃兰兑斯在谈到法国大革命之后的德国情状时说:"在德国尽管什么都不自由,思想却有自由。"),而"世界精神"——在黑格尔看来,是经由黑格尔本人——已向日耳曼民族晓谕了它的历史使命,所以他又称"日耳曼精神是现代世界的精神",它最终会以一个统一而强大的德意志国家出现于地上,仿佛此前的世界史只是为这个期待中的日耳曼国家做了一些先期的准备工作而已,是德国史的史前史,是绝对精神在其外化的过程中的一些中间形态,而没有成为绝对精神自身。在黑格尔的全部著作中,都藏匿着一个激情的中心,或者说这个激情的中心借助于哲学的术语表达了出来——这就赋予了这种以日耳曼国家为唯一目标的国家主义的激情以形而上的根据。

不过,根据黑格尔的现象与本质之间的"形态史",当现象与本质之间尚未达到同一时,个人的自由或者主观性作为对"整体"的反思智慧才有积极的创造意义,但一当反思达到了历史运动的本质,即洞悉了历史运动的最终目的,个人的自由或者主观性就变成了多余的有害的东西:既然德意志国家已经是世界精神的显现,那么剩下的就是个人对于这个整体的绝对服从,而任何对于这个整体的怀疑都意味着没有参透世界精神。个人思想自由或主观性在黑格尔那里不像在康德那里意味着一种永久的怀疑气质,只不过是"绝对精神"经由某个特殊人物得以表达自身的一种途径,当它显示出来后,其他一切个人思想和主观性都被认为是片面的、狭隘的,是误入歧途的,因为绝对精神本身就是最高的知识,是真理。普鲁士当局在1806年还十分反感黑格尔,认为他对作为德国的征服者的法国和拿破仑的过分热情散发出某种于德意志不利的气息。但到了1830年左右,普鲁士当局突然发现黑格尔的哲学其实将期待中的统一的德意志国家置于了一个"神圣"的基础上,而普鲁士正是那个受了"神圣"的召唤而负有统一德意志各邦的"神圣使命"

的被选中者。通过这种方式,黑格尔就将一个由"现代国家的政治组织技术"而全面整合起来的统一而专制的德意志国家神圣化了。

黑格尔之所以不把罗伯斯庇尔、丹东或者其他在法国大革命中曾经叱咤风云的人物喻为"世界精神",是因为他们代表了一种分裂的彼此争斗的党派力量,这就说明"世界精神"或者"绝对精神"在他们那里只呈现出片面的形态,而"世界精神"则是一种克服分裂、寻求统一的意志。但拿破仑不仅将法国大革命所激发出来的党派的或者说分裂的热情引向了一个共同的国家目标,而且他还将一种"现代的政治组织的技术"引入了法国的社会生活,使每一个国民的生活的方方面面都被纳入国家的组织、控制与管理。

以形态学的方式对19世纪的巴黎进行过研究的瓦尔特·本雅明就此评论道:"自法国大革命以来,一个广泛的控制网络把资产阶级的生活越来越紧地网罗起来。对大城市住宅进行编号,这一做法记载了标准化的进程。拿破仑政府在1805年就要求巴黎强制推行这一做法。"① 到1836年,作家巴尔扎克在《莫黛斯特·米尼翁》中就法国的标准化进程感叹道:"马车出入公共场所都要登记,信件投递都要统计和盖邮戳,建造房屋都有门牌号码,很快整个国家的每一寸土地都要登记在册了。"

历史学家埃里克·霍布斯鲍姆非常重视现代国家组织技术在整合国家中的关键作用。在谈到19世纪欧洲现代民族国家时,他说:"国家亟需设计一套新的政府形式,以便克服技术困难,有效地管理国民,使每一个成年公民(意指男性),其实应该是所有国民,无分性别与年龄,都能直接受到政府的管辖与监督。在此,我们所关心的是:国家任何建立一个包含无数单位的行政机器,以及在这些国家机构的公务往来过程中,自然会碰到的语言(包括文字与口语)沟通问题。如果国家能致力于消除文盲,让每个国民都能读书识字,就更能有效推动国家政令。"诸如国土测量、地图绘制、语言统一与标准化、邮政编码、住房编号、注册制度、身份制度、义务兵制度、强迫教育、户口普查、公共场所的各种登记制度以及签证制度等等,将每一个国民的生活纳入国家的严密的控制网络之中。"到了19世纪,"霍布斯鲍姆写道,"国家对人民的干涉,已深入到日常生活的各个层面,而且也变得愈来愈制度化。因此,若有任何家庭想要脱离国家机关的干预,就必须远离人群,独居在人迹罕至之地,方有可能。他们得摆脱邮差、警察、宪兵以及学校教师;得

---

① 本雅明:《巴黎,十九世纪的首都》,刘北成译,上海人民出版社,2006年版,第108页。

躲开国营铁路的公务人员;更别提处处可见的军营和不是换防的部队。此外,近代国家更通过定期户口普查(19世纪中叶以后国家普及化),将每一个国民的资料详加登录,并强迫国民接受义务教育与兵员征召。它们通过庞大的基层组织及警政网络,将每一个国民的资料——建档管理。所以,每一个国民都直接受到国家对个人行动的管理与牵制。"①现代国家对其国民的有效管理和控制意味着技术理性以及技术手段对社会、政治和经济诸领域的全面渗透和控制,因此,比起那些前技术时代的古老帝国,现代国家对其人民的控制更加全面和深入,这也是马克思和法兰克福学派对工业资本主义进行批判的一个方面。

不过,法兰克福学派的新马克思主义者同时又是马克斯·韦伯的弟子的汉学家卡尔·A.魏特夫在谈到中华帝国时,却从中华帝国那里奇特地发现了一个全面控制的国家,而且他谈的主要不是诸如宗教、礼俗之类的"精神"控制(这恰好是黑格尔的观点),而是技术控制。由于这位冷战时代的意识形态家试图为"共产主义专制"寻找到它的东方起源(他所理解的马克思的"亚细亚生产方式"),所以他就立即征用了法兰克福学派用来描述西方工业国家通过技术而不是暴力实现"社会的全面控制"的批判理论以及韦伯用来分析西方工业社会的制度构成的"技术官僚体制",认为古老的中华帝国政府通过实施一些大型工程(水利灌溉、长城、驿站、驰道、运河、宫殿、陵墓等等),将全体臣民的生活的方方面面置于国家的全面的严格的控制之下,"这样的工程时刻需要大规模的协作,这样的协作反过来需要纪律、从属关系和强有力的领导","要有效地管理这些工程,必须建立一个遍及全国或者至少及于全国人口重要中心的组织网。因此,控制这一组织网的人总是巧妙地准备行使最高政治权力"。②

在魏特夫的想象中,古老的中华帝国是一个高度组织化、一体化和全面控制的专制社会。他以大量的篇幅谈到中华帝国四通八达的驰道和驿道、帝国庞大而有效的邮政系统、随时可以征调的庞大军队等等,并特别指出这架庞大的国家机器如何高速有效地运转,如"帝国邮政将有关全国各地的情报迅速而秘密地供给政府",众多的驿差使得帝国政府"一昼夜中可以收到

---

① 埃里克·霍布斯鲍姆:《民族与民族主义》,李金梅译,上海人民出版社,2000年版,第98—99、97—98页。
② 卡尔·A.魏特夫:《东方专制主义》,徐式谷等译,中国社会科学出版社,1989年版,第9页、第18页。

需要10天路程的地方来的消息",而帝国也可以随时征调一支庞大的军队,迅速从京城开赴它想要去的任何地方。如此,他就把国土辽阔的中华帝国盆景化了。他想以此说明"全面控制"的共产主义统治其实是古老的"东方专制主义"的借尸还魂——言下之意,是西方的民主制度是其悠久的城邦民主传统的体现。一句话,专制主义是东方的,而不是西方的。

由于有了这种暗藏的意识形态动机,他就大大夸张了中华帝国对其每一平方厘米的国土以及境内每一个臣民进行"全面控制"的技术可能性,而无法解释这个高度"一体化"和"组织化"并十分重视技术组织手段的东方帝国为何在面临"权力高度分散"的西方现代民族国家的入侵时一而再、再而三地惨败并被迫签订几百个丧权辱国的不平等条约的事实。也正是国家接连战败的耻辱经历才使中华帝国的士大夫们先后发起了洋务运动和变法运动,不断从西方引进现代工业技术、管理技术和政治制度,以便把这个松散的想象的民族共同体按西方现代民族国家的模式组织起来。魏特夫于1930年代来过中国,那正是四分五裂的中国,但他似乎只对那些仅仅对他的立论有利的史料感兴趣。

魏特夫的"中华帝国"是他的意识形态化的历史想象力的一个幻影。与现代西方工业化国家的一体化和标准化相比,古老而庞大的中华帝国的专制制度远未达到能够控制每一平方厘米的国土以及每一个臣民的生活的程度,在很多边缘地区以及乡镇,所谓的"专制"甚至只是一种基于"名分大义"的名义统治。其实,魏特夫的老师韦伯在几十年前就已指出中华帝国在国家控制和行政管理上的不足,认为它是一个疏于管理的社会。尽管自秦以来中国就采用了郡县制,因此从理论上来说中华帝国结束了封建状态,形成了一种自朝廷一直到地方——直至每一个臣民——的垂直控制体系,但韦伯早在1916年就发现,与中华帝国辽阔的疆域和庞大的人口相比,帝国的官僚体制显得太小,甚至仅仅一个官员就几乎管理着一个面积几乎和普鲁士一个邦那么大的县,而"政府居然认为靠这么点点专职官员就能维持下去,这实在令人吃惊"。更令人惊讶的或许是这个所谓的"专制帝国"的各地似乎处于高度地方自治的状态,但这种自治并没有导致帝国的四分五裂,相反,统一的观念在臣民的意识中根深蒂固。这一令韦伯困惑不解的现象,使他对中华帝国的研究必定从行政官僚制度转向一种无形的制度(礼教),并把"文学之士"置于这种制度的核心位置,"几乎近于古埃及的文书和祭司合起来的影响",他们使"儒学教育本身的威信,在被近代受到西方教育的本阶层的成员破坏之前,在民众中一直坚如磐石"。①

在安德森看来,这就是"前现代的帝国和王国"的形态。他在《想象的共同体》这本著作中对前现代帝国(他心目中的原型是阿拉伯帝国和中华帝国)与欧洲现代民族国家做出了一个既是技术性的同时也是原则性的区分:"现代人恐怕很难理解曾经有这样一个世界,在那里大多数的人惟一想象得到的'政治体系'似乎只有王朝而已……王权把所有事物环绕在一个至高的中心周围,并将它们组织起来。它的合法性源于神授,而非民众——毕竟,民众只是臣民,不是公民。在现代概念中,国家主权在一个法定疆域内的每平方厘米的土地上所发生的效力,是完全、平整而且均匀的。但是在比较古老的想象里面,由于国家是以中心来界定的,国家与国家之间的边界是交错模糊的,而且主权也颇有相互渗透重叠之处。因而,很吊诡的是,前现代的帝国与王国竟能够轻易地维系他们对极度多样而异质,并且经常是居住在不相连的领土上的臣民的长期统治。"但就治理的成本和技术可能性而言,王朝国家不可能以一种现代的政治组织技术将偌大的帝国整合成一个"每平方厘米的土地"都被登记在册而且分享着"完全、平整、均匀的"国家主权。王权把"所有事物"环绕在一个至高的中心并将它们"组织"起来,只是就"象征政治"而言,即主要是名义的或象征的统治。尤其是在晚清时期,中央政府甚至不得不借助于地方势力来镇压叛乱。

由于低效的农业经济无力供养一个一直延伸到每一平方厘米的领土和每一个臣民的全部生活的庞大官僚体系,这种前现代帝国对其辽阔的国土和分散的人民的统治,主要采取一种间接的诸如"名分大义"、"性的政治"(和亲)以及统一的文字等等"象征统治"的方式,即高度分散于帝国辽阔的国土上的各地人民效忠的对象通常不是一个现实国家(朝廷),而是从古代继承下来且已沉淀为集体无意识的伦常制度——这种伦理制度事无巨细地规定了君臣的道德行为规范,并支撑着朝廷的合法性。

安德森尤其留意到汉字的作用,说这样一个"涵盖的地域之广袤"的庞大共同体之所以可能,"主要还是经由某种神圣的语言与书写文字的媒介",高度分散且被方言阻隔的各地臣民"虽然彼此都不懂对方的语言,无法口头沟通,却可以理解彼此的文字"。主形不主音的汉字被后来主张以拼音文字取代汉字的全盘西化论者视为一种"野蛮残留物",是思维的累赘(其实,每

---

① 马克斯·韦伯:《儒教与道教》,王容芬译,商务印书馆,1995年版,第186—187页。

一种语言都有巨大的应变性和适应性),然而,它对于维系一个"极度多样而异质"的庞大国家的统一来说,却具有一个优势。主音不主形的拼音文字在流布中易于发生音变,音变导致形变,为欧洲的帝国分裂为一个个以民族语为边界的现代民族国家埋下了伏笔。安德森说,中国文字"创造了一个符号——而非声音——的共同体",它犹如数学符号一样对于境内所有人都是互通的,"事实上,书写文字越死——离口语越远——越好:原则上人人皆可进入纯粹符号的世界"。① "言文一致"或书面语言的地方化,通常伴随着地方意识的觉醒以及地方共同体的独立(当但丁或者路德决定使用本民族语而不是罗马天主教帝国的共同语作为写作语言时,这一语言行动就标志着民族意识的觉醒,而他们与教皇之间的冲突则是民族独立意识的政治表白),而必须经由长期的学习才能掌握的不发声的汉字以及复杂的文言则形成了一个高度稳定的象征体系。

但这个主要系于"想象"而不是法律的统治的民族共同体不是一个时空共同体,毋宁说它处于本雅明所说的那种"同质的、空洞的时间"状态,即只具有日历意义上的同时性。在它几乎等于整个欧洲版图的辽阔疆域里,散布着一个个因自然的阻隔(高山、大河、大漠以及遥远的距离)和方言的阻隔而彼此相对独立的"各自为政"的地方共同体,在危机时刻——例如在清末民初的内忧外患的时期——作为帝国的权力中心的京城对于地方来说常常只具有象征的意义,而权势日益壮大的地方共同体则越来越使全国呈现出各自为政的无政府状态。为了维系这个庞大的想象共同体,就必须不断重申作为这种想象的核心的古老的"神圣经典"的权威,而为了维持这种古老教义的稳定性,就必须排斥"现代",尤其是其中的"民主"观念,不是因为体制民主不好,而是因为在过于软弱的中央政府已无力维系全国统一的情形下,民主被证明是一种强化分裂并且使分裂合法化的力量,而残留于人们心中的"名分大义"多少还有一丝约束力。

这是辜鸿铭在1915年出版的英文著作《春秋大义》中对清末民初的中国乱局的成因的分析,比1930年代初期蒋廷黻、胡适等人在《独立评论》上围绕"民主或专制"展开争论早了十八年,而他们对国家的现状的分析以及由此得出的结论却出奇的相似,只不过在辜鸿铭那里,"专制"意味着一种古代开明专制(王权),而在胡适和蒋廷黻那里,"专制"意味着现代开明专制。由于

---

① 本尼迪克特·安德森:《想象的共同体》,吴叡人译,上海世纪出版集团,2003年版,第20—21、14—15页。

辜鸿铭的历史想象力止于"王权"下的统一,他就把孔子编订的《春秋》视为中华民族的"一部名分大典",它"使中国人民拥有了一个真正的国家观念——为国家奠定了一个真实的、合理的、永久的、绝对的基础","孔子之前的封建时代,只存在一种半家长制的社会秩序和统治形式,当国家近似一个氏族时,人民就不会感到有必要弄清自己对一国之主的那些义务基于怎样一个明确而坚实的基础,因为,既然他们都是一个宗族或氏族的成员,那么,亲缘关系或血缘之情已足使他们依附于一国之主,而一国之主也就是这个宗族或氏族的长辈。但到了孔子之时,封建时代已经结束,国家已大大超出氏族的范围,此时,一国之民不再限于一个宗族或氏族的成员。因此,就有必要为一国之民对其君主——其统治者——的义务找到一个新的、明确的、合理的、坚实的基础。那么,孔子为这种义务找到了一个怎样的新基础呢?他在'名分'这个词中找到了这个新基础"。① 如果换用黑格尔的术语来评价孔子对作为一个国家的中华民族的贡献的话,那么,辜鸿铭或许可以说"孔子是'世界精神'在中华土地上的显现"。但这个"世界精神"还只是一个精神,并没有外化为对国家的全面的技术控制——甚至,出于一种隐蔽的心理,辜鸿铭否弃了那种诉诸全面的技术控制(科学、数字编码、工具理性、警察等等)的现代西方国家观念。

辜鸿铭写这本英文著作的动机,一方面是借助当时正在进行的欧洲大战使西方人对西方文明产生严重怀疑的时刻,以抒情诗的笔调,把早被西方文明的浪潮冲击得七零八落的中国文化伪装成一份厚礼,以此向西方发起一场"文化逆袭";一方面是为了在中国的王朝制度于1912年崩溃后呈现的普遍的无政府状态中重申孔子作为一个"开端"对于国家秩序的重要性。但对这后一方面,他已感到力不从心。王权的消失带走了"春秋大义"的意义给出之源,余下的只是泛滥成灾的无政府主义,而为了恢复起码的秩序,以"毛瑟枪崇拜"为象征的强权政治(在他看来袁世凯是其代理人)势必将中国变成一个纯粹靠暴力来维系的野蛮的现代国家。

辜鸿铭的历史想象力的方式是"复古",是回到"开端",而这正好体现了中华帝国用来维系这个庞大而异质的共同体的基本方式,即以对"古礼"的不断重申、不断仪式化、不断阐释,使各个地方共同体在历史想象力上回到它们共同的源头,即回到"古代",以克服地方的离心力,而这就将中国封闭

---

① Ku Hung—ming, *The Spirit of the Chinese People*, Peking: The Peking Daily News, 1915, p. 29.

在"同质的、空洞的时间"中了。显然,这个前技术时代的想象共同体无法在一个以"组织化"和"标准化"为特征的现代民族国家兴起的时代生存下去。这也是自晚清洋务派一直到民国新文化运动派(指其强调"科学"的方面)的所有改革论者比辜鸿铭更具现实精神的地方。辜鸿铭无疑认为张之洞和李鸿章这些洋务派人物是使中国的社会秩序发生崩溃的始作俑者,所以他参与了被他称为"中国的牛津运动"的反现代运动。他后来反对新文化运动,也是基于同一理由。他焦虑的中心是一个不仅拥有完全的主权而且达于良治的国家,但他没意识到——或者说刻意回避——如果不借助现代科学、工业和管理技术以使国家具有强大的维护主权的能力,仅仅诉诸"道义"原则,那就等于将中国的国家命运委托给了东西列强的"善意"。

对比辜鸿铭的复古主义的解释,另一个前清遗老梁济对于"名分大义"的再解释就显得合乎时用。梁济于1918年11月自杀"殉清",并留下厚厚一叠遗书。他在遗书中先将自己已筹划多年的自杀行为说成是"殉清",然后,又说"殉清,其实非以清朝为本位",而是"殉义",而"义"则是一个人应尽的责任——其份内之职。他写道:"或云既言殉清,何又言非本位?曰:义者天地间不可歇竭之物,所以保全自身之人格,培补社会之元气,当引为自身当行之事,非因外势之牵迫而为也。清朝者一时之事耳,殉清者个人之事耳。就事论事,则清朝为主名。就义论义,则良心为通理。设使我身在汉,则汉亡之日,必尽忠;我身在唐,则唐亡之日,必尽忠;在宋在明,亦皆如此。故我身为清朝之臣,在清亡之日,则必当忠于清,是以义为本位,非以清为本位也。且诸君亦知鄙人何为硁硁拘执以行此义乎?诸君试思今日世局因何故而败坏至于此极。正由朝三暮四,反复无常,既卖旧君,复卖良友,又卖主帅,背弃平时之要约,假托爱国之美名,受金钱买收,受私人唆使,买刺客以坏长城,因个人而破大局,转移无定,面目觍然。由此推行,势将全国人不知信义为何物,无一毫拥护公理之心,则人既不成为人,国焉能成为国。欲使国成为稳固之国,必先使人成为良好之人。此鄙人所以自不量力,明知大势难救,而捐此区区以联为国性一线之存也……吾对于清民之间有最确之判断,曰能以真正共和之心治民国,则清朝不虚此和平揖让之心",如此他也本可以不死,但民国乱象纷呈,民不聊生,四分五裂,道德水准一落千丈,辜负了清朝的揖让之心,因此他必须以自己的"殉清"来唤起人们心中的"义",使民国之人各各尽其责任:"夫所谓万事者,即官吏军兵士农工商,凡百皆是,必万事各各有效而后国将坚固不摇,此理最显。我愿世界人各各尊重其当行之事。我为清朝遗臣,故效忠于清以表示有联锁巩固之情,亦犹民国之人对于民国职事各各有联锁巩固之情,此以国性救国势之说也。"①以这种方式,梁济就将"名分大义"阐释成了一种不系于"王"而系于"国"的可作为共和制度的道德基础的责任伦理,即一个国家的"坚固不摇",在于全国之人各各行其当行之事,舍此则是"不义之人",因为他以自己个人的行为损害了以"义"为核心的国性,也因此损害了国家的整体。

对于1911年之后四分五裂的中国来说,迫在眉睫的问题只有一个,那就是国家的统一,而统一的途径也只有一条,那就是武力统一,即"削藩"——摧毁地方势力。在离心力日甚一日的时候,"民主"和"国家统一"这两个巨大的目标其实是相互妨碍的:前者要限制国家的权力,后者要强化国家的权力。从1900年代的晚清"立宪",到1910—1920年代的民国"共和",三十多年形形色色的"民主"试验,只被证明强化了离心力,进一步削弱了国家的力量。当我们把"民主"一词当做新文化派的的政治进步性的证明的时候,我们就可能走入非历史化的道德评判了,而忽视了问题的另一方面,即"割据诸侯们"(想保护自己的既有地盘的军阀们)也是"民主"的支持者,他们发现新文化派的"联省自治"的理论为自己对地方的控制(不准中央插手本地大小事务)提供了政治合法性。地方军阀对"联省自治"的过度的热情,使"联省自治"的鼓吹者胡适和李剑龙对"联省自治"的性质也感到迟疑了,而重新强调"国家"的中心地位。这种从"自由主义"向"国家主义"的返回,典型地体现于那些在1910—1920年代以"民主"来削弱政府权力并高扬"个人自由"的新文化运动家突然开始为国家主义辩护。在新文化运动中习见的道德评判在这里终止了,不再针对个人,而且个人的道德缺陷均被视为时势的产物,仿佛谁能统一国家,谁就拥有了充足的合法性。

让史论家常常感到困惑的是,在1910—1920年代的新文化运动之后,取代那个软弱的北京政府的不是一个民主政府,而是一个集权主义的南京政府,甚至当初的新文化运动家们也纷纷放弃不合作态度,与这个更为专制的政府和解。其实,如果将时代风气的这种"政治转向"置于"现代民族国家的形成"的历史大框架中进行思考,而不是匆忙地以基于"普遍价值"的道德尺度来对其进行评判的话,就会发现,新文化运动那一代人到了1930年代才在政治上变得成熟起来。他们意识到:没有一个足以维护主权的统一而强大的现代国家,民主和个人自由就是一句空谈。清政府和民国的北京政府之所以先后被送进历史,不是因为其道德方面的缺陷,而是因为它们无力完成

---

① 《梁巨川先生遗笔》,捐印本,1919年版,第3页、第7页。

"一个统一而强大的现代民族国家"的历史任务。

1932年11月,胡适在《统一的路》这篇政论中勾勒了一幅辛亥以来中国的政治走势图:"今日之大患正因为五六十年来,离心力超过于向心力,分崩之势远过于统一之势,二十二省无一省不曾宣告过'独立',今日虽有名义上的服从中央,事实上各省自主的程度远过于美国与德国的各邦:军队是独立的,是可以自由开战的,官吏是省派的或防区军人派的,税收是各地自为政的,货物过省境是须抽重税的,甚至于过防区也须抽重税的:省久已成为邦,所以有'由邦再组成国'的需要。"①一年后,他又发表《政治统一的途径》,以相近的句子写道:"辛亥革命以后,从前所有一切维系统一的制度都崩坏了。中央政府没有任官权,没有军队,没有赋税权;而各省的督军都自由招兵,自由作战,自由扣留国税,自由任命官吏。到了后来,有力的督军还有干预中央的政治,中央政府就变成了军人的附属品了。离心力的极端发展,造成了一个四分五裂的局面。"②

这种四分五裂的局面,使政治史家蒋廷黼在一篇文章中以悲观的语气说,"我们的国家仍旧是个朝代国家,不是个民族国家",其主要标志是强大的地方势力以及政党或派系的势力严重削弱了中央政权,使国不成其为国。他不像一班总以党派的道德观论是非的评论家那样,把国家的无政府状态归咎于自1912年的袁世凯一直到1933年的蒋介石这些人物的"私德"的缺陷,恰恰相反,作为中央政府的领导人,他们统一国家的强烈意志受阻于地方势力以及复杂的党争。他说:"中国近二十年来没有一个差强人意的政府,也没有一个罪恶贯盈的政府。极好极坏的政府都只在地方实现过,没有在中央实现过。因为中央就是有意作好,它没有能力来全作好;中央就是有意作恶,它也没有能力来作极恶。这二十年来,从袁世凯到蒋介石,各种党派,各种人物,都当过政,大致都是如此的。照我个人看起来,就是北洋军阀如袁、段、吴、张,都是想作好的,但都是无了不得的成绩可言。因为他们的力量都费在对付政敌上去了。在对付政敌的时候,他们就不得不牺牲建设来养军、不得不只顾成败,不择手段。问题不是人的问题,是环境的问题。在这个环境里,无论是谁都作不出大好事来。中国基本的形势是:政权不统一,政府不得好。"③

---

① 胡适:《统一的路》,1932年11月27日《独立评论》第28号。
② 胡适:《政治统一的途径》,1934年1月21日《独立评论》第86号。
③ 蒋廷黼:《革命与专制》,1933年12月10日《独立评论》第80号。

蒋廷黻的分析，符合胡适对于中国现状的分析。但当时日本正以中国不成其为一个国家而欲将中国从国联扫地出门，以便为以后侵略中国铺垫国际法基础，所以胡适对蒋廷黻说中国不是一个民族国家断然表示异议，说："照广义的说法，中国不能不说是早已形成的民族国家。我们现在感到欠缺的，只是这个中国民族国家还够不上近代民族国家的巩固性与统一性。在民族的自觉上，在语言文字的统一上，在历史文化的统一上，在政治制度（包括考试，任官，法律，等等）的统一与持续上，——在这些条件上，中国这两千多年来都够得上一个民族的国家。"这就和他前面对中国的分析发生了矛盾。

蒋廷黻认为中国之所以不是一个民族国家，是因为"一班人民的公忠是对个人或家庭或地方的，不是对国家"。胡适就此反驳道："这是因为旧日国家的权力本来不能直接达到一班人民，在那'天高皇帝远'的情势之下，非有高等的知识，谁能越过那直接影响他的生活的亲属而对那抽象的国家表示公忠呢？……今日一般人民的不能爱国家，一半因为人民的教育不够，不容易想象一个国家；一半是因为国家实在没有恩惠到人民。"在"高等的知识"与对于国家的"公忠"之间，并不存在必然的逻辑联系，除非这种教育本身是一种以民族国家为指归的教育。此外，"旧日国家的权力"并不是不想"直接达到一班人民"，而是因为国土太过辽阔而使国家权力在远离"中心"的庞大的边缘地带渐次失效，不能达于"一班的人民"。

但这场发生在1933到1934年间的有关"民族国家"的著名争论，却奇特地忽视了中国的地理状况，仿佛他们笔下的中国只是一个相当于中国一个中等省份那么大小的欧洲的国家；而中国当时的亟务恰恰是要在中华帝国作为遗产留下的面积相当于整个欧洲版图的国土上建立一个统一而强大的现代民族国家，以避免陷入欧洲在罗马天主教帝国瓦解后分裂成一个个以地方民族语为边界的小小的现代民族国家的命运。换言之，中国从一个想象的民族共同体向一个现代民族国家的转变，必须是在一个强大的中央政府的领导之下（在1933年，人们已不像1910年代那样把以道德的语言——民主、自由、个性等等——谈论国体，因为不建立一个统一而强大的国家，这些都是空的，只不过是面对入侵者的行刑队时神圣不可剥夺的三分钟的内在自由之流，犹如犹太人在集中营的毒气室里的命运），它不仅要完成晚清未能完成的对外收回主权的任务，还要完成1912到1927年的民国北京政府未能完成的"削藩"的任务。

上面所说的"未能完成"，只是就主权和政治统一而言。对面积如此辽阔致使中央的权威从京城渐次向边缘递减的中国来说，政治统一的前提，是必须先技术性地克服国土的距离，即以现代的交通技术（铁路、轮船、汽车和飞机）、通信技术（电报、电话）和机械复制技术（机器印刷、留声机）使前技术时代难以在短时间里互达的各地联为一体，成为一个"时空共同体"，从而削弱地方意识，为全国动员创造条件，然后才谈得上建立一个政治共同体。如果我们仅拘泥于政治领域里各种力量的较量，而不涉及现代技术的运用在缩小全国各地的时空距离上的关键作用，就难以解释1911年之后全国异常严重的分裂局面（南北分裂、地方割据、联省自治等等）为何在1928年左右就迅速结束了（尽管只是短暂的统一）。这就不得不部分归功于清末洋务运动以来渐渐建立起来的现代交通和通讯体系——换言之，在促使中国由一个破碎的"想象的民族共同体"向一个统一的现代民族国家转型的过程中，无论清政府，还是民国北京政府，都作出了它们力所能及的贡献，而这些贡献主要体现于现代交通和通讯技术的设置以及国语的统一：在政治无政府状态之下，一个统一的现代国家所需要的一些技术条件正在悄悄形成。我们应该摆脱那种强调"中断历史连续性"的党派史观的窠臼，而将有关技术、制度和文化的现代化过程中的一切大大小小的事件置于"一个现代民族国家的形成"的历史大框架内，这样才是一种历史形态学的方法。长城不是一日建成的。在中国进入历史教科书上的"现代"（这意味着以"五四运动"为"中国现代"之始）之前，中国早就开启了现代的历程——始于洋务运动。

谈到清末民初的中国，政治的"无政府主义"或"无治"或许是一个恰如其分的词，不过，如果我们像1806年的黑格尔那样不将观察的眼光系于走马灯般变幻不定的"事变"以及"一城一堡"的得失，而是把握"世界精神"在中国的土地上的渐次显露，那么，我们就可以看到，随着各种现代制度——不仅指政治制度，而且指使国家管理得以成为可能的技术制度——的纷纷引入，国家对"每一个国民"以及"每一平方厘米的领土"的控制和管理的技术可能性不是在减弱，而是在增强，尽管这种增强的趋势远未显示出效果，甚至恰恰相反，显示出的是离心力的增强。

看一看清末民初的人对于国土空间的距离的描绘，就可以知道现代的交通和通讯技术以及其他"现代国家的政治组织技术"对于一个庞大的国家的统一来说何等关键，甚至可以把李鸿章设立南北洋电报的行动看成比辛亥革命还重要的一个象征性事件，而辛亥革命的快速成功实有赖于清末建立起来的铁路、船运和电报体系。从这种意义上说，清政府的洋务运动其实资助了辛亥革命。

1900年,张一麐(后出任民国北京政府教育总长)受四川学使吴郁生之聘入蜀襄试,十月底从上海出发,由水路前往成都。其《古红梅阁笔记》记载了此事:"以十月二十六日抵上海,章君伯初方往美国旧金山留学,询其行程,彼抵美只月余,余抵成都尚在其后。吾国交通不便,当时有公司船失事于崆岭峡,全舟覆没,非民船不可也。上海至汉口水程二千二百七十六里,汉口至宜昌一千四百零八里,宜昌至万县九百六十里,万县至成都一千三百四十三里,都共五千九百八十七里。"①他于腊月十九日方抵达成都,路上走了近两个月。

笔记中谓章伯初自上海往美国西海岸旧金山"只月余"便可抵达。十七年后,胡适自美国东海岸的纽约起程归国,也只花了不到一个月:他于1917年6月9日乘火车离开纽约,北上加拿大,又换乘加拿大火车,横穿北美大陆,在西海岸的温哥华搭乘海船横渡太平洋,于7月10日抵达上海。他也在日记中记载了旅程:"自纽约到文苦瓦,约三千二百英里[只花了11天——引者]。自文苦瓦到上海,五千四百一十二英里[只花了19天——引者]。以中国里计之,自纽约到上海,凡二万八千五百里。"作一粗略的换算,上海到成都的距离,相当于绕地球两圈。可以想象,如果缺乏现代的交通技术手段,中央政府对于全国的控制和管理几不可能,其有效的控制力自京城向外呈递减趋势,到遥远的边境地带则衰弱到只剩下一个空洞的名义了。这和古老的罗马帝国的情形相同。罗马帝国的土崩瓦解正是从其遥远的缺乏实际控制力的边缘部分开始的,而自鸦片战争之后,中华帝国也面临了边境省份被外敌不断蚕食的险恶状态,甚至工业化的东西方列强借由江河水道已深入中华帝国的腹地,再加上帝国各地的军绅势力的崛起,一个本来以北京为权力中心的庞大帝国就渐渐呈崩溃之势。

尽管自洋务运动开始,铁路和轮船已陆续出现于中国,但其数量之少且分布不均不足以将偌大的国家连为一个时空共同体。1928年6月,美国使馆的商务参赞安诺德绘制出几张有关中美两国的人口分布、经济状况、生产能力和工业状态的对比图,胡适立即撰文表示这种对比令人深思,他说:"我们试睁开眼睛看看中国的地图。长江以南,没有一条完成的铁路干线。京汉铁路以西,三分之二以上的疆域,没有一条铁路干线。这样的国家不成一个现代国家。前年北京开全国商会联合会,一位甘肃代表来赴会,路上走了一百零四天才到北京。这样的国家不成一个国家。云南人要领法国护照,

---

① 张一麐:《古红梅阁笔记》,上海书店出版社,1998年版,第34—35页。

经过安南,方才能到上海。云南汇一百元到北京,要三百元的汇水!这样的国家决不成一个国家。去年胡若愚同龙云在云南打仗,打的个你死我活,南京的中央政府又有什么法子?这样的国家能做到统一吗?所以现在的第一件事是造铁路。完成粤汉铁路,完成陇海铁路,赶筑川汉、川滇、宁湘等等干路,拼命实现孙中山先生十万里铁路的梦想,然后可以有统一的可能,然后可以说我们是个国家。所以第一个大问题是怎样赶成一副最经济的交通系统。"①

　　胡适重视交通系统,却忽视了另一种更为现代的通讯技术——电报,它的重要性在于,当中国有限的现代交通体系尚不足以把全国连为一个可以迅捷往来的空间共同体的时候,它已经把全国连为了一个时间共同体。电报在使中国形成一个统一的现代民族国家的过程中所起到的关键作用,时常被史论家所忽略,可是,如果没有电报技术的引入以及电报站在全国迅速而广泛地设立,那么,即时的全国性的动员就只是一个幻想。

　　也就是在张一麐沿着几千里的长江从上海向成都艰难旅行的那一年,李鸿章奏请慈禧太后批准设立南北洋电报:"用兵之道必以神速为贵。是以泰西各国于讲求枪炮之外,水路则有快轮船,陆路则有火轮车,以此用兵,飞行绝踪,而数万里海洋欲通军信,则又有电报之法。于是,和则以玉帛相亲,战则以兵戎相见,海国如户庭焉。近来俄罗斯日本国均效而行之,故由各国以至上海,莫不设立电报,瞬息之间可以互相问答。独中国文书尚恃驿递,虽曰日行六百里加紧,亦已迟速悬殊。查俄国海线可达上海,旱线可达恰克图,其消息灵捷极矣。即如曾纪泽由俄国电报到上海,只须一日,而由上海至京城现系轮船附寄尚须六七日到京,如遇海道不通,由驿必以十日为期。是上海至京仅二千数百里,较之俄国至上海数万里消息反迟十倍。倘遇用兵之际,彼等外国军信速于中国,利害已判若径庭,且其铁甲等项兵船在海洋日行千余里,势必声东击西,莫可测度,全赖军报神速,相机调援,是电报实为防务必需之物。同治十三年,日本窥犯台湾,沈葆桢等屡言其利,奉旨饬办而因循,迄无成就。臣上年曾于大沽北塘海口炮台试设电报,以达天津,号令各营,顷刻响应。从前传递电信,犹用洋字,必待翻译而知,今已改用华文,较前更便,如传秘密要事,另立暗号,即经理电报者亦不能知断,无漏泄之虞。现自北洋以至南洋调兵馈饷,在在俱关紧要,亟宜设立电报以通

---

① 胡适:《请大家来照照镜子》,《胡适文集》,第 4 册,北京大学出版社,1998 年版,第 24 页。

气脉,如安置海线,经费过多,且易腐坏,如由天津陆路循运河以至江北,越长江由镇江达上海,安置旱线,即与外国通中国之电线相接,需费不过十数万两,一年半可以告成,约计正线支线横亘须有三千余里,沿路分设局机,常用用费颇繁。拟由臣先于军饷内酌筹垫办,俟办成后,仿照轮船招商章程择公正商董招股集赀,俾令分年缴还本银,嗣后即由官督商办,听其自取信赀以充经费,并由臣设立电报学堂,雇用洋人教习中国学生,自行经理,庶几权自我操,持久不敝。如蒙俞允应请饬下两江总督、江苏巡抚、山东巡抚、漕河总督转行径过地方官一体照料保护,勿使损坏,臣为防务紧要,反复筹思,所请南北洋设立电报,实属有利无弊。"①

南北洋电报于次年建成。不过,电报在中国的设立,并不始于1901年,例如在洋务运动比较活跃的两湖地区,早在1897年就已设立电报业务。据岳州地方志记载:"本年[1896],湖南巡抚陈宝箴与湖广总督张之洞商定,架设湘鄂间电线,自长沙起,沿湘阴、岳州、临湘一带驿路,安设至湖北蒲圻县境,接通武昌线路。次年4月,全线竣工。5月,在长沙市内设立电报局,岳州设立电报分局,为岳州有线电报之始。"到1901年之后,各大中城市皆已设立电报。空中川流不息的电波将全国紧密地连在了一起。如果我们翻看一下1901年以来的文献,就会发现,往来电文成了政府命令、报刊新闻栏目以及个人文集的一大文类。李鸿章这份奏片所体现的战略眼光及其现代商业管理模式,远高于1928年6月的胡适,因为后者丝毫不去考虑国家债台高筑的财政。在捉襟见肘的国家经济不足以建成孙中山所说的"十万里铁路"的时候,电报这种成本低且建成快的技术可以保证"全国一体",它在"全国动员"以及"一起行动"方面所具有的政治潜力,甚至超出了李鸿章的设想。在1910年之后,即便走水路由上海到成都仍须两个月,走陆路从甘肃到北京仍须一百多天,但上海、成都和甘肃可以在同一时刻收到发自北京的电报。不徒如此,甚至万里之遥的巴黎或者纽约所发生的事,当日或次日便可为中国各地报馆所知,并立即登载于报刊上。

以前由于地理的距离而处于"同质的、空洞的时间"中的各个地方共同体,如今突然被电报一齐带进了同一个时空共同体。这对一个处于四分五裂边缘的古老国家来说,具有时空意识彻底变换的重大意义,它不仅把前现代的中国人突然群体地带进了现代,而且使即时的"全国动员"成为可

---

① 李鸿章:《请设南北洋电报片》,《李鸿章全集》(3),海南出版社据光绪四年金陵版《李文忠公奏稿》影印,第1185页。

能——这为一个现代民族国家的形成创造了技术条件。1911年10月的辛亥革命之所以能在片刻间变成全国性的运动,1918年11月来自巴黎的欧战胜利消息之所以能在同一刻传遍全国各地并形成全国性的欢庆场面,1919年5月4日发生在北京的五四运动之所以能立即席卷全国,靠的就是迅疾的电报,而且电报也迅速成为"国际运动"的一种媒介:在巴黎和会期间,大约七千封电报从中国各地发向巴黎。电报在全国范围的设立,使中国这个处在"同质的、空洞的时间"中的古老帝国第一次获得了中国各地之间以及中国与世界之间的共时性。

当我们从党派史的立场说洋务运动"失败了"时,我们就把"文化"想象成了一系列表述为书面文字的思想或者学说,但技术——我这里指的是现代交通和通讯技术——也是一种文化,它不只是几条铁路线或电报线,它在促成一个古老民族的世界观以及时空意识整体地向现代转型方面的作用,丝毫不亚于一场文化运动。我们知道,直到1920年代,中国仅有1/5的国民识字。

不过,在1917年,卡夫卡想象中的中华帝国,依旧是一个前技术时代的中国。对他来说,中华帝国就是古老民族的一个象征,而这种主要由"共同的想象"维系的帝国在一个工业化和官僚体制化的现代世界会遭遇严重的危机,除非它能成功摆脱它的古老的传统对于自我更新能力的约束。这与卡夫卡写作《万里长城建造时》这篇寓意作品的动机有关。实际上,他谈到中国民族时,脑子里出现的是犹太民族。

关于这位从未到过中国的布拉格人笔下出现的有关中国的地理和历史方面的知识的错谬,我们大可不必介意——他的《万里长城建造时》只是一篇隐喻之作。实际上,我们不知道他描述的究竟是秦朝的中国,还是清朝的中国,或是中间的任何一个朝代的中国(但那个由层层叠叠的宫墙包裹起来的皇宫却令人联想到紫禁城),仿佛时间在中国是停滞的,一切都只具有空间的意义。他所接触到的有限的汉学知识——从早期耶稣会传教士的记载,到1900年西方入侵者的见闻——以一种失去历史维度的平面方式呈现于他的文学想象中,构成一个封闭的不可透入的"中心"加上无限广阔的"边缘"的帝国景象。空间和距离在这里比时间更关键。正是中心与边缘之间令人绝望的几乎不可互达的空间距离拉大了时间的距离,以致这个庞大帝国的各个地区的臣民竟不知道自己到底生活在哪一个朝代,也似乎并不在意时间上的距离。

作为实际生活于反犹主义盛行的布拉格的一个犹太复国主义者,卡夫卡不过把中华帝国当做了他思考散居于世界各地的犹太人的群体命运的一个隐喻,即在失去巴勒斯坦故土之后,流散欧洲各地的犹太人如何重新凝聚为一个可见的整体,从一个民族(nation)变成一个现代民族国家(nation—state),即一个占据着一块土地并对其拥有完全的主权的民族。20世纪初在欧洲兴起的民族主义把上个世纪虚假的世界大同主义撕得粉碎(这种世界大同主义最典型地体现于波兰犹太人柴门霍夫身上,他于1887年发明了一种世界语),犹太人重新发现自己在所居国依然被看做外国人,几个世纪的自我文化同化(同化于所在国的文化)并没有使他们在欧洲人眼中成为欧洲人。失去国家的命运就是失去保护。卡夫卡对他的朋友古斯塔夫·雅努施说:"今天,犹太人已经不满足于历史,即时间上的英雄故乡。他们渴望得到一个空间上的小小的、通常的家。越来越多的犹太青年回到巴勒斯坦。这是回到自身,追寻自己的根,回到生长之地。故乡巴勒斯坦对犹太人来说是必要的目的地,而捷克斯洛伐克对捷克人来说是出发地。"①

在卡夫卡写作这篇《万里长城建造时》的想象作品时,在遥远的巴勒斯坦重建犹太国,对散居于欧洲各地的犹太人来说,"充其量也就是几个误入歧途的空想家的一个无法实现的梦"②,因为巴勒斯坦并不是一块闲置的空地,那里已居住着阿拉伯人。在犹太复国主义者看来,与阿拉伯人在巴勒斯坦共同拥有一个国家,这个方案即便可行,也看不出和犹太人在捷克或德国与捷克人或德国人共同拥有一个国家有什么区别。如果犹太民族依然只是少数民族,它就不可能成为一个主权民族。换言之,犹太人的生存和安全建立在一个异常脆弱的基础上,即"他人的的善意"。对于欧洲根深蒂固反犹主义的警觉,使犹太复国主义者对于他人的"善意"充满了怀疑。他们考虑的是:如果这种善意突然为敌意所取代了呢?犹太复国主义者的梦想是建立一个以犹太民族为主权民族的犹太国。

这个梦在那时是无法企及的,而且还被持同化论的犹太人视为一个有害的梦(如奥地利的犹太作家茨威格以及几乎由清一色的犹太人组成的德国法兰克福学派,他们否认自己的犹太身份,而自视为奥地利人、德国人等等,甚至,诸如阿多诺这样自我同化于德国的犹太人还刻意将自己姓名中的

---

① 古斯塔夫·雅努斯:《卡夫卡对我说》,赵登荣译,时代文艺出版社,1991年版,第117页。
② 沃尔特·拉克:《犹太复国主义史》,徐方、阎端松译,上海三联书店,1992年版,第231页。

犹太标志去掉，以显示自己是一个德国人）：它一方面使得众多有此梦想的犹太人从自己所居国的国家认同中脱离出来，一方面又无法为这些意识脱离者提供一个现实的去处，一个犹太人的国家。于是，他们就不得不带着一种不认同于所在国的意识生活于这个国家，而其所在国的政府和人民就更有理由将其视为生活于自己国土上、生活在自己中间的危险的外国人。有关犹太人试图控制所在国金融大权、犹太人正在密谋一个"犹太国际"等等的传闻，加重了所在国的反犹主义。《犹太复国主义史》的作者沃尔特·拉克就此评论道："没有国土和民族语言，世界各地的犹太民族主义就毫无意义，因而同化对现代犹太人来说是一条合乎逻辑的出路。"①

犹太复国主义有两种不同的形式：在要求一块现实的土地的政治犹太复国主义之外，还有一种文化犹太复国主义，它是政治犹太复国主义在缺乏现实可能性的前景下的一个文化替代物，即认为犹太民族的复兴应在"当地"——例如在捷克、在德国——进行。在文化犹太复国主义者看来，犹太人的散居性以及与所居国文化和语言的同化，使他们在精神上变得贫乏了，失去了民族特征，而"一个精神中心会把像微粒一样分散在各地的犹太人变成一个具有自己的特性的统一体。这个统一体强调犹太人的特性，既包括他们个人生活范围的扩展，在这个生活范围内他们和那些非犹太人邻居的差别具有很大的意义；也包括增强了的属于犹太民族的一种意识"②。强调犹太人与非犹太人邻居差别，就势必从文化混杂的现代退回到单一文化的古代。一个文化复国主义者把那些同化的犹太人称为"现代文明的猴子"。文化犹太复国主义呼唤散居的犹太人回到"精神的锡安山"，而不是回到从现实可能性上来说遥不可及的现实的巴勒斯坦。换言之，它试图在犹太人中间恢复犹太民族古老的宗教、文化、语言文学等等一切具有"犹太特性"的东西在流散的犹太人心中的地位，使他们构成一个与所在国民族相区别而建立于犹太人自身的文化认同的跨国的精神共同体。

作为一个政治犹太复国主义者，卡夫卡当然不赞同文化犹太复国主义。对他来说，文化犹太复国主义鼓励犹太人从心理上遁入自我封闭的历史的深处，回到民族的远古，这即便能使分散的犹太人结成一个不可见的精神共

---

① 沃尔特·拉克：《犹太复国主义史》，徐方、阎端松译，上海三联书店，1992年版，第213页。
② 沃尔特·拉克：《犹太复国主义史》，徐方、阎端松译，上海三联书店，1992年版，第205—206页。

同体,也不能改变犹太民族在现实世界中缺乏法律保护的命运。他强调"犹太民族性不仅是信仰的事情,而首先是一个由信仰决定的群体的生活实践的问题",而且显然对犹太复国主义者马丁·布伯的"成为人,而且以犹太人的方式成为人"不以为然。强调"犹太特性",必然会指向犹太民族作为"上帝的选民"的古老的犹太排他主义,它不仅会封闭犹太民族自身的创造力,拒绝用其他民族的发明创造来充实自己,而且会导致其他民族对于犹太民族的恶感。犹太人的现实处境的改变,不可能通过在精神上重新成为旧约巴别塔时代的"诺亚的子孙们"的方式得以实现。此外,他肯定也不赞同马丁·布伯的"我和你",那只是个人的精神通天路,而不是一个民族——一个群体——把自己从现实历史中拯救出来的解放之路。

这一点,与政治犹太复国主义者米哈·宾·古里安颇为接近。拉克评价古里安说:"在人道主义和犹太教之间,他没有发现任何分歧。不幸的根源就是,对抽象的犹太教,即一种导致完全腐朽衰败的畸形物来说,活着的犹太人已经变得次要了。犹太民族的复兴不可能只是精神上的复兴,它必须包括内心的精神生活,也包括外部的物质生活。犹太人的传统、学术成就和宗教不再具有基本价值,须完全推翻,即需要'改变一切旧价值的评价'(真是形形式式的尼采!)。犹太人不再有充满生机的文化,而这样的文化也不能人为地从外部移植到他们身上……犹太民族的新生是这时的首要任务,但只有通过审慎地与传统割断联系,或者说无论如何要和大部分传统断绝联系才能达到这个目的。现在人们期望这一代人不要做最后一代犹太人,而要成为一个新民族的先驱,成为希伯来人,也就是与自然和生活具有一种新关系的人。"①

换言之,犹太人需要的不是古犹太文化的复兴,也不是作为少数民族的社会地位的提高(那只是一种不可靠的依附状态),他们需要的是寻求一条解决犹太民族的现实生存空间的道路,是在巴勒斯坦建立新犹太国,为此,就必须大量吸收现代文明。卡夫卡甚至从犹太民族的分散性中看出犹太民族的一种智力优势(这就像黑格尔从日耳曼人的个人主观性中看出的东西一样,是一种辩证思维),而这对建立新犹太国来说十分关键:"犹太人像种子那样分散到了各地。就像种子吸收周围的养料,储存起来,促进自己的生长那样,犹太民族命中注定的任务是吸收人类的各种各样的力量,加以净

---

① 沃尔特·拉克:《犹太复国主义史》,徐方、阎端松译,上海三联书店,1992年版,第211—212页。

化,加以提高。摩西始终是现实的。就像阿比拉姆和达旦高喊'我们不上去!'反抗摩西一样,现在的世界用反犹聒噪抵制他们。为了不致上升到人性的高度,人们冲进了种族主义的动物学的黑暗深渊。他们打犹太人,也就是杀'人'。"①卡夫卡颇为现实,他的政治犹太复国主义仅仅要求另一个犹太复国主义者以赛亚·伯林所说的"防止坏猎人入侵"的"高山大海"——对卡夫卡的更为实际的想象力来说,那就是一堵能将犹太人团团保护起来的厚墙:一个以犹太民族为主权拥有者的现实国家,或用卡夫卡的话说,"一个空间上的小小的、通常的家"。

"通常"一词颇为关键。犹太人必须摆脱自己作为"上帝选民"的古老幻象,而像其他民族一样拥有一个现实的世俗的家园。如果说"巴别塔"是文化犹太复国主义的一个隐喻,隐喻着现实世界的犹太人在心理上回归到旧约古犹太人的英雄时代,是精神的通天路;那么,"墙"则是政治犹太复国主义的一个隐喻,隐喻着一块被一道坚固的环形长墙所防卫起来的地理空间(国家),犹如房屋的墙守卫着一个家,而这样的墙必须没有缺口,否则家依然处于时刻被入侵的状态,正像《审判》中的陌生人可以轻易进入约瑟夫·K的家,把他带走。对于"墙"的想象,使卡夫卡自然而然联想到了世界上最长的那堵墙——中国的万里长城,这个半途而废的巨大的国家工程,它的无数缺口抵挡不住一波接一波的入侵者。长城的残缺不全,说明一个伟大的国家计划半途因某个与此相反的计划而改变了,就像政治犹太复国主义被文化犹太复国主义所牵制一样。

"我们的国家如此辽阔,"中华帝国东南方的这位卡夫卡村民写道,"任何童话也想像不出她的广大,苍穹几乎遮盖不了她——而京城不过是一个点,皇宫则仅是点中之点。"地图上的这个微点随即放大为一个由一圈圈高大的宫墙构成的巨大的同心圆,而圆心之所在居住着一位"权力大得凌驾于世界之上"的皇帝。那个圆心是一个神秘的永远不可接近的中心,但它同时又是一切意义之所出的源头。

那个神秘的中心,以及它与"边缘"的大到足以令人绝望的距离,到底隐喻什么?为何它像一个永远纠缠的梦一样一次次出现于卡夫卡的象征作品中(如《审判》、《城堡》等等)?既然是隐喻,就有无数的解读,但我们如果顺着"作为政治犹太复国主义者的卡夫卡"这条线索,就不会坠入云雾缭绕的玄

---

① 古斯塔夫·雅努斯:《卡夫卡对我说》,赵登荣译,时代文艺出版社,1991年版,第121页、第123页。

学之思,也不会从中发现"人类的处境"——除非是犹太人的现实处境。在犹太人的祈祷仪式中,有一句被无数代的犹太人带着梦幻般的热情低语过的祈祷语——"明年,在耶路撒冷。"耶路撒冷,是他们梦中不断重返之地,是他们的一个激情的中心,当然也是一块现实的土地。一代代犹太人在祈祷中低语着"明年,在耶路撒冷",然而耶路撒冷就像《等待戈多》中的那个永远等不来的人。从欧洲到巴勒斯坦或耶路撒冷,正如从中华帝国的东南方到京城,并不是几天几夜的路程,而是多少个世纪的跋涉,到卡夫卡的时代,巴勒斯坦依然遥不可及。犹太复国主义者既然把耶路撒冷想象成流散于欧洲各地并各成一体的犹太人的共同的精神中心和地理中心,那么,整个庞大的欧洲在这幅想象图中就是辽阔的边缘了。

从中心到边缘,与从边缘到中心,其距离是同等的遥不可及。村民卡夫卡提到一个传说:就在皇帝临终之际,他向帝国境内最偏远地方的一个身份卑贱的臣民——大约就是这位卡夫卡村民了——下了一道谕令,让一位使者去传达。"他让使者跪在床前,悄声向他交代了谕旨;皇帝如此重视他的谕令,以致还让使者在他耳根复述一遍。他点点头,以示所述无误",于是,使者立即出发,健步如飞,花了很长时间才穿越内宫的殿堂,而前面还有许多庭院,一个连一个,一眼望不到尽头,"过了这些庭院还有第二圈宫阙;接着又是石阶和庭院;然后又是一层宫殿;如此重重复复,几千年也走不完",当他终于冲出最后一道宫门后,"面前呈现的是帝都,这世界的中心,其中的垃圾已堆积如山"。这位怀揣着皇帝的谕令的使臣并不稍做停留,他穿行在帝国庞大的都城之中,而城外,帝国的疆域朝四面八方延伸而去,看不到尽头。他披星戴月,在广袤无边的疆域上朝遥不可及的目的地疾行,不知道时间已过了多少年,也不知道身后愈去愈远的京城早已改朝换代,他携带的只是一个已死之人的谕令,而他准备向其传达皇帝谕旨的那位臣民已是另一个朝代的臣民(本雅明的"同质的、空洞的时间")。到最后,卡夫卡也没有提到那位怀揣着一份已失去时效的谕旨的使者是否最终抵达了目的地——由于卡夫卡的本意是隐喻距离的遥不可及,那么这位可怜的使者大概是永远到不了他的目的地的。这也可以从村民卡夫卡的另一句话得到验证:他说,在他的村子,"人们一辈子也难得遇到一位朝廷派来巡视的钦差大臣"。既然"国家"的象征和国家的管理从来没有光临过这些偏远之地,那这些地方又何以被组织进国家?它们处于半国家状态。

这是从中心向边缘的跋涉。然后,卡夫卡转换了一个角度,从边缘来想象遥远的中心。他写道:关于宫中的一切,从皇帝的起居,甚至"皇帝是不是跟我们一样是一个人",到复杂的宫廷斗争,等等,作为"帝国的最后支柱"的"老百姓们是永远不会知道的","我们在千里迢迢的南方,都快到达西藏高原了,如何知道这一切呢。再说,纵使有消息抵达我们这里,但已经太晚了,早已失去了时效"。空间的辽阔造成的时间的鸿沟,使帝国各处的臣民似乎生活在完全不同的朝代。不过,尽管每一个皇帝都最终会在龙床上死去,甚至王朝也会垮台,但君权本身是不灭的,对君权而不是某个具体的皇帝的信仰维系着整个民族的想象力,但也使这种想象力失去了时间的概念。

皇帝永远无法及时到达的谕令没能使散落于这片辽阔无边的土地上的人民结成一个政治共同体(现代国家)。它虽名之为"国",但中心与边缘之间的难以互达的距离却使这个"国"的各个部分处于一种各自为政的状态,不是一个有组织、有管理的现代民族国家。分散的人们只能依靠一代代延续下来的古训,维系着一个无形的精神共同体,如村民卡夫卡所说:"半文明的教育把那多少世纪以来深深打进人们头脑的信条奉为崇山,高高地围绕它们起伏波动。"这就像分散在欧洲各个角落的犹太人也只是一个精神的民族,而在现实历史中,他们各自为政,分裂成无数块,捷克的犹太人和德国的犹太人之间彼此和外国人差不多,并没有一个现实的中心向他们发出步调一致的指令。

正如一双善于发现的眼睛可以从一个国家的混乱的街景看出这个国家缺乏组织一样,卡夫卡在写到那个怀揣着皇帝谕令的使者终于冲出最后一道宫门后,有一句意味深长的街景描写:"面前呈现的是帝都,这世界的中心,其中的垃圾已堆积如山。"在这篇隐喻作品里,唯有这一笔写得相当实。显然,卡夫卡读过1900年"庚乱"时占领北京的一些欧洲军人的见闻录,其中关于京城的描写,几乎都少不了"垃圾堆积如山"这一句。当时带兵入京的联军统帅瓦德西在他的日记中就多处提到北京的街道污秽,甚至连总理各国事务衙门所在的那条街道也污浊不堪。瓦德西后来在北京发动了一场清洁运动:"我们更复尽力设法,以使华人渐为了解清洁之义。所有街上秽物,均须搬出城外。街灯之设,亦已实行。"[①]

但卡夫卡并不是为了炫耀他对中国京城的卫生状况的了解程度而顺便提到这个细节的。瓦德西将城中堆积如山的垃圾归结为中国人的清洁意识的匮乏,这显示出他的欧洲"文明人"的观念,但与之密切从往的妓女赛金花

---

① 瓦德西:《拳乱笔记》,中国近代史资料丛刊第九种《义和团》(3),中国新史学研究会主编,神州国光社,1951年版,第71页。

则更深刻,她从国家管理上来看待这一问题,这与卡夫卡倒是异曲同工。她后来回忆道:"北京的街道,那时太腌臜了,满街屎尿无人管。洋人最是嫌这个,便下了个命令,叫商家住户各自打扫门前的一段,倘有一点污秽,查出来是先打后罚。他们这种办法,固然太厉害些,可是北京的街道却赖以洁净了许多。后来西太后回銮抵京,看见街上比从前又整齐,又干净,很是欢喜,很夸赞洋人们能干。"①最高当权者慈禧对洋人的夸赞,体现了本国政府在组织和管理国家上的无能,这也是庞大而古老的中国之所以一再败于一股股规模不大但按现代科学的方式出色地组织起来的西方入侵者的原因。

倘若连天子脚下的京城都堆满了垃圾,那就足以证明这个庞大的帝国的其他部分处于更加无人管理的无政府状态,仿佛帝国庞大而复杂的官僚机构只是为了制造困难而设立的,正如那个同样庞大而复杂的皇宫的设计思路一样。这样一个缺乏组织的共同体,不可能抵御外来的入侵。光有作为"文化中国"的"华夏"(类似于文化犹太复国主义的精神共同体)是远远不够的,还必须有一个被有效组织起来的国家,一个处于时间和空间的交叉点上的国家。

对布拉格的卡夫卡来说,幅员堪比整个欧洲大陆的中华帝国如何进行统治,如何让这个散居于如此辽阔而又山川纵横、江河相隔的一片土地上的民族结为一个国家,真是一个令人大惑不解的谜。为解开这个谜,他开始研究皇帝下令修筑万里长城的政治动机。在他看来,以全国之力修筑万里长城这种毫无军事价值的庞大工程,其实正是皇帝用来在全国臣民的内心嵌入"共同的国家"的意识的一种文化政治学策略。他要让各地臣民共同感到一种来自遥远的朔北的游牧民族的威胁,以便把他们从各自为政、老死不相往来的孤绝状态中赶出来,于是,他下令建造这么一道将整个庞大的帝国环绕在内的圆形的象征之墙,哪怕是在朔北游牧民族骑着烈马也无法企及的帝国东南方也同样如此,而"那些天真的北方民族,他们还以为这是为了他们而造的呢"。

这道和帝国边境线一样长的城墙将采取分段修造的方案:从东南方、西南方和北方几个方向同时开始建造,"二十来个民工为一小队,每队担负修建约五百米长的一段,邻队则修建同样长度的一段与他们相接",最终连成一个巨大的圆。由于修筑长城成了国家的最为重大的计划,"人们就把建筑

---

① 《赛金花本事》,刘半农、商鸿逵采访记录,吴德铎整理,岳麓书社,1985年版,第36—37页。

艺术,特别是砌墙手艺宣布为最重要的科学了,一切其他技术,只要与此有关的,一概加以赞许",擅长此道的人获得了很高的荣誉,"那些好容易当了施工领班的人,哪怕是最低一级的,到了工地,也觉得是值得的","是他们让人在墙基上放下第一块石头,他们以此感到自己和长城互为一体了"。

这里没有冥思(冥思的结果就是走向通天塔),而是千千万万人的实际的劳作。卡夫卡在作品中也表达了对于冥思的适度反感。一段几百米的长城竣工后,施工者们回到阔别数年的家乡,度过一些安闲的日子,以便养精蓄锐,不久又被派到"老远老远的地方"去建造另一段几百米长的长城。在家乡,"每个建筑者所拥有的威望,他们的报告在邻里间所获得的信任,那些质朴、安分的老乡对长城有朝一日完成的确信不疑,所有这一切把心灵的弦又拉紧了","他们告别了家乡,重返岗位,为民众事业效劳的欲望又变得不可遏止了。他们一大早就出发,半个村子的乡亲陪送他们很长一段路……一路上人们三五成群,挥动着旗帜,他们第一次看到了他们国家是多么辽阔,多么富庶,多么美丽,多么可爱。每个国民都是同胞手足,就是为了他们,大家在建筑一道防御的长城,而同胞们也倾其所有,终身报答。团结!团结!肩并着肩,结成民众的连环,热血不再囿于单个的体内,少得可怜地循环,而要欢畅地奔腾,通过无限广大的中国澎湃回环"。计划中的圆形的长城与民众结成的连环以及群体的血液的回环重叠在一起。

"那时候,人们的头脑里充满了许多混乱的东西,"村民卡夫卡分析道,如果领导者让全体民众的心思都系于一个永远在延伸却不可能最终完成的宏伟建筑,就能把无数混乱的头脑及其萌生的无数可能性"都汇聚到一个目的上","并且发现,没有上级的领导,无论是学校教的知识还是人类的理智,对于伟大整体中我们所占有的小小的职务是不够用的。在上司的办公室里——它在何处,谁在那里,我问过的人中,过去和现在都没有人知道——在这个办公室里,人类的一切思想和愿望都在转动,而一切人类的目标和成功都以相反的方向转动。但透过窗子,神的世界的光辉正降落在上司的手所描绘的那些计划之上"。单个的人就像浮尘,不仅找不到一种深刻的生存意义,也将一事无成,因为个人的任何行为只有被投射在一个更大的意义穹顶上才能获得其有限的意义。但这个"伟大整体"靠眼力是发现不了的,它存在于一个民族的伟大人物的意志中,当它像神谕一样被宣示出来后,流散各地的人们才感到自己个人是没有价值的,只有在这个"伟大整体"中才能找到自身的价值,才会聚在一起共同完成一个宏大的工程——国家。

但长城的建造计划及其分段建造的方法却具有神秘性,而其缺乏实用价值又使人怀疑领导者是不是存心要让臣民"干一种没有实际价值的事"——其实,按村民卡夫卡前面的描述,长城的意义正在于领导者让全体国民共同参与完成一个巨大的象征,以便把自己作为一块砖石砌入这个伟大的整体中,而不再是一粒不能从自身获得存在意义的浮尘。长城在未完工之前,它的意义就已经显露了。它就像旧约里犹太人修建巴别塔这座同样伟大而无实用价值的建筑一样,其意义在于形成一个有着共同的语言文字、风俗、宗教、情感、节庆、象征、仪式的"想象的共同体"。但卡夫卡提到,长城还必须是某种实实在在的东西。

被旧约的一些隐喻所缠绕的卡夫卡并非偶然地从"巴别塔"联想到作为隐喻的"万里长城"——当他在《万里长城建造时》里把自己想象成中华帝国的一个村民时,联想的顺序就是从"万里长城"到"巴别塔"——并且让两个隐喻在"比较民族学"的层面上重叠在一起,以思考"中国人"(犹太复国主义者的意识投射)在犹太人失败的地方如何重新开始,又为何最终像犹太人一样半途而废。换言之,"中国人"在吸取巴别塔半途而废的教训后,决定修建一座万里长城。巴别塔是通向上天的一座塔,它永远延伸,没有终点,或者说,它通向不可能,而万里长城却是建在地上的实实在在的墙。假若说巴别塔象征着"内在自由"的话,那么,万里长城则喻示着"外在自由"。

"巴别塔"隐喻见于《旧约·创世记》第11章,讲述的是古以色列人(挪亚的子孙们)在大洪水之后到分裂成邦国之前的一段经历,根据英文"钦定本"试译如下:"那时,天下人口音言语莫不相同。他们由东向西迁移,途经士拿时,碰巧看见一片平原,就定居在那里。他们商量道:来吧,我们做砖,把砖烧透。他们就拿砖当石头,又拿石漆当灰泥,说:来吧,让我们给自己建造一座城和一座通天塔,让我们共有一个名,以免我们流散各地。耶和华降临,要看看世人所建造的城和塔。耶和华说:看哪,这群人已成了一体,说着相同的言语,他们既然已到这种地步,以后想做什么,就什么都挡不住他们了。我们且下去,变乱他们的口音,使他们彼此言语不通。如此,耶和华就使他们从此流落各地,那城也就停工了。这便是巴别城的名字的来历,因为耶和华在那里变乱了天下人的言语,使众人流散各地。"巴别(Babel)乃"巴比伦"一词的希伯来语形式,意为"变乱"。

村民卡夫卡以比较民族学家的口吻写道:"我们必须得说,当时长城所完成的业绩,比起巴别塔的建筑毫不逊色,显然,天意也,至少根据人类的计算,它与巴别塔的建筑完全相反。我之所以提到这点,因为在该建筑动工之初,有一位学者写了一本书,对这两项建筑作了详尽而精确的比较。他在书中试图证明,巴别塔之所以没有最后建成,绝不是由于大家所说的那些原因,或者至少在这些公认的原因中没有最重要的那几条。他的论证不仅依据文字记载,而且据称他还作了实地调查,并且发现,巴别塔的倒塌在于基础不牢,因而必然失败。从这一点上看,我们的时代远胜于古代。今天,几乎每个受过教育的人都是专门的泥水匠,在打基础方面是不会有错失的。但这位学者却根本不朝这个方向去论证,而是断言,在人类历史上只有长城才会第一次给一座新巴别塔创造一个稳固的基础。因此,先筑长城,而后建塔。这本书当时人手一册,但我承认,我至今仍然不甚明白,他是怎样设想那座塔的建造的。长城连一个圆圈都没有形成,而不过是四分之一或者半个圆圈,难道这就可以作为一座塔的基础了吗?这只能从精神角度去理解。然而,长城又是什么呢?它是某种实实在在的东西,是千千万万人的生命和辛劳的成果。为什么在那本著作中要写上那座塔的计划——显然是迷雾一般的计划——和一个个具体的建议,即应如何集中民众的力量参加强大的新的工程?"

皇帝计划中的圆形的长墙最终没有完成,只在荒无人烟的地方留下了一段段突兀而起的断墙。村民卡夫卡将计划的失败归咎于分段建筑的方法。"众所周知,长城之建造意在防御北方民族。"他以一个军事家的内行口吻说,"但它造得并不连贯,又如何起防御作用呢?甚至,这样的长城非但不能起防御作用,这一建筑物本身就存在着经常性的危险。这一段段城堞孤零零地耸立于荒无人烟的地带,会轻易地一再遭到游牧民族的摧毁,尤其是这些游牧民族当时看到筑墙而感到不安,便像蝗虫一般以难以置信的速度转辗迁徙,因此他们对于工程的进展有可能比我们筑墙者自己还要看得清楚。尽管如此,建筑的方法除了现在这个样子也许没有别的途径可想。"

但他随即否定了他自己刚刚提出的看法,而将整个工程的失败归咎于帝国行政机构的不透明,它使得本来是"某种实实在在的东西,是千千万万人的生命和辛劳的成果"的长城变成了一种精神象征。皇帝用一圈圈高耸的宫墙将自己围起来,与他的子民们失去了联系,谁也不知道从层层叠叠的宫门里传出的命令的真实用意,而运转不灵的庞大的官僚机构也没有起到沟通臣民与皇帝的作用。村民卡夫卡说,自己处于帝国一隅,对帝国的整体只有一种模糊的印象,他发现自己顶多只能谈谈自己的家乡,当然他也想到了远在京城的皇帝,也曾向各种路过的旅人打听过,但几乎打听不到任何事,"诚然,听到的不少,但一件也不能落实"。哪怕是皇帝向某个臣子发出的谕令,也可能最终传不到那个臣子的耳朵。

"也许没有比我们南方的百姓更为忠君的了,"村民卡夫卡遗憾地写道,"虽然在村口的小圆柱上蟠曲着一条圣龙,自古以来就正对着京城方向喷火以示效忠——可是对村里的人来说京城比来世还陌生"。错不在村民,在皇帝的政府,"自古以来它缺乏能力,或者顾此失彼,没有把帝国的机构搞到这样明确的程度,使得帝国最遥远的边疆都能直接地并不断地起作用。但另一方面,这当中百姓在信仰和想象力上也存在弱点,他们未能使帝国从京城的沉沦中起死回生,并赋予现实精神,把它拉到自己的胸前"。一道残缺不全的长城,最终意味着一个失败的国家。

政治犹太复国主义者要在巴勒斯坦建造一道喻示"现实的国家共同体"的长城,而文化犹太复国主义者却要在欧洲"当地"重建一座喻示"古老的精神共同体"的巴别塔。可是,塔的建造本身就阻止了墙的建造,又如何将塔置于墙之上?在文化犹太复国主义者与政治犹太复国主义者的争吵中,卡夫卡以一种悲观的眼光发现犹太民族缺少一个现实的伟大领导者,不能像现代的摩西,赋予流散的犹太人一种"伟大整体"的共同意识,将他们从古代带入现代,从传统的民族共同体带入现代的政治共同体,从欧洲各地带向巴勒斯坦。换言之,要在旧巴别塔的废墟上建造万里长城。犹太人不可能同时建造一道地上的万里长城和重建一座通天的新巴别塔,因为两个计划完全相反——在卡夫卡看来,后者"显然是迷雾一般的计划"。

《万里长城建造时》只是犹太复国主义者卡夫卡的交织着希望与绝望的梦,它以谜一般的隐喻透露了他对1910年代欧洲犹太人在分裂中内耗的担忧,他们犹如一团散沙,没有一个伟大人物向他们晓谕"伟大整体"的生动存在,而使每一颗沙粒嵌入圆形的长城之中。少数人已去到了巴勒斯坦,但他们东一块、西一片稀稀落落地散布在那块土地上的定居点则犹如散布于中国土地上的那一段段突兀而起的城堞。巴勒斯坦是整个流散的犹太民族的地理中心和心理中心,但这个中心的中心似乎是空的。信使可能早已在路上跋涉,但他怀揣的是那个已被无数代人重复了无数遍的"明年,在耶路撒冷"。

蔡元培的"辞职启事"

1919年5月4日下午一时,当一千多名北大学生在北大红楼后面的空场排好长队,人人手持一面白色小旗,队首高举北大五色校旗,浩浩荡荡走向校门,准备朝天安门方向进发时,他们看见身形瘦小的蔡元培校长挡在校门口。当时在游行队伍里的杨晦后来在回忆这个场面时写道:"临出发时,蔡先生在出口那里挡了一下,说有什么问题,他可以代表同学们向政府提出要求。不过,同学们不肯,他也就让开。"[1]然而,在同为北大学生且当时也置身于游行队伍的孙伏园的回忆录里,这个场面却未见蔡先生的身影,挡在那里的是另一个人:"游行出发以前,步军通领衙门派一个官来劝阻,学生告以目的在争外交,不必劝阻,这官就走了。"[2]

再来看蔡先生自己的回忆:"我对于学生运动,素有一种成见,以为学生在学校里面,应以求学为最大目的,不应有何等政治的组织。其有年在二十岁以上,对于政治有特殊兴趣者,可以个人资格参加政治团体,不必牵涉学校。所以民国七年夏间,北京各校的学生,曾为外交问题,结队游行,向总统府请愿;当北大学生出发时,我曾力阻他们,他们一定要参与;我因此引咎辞职。经慰留而罢。到八年五月四日,学生又有不签字于巴黎和约与罢免亲日派曹、陆、章的主张,我也就不去阻止他们了。"[3]言下之意,是当时在场,但没有加以劝阻。

周策纵在《五四运动史》中描写这个场面时写道:"这时北京政府曾尽力设法阻止这次大集会游行。教育部派了一个职员随同几个军警长官,在4日上午11时左右便到达北京大学,由蔡元培在场召集学生(有些报道说,蔡当

---

[1] 杨晦:《五四运动与北京大学》,《五四运动回忆录》(上),中国社会科学出版社,1979年版,第223页。

[2] 孙伏园:《回忆五四当年》,《五四运动回忆录》(上),中国社会科学出版社,1979年版,第257页。

[3] 蔡元培:《我在北京大学的经历》,《五四运动回忆录》(上),中国社会科学出版社,1979年版,第177页。

时不在),听他劝告不要参加游行,但是学生听了这位代表长谈,双方辩论以后,拒绝接受他的劝告。这段插曲惟一的作用是使北大的学生队伍晚到了一些时候。"①

我们或许没有必要纠缠于蔡校长是否曾在校门口阻挡学生这一细节,而应研究他对于学生运动的一般态度。至于政府方面,当它获知北大学生将要上街游行以抗议巴黎和会的秘密交易时,也不是一味加以阻止。只要不失控,学生的游行示威大可配合政府在巴黎和会的外交斗争。游行的组织者说,他们的游行线路的终点是东交民巷使馆区。兹引 1919 年 5 月 5 日北京《晨报》记者有关 5 月 4 日中午各路学生队伍汇集到天安门时的报道:"记者到时,学生不过六七百人。少顷,各大队学生手持白旗,纷纷由东西南各方云集而来。……(法政专门学校代表称)等大家到齐,我们便要游街示众,叫我们国民也都知道有这种事体。游街后再到东交民巷英、美、法、意各国使馆提出说帖,表示我们的意思。完后还要转到这里,开会商议善后办法。……(教育部某司长劝说无效、步军统领李长泰出现在天安门红墙旁)学生代表又向李统领婉言道:我们今天到公使馆,不过是表现我们爱国的意思,一切的行动定要谨慎,老前辈可以放心的。各学生大呼走走。李统领亦无言,旋取下眼镜,细读传单,半晌后对群众曰:那么,任凭汝们走么。可是,千万必要谨慎,别弄起国际交涉来了。言毕,嘱咐警吏数语,即乘汽车而去。学生全体亦向南出发。"②

但在东交民巷递交说帖之后,游行队伍却朝赵家楼涌去(据匡互生等人回忆,这并非游行组织者的预先安排,而是一些激进学生秘密组织——如同言社、工学会、共学会等等,均有无政府主义或社会主义色彩——的密谋,他们出发前就随身带了火柴和煤油,按匡互生 1925 年的说法,是准备"伴大队游行至曹、章、陆的住宅时候,实行大暴动"③),并火烧了赵家楼,殴伤了章宗祥。余下的事史书记载甚祥,不再赘述。不过,即便到了 5 月下旬,也即北京五四事件已引发全国抗议风潮致使局面大有失控之虞时,总统府和教育部虽已公开发布好几道厉言要惩办肇事学生的命令,但这主要属于空口威胁性质(防止事态出现异动),也是为了敷衍日本方面的"外交抗议",但专门负责全国治安的政府内务部则在 5 月 23 日发给各省区最高军政长官关于如何

---

① 周策纵:《五四运动史》,岳麓书社,1999 年版,第 150 页。
② 转引自陈平原《触摸历史与进入五四》,北京大学出版社,2005 年版,第 17 页。
③ 《五四运动回忆录》(上),中国社会科学出版社,1979 年版,第 306 页。

处理各地学潮的电文中指示:"查青岛问题发生以来,我邦学子,感于外界之刺激,发其爱国之热忱,奔走呼号,不遑宁处,冀以国民之朝气,策助政府之进行,用意至深,殊堪慰许。惟是爱国之道,应以择术为先,既以拯救祖国为前提,应有恪守范围之表示;若夫徒尚意气,激生事端,招友邦之责言,贻国家以巨患,是其志愿本欲爱国,而其行动造成祸国之媒,当非莘莘学子所忍出此。沦胥之惧,原为血气所同,第救国之方,当求正轨,无益之举,必误歧途。本部有维持治安、预防危害之责,用特掬诚相告,俾期弥患无形。邦人君子,其韪斯言。除分行外,相应电请照查转饬布告各属一体周知,是为至盼。"①事后看来,这的确是政府处理各地运动的基本方针,即希望学生以"正轨"(和平游行,而非激生事端)的方式配合政府的外交。

不过,当时的政治情势颇为复杂,而大学校园公开的和秘密的学生政治团体又各有其不同的政治目标。此外,对皖系操纵北京政府心怀不满的各种政治势力——尤其是一直与北京政府抗衡的南方政治势力以及直系、奉系等其他北洋势力——都希望暗中利用学生,对学潮推波助澜,以使其失控,从而削弱北京政府的政治合法性。一时间,一向被认为"以学问为业"的大学生竟成了各种政治势力争相利用的对象,学生自身也高度政治化了。

5月4日下午,当蔡元培望着北大游行队伍一路高呼口号朝天安门方向远去时,他的心情一定矛盾重重,但其中一种心情肯定是幻灭——自1917年1月上任来,他一直努力经营的这个"研究学理的机关"在这一刻不再是一个学术的乌托邦了。在此,我们必须先区分他作为政府任命的国立北京大学校长和作为"自由的个人"之间的不同角色:就个人而言,他肯定支持学生的和平游行,甚至也会像其他社会名流一样忙着拍电报表示声援;但作为国家以"高深学问研究"(从京师大学堂到北京大学,政府要求于北京大学的是为国家培植以期他日之用的高级人材)相托的"最高学府"的校长,他必须劝阻学生从事政治运动。

何况,教育总长傅增湘于5月4日事件爆发的次日即训令各校校长:"昨日午后一时,突有本京公私立专门以上学校十三处,学生约二千人,齐集天安门,对于青岛问题,开会演说。继复游行街市,麇集赵家楼曹宅地方,纷扰滋事,实属狂热过度。当经本部严切通过直辖各校及私立专门以上各学校训令内开:查学生在校修业期间,一切行为言论,自当束身法则之中,不得轶

---

① 《中华民国史档案资料汇编》第三辑《民众运动》,江苏古籍出版社,1991年版,第343页。

出规范以外,乃本日午后一时,因外交问题,本京各校学生聚集一二千人游行开会,竟至酿成事端,殊堪惊骇。本部为维持秩序,严整学风起见,用特切实通令各校,对于学生,当严尽管理之责。其有不遵约束者,应即立予开除,不得姑宽,以敦士气而重校规,仰即遵照。"①

如今,蔡校长既约束不了北大学生,又不愿遵令开除肇事学生,于是,对他来说,就只剩下一个选择——辞职。不过,在辞职以前,他奔走于政府部门,要求政府释放于4日下午被捕的学生。有意思的是,政府也接受了赵家楼之火"为电线短路起火"之说,以为学生开脱。5月7日上午十一时许,蔡校长从京师警察厅将十多名被捕的北大学生保释回校。在看守所度过了两天三夜的被捕学生像凯旋的英雄一样受到等候在北大校园里的同学们的热烈欢迎。孙伏园在回忆录中记录了这个场面:"汉花园红楼北面的广场里放了五张方桌,北京大学全体学生都在广场上等候着被捕同学的归来。不知道从什么地方借来了三辆小汽车,每辆都装满了人;我在红楼门外远远望见三辆小汽车出沙滩来了,即刻回到广场上的同学队伍中,三辆车里面的被捕同学大约十二至十四人,全体站立桌上和同学见面。情绪紧张万分。因为太紧张了,被捕同学没有一人说话,在校同学也没有一个说话。当时大家只是热泪交流。"两天三夜的羁押、不安的等待、突然被释放以及随即置身于如此情绪洋溢的凯旋仪式,使年轻而缺乏经验的英雄们都有点快支撑不住了,于是又从桌子上被请到红楼的休息室里稍事休息,"休息室中除被捕同学以外,有蔡元培先生,也许还有一、二个学生会的工作人员"。② 休息室窗外是密密麻麻等候在那里的同学,而安静的休息室似乎只听得见学生会的几个工作人员轻微的步履声。

孙伏园还提到休息室里的一个细节:蔡校长削了一个梨,给一位被捕学生吃。这个细节描述,并非一句闲笔,它试图造成这样一种印象,即蔡校长此刻的心情和休息室内外的北大学生一样。尽管我们没有必要从"梨"的发音中听出它的弦外之音("离"),不过,在这个情绪骚动不宁的场面中,蔡校长看起来多少像一个多余人。他心里早就有了一个离开的计划。实际上,五四事件的当天,蔡元培就想到了辞职。仅仅为了营救被捕学生,他才延缓了辞职计划。5月4日当晚,当群情激昂的北大学生在北大三院礼堂开大

---

① 《中华民国史档案资料汇编》第三辑《民众运动》,中国社会科学出版社,1979年版,第336—337页。

② 孙伏园:《回忆五四当年》,《五四运动回忆录》(上),第258—259页。

会,宣布联合各校共同罢课以抗议警署白天逮捕示威学生的行为时,蔡校长也到了会。"这天晚上礼堂里外都挤满了人,蔡校长也到了会。"杨晦回忆道,"他当场说:发生这件事,他当校长的要引咎辞职,不过一定负责把三十二个学生保释出来。"①蔡校长说他"要引咎辞职",此语殊不可解,因为他没说明他到底"咎"在何处。5月7日,全部被捕学生已被释放,他随即于次日向徐世昌总统提交了辞呈:

> 为呈请辞职事:窃元培自任国立北京大学校长以来,奉职无状,久思引退。适近日本校全体学生又以爱国热忱,激而为骚乱之举动,约束无方,本当即行辞职;徒以少数学生被拘警署,其他学生不忍以全体之咎归诸少数,终日皇皇,不能上课,本校秩序极难维持,不欲轻卸责任,重滋罪戾,今被拘各生业已保释,全体学生均照常上课。兹事业已告一段落。元培若再尸位本校,不特内疚无穷,亦大有累于大总统暨教育总长知人之明。敬竭诚呈请辞职,并已即日离校。一切校务,暂请温宗禹学长代行。敬请大总统简任贤者,刻期接任,实为公便。谨呈。②

辞呈中有"全体之疚"一句,而作为校长,蔡元培的"咎"则是"约束无方"。徐大总统接辞呈后,随即发布《大总统指令》:"该校长殚心教育,任职有年。值兹整饬学风,妥筹善后,该校长职责所在,亟待认真擘理,挽济艰难。所请解职之处,着毋庸议。"③徐世昌此令并非虚礼,实际上,自蔡元培离京南下之后,国务院总理龚心湛和教育部代总长傅岳棻(总长傅增湘此时已辞职)也三番五次来电慰留,傅岳棻甚至还委派教育部秘书与北京大学师生代表一起去杭州组成迎蔡北归复职的代表团。

5月9日,既然学生已被保释回校,蔡元培于是给北大师生留下一纸寓意晦涩的辞职启事,就不辞而别了,连行踪都没有告诉任何人(他取道天津,从天津搭火车南下上海)。该启事写道:

> 我倦矣,"杀君马者道旁儿。""民亦劳止,汔可小休。"我欲小休矣!

---

① 杨晦:《五四运动与北京大学》,《五四运动回忆录》(上),中国社会科学出版社,1979年版,第225页。
② 《蔡元培全集》,第三卷,高平叔编,中华书局,1984年版,第293—294页。
③ 《蔡元培全集》,第三卷,高平叔编,中华书局,1984年版,第294页。

北京大学校长之职,已正式辞去;其他向有关系之各学校,各集会,自五月九日起,一切脱离关系。特此声名,惟知我者谅之。①

启事的后半部分,即"北京大学校长之职"之后的文字,是一个简单的声明,很好理解,但解释辞职原因的那两句却因塞入了分别取自《风俗通义逸文》和《诗经》的句子,意义变得非常隐晦。本来,"我倦矣"之后,可紧跟"我欲小休矣",表示辞职原因,然后再接上后面的辞职声明。虽然这样依然没有说明因何而倦,但给予他人解释的空间却变大了。如此说来,塞入这两句古文,恰恰是为了缩小解释的空间,也因此"惟知我者谅之"。北大学生想弄清蔡先生引这两句古文的含义。一个名叫常惠的学生于是给国文教授程演生去信询问。程的答复如下(1920年,北大准备出版蔡校长的言行录,其中收录了程演生给常惠的这封信,当书稿呈给蔡校长过目时,他在程信中加了两条案语。为参照蔡元培自己给出的解释,我这里抄录的是蔡元培加了按语的程信):

"杀君马者道旁儿。"《风俗通》曰:杀君马者道旁儿也。言长吏养马肥而希出,路旁小儿观之,却惊致死。按长吏肥马,观者快之,乘者喜其言,驰驱不已,至于死。

梁张士简用此意作《走马引》曰:良马龙为友。玉珂金作羁。驰骛宛与洛,半骤复半驰。倏忽而千里,光景不及移。九方惜未见,薛公宁所知。敛辔且归去,吾畏道旁儿。

蔡先生用此语,大约谓已所处之地位,设不即此审备所在,徒徇他人之观快,将恐溺身于害也,与士简诗意正相合。所以上文曰:"吾倦矣!"自伤自情,抑何深痛!(元培案:引此语但取积劳致死一义,别无他意。)

"民亦劳止,汔可小休。"《毛诗·大雅·民劳》第二章曰:"民亦劳止,汔可小休。惠此中国,以为民逑。无纵诡随,以谨惛奴。式遏寇虐,无俾民忧。无弃尔劳,以为王休。"

蔡先生用此语,盖非取全章之义。所谓民者,或自射其民耳(子民)。言己处此忧劳之余,庶几可以小休矣。倘取全章之义,则不徒感叹自身,且议执政者也。(元培案:引此语但取劳则可休一义,别无他

---

① 《蔡孑民先生言行录》,北京大学出版部1920年版影印本,第535页。

意。)

　　常惠君足下：顷迅蔡先生启事中引用之语，兹已检查明确，希即转示同学。"杀君马"之语，外面误解者亦甚多，且有望文生义者，谓君者指执政，马者指曹章，路旁儿指各校学生。若是说去，成何意义？可发一笑。贤者明哲保身，抑岂忍重责于学生耶？纵观右所条举之书及诗，蔡先生引用此语之本心，读者当可了解矣。①

　　蔡元培的辞职启事等于给北大师生出了两道殊难解其意旨的古文题，但时过境迁之后，他却断然否定了他人的过度阐释，自己给出了一个相当平庸且重复的解释。如果仅为了说明"积劳致死"和"劳则可休"，则不必如此麻烦地引用这两句古文，而且其中一句还十分偏僻。按蔡先生的文体风格，多数时候直言不讳，虽偶尔委婉，但不至艰深难解。引两句哑谜似的古文，是为了隐藏自己的真实意思。换言之，他有不得不说而又不能明说的苦恼。能体此意者，可能只有胡适和蒋梦麟（五四以后，胡、蒋两人的教育思想迅疾向蔡元培的"大学理念"靠拢，胡适更是大批"主义"——主要指无政府主义、社会主义等）。显然，这两句古文大有深意，而非蔡先生后来解释的那么简单。

　　或许，我们可以在蔡元培上一年5月向总统和教育部递交的《辞北大校长职呈》中找到一些线索。与1919年五四运动相比，1918年5月22日北大学生的请愿游行相对来说比较简单。为要求政府废除"中日防敌军事协定"，北大学生结队走出校门，前往总统府请愿。队伍出发前，蔡校长赶到学校加以劝阻，未果，便立即向总统和教育部递交了辞呈。两封辞呈内容多有重复，但呈给教育部的那一份对辞职原委交代得比较详细，兹录如下："窃元培自任北京大学校长以来，办理不善，早承洞鉴。顷本校学生对于'中日防敌军事协定'多所怀疑，曾蒙总长面嘱，以该约并无危险等情，宣告于全体学生，元培谨已遵行。不意昨夜学生开会讨论，决议于今晨八时由各班长率全体学生诣总统府要求废约。元培特于七时到校，多方劝告，并许以代达意见于大总统，而彼等不肯听从，毅然列队进行。元培平日既疏于训育，临时又拙于肆应，奉职无状，谨此辞职。"②经总统、教育部和北大的慰留，蔡元培收回辞呈，而学生的请愿游行也以总统向他们保证"不以牺牲国家利益"而和平结束。在这两份辞呈中，蔡校长无一字涉及自己的身体状况。他的辞职，

---

① 《蔡孑民先生言行录》，北京大学出版部1920年版影印本，第335—336页。
② 《蔡元培全集》，第三卷，高平叔编，中华书局，1984年版，第171页。

是因为学生不听他的劝告；而他作为校长，未能尽到训导和约束学生的作用，故引疚辞职。我们再来看周策纵在《五四运动史》的一个长篇脚注中对蔡元培1919年5月9日的辞职启事的分析：

> 启事登出后不久，学生们都想探求蔡氏的真意所在。其中有一个学生常惠请教北大文学教授程演生引文的来源，程在5月11日曾给他一封阐释的回信。
>
> 当时各界人士对蔡氏所引诗句，解测纷纷。据程演生给常惠的复信说："'杀君马'之语，外面误解者亦甚多，且有望文生义者，谓君者指政府，马者指曹、章，路旁儿指各校学生，若是说去，成何意义？可发一笑。贤者虽明哲保身，抑岂忍重责于学生耶？"因此他认为蔡引"杀君马"句的用意，"大约谓己所处之地位，设不即此审备所在，徒存他人之观快，将恐溺身于害也。与士简诗意正相合。所以上文曰：'我倦矣！'自伤之情，抑何深痛！"至于引《民劳》诗句，程以为："蔡先生用此语，盖非取全章之意。所谓民者，或自射其名耳（孑民）。言己处此忧劳之余，庶几可以小休矣。倘取全章之意，则不徒感叹自身，且议执政者也。"
>
> 但是蔡本人一年以后却解释说他引"杀君马"句，"但取积劳致死一义，别无他意"。他引《民劳》诗，"但取劳则可休一义，别无他意"。这固然也许是事实，可是当时各方的臆测，更是流行，而且这些引语也的确可能含有刺评执政之意，只是说得相当微妙罢了。①

程演生对启事中所引"杀君马者道旁儿"一句的解读，是蔡校长"恐溺身于害"，仿佛蔡校长考虑的是身家性命。由于当时社会上谣传曹汝霖和章宗祥已出资300万雇人暗杀蔡校长，那程的解释似乎有某种可信度（其实，5月7日上午，在4日下午遭学生痛殴而依旧躺在医院的章宗祥令其妻具书呈请国务院释放学生）。杜威6月24日发自北京的一篇题为《中国的学生造反》的电讯稿（载纽约《新共和》杂志），也谈到了军阀的密谋，其中说："各省纷纷谣传中国军阀为了打倒反对势力而准备好要走屠杀的极端。谣传甚至要来一场政变，以求永久稳固军阀和亲日派政府的把持。北京大学校长因为是新知识分子和自由分子的领导人，为军阀所憎恶。他辞职后突然隐匿不见了。

---

① 周策纵：《五四运动史》，岳麓书社，1999年版，第199页。

因为根据报道,不但是他自己的性命,连那些数百学生的性命也受到了威胁。"①杜威是应蔡元培之邀来北大教书的。他5月1日由日本坐船到上海,见到了从北京南下上海专程迎他北上的胡适和蒋梦麟(都是他在哥大的弟子),并在上海盘桓有日。他们三人并未目睹5月4日的北京学潮。

杜威不懂中文,所谓"根据报道",无非根据外文报纸的报道以及别人的转述,但这个"别人"不会是胡、蒋两人——他们自己也是通过报纸和北京来信了解北京的事态的,对其详情并不十分了解。但可以肯定,尽管他们会向杜威谈起北京的事件,却不会散布诸如"屠杀"、"政变"之类的谣传,以为本已汹涌诡谲的政潮添乱,他们此时考虑的是如何迅速恢复大学秩序。其实,留在上海的蒋梦麟(此时胡适已经回京)在化解上海的学生运动上出了大力,他在5月26日致信胡适中说:"上海今日罢课,弟等已将舵把住,不至闹到无意识。"6月13日,他在给胡适的信中写道:"我实在担不起第二[遭]的乱子。罢了罢了,快快闭门读书罢。"在同日写给北大学生罗家伦的信中,他又说:"学潮至此已告一段落。沪上因工人相继罢工,危险之极,幸而免。此后吾人但抱定宗旨,信仰惟学可以为人,惟学足以救国,誉毁成败等浮云耳。"②这一段时间,蒋梦麟不仅与蔡元培时常来往,而且与已北上的胡适和杜威通信甚密,互通情报。杜威不仅知道蔡元培身在何处,而且知道教育部已派员敦请蔡校长北上复职。可是,这位强调"证据"的实验主义哲学家为何向美国发去一篇捕风捉影的报道?

中国在巴黎和会上的外交失败,其实也是美国在巴黎和会上的政治失败:因为和会的欧洲战胜国的代表实际上否定了美国总统威尔逊的提议,而且他曾建议德国将山东半岛归还中国,而不是转给日本。杜威就像美国政治家和外交家一样不希望看到一个亲日的中国政府,因此传播一些于这个政府不利的谣言,肯定符合美国的利益。另外,美国驻华使馆也支持学生的反日运动,在北京当局拘捕学生后,美国使馆曾对北京政府施压。

杜威的报道中还有一句提到蔡校长的话("北京大学校长"),说他受到军阀的威胁,"辞职后突然隐匿不见了"。但杜威不仅早就知道蔡先生身在何处,而且在上海时就和蔡先生见过面,因为蔡先生自辞职出京后,中经天津(在天津还发表了讲话),早已回到上海(和杭州),而教育部和北大派来的

---

① 周策纵:《五四运动史》,岳麓书社,1999年版,第198页脚注,及214页注释第54条。

② 《胡适来往书信选》(上),中华书局,1979年版,第56—57页。

代表也正在与蔡先生商量回任的事。

大规模的社会运动不仅会混入各种政治势力,也总会伴随大量的谣言。此乃社会运动的一个典型特征。在野的或竞争的各政治势力有自己特定的政治动机,它们乐于散布任何不利于当局的谣言,以维持运动的活力,陷当局于尴尬之境,削弱其合法性。不过,尽管曹、章两人可能对蔡先生恨之入骨,但不会笨到共同出资300万雇人暗杀蔡校长并笨到使这一计划泄露出去以致闹到人人皆知的程度。何况蔡先生不是一个贪生怕死之人,十多年前,为推翻满清政权,建立共和,他是一个时刻活在刀尖上的老革命党。清光绪三十年(1905),他参加暗杀团,并将暗杀团扩大为光复会(任会长)。当次年邹容死于上海西牢时,他为邹筹办丧事,而且在这一年开始学习制造炸弹。民国的建立,使他看到自己为之奋斗的一个新时代的来临,这个时代不再陷入革命和动乱,而是一个建设时代,而建设需要人才,这正是他出任北大校长时在就职演说中高倡"大学者,研究高深学问者也"的治校理念的原因。

蔡先生以添加案语的方式否定了程演生对辞职启事所引"杀君马者道旁儿"和"民亦劳止,汔可小休"两句的解读。但蔡先生自己的解释也站不住脚。如果"杀君马者道旁儿"被解释为"积劳致死","民亦劳止,汔可小休"被解释成"劳则可休",则两句的意思就几乎重复了,取一句即可。更不好解释的是,按蔡的案语,既然辞职是因为对自己身体状况的担忧,那也只是人之常情,可能会有一点伤感,但断断不会"自伤之情"达到"抑何深痛"的地步。

《蔡元培》的作者蔡尚思则将两句古文分而释之:"一年以后,[蔡]又解释说,引《风俗通义逸文》典故,'但取积劳致死一义,决不是责怪学生';引《诗经·民劳》两句,'但取劳则可休一义',不是讥讽执政。蔡先生和学生一样爱国,但他觉得学生行动过于激烈。北洋政府可恶可恨,但蔡元培无能为力,可以不合作,却不敢彻底决裂……蔡元培留笺出京是一种消极的抵抗。"①这种阐释将"杀君马者道旁儿"与"民亦劳止,汔可小休"两句古文并列起来,仿佛一句对一事。

但启事中"我倦矣,'杀君马者道旁儿。''民亦老止,汔可小休。'我欲小休矣"更可能是因果关系,是因为"倦"才欲"休"。倦,《辞海》的相关释义有三条,即"疲劳、懈怠、厌倦",兼言心理和身体,但蔡先生的解释等于把"我倦矣"完全限定在身体方面,仿佛在1919年5月9日时年五十二岁的蔡先生突然担心起自己的身体健康来,因惜命而辞职南归。倘若原因如此简单,只涉

---

① 蔡尚思:《蔡元培》,江苏人民出版社,1982年版,第59页。

及对自己身体状况的关注,那直言便是,他人也不会误解,为何非得引两句古文,仿佛故意叫人费解？此外,如上文所说,倘若仅因担心"积劳致死"或感到"劳则可休",那启事中透露出的那种深痛的自伤之情也不好解释。

尽管程演生和蔡本人不认可将《诗经·民劳》中的"民亦劳止,汔可小休"阐释为"讥讽执政",但这却是当时人和后来人的一种流行的说法,因为《毛诗序》就是这样解释《民劳》的:"《民劳》,召穆公刺厉王也。"如此一来,蔡元培引《民劳》中的诗句,就似乎是冲政府去的,是蔡元培自比召穆公,讥刺对造反学生压制甚厉的"厉王"的政府。但同样根据《毛诗序》的解释,《诗经》中"下刺上"的诗句比比皆是,如《羔裘》"刺朝也"、《楚茨》"刺幽王也"、《信南山》"刺幽王也"、《甫田》"刺幽王也"、《瞻彼洛矣》"刺幽王也",等等,为何选择《民劳》？《郑笺》虽沿袭了《毛诗序》的"召穆公刺厉王"一说,但又有所偏离:"厉王,成王七世孙也。时赋敛重数,徭役繁多,人民劳苦,轻为奸宄,强陵弱,众暴寡,作寇害,故穆公以刺之。"虽刺厉王虐政,但同时也讥刺虐政下的人民作奸犯科、恃强临弱和以众欺寡。朱熹的解释更倾向于后一种:"《序》说以此为召穆公刺厉王之诗。以今考之,乃同列相戒之辞耳。未必专为刺王而发。然其忧时感事之意,亦可见矣。苏氏曰:人未有无故而妄从人者,维无良之人将悦其君而窃其权以为寇虐,则为之。故无纵诡随,则无良之人肃,而寇虐无畏之人止。然后柔远能迩,而王室定矣。"倘若蔡氏意在讥讽执政,则不会自伤若是。何况,他本人就是政府任命的国立北京大学校长。实际上,自1917月1月9日正式上任,到1919年5月4日运动爆发,政府并没有干涉过北京大学的内部事务,这也是北京大学在这两年半的时间里拢聚了如此之多政治信仰彼此不同甚至水火不容的学者的原因。他没有道理讥讽政府,顶多会认为政府对5月4日事件处置失当,同时认为学生的行为过火(实际上,连李大钊和陈独秀都感到学生的行为过激,他们劝导学生采取温和行动)。

但这还是没有解决启事中透露出的那种深痛的自伤之情。一个人只有感到自己最珍贵的东西的失去才会如此自伤,仿佛自己花了如此之多的心血从事的一项伟大事业居然片刻间归于虚无。如果这样解释,那蔡元培引《民劳》来说明"我欲小休矣",就不是因为"劳则可休",而是"忧时感事"。这就接近了朱熹对《民劳》的解释,而如果认可这一点,就等于接受了朱熹关于《民劳》为"同列相戒之辞"的说法。以此说来,蔡先生引用《民劳》,既不是为了讥刺执政,也不是为了说明"劳则可休",而是痛感"无良之人"的做法使他筚路蓝缕建立起来的学术乌托邦毁于一旦,而他感到自己已无力挽救这一局面。殿堂既毁,他只好隐去。"我欲小休矣"一句,其中的"小休"是顺势沿用"民亦劳止,汔可小休"中的"小休",其意不是"休息片刻"(众解家多有误解),因为"民亦劳止,汔可小休"中的"小"不是实词,而是语气助词。马瑞辰《毛诗传笺通释》:"[此诗]历言'小康'、'小休'、'小息'、'小憩'、'小安'者,非谓民劳之甚,宜小小安息之也。古人以'小'为语词,犹以'大'与'中'为语词也……此诗上言'劳止',以'止'为语词,若但言'汔可康'、'汔可休'则不辞,故以'小'字助之成句,非谓民不必大安息,且小安息之也。'小'为语助,盖失其义久矣。"①简言之,"我欲小休矣"等于"我欲休矣"。休,除了"休息"的词义,还有"辞官"、"辞职",如《杜工部草堂诗笺·旅夜书怀》:"名岂文章著,官应老病休。"既然"小休"意为"辞职",那就与蔡元培"劳则可休"一说不搭界了。

弄清了蔡元培引《民劳》的用意,再回过头来探究他引《文史通义逸文》中"杀君马者道旁儿"一句的用意,就比较容易获得底解。此句已隐含了一种空间的转换,即"马厩"与"道",也就是一个封闭的空间和一个开放的空间。此马本来养在马厩里,不事驰骋,但乘者却将它骑到了大道上,而且在道旁儿的激励下,将其驰骋至死。我们知道,蔡先生经常使用这一组空间概念:校内/校外,大学/社会、学术/政治。大学是一个远离政治的以学术为其唯一目的地方,在这样的独立环境里,才能使学术获得进展、学生获得培养(养马而肥),但这匹马被"乘者"(学生政治组织或者"学生政治参与热情")骑到了外面,并在"道旁儿"(社会各界以及校外各种政治势力)的激励下,不停地驰骋,终至累死。他梦想中的"学术国"就这样名存实亡了。其实,引"杀君马者道旁儿"的底解,在1919年8月蔡元培发表的《告北京大学学生暨全国学生联合会书》中:

> 诸君自五月四日以来,为唤醒全国国民爱国心起见,不惜牺牲神圣之学术以从事于救国之运动;全国国民,既动于诸君之热诚而不敢自外,急起直追,各尽其一分子之责任;即当局亦了然于爱国心之可以救国,而容纳国民之要求:在诸君唤醒国民之任务,至矣,尽矣,无以复加矣!社会上感于诸君唤醒之功,不能为筌蹄之忘,于是开会发电,无在不愿与诸君为连带之关系。此人情之常,无可非难。然诸君自身,岂亦愿永羁于此等连带关系之中,而忘其所牺牲之重任乎?世界进化,实由

---

① 马瑞辰:《毛诗传笺通释》,中华书局,1989年版,第919页。

分功;凡事之成,必资预备。即以提倡国货而言,贩卖固其要务,然比有制造货品之工厂,与培植原料之农场,以开其源。若驱工厂农场之人材而悉从事于贩卖,其破产也可立而待。诸君自思,在培植制造时代乎?抑在贩卖时代乎?我国输入欧化,六十年矣:始而造兵,继而练军,继而变法,最后乃始知教育之必要。其言教育也,始而专门技术,继而普通学校,最后乃始知纯粹科学之必要。吾国人口号四万万,当此教育万能科学万能时代,得受普通教育者百分之几,得受纯粹科学教育者万分之几。诸君以环境之适宜,而有受教育之机会,所以对吾国新文化之基础,而参加于世界学术之林者,皆将有赖于诸君。诸君之责任,何等重大!今乃参加大多数国民政治运动之故而绝对牺牲之乎?抑诸君或以唤醒同胞之任务,尚未可认为完成,不能不为若干日之经营,此亦非无理由。然以仆所观察,一时之唤醒,技止此矣,无可复加。今若为永久唤醒,则非有以扩充其知识,高尚其志趣纯洁其品性,必难幸致。自大学之平民讲演,夜班,教授,以至于小学之童子军,及其他学生界种种对于社会之服务,固常为一般国民之知识,若志趣,若品性,各有所适用矣。苟能应机扩充,持久不息,影响所及,未可限量;而其要点,尤在注意自己之知识,若志趣,若品性,使有左右逢源之学力,而养模范人物之资格,则推寻本始,仍不能不以研究学问为第一责任也。且政治问题,因缘复杂:今日见一问题,以为至重要矣,进而求之,犹有重要于此者。自甲而乙,又自乙而丙丁,以至癸子等等,互相关联。故政客生涯,死而后已。今诸君有见于甲乙之相联,以为毕甲不足,必毕乙而后可,岂谓乙以下之相联而起者,曾无已时。若与之上下驰逐,则夸父逐日,愚公移山,永无踌躇满志之一日,可以断言。此次世界大战,德法诸国,均有存亡关系,罄全国胜兵之人,为最后之奋斗,平日男子职业,大多数已由妇女补充,而自小学以至大学,维持如故,学生已及兵役年限者,间或提前数月毕业,而未闻全国学生均告奋勇,舍其学业而从事于军队若职业之补充。岂彼等爱国心不及诸君耶?愿诸君思之。仆自出京,预备杜门译书,重以卧病,遂屏外缘。乃近有恢复五四以前教育原状之呼声,各方面遂分加责备,迫以复出。仆遂不能不加以考虑。夫所谓教育原状者,宁有外于诸君专研学术之状况乎?使诸君果已抱有恢复原状之决心,则往者不谏,来者可追,仆为教育前途起见,虽力疾从公,亦义不容辞。读诸君十日三电,均以力学报国为言,勤勤恳恳,实获我心。自今以后,愿与诸君共同尽瘁学术,使大学为最高文化中心,定吾国文明前途百年大计。诸君与仆等,当共负其责焉。①

文中提到的"诸君十日三电",指北大学生 1919 年 7 月 10 日以"全体学生"的名义向远走杭州的蔡校长拍发的三份内容相近的电文,其中之一为复电:"佳电蒙允不坚持初志,感激之私,无任涕零。自先生恝然[冷淡状——引者]南旋,生等夙夜祇惧,茫无所归。不图今兹复得承教君子。旷时废学,惟有痛心。兢兢自守,幸无陨越。此后当益自策励,求学救国,万不至逾越轨范,以贻先生忧。校务万端待理,请即日北上。临电迫切,惟先生命之。北京大学全体学生叩。"②实际上,蔡先生是在学生代表向他保证"校外集会,以后谢绝参与"和"要求今后学生行动,服从指挥"两项条件后,才答应北上回职的。③ 这种表态又见蔡氏 1920 年 5 月《去年五月四日以来的回顾与今后的希望》一文。此文开篇肯定了五四学生运动对于唤醒国民爱国之情的积极作用,但很快笔调一转,写道:

> 但是学生界的运动,虽然得了这样的效果,他们的损失,却也不小。人人都知道罢工罢市,损失很大,但是罢课的损失还要大。全国五十万中学以上的学生,罢了一日课,减少了将来学术上的效能,当有几何?要是从一日到十日,到一月,他们的损失,还好计算么?况且有了罢课的话柄,就有懒得用工的学生,常常把这句话作为运动的目的,就是不罢课的时候除了若干真好学的学生以外,普通的就都不能安心用工。所以从罢课的问题提出以后,学术上的损失,实已不可限量。至于因群众运动的缘故,引起虚荣心,依赖心,精神上的损失,也著实不小。然总没有比罢课问题的重要。
>
> 就上头所举的功效和损失比较起来,实在是损失的分量突过功效。依我看来,学生对于政治的运动,只是唤醒国民注意;他们运动所能收的效果,不过如此,不能再有所增加了;他们的责任,已经尽了。现在一般社会也都知道政治问题的重要,到了必要的时候他们也会对付的,不必要学生独担其任。现在学生方面最要紧的是专心研究学问。试问现在一切政治社会的大问题,没有学问,怎么解决?有了学问恐怕还解决

---

① 《蔡孑民先生言行录》,北京大学出版部 1920 年版影印本,第 340—341 页。
② 《蔡元培全集》,第三卷,高平叔编,中华书局,1984 年版,第 307 页。
③ 蔡尚思:《蔡元培》,江苏人民出版社,1982 年版,第 59 页。

不了吗？所以我希望自这周年纪念日起，前程远大的学生，要彻底觉悟：以前的成效万不要引以为功。以前的损失，也不必再作无益的愧悔。"从前种种譬如昨日死，以后种种譬如今日生。"打定主意，无论何等问题，决不再用自杀的罢课政策。①

蔡先生在此两文中将学生运动一喻为"牺牲"，二喻为"损失"，再喻为"自杀"（与启事中"杀君马"意同）。社会各界"开会发电，无在不愿与诸君为连带之关系"，"引起［诸君的］虚荣心"，等等，恰似乘君马者因"道旁儿"的惊羡而产生虚荣，驱马狂奔不息（注意蔡氏将其喻作"夸夫逐日"，逐"日"而死）。"道旁儿"不是指学生，而指"无在不愿与诸君为连带之关系"的校外社会各界以及南北各种政治势力，他们又是开会又是发电，既对学生的政治行动表示敬意，又希望他们继续（例如此时称北京政府为"伪政府"的南方的孙中山希望学潮"继长增高"②），学生在虚荣心和政治参与热情的驱使下，不惜以牺牲学术为代价，来从事政治运动。"学术"这匹肥马因学生的过多的校外政治参与而累死了，死于道旁儿的鼓励和乘者的虚荣。胡适在五四之后写的一段文字，也可作为参照："学生尝到了权力的滋味，也就习惯于使用权力。"他劝学生回到自修室和图书馆，在那里先"把自己铸造成器"。

这也是蒋梦麟的观点。他在回忆录《西潮·新潮》中谈到五四学生运动时说："各地学生既然得到全国人士的同情与支持，不免因这次胜利而骄矜自喜。各学府与政府也从此无有宁日。北京学生获得这次胜利以后，继续煽动群众，攻击政府的腐败以及他们认为束缚青年思想的旧传统。学生们因为得到了全国舆情的支持，已经战胜了政府……上海和其他各地的全面罢课罢市风潮歇止以后，大家以为'五四'事件就此结束，至少暂时如此。但是北京大学本身却成了问题。蔡校长显然因为事情闹大而感到意外，这时已经辞职而悄然离开北京。临行在报上登了一个广告引《白虎通》里的几句话说：'杀君马者道旁儿，民亦劳止，汔可小休。'他先到天津，然后到上海，最后悄然到了杭州，住在一个朋友的家里。住处就在著名的西湖旁边，临湖依山，环境非常优美，他希望能像传统的文人雅士，就此息隐山林。虽然大家一再敦促，他仍旧不肯回到北大。他说，他从来无意鼓励学生闹学潮，但是

---

① 《蔡孑民先生言行录》，北京大学出版部1920年版影印本，第285—287页。
② 孙中山：《致海外国民党同志书》，《孙中山选集》，人民出版社，1956年版，第429页。

学生们示威游行,反对接受凡尔赛和约有关山东问题的条款,那是出乎爱国热情,实在无可厚非。至于北京大学,他认为今后将不容易维持纪律,因为学生们很可能为胜利而陶醉。他们既然已尝到权力的滋味,以后他们的欲望恐怕难以满足了。这就是他对学生运动的态度。有人说他随时准备鼓励学生闹风潮,那是太歪曲事实了。"①

显然,蔡元培辞职启事中抛给北大师生的"杀君马者道旁儿"和"民亦劳止,汔可小休"两个谜语,用意很深。但是,一年后,当蔡先生自己在北大为他出版的《蔡孑民先生言行录》中以案语的方式给出解释时,他早已返回北京大学复校长职。面对满怀愧疚地热烈欢迎他回来的教员和学生,他已不可能对他何以在辞职启事中引用这两句古文做出真实的解释,只能像外交辞令一样归于"健康原因"。其实,当1919年7月教育部派秦汾为政府代表、汤尔和为教职员代表,携同学生代表四人,赴上海请蔡先生复职时,蔡先生向他们提出"校外集会,以后谢绝参与"和"要求今后学生行动,服从指挥"两项条件后,方答应北上复职。假若他的辞职启事中所引"杀君马者道旁儿"和"民亦劳止,汔可小休"但取"积劳致死"和"劳则可休"之意,那他怎么会莫名其妙地提出上面两项要求作为复职条件?"校外集会,以后谢绝参与"不正是要求"君马"从"道上"(校外)回到马厩,而"要求今后学生行动,服从指挥"不正是劝诫"同列无纵诡随"?

但蔡元培并不即刻北上复职,而是以病体不胜舟车之劳为词,请蒋梦麟代行校长职,直到9月16日——也就是答应北上复职两个月后——才返京。如果即刻返京,虽能很快平息谣言并促成北大秩序的恢复(政府屡次敦请他复职,亦有此考虑),但"健康原因"之说则不攻自破了。他只有在杭州"抱病"一段时间,才能圆自己的托辞,似乎他辞去校长之职并屡次以病推辞复职之请,绝非如外交辞令。不过,查遍蔡先生自己的记载,直到6月中旬,在复国务院敦请其北上复职的电文中,他才第一次给出了"因病"的解释。国务院敦请再三,蔡校长又固辞,于6月20日复电云:"惟卧病经旬,近又加重,即愿忝颜北上,亦且力不从心。"②他甚至请自己的弟弟(蔡谷卿)在报上登广告,说自己患了胃病,并伴有寒热。不过,病得"力不从心"的他在这一段时间却有许多应酬,在7月14日,他居然还邀蒋梦麟从上海来杭州,共游花坞

---

① 蒋梦麟:《西潮·新潮》,岳麓书社,2000年版,第125—126页。
② 《复国务院电》,《蔡元培全集》,第三卷,高平叔编,中华书局,1984年版,第300页。

一天,临了还赋诗六首,足见其托病而已。但这却骗过了无数的人,甚至包括时在北京的胡适(他写信来问安)。直到8月9日,也就是他已接受回任的请求之后,他才真的偶染寒热了。他在《杂记》手稿中对此有详细记载:"9日,晴,大风。午后40分发冷,1时40分发热,2时30分热退。"并于病中赋诗一首(《病中口占》):

> 托病居然引到真,旧疴未尽更增新。
> 寒冰火焰更番过,地狱原来在我身。
> 巨人不疟古所传,血液充强理或然。
> 不见微生名小鬼,亏他悬想近真诠。①

他说得很清楚,是"托病"。至于"旧疴",已非一日,亦不成其为"辞职"的借口。所以,蔡元培后来对5月9日辞职启事中的两句古文的解释,纯属能够让各方面接受的"合理的解释"。各方面也宁愿将他的辞职归于"健康原因":对政府而言,是破除了强迫其辞职的传言;对北大学生而言,是解除了学生当初不听其劝阻的内疚;而对蔡元培本人而言,是化解了因他的骤然辞职引起的各种揣测。唯有"因病辞职",才能使因"五四"事件而变得有些尴尬的各方关系重归于好,不存芥蒂。曾历经政场风云的蔡元培是有谋略的,知道将"托病"变成"真病"的重要性。

其实,蔡先生辞职启事的那两个谜语的底解,亦见于他离京后的5月16日在天津《益世报》刊出的一封致北大学生信:"仆深信诸君本月四日之举,纯出于爱国之热诚。仆亦国民之一,岂有不满意于诸君之理,惟在校言校,为国立大学校长者,当然引咎辞职。仆所以不于五日提出辞呈者,以有少数学生被拘警署,不得不立于校长之地位,以为之尽力也。"②5月5日,即教育部训令高校校长约束本校学生勿使滋事的日子。他已约束不了,所以说"引咎辞职"。"惟在校言校"一句后面省略了关键的一句,而缺了这一句,整个一段话便殊难说通。"在校言校"不是"为国立大学校长者,当然引咎辞职"的原因。关键是那个"惟"字,它表示一种转折,即作为一个国民,他对学生的爱国热情表示同情;但作为校长,他关注的是北大的学术独立性。而学术独立性因学生的干政而丧失,所以作为校长,他当引咎辞职。如果不是这

---

① 《蔡元培全集》,第三卷,高平叔编,中华书局,1984年版,第316页。
② 蔡尚思:《蔡元培》,江苏人民出版社,1982年版,第59页。

样,那这两句本来不搭界的古文并立在一起,其意就殊不可解。

辞职启事提到"不于五日提出辞呈",是因有学生被警署逮捕,他作为校长当尽力救出他们,所以推迟到8日方辞职。言下之意是,如果没有学生遭逮捕,那他于运动爆发的次日就辞职而去了。换言之,在5月4日中午北大学生不听他的劝阻,成群结队走出校门的那一刻,蔡先生就感到自己作为大学校长的失败,遂决定引咎辞职。他意识到,他的大学理念只不过是存在于他的心中的一个理念而已。但他或许没有意识到问题的另一方面,即当他在校门口徒劳地劝阻北大学生时,实际上是在徒劳地阻挡他的实际治校政策(与其治校理念正好相反)在学生那里激发出来的一种政治参与热情(例如在1918年10月天安门的欧战胜利庆祝中,他多次登台演讲,鼓励大学走向社会,说"大学职员的责任,并不是专教几个学生,更要设法给人人都受一点大学的教育",这等于要把"研究高深学问的机关"建成"平民大学",混淆了初级教育与高等教育的不同功能,而且他在演说中像李大钊一样高呼"劳工神圣",显示出"布尔什维克"——即政府所称"过激党"——的热情,此外,他甚至自毁校规,对那些不参加提灯游行的北大学生予以惩戒:"苟有不到者,请本班同学自检举之,然后施以相当之惩戒。同班诸生,决不想此无情之同学,而为之容情。"①)。他在学生那里激发出了这种政治参与热情(当然,他并非唯一一个激发北大学生政治热情的人,此前北大的新文化派教授们也是如此),但当这种政治热情在1919年5月爆发出来时,他却突然意识到他梦想中的学术乌托邦瓦解了。他感到自己作为校长必须对这场失败负责,所以才说"引咎辞职"。

蔡元培的"大学理念"最初本来是为中国造就一个"研究学理的机关",不料却造就了一批充满革命热情而且随时准备上街的青年,使北大变成了一个"运动的机关"。当北京五月四日事件的消息传到山西太原时,山西省长阎锡山和山西大学的学生章廷谦都感到受了鼓舞。5月6日,阎省长致信蔡校长,谓已从山西大学挑选了九十名学生到北大插班旁听,"俾诸生得听教言,藉资启发,尤所盼祷。"②章廷谦是这九十名学生之一,他于10月正式转入北大哲学系,为自己没有赶上5月4日的天安门广场游行和火烧赵家楼

---

① 蔡元培:《黑暗与光明的消长》、《劳工神圣》、《对北大学生全体参加庆祝协商战胜提灯会之说明》,分别见《蔡元培全集》,第三卷,高平叔编,中华书局,1984年版,第215、219、224页。

② 《阎锡山致蔡元培函》,《蔡元培全集》,第三卷,高平叔编,中华书局,1984年版,第310页。

而感到遗憾——对那些曾亲自参与此事并感到自己创造了历史的北大老生来说,那已成了一笔足以让新来者羡慕不已的象征资本。他后来回忆道:"北大当时是'全国最高学府',但也是五四运动的大本营,新文化运动的策源地,在青年人的心目中,这要比它在教育界的声誉更具有吸引力。"①引文中那个表示转折意味的"但"字和那个表示程度的"更"字非常关键,它道出了1919年前后北大的功能性分裂:一部分仍三心二意地留在冷冷清清的"研究学理的机关",另一部分则与"运动"和政治挂上了钩,而这后一部分对多数青年学生的吸引力更大。

对北大"暴得大名",胡适1922年10月曾有过一番反思,那时,数百个北大学生因校方收讲义费而在校内集合示威,"蔡校长赶到现场,告诉他们,必须服从学校规则。学生们却把他的话当耳边风。群众涌进教室和办公室,要找主张这条'可恶的'规定的人算账。蔡校长告诉他们,讲义费的规定应由他单独负责。'你们这班懦夫!'他很气愤地喊道,袖子高高地卷到肘子以上,两只拳头不断在空中摇晃。'有胆的就请站出来与我决斗。如果你们哪一个敢碰一碰教员,我就揍他。'群众在他面前围了半圆形。蔡校长向他们逼进几步,他们就往后退几步,始终保持着相当的距离。这位平常驯如绵羊、静如处子的学者,忽然之间变为正义之狮了"。

上引文字出自蒋梦麟的记述,他在谈到五四以后经常陷入风潮的大学时说:"学生们所选择的攻击目标,常常是政府无法解决或者未能圆满解决的国际问题。因此,他们常能获得国人的同情;他们的力量也就在此……他们认为一切毛病都出在北京政府身上。他们发现没有重要的国际问题或国内问题足资攻击时,他们就与学校当局作对……学生势力这样强大而且这样嚣张跋扈,除了我在前面所谈到的原因之外,另一个原因是这些学生多半是当时统治阶级的子女。学生的反抗运动,也可以说等于子女对父母的反抗。做父母的最感棘手的问题就是对付桀骜不逊的子女,尤其是这些子女的行为偏偏又受到邻居们的支持。"他提到校内校外各种政治势力对于学生运动的渗透,说:"学生运动在校内享有教师的同情,在校外又有国民党员和共产党员的支持,因此势力更见强大。此外还牵涉到其他的政治势力。故而情形愈来愈复杂,声势愈来愈浩大。学生运动自从民国八年开始以来,背后一直有教员在支持。"

---

① 川岛(章廷谦):《五四回忆》,《五四运动回忆录》(上),中国社会科学出版社,1979年版,第318页。

蒋梦麟自己担任北大校长时，也像蔡校长几年前一样遭遇学生的造反："几年以后，发生了一次反对我自己的风潮，因为我拒绝考虑他们的要求。一群学生关起学校大门，把我关在办公室。胡适之先生打电话给我，问我愿不愿意找警察来解围，但是我谢绝了。大门关闭了近两个小时。那些下课后要回家的人在里面吵着要出去，在门外准备来上课的人则吵着要进来。群众领袖无法应付他们自己同学的抗议，最后只好打开大门。我走出办公室时，后面跟着一二十人，随跟随骂着。我回过头来时，发现有几个学生紧钉在我背后。"

谈到针对蔡校长的那起北大讲义风潮，胡适说："这件事，在局外人看起来，很像是意外的风潮；在我们看起来，这确是意中之事"，言下之意，是学生已习惯用"街头手段"解决问题，"古人说，'暴得大名，不祥。'这话是有道理的。名誉是社会上期望的表示。但是社会往往太慷慨了，往往期许过于实际。所以享大名的，无论是个人，是机关，都应该努力做到社会上对他的期望，方才可以久享这种大名。不然，这个名不副实的偶像，终有跌倒打碎之一日。北京大学以二十年'官僚养成所'的老资格，骤然在全国沉寂的空气里，表示出一种生气来，遂在一两年内博得'新文化中心'的大名！这是不祥的事。这样的社会期望，就是兢兢业业的努力去做，也还不容易做到；何况北京大学这几年来，疲于索薪，疲于罢课，日日毁坏自己呢？我们在这三年中，没有一年不提出很恳切的警告。现在大觉悟的时期应该到了。几年的盛名毁在几十个学生手里，这并不足奇怪，也不足疼惜。实不副名，要名何用？我们希望北京大学的同人们能痛痛快快的忘记了这几年得来的虚名，彻底觉悟过来，努力向实质上做去，洗一洗这几年'名不副实'的大耻辱！"①

他不是第一次提到北大"名不副实"，1920年12月17日，时当北大刚刚举办二十四周年纪念会之后，他谈到北京大学在学术上的贡献：

> 我们今天反观北大的成绩，我们不能不感觉许多歉意。我们不能不说：学校组织上虽有进步，而学术上很少成绩……我们纵观今天展览的"出版品"，我们不能不挥一把愧汗。这几百种出版品之中，有多少部分可以算是学术上的贡献？近人说，"但开风气不为师"（龚定庵语）。此话可为个人说，而不可为一个国立大学说。然而我们北大这几年的

---

① 胡适：《这一周》，《胡适文集》，第3册，北京大学出版社，1998年版，第438—439页。

成绩只当得这七个字：开风气则有余，创造学术则不足。这不能不归咎于学校的科目了。我们有了二十四个足年的存在，而至今还不曾脱离"裨贩"的阶级！自然科学方面姑且不论；甚至于社会科学方面也还在裨贩的时期。三千年的思想、宗教、政治、法制、经济、生活、美术……的无尽资料，还不曾引起我们同人的兴趣与努力！这不是我们的大耻辱吗？①

胡适经常混用"新文化中心"和"新文化运动中心"两词来描绘1917到1919年的北京大学，不过，这两个词并非一个意思。"新文化中心"意味着"新文化"的集中介绍、翻译、研究和传播之地，但自清末以至1919年，并不存在这样一个"中心"。"新文化"在全国呈星罗棋布之状（其主要地点，如上海、天津、北京、武汉、广州等地），此外还有无数学会以及热衷于"新学"的个人。北大在1917到1919年输入的"新文化"，只要翻一翻《新青年》，就可知道主要是对已由他人译介过来的"欧西学说"的再介绍，但再介绍的态度已与他人不同，即强调"全盘西化"。换言之，北大这几年并没有输入多少"新文化"，使其"暴得大名"的是对于"新文化"和"旧文化"的一种新态度，即以"革命"或者说"运动"的方式摧毁"旧文化"，以确立"新文化"的统治地位，所以它才是"新文化运动的中心"。

但这与学术无关，不仅因为学术不分新旧中外，不预设前提，还因为学术写作有一套"非个人化"的理性的话语体系。作为"新文化运动"的旗帜刊物，《新青年》的文风受到不少"中立者"甚至新文化派的同情者的批评，如胡适的朋友张奚若在1919年3月13日致胡适信中谈到《新青年》诸作者时说他们中除一两个外，"其余强半皆蒋梦麟所谓'无源之水'"，"这些一知半解、不生不熟的议论，不但讨厌，简直危险……他们许多地方同小孩子一般的胡说乱道"，"他们说话好持一种挑战的态度，——谩骂更无论了……此外，这些脑筋简单的先生们，又喜作一笔抹杀之说"。② 王国维在《国学丛刊序》(1911)里谈到"学之义"时说："学之义不明于天下久矣。今之言学者有新旧之争，有中西之争，有有用之学与无用之学之争。余正告天下曰：学无新旧也，学无中西也，无有用无用也。凡立此名者，均不学之徒，即学焉而未尝知学者也……以上三说其理至浅，其事至明，此在他国所不必言而世之君子犹

---

① 胡适：《回顾与反省》，1922年12月17日《北京大学日刊》。
② 张奚若：《致胡适》，《张奚若文集》，清华大学出版社，1989年版，第418—419页。

或疑之,不意至今日而犹使余为此哓哓也。"①如果北大新文化运动派的目标是全盘西化,那么这只是一个"革命"主张,而非学术主张。

蔡元培在1917年1月就职演说中提出他的治校理念("大学者,研究高深学问者也",如稍后提出的"大学者,研究学理之机关也")时,是想将北大办成一座类似"修道院"的学术机构(从北大进德会章程便可窥知一二),但他实际采取的措施却与之南辕北辙,例如他一开始就为北大任命了一位不是学问家的文科学长(直到1919年离开北大,陈独秀也没有发表过一篇学术方面的著作),并委之以文科用人大权,这样就使陈独秀得以在北大云集一批对从事"文化革命"而不是学术研究更感兴趣的人。就学术而论,当时比陈独秀、胡适、刘半农更有专长的人多如牛毛。1919年3月26夜北大秘密会议决议改学长制为各科教授会主任组成的教务处制,一则为了以"体面方式"解除此时因嫖妓并"抓伤该女下体"而使北大荣誉受损的陈独秀文科学长之职,一则为了避免学长制造成的学长个人权力过大。

五四事件之后,北大开始艰难地回复到1917年1月蔡元培提出的治校理念上来。这恰恰是对五四运动进行反思的结果。蔡元培以及与之同声相应的蒋梦麟、胡适等人极力在北大"恢复五四以前教育原状",强调大学作为一个远离当下的政治目标而为国家储备将来之人材的学术机构。这本来也是政府一直明载于教育章程的有关北大的教育宗旨(蔡校长不是"大学者,研究高深学问者也"的首倡者,他不过重申了政府教育文件关于北大的定位),因此,具有强烈对比意味的是,1937年7月7日之后的政治局势比起1919年5月来更为险恶,因为日本已开始大举进犯中国,但北大(此时校长是蒋梦麟)不仅不鼓励学生投笔从戎——当时,"社会人士以鼓励同学投身抗战的占多数。无论是国民党的将领(如时任湖南省主席的张治中),还是共产党的领导干部(如时任八路军长沙办事处主任的徐特立),都主张学生走出校门参加抗日活动。"②——反倒举校远迁西南大后方,"结茅立舍,弦诵一如其平时。留滇九年,凡所以导扬文化,恢宏学术者无不至,一时文教之盛,遂使昆明屹然为西南文化中心。迨夫胜敌收京,卒共国土以光复焉。视彼宋太学、明东林,随外患兵乱为散灭者,奚可同年语"③。蒋梦麟的治校理

---

① 王国维:《国学丛刊序》,《王国维遗书》(三),上海书店1983年影印本,第202页。
② 《国立西南联合大学校史》,西南联合大学北京校友会编,北京大学出版社,1996年版,第76页。
③ 《公送国立西南联合大学北归复校序》,《国立西南联合大学校史》,北京大学出版社,1996年版,第100页。

念,与蔡元培如出一辙,见其于 1919 年 8 月受蔡元培之托代理北大校长之职时对北大学生的演说(与蔡校长 9 月回任后的演讲内容完全相同,足见他们在上海和杭州时共同探讨过这个问题):

> 诸君当以学问为莫大的任务。西洋文化先进国家到今日之地位,系累世文化积聚而成,非旦夕可几。千百年来,经多少学问家累世不断的劳苦工作而始成今日之文化。故救国之要道,在从事增进文化之基础工作,而以自己的学问功夫为立脚点,此岂摇旗呐喊之运动所可几?当法国之围困德国时,有德国学者费希德在围城中之大学讲演,而作致国民书曰:"增进德国之文化,以救德国。"国人行之,遂树普鲁士败法之基础。故救国当谋文化之增进,而负此增进文化之责者,惟有青年学生。

当北大、清华和南开迁到西南大后方并组成西南联大后不久,由校歌校训委员会通过的校歌(歌词调寄《满江红》)也体现了蔡元培、蒋梦麟等人当初谈到第一次世界大战时德法学校"维持如故"、学生未"舍其学业而从事于军队"的社会分工观念,即作战是军人的职责,不是学者和学生的职责。重要的是各司其职,而学者和学生的职责是读书和研究,切不可为一时感情冲动而拼光了国家未来的人材。歌词如下:

> 万里长征,辞却了五朝宫阙,暂驻足,衡山湘水,又成离别。绝徼移栽桢干质,九州遍洒黎元血。尽笳吹,弦诵在山城,情弥切。　千秋耻,终当雪;中兴业,须人杰。便一成三户,壮怀难折。多难殷忧新国运,动心忍性希前哲。待驱除倭虏,复神京,还燕碣。

在西南联合大学存在的八年(1937—1946)中,先后入学的学生达八千人,其中从军者为十分之一强,为国捐躯者五人。事实证明"西南联大"以及其他远迁大后方的大学为战后中国的重建储备了专业人材,并使学术得以延续下来,而如果像五四运动那样全部"投笔从戎",在战场上拼光了,或荒废了学术,则胜利到来之时,国家又将陷入人才匮乏之境。必须牢记于心的是,那一代教育家的基本信念是"教育和学术乃立国兴邦之本"。

为林琴南一辩:"方姚卒不之踣"案的大政治和小政治

1

1936年北京大学招生考试国文考卷文法改错题下有一小题:"方姚卒不之踣。"此句摘自林琴南1917年2月8日载于上海《民国日报》的《论古文之不当废》一文。时在纽约哥伦比亚大学研究院攻读哲学博士学位的庚款留美生胡适于4月7日读到此文,当即将其全文抄录于日记,并写了一行评语:"此文中'而方姚卒不之踣'一句,'之'字不通。"①隔了两天,他将自己对这句话的语法判读写进了致北京《新青年》主编陈独秀的信中。不出一个月,该信就在5月1日《新青年》3卷3号"通信"栏中登了出来,其中涉及"方姚卒不之踣"一句的段落如下:

> 林先生曰:"呜呼!有清往矣!论文者独数方、姚,而攻掊之者麻起,而方、姚卒不之踣。"此中"而方、姚卒不之踣"一句,不合文法,可谓不通。所以者何?古文凡否定动词之止词,若系代名词,皆位于"不"字与动词之间。如"不我与","不吾知也","未之有也","未之前闻也",皆是其例。然"踣"字乃是内动词,其下不当有止词,故可言"而方、姚卒不踣",亦可言"方、姚卒不因之而踣",却不可言"方、姚卒不之踣"也。②

熟悉马建忠《马氏文通》一书的人一定不会对胡适文中的语法术语和句法分析方式感到陌生,而胡适用来判读林琴南这句古文"不通"的依据则见于该书《实字卷之四》,其中关于内动字与止词的位置关系,有一条规则:"止

---

① 《胡适日记全编》,第2册,曹伯言整理,安徽教育出版社,2001年版,第568页。
② 胡适寄陈独秀,1917年4月9日,载1917年5月1日《新青年》3卷3号,另见《胡适文集》,第2册,北京大学出版社,1998年版,第25页。

词后乎外动字者,常也。惟外动字加弗辞,或起词为'莫''无'诸泛指代字,其止词为代字者,皆先动字。"①在《论句读卷之十》的"彖三"之"系二",马建忠又重复了这一规则:"凡外动字状以弗辞,或起词为'莫'、'无'等字,其止词如为代字者,概位乎外动之先。"②他列举了一些例句,并加以分析,如"《论先进》:'居则曰不吾知也。''知'外动字,加'不'字以弗之,其止词'吾'字,代字也,故先之。"关于内动字,《实字卷之四·内动字四之三》有云:"凡行之留于施者之内者,曰内动字。内动者之行不及乎外,故无止词以受其施,内动字不得转为受动者此也。"③

不过,我们暂且将胡适对嵌在林琴南文之上下文中的"方姚卒不之踣"一句的语法分析搁在一边,而专注于1936年北大国文考卷文法改错题下的那句孤零零的"方姚卒不之踣"。所谓文法改错题,言下之意,是就卷面上所给出的病句本身改错。这意味着,该句本身必须存在语法错误,而且,这个语法错误必须是无条件的,即排除它在某种条件下是对的可能。

但卷面上这句孤零零的"方姚卒不之踣"并非病句,例如,若将"踣"读解为"他动词"(及物动词)"打倒"或使动词"使之倒下",则此句意为"方姚终究没有打败之"或"方姚最终也没有使之倒下"。踣者,仆也,倒也,毙也,倾覆也,败亡也,僵持也,陈尸也,可作自动词、他动词或使动词。作他动词或使动词的情形,可在以下古文例句中获得证明:

《左传·襄公十一年》:队命亡氏,踣其国家。(踣,使之亡也。)

《左传·襄公十四年》:与晋踣之,戎何以不免?(踣,僵持之也。)

《吕氏春秋·行论篇》:将欲踣之,必先举之。(踣,倾覆也。踣、举对文,属同一词类。)

再举一个更近的例句,以证明"踣"可以用作他代词。之所以选择钱玄同的例句,是因为他与"方姚卒不之踣"案关系重大。此事暂且按下不表,只分析"踣"的多种用法。钱玄同1917年7月在《新青年》3卷5号发表《论应用文之亟宜改良》一文,谓"略略懂得几分戊戌改旧法、辛亥建民国、丙辰踣

---

① 马建忠:《马氏文通》,商务印书馆,2004年版,第156页。
② 马建忠:《马氏文通》,商务印书馆,2004年版,第399页。
③ 马建忠:《马氏文通》,商务印书馆,2004年版,第166页。

帝制之道理者,必不至再请新国民去研究《佩文韵府》"①。在这段文字中,"蹈"与"改"、"建"对文,词类相同,为他动词,意为"打倒"。

显然,1936年北大国文考卷文法改错题之"方姚卒不之蹈"一句,就其本身而言并没有错,是北大出卷者出错了题。但这个答案会在北大阅卷者那里获得一个大大的叉号,给出的理由将是:卷面上的这句话本身并没有错,可原句并不是要表达这个意思。所谓"原句",乃指嵌于此句所从出的某个特定的上下文中并从中获得其特定的意义的句子。这就怪了,难道这道语法改错题考的不是卷面给出的句子本身的语法问题,而是它与其所从出的某个上下文的关系?如果一个在上下文中不通的句子在脱离其上下文后"说得通",那它本身就没有语法问题,至于原句所欲表达的意思如何(即它在上下文中的意思),那是一个上下文逻辑问题。换用王念孙《读书杂志》中的术语,"文不成义"指单个句子不通,而一句本身顺通的句子在上下文中不通,则称为"与上[或下]文不相属"或"与上[或下]文不相协"。

除非胡适认为"蹈"在任何情况下都是自动词,那么作为单句的"方姚卒不之蹈"才有语法问题,适合出现在语法改错题里。但"蹈"字并非如此。如果语法改错题下的一个句子只有在某个未曾露面的上下文中才成其为病句,那就意味着,考生必须知道这个上下文,事先读过或听说过二十年前胡适、钱玄同和刘半农驳林琴南"方姚卒不之蹈"一句的文章,才知道这道改错题的"标准答案"在哪里,因为那是一个新文学史掌故。换言之,考生必须对胡适等人在二十年前新文学革命时期的一段历史有所了解,并认同他们对于"方姚卒不之蹈"一句的集体判决,才能获得满分——不过,此时它已不是语法改错题,而是历史知识题。

如果考生不知道这个掌故(或虽然知道,但面对单独一句"方姚卒不之蹈"时却就句论句),那他很可能不是根据胡适等人的判读方式,而纯粹从语法上判定这句孤零零的"方姚卒不之蹈"没有语法问题。而他的判读无懈可击,至少比那些因熟悉二十年前的那个历史典故而毫不犹豫判定"'蹈'字乃是内动字,其下不当有止词"的考生更站得住脚,因为这里考的毕竟是此句的古文文法,而不是新文学史。但他的答案在北大中文系阅卷者那里肯定会获得一个比零分还低的分数,因为他居然不知道那是一个与胡适个人的光荣和北大文学革命派的光荣密切相关的掌故,而1936年的胡适又恰恰是

---

① 钱玄同:《论应用文之亟宜改良》,载1917年7月1日《新青年》3卷5号,另见《钱玄同文集》,第一卷,中国人民大学出版社,1999年版,第31页。

北大中文系主任和文学院院长。任何一个机构都有一些为圈内人所分享而为圈外人所不知的"切口"和"掌故",这是他们排斥外人、彼此认同、维护自身传统的方式。1936年北大国文考卷改错题下的"方姚卒不之踣"就起到了切口或掌故的作用。与其说它考的是一句古文的文法,还不如说是考生对林琴南的态度。它暗中规定考生必须按照胡适等人的方式对它进行改错,如果考生出于对语法的尊重而判定这个孤零零的句子本身没有错,那就等于为自己进入北大之门设置了障碍。这就迫使考生陷入语法和政治的两难选择之中。

2

既已证明作为独立单句的"方姚卒不之踣"没有语法问题,我们再来分析嵌在上下文中的"方姚卒不之踣"一句是否有语法问题(毋宁说逻辑问题),此时,我们面对的才是"原句",即失去了自身独立性而被嵌入某个上下文中并因此获得它的特定意义的句子。为讨论方便计,兹将林琴南"方姚卒不之踣"一句所属段落再次抄录如下:

呜呼,有清往矣!论文者独数方姚。而攻掊之者麻起,而方姚卒不之踣。或其文固有其是者存耶?

从尾句"或其文固有其是者存耶",可知林琴南想要表达的意思是:尽管攻掊方(苞)、姚(鼐)的人层出不穷,但方、姚终究还没有倒下。此时,因上下文逻辑关系,"踣"字在词类上只有一种可能性,即"内动词"(或云自动词、不及物动词),意为"倒下"。胡适因此判读道:"'踣'字乃是内动词,其下不当有止词,故可言'而方姚卒不踣',亦可言'方姚卒不因之而踣',却不可言'方姚卒不之踣'。"

但这一次,问题不是出在"踣"字上(其为内动词,没有异议),而是出在"之"字上。胡适将其释为"止词",代前句中之"攻掊之者"。如果这样,"方姚卒不之踣"一句在上下文中自然不通。可如果林琴南想要表达的是"方姚终究没有倒下"(这是肯定的),句意中就必定不包含"攻掊之者",因为前句"攻掊之者麻起"已交代清楚。

换言之,"方姚卒不之踣"句中之"之"字,不可能是代词,是胡适自己望文生义,并强释之为代词(止词)。究其原因,胡适虽称林琴南为古文家,却没有将"方姚卒不之踣"理解为一句古文,而以"之"字之今意理解之,于是

"之"就只剩下语气助词和代词两种词类。既然"之"在此句中不可能是语助,那么就只剩下一种可能性,即代词或曰止词。

可是,在先秦两汉古籍里,"之"字还可以用作定冠词、介动词或介词等等。如果将"之"释为介动词,"之"即"至","卒不之"为"卒不至","方姚卒不之踣"实为"方姚卒不至踣",即"方姚终不至倒下",那整个上下文从逻辑上就顺通了。也就是说,即便在上下文中,"方姚卒不之踣"一句也无语法和逻辑问题。

但在我引用古文例句以证实"方姚卒不之踣"之"之"乃介动词(或介词)"至"前,必须弄清胡适何以释"之"为止词(或代词),即他所说的"所以然者何"——他据以判读"方姚卒不之踣"的语法谬误的语法书,乃丹阳马眉叔1898年印行之《马氏文通》。

1916年10月1日,时在上海主编《新青年》的陈独秀给胡适回了一封信,信中就胡适不久前的来信(载1916年10月1日《新青年》2卷2号"通信"栏)提到的"文学革命八事"的第五事("须讲求文法之结构")提出异议:"不知足下所谓文法,将何所指?仆意中国文字,非合音无词尾变化,强律以西洋之Grammar,未免画蛇添足。(日本国语,乃合音,惟只动词、形容词,有词尾变化,其他种词,亦强袭西洋文法,颇称附会无实用,况中国文乎?)若谓为章法语势之结构,汉文亦自有之。此当属修辞学,非普通文法。且文学之文,与应用之文不同,上未可律以论理学[或名学,或今之谓"逻辑学"——引者注],下未可律以普通文法。其必不可忽视者,修辞学耳。质之足下,以为如何?"①此时身处上海的陈独秀对远在美国、从未谋面而仅有几封书信往来的胡适并不十分熟悉,但他的直觉太好了,从胡适的"文法"一词就立即猜到他的这位安徽小老乡可能受了马眉叔1898年印行的《马氏文通》的影响。

胡适接触到《马氏文通》,是在1911年6月中旬。他在6月12日的日记中写道:"慰慈为我寄《马氏文通》一部来,今日始到。大叹马眉叔用功之勤,真不可及,近世学子无复如此人才也。若贱子则有志焉而未逮也"。②《马氏文通》对他的强大影响一直持续到他写作博士论文《先秦名学史》(从1915年9月到1917年5月),他从中看到一种接近清代汉学治学方法的西洋归纳法的运用。但《马氏文通》与清代小学的最大区别在于:它将西语文法规则用

---

① 陈独秀答胡适之,1916年10月1日,《陈独秀文章选编》(上),三联书店,1984年版,第141—142页。

② 《胡适日记全编》,第1册,曹伯言整理,安徽教育出版社,2001年版,第104页。

到了对汉语文言的语法分析上,这使它更接近于演绎法。胡适忽略了这个区别,所以他最终拐到《马氏文通》的方法上,却是经由乾嘉汉学。

本来,留学前的胡适与汉学没有什么关系(蔡元培说"适之先生于世传'汉学'的绩溪胡氏,禀有'汉学'的遗传性",是弄错了胡适的所出),不过,他先后留学的美国康奈尔和哥伦比亚两大学的治学风格却以实证和试验为主,不喜空言发挥,与清代汉学的基本精神不谋而合。大约在1916年底左右,胡适对汉学的兴趣已上升到汉宋门户偏见的程度,例如他在12月26日的长篇日记中记载了自己阅读桐城古文家吴汝纶《点勘墨子读本》一书的感想:"顷得吴挚甫《点勘墨子读本》,读之终卷,仅得可采者一二事耳。古文家治经治古籍最不足取,以其空疏也……桐城先生岂并《十三经注疏》亦未之见耶?若然,则古文家读书之少真可令人骇怪矣。"此时他对桐城派的了解受制于他对桐城派诸人的著作的有限的接触,与其说是在给出自己的评价,还不如说是在重复有清一代的汉学家对宋学家的偏见。说罢吴汝纶,然后他将自己置于清代汉学的传统中:

> 考据之学,其能卓然有成者,皆其能用归纳之法,以小学为之根据者也。王氏父子之《经传释词》、《读书杂记[志]》,今人如章太炎,皆得力于此。吾治古籍,盲行十年,去国以后,始悟前此不得途径。辛亥年作《诗经言字解》,已倡"以经说经"之说,以为当广求同例,观其会通,然后定其古义。吾自名之曰"归纳的读书法"。其时尚未见《经传释词》也。后稍稍读王氏父子及段(玉裁)、孙(仲容)、章诸人之书,始知"以经说经"之法,虽已得途径,而不得小学之助,犹为无用也。两年以来,始力屏臆测之见,每立一说,必求其例证。①

胡适之所以在《诗经言字解》(又名《诗三百篇言字解》)中提出"以经解经"之法,是因为他觉得《尔雅》非可据之书:"以《传》、《笺》证《尔雅》,以《尔雅》证《传》、《笺》,其间是非得失,殊未易言。然《尔雅》非可据之书也。其书殆出于汉儒之手,如《方言》、《急就》之流。盖说经之家,纂集博士解诂,取便检点,后人缀辑旧文,递相增益,遂傅会古《尔雅》,谓出于周、孔,成于子夏耳。今观《尔雅》一书,其释经者,居其泰半,其说或合于毛,或合于郑,或合于何

---

① 《胡适日记全编》,第2册,曹伯言整理,安徽教育出版社,2001年版,第515—516页。

休、孔安国。以《尔雅》实成于说经之家,而非说经之家引据《尔雅》也。鄙意以为《尔雅》既不足据,则研经者宜从经入手,以经解经,参考互证,可得其大旨。此西儒归纳论理之法也。"①所谓"论理",即今之所谓"逻辑"。

以经解经,参考互证,实是有清一代汉学家的看门功夫。盲行十年的胡适似乎终于入了小学的正道。但文中多次出现西学"归纳论理之法"这个字眼,却又带点野狐禅的味道,因为小学重在"词源",即字之形、音、义之历史衍变,而逻辑则于共时性中寻找规律。果然,不出几行,他就显露出与乾嘉诸老的不同路数来。他虽提出"以经解经"之法,可他所据以解经之"经",却是《马氏文通》,而此书以西语文法律先秦两汉古文,亦不可据。汉学家多疑,而胡适则不疑《文通》而疑群经古籍,似乎两千年来的汉语文言,即便复杂难辨,也逃不出马氏"葛郎玛"的法眼。如果万一碰到《文通》所不能解释的文言语法现象,那也不是《文通》的问题,而是文言本身的问题。由于深信《文通》之不误,胡适一下子就从归纳法跳到了演绎法,轻车熟路地直奔宋学大门而去:

> 此为以新文法读吾旧籍之起点。区区之私,以为吾国文典之不讲久矣,然吾国佳文,实无不循守一种无形之文法者。马眉叔以毕生精力著《文通》,引据经史,极博而精,以证中国未尝无文法。而马氏早世[逝],其书虽行世,而读之者绝鲜。此千古绝作,遂无嗣音。其事滋可哀叹。然今日现存之语言,独吾国人不讲文典耳。以近日趋势言之,似吾国文法之学,决不能免。他日欲求教育之普及,非有统系之文法,则事倍功半,自可断言。然此学非一人之力所能提倡,亦非一朝一夕之功所能收效。是在今日吾国青年之通晓欧西文法者,能以西方文法施诸吾国古籍,审思明辨,以成一成文之法,俾后之学子能以文法读书,以文法作文,则神州之古学庶有昌大之一日。若不此之图,而犹墨守旧法,斤斤于汉、宋之异同,师说之真伪,则吾生有涯,臣精且竭,但成破碎支离之腐儒,而上下二千年之文明将沉沦以尽矣。②

---

① 胡适:《诗三百篇言字解》,《胡适文集》,第2册,北京大学出版社,1998年版,第169页。

② 胡适:《诗三百篇言字解》,《胡适文集》,第2册,北京大学出版社,1998年版,第171页。

"以新文法读吾旧籍",而且是西文文法,这就意味着中国古籍处处循守着西文文法。大概只有天真的世界大同主义者才会得出这种结论,而1898年的马眉叔和1916年的胡适恰好是世界大同主义者。考虑到这个"世界"暗指西方世界或西方化的世界,毋宁说他们是西方中心主义者,即一切以西方规则为是,方可大同。胡适说马眉叔"以毕生精力著《文通》"(胡适太喜欢用大词),而马眉叔在自序中明明说自己"积十馀年勤求探讨以成此编",又云此编为"愚十馀年力索之功"。① 此前,眉叔一直忙于外交和洋务,自云自庚申之乱目睹洋兵以区区一旅之师犯我华夏,所向无敌,如入无人之境,国力衰微至此,令人扼腕痛惜,遂"决然舍其所学,而学所谓洋务者"②,"于汉文之外,乃肆意于辣丁文字,上及希腊并英、法语言"③,最终发现各国文字虽字形音韵不同,其语法规则则无异,并由此发现世界大同的基础。他在《文通》后序中说:"言语不达者,极九译而辞意相通矣,形声或异者,通训诂而经义孔昭矣。盖所见为不同者,惟此已形已声之字,皆人为之也。而亘古今,塞宇宙,其种之或黄、或白、或紫、或黑之钧是人也,天皆赋之以此心之所以能意,此意之所以能达之理。则常探讨画革旁行诸国语言之源流,若希腊、若辣丁之文词而属比之,见其字别种而句司字,所以声其心而形其意者,皆有一定不易之律,而因以律吾经籍子史诸书,其大纲盖无不同。于是因所同以同夫所不同者,是则此编之所以成也。"④该书《例言》则再次郑重声明:"各国皆有本国之葛郎玛,大旨相似,所异者音韵与字形耳。"⑤

倘若《文通》分析的是已被西洋文法改造过的现代汉语,此说倒有几分道理,可它分析的偏偏是先秦两汉的古奥文言。那问题就来了:既然——如他所说——不同语言的"葛郎玛"大旨相同,所异者仅在于音韵与字形,那汉语文言就无不暗合西语文法,胡适又为何据此认为文言不讲文法,或者说文言与白话完全不同? 文言和白话属于同一种语言,其音韵和字形相同,按说比不同的语言更容易互通,可实际情形并非如此。一个精通白话文法的人可能还是读不懂文言,因为文言之难难在字,而不是句法。难怪解经家强调的是"识字通经",而不是经由句法分析通经。

胡适自己也说,"以经解经"要从小学入手,即从字的形、声、义入手。其

---

① 马建忠:《序》,《马氏文通》,商务印书馆,2004年版,第11页。
② 马建忠:《自记》,《适可斋记言》,中华书局,1960年版,第9页。
③ 马建忠:《拟设翻译书院议》,《适可斋记言》,中华书局,1960年版,第91页。
④ 马建忠:《后序》,《马氏文通》,商务印书馆,2004年版,第12—14页。
⑤ 马建忠:《例言》,《马氏文通》,商务印书馆,2004年版,第15页。

《诗三百篇言字解》(此为《马氏文通》的模仿之作)便是对《诗三百篇》中一百多个"言"字的归纳分类,而黎锦熙在《三百篇之"之"》(1929—1930)中更是将《诗三百篇》中一千零三十九个"之"字进行归纳分类。为何要对同一个字进行语法的归纳分类?这只说明汉语文言不同于西语。没有哪个英国语言学家疯到对《英诗宝库》(The Golden Treasury,1861)中某个出现过一百次或一千多次的单词进行此类归纳分析。此外,即便胡适或黎锦熙弄清了这一百多个"言"字或一千多个"之"字在《诗三百篇》中的用法,也不能保证当"言"或"之"出现在别的古籍里时,会是同样的意义。这只是不完全归纳法,并不能基于此而确立一套使两千年汉语文言无所遁形的文法。

胡适说"以经解经"当以小学为助,但他一入小学,则又说小学支离破碎,无规律可循(这又是重复清代宋学家和桐城派文人对清代汉学的评价),于是转向马眉叔的《文通》。这样,刚入汉学之门的胡适又折了回来,从归纳法转向比傅法,再从比傅法转向演绎法,拐到了宋学的路上。从这里可以疏理出他日后提出的试图融合汉宋的"大胆立论、小心求证"的治学方法的形成史。在1919年后问题与主义之争后,他在宏大立论方面渐渐变得胆小了,而求证则日趋琐碎,有时为了求证一个字的本意,而不惜翻遍群籍,甚至连陈寅恪的两重证据法他都觉得不可靠。

正如治学方法上"不入于宋,则入于汉"的常规一样,在门户恩怨上一个人亦免不了"不入于宋,则入于汉"的老路。既然胡适在治学方法上已跟从王念孙、王引之、段玉裁和章太炎,那他势必就会分享这些汉学家对于方苞、姚鼐、吴汝纶、林琴南等一干属于宋学家行列的桐城派文人的门户恩怨,尽管他比他们更像一个宋学家。但当时还是留美博士生且与北大没有渊源的胡适并不清楚北大章门弟子与桐城古文家之间由来已久的门户恩怨,也无从知道章太炎后来对他的评价(章太炎对自己后来的弟子们说:"哲学,胡适之也配谈么?康、梁多少有些'根',胡适之,他连'根'都没有。")。

绕了这么一个弯子,是为了略略勾勒一下胡适的治学方法的形成以及他自附于汉学之门对其门户偏见的影响,而这对胡适与林琴南的关系以及他对"方姚卒不之踣"一句的解读方式和发挥方式关系甚大。在受到汉学的方法以及门户偏见的濡染以前,胡适对当世桐城派古文大家林琴南和严复可谓恭敬有加。严复就别提了,"适"这个名和"适之"这个字就直接取自严译《天演论》的那句工整的古文——"物竞天择,适者生存"。我们来看看林琴南。1910年6月(其时为宣统二年五月初七),时在上海南洋公学读书的胡适在日记中写道:"读《林畏庐集》。畏庐忠孝人也,故其发而为文,莫不蔼然动人。《集》中以《先太宜人玉环环铭》和《寿伯弗行状》、《谢秋浔传》及诸记为最佳。"①既然"莫不蔼然动人",自然就不是"死文字"。但到了1916年夏,胡适——此时他已开始白话文学革命,言说的逻辑自然走向革命的逻辑——开始一律将文言称做死文字。

所以当他1917年4月8日在《民国日报》上读到林琴南《论古文之不当废》时,就自然戴上了一副兼具有色和放大双重功能的眼镜,忽视了林琴南文的整个文意,而十分挑剔地察看它的每一句、每一字,希望找到几个"足供吾辈攻击古文者之研究"的毛病。他居然找到了:"方姚卒不之踏"一句,他怎么看都觉得不通。过了一日,他在给陈独秀写信时,解释此句中之"之"字为何不通,将其释为"止词"——"之"一旦被释为"止词",当然就不通了。

但胡适是在以今语中之"之"的用法硬套林琴南的"方姚卒不之踏",而林琴南则是以先秦两汉时代文言中之"之"字替代今语中更常用的"至"。胡适忘了林琴南是一个古文家,一个"嗜古者",而林琴南在《论古文之不当废》中反复声明了这一点,例如他说:"夫马、班、韩、柳之文虽不协于时用,固文字之祖也。嗜者学之,用其浅者以课人,辗转相承,必有一二巨子出肩其统。"一个嗜古者不时以诸如古风盎然的"之"来替代今语中更常用的"至",有什么奇怪?胡适此时大为佩服的章太炎,也是一个嗜古者,他甚至以《说文》中的古字来代今字,以发掘其被遗忘的意义。此乃西语所谓"词源学"是也。胡适未能从强调词语的历史演变的词源学的角度来判读"方姚卒不之踏"句中之"之"字,而是从共时性的文法上判断其词类所属,因此就将"之"读解为"之"的文言今意(即"之"在1917年左右的词类和词义),如此则"之"只可能是代词和语助。

但在先秦两汉之时,"之"字不仅可以用作定冠词,如《诗三百》的"之子于归",其中的"之"即定冠词(这个),还经常被用作介动词或介词。司马迁《史记》就经常将"之"作为动词或介动词使用,意为"至",如"之楚"、"之宋"等等。"之"作介动词时,本表示从一处到另一处,如"自宋之楚",亦引申为"到什么程度",如"之死"、"之暮"、"之多"等。若林琴南将那句被胡适嘲弄的句子改为"方姚卒不至踏",那胡适是不会在旁边标上"不通"的。但"嗜古者"林琴南不用"至",而用一个颇具古风的"之"。他并不是第一次以"不之"代"不至"。1916年,他发表《读列女传》,文中说:"古礼虽不之行,而廉耻存即礼仪存。咸同之间,妇人之车必帷,出入必裙,外言弗人,内言弗出,男女

---

① 《胡适日记全编》,第1册,曹伯言整理,安徽教育出版社,2001年版,第35页。

之限截然。"行者,通行、流行也。显然,"古礼虽不之行"之"之",决不是内动词"行"之前置代词。若训为代词,其所代为"古礼",主、宾成了同一个东西。林琴南的意思并不是说古礼"不行",而是"不到行的程度"。若"古礼不行",就断无"而廉耻存则礼仪存"这后续一句。这就像"方姚卒不之踣"并非"卒不踣",而是"卒不至踣",即"终不至倒下",程度比"卒不踣"要逊一点。

只要翻一翻《康熙字典》,就可知道"之"乃"至"之古用,其"之"字条下释曰:"之,又至也。《诗·鄘风》:'之死矢靡它。'"王引之《经词衍释·卷九》亦云:"之,至也。《诗》:'之死矢靡它。'《传》云:'至死誓无它心。'《左传》成十七年:'言之,之暮而卒。'言至暮也。《西京杂记》:'自少之多,自微至著也。'之与至对文,言由少至多也。"

胡适的北大同事黎锦熙于1929到1930年间仿胡适《诗三百篇言字解》写过一篇很长的论文《三百篇之"之"》,对《诗经》中出现的一千零三十九个"之"字进行词性分类:"为代名词者四百;为动词者四;为形容词者五十二;为介词者五百五十二;为助词者三十一。"我们来看看作为动词的"之"的 B 项:

> 内动词之"之",引申用如介词者,时地介词,介所到也。凡二。
> 《鄘风》:"之死矢靡它"(《柏舟》)——《毛传》:"之,至也。"谓"到死时"。"之死矢靡愿。"

胡适写作这篇挑错的文章时,正处于《马氏文通》的强大影响下,可惜此书"之"字条下并无"至"的释义。但"之"用作介词化的动词"至",胡适并非不知道。在他1916年5月25日所写的日记中,他在辨析"之"的古音为"的"或"底"后写道,"'之'字作动字用者,古亦音低",如古文"若魂则无不之也","亦作底,如《诗》'靡所底止',今人言'抵某处',即此字也","'之'字作介字用者同此。如《诗》'之死矢靡它'与《汉书·礼乐志》'抵冬降霜'同一来源。今人言'抵死不肯招'是也"。① 问题是,胡适读林琴南《论古文之不当废》时,是将其当做"供吾辈攻击古文者之研究"的材料,于是他就从《马氏文通》的"葛郎玛"而不是词源学的角度来分析"之"字之误,但《马氏文通》本身是对先秦两汉时期的古文言的语法归类,而胡适却从今意来判定林琴南的古文"方姚卒不之踣"之"之"字的不妥。

---

① 《胡适日记全编》,第2册,曹伯言整理,安徽教育出版社,2001年版,第399页。

但即便从林琴南文的前后逻辑入手,亦可推知"之"即"至"。胡适说"可言'方姚卒不踣',亦可言'方姚卒不因之而踣',却不可言'方姚卒不之踣'",但林琴南的意思并不是说"方姚卒不踣",而是"卒不至踣",这之间存在程度上的巨大差别。倘若方姚在万拳之下"卒不踣",挺立如初,那林琴南犯不着为他们辩护,而会像严复一样对胡适等人的鼓噪视若无睹。严复甚至在1919年夏——此时五四运动已爆发,全国相继出现四百多种白话报刊——都自信地在致友人熊纯如的信中写道:"北京大学陈、胡诸教员主张文白合一,在京久闻之,彼之为此,意谓西国皆然。不知西国为此,乃以语言合之文字,而彼则反是,以文字合之语言……须知此事,全属天演,革命时代,学说万千,然而施之人间,优者自存,劣者自败,虽千陈独秀,万胡适、钱玄同,岂能劫持其柄,则亦如春鸟秋虫,听其自鸣自止可耳。林琴南辈与之教论,亦可笑也。"①但恰恰是林琴南才意识到古文之当今处境已岌岌可危,所以当1917年初《新青年》上那几篇主张废文言而代之以白话的文章刚一发表,他就立即撰《论古文之不当废》,重新呼吁"力延古文一线,使不至颠坠"。此为林琴南1913年《送大学文科毕业诸学士序》中语,从其中"不至颠坠"一句亦可推知"不之踣"乃"不至踣"。

这显然正是林琴南要表达的古文的不祥的命运,如果"卒不踣",则依然挺立,而"卒不至踣"则仅意味着还不至于倒下,其程度有别。我们知道,林琴南说的是"古文不当废",废者,废黜也,尽弃也,若方姚"卒不踣",挺立如初,如何能废黜之、尽弃之? 只有当方姚"卒不至踣",勉强支撑,才有可能废而代之,于是,作为桐城派古文家的林琴南才起而维护之。

胡适知道先秦两汉古文中之"之"字可作介词,可是,当他在1917年4月7日从《民国日报》上读到林琴南的古文《论古文之不当废》时,却为何将其中"方姚卒不之踣"一句中之"之"字硬释为"止词",而判定其"不通"? "之",动词用作介词,介所至也。按西语文法规则,介词之后跟名词或代词,此时"踣"字亦可被读解名词化的动词,或干脆就是一个名词,正如"罪不至死"一句中"死"字亦可理解为名词。西语的词类转换通常以词尾变化为标志,而汉语无词尾变化,硬以西语文法来分析汉语,本身就在削足适履。

3

可是,即便"方姚卒不之踣"一句存在语法问题,也不足以否定林琴南是

---

① 严复与熊纯如书(第八十三函),1919年8月,《严复集》,第三册,王栻主编,中华书局,1986年版,第699页。

一个古文大家,因为他一生并不只是写了这一句,而且他的古文大家的地位也不系于一句之得失。考虑到胡适此文是为了通过打击林琴南来打击古文,那就更不可思议,因为林琴南并不只是一个古文家,他也是白话诗文的实践者。他不反对白话,只不过反对以废灭古文为目标的白话革命,以"延古文一线"。自1897年印行白话诗集《闽中新乐府》,一直到1919年3月在《公言报》上辟白话专栏,二十多年间,他一边用韩、柳、欧、苏、归(有光)的风格写作古文、用唐人传奇笔法翻译西洋小说(此举不仅让国人接触到了大量的西洋小说,改变了小说的观念,而且也大大提升了小说在中国文学诸种体裁中的地位,可谓功莫大焉),一边坚持不懈地用白话为报纸写专栏,其对白话的执著,举国几乎无出其右者。

说林琴南是白话运动的先驱,倒不为过。他从事白话文写作比胡适还要早好几年(林琴南在1900年就已为林獬主办的《杭州白话报》写稿,而胡适开始为上海《竞业旬报》写稿,是在1906年),其白话诗集《闽中新乐府》(1897年印行)更是比胡适自以为最先向"文言最顽固的堡垒"(文言诗)发起攻击的"试验诗"(1916年夏开始)早二十年;此外,考虑到林琴南直到1914年仍在为北京《平报》撰写白话"讽喻新乐府"专栏(达百馀篇),并于1913年2月24日在该报"社说"栏发表《论中国丝茶之业》,倡办白话蚕报,宣扬科学养蚕之法,而此时胡适和陈独秀均已放弃白话文写作(胡适于1910年停办《竞业旬报》,陈独秀于1905年停办《安徽俗话报》),并重新回到"报馆体"(属浅文言)写作,那么,就有理由认为,林琴南不该成为白话革命的打击对象,至少不该首当其冲。但后来的事实却是:白话革命的重锤一次次砸在他头上。

胡适直到1926年(此时林琴南已死了两年)才承认他当初攻击林琴南时,对林琴南其人其著以及他对白话的态度并不十分了解。但基于自己的无知而攻击另一个人,不能算公正,而且林琴南《论古文之不当废》的意旨也并非反对白话。前文曾提到,胡适在1916年12月26日的日记中也曾攻击桐城派古文家吴汝纶(严复、林琴南的老师)束书不观、"空疏","岂并《十三经注疏》亦未之见耶?若然,则古文家读书之少真可令人骇怪矣",但这种评价也仅基于他恰好读过的吴汝纶《点勘墨子读本》一书,当他日后读到吴氏更多的书,尤其是卷帙浩繁的《桐城吴先生日记》后,才于二三十年后承认"此说未免轻易冤枉人"。

对林琴南,他也是如此。胡适既然不知道林琴南是白话文的前辈,而且一直坚持为报刊写白话专栏,那他就只能从林琴南《论古文之不当废》一文中读出一个顽固保守派的林琴南——但问题并不那么简单,因为这不是一个知识问题,而是一个派别政治问题。哪怕胡适只读过《论古文之不当废》一文,但如果他没有受到某种东西的暗示,而是心平气和地去分析林琴南文提出的观点,那他肯定会承认林琴南言之有理,因为林琴南文并不反对白话,而是反对尽废古文而独尊白话。林琴南去世(1924年10月9日)后不久,文学界有些人开始心平气和地回顾林琴南一生的著译,对他在1917年到1919年间遭新文学革命派的围攻以及他们给予他的刻毒评价表示不满。这其中甚至包括新文学革命派中的郑振铎和周作人,他们也撰文回忆林琴南,试图给他一个更公正的评价。这对当初揪住林琴南穷追猛打的刘半农和胡适等人形成了一种舆论压力。刘半农(1920年初就已去法国留学)于1925年1月28日从巴黎给周作人回信说:"你批评林琴南很对,经你一说,真叫我们后悔当初过于唐突前辈。我们做后辈的被前辈教训几声,原是不足为奇,无论他教训的对不对。不过他若止于发卫道之牢骚而已,也就罢了;他要借重荆生,却是无论如何不能饶恕的。"①

尽管刘半农一口一声"前辈",部分回归到他在1917到1919年间视若粪土的传统礼仪(他回国后,甚至主张男女分校),但依然无根据地说林琴南当初"要借重荆生",所以"无论如何不能饶恕"。这哪里是道歉,分明是把钱玄同杜撰的"荆生乃徐树铮"当做了事实。即便如此,钱玄同仍不满意刘半农的退让,在《语丝》上发表《写在半农给启明的信底后面》,以他对林琴南的一贯态度足足骂了林琴南两页纸,并劝刘半农,"无缘无故唐突人家,这是无论对于什么人都不可以的,岂独前辈?但前辈若先以唐突加于后辈,则后辈以唐突回敬前辈,恰是极正当之对待","一九一九年林纾发表的文章,其唐突我辈可谓至矣","我辈当时大家都持'作揖主义'的态度,半农亦其一也。有谁'过于唐突'他呢?至于他那种议论,若说唐突我辈,倒还罢了;若说教训我辈,哼!他也配!!!半农ㄆㄚ!我希望您别长前辈底志气,灭自己底威风才好ㄨㄚ"。②

这封信是供公开发表的,意在将原因和结果颠倒,使人误以为林琴南唐突在先。他说,"但前辈若先以唐突加于后辈,则后辈以唐突回敬前辈,恰是极正当之对待",并谈到林琴南1919年2—3月间发表的小说《荆生》和《妖梦》。但了解1917到1919年的文学史的人都知道,文学革命于1917年2月

---

① 刘半农致周作人,1925年1月28日,载1925年3月30日《语丝》第20期。
② 钱玄同:《写在半农给启明的信的后面》,《钱玄同文集》,第二卷,中国人民大学出版社,1999年版,第132—133页。

甫一开张,钱玄同就在文章中大骂"桐城谬种",此后几乎每谈到到林琴南都以"谬种"呼之,后来又骂其"文妖"等等,而在1918年1月更与刘半农一起伪造王敬轩来信以及答复(其中有大量文字攻击林琴南),在1918年8—10月钱、胡、陈、刘一帮人群殴林琴南弟子张厚载时,钱玄同更是对林琴南含沙射影地大骂。如果没有这些铺垫,林琴南就不会没有来由地于1919年2—3月发表两篇影射北大诸人的小说,唐突他们。他们都把林琴南骂了两年多了,可林琴南一回骂,钱玄同便说他唐突在先。

除非钱玄同对林琴南有个人宿怨,才会在林琴南尚未出面反对白话革命时就开始对林琴南大骂出口,而这种宿怨与林琴南对待白话革命的态度无关(钱玄同自己实际上是赞同世界语的),而与林琴南是章太炎的夙敌有关。看来,林琴南之死也未能消弭章太炎的高足钱玄同对他的恨意。这与非章门弟子的刘半农稍有不同。胡适也非章门弟子,门户恩怨不像钱玄同那样顽固。在一片缅怀林琴南的气氛中,他也写了《林琴南先生的白话诗》一文,谓:"林先生的新乐府不但可以表示他文学观念的变迁,而且可以使我们知道:五六年前的反动领袖在三十年前也曾做过社会改革的事业。我们这一辈的少年人只识得守旧的林琴南,而不知道当日的维新党林琴南。只听得林琴南反对白话文学,而不知道林琴南壮年时曾做过很通俗的白话诗,——这算不得公正的舆论。"但这段带歉意的话本身又出现了新的不公正。胡适说林琴南是"五六年前的反动领袖",可林老夫子领导了谁?

此外,林琴南虽被列入桐城派,但他本人并不以桐城派自限。他的弟子朱羲胄亦在《林畏庐先生学行谱记》中说:"林纾论文,不薄六朝,论诗,不主西江,不持宗派之见。"①尤其是林琴南所译西洋小说以及自己所创作的小说,融唐宋传奇与桐城文于一体,创造了一种活泼、易懂而富于表现力的文学古文体。我们亦可在胡适1935年(此时文学革命已尘埃落定,"胡适之陈独秀一班人"也早已各奔东西)为《中国新文学大系·建设理论集》所写的《导言》中找到相似的表述:"古文经过桐城派的廓清,变成通顺明白的文体,所以在那几十年中,古文家还能勉强挣扎,要想运用那种文体来供给一个骤变的时代的需要。但时代变的太快了,新的事物太多了,新的知识太复杂了,新的思想太广博了,那种简单的古文体,无论怎样变化,终不能应付这个新时代的要求,终于失败了。失败最大的是严复式的译书","其次是林纾式

---

① 朱羲胄:《林畏庐先生学行谱记》,《贞文先生学行记》,世界书局1949年版影印本(上海书店),第17页。

的翻译小说的失败","此外如章炳麟先生主张回到魏晋的文章,'将取千年朽蠹之余,反之则正',更富有复古的意味,应用的程度更小了,失败更大了"。

如此说来,首当其冲的应该是"更富有复古的意味"的章太炎,而不是"通顺明白"的林琴南。可为何当陈独秀于1917年1月出任北大文科学长后,白话革命的打击对象却缩小为桐城派古文家,尤其是林琴南?这不是"碰巧",而是处心积虑的选择。上文曾说,林琴南也不反对白话,只反对尽废文言的白话革命。这之间有重大的区别,可新文学革命派及后来的文学史家却有意无意忽视这一点。他们的尴尬在于,如果承认了这一点,那对林琴南的攻击就是不公正的了。林琴南担心的是,文言如果尽废,则数千年文言典籍亦将因无人能识而湮灭无闻。他并非不知道白话对于大众启蒙以及应用之文的重要性,其"论古文之不当废"亦是一个退守性的辩护,即"力延古文一线,使不至颠坠",深恐一线不存,则中华文化无以为继。

但陈独秀、胡适、钱玄同和刘半农这几位北大教授在《新青年》上大倡白话革命(如果他们不是北大教授,即当时中国唯一的一所大学的教授,而是几个名不见经传的散兵游勇,那林琴南想必不会理会他们。连北大都尽废文言,那文言就无处栖身了),使他担心北大"尽废古书,行用土语为文字"(他此前所作《荆生》、《妖梦》两小说,即因此而发)。他在1919年3月18日《答大学堂校长蔡鹤卿太史书》中写到:"前年梁任公倡马班革命之说,弟闻之失笑。任公非劣,何为作此媚世之言?马班之书,读者几人?殆不革而自革,何劳任公费此神力。若云死文字有碍生学术,则科学不用古文,古文亦无碍科学。英之迭更,累斥希腊腊丁罗马之文为死物,而至今仍存者,迭更虽躬负盛名,固不能用私心以蔑古。矧吾国人,尚有何人如迭更者耶?须知天下之理,不能就便而夺常,亦不能取快而滋弊。"

古文早在清末就已衰落,是小圈子里的事,报刊流行的是梁启超式的报馆体。毋宁说这一时期的语文状况是多种语文的并存(古奥的文言、文言、浅文言、雅白话、白话、俗语),一个人可以按照自己的兴趣选择一种或多种语文,而报刊也大多同时刊登几种语文,甚至政府的法律和文告也是如此。换言之,这是多种语文并行不悖的自由主义时代,古文并非唯一,且不是最为流行的一种。正如林琴南1919年4月《论古文白话之消长》所言,自道咸以来,古文一道已不复振作,"至白话一兴,则喧天之闹,人人争撤古文之席,而代以白话。其始但行白话报,忆庚子客杭州,林万里、汪叔明创为白话日报,余为作白话道情,颇风行一世。已而余匆匆入都,此报遂停。沪上亦间有为白话相诘难者,从未闻尽弃古文,行以白话者。今官文书及往来函札,何尝尽用古文?一谈古文,即人人瞠目。此古文一道,已属声消烬灭之秋,何必再用革除之力?"

文言与白话的非此即彼的二元对立,乃庚款留美生胡适于1916年夏在绮色佳虚构出来的一个观念,它在当时国内的多元主义语文实践中找不到对应物,这也是《新青年》发动的白话革命直到1919年5月依然局限于小圈子的关键原因。这种多元语文的并存且互渗的局面,会缓慢形成一种作为成熟的书面语的现代汉语,而不是胡适基于"言文合一"这个理论假设而提出的一种简单的替换计划:以口头语作书面语。

作为"最高学府"的北大,直到1919年初仍以文言为主。所以蔡元培在回函中向林琴南声明北大并未"尽废古文而专用白话",说:"大学预科中,有国文一课,所据为课本者,曰模范文,曰学术文,皆古文也。其每月练习之文,皆文言也。本科中有中国文学史,西洋文字史,中国古代文学,中古文学,近世文学,又本科预科皆有文字学,其编成讲义而付印者,皆文言也。有《北京大学月刊》,中亦多文言之作。所可指为白话体者,惟胡适之君之《中国古代哲学史大纲》,而其中所引古书,皆属原文,非皆白话也。"蔡元培描绘的古文在北大的命运,甚至比林琴南奢望的"延古文一线,不使颠坠"还要好,所以他非常满意,在回蔡校长信(3月24日)中说:"弟所求者,古文之不宜屏弃也,来书言仍用古文矣。心遂欲,畅遂无言。"

另一方面,林琴南或者桐城古文派在1916年左右已不是文坛最显赫的古文家或古文派,实际上,自民国甫建的1913年,桐城派的势力就衰落了,取而代之而成为名重一时的古文家和古文派的是章太炎及其魏晋古文派。"胡适之陈独秀一班人"为何不攻击当红的章太炎及其魏晋古文派,反倒将地位逊于魏晋文派的桐城派视若仇敌?

回到1917年4月9日。这天早晨,胡适收到1917年2月1日出版的《新青年》2卷6号,内载有北大学长陈独秀和北大音韵学家钱玄同大力声援文学革命的文章(陈文《文学革命论》、钱信《寄陈独秀》)。自1916年夏以来因提倡白话文学革命而一直在留美生圈子里备受嘲笑、处于"孤独的试验"时期的胡适,看见自己的《文学改良刍议》甫载于《新青年》(1917年1月1日2卷5号)就立刻在文言大本营的中国引起如此轩然大波,大有一文出而天下知的气象,顿时倍感兴奋,战斗意志也大大增强。几十年后,时寓居纽约的胡适在为母校哥大东亚系录制的《胡适口述自传》中,也回忆了当年《文学改良刍议》一发表就在国内引起的热烈反响,他写道:"这篇文章于1917年1月在

《新青年》刊出之后,在中国文化界引起了一场极大的反应。北京大学一校之内便有两位教授对之极为重视。其一则为陈独秀本人。另一位则是古典音韵学教授钱玄同。钱氏原为国学大师章太炎(炳麟)的门人。他对这篇由一位留学生执笔讨论中国文学改良问题的文章,大为赏识,倒使我受宠若惊。钱教授[后来]告诉我,他曾与陈教授讨论到有关我这些建议的重要性。"①

可是,在1917年7月归国的胡适此时尚身处纽约,他从何处得知其《文学改良刍议》刊出之后立即"在中国文化界引起了一场极大的反应"?他并不是亲眼目睹者,而他能够提供的证据只是陈、钱两人于1917年2月1日和3月1日连续发表于北京《新青年》2卷6号和3卷1号的谈论文学革命的文字以及2月8日林琴南载于上海《民国日报》的反对文字;最关键的证据或许是陈独秀于1917年5月1日写给他的那封信,其中通报胡适"改良文学之声,已起于国中,赞成反对者各居其半"②。此信亦刊于1917年5月1日出版的《新青年》3卷3号,该号同时载有刘半农《我之文学改良观》一文,但胡适读到该号《新青年》,已在返国途中(于日本东京购得),而且读后颇有一点失望,因为陈独秀信中所说的"赞成反对者各居其半"的文学革命,依然在《新青年》上处于次要地位,也没有多大反响。他在归舟中写道:"《新青年》之通信栏每期皆有二十余页(本期有二十八页)。其中虽多无关紧要之投书,然大可为此报能引起国人之思想兴趣之证也。"③

查该号《新青年》,与以往各期类似,主要篇幅依然用于"孔教"、"对德外交"、"国体"等思想和时事问题,谈及文学革命的文章很少,而且撰稿者老是胡适自己以及北大的陈独秀和钱玄同(此时添了一个刘半农),哪里算得上"改良文学之声,已起于国中,赞成反对者各居其半"或者"这篇文章在中国文化界引起了一场极大的反应"?胡适回国后的观感证实了这一点。他于1917年7月10日抵达上海,滞留一些日子后,便回安徽绩溪老家省亲,并在那儿写了《归国杂感》一文。他在该文中以失望的口吻说,"七年没见面的中国还是七年前的老相识",上海的舞台上依然是"二十年前的旧古董",而"上海的出版界,——中国的出版界——这七年来简直没有两三部以上可看的

---

① 《胡适口述自传》,唐德刚译注,《胡适文集》,第1册,北京大学出版社,1998年版,第320页。
② 陈独秀答胡适之,1917年5月1日,《陈独秀文章选编》,上册,三联书店,1984年版,第208页。
③ 《胡适日记全编》,第2册,曹伯言整理,安徽教育出版社,2001年版,第615页。

书！不但高等学问的书一部都没有,就是要找一部轮船火车上消遣的书,也找不出(后来我寻来寻去,只寻得一部吴稚晖先生的《上下古今谈》,带到芜湖路上去看)！我看了这个怪现状,真可以放声大哭"。①

此文于1918年1月15日发表于《新青年》4卷1号,收入《胡适文存》时文末标明完稿时间为"民国七年一月",文中亦有"如今在中国已住了四个月了"一句,但从全文无一字言及北京(该文始自上海,终于安徽)看,当为来北京前在安徽省亲时所作,只不过这篇文章在半年后发表时可能做了一些修改而已。按说,这篇谈论"归国杂感"的文章应迅速发于《新青年》,可为何延后半年才发？原来,正如《归国杂感》所言(胡适有点儿夸张了),"这七年来简直没有两三部以上可看的书",《新青年》在诸多出版物中也并不显得突出,至少它的订户已少到难以维持刊物的生存了。实际上,胡适尚在安徽时(1917年8月),《新青年》在出版3卷6号后就停刊了,待1918年1月15日复刊并出版4卷1号止,已中断四个月。停刊的原因自然是稿源不畅、发行不广、订户太少,以至负责印刷和发行业务并承担编辑费和稿费支出的上海群益书店的老板陈子佩、陈子寿兄弟拟定要"中止"它,经陈独秀交涉,才得以续刊。在停刊的四个月时间里(1917年9月1日至1918年1月15日),北大《新青年》一班人围绕如何扩大《新青年》的影响力和销量而绞尽脑汁,甚至不惜采用伪造"双簧信"的手段。

在胡适于1917年9月来北大任职后,陈独秀学长遂又于10月聘因上海商务印书馆裁减员工而被迫赋闲于江阴老家的刘半农为北大预科教授,加上此前已在北大的钱玄同,就构成了陈独秀1923年时所说的"胡适之陈独秀一班人"。刚进北大,刘半农就于1917年10月16日写信给钱玄同,透露出文学革命的冷寂状态(此时《新青年》已停刊两个月):"文学改良的话说,我们已锣鼓喧天的闹了一闹;若从此阴干,恐怕不但人家要说我们是程咬金的三大斧,便是自己问问自己,也有些说不过去罢！……这种事,说是容易,做就很难;譬如做戏,你,我,独秀,适之,四人,当自认为'台柱',另外再多请名角帮忙,方能'压得住座'。"②其实,钱玄同早已在四处找人帮忙,最后找到了教育部佥事周树人(亦为章太炎弟子)。周树人或者说"鲁迅"在1917年夏秋的日记中多处提到"钱玄同来",但未提及所谈何事,不过,他在1923年出版

---

① 胡适:《归国杂感》,载1918年1月15日《新青年》4卷1号(1954年人民出版社影印本),第22页;亦收入《胡适文集》,第2册,北京大学出版社,1998年版,第471页。
② 《刘半农文选》,徐瑞岳编,人民文学出版社,1986年版,第26—27页。

的《呐喊·自序》中却回忆了1917年夏天钱玄同到绍兴会馆来约他为《新青年》写稿的情景:"我懂得他的意思了,他们正办《新青年》,然而那时仿佛不特没有人来赞同,并且也还没有人来反对,我想,他们许是感到寂寞了。"①鲁迅描绘的这种状态,正是胡适写作《归国杂感》的背景,它与陈独秀信中所虚构的文学革命的热闹景象形成鲜明对比。

那么,陈独秀为何要向时在美国纽约的胡适虚构这个场面?陈独秀是一个"老革命党",也是一个出色的办报人,他知道,如果向他的一位远在纽约的作者描绘他此前发表于《新青年》的一篇文章在国内引起了极大轰动,肯定会激发这位作者继续写作的欲望(此时《新青年》正陷入稿荒,一些没有多大价值的文章或书信也被拿来充数)。换言之,他向胡适虚构了一个"引起了一场极大的反应"的景象,并以自己和钱玄同的两篇言辞激烈的声援文章"悍化"了本来性格平和的胡适,激发了他的战斗欲望,并给他暗示了攻击目标——桐城派古文家。胡适1935年为自己分编的《中国新文学大系·建设理论集》写"导论"时回忆道:"我受了他们的'悍'化,也更自信了。在那篇文里,我也武断地说……"②的确,他悍化了,而且这种悍劲儿立即体现于1917年4月9日他写给陈独秀的那封信。

但这还不是武断不武断的问题。载于2卷6号《新青年》的陈独秀《文学革命论》和钱玄同的《寄陈独秀》都一致把矛头对准桐城派,尤其是林琴南,而胡适一个月前发表于《新青年》2卷5号的《文学改良刍议》一文所攻击的目标不止是桐城派,还包括桐城派的劲敌章太炎的魏晋古文派。有关1917年到1919年的新文学革命史的历史叙事在处理这段于白话革命最为关键的时期的历史时,往往疏忽这一重要细节,即在胡适《文学改良刍议》中作为攻击目标而开列的桐城、魏晋两派,在陈独秀和钱玄同那里只剩下了桐城一家("选学妖孽、桐城谬种"之"选学",并不构成一派,实际上,将"选学"与"桐城"并举,只是障眼法,好让人看看文学革命派不是在泄私愤者)。但问题是,钱玄同一帮人为何格外"关照"桐城派,不惜侮辱之,侮骂之,甚至伪造"王敬轩来信"来诽谤之,而对同样是古文派的章太炎则恭敬有加?如果是对古文开战,那无论林琴南,还是章太炎,都在攻击之列,而不应该仅仅是林

---

① 鲁迅:《呐喊》,人民文学出版社,1979年版,自序,第IV—V页。
② 胡适:《导言》,《中国新文学大系·建设理论集》,上海良友图书印刷公司1935年版影印本(上海文艺出版社,2003年版),第23页。另见胡适《中国新文学运动小史》,《胡适文集》,第1册,北京大学出版社,1998年版,第129页。

琴南。

　　胡适的朋友任鸿隽对《新青年》伪造读者来信一事宁可信其无，但他还是于1918年9月给胡适去信道："王敬轩之信，隽不信为伪造者。一以为'君等无暇作此'，二则以为为保《新青年》信用计，亦不宜出版。莎菲曾云此为对外军略，似亦无妨。然使外间知《新青年》中之来信有伪造者，其后即有真正好信，谁复信之？又君等文字之价值虽能如旧，而信用必且因之减省，此可为改良文学前途危者也（隽已戒经农、莎菲勿张扬其事）。"复于11月致信胡适："谩骂是文人一种最坏的习惯，应当阻遏，不应当提倡。兄等方以改良文学为职志，而先作法于凉，则其结果可知。吾爱北京大学，尤爱兄等，故敢进其逆耳之言，愿兄等勿专骛眼前攻击之勤，而忘永久建设之计，则幸甚。"任鸿隽此言甚对，既然"新道德"是"新文化"的核心部分，理当与"旧道德"有所区别才行，但新文化派的道德状况未见得比梁巨川在1918年11月10日自杀前所写遗书中描绘的民国七年来社会的一般道德状况高出多少。道德不仅是一种拿来教训人的东西，主要是一种自我实践，而新文化派乐于处处显示自己在道德和智力上的双重优越感，他们在对桐城派进行智力攻击时，辅之以道德攻击，若智力攻击不克（如在与张厚载讨论旧戏时），便完全诉诸道德攻击。

　　可能连"安徽绩溪汉学胡氏之后"的胡适"博士"都不太清楚钱玄同为何特别喜欢骂林琴南及其弟子张厚载。他于1919年2月20日致信钱玄同，提醒他"适意吾辈不当乱骂人，乱骂人实在无益于事"。但隔了几行，他在解释自己为何约张厚载为《新青年》写稿时又说："我请他写文章，也不过是替我自己找做文的材料，我以为这种材料，无论如何，总比凭空闭户造出一个王敬轩的材料要值得辩论些。"但胡适的计谋落空了，尽管"胡适之陈独秀一班人"一齐上阵，批驳张厚载，但他们自己于中国旧戏的知识远逊于北大学生、年轻的戏剧评论家张厚载，结果反倒是先生们自己出了不少错谬，轮到学生给先生们普及旧戏常识，于是先生们就大骂张厚载是"奴才"，谓其保存旧戏"实与一班非做奴才不可的遗老要保存发辫，不拿女人当人的贱丈夫要保存小脚，同是一种心理"。

　　在1917年1月前（自1915年9月15日创办，到1917年1月主编陈独秀出任北大文科学长止），《新青年》的文风一直以平实为主，但随着主编陈独秀出任北大文科学长以及钱玄同于1917年2月加入《新青年》撰稿者行列，《新青年》文风随即为之一变，变得好斗，偏激，喜欢骂人，喜作一笔抹杀之论。说钱玄同影响了《新青年》的文风，实不为过，而开骂人之风的正是钱玄同1912年2月1日载于《新青年》2卷6号的《寄陈独秀》。把文学革命的部分推动力归于章门弟子托文学革命之名打击宿敌桐城派,那可能令一向将"胡适之陈独秀一班人"的道德优越感和智力优越感视为不言而喻的事实的新文学革命史家难以接受,但我们不必回避这个事实:钱玄同的目标并不是废文言而代以白话,而是废汉语而代以世界语,而林琴南从来没有说过反对世界语的话(并不是说他不反对,而是他可能认为世界语根本不构成一种现实威胁)。

最早站出来公开反对世界语的恰恰是钱玄同的"太炎师",可以说他是挡在世界语前面的最大障碍。1908年,也正是钱玄同从章太炎问学于东京的时候,章太炎针对"巴黎留学生相集作《新世纪》,谓中国当废汉文而用万国新语"而撰《驳中国用万国新语说》,指斥其"好尚奇觚,震慑于白人侉大之言,外务名誉,不暇问其中失所在"。① 不仅如此,章太炎后来也撰文反对白话革命。为何钱玄同不骂章太炎,而骂林琴南?只要翻看钱玄同此一时期言及章太炎必恭称之为"太炎师",言及林琴南则必斥之为"谬种"和"文妖",就可以知道门户恩怨从一开始就渗进了文学革命的源头,并深刻影响了其话语方式。

如果说钱玄同的真实目的是废汉语而代以世界语,那么,陈独秀则在世界语问题上被钱玄同推着往前走,这大大违背了他的意愿。实际上,别说废汉语而代以世界语,就是废文言而代以白话,陈独秀都颇为犹豫,因为他并不感到白话与文言是势不两立的两种语文,这也是他在钱玄同的一再要求下依然不去改变《新青年》以文言为主的语文状态的原因(但1918年1月终于按钱氏的要求改《新青年》为白话)。有关新文学革命史的经典叙事向来将胡适当做白话文学革命的发难者,胡适自己也向来以此自视。但假若陈独秀不在1917年1月出任北大文科学长并与把持文科大权的章门弟子"结盟",而依然是上海滩的一个自由办报人,那么,胡适发表于1917年1月《新青年》2卷5号的《文学改良刍议》一文的命运,将同于他在1916年10月发表于该刊2卷2号的《寄陈独秀》,其内容相同,审稿者相同,命运亦应相同。换言之,陈独秀不会突然丢掉他三个月前的持中观点,代之以"完全赞成"的失去分寸的狂热口吻。而时在北大教古音韵学的钱玄同也断断不会给《新青年》写稿(《新青年》早在1915年9月即已创办,而钱玄同并未在上面发表

---

① 章太炎:《驳中国用万国新语说》,《章太炎文钞》,1914年中华图书馆石印本,卷四,第16页。

过任何文章)。

的确,胡适在《新青年》上两度提出白话文学革命的主张,但使第一次隐没不闻而使第二次成为话题,却非胡适所能左右。这里的关键人物恰恰是钱玄同,他偷偷地变动了胡适的攻击目标,使之对准桐城派而不是同样做古文的章太炎,而且一开始就诉诸人身攻击。于是,林琴南笔下的一句"方姚卒不之踣"就被胡、钱、刘、陈诸人当做攻击林琴南的最好靶子,一用再用。他们通过古文来攻击林琴南,又通过林琴南来攻击古文,既替章门报了门户之仇,又为白话革命制造了声势。林琴南的被派定的角色于是变得相当可笑:他被章太炎弟子所攻击,成了笑柄,自己却又在古文名义下掩护了章太炎,因为他若攻击章太炎,就等于攻击了古文。只能说钱玄同的谋算之深令人叹为观止。

"方姚卒不之踣"案向来被看做新文学革命派的头一个辉煌的战例,而这个战例以后还将以相同的方式一再重复,它开创了"攻其一点、不及其余"的人身攻击方式,不讨论观念,而死死揪住其一字一句,使旁观的浅人哄笑,从而毁其荣誉,如此他所提出的观点也似乎就变得不值一提了。《新青年》所开创(此处"开创"一词非就时间先后而言,而就其影响日后的话语系统的形成而言)的这种辩论方式和话语方式到底在多大程度上损害了真正的学术讨论精神(非个人性、价值中立或云搁置道德评判等等),本文篇幅所限,不能详论。不过,对这些不能示之于人的深层动机的解释,还是能把我们带到"方姚卒不之踣"案的被遮蔽的中心。因此,下一步,我要做的,就是分析"方姚卒不之踣"案是如何被制作成了一个"辉煌战例",并被嵌入新文学革命史的大神话中。

但在进入"方姚卒不之踣"案以前,还必须勾勒一下1917年1月北大的"校园政治状况",因为陈独秀进入的北大并非一个空荡荡的北大,而是一个纠缠着复杂的门派冲突的北大,而《新青年》大倡"文学革命"并将矛头指向桐城派,与此有密切关系,是陈独秀联合北大章门弟子和留美学生胡适的策略。

4

1916年9月,袁世凯死后不久,出任新政府教育总长的范源濂电邀时在巴黎旅居的蔡元培回国执掌北大。蔡元培原是民国第一任教育总长(1912年),范源濂乃其老部下(时任教育次长),而桐城派的严复则被大总统袁世凯任命为民国国立北京大学第一任校长,蔡总长还出席了严校长的就职典礼。但严校长则因财政部不能给付办学经费和教育部处处设置障碍（甚至提议解散北大）而于10月辞去校长之职，而此时，蔡总长也因愤于袁世凯的专断而辞去教育总长之职，踏上欧游之路。此后，一直到1917年1月蔡元培出任北大校长之前，北大几任校长几乎是清一色的拥章派，这就为章门弟子大举进入北大敞开了大门。章门弟子得以纷纷进入北大（如钱玄同、黄侃、马裕藻、沈兼士、朱希祖等等），与民国的建立大有关系。他们本就是一帮流亡日本的反清人士。革命的成功顺便将他们带到了民国国立最高学府北京大学，并将此前雄霸北大文科的夙敌桐城派势力（如严复、林琴南、姚永概、姚永朴等等）几乎悉数排挤出去，从而控制了北大文科大权。两派之间的恩怨并非始自1912年，而是清代汉学与宋学之间由来已久的门户恩怨的一个继续。

这不仅是政治之争，更是门户之争，但很少是学术之争（真正的学术岂以门派偏见自限）。章派与桐城派之间的恩怨早在它们各自一百多年前的祖师爷那里就已结下：桐城姚范之子姚鼐曾欲从学于戴震，试图以小学来夯实桐城古文派之学问根基，此乃汉宋结合之难得良机，但戴震却以不好为人师谢之，转而收段玉裁为徒，而汉学家钱大昕则讥评桐城派方苞"若方氏乃真不读书之甚者也"。梁启超在《清代学术概论》中写道："由是诸方诸姚颇不平，屡屡为文诋汉学破碎，而方东树著《汉学商兑》遍诋阎胡惠戴所学，不遗馀力，自是两派始交恶。"一路下来，到清末民初，章太炎与林琴南（当然还有严复）成了两派的掌门，各自弟子成堆，依然相互攻讦不已，并争夺京师大学堂及后来的国立北京大学的控制权，但民国的建立使桐城派在这场争斗中很快落了下风。

章太炎曾对弟子评价严、林，谓"下流所仰，乃在严复、林纾之徒，复辞虽饬，气体比于制举，若将所谓曳行作姿者也"；"纾视复又弥下"，"浸润唐人小说之风"，"与蒲松龄相次"。此类基于门户偏见之语数不胜数。林琴南当然也不含糊。1913年他被迫从北大辞职后，给一同辞职的姚永概（姚鼐从孙）写了一封信，不点名地谈到章太炎及其弟子："敝在庸妄巨子，剽袭汉人餘唾，以挦扯为能，以饾饤为富，补缀以古子之断句，涂垩以《说文》之奇字，意境、义法概置弗讲，侈言于众：'吾汉代之文也！'伧人入城，购摺绅残敝之冠服，袭之以耀其乡里，人即以摺绅目之——吾弗敢信也！"对章门弟子，则更不客气,谓之"庸妄之谬种"。①

此信收入林琴南1916年4月出版的《畏庐续集》,集中还收有《送姚叔节归桐城》以及《赠姚君悫序》等信函,亦对"庸妄之巨子"多有愤慨之言。章门弟子一眼便能认出其中"庸妄之巨子"和"庸妄之谬种"所指为谁,当然大为光火。我们也从中得知钱玄同"桐城谬种"一语的来历了。本来,这只是两个古文派争夺领导权的斗争,与白话文言之间的斗争无关,但胡适提出的白话文学革命却因钱玄同的加入而从一开始就被门户恩怨所浸透。这正可以解释钱玄同何以甫一入场,便对还没有出场表态的桐城派大骂出口。

陈独秀于1917年1月出任北大文科学长,与他留日时的一帮章门老朋友相聚于北大。他虽不是章门弟子,却与章太炎及其门生关系密切,留日时还曾求教于章太炎并与钱玄同等人切磋音韵学。如今,他虽贵为文科学长,但文科却为章门弟子把持。如果他想有所作为,并让一些对他的学术能力表示怀疑的北大教员心服口服(他被任命为文科学长后,北大教员中颇有议论,说他只不过是能写一手策论的报人而已),那么,他就必须与人多势众的章门弟子联手,并迅速在自己主编的《新青年》上引发一个话题。

刚出版的《新青年》2卷5号上恰好有胡适的"文学革命"这个不错的新话题。在进入北大前,陈独秀关心的一直是对德外交、孔教、国体、教育等问题,从未考虑过"文学革命",尽管更早时候他曾有过文学改良方面的言论。可以说陈独秀是一切皆可以革,唯文学则主张改良。改良和革命当然不是一回事。当胡适于1916年来信提出"文学革命八事"时,陈独秀虽意识到文学改良的紧要,但并不赞同所谓改良就是白话革命。这是他一贯的观点,哪怕在文学革命时期也是如此。他仅在1917年5月1日致胡适信中才偶失常态地宣布"改良中国文学,当以白话为文学正宗之说,其是非甚明,必不容反对者有讨论之馀地,比以吾辈所主张者为绝对之是,而不容他人之匡正也"。可这封信却被胡适以及后来的研究者当做陈独秀激烈赞同白话革命的根据,而陈独秀其实在此后一再表明自己的真实观点实乃中间派观点,如1918年8月1日致钱玄同信云:"既然是取'文言一致'的方针,就要多多夹入稍稍通行的文雅字眼,才和纯然白话不同。俗话中常用的文话(像岂有此理、无愧于心、无可奈何、人生如梦、万事皆空等类),更应当尽量采用。必定要'文

---

① 林琴南:《与姚叔节书》,《畏庐续集》,商务印书馆1927年版(上海书店影印本),第16页。

求近于语,语求近于文',然后才做得到'文言一致'的地步。"他在其他书信中也一再强调"文求近于语,语求近于文",这说明他并没有将文言和白话对立起来。比起主张尽废文言的胡适和钱玄同,他从理论上其实更接近林琴南,因为废灭了文言,到那儿去寻求"文近于语、语近于文"呢?

正因为他的态度一贯如此,所以他在1916年10月1日给胡适的回信中谈及"八事"时说,"鄙意欲救国文浮夸空泛之弊,只第六项'不作无病呻吟'一语足矣",并说第五项(须讲求无法之结构)强以西洋之语法来律中国文字"未免画蛇添足","窃以为文学之作品,与应用文字作用不同。其美感与伎俩,所谓文学、美术自身独立存在之价值,是否可以轻轻抹杀,岂无研究之余地?"此言主要针对胡适"八事"中最核心的第四事"不避俗字俗语(不嫌以白话作诗词)"而发,而且,他担心胡适过于匆忙立论,数日后遂又寄出一信,云:"鄙意文学之文必与应用之文区而为之,应用之文但求朴实说理纪实,其道甚简。而文学之文,尚须有斟酌处,尊兄谓何?"这是一个有自己独立见解的人的话,和"运动"中的人大不一样。所谓"运动",意味着个人的思想和言论的自由在一个为某目标而联合起来并协调行动的群体中必须部分丧失自己,否则无法维护一个群体的团结。每当"胡适之陈独秀一班人"发生内部分歧时,胡适或者刘半农总站出来重申"团结"的重要性,但如此就失去了学术的个人性和思想的独立性,使"白话革命"这一事关传统文化承继的重大问题在未经过心平气和的反反复复的纯学术讨论之前,就凭着革命激情并夹杂着门户恩怨,以几乎是"群众斗争"的暴力语言方式迅速展开。

但1917年1月以前的陈独秀却不是如此,他那时是一个自由思想者,尚未参加或者说组织"胡适之陈独秀一班人",因此他才对胡适提出了自己纯粹基于学术考虑的建议。可革命冲动已不可遏制并对自己的"文学革命八事"颇为自得的胡适,不仅没听从陈独秀的意见,在1916年11月底寄来的文章《文学改良刍议》中原样列出"八事",甚至将陈独秀认为"其流弊将同于'文以载道'之说"的第八事(须言之有物)提到第一事的地位。只不过由于陈独秀来信中对他的文学革命观点多有异议,他才将出现在上一篇文章(致陈独秀信)中的"文学革命"一词改为"文学改良",还添了一个显示谦逊的"刍议"。胡适后来在《中国新文学小史》中回忆说,"那年10月中,我写信给陈独秀先生,就提出这八个'文学革命'的条件……不到一个月,我写了一篇《文学改良刍议》,用复写纸抄了两份,一份给《留美学生季刊》发表,一份寄给陈独秀先生在《新青年》上发表。在这篇文章里,八件事的次序大改变了","这个新次第是有意改动的。我把'不避俗字俗语'一件放在最后,标题只是很委婉的说'不避俗字俗语',其实是很郑重的提出我的白话文学的主张","陈独秀先生是一个老革命党,他起初对于我的八条件还有点怀疑,但他见了我的《文学改良刍议》之后,就完全赞成我的主张;他接着写了一篇《文学革命论》,正式在国内提出'文学革命'的旗帜"。①

胡适将陈独秀对他的白话文学主张的态度的转变归因于"见了我的《文学改良刍议》",这过于牵强,因为陈独秀数月后又回复到自己的基本立场,即"语求近于言,言求近于语"的中间立场,这意味着他不赞同废文言而代以白话。此是就文学价值而言,而就"白话"一词来说,则更加麻烦。胡适的"白话"一词殊不清楚,如果指口语,那就意味着各地方言,因为中国只有方言区(到现在为止,也不存在一个普通话区),方言才是每个人真正的口语;如果指"国语",那也是一种书面语(即必须通过学习才能掌握的语言,而不是自然语言),与胡适废除文言而代以白话的理论基础"言文合一"殊不相类。胡适牵强附会地以西方的"言文合一"为白话取代文言的革命提供合法性,但西方的言文合一是民族国家形成的语文行动,是以民族语言取代作为外语的拉丁文,而在各地方言彼此不通的中国,作为书面语的文言恰恰起到了维护民族认同的重要作用。如果"文言合一",以口语作书面语,则中国势必回到各地语文彼此隔绝的方言时代,民族认同将会受到极大损害。

胡适在"文言合一"的意义上将"白话"定义为口语,且是"最大多数人"的口语。考虑到1917年中国的"最大多数人"是占全国人口80%的文盲,那么,白话的基本词汇就不会超过1千字,以这不足一千字的词汇能否表达复杂的概念和思维或如胡适所说的"新思想、新情感、新事物"?口语的句式相对于书面语来说简单得多,而胡适却一会儿基于进化理论,说文言的句式太简单,不足以表达复杂的思维(见胡适《新文学运动小史》),一会儿基于民主理念,说文言的句式太复杂,难以让最大多数人读懂。这样,被胡适拿来作为废除文言的理论依据的文学进化论和文学民主论本身就对立起来了:他一方面要求一种比文言还复杂的书面语,一方面要求一种比文言还简单的书面语。这不过是文言与白话的对立的一个变相而已,即同一个社会同时存在着一种受教育者的书面语和一种未受过教育者的书面语。

其实胡适自己也未意识到,所谓文学进化论和文学民主论都不足以支撑他的主张,而真正能够支撑"白话革命"的理论依据的是:为中国成为一个

---

① 胡适:《中国新文学小史》,《胡适文集》,第1册,北京大学出版社,1998年版,第161—162页。

西方现代意义上的民族国家奠定一个语文基础。实际上,胡适后来通过陈独秀才意识到"白话"的潜在危害,而代之以"国语",并提出"国语的文学,文学的国语"这一理论。如此,"言文合一"实际变成了以一种书面语取代另一种书面语。这也是白话革命在1918年底开始与国语运动合流的原因。国语的确定,不仅结束了前此多种书面语并存的自由竞争状态,而且发明了一种超越方言而作为民族共同体的共同语的口语,为中国结束晚清以来分崩离析的局面而成为一个现代民族国家奠定了语文基础。

不是白话取代了作为书面语的文言,而是作为一门书面语的国语取代了另一门书面语(文言),并从书面语变成了一种共同体的口头语。于是,我们才有了作为第一书面语和第二口头语的国语。说其"第一书面语",是因为我们在写作时使用国语,说其"第二口头语",是因为我们在说话时仍使用方言,走出自己的方言区才使用作为共同语的国语。陈独秀在十几年前主编《安徽俗话报》时就意识到这一问题。1904年5月,他在《安徽俗话报》上发表《国语教育》一文,谓:"全国地方大得很,若一处人说一处的话,本国人见面不懂本国人的话,便和见了外国人一样,那里还有同国亲爱的意思呢?所以必定要有国语教育,全国人才能够说一样的话。"①除非"国语"已成为全国人的白话,否则胡适的基于"文言合一"的白话文学就只意味着方言文学。因此,陈独秀无论从文学价值,还是就民族共同体的角度,都有理由对胡适的基于"言文合一"的白话文学革命表示质疑。

因此,当胡适收到2卷6号《新青年》时,他肯定也惊讶于陈独秀的突然改变:他三个月前还对白话文学主张表示怀疑,何以此时态度却来了一个一百八十度的大转弯,将自己反复提醒胡适的"此非戏言、更非空言"、"尚须有斟酌处"一类的话抛到一边,突然表示"完全赞成我的主张",还凶悍地祭出"文学革命大旗"?胡适匆匆将其归于陈独秀的观点的改变,仿佛自己已成功地说服了他。不过,仅从文学观上看,1916年10月到1917年1月之间的陈独秀并没有发生什么改变。若从纯粹知识性方面寻找他的突然"完全赞成"的原因,将是牵强附会的。但在1917年1月间,陈独秀的确发生了重大的改变,只不过不是思想的改变,而是环境的改变,正是环境的改变导致了其策略的改变。一切的谜底都指向1917年1月:在这段时间里陈独秀到底发生了怎样的改变,使他从策略上而不是观念上突然对胡适的白话文学革

---

① 蔡元培:《就任北京大学校长之演说》,《蔡元培全集》,第三卷,中华书局,1984年版,第5页。

命表示坚决的支持,并痛骂他从来就没有攻击过的桐城派诸老,而此前,他只对浮夸的文风表示反感,而桐城派文并无浮夸之嫌?

且看陈独秀1917年1月致胡适信:"弟与孟邹兄为书局招股事,于去年十要月底来北京勾留月余……蔡子民先生已接北京总长之任,力约弟为文科学长,弟荐足下以代,此时无人,弟暂充乏。子民先生盼足下早日回国,即不愿任学长,校中哲学、文学教授俱乏上选,足下来此亦可担任。"①陈独秀为计划中的上海大书店招股,来北京出差,却被蔡元培看中,聘为北大文科学长。蔡元培自己于1月9日在北大发表就任北京大学校长演说,正式出任该职,几天后,教育部对陈独秀的学长任命亦正式下达。蔡元培之所以"三顾茅庐"地邀请他并不十分熟悉的陈独秀为北大文科学长,是因为他的挚友、北京医学专科学校的校长汤尔和的力荐(汤读过陈主编的《新青年》)。但蔡元培何以不从北大的章门弟子中物色一位,而舍近求远?

我们从蔡校长1917年1月9日的就职演讲中能够获得一些暗示。在这篇非常有名的演讲中,蔡校长托"外人"之口对以前的北大给出了一个很低的评价,如"外人每指摘本校之腐败,以求学于此者,皆有做官发财之思想,故毕业预科者,多入法科,入文科者甚少,入理科者尤少,盖以法科为干禄之终南捷径也。因做官心热,对于教员,则不问学问之深浅,惟问其官阶之大小"②等等,在1917年1月18日致吴敬恒信中,更是直言不讳地说北大"声名狼藉"③。我们知道,此时的北大是章门弟子的天下,校风如此,与章门弟子当然脱不了干系。蔡校长批评北大校风,等于委婉地批评了排挤异己的章门弟子。作为一个老革命党,蔡元培深知力量平衡的重要,如此他就必须结束章门弟子独霸北大文科的局面,也因此不能选择章门弟子为文科学长,而必须多聘非章太炎派的学者以相制衡。

他在1918年11月10日《〈北京大学月刊〉发刊词》中表明了自己的办学宗旨,即大学是"共同研究学术之机关。研究也者,非徒输入欧化,而必于欧化之中为更进之发明;非徒保存国粹,而以科学方法,揭国粹之真相",乃采

---

① 陈独秀致胡适,1917年1月,《陈独秀文章选编》,上册,三联书店,1984年版,第171页。

② 蔡元培:《就任北京大学校长之演说》,《蔡元培全集》,第三卷,中华书局,1984年版,第5页。

③ 蔡元培复吴敬恒函,1917年1月18日,《蔡元培全集》,第三卷,中华书局,1984年版,第10页。

"兼容并收主义，而不至以一道同风之旧见相绳也"。① 尽管此定义偏向欧化一途，与北大大部分章门弟子的观点不同，但又明言保存国粹，也与包括钱玄同在内的一些章门弟子以及新聘请来的非章门弟子（如陈独秀、胡适、刘半农以及作为兼课讲师的鲁迅）的蔑弃本国文化大相径庭。

蔡校长的治校理念尽管模仿了欧美研究型大学的办学惯例，但问题是他未能为这种均衡建立起某种有效的制度机制，而且他本人经常有意无意地充当了其中一方的辩护人。这样，从一开始，他所建立起来的平衡就是脆弱的。由于他将文科大权（尤其是聘任教员的权力）交给了陈独秀学长，使他得以很快在北大形成了一个具有战斗精神、紧密团结、协调行动且有自己的机关刊物的新文化派，而作为其对立面的国粹家则如同一团散沙。新文化派的这种党派特征，很难说是"学术的"，因为学术向来是个人的，且是不预设前提的，而党派则基于某个共同目标和集体一致行动而限制了个人的学术自由。

但说来说去，这一切和桐城派无关，因为早在1913年，桐城派文人就被章门弟子驱赶出了北大。如今的北大内部，是新文化派和非桐城派的保守派之间的对立。但这种对立的公开化在时间上被大大延迟了，直到1919年刘师培等人创办《国故》，才引发了两派之间的直接冲突。但在1917到1919年间，由于陈独秀和钱玄同等人的暗中策划，新文化派与校内保守派之间的冲突，被转换成北大新文化派与校外桐城派之间的冲突，这样，才不至于分裂北大自身，尤其是北大的章氏集团。考虑到桐城派的势力早已衰落，如今在文坛上领风骚的恰恰是章太炎派的魏晋古文，那么，白话革命派避开章太炎而攻击林琴南，就更显示出政治策略，即以打压校外桐城派的方式，使桐城派成为北大的公敌。直到北大保守派意识到这场针对校外桐城派的围攻实际上也瓦解了自己的存在基础，他们才匆忙上阵，但为时已晚。

对民国元年到二年间北大章派弟子对桐城派文人的驱逐，沈尹默在回忆录《我和北大》（1966）中提供了一种关于领导权的描述。考虑到他也是被当做"章门弟子"而被聘为北大教员的，那他的描述就更显得直言不讳："太炎先生门下大批涌进北大以后，对严复［民国北大第一任校长］手下的旧人则采取一致立场，认为那些老朽应当让位，大学堂的阵地应当由我们来占

---

① 蔡元培：《〈北京大学月刊〉发刊词》，《蔡元培全集》，第三卷，中华书局，1984年版，第210—212页。

领","北大第一次的新旧之争,是争领导权,当然,也包括思想斗争在内"。①这个"当然"很有趣。如果是争领导权的政治斗争,当然是以派别利益为宗旨,宗旨已定,所谓的"思想斗争"当然就成了派别斗争的变相。由于有了严复之后几任北大校长的支持,章门弟子很快就夺取了北大文科的领导权,而被驱逐的桐城派文人则在失意中对章太炎及其北大弟子多有愤懑之辞。可以想象,北大章门弟子会以什么心情去阅读林琴南的《畏庐续集》,而该集出版之时,三年前只身来京责问袁世凯背叛共和的老革命家章太炎依然被袁世凯幽禁于北京钱粮胡同,但慑于章氏威望,袁世凯未敢加害于他,只是限制他出京,而章寓依然宾客络绎不绝,其在京之门人弟子时来探望问安。袁世凯6月6日暴毙,两日后章太炎重获自由,并再次呼吁"严惩从逆诸逆"②(指为袁世凯恢复帝制而制造舆论的筹安会诸人,如杨度、刘师培、严复等人,而严复只是附名而已)。顺便说一句,林琴南是公开反对袁世凯恢复帝制的,甚至准备以性命相抗。当其弟子徐树铮奉命前来劝请他出面挺袁或出任袁氏政府官职时,他斥徐云"将吾头去,吾足不能履新华门也",并决定如果受到强迫,将服阿芙蓉前往云云。

所以林琴南不会假袁世凯或徐树铮之手来打击章太炎,倒是章太炎在被袁世凯幽禁期间(1913年8月到1916年6月)声望达于极致,堪比其在晚清因《苏报》案而入上海西牢时情景。政治迫害往往使受迫害者在大众心里产生殉道者的威望,反倒增强了其影响力。虽处"幽禁",但章太炎可以广招门徒,聚讲国学,并倡设立类似法兰西学院的"考文苑"或"弘文馆",而其拟定的馆员名单大多为本门弟子。据一士《章炳麟被羁北京轶事杂记》所载,"馆员人选,预定有门人钱玄同、马裕藻、沈兼士、朱希祖等,盖犹师生讲学之性质也"③。章门弟子纷纷进京,涌入北京大学,而校内桐城派文人遂遭驱逐之运。若说桐城派之被驱逐,乃因其为文人,于治学无方法,则为门户之见,因桐城派不仅仅是古文家,也是学问家。汉学宋学各有其长,一主征实,一主发挥,合之则相长,舍其一则行偏。尤其是清代汉学(乾嘉诸老开其风气,章太炎承其馀绪)乃以小学为重,强调"功夫",解经倒是其次,眼光遂蔽于饾

---

① 沈尹默:《我和北大》,《北大旧事》,陈平原、夏晓虹编,生活·读书·新知三联书店,2003年版,第166—167页。

② 汤志钧:《章太炎年谱长编(1868—1918)》,上册,中华书局,1979年版,第525页。

③ 转引自汤志钧《章太炎年谱长编(1868—1918)》,上册,中华书局,1979年版,第455页。

钉,而清代宋学(桐城派为其分支)则试图于新旧、夷夏之间寻求体用结合(最明显的例子是湘乡桐城派曾国藩),甚至为了赋予这种结合以合法性而妄解经典(其变风气之大者乃康梁公羊之学)。章太炎因排满情绪而力主"严夷夏之大防",与康梁论辩不休,而其弟子门人亦以光复华夏为志业(钱玄同曾名"钱复",正如非章门弟子的刘半农亦名"刘复"),誓灭满夷。幸亏南方民军首领与清室多为政治现实主义者,为结束战乱而议和,不久即以清室让大位于民国而宣布辛亥革命之结束。但这种英国式的妥协方式却未见于北京大学,那里发生的是一场类似法国大革命的"革命",一派赶走另一派。

按说,既然章门弟子斥桐城派为不学之人,那么他们自己控制北大后,就应该给北大带来一种严谨的治学风气,在蔡元培任校长之前就已成为"一个研究学术的机关",也不至于让1917年夏归国的胡适夸张地感叹中国出版界"这七年来简直没有两三部以上可看的书!不但高等学问的书一部都没有……"。其实,胡适的这种言说方式,正是一个小学家在离开自己的小学本行后通常会有的言说方式,其游谈无根、喜作惊人之语的程度,远胜于宋学家。宋学家大多是政治现实主义者,其评论基于政治经验和现实条件,而小学家则囿于书斋和故纸,缺乏现实的政治智慧,而飘游于理想之境,因此喜作狂言,每有言出,虽痛快淋漓,却是鲁莽灭裂之论,于事于理均失其正。倘若其中还暗涉门户偏见,则骂詈之语不绝如缕,严重损坏了学术精神。但公正地说,尽管章太炎本人对夙敌桐城派多有讥讽之言,却也不乏持正之论,但弟子辈却非如此,他们为师门之尊而尽失平正之心,此尤见于钱玄同。他正在等待一个机会来报复林琴南于1913年后数年间对章太炎及其弟子的愤懑之词(均收入1916年4月出版的《畏庐续集》)。

5

1917年1月底,胡适收到陈独秀1月1日寄自北京的一封信,得知陈独秀自上海到北京出差期间,被新任北大校长蔡元培聘为北大文科学长,但此时还未经教育部正式任命。换言之,此时的陈独秀还不是北大文科学长,其对文学革命的态度依然如故。此信亦载于1月1日出版的《新青年》2卷5号。但这封信在提到胡适载于同号的《文学改良刍议》一文时,只一句客套话:"奉手书并大作《文学改良刍议》,快慰无似。"① 由于"快慰无似"之前,有

---

① 《陈独秀书信集》,水如编,新华出版社,1987年版,第77页。

"手书"和"大作《文学改良刍议》"两项,因此难以知道陈独秀是因何而"快慰无似"。这封信后面的文字没有再谈到《文学改良刍议》。但胡适心里清楚,陈独秀的"快慰无似"主要是因为"手书",因为陈独秀在1916年10月1日和5日于上海接连寄来的两封信都对他的文学革命主张表示质疑,而陈独秀这两封信的态度使本来一直孤立无援的胡适至少放弃了激进的表述,不仅以"改良"一词替代前信中之"革命",且添了一个"刍议",以示此事尚可议论。

我们来看一看陈独秀针对胡适"文学革命八事"而写的这两封信(只摘取相关段落)。胡适所谓"文学革命八事","一曰,不用典。二曰,不用陈套语。三曰,不讲对仗(文当废骈,诗当废律)。四曰,不避俗字俗语(不嫌以白话作诗词)。五曰,须讲求文法之结构。此皆形式上之革命也。六曰,不作无病之呻吟。七曰,不摹仿古人,语语须有个我在。八曰,须言之有物。此皆精神上之革命也"。胡适的"文学革命八事"之陋,无须多说,只指出一处矛盾,其曰"不用陈套语",可这段仅百字的引文却出现了"无病呻吟"和"言之有物"两句陈套语。

陈独秀1916年10月1日致胡适:

> 承示文学革命八事,除五、八二项,其馀六事,仆无不合十赞叹,以为今日中国文界之雷音。倘能详其理由,指陈得失,衍为一文,以告当世,其业尤盛。
>
> 第五项所谓文法之结构者,不知足下所谓文法,将何所指?仆意中国文字,非合音无语尾变化,强律以西洋之Grammar,未免画蛇添足。(日本国语,乃合音。惟只动词、形容词,有语尾变化。其他种词,亦强袭西洋文法。颇称附会无实用。况中国文乎?)若谓为章法语势之结构,汉文亦自有之。此当属诸修辞学,非普通文法。且文学之文,与应用之文不同,上未可律以论理学,下未可律以普通文法。其必不可忽视者,修辞学耳。质之足下,以为如何?
>
> 尊示第八项"须言之有物"一语,仆不甚解。或者足下非古典主义,而不非理想主义乎?鄙意欲救国文浮夸空泛之弊,只第六项"不作无病之呻吟"一语足矣。若专求"言之有物",其流弊将毋同于"文以载道"之说?以文学为手段为器械,必附他物以生存。窃以为文学之作品,与应用文字作用不同。其美感与伎俩,所谓文学、美术自身独立存在之价值,是否可以轻轻抹杀,岂无研究之馀地?况乎自然派文学,义在如实描写社会,不许有有寄托,自堕其障。盖写实主义与理想主义不同也以

此。

以上二事,尚望足下有以教之。海内外讲求改革中国文学诸君子,倘能发为宏议,以资公同讨论,敢不洗耳静听。若来书所谓加以论断,以仆不学无文,何敢,何敢!①

这封回信写得十分客气、委婉,然"鄙意欲救国文浮夸空泛之弊,只六事'不作无病之呻吟'一语足矣"却是关键所在,等于声明其他"七事"均欠妥或多馀。但自古至今,无一人主张"无病呻吟",尽管不少人不自觉地落入无病呻吟之境,况且当世的两大古文派(章太炎魏晋古文派和以林、严为代表的桐城古文派)也并无"无病呻吟"之病。此外,对胡适的"第四事"(实为胡适"八事"的核心,此乃白话革命主张之委婉表述),陈独秀虽未直接提及,但其强调"文学之作品与应用文字作用不同。其美感与伎俩,所谓文学、艺术自身之独立存在价值"不可抹杀,语语针对"白话"(俗字俗语)。陈独秀担心胡适混淆两者(陈独秀的敏锐于此略见一斑,因为在1916年9月20日《依韵和叔永戏赠诗》中已提出"诗国革命何自始?要须作诗如作文",已混淆诗与文的形式界限,但陈独秀无由知悉其事),于是几日后遂又修书一封,以提醒胡适:"文学改革,为吾国目前切要之事。此非戏言,更非空言……鄙意文学之文必与应用之文区而为二,应用之文但求朴实说理纪事,其道甚简。而文学之文,尚须有斟酌处,尊兄谓何?"②

由1917年1月1日陈独秀致胡适函可以判断,此时他对胡适的白话文学革命主张的态度并没有发生变化,依旧是1916年10月1日和5日两封信所表明的态度。但1月13日陈独秀被正式任命为北大文科学长(教育部函字第十三号),与他留日时的一帮章门老朋友相聚于北大。友情是一方面,更重要的是,作为一个在学术上尚无太大建树(对章门弟子控制下的北大来说,学术意味着"小学",而陈独秀第一部音韵学著作迟至1925年才出版)却一步荣登学长之位的办报人,陈独秀若想服人,就不得不制造一个能够引人注目的新话题。于是,他就匆忙地把他两个月前还提醒胡适"此非戏言、更非空言"、"尚须有斟酌处"的话抛到一边,以断然决然的姿态祭出"文学革命

---

① 陈独秀答胡适之,1916年10月1日,《陈独秀文章选编》,三联书店,1984年版,上册,第141—142页。

② 陈独秀寄胡适,1916年10月5日,《陈独秀文章选编》,三联书店,1984年版,上册,第143页。

大旗",并极力抬高本来名不见经传留美生胡适的地位("首举义旗之急先锋,则为吾友胡适"云云),使之具有知名度——这等于为胡适回国后来北大当教授创造条件。

在1月1日的那封信中,陈独秀以即将上任的北大文科学长的身份邀请胡适来北大当"重要教授",并劝胡适"他处有约者倘无深交,可不必应之"。但光凭胡适的留美"博士学位"以及他在《甲寅》、《新青年》以及《留美学生季刊》上发表的那几篇小说译作、书信和小论文而要充任北大教授,恐怕难以让北大诸人心服,况且他还只是一个二十七岁的年轻人。再说,1917年前后那几年,归国留学生在国内很难找到合适的工作,尤难进入"大学"任教(所谓"大学",特指北大,因为它是当时唯一的一所国立大学)。与胡适同时回国、同样毕业于哥大、同样是杜威弟子的蒋梦麟一开始只能在上海的出版社当编辑,尽管他的博士头衔比起胡适的"博士学位"来要货真价实,而且自晚清那几年就与孙中山先生关系密切,曾是旧金山中国政治流亡者的机关报《大同日报》的编辑。比胡适晚几年回国的勋稽生任鸿隽也是先回四川老家工作。更重要的是,在人才济济的留美生群体里,就学问而言,胡适并非特别突出的一个。在1917年1月1日陈独秀写信邀请胡适出任北大教授之前,1916年5月,胡适的好友汪孟邹也曾致信胡适,信中谈及胡适毕业去向,建议他回安徽找工作:"吾皖有人拟俟时局定后,组织一日报,友人议论均谓请吾兄主任至为佳妙也,未知尊意如何?"①

可以肯定,陈独秀在出任北大文科学长之职后,随即向蔡校长提及聘人问题,并在他前面力荐名不见经传的胡适(但陈独秀在信中却不居功,而说"孑民先生盼足下早日回国",陈独秀对朋友的义气于此可见一斑),甚至不惜伪造胡适的家世,致使蔡校长误以为胡适乃"绩溪胡氏三代汉学之后","禀有'汉学'的遗传性"②,并将这一点作为胡适的学术背景的优势写入他为胡适1918年出版的《中国古代哲学史》所作的序言——此书封面印有"胡适博士著","博士"一衔乃胡适自封,非哥大所授,而1919年9月,哥大已传出"老胡冒充博士"的流言,使时在哥大读书的好友朱经农急忙来信催他出面

---

① 汪孟邹致胡适,1916年5月19日,《胡适来往书信选》,上册,中华书局,1979年版,第2页。
② 蔡元培:《序》,胡适《中国古代哲学史》,《胡适文集》,第6册,北京大学出版社,1998年版,第155页。

辟谣。①

此乃后话。当1917年1月底胡适收到陈独秀的来信时，他有理由感到高兴，因为尚未毕业，北大就为他预留了一个教授职位。但一个月后，陈独秀寄来的《新青年》2卷6号更让他感到兴奋，仿佛眼前突然洞开一个大有作为的宽广天地，因为自他1915年夏提出"白话文学"以来，除了来自朋友圈子的反对之声（任鸿隽和杨铨的反对之议，与陈独秀1916年10月1日和5日两封致胡适信中所表达的观点，出奇相似），就一直无人应和，正准备"单身匹马而往，不能多得同志，结伴同行"，并说要以"数年之期"来"新辟一文学殖民地"，"倘此新国尽是沙碛？不毛之地，则我或终老于'文言诗国'，亦未可知"云云②，但出乎他的意料，三个月前还像任鸿隽、杨铨一样对他的白话文学主张表示质疑的陈独秀，此时突然宣布"完全赞同"他的主张，并且在同一期的《新青年》里，还有北大教授钱玄同的赞词，另外还刊发了胡适作为试验而写的几首白话诗。

胡适自然不清楚1917年1月到底发生了什么。说陈独秀对文学革命的态度改变是因为他出任了北大学长，这听起来似乎难以置信，也的确不是他"改变态度"的唯一原因。正如前文所分析，"文学革命"这个话题恰好是陈、钱、胡三方的最好的结合点：留美生胡适可以由此获得坦然进入北大担任教授的社会名声，新任北大文科学长的陈独秀可以由此让一帮对他存有疑问的北大教员服气，而章门弟子钱玄同则可以借机报复一下夙敌桐城派。这是一种策略的结合，因为三人中真正对白话革命忠诚的只有胡适自己，此后不久，钱玄同便转向以世界语代汉语的路子（这等于使白话代文言的文学革命成了多馀的事情），而陈独秀自《文学革命论》之后，就再也没有就文学革命写过一篇专论，倒是写过不少七言古诗。

查1917年2月初钱玄同与陈独秀之间的通信，得知胡适《文学改良刍议》在《新青年》刊出后，陈、钱两人曾见过面，并谈过胡适的文章。显然，胡适的这篇文章只能够让钱玄同感到一半的满意，此即胡适对桐城派古文家林琴南的攻击，但另一半就不那么令他高兴了，因为胡适居然同时攻击了章

---

① 朱经农致胡适，1919年9月7日，《胡适来往书信选》，上册，第67页。按胡适直到1928年才正式获得哥大博士头衔，此前的正确称呼应该是"博士候选人"，确有冒充之嫌。胡适的弟子唐德刚曾对胡适是否绩溪胡汉学氏之后以及在1917年是否获得博士学位，考证甚详，见《胡适杂忆》。

② 《胡适日记全编》，1916年8月4日日记，第2册，曹伯言整理，安徽教育出版社，2001年版，第459页。

太炎的魏晋文,视两者"百步与五十步之别而已","皆为文学下乘",这就对钱玄同执礼甚恭的"太炎师"无礼了。这怨不得胡适,他写作此文时,还不了解桐城与章门的恩怨,更无法预料陈独秀会在此时出任北大文科学长。而要使三方结合起来,就必须将章太炎及其魏晋古文派从胡适开列的白话文学革命的黑名单中抹掉,唯留桐城一派(当然,还得弄出一个陪衬角色,即"选学")。对桐城派,三方都没有顾虑,既无师承关系,也无私人情谊,可以放手攻击。

陈独秀与章门弟子钱玄同在文学革命上的联合,意味着他必须开始分享章门弟子对桐城派的宿怨,这既决定了攻击目标的调整,又为文学革命注入了一股来自门户恩怨的动力。陈、钱的会面,就发表的通信来看(这些信刊在《新青年》上,是给别人看的),似乎只谈到了胡适文中的"文法"到底作何解,我们也没有必要妄猜他们究竟还谈了什么别的,只去看看看他们在这次会面后为"声援"胡适的文学革命主张而发表于下一号的《新青年》上的那两篇文章(钱文登在通信栏中)即可。

钱玄同在对胡适的主张表示"佩服"后随即写道:"惟选学妖孽,桐城谬种,见此又不知若何咒骂,虽然得此辈多咒骂一声,便是价值多增加一分也。"这就开了文学革命时期的《新青年》的骂人之风。但关键问题还不在此。胡适在《文学改良刍议》中矛头所指的桐城、魏晋两派,被钱玄同偷偷替换为"选学"和"桐城",而"选学"(指唯《文选》是从的骈文四六,而非章太炎之选学)并非一派,亦非特指,这等于将攻击矛头完全指向桐城古文派。陈独秀对之心领神会,在《文学革命论》中对"十八妖魔"宣战:"此妖魔为何?即明之前后七子及八家文派之归、方、刘、姚是也。此十八妖魔辈尊古蔑今,咬文嚼字,称霸文坛……"顺便说一句,陈独秀这篇声援胡适以白话为目标的文学革命的文章,竟无一处提到"白话文学",这并非偶然的疏漏,而是陈独秀既赞成文学改良又不满意胡使的白话革命主张的一个委婉的表示。

谁都知道,方、刘、姚是桐城三祖,而归(有光)则是林琴南的三祖之外的一个远祖。钱玄同和陈独秀均不上涉周秦两汉魏晋文学,因为那是"太炎师"的领地。如果说钱玄同的"桐城谬种"骂的是桐城派之当今后裔,即林、严诸人,那陈独秀的"十八妖魔"就骂到了桐城派的先人身上去了(陈独秀此时还只拿死人说事),从战略上完成了对古今桐城派的合围。并无特指的"选学妖孽"不过被用来障目而已。如果把文学革命的部分推动力归之于北大章门弟子借文学革命之名来打击夙敌桐城派,可能听上去令人反感,但大政治下常常隐藏小政治,而小政治有时会异变为大政治。

既然《新青年》以"桐城谬种"攻击了自己,又以"十八妖魔"辱了自己的祖坟,时年66可耿侠之气不稍减的林老夫子自然出来迎战,但驱使他在一场必定会处于下风的骂战中出面迎战的理由,并非门户恩怨。《新青年》上的这几篇文学革命檄文对古文赶尽杀绝的激烈态度使林琴南不得不担忧古文之道毁于一旦,这就使他成了夙敌章太炎的一个精神盟友(章太炎后来旗帜鲜明地公开反对文学革命,但白话革命派对他的客气与对林琴南的穷追猛打形成鲜明对比)。林琴南立即撰《论古文之不当废》一文,载之于上海《民国日报》(1917年2月8日),文中无一字涉及桐城派与章太炎及其弟子的门户恩怨,只为"延古文一线"而呼吁。

　　不管怎样,钱玄同和陈独秀此时还只限于攻击桐城派,并没有对哪一个具体的依然活着的桐城派古文家进行人身攻击。但胡适却不同,他喜欢以"一笔抹杀"的风格攻击依然活着的个人。这已见于1916年10月1日发表的《寄陈独秀》,它点名攻击了当今诗人樊樊山、陈伯严、郑苏盦以及"南社诸人",而无一笔涉及魏晋古文家和桐城派古文家,足见两派此时还没引起他的反感。到1917年1月1日他发表《文学改良刍议》时,则在继续攻击陈伯严之外,又点名攻击了自己的朋友胡先骕,而且不点名地提到了魏晋派和桐城派,谓其"皆为文学下乘"。这就难怪南社的柳亚子给胡适的朋友杨铨去信说:"胡适自命新人,其谓南社不及郑陈,则犹是资格论人之积习。南社虽程度不齐,岂竟无一人能摩郑陈之垒而夺其鏊弧者耶?又彼创文学革命。文学革命非不可倡,而彼所言殊不了了。所作白话诗直是笑话。"①并不是说正常的文学批评不可以涉及个人及其具体的作品,而是批评的态度应该就事论事,不能"一笔抹杀",而胡适却是如此。例如他在文中"五曰务去烂掉套语"条下说"今之学者,胸中记得几个文学的套语,便称诗人。其所为诗文处处是陈言滥调","其流弊所至,遂令国中生出许多似是而非,貌是而实非之诗文",然后就举"吾友胡先骕"的一首诗作为批评对象(具体批评并无不可),但这种三段论式的论证方法等于将胡先骕归于"胸中记得几个文学的套语,便称诗人"的"当今学者"之列——显然,这句话并非正常的文学批评语,它隐含的意思其实是"无多大学问更无自知之明",已涉人身攻击之域。正如攻击白话诗的人完全可以套用胡适的这一句式,说"当今学者,嘴里会说几句白话,便称诗人",并举胡适白话诗《我思祖国也》为例。

---

　　① 此信被胡适部分抄录于《胡适留学日记》,见《胡适日记全编》,第2册,曹伯言整理,安徽教育出版社,2001年版,第612页。

胡适在1919年以后提出"大胆的假设、小心的求证"的所谓科学治学方法,但如果一个人先进行假设,然后去求证,那么他极有可能在一种"希望假设是对的"的心理暗示下只去寻找于这一假说有利的证据。胡适的"大胆的假设、小心的求证"在假设和求证之间建立一种"来回"关系,即以证据不断修正假设,但这个公式存在一个重大的缺失,即缺少形式逻辑,而形式逻辑不仅决定了论证过程的严谨,而且必须事先对"大胆的假设"本身进行逻辑处理。例如"当今学者,胸中记得几个文学的套语,便称诗人"这一立论本身就缺乏逻辑性,而胡适举胡先骕的一首诗为例,亦远不足以支撑这一本身逻辑不清的立论。这是一种大前提有问题的三段论式的推理方法,运用到"废文言而代以白话"上,就更荒谬了,因为其大前提"文言是死文字、白话是活文字"本身就逻辑不清。新文学派的周作人日后也谈到这一问题,在1932年的演讲《中国新文学的源流》中对胡适此论表示异议,谓"我以为古文和白话并没有严格的界限,因此死活也难分","即在胡适之先生,他从唐代的诗中提出一部分认为是白话文学,而其取舍却没有很分明的一条线。即此可知古文白话很难分,其死活更难定"。① 可惜,这只是事后之言,而白话革命的时节流行的却是缺乏逻辑的大话。

文言和白话并非像两门外语一样是完全隔绝的两类语文(胡适引拉丁文之于欧洲民族语言为证,使他从一开始就将文言和白话之间的关系弄错了),它们使用同样的文字,而且在表述上也多有互借互融之处,尤其是胡适时代的以梁启超的"新文体"或更为常见的"报馆体"为代表的浅文言。既然如此,如何可能尽废文言而尽代以白话?

但胡适没有仔细去思考这些问题。他受到了陈独秀和钱玄同的鼓励和暗示,而将目光集中于桐城派,试图从中找到"供吾辈攻古文者之研究"的案例。恰好,1917年4月8日,也就是他收到《新青年》2卷6号的前一天,他偶然从2月7日上海《民国日报》上读到了林琴南的《论古文之不当废》。前文说过,林琴南此文的基本观点不是反对白话,而是反对尽废文言的白话革命,"为古文延一线"。按说,林文的立论无懈可击,但胡适却不去思考其论点,而是在其字里行间寻找一字一句之误。他在当天的日记中全文抄录了林琴南文,并说"方姚卒不之踣"一句不通。次日,他收到《新青年》,看到陈独秀的《文学革命论》和钱玄同的《寄陈独秀》,两文在对他的文学革命主张表示赞同后,都大骂桐城派,于是,胡适也就将火力集中于桐城派,尤其是林

---

① 周作人:《新文学的源流》,江苏文艺出版社,2007年版,第58—59页。

琴南。他在当天夜里就给陈独秀回信,将自己对林琴南《论古文之不当废》的判读亦写进信中——这一次,再也见不到魏晋派、南社以及郑苏龛、陈伯严等人,只剩下桐城派,而且是桐城派林琴南的一篇文章。他的立论和论证过程依然遵循大前提不正确的三段论推理法,即先提出一个大前提(大胆的假设),然后去寻找例证(小心的求证):

顷见林琴南先生新著《论古文之不当废》一文,喜而读之,以为定足供吾辈攻击古文之研究,不意乃大失所望。林先生之言曰:

"知辣丁之不可废,则马、班、韩、柳亦自有其不宜废者。吾识其理,乃不能道其所以然,此则嗜古者之痼也。"

"吾识其理,乃不能道其所以然也",此正是古文家之大病。古文家作文,全由熟读他人之文,得其声调口吻,读之烂熟,久之亦能仿效,却实不明其"所以然"。此如留声机器,何尝不能全像留声之人之口吻声调?然终是一副机器,终不能"道其所以然"也。

接下去的文字是"今试举一例。林先生曰……"即前文早已分析的"方姚卒不之踣",此处从略,仅分析胡适的言语逻辑。"知辣丁之不可废"之理,"乃不能道其所以然"者,岂止是"古文家之大病",难道每个白话家都深识其理并能道其所以然?此其一;其二,胡适先后所上的康奈尔农学院和哥伦比亚大学哲学系都将拉丁文作为必修课,至少胡适深知"辣丁之不可废"之理及其所以然,亦当由此推知"古文之不当废";其三,胡适举"方姚卒不之踣"一句,是为了说明"学古文而不知古文之所以然之弊也","则古文之当废也,不亦既明且显耶"?要知道一门语言的文法的"所以然",大概非语言学家莫属,这也正是蔷薇园主的历史小说《五四历史演义》在描写密斯李的一大段关于"方姚卒不之踣"的语法分析后,众人赞美她为"文法专家"的原因:"说到这里,一屋子的人都异口同声地说:'密斯李真是文法专家呢!'"①无论古文家,还是白话家,识文言或白话之理而不能道其所以然的都大有人在,不足以成为"古文之当废"的理由。至少,被胡适奉为"千古绝作"的《马氏文通》,恰好是一个以文言为写作语言的人所撰写的语法书,而胡适这个白话家正是通过《马氏文通》才知道"不之踣"之所以然。

如果大前提本身逻辑混乱,则胡适"试举一例"又能论证什么?能论证

---

① 《五四历史演义》,蔷薇园主编订,上海读书生活出版社,1937年版,第52页。

"古文之当废"？它其实什么也论证不了。既然如此，它就不再处于"古文之当废"的"证据"的地位，而转变成"林琴南古文不通"的所谓"铁证"——这里就是"一笔抹杀"的技巧。它的逻辑谬误在于：如果"林琴南古文不通"，那胡适何以看懂林琴南的《论古文之不当废》并说"大失所望"呢？如果某个反对白话且性格乖谬的人（这当然不可能是林琴南，因为他不反对白话，只反对尽废古文）也以胡适的方式找出某位白话大家的白话中的一个语法错误（这并不难），是否就可以据此得出"白话不可兴"这个大结论？没有人采取这种方式攻击白话文，但原因并不是凡白话文皆无语法问题。

胡适处理"方姚卒不之踣"的方式，对"胡适之陈独秀一班人"（胡适、陈独秀、钱玄同、刘半农）中的钱、刘两人以及后来加入文学革命的鲁迅是一个启发，即以自己的看家本领"小学"来攻击对手的某处文字细节，而避免纠缠于观念之争。要在观念上打败对手，并不那么容易，因为双方恰好各占真理的一半。但对手的一字之错（所谓"硬伤"）却是可以大加发挥的把柄，使他们仅仅因为"一字之错"而不是因为观点之谬而丢盔弃甲。他们采取的是"攻其一点、不及其余"的策略，试图以自己在小学上的技术优势的展现，来替代严密的逻辑论证，一步就从技术性分析跃进到观念性评判。

要打倒对手，这是最便捷的方式，也是最偷懒的方式，因为它从一个人的"一字之错"就可得出对这个人以及他所代表的那个群体的总体评价。这也是革命通常采取的社会动员方式。深谙其道的"胡适之陈独秀一班人"全都死死揪住林琴南"方姚卒不之踣"一句不放，对他进行文字群殴，倒好像它是一个无比重大的学术问题，以至事隔一年，还要通过编造"双簧信"的方式来旧话重提。这一次，由钱玄同冒充一个子虚乌有的王敬轩来给《新青年》投书，而这个虚构的王敬轩老先生竟怎么笨，笨到表面上是在为林琴南辩护，而实际上却仿佛特意来《新青年》上出林琴南的丑。这封被《新青年》编辑添了"文学革命之反响"这个具有煽动性题目（此亦可以显出文学革命反响之寂寥）的"王敬轩来信"，其中牵涉到"方姚卒不之踣"的部分如右（原文仿古文不施标点符号，而密加圈点）："贵报三卷三号胡君通信。以林琴南先生而方姚卒不之踣之之字为不通。历引古人之文。谓之字为止词。而踣字是内动词。不当有止词。贵报固排斥旧文学者。乃于此处因欲驳林先生之故。不惜自贬身价。竟乞灵于孔经。已足令识者齿冷。至于内动词止词诸说。则是拾马氏文通之唾馀。马氏强以西文律中文。削趾适履。其书本不足道。昔人有言。文成法立。又曰。文无定法。此中国之言文法。与西人分名动。讲起止。别内外之文法相较。其灵活与板滞。本不可以道里计。

胡君谓林先生此文可言而方姚卒不蹈。亦可言方姚卒不因之而蹈。却不可言方姚卒不之蹈。不知此处两句。起首皆有而字。皆承上文论文者独数方姚一句。两句紧相衔接。文气甚劲。若依胡君改为而方姚卒不蹈。则句太短促。不成音节。若改为而方姚卒不因之而蹈。则文气又近懈矣。贵报于古文三昧。全未探讨。乃率尔肆讥。无乃不可乎？"①

刘半农以《新青年》记者身份答复"王敬轩"："林琴南'方姚卒不之蹈'一句，已由胡适之先生论证得很明白；先生果然要替林先生翻案，应当引出古人成句，将他证明才是。若无法证明，只把'不成音节'，'文气近懈'的话头来敷衍；是先生意中，以为文句尽可不通；音节文气，却不得不讲；请问天下有这道理没有？胡先生'历引古人之文'，正是为一般顽固党说法，以为非用此'以子之矛，攻子之盾'的办法，不能折服一般老朽之心；若对略解文法之人——只须高小学生程度——说话，本不必'自贬身价'，'乞灵孔经'。不料先生连这点儿用意都不明白，胡先生唯有自叹不能做那能使'顽石点头'的生公，竟做了个'对牛弹琴'的笨伯了！"②

这么一来，"方姚卒不之蹈"案就成铁案了，因为几位北大教授一致判定其为病句。到1920年，胡适为中学国文教员演讲时，也不忘拿自己对这个句子的分析方式作为语法教学的范例："此外还可以用批评法：由教员寻出古文中不合文法的例句，使学生指出错在何处。我从前曾举林琴南'而方姚卒不之蹈'一句，说'蹈'是内动词，不该有'之'字作止词。"③1936年，北大招生考试古文考卷之文法改错题亦列出"方姚卒不之蹈"一句。如此再三，它就成了新文学史上的一个掌故，以至在"方姚卒不之蹈"事件二十周年之际，笔名"蔷薇园主"的一位纪实小说家在写作通俗章回体小说《五四历史演义》时，也不忘将"方姚卒不之蹈"事件及其在北大学生中的反响作为五四神话之一搬进小说。在第五回中，几个男女大学生在"新思潮社"（即北大新潮社）讨论胡适的"八不主义"，然后就自然谈到了林琴南，"密斯李"④说：

---

① 钱玄同：《文学革命之反响》，《钱玄同文集》，第一卷，中国人民大学出版社，1999年版，第116—117页。
② 刘半农：《奉答王敬轩先生》，《刘半农文选》，徐瑞岳编，人民文学出版社，1986年版，第31页。
③ 胡适：《中学古文的教授》，《胡适文集》，第2册，北京大学出版社，1998年版，第161页。
④ "密斯李"即"Miss Li"（李小姐）。《五四历史演义》非常真实地再现了1917到1919年的北大的氛围和语言，如当时的校规规定男女生只能以英文的Mister或Miss相称，所以"密斯脱"（或"密斯脱尔"）、"密斯"频繁见于当时的北大学生之口。

可不是吗？那个署名王敬轩的反对白话的文章，可算是他们的代表作了。刘半农给他的批驳，真是尖刻痛快！林琴南那个老头儿，也就自讨没趣了，你看他那篇"荆生"的文章，原来暗地里是骂这些主张新文学的人，不该弄些"引车卖浆之流"的俗话来污秽纸墨，却不防自己写出来的标准古文，都犯了文法上的错误，什么"……日日诋方姚而方姚卒不之踣"，他的原意是不该胡适之骂了一句"桐城谬种"，侮辱了他们桐城派古文祖师方望溪、姚姬传，所以说"你们这班小子天天在骂方姚，而方姚并没有被你们打倒。"但在造句的时候，竟造出一个"方姚卒不之踣"的句子来，明明文理不通。这个岔子，给胡适之抓住，和修改小学生文卷一样替他修改起来，也就有趣的很，胡先生说：那句话，可以改成"而方姚卒不踣"，或者改成"而方姚卒不因之而踣"，两者都合文法，但原文无论如何，是不合文法的。这的确是无可批驳的。比方我们仿造一个句子说"方姚不之知"，这意思是说"方姚不晓得他"，在文法上，"知"字是一个"他动词"，"之"字是一个"代名词"，是"知"字的"宾格"，这是很通的；但那个"踣"字，是一个"自动词"，意思是说"自己跌了一交"，既然是"自动词"，就不应当无缘无故地加上一个"宾格代名词"，这是很明显的。你想，林琴南做了一世的古文，还免不了文法上的错误，这不是吃了不懂科学的亏么？①

这一班对北大新文学派充满英雄崇拜之情的大学生显然不知道"王敬轩"乃钱玄同之伪造，而"密斯李"对"方姚卒不之踣"的语法分析虽照抄胡适发表在《新青年》上的那篇文章，却为她在同学中赢得了语法学家的雅号。《五四历史演义》不是正史。正史不大可能如此拘泥于细节，例如我手头好几套中国现代文学史只字未提"方姚卒不之踣"事件。或许只有鲁迅先生才深知这一类就一字或一句展开的微小攻击战对全局具有至关重要的意义。他在回忆刘半农的一篇文章里赞扬他颇打了几场"大仗"。鲁迅自己就是这一类微小攻击战的高手，并且他的《估〈学衡〉》一文仅从《学衡》杂志创刊号里挑出几个字的错误，就使学衡派多年抬不起头。当胡适、钱玄同和刘半农死死揪住林琴南"方姚卒不之踣"时，他们也是在把小战当大战打。一代文

---

① 《五四历史演义》，蔷薇园主编订，上海读书生活出版社，1937年版，第73—74页。

豪林琴南的声望在斯役中大受损失,连拾人馀唾的黄口小儿竟也敢对他直呼"老头儿"了。

上引《五四历史演义》段落中的"桐城谬种"这句名骂,并非出自胡适,而是钱玄同。胡适是反对骂人的,但这并不意味着钱玄同天性就喜欢骂人。读他的文章,只要不涉及桐城派,他的语言就变得非常温和,朋友间的通信更是喜欢开一些风趣的玩笑。不过,如果仅仅把他对桐城派的辱骂理解为对反对白话革命的人的一种愤怒(章太炎也反对白话革命,但钱玄同一口一个"太炎师"),那是在使他的骂人作风正当化,倒好像他十分尊重白话文似的。现代文学史家无法解释在文学革命开场之时,也就是林琴南尚未对白话革命发表任何不满言论之前,言语幽默、性格宽厚的钱玄同为何表现得如此有失君子风度,竟对桐城派大骂出口。有论者说,钱玄同的"桐城谬种,选学妖孽",为白话文学革命指明了攻击方向。但毋宁说,他转移了方向,将文学革命的火力集中于章门夙敌林琴南,以泄门户之恨。

"方姚卒不之踣"在新文学史家的历史叙事中被当做一个笑料来描绘,这也正是文学革命派当初意欲达到的因人废言的效果。但我们笑过之后,反思一下自己对林琴南又了解多少?总不能仅通过"胡适之陈独秀一班人"的陈述来了解林琴南吧。毕竟,研究者不应充当角色,也不能入戏太深。

至少,时至今日,文言也未尽废,这恰好证明林琴南"古文之不当废"的立论比胡适"古文之当废"的立论更经得起检验,在学理上更站得住脚。但为何当今的现代文学史著作在描述1917年新文学派之胡、钱、陈、刘诸人与林琴南之间的这场笔战时,依然将林描绘成小丑,而把胡、钱、陈、刘描绘成英雄?他们是文学革命家,但革命家并不见就是有学有德之人,正如保守人士并不见得就是无学无德之人(但新文化派建立了这种假说,并使之沉淀为现代文学史叙事的集体无意识)。当一个本来基于"价值中立"的学理问题被置于党派的道德和政治的意义框架中时,就会发生"选择性描述"这种贯穿于整个中国现代文学史的党派写作方式。

其实,今人所写的现代文学史著作都有一个作为源头的"源文本",是这个"源文本"的不断再生产。这个"源文本"就是1917年那一代白话革命家所写的革命文字,这些文字在1935—1936年间以十大卷《中国新文学大系》的方式使自己"经典化";而作为师承,今日占据大学现代文学史讲台并编写现代文学史的人,也正好是1917年那一代文学革命家的弟子和再传弟子。这确保了现代文学史叙事的基本立场。

现代性与东方情调
——析张爱玲《倾城之恋》

"现代"(modern)一词的暧昧之处在于,它看起来似乎是描述性的,实际却指涉某种心理状态或者价值判断(进步的,文明的,先进的),因此当对它进行定义时,人们不得不求助于一些可见的形式,将其形式主义化或外在化,即"现代"意味着一种不同于过去或者传统的技术水平、生产方式、制度构成、思考方式、生活方式等等。美国学者大卫·库尔珀从词源上对其加以描述道:"'modern'(现代)这个术语源于一个拉丁词,意思是'在这个时代'。这一英语词汇迅速地演变出两种用法,一是意味着'当代、当今',另一用法则添加了这样的含义——在现代时期,世界已不同于古典的和中世纪的世界。在这一词汇的现今用法中保留了这两层含义,只是当今时代与之对立的历史时期已经不只是古典的和中世纪的两个阶段了。在社会科学中,而且某种程度是在它的通常用法中,已演绎出关于现代的和传统的生活方式之间的一种更为精致的对立。"①

库尔珀的定义基于欧洲历史,即"现代"不同于"古典的和中世纪的世界"(在其他文明中并不存在一个"古典时期"和"中世纪",除非在类比的意义上),但随后这一定义又开始变得模糊起来,"当今时代"(前一层含义的"现代")不仅与古典时代和中世纪对立,而且与刚刚过去的"现代"对立,以至人们只得以"后现代"来定义"当今时代"。既然如此,人们就无法在"现代的"与"传统的"生活方式之间建立一种稳定的对立,除非在"社会科学"中以一种"理想模式"的方式。换言之,这种"更为精致的对立"是被构织出来的,它建立于这么一种假说,即"古典的或传统的"已一去不返,不会还魂于"现代",或者说"古典的或传统的"不包含于"现代"。

为了将"现代"确立为与"传统"对立的一个客观范畴,诸如阿列克斯·

---

① 大卫·库尔珀:《纯粹现代性批判——黑格尔、海德格尔及其以后》,臧佩洪译,商务印书馆,2004年版,第21—22页。

英克尔斯和戴维·H.史密斯这样的学者于是试图赋予"现代"以一些与"传统"对立的可见的形式标志,将其从非时间性或非历史性的"心态"("现代"作为一种心理状态)中拯救出来,他们在其合著的《从传统人到现代人》一书中反驳罗伯特·贝拉所说的现代不应该只被看做是"一种政治或经济体系的形式,而是一种精神现象或一种心态",说"像这样的理解,就不同于根据制度安排给现代下定义那样把现代性牢牢束缚在特定的时间或地区。如果现代性被确定为一种心境,那么同样的情况也许会存在于伊利莎白时代的英国、佩里克里斯时代的希腊或德川幕府时代的日本"。① 言下之意,"现代"是欧洲在15世纪左右开始出现并一直持续至今的一个历史时代,它体现为一系列可见的制度安排。

但这两位作者的目标不是描述欧洲的"现代",而是为"现代人"确立一个没有地域差异的定义,这样,他们就将"牢牢束缚在"欧洲史中的"现代人"的指标普遍化了,即凡是不同于欧洲现代文明类型的人,都是"传统人"。于是,本来在欧洲史中作为一组时间概念的现代人和传统人,在被运用到比较文化学和比较人类学中时,就暗中转换成了西方和东方这一组空间概念,即把东方的历史置于欧洲的历史叙事框架中,视之为"前现代"或"传统社会"。同时性概念被历时性概念所取代,造成"现代"一词在英语中的两种用法的分裂:东方人虽生活在"当今"(此为"现代"的本意),却被认为生活在"前现代"(不符合西方有关"现代"的指标)。

这当然不是文化多元主义的描述,而是西方中心主义的,它将西方的标准视为理所当然的放之四海而皆准的标准。"我们必须首先确定哪种人才是现代人,我们凭什么标志判断他是现代人。"《从传统人到现代人》的这两位作者写道,"我们相信个人的现代性可以、并且通常也应该,以各种各样的形式,在各种各样的背景中表现出来。"这本书有一个副标题:"六个发展中国家中的个人变化。"由于欧洲或西方是现代的,那么,所谓"六个发展中国家中的个人变化"或者说"现代人的形成"就是西方化的人的类型的形成。以这种方式,非西方的地方性就被认为是一种"前现代的"、"传统的"、"地方的"、"落后的"、"过时的"的东西,而所谓进步就是消灭地方性,而代之以欧洲的"现代"。于是,本来基于欧洲一域并因此也是一种地方性的"现代"就变成了文明的全球标准。

---

① 阿列克斯·英格尔斯、戴维·H.史密斯合著:《从传统人到现代人》,顾昕译,中国人民大学出版社,1992年版,第20—21页。

"'现代'或许多可以被认为是标志着我们当前历史时期之特征的一种文明的形式,如同封建社会或古代的古典帝国标志着更早的历史时代的特征。"他们在著作中说,"正如封建主义从 11 世纪到 15 世纪并非在全世界都出现一样,现代性在当代也并非在世界各地都可以见到。同封建主义一样,现代性也因地区条件、某种既定文化的历史、它被引入的时期等不同而各异。然而,即使有这些条件的限制,也还是有一种标志着现代之特征的综合征兆,无论在国家还是在机构的层次上,这种征兆可以轻易地辨认出来。"①既然是"辨认",而不是"感觉",那么,就一定会诉诸可见的形式特征,即将"现代"外在化为一系列制度安排:"'现代'这个术语外延很广,内涵也因意义太多而负载过重。它不仅应用于人,而且可以应用于国家、政治制度、经济、城市、诸如学校和医院这样的机构、房屋建筑、服饰仪表。从字义上说,这个词指的是任何或多或少地代替了过去被接受的行动方式的事物。在这个意义上,代替了以长桨为动力的帆船是现代的,正如在汽船之前快速大帆船是现代的,以及在核动力船以前汽船是现代的一样。从这种角度来研究,现代变成了一个事物的范畴而不是一个概念。"

将"现代"仅仅表述为一个事物范畴,而不是一种心态,具有一个重大的缺陷,那就是被从可见指标上定义为"现代人"的人可能恰好是"反现代"的(此乃现代主义文艺的主题之一)或反西方的(对地方性的强调即因此而生),而且一个当代人可能会将过去时代的生活方式视为"更现代的"并试图在自己的生活中加以模仿(如恢复古代更为宽松的着装、蓄长发长须等等)。实际上,后现代的特征之一正是拆解"现代"与"传统"及其对等物"西方"与"东方"之间的虚构的二元对立,为由来源不同、文化背景各异的移民构成的大都市的多元主义文化正名。

上引段落中"德川幕府时代的日本"一句非常关键,因为基于欧洲历史的"现代"与"传统"的时间对立在欧洲或西方之外被偷换成了"西方"与"地方"的价值对立,并进而被偷换成"世界"与"地方"的对立,即西方代表现代的或先进的,是世界性的,而地方则代表传统的或落后的,于是,例如在民国时期的上海,一座建于 19 世纪的英国风格的房屋依然被上海人认为是现代的,而建于 1940 年代的一座中国风格的建筑却是传统的,但在一个侨居上海的英国人看来,前者可能是非常传统的,保守的,而后者则是"异国情调的",

---

① 阿列克斯·英格尔斯、戴维·H.史密斯合著:《从传统人到现代人》,顾昕译,中国人民大学出版社,1992 年版,第 19—20 页。

是"浪漫的",因而也是"现代的"。一个西装革履的上海人可能自视为"文明人",并因此在那些传统装束的上海人面前有一种文化优越感,但侨居上海的西洋人却可能觉得穿一身中式装束非常时髦,非常好看,并嘲笑那些西装革履的上海人为"西方文明的猴子"。

实际上,在欧洲的"现代"就存在"反现代"或"传统"的一条思想脉络,它扎根于浪漫主义时代对于"有机社会"的怀旧情感以及对民族文化的认同,它时起时伏,而第一次世界大战前后恰好是欧洲"反现代"或"传统"的情绪弥漫一时的时候,它同样激起了对欧洲传统的"有机社会"以及对东方文明的向往。这正是辜鸿铭的著作在欧洲风行一世的岁月,也是辜鸿铭在中国国内受到冷落的岁月。新文化运动狂热地追求西方人已经开始怀疑的西方现代性,并将本国传统作为一种落后的、丑恶的和野蛮的东西加以排斥,而没有意识到"新文化"本身并不是一个时间概念,而是一个空间概念,因为它意味着"西方文化",其中既包含"现代",也包含"传统"和"反现代"。

另一方面,新文化派担心国人知道西方现代文化中包含着反现代的思想脉络,因为这种思想资源对于他们的西化计划是一个重大挑战,会在国人中催发对于本国文化的感情。当斯宾格勒的《西方的衰落》风行于德国时,时在德国留学的某个中国学生试图将其翻译成汉语,但他的朋友张君劢(此时的张君劢大概没有料到他自己日后竟成了"中国文化、尤其是儒家文化思想的继承者")劝他放弃,因为他担心一旦国人读到这部著作,就会滋长对于本国文化的"自大之情",而妨碍"新文化"运动的进程。

"现代人"于是成了一种强迫性的观念,它以西方标准来划分中国人,仿佛一个中国人成为"现代人"的标志是他在多大程度上看起来像一个"西方人"。在这里,视觉起着关键的作用,因为无法从"内在"判断一个人是否是"现代人"。"内在"不仅是一个他人不可透入的领域,而且它并不按照时代的顺序展开(弗洛伊德甚至引入了一种不断返回的理论,即人的当下的行为的深层动机可能源自遥远的过去的心理创伤),一句话,它无法被测度,也混沌难分。如此,判断一个中国人是否是"现代人"的标准,就走向了可见的形式主义,即将其外在化了,成了身体、着装、饮食习惯、谈吐(其中包括是否会说外语)、举止等可以加以辨认的东西。

1

在与范柳原的一次谈话中,白流苏说自己"不过是一个过了时的人罢了"①。这句话是对作为归国华侨的范柳原说的,也是对自己在上海这座西化大都市的定位而说的。的确,在40年代初的上海(小说背景是1941年),摩登女性才时髦。在有关三四十年代的上海的大量研究中,许多学者都谈到西方现代性对上海女性(本埠的和来自外省的)的塑造。如李欧梵以1925年创办的上海《良友》杂志封面女郎在衣着、姿态上的变化,说明上海对"新型女性"的认同:

> 在每期封面上,都是一幅温雅的现代女性肖像……自1927年开始,杂志也开始刊登"梦幻"女性照片。比如1928年6月号上的女性不仅脚蹬时髦的高跟鞋,也披着显然是当时时尚的毛皮大围巾,那围巾很醒目地展示在她的肩头。但她的衣服和脸部表情依然是"传统的",和她身后的中国传统画般的背景融为一体。但如果细看,我们会发现她并不是真的那么传统端庄:她的一个手臂半露着,倚在一把类似现代(摇)椅的背上,她的另一只手以稍带诱引的姿势放在她交叉的腿上。②

这些封面女郎表达了关于"现代女性"的一种观念,即独立、富裕、健康、性感等。这最后一点在《良友》第30、40、51期刊登的中国女模特儿照上充分显露出来,如附加文字所赞叹的那样,是"健而美的体格":圆形的脸蛋、饱满的胸脯、白皙丰腴的手臂与大腿。这种摩登形象令人想到好莱坞歌舞剧中的西方女性。作为一种殖民地大都市文化,上海摩登女性是对艺术化的或非日常状态下的西方现代女性的想象性模仿(舞女般造型、裘皮大衣、日装和晚装、"一只手以稍带诱引的姿势放在她交叉的腿上"等),它投合上海人对现代性的想象。

与封面女郎一道构成上海现代性景观的,还有其他一些西方消费品。茅盾在《子夜》(写于1931到1932年间,原副标题为"1930年,一个中国罗曼

---

① 张爱玲:《倾城之恋》,见《张爱玲文集》,安徽文艺出版社,1992年版,第二卷,第63页。本文后面引用该书时,只在引文后面标注页码,不再作注。
② 李欧梵:《上海摩登——一种新都市文化在中国,1930—1945》,毛尖译,北京大学出版社,2001年版,第73—75页

史")的前两章,高密度地罗列了这些消费品,如汽车、电灯和电扇、收音机、洋房、雪茄、香水、高跟鞋、美容厅、回力球馆、啤酒和苏打水、舞厅等。上海现代性表现为对异国情调的大量消费。如"东方的巴黎"这个名称暗示的那样,它不得不借助地理类比等形式化因素至少在外观上显示自己的现代性或西方性(看起来很"洋")。它以否定自身的地方性来获得一种虚幻的世界性,这就掩盖了西方现代性本身也是一种地方性的事实,把它普遍化了。①巴黎并不把自己称为"西方的上海"。

上海现代性是一种典型的殖民地大都市现代性,但很难说这是西方殖民主义用来模糊殖民地民族身份的文化政治阴谋,因为上海本地以及来自外省的知识青年此时正狂热地致力于西方化。"西方"被想象成一个整体神话,但它并非同质整体,因而当它在上海被复制出来时,势必处在纷然杂陈的模糊状态,它什么都是,又什么都不是,呈现出复杂的实验性和多种可能性。换言之,上海的现代性不止一种,而是存在着多种相互交叉而又常常彼此冲突的现代性。各种不同甚至彼此对立的现代性主张(文艺的、城市外观的、政治的和生活方式的,这其中也包括反现代的)纷纷登台亮相,使上海弥漫着经济冒险、现代艺术、寻欢作乐和政治密谋的侦探小说气氛。它和香港倒有一比,只不过香港的现代性主要体现为英国现代性,而云集着东西列强租界的上海的现代性却是五花八门的。

张旭东认为"上海的现代主要不是来自于已成现实的这个物质上的现代化孤岛,而是来自于它尚未成形的、不稳定的、探索性的地位":"上海的现代性不是完整的现代性,而是在不平衡的、过度编码方面的不稳定的现代性。这样的现代性往往是纯粹的虚构,但它又同时作为意识形态和乌托邦,在各种相互矛盾的语境中被阅读。在创造更具体的神话和本体论形式时,上海这片滋生现代神话的沼泽地又动摇了它的确定性和明确性。"②不过,正由于上海现代性处在高度不稳定状态,它就更倾向于罗列现代性,从物质或

---

① 现代性等于西方化,而西方化等于普遍性,这种观念颇为根深蒂固。近来国外的一些历史学家和社会学家提出"多元现代性"这一概念,把西方的现代性视为现代性之一种,因而现代性并不等于西方化。参见多米尼克·萨赫森梅等人编辑出版的文集《反思多元现代性》(Dominic Sachsenmaier, Jens Riedel, and Shumuel N. Eisenstadt, eds, *Reflections on Multiple Modernities: European, Chinese & Other Interpretations*, Boston:Brill, 2002)。

② 张旭东:《上海的意象:城市偶像批判与现代神话的消解》,《文学评论》2002年第5期,第92—93页。

形式上来界定自己。形式成了现代性的可见指标。在这种情形下,作为一种现代欲望形式,摩登女子自然大受欢迎,难怪出身"诗礼人家"的白流苏发出上面那番感叹。

小说一开始就把我们带进这个传统大家庭的内室。这里光线是黯淡的,音乐是凄凉的,气氛是压抑的,上了年头的木楼梯在上了年纪的女人们笨重躯体的压力下吱呀作响,与外面明亮轻松的现代场景形成时代对比。白流苏因离婚回到娘家。她当然不是《良友》上那种独立、富裕、健康、性感的摩登女性,而是被传统教养塑造的女人。她没有谋生特长(第62页:"我什么都不会。我是顶无用的人。"第77页作者旁白道:"她所仅有的一点学识,全是应付人的学识。"),又不愿从事"低三下四的职业,失去了淑女的身份"(第74页),因此在经济上处于绝对依附状态。她的前夫是十里洋场的时髦纨绔子,更喜欢摩登女子,对她这样的"穷遗老的女儿"缺乏美学上的兴趣。他一度试图把她带入现代(她因此学会了跳舞,这促成了她日后与范柳原的结识——看来,她还得感谢现代),但最终还是厌倦了;离婚后的白流苏被娘家人当做经济拖累,又无法把她重新嫁出去,因此一直对她冷言冷语。

作为传统淑女,白流苏成了上海现代婚姻市场的滞销品,尽管从传统眼光看,她颇具姿色,如徐太太所言:"放着你这样好的人才,二十八也不算什么。"(第53页)。白流苏对淑女身份的现代处境颇为清醒:"那身份,食之无味,弃之可惜。"(第74页)本来,旧式大家庭精心培养女儿,使之成为除琴棋书画外一无所长的淑女,是因为在传统欲望模式和婚姻市场中,这种非实用性身份具有极高的交换价值,娶一个淑女,意味着地位和荣誉(这是一种不菲的象征资本)。中国淑女不像西方贵族女子那样享有公共空间(宫廷和沙龙),而是被局限于私人空间,像《诗经》所云:"之子于归,宜其室家。"(《国风·周南》)但上海的现代性却是公共空间的扩大和各种形式的地方壁垒的消除。做一个现代人,意味着进入公共空间。

摩登女子正是进入公共空间的那一类女子。她们一般受过西式教育,有职业,大胆,敢于试验,与上海的现代性正好合拍。上海的经济现代性典型地表现为一种带有投机或者冒险性质的货币经济。传统社会主要以地租为交换形式,地产至关重要,必然以地方保护主义和长子继承权来维护地产的稳定性和连续性。这种周而复始的地租经济使地主阶层产生社会稳定感和经济安全感,不必亲自操劳经济,而他们的女儿则被培养成纯粹消费的淑女,像任何炫耀性奢侈消费品一样缺乏使用价值,却因其象征价值而具有高昂的交换价值。但现代上海却是一个货币经济社会,由各种"办公室人"组成，其流动性和抽象性表现出高度的不稳定性，缺乏经济上和身份上的安全感。纵向的社会流动打乱了此前基于稳定的阶层意识的横向流动。这里没有大地产，只有交易所，而一次错误的经济冒险却有可能使本来拥有产业的人顷刻一贫如洗。英国19世纪城市资产阶级也被货币经济的不安全感所困扰，作为防范措施和扩大再生产，他们纷纷去乡下购置地产和房产，并把与贵族联姻作为提升自身社会地位的最好途径。

英国资产阶级这样做，不仅为了荣誉，更为了经济安全，因为19世纪英国资本主义主要是一种工业资本主义，资产阶级需要土地来兴办企业，因而地产具有保值和升值潜能。但上海的资本主义主要是一种金融资本主义或商业资本主义，地理上高度集中，不依赖于土地，也就对地产缺乏热情。此外，它还是一种笼罩在战争和革命气氛中的资本主义。对战争和革命的预感，使它痛感自身的脆弱和短暂。

另一方面，除这个享有治外法权的殖民地孤岛外，周边乡村都处在战争、匪患、歉收导致的凋敝状态，乡下地产不过是一张毫无价值的地契。这导致了不同于19世纪英国的城市与乡村之间的社会流动：当英国城市资产阶级纷纷走向乡村购买地产时，失去地产的乡村贵族却纷纷走向城市。上海与其周边乡村之间的社会流动不是这种双向流动，而是从乡村向城市的单向流动。乡村地主携家带口，离开只有某种微不足道的象征价值的地产，走向城市，成为寓公，并艰难地进入风险系数颇大的货币经济。这意味着他们的女儿将进入一个风险系数同样巨大的婚姻市场，在这个特殊市场上，她们被认为是一类过了时的商品。

由于公共空间里出现大量摩登女子，男子有了更多接触女子的机会。比之传统闺阁女子，新派女子如果说不是更聪明和更有才华，至少也更灵活，更善于在公共场所与男人周旋；此外，她们的聪明和才华也不是闺阁女子的那种。她们大胆、新潮、经济独立，在寻欢作乐上毫不扭捏作态，带给男子一种关于女人的全新观念。由于她们大多具有文字才能，能够通过文字、身体和别的象征方式再现自己（如《良友》、香烟广告以及有关妇女解放的宣传），就为自己的现代性体验确立了合法性。这种合法性建立在对闺阁女子的合法性的贬低上。在这种背景下，历史上曾光彩照人的淑女形象一步步退缩到昏暗中，与老房子里的过时家具、服装和规矩渐渐融为一体，构成一个黯淡无光的旧时代神话。当她偶然走进由摩登男女构成的五光十色的公共空间时，她感到不知所措，惊恐万分，成了与时代场景脱节的笨拙可笑的人物，显得愚昧、守旧、土里土气。这种社会性的贬低对淑女的自我评价会产生病态的敏感性,例如白流苏虽听不大懂范柳原与摩登女郎萨黑荑妮的英文谈话(后者瞧了一眼白流苏,对他说:"她倒不像上海人。"),却立刻意识到他们在谈论自己,半自嘲地说:"我原来是个乡下人。"(第 64 页)这就是现代性与传统性的对立,形式化为城与乡的对立。

  白流苏在穿衣镜前端详自己时,她的眼光是传统的:"还好,她还不怎么老。她那一类的娇小的身躯是最不显老的一种,永远是纤细的腰,孩子似的萌芽的乳。她的脸,从前是白得像瓷,现在由瓷变为玉——半透明的轻青的玉。下颌起初是圆的,近年来渐渐尖了,越显得那小小的脸,小得可爱。脸庞原是相当的窄,可是眉心很宽。一双娇滴滴,滴滴娇的清水眼。"(第 54 页)但以《良友》杂志的摩登读者的眼光看,这个形象不像是一个 28 岁的成熟女人,倒像还没发育好的小姑娘,难以成为现代审美和欲望的对象。

  但这种未充分发育的淑女形象,却是中国传统文化一直塑造、强化和认同的审美和欲望对象,后来竟发展到以缠足和束胸的体制性强迫措施来抑制女人的发育,使之永远处于娇小、纤细、萌芽的幼稚状态。白流苏生于 1913 年,在她度过青春期的时候,作为新文化运动的人类学部分,"天足"和"天乳"运动已成潮流,她大概犯不着用布条死死缠住自己的脚或胸,但她的身体特征仍令人想到传统女人,甚至是她唯一显示出淑女特征的东西。张爱玲并没有拿淑女的内在或心灵方面的教养来填充白流苏,使她成为真正的淑女。相反,在淑女的表象下,白流苏显得世故、庸俗、缺乏诗情画意。在一个颇有意味的情节中,范柳原刚提到"诗经上有一首诗——",她连忙打断他:"我不懂这些。"他于是不耐烦地说(第 71 页):

> 知道你不懂,你若懂,也用不着我讲了!我念给你听:"死生契阔——与子相悦,执子之手,与子偕老。"我的中文根本不行,可不知道解释得对不对。我看那是最悲哀的一首诗,生与死与离别,都是大事,不由我们支配的。比起外界的力量,我们人是多么小,多么小!可是我们偏要说:"我永远和你在一起;我们一生一世都别离开。"——好像我们自己做得了主似的!

对这段有关《诗经》的阐发,白流苏不由得恼起来:"你干脆说不结婚,不就完了!还得绕着大弯子!什么做不了主?连我这样守旧的人家,也还说'初嫁从亲,再嫁从身'哩!你这样无拘无束的人,你自己不能做主,谁替你做主?"(第 72 页)这种语言风格显然与真正的中国淑女迥然有别,而她的思想似乎也不超出"三从四德"一类的陈词滥调。说白了,她在拒绝诗意,拒绝潜伏在她内部的"真正的中国女人"。她玩不起这个。范柳原却处处显示出中国化的诗意。这方面证据不少,如他对偶然瞥见的汽车道旁郁郁葱葱的"野火花"的感怀,一看见耸立在浅水湾桥边的灰墙就联想到"地老天荒那一类的话"(第65页),等等。他的想象力是文学性的,情调是中国化的,总是从眼前具体物象游离开,进入一种对"本质"的幻想,因此他的语言不是经济的,隐含着丰富的"多余"意蕴。白流苏的想象力却是实用的,追求语言的高度单一性,严格排斥歧义,因为任何歧义都可能使她的目标落空。她盘算的是怎样把自己尽快嫁出去,并尽量嫁得体面,至于嫁给谁,她倒似乎并不特别在乎。

2

范柳原引用《诗经》中的句子,李欧梵认为"相当不合乎他的个性":"柳原的突然引用《诗经》确实谜一样难于解释。一个在国外出生在国外受教育的人,'中文根本不行',如何可能突然记起一句中国古典诗,那还是用文言文写的,而不是小说叙述和对话所用的现代白话?"①但情形可能恰好相反,没有什么比引用《诗经》里的文言文句子更合乎范柳原的个性。当中国传统文化在国内遭到新派人物的激烈否定时,它却以异国情调的形式,受到生活在中国的外国人和生活在国外的中国人(华侨和早期留学生)的青睐和维护。这是一种通过阅读中国古籍而虚构出来的"中国形象",正因如此,才具有纯粹性,而对中国的历史现实来说,却是盲目的,不符合中国人在现代性煎迫下对民族文化的一般感知。张爱玲非常清楚这一点,有意安排了几个有关异国情调的场面,例如被一群西洋绅士众星捧月般的萨黑荑妮公主,"虽然是西式装束,依旧带着浓厚的东方色彩"(第63页)。另一段关于"老英国式的香港饭店"的对话更有典型性(第62页):

柳原笑道:"香港饭店,是我所见过的顶古板的舞场。建筑、灯光、布置、乐队,都是老英国式的,四五十年前顶时髦的玩意儿,现在可不够刺激性了。实在没有什么可看的,除非是那些怪模怪样的西崽,大热的天,仿着北方人穿着扎脚裤——"流苏道:"为什么?"柳原道:"中国情调呀!"

---

① 李欧梵:《上海摩登——一种新都市文化在中国,1930—1945》,毛尖译,北京大学出版社,2001年版,第313—314页。

范柳原对西方人的中国情调是讥讽的,因为它把中国形象弄得怪模怪样。可他没察觉到自己的中国情调。他对"老英国式"的不屑,恰恰因为对他来说那不是异国情调,而对土生土长的上海人来说,扎脚裤不是异国情调,"老英国式"却是,与他们对西方现代性的想象非常合拍。假如萨黑荑妮在范柳原那里还只能唤起残留的东方情调因而不能满足他对中国形象的想象,那白流苏唤起的就是一种地地道道的中国情调。

必须强调范柳原的华侨身份。他出生在英国,在那儿受教育,24岁时才回国。尽管种族上他仍是中国人,但眼光却已英国化。与那些穿扎脚裤的西方人一样,他对中国传统文化的想象也表现为一种中国情调,虽不像穿扎脚裤那样浅薄。换言之,这个"在国外出生在国外受教育"的华侨感到自己的文化身份处于模糊状态中,急欲寻找"真正的"中国传统来获得文化认同感和归属感。由于生活在国外,他对中国传统文化的感知更多地是通过阅读古籍(《诗经》是其不可或缺的部分),因此从美学上把中国形象纯粹化了,而不像土生土长的中国人那样从现实或历史命运中感知传统文化。这种基于典籍的对于中国的美学想象,与现实中国不可能重合,于是带来了一种受挫的体验:"我回中国来的时候,已经二十四了。关于我的家乡,我做了好些梦。你可以想象到我是多么的失望。我受不了这个打击,不由自主的就往下溜。"(第66页)

令他失望的事物中,肯定包括上海摩登女子。她们唤不起他对中国的想象。因此当白流苏第一次出现在他面前时,他似乎看到了已寻找多时的那个"中国形象"(第63页):

> 柳原道:"你好也罢,坏也罢,我不要你改变。难得碰见像你这样的一个真正的中国女人。"流苏微微叹了口气道:"我不过是一个过了时的人罢了。"柳原道:"真正的中国女人是世界上最美的,永远不会过了时。"流苏笑道:"像你这样的一个新派人——"柳原道:"你说新派,大约就是指的洋派。我的确不能算一个真正的中国人,直到最近几年才渐渐的中国化起来。可是你知道,中国化的外国人,顽固起来,比任何老秀才都要顽固。"

两个中国人之间的谈话大量出现"中国"这个词,多少显得奇特。一个真正的中国男人可能对一个真正的中国女人说"你是一个女人",却不会说"你是一个中国女人",因为这是不言而喻的。只有当其中一方不是或自我感觉不是中国人时,才可能出现对地理的强调。末尾那句话最能透露异国情调的夸张形式。并非偶然的是,往往是民族文化的边缘人或外来者才最起劲地维护这种民族文化。英国批评家特雷·伊格尔顿对此有过准确观察,在谈到詹姆斯、康拉德、王尔德、萧伯纳、乔伊斯、叶芝和艾略特这些被当做英国文学的代表而其出生地并非英国的外来作家时,说:"他们是从祖国的俄狄浦斯情结约束下解放出来的一些绝不羞怯的修补匠……流亡作家们把自己变成了小小英格兰人,他们有一种暴发户式的极为谨慎的自我意识,焦急地谋求父亲的首肯,绚丽夺目地盎格鲁化,通过自我仿拟变得比英国人还英国化。"①范柳原正是这么一个流亡者,他离开"继父"(英国)是为寻找真正的"父亲",却发现"父亲"已被新派人物弑了。

的确,如他所说,中国化的外国人,顽固起来,比任何老秀才还顽固。范柳原的观察,基于众多像他那样的人,即在国外生活过很长时间的中国人,他们成了1917年到1949年中国文化保守主义的力量。严复那一代晚清留学生就别说了,甚至民国时期的许多留学生后来都成了保守主义者,如以吴宓为代表的《学衡》派。据乐黛云对《学衡》15位主要撰稿者的统计:"留美学生7人,留日学生2人,卒业于东南大学者3人,接受旧式教育者2人(1人不详),他们绝大部分留学国外。"②此外,他们的保守主义受到第一次世界大战后在西方国家兴起的文化保守主义的鼓励。大战的灾难性使一些西方学者和艺术家开始怀疑西方现代性的正当性,转而对作为有机社会幻象的东方文化产生了一种乌托邦想象。这对那些"中国化的外国人"是一个启发,他们不会放过这个向西方兜售东方文化的良机,以此摆脱自鸦片战争以来的民族文化自卑感,并顺带从文化上借机报复一下西方。这种动机,使他们失去了对传统文化的历史的和整体的把握,从典籍里寻章摘句地构造出一个"中国精神"的神话。辜鸿铭是一个代表。他在第一次世界大战爆发的次年发表英语著作《春秋大义》(北京每日新闻社出版)。显然他不是为中国人写这本书的。该书在西方获得了某种程度的轰动,并于1924年和1927年被译成德文和法文。

---

① 特雷·伊格尔顿:《历史中的政治、哲学、爱欲》,马海良译,中国社会科学出版社,1999年版,第209—210页。

② 乐黛云:《重估〈学衡〉》,见李中华编《论传统与反传统》,山东人民出版社,1989年版,第314页。

辜鸿铭与范柳原有诸多相似之处。他是马来亚华侨，13岁时负笈西游，到24岁才回到中国，也乐于从中国古籍(尤其是《诗经》)中引用句子。不过，当我们在《春秋大义》之《中国女人》篇中发现他关于"真正的中国女人"的描绘时，这种表面的或偶然的相似，就显得不那么巧合了，连口吻都颇为相似，甚至《倾城之恋》这个标题也令人想到《中国女人》引用的那句古诗("一顾倾人城、再顾倾人国"，见《汉书·孝武李夫人传》)。

辜鸿铭说"真正的中国女人"的特征是温柔，具备了这个特征，"才配称做真正的'中国妇女'"①。他带着民族骄傲感写到："确实，我想说，这种见于中国人理想的妇女形象中的至善至美的温柔特性，你在其他任何民族的理想女性形象中都无法找到。"②他痛惜"中国女人"在当今消失殆尽："如果你想在中国人真正的理想女性形象中看到'debonair'这个词所表达的那种优雅与妩媚，你将不得不去日本，在那里，甚至一直到今天，依然保持着唐朝时期纯粹的中国文明。"③范柳原遇到白流苏是在1941年，并且是在上海这个充斥着摩登女性的大都会，可想而知，在这个时间，这个地点，"真正的中国女人"更成了稀有物种。

从某种意义上说，有资格对"真正的中国女人"进行界定的人，是那些外国化的中国人或中国化的外国人，因为特征只可能在比较中才显示出来。赛珍珠在给林语堂《吾国与吾民》(又一部关于"中国"的英文著作)撰写的序言中说："只有中国人才能写这么一本书。可是我不免又想：就是中国人好像也还没有能写这么一本书者。因为去寻找一位现代英语著作的作者而不致跟本国人民隔膜太远有若异国人然，而同时又须立于客观的地位，其客观的程度足以领悟全部人民的旨趣，这样的人才，不是轻易找得到。可是出乎不意，与历来的伟大著作的出世一样，《吾国与吾民》不期而出世了。"④

正如辜鸿铭单列一篇来讨论"中国妇女"，林语堂也单列一章来谈论"中国妇女生活"。来看一看该章第三节(《理想中的女性》)对"中国女人"的身体描绘："一个女性体格的全部动律美乃取决于垂柳的柔美的线条，好像她的低垂的双肩，她的眸子比拟于杏实，眉毛比拟于新月，眼波比拟于秋水，皓齿比

---

① Ku Hung—ming, *Spirits of the Chinese People*, The Peking Daily News, 1915, p. 100.
② Ku Hung—ming, *Spirits of the Chinese People*, p. 95.
③ Ku Hung—ming, *Spirits of the Chinese People*, p. 96.
④ 林语堂：《吾国与吾民》，中国戏剧出版社，1990年版，第5页。

拟于石榴子,腰则拟于细柳,指则拟于春笋,而她的缠了的小脚,又比之于弓弯。"①与这种形体方面的柔弱相匹配的是性格的温柔,"因为中国人的概念很着重于温柔的女性"②。

这种由中国化的外国人或外国化的中国人(全是男性)通常以外文描绘出来并主要给外国人看的"真正的中国女人"形象,极力抹消或掩盖自己的"异国情调",使人相信它是真实的。由于作者特殊的双重身份,他们关于"真正的中国女人"的叙事显示出高度的权威性,实际垄断了对这一形象的塑造。但这种宏大叙事仍是一种虚假叙事,它假定某种"本质"("真正的中国女人")的存在,与那些被它取代的关于中国情调的西方叙事一样是文学虚构,多数时候甚至是叙事者对"中国女人"的个人欲望的普遍化。因此,当它觉得叙事已偏离中国女人的日常状态时,就赶紧在"中国女人"前添上"理想的"这个限定词,以确保"真正的中国女人"的可信。在剥夺西方人对"中国女人"的再现资格后,"真正的中国女人"成了中国人自己制造的异国情调神话,用来左右自己和他人的想象力。

范柳原在白流苏那儿发现了"真正的中国女人",这可能使她大吃一惊。尽管她柔弱纤细的身体符合关于"真正的中国女人"的想象,但她明白自己的性格和思想并不那么温柔,甚至带有投机和冒险的成分,可这并不妨碍它们被人理解为温柔的。既然上海的现代性是不稳定的,暧昧的,那它的对立物也理所当然处在不稳定和暧昧中,尽管两者都以似乎确定无疑的外部形式显现,而且内部越不稳定,越暧昧,就越倾向于以确定无疑的外部形式伪装自己。这正可以解释张爱玲那一代上海作家为何如此热衷于在作品中罗列西方消费品,以制造一种上海现代性的虚幻景观。范柳原与白流苏的结合是香港沦陷造成的,对他们的交往史来说,这是一个偶然插入的事件,他们此前似乎一直游移在两条平行线上(清水湾饭店那两间相邻而又彼此隔离的房间是一个典型象征)。即使他们后来结合在一起,搬进了巴而顿道的一栋小楼,他们之间身体的结合也不意味着思想的结合。范柳原评价白流苏是一个"真正的中国女人",但他说服自己的证据仿佛只有一个,即她的一个头部动作:"你知道么?你的特长是低头。"(第61页)几页后,又重复了这句话:"是的,别忘了,你的特长是低头。"(第66页)

"低头"是什么意思?这种身体语言与"真正的中国女人"构成怎样的本

---

① 林语堂:《吾国与吾民》,中国戏剧出版社,1990年版,第136页。
② 林语堂:《吾国与吾民》,中国戏剧出版社,1990年版,第139页。

质关联性？费了一番周折，我从徐志摩1925年发表的一首小诗中发现了一种互文性的说明："最是那一低头的温柔/像一朵水莲花不胜凉风的娇羞。"(《沙扬娜拉一首，赠日本女郎》，见《志摩的诗》)根据这个可观察到的身体语言，范柳原猜测白流苏是温柔的，与其柔弱的身体是匹配的，是"真正的中国女人"，而"真正的中国女人"往往是诗意的女人，所以他对她的想象就开始变得不着边际了："你看上去不像这世界上的人。你有许多小动作，有一种罗曼蒂克的气氛，很像唱京戏。"(第68页)

张爱玲的高明之处，是自始至终将范柳原与白流苏分隔在两个彼此无法透入的意识里，唯一能够观察到的只有语言和身体语言，而这两类语言具有不确定性。这样，一切似乎开始变得坚固的关系在深处都显示出可怕的空虚和脆弱。当范柳原以为占有了这个"真正的中国女人"的身体因而也就占有了她的本质时，他实际只占有了她的形式。作为一种异国情调，"真正的中国女人"许诺某种永恒不变的本质，但本质并不存在。当"真正的中国女人"神话暂时从范柳原的思想中引退时，他会突然感到虚无(第65页)：

> 桥这边是一堵灰砖砌成的墙壁，拦住了这边的山。柳原靠在墙上，流苏也就靠在墙上，一眼看上去，那堵墙极高极高，望不见边。墙是冷而粗糙，死的颜色。她的脸，托在墙上，反衬着，也变了样——红嘴唇，水眼睛，有血，有肉，有思想的一张脸。柳原看着她道："这堵墙，不知为什么使我想起地老天荒那一类的话……有一天，我们的文明整个的毁掉了，什么都完了——烧完了，炸完了，坍完了，也许还剩下这堵墙。流苏，如果我们那时候在这墙根底下遇见了……流苏，也许你会对我有一点真心，也许我会对你有一点真心。"

如果当初白流苏对范柳原居然看上自己感到大感不解，那现在她已学会迎合他关于"真正的中国女人"的想象，所以她打断他，"嗔道：'你自己承认你爱装假，可别拉扯上我。你几时捉出我说谎来着？'柳原嗤的笑道：'不错，你是再天真也没有的一个人。'"(第65页)但仅仅几页后，在他们准备同居时，她却独自在想："没有婚姻的保障而要长期抓住一个男人，是一件艰难的，痛苦的事，几乎是不可能的。啊，管它呢！她承认柳原是可爱的，他给她美妙的刺激，但是她跟他的目的究竟是经济上的安全。这一点，她知道她可以放心。"(第76页)显然，比起世故的白流苏来，被幻象所支配的范柳原更天真。他用来描绘白流苏的那些不着边际的话，用在自己身上倒更贴切。"异国情调"是一种创造性的自我幻觉,与"异国"没有对应关系。白柳苏之所以能欺骗他,是因为他先欺骗了自己。看来,范柳原又将经历一次新的失望。小说结尾部分隐约透露出这一点,那是在他们婚后不久:"柳原现在从来不跟她闹着玩了。他把他的俏皮话省下来说给旁的女人听。"(第84页)

3

如果说白流苏在范柳原的想象中是一种"异国情调",那他在她的想象中就是一种经济学("经济上的安全")。显然,在这场"中国情调"与经济学的漫长交易中,是她而不是他获得了最终的成功。我们来看一看这个获胜者走进巴而顿道山坡上那栋即将作为他们未来的家的小楼的情景。由于她是独自走进这座房子的,更像是一个占领者(第76页):

> 流苏到处瞧了一遍,到一处开一处的灯。客厅里的门窗上的绿漆还没干,她用食指摸着试了一试,然后把那粘粘的指尖贴在墙上,一贴一个绿迹子。为什么不?这又不犯法!这是她的家!她笑了,索性在那蒲公英黄的粉墙上打了一个鲜明的绿手印。

"她的家"(不是他们的家)和"绿手印"——这像是在一份房契上按手印,宣布自己对它的全权占有。仿佛为了使她的这种胜利来得更彻底似的,萨黑荑妮公主在不久后的一天(此时香港已沦陷)碰巧在街道上出现在这对一起出门买菜的准夫妻面前,一副饥饿落魄的样子,大概她的那些西洋绅士因战争全都不知所终了。她称白流苏为"白小姐",而范柳原却笑着向她介绍:"这是我太太。"白流苏一定感到了报复的快感,所以当天夜里,当范柳原说回上海后他打算把婚礼大张旗鼓地排场一下,请请她的娘家人,她却说:"呸!他们也配!"(第83页)胜利的喜悦,使她一下子扔开了"真正的中国女人"的温柔伪装,她现在没必要再伪装了。对范柳原来说,她是一个"真正的中国女人",尽管这更多地是身体的,而不是思想和情感的。

《倾城之恋》发表半年后,张爱玲写了一篇题为《谈女人》的随笔文章,可作为白流苏两次婚姻的经济学阐释:"女人取悦于人的方法有许多种。单单看中她的身体的人,失去许多可珍贵的生活情趣。以美好的身体取悦于人,是世界上最古老的职业,也是极普遍的妇女职业,为了谋生而结婚的女人全可以归在这一项下。这也无庸讳言——有美的身体,以身体悦人;有美的思想,以思想悦人,其实也没有多大分别。"①不过,身体并非肉体本身,它浸透了文化意蕴,被特定的文化所编码和定义。一个"真正的中国女人"的身体与一个摩登女子的身体对应于不同的欲望想象:对前者而言,乳房不是一个性感部位,而被缠得小巧玲珑的脚却是;后者却正好相反。处在现代性追求状态中的殖民地大都市的摩登男子们,急欲否定自身的本土形象,而彻底否定这一形象的方式,是终止这种形象的再生产——这就是说,使"真正的中国女人"在婚姻市场上成为滞销品。上海的现代性虽以解放的形式出现,但它通过一系列象征化手段(《良友》封面女郎、摩登小说等),参与到对"真正的中国女人"的殖民主义政治压迫中,并为自己给她们造成的灾难预先提供了一整套合法性遁词。现代性在这里被等同于合法性。

　　这并不是宗主国推行的文化殖民主义,而是宗主国在殖民地的文化代理人所推行的那种文化殖民主义,因而与宗主国温和的现代性并不相同,是一种激烈的现代性,是对西方现代性的夸张模仿,把它塑造成了一种异国情调,一种乌托邦。由于异国情调是一种不必对之进行价值判断的东西("异国情调"与人类学有密切的关系),属于美学范畴,而不是道德价值范畴,也就缺乏深厚的人道关怀。在摩登建筑拔地而起而摩登男女在跳舞厅里没日没夜地享受着现代性时,很少有人关心那些在阴暗老旧的闺房里打发无聊而凄凉的光阴的旧式女人们,她们是沉默的,失语的,忧郁的,苍白的,无法像摩登女子那样去再现自己的体验,只能被再现。但由于另一种异国情调(西方关于东方的想象)的渗入,这种被再现的命运也不见得总是厄运,因为在这种再现中,"真正的中国女人"比摩登女子具有更高的交换价值。

　　当上海正在把西方现代性作为异国情调进行夸张想象时,西方也在把中国作为另一种异国情调加以夸张想象(第一次世界大战后西方兴起的东方哲学热)。这构成了一种象征贸易。《倾城之恋》将这种双边贸易象征化为上海与香港这两个城市之间的来往。正是这两种异国情调之间的贸易,使"摩登女子"和"真正的中国女人"同时成为紧俏商品。异国情调使商品转化为一种充满魅力的文化。白流苏的娘家人显然不了解这种双边贸易,大惊小怪地说:"流苏离了婚再嫁,竟有这样惊人的成就。"(第84页)最有殖民地本土色彩的女人突然获得了宗主国的男子的青睐,正如殖民地的香料、茶叶、丝绸等土特产一直是宗主国的奢侈消费品。作为这种殖民贸易的双向流动,宗主国的现代性以大宗工业商品(如《子夜》前两章开列的西方消费

---

① 张爱玲:《论女人》,见《张爱玲文集》,第二卷,第72页。

品)的形式涌入殖民地。然而,这种双边贸易并不平衡:对宗主国来说,来自殖民地的奢侈品经常只是一种零星摆设("中国女人"、波斯地毯、非洲兽皮等),而对殖民地来说,来自宗主国的工业品却成了不可或缺的日用消费品(洋火、洋布、电灯等)。这导致了殖民地对宗主国的经济依附。白流苏的成功尽管惊人,却失之于浅薄,因为当她身上"真正的中国女人"的形象被占有后,其异国情调的魅力就消失了,沦为一种昂贵又无用的摆设——到此时,"中国女人"就从充满诗意的异国情调变成了一个庸俗的概念(第77页):

> 她怎样消磨这以后的岁月?找徐太太打牌去,看戏?然后渐渐地姘戏子,抽鸦片,往姨太太们的路上走?她突然站住了,挺着胸,两只手在背后紧紧互扭着。那倒不至于!她不是那种下流的人。她管得住她自己。但是……她管得住她自己不发疯么?楼上品字式的三间屋,楼下品字式的三间屋,全是堂堂地点着灯。新打了蜡的地板,照得雪亮。没有人影儿。一间又一间,呼喊着的空虚……

张爱玲眼光冷静,不带浪漫成分,对婚姻经济学持极端唯物的看法。对传统淑女来说,婚姻决定一切,它可能不带来幸福,但至少带来生活保障,而做淑女的目的,是为了在传统婚姻市场上获得更高的交换价值。通过白流苏似乎完满的结局,张爱玲象征性地再生产了那个业已消失的时代的神话。

上海资产阶级创造了一种没有地方性和历史感的现代性。它没有去征用没落的旧阶级的文化库存,以连续性来缓和现代性的震荡,而是极力否定自己的民族特征,好把自己嫁接在西方现代性上。它制造了"东方的巴黎"这个神话,但与其说它是资本主义,不如说是实验性的现代主义,而现代主义中充满了反资本主义的成分,这多少可以解释为什么上海恰恰会成为中国的现代文艺和左翼团体的发源地和活动舞台。当上海沦陷后,现代文艺和左翼团体便纷纷踏上西去延安的道路,而资产阶级却留了下来。日本的入侵中断了中国对多种现代性的实验,使之逐渐简化并分裂为左与右这两种主要的对立形式,而作为西方现代性核心特征的自由主义在昙花一现后就彻底枯死了。中国的未来将取决于这两种对立的现代性之间的生死较量。白流苏于1941年取得的胜利日后将证明是脆弱的和短暂的,如果幸好她还有一种对付历史变迁的幽默感和承受力,她可能会按照下一个时代的节拍重新把自己塑造成另一种"真正的中国女人":从"穷遗老的女儿",到资产阶级妻子,最终到工人阶级妇女。

随

笔

"美丽的绿苍蝇"与反淫秽物品法

把《洛丽塔》这部发表于1955年的小说称为"经典",几乎是在以礼貌的语言宣布它与我们这个时代已经没有太大关系。曾经围绕它的种种苛刻的道德评价,冰消雪融般地从它身上滑落,它被送进了恢宏而又冷清的文学万神殿。

《洛丽塔》在双重意义上与我们这个时代的气氛脱了节。首先当然是道德方面,在一个对性问题持无限宽容的态度,宽容到连性变态和性倒错都被正常化的时代,它所描绘的一个上了年纪的鳏夫对一个12岁女童的性欲再也难以激起道德的反感,甚至激不起性方面的好奇。就文学方面而言,奉行"一切从快"的当代读者对这一类精雕细刻的作品缺乏足够的耐心,他们厌倦比喻、隐喻、描写,急不可耐地直奔主题。

但弗拉迪米尔·纳博科夫最初构思这部小说时,是想一鸣惊人并借此进入文学不朽者之列。这是这位俄裔美国作家用英语创作的第一部小说,其题材却萦绕他多年,是"一个陀思妥耶夫斯基式的悲剧"。

《洛丽塔》的男主角亨伯特一直幽闭于少年时期的性梦幻。像一切情窦初开的少男少女一样,他13岁时爱上了一个名叫阿娜贝尔的同龄女孩。这种少男少女间的 puppy love 因为没有肉体占有的成分而逐渐变成一种恼人的焦渴。一般男女在进入成年后,就遗忘了这种没有结果的爱情,转而追求能够实现肉体渴望的成人之爱。但亨伯特却厌恶成熟女人的身体,称之为"大个子、胖鼓鼓、短腿、巨乳、头脑不着边际的罗姆酒水果蛋糕"。

夭折于少女时代的阿娜贝尔就这样以一个未能实际占有的性欲对象萦绕于成年后的亨伯特的想象中,使他充满情欲的目光不是停留于成熟女人身上,而是追逐着与死去的阿娜贝尔同龄的"迷人精":快进入青春发育期的女孩子,一切都以蓓蕾的形态呈现,闪烁着"不是人性的、而是山林女神般的(也就是说,鬼性的)"魅力。

19世纪初的浪漫主义者善于在女人身上发现天使,而亨伯特善于在少女身上发现精灵。这鬼魅般的精灵,带着勾人魂魄的眼神和步态,充斥在他的白日梦中。40岁的他终于在13岁的洛丽塔身上实现了他自己13岁时在阿娜贝尔身上没有实现的性梦幻。但实际占有往往具有祛魅的后果,阿娜贝尔或其化身洛丽塔渐渐失去了女妖的魅力,也正是从这个时候起,这段本来伤风败俗的情史突然向悲剧方向扭转,亨伯特爱上了这个已全无美色和魅力的脏婆子:"故事的悲剧性在于,从完全自私的欲念出发,开始了一段感情,然后在她无法被爱的时候却爱上了她。"这听上去的确带有陀思妥耶夫斯基那些小说的后半部的崇高的悲剧意味。

亨伯特(或者说纳博科夫)并非这一主题的发现者。他乐于罗列他的先驱,那些对少女充满欲念的著名人物:但丁、彼特拉克、爱伦·坡等等,当然还有陀思妥耶夫斯基。他们赋予亨伯特的不正常的欲念以一种正当性,而他本人则是这一主题的铺陈者。这位业余时间酷爱收集蝴蝶标本的作家生性敏感,气质优雅,当他描写这一有违伦常的恋情时,也表现得如此浪漫和感伤,以至抑制了读者的欲念。但纳博科夫的朋友、评论家威尔逊非常遗憾地未能看出这一点,他把《洛丽塔》称做"一部淫秽的作品",并补充道:"淫秽主题的书可以成为一部好书,但是我不认为你摆脱了老套子。"

威尔逊决非道德家,他自己也写过淫秽作品。纳博科夫在读完他的《希卡特县的回忆》(被出版社判定为淫秽图书而未列入出版计划)的手稿后,对里面交媾场面的粗俗描写完全不能容忍,讥讽道:"我应该试着用自己的生殖器撬开沙丁鱼罐头。"

威尔逊以粗俗的描写摆脱了老套子,但纳博科夫却是一个语言巫师,善于运用音乐和色彩的魔术,把肉欲描写得出奇的纯洁。就像他收集的那些美轮美奂的蝴蝶标本一样,他的语言精致、干净、细腻、深邃、优雅,充满唯美色彩,正是这些特征,从文学上挽救了《洛丽塔》。

的确,那些曾一度被视为有伤风化的作品——如乔伊斯的《尤利西斯》、劳伦斯的《查特莱夫人的情人》——都最终因自己的文学成就而成功地挽救了自己,正像纳粹德国的女导演里芬斯塔尔的《意志的胜利》同样以艺术上的成就挽救了自己。从这里,我们或许能理解纳博科夫称《洛丽塔》为"悲剧"的原因。能将一桩本来只能激发人性欲的秘史写到悲剧的程度,那的确需要一种悲天悯人的道德关怀和一番出色的文字功夫。

如果一部作品是"艺术"的,而不是"煽动"的或"激发情欲"的,那么,它就被认为超越了政治和道德的约束,获得了某种合法的特权。这正是道德家和立法者将文学作品划分为"艺术"与"淫秽"两类、将影视作品划分为不同级别的原因。然而,划分的标准却并不明确。例如,在美国,依据反淫秽物品法,所谓"淫秽"指的是"能激起性欲,或引起不纯洁的欲念"。这一定义的难处在于,"淫秽"其实是视读者或观者的主观的或身体的反应而论,因而给法官的自由裁量权留下了空间。实际上,在联邦最高法院的大法官们那里,关于"淫秽"的定义向来众说纷纭。例如反对此项法律的道格拉斯大法官就讥讽说,一部作品是否是淫秽的,"要依据观看者两条大腿根部之间的反应而定"。布伦南大法官则提出了一个被戏称为"软家伙"的标准,即只要属于不完全的勃起,就不能算作淫秽。

资产阶级的法律体系讲究的是程序公正,因此对那些难以量化或者说客观化的东西也笨拙地要制订一个客观标准,而这一标准却容易被主观地加以解释。另一方面,老资产阶级从来就不从艺术本身来判断艺术品的优劣,它觉得自己对艺术一窍不通,于是就倾向于从道德上进行评判,尤其是从性方面来评判,即根据身体某些部位的暴露程度来评判。《查特莱夫人的情人》、《尤利西斯》等作品之所以被法庭宣布为禁书,是因为"有伤风化"。反淫秽物品法中关于"淫秽"的定义最终被限定在生殖器的反应上。在贵族时代,一本书可能因为政治倾向而遭查禁,但鲜有因为暴露了身体某些部位而被列为禁书。在贵族时代,有书报检查制度(censorship),在资产阶级时代,则有禁止色情的法律(laws on obscenity, anti-pornography law)。正是资产阶级,尤其是英国和美国的资产阶级,把道德标准(其实是色情标准)带进了艺术评论。

《尤利西斯》一出版,即因"淫秽"而在英美两国遭禁。到1933年底,纽约南区地方法院的法官约翰·M.伍尔希以一种有趣的方式对反淫秽物品法中的"淫秽"进行了一番重新定义,禁令才得以解除。伍尔希法官的时代还没有对"淫秽"做如此自由主义的解释(所谓"视看两条大腿根部之间的反应而定"、"软家伙标准"等等),但他灵机一动,邀来两位文学顾问,让他们各自将《尤利西斯》完整地读一遍,看是否会激起性欲。两人读后均表示:"完整阅读该书,不会激起性冲动或欲念,相反,倒是书中那些对男男女女的内在生活的近乎悲剧性的、极富感染力的评说,给了他们纯净的感受。"在法院卷宗里读到这些文字,真是匪夷所思。

伍尔希法官邀请来的那两位文学顾问,肯定不是清教主义的道德家,否则,他们就会从同一部作品中读出淫秽来。但上面那几位大法官的定义其实对道德家很不利,它暗含了这种意思,即道德家之所以能从别人看不出淫秽的地方看出淫秽来,不是因为他们道德高尚,而是因为他们的"软家伙"不那么老实。这就使得反淫秽物品法其实对道德家更不利。

尽管《尤利西斯》在法律上不再有障碍，但在美国道德生活中起着重大支配作用的一些民间宗教－道德团体和组织，则继续充当着文学的道德判官的角色，并把自己的道德意识形态强加于他人。这些民间团体和组织直到 1950 年代依然很活跃，例如它们对 1951 年出版的《麦田守望者》就采取了种种打击措施：焚书，迫使某些书店或中学图书馆从书架上撤掉该书，推动了好几个城市或地区宣布该书为"禁书"。

一部缺乏文学特征的淫秽之作，永远不可能登大雅之堂，只适合在地摊上出售给那些对性的激情大于对文学的激情的读者。但一部具有鲜明文学特征的淫秽之作，却可以堂而皇之地进入大学图书馆，幸运的话，还可以进入文学史和文学万神殿，尽管大学生和学者同样可以带着性的激情而不是文学的激情去阅读它。

可是，何谓"文学特征"？或者，换用俄罗斯形式主义者的术语，何谓"文学性"？

"文学性"这个词，就和"淫秽"一样，其实也难以界定。俄罗斯形式主义者经过一番漫长的比较语言学之旅，终于发现：所谓"文学性"，就是"对日常语言的系统冒犯"。这看似一个客观的定义，但一细究，就发现它完全是主观的，是直觉的。假若我认为"钥匙搁在窗台上"这句话诗意盎然，而你却觉得十分乏味，是日常语言，毫无文学性可言，那只说明我们据以判断"文学性"的标准不一样。由于我们说服不了对方，只得去求助于第三人，而如果这个人碰巧读过一点金斯堡，就会肯定地说这是一句好诗，因为它出现在金斯堡的长诗《祈祷》里。可如果你再追问一句："它好在哪里？"他就开始支吾了，最后只得马虎地说："反正评论家这么说。"

但也不乏评论家认为《洛丽塔》是淫秽之作，或认为《麦田守望者》毫无文学性可言。既然"文学性"和"淫秽"一样难以界定，那么，就很难排除以下这种可能性：一个读者完全可以带着对文学的激情去阅读从地摊上买来的一本淫秽小说，并认为它充满了文学性（当初，俄罗斯形式主义者在探讨"文学性"时，就尤其喜欢拿那些充满性暗示和性隐喻的民间作品作为分析对象），而另一个读者则同样可以带着对性的激情去阅读从大学图书馆借来的一部经典小说，并时时感到一种难得的身体快感。在这种情况下，如何区分淫秽与非淫秽、文学与非文学？

一切当初被认为是淫秽之作而后来进入了文学万神殿的作品，其实都成功地利用了这种暧昧性。于是，一部文学作品是否淫秽，是否具有"文学性"，就分别由法官和文学评论家说了算。如果他们各自的话在同行中有分量,那他们各自的标准就会被当做权威标准,具有了强制性。此时,你若阅读《洛丽塔》而根据自己真实的生理反应说它是一部淫秽之作,或在观赏《意志的胜利》时根据自己诚实的政治反应说它是一部纳粹宣传品,那你大概会被人当做一个不可救药的艺术门外汉。

"赞助行动"及其法律问题

1998年的一个初夏夜,哈佛宗教系梯形教室里举办了一场专题讨论会。并排坐在发言席上的四位教授分别来自政府系、美国文明系和宗教系。除柯奈尔·韦斯特外,其他三位都是白人,其中还有一位神父。这真是一个奇特的组合:年老的神父是宗教系教授,一袭黑色道袍,配上白色领圈,让人不得不肃然起敬,他脸色本来就苍白,经黑道袍一衬托,白得像涂了一层薄薄的面膜;他的同系同事韦斯特是一个西装革履的黑人,一身黑,还留着一大蓬黑胡子;韦斯特身边坐着政府系的桑德斯教授,浅色西装,脸刮得干干净净,在灯光照射下,出奇的白;另一位发言者是美国文明系的教授,稀疏的白发在灯光下犹如一团雾。

我这番描绘,似乎突出了白与黑的对比。讨论会的主题是"赞助行动"(Affirmative Action)。这个词语最初出现于1960年代肯尼迪总统和约翰逊总统签署的一系列行政命令里。这些行政措施准许或者要求雇主以及大学在录用或录取黑人和其他少数民族申请者时实行"优待"(Preferential Treatment),具体方法是为其预留一定配额(racial quotas),使其能以低于正常录用或录取的标准被录用或录取,作为对他们的种族在历史上遭受的不平等对待的补偿(compensatory measures)。但该政策从一开始就遭到主要来自中下层白人的不满,认为对黑人的这种不平等优待剥夺了白人的平等的就业或入学机会。不过,中上层白人通常是这一政策的支持者,如肯尼迪政府、联邦法院以及高等学府的多数白人官员、法官和教授。所以,我对讨论会上三位白人教授表达的基本立场并不感到意外。他们全都认可"赞助行动"的积极意义,并分别从政府政策、历史作用和宗教人道主义的角度予以阐发。可惜,台上没有一位宪法学家。

我来自一个施行各类"优待政策"的国家,理所当然地认为只要是人道主义者和社会公正论者,就会赞同这些保护弱势群体的政策(现在想来,大概因为我本人不是这类政策的受害者,正如最坚决支持"赞助行动"的那些美国人也不是"赞助行动"的受害者一样。如果是这一政策的受害者却赞同这一政策,那才是对人的信仰的真正考验),而被优待的少数民族和妇女肯定会感激这些政策。

轮到韦斯特发言了。他明确反对"赞助行动"。这令我大吃一惊。他说:"尽管我自己是赞助行动的受益者,靠这个接受了高等教育,但这项政策本身是种族歧视,它首先将黑人视为不如白人的人,需要照顾;其次,它把黑人从美国人中孤立出去,视其为另类;最后,它产生了这么一种心理后果,使任何成功的黑人都必须永远对白人怀有感激之情和负债感。如果美国真是一个平等的国家,那它就不该施行'赞助行动'政策。"

在随后的讨论中,桑德斯与韦斯特展开了争论。乍一听,这是一个人道主义者与一个平等主义者之间的观点冲突。难道人道主义与平等主义会有冲突吗?如果你是人道主义者,你就会同情弱势社会群体;而如果你是平等主义者,你就不会因某人属于某个群体而赞同赋予他特权。但在多大程度上,韦斯特代表弱势群体,代表黑人?韦斯特无疑是黑人中的佼佼者,受过很好的教育,在哈佛当教授。成功后的他不愿被哈佛白人同事看低,仿佛这样的成功总有"走了后门"的嫌疑。韦斯特的发言,其实只代表他自己,代表像他一样成功的黑人中产阶级。他主张废除"赞助行动",是为了使成功的黑人显得名正言顺,而这却可能断送无数不像他那么幸运的黑人的就业和升学机会。一句话,他在过河拆桥。

当我从古朴的宗教系走出来,穿过深夜的街道从剑桥镇返回萨姆维尔镇时,我就是这么揣摩韦斯特的;不久,就把韦斯特和这次专题讨论会当做了无数随时间而淡忘的往事中的一桩。但韦斯特不是轻易让人忘了他的人。果然,三年后,他与刚上任的新校长萨默斯发生了冲突。萨默斯曾是联邦政府财政部长,与前校长、教育家鲁登斯坦的宽和政策不同,更强调"效率",可能还想借机煞一煞哈佛教授的威风,因此对韦斯特"疏于教学和研究"颇有微词。我们并不知道萨默斯在校长办公室对韦斯特私下说了什么,但那次谈话后,韦斯特随即以校长的种族歧视为名愤然辞职。同时辞职的还有另一位著名黑人教授,他辞职是为了支持韦斯特。

即使从学术上说,韦斯特也是一位杰出学者。但萨默斯也可能根本没有种族主义倾向。他或许只是按通常的业绩标准对本校一位教授进行评价。由于萨默斯对别的学科可能不怎么懂行,更倾向于以课时和学术成果的多寡等量化指标来要求任何一个教授,无论白人,还是黑人。或者说,在种族问题上,萨默斯可能恰好是"色盲"(color—blind)。如果的确是这样,那么一直反对"赞助行动"的韦斯特却可能陷入了他所反感的那种种族主义思考模式,即把一切个人问题归结为种族问题。

由于这一次的冲突又起因于种族歧视(在韦斯特看来),我联想到1998年的那次专题讨论会。但很难把这两次冲突描绘成某个黑人学者与某些白人学者之间的冲突,因为在那次讨论会上与韦斯特持相反见解的白人学者很可能在韦斯特与萨默斯的冲突中站在韦斯特一边。然而,问题远比在冲突中采取一种立场复杂得多,因为任何一种立场的根基都不牢固,要么违宪(unconstitutional),要么违心。

从宪法角度看,笼统地被称为"赞助行动"的那些行政措施违背了美国宪法第十四条修正案以及1964年国会通过的《民权法案》。第十四条修正案于1868年由国会通过,它规定合众国和任何一州不得因种族、肤色而制订或实施任何歧视性政策,强调每一个在合众国出生或归化于合众国并受合众国管辖的公民都享有受宪法保护的同等权利,但它并没有把黑人和其他少数民族定义为"公民",也就不曾赋予他们与白人平等的权利。民权运动领袖马丁·路德·金说,黑人一直只是"二等美国人"。五六十年代高涨的黑人民权运动推动国会于1964年通过《民权法案》,重申无论肤色,每一个美国人在法律面前都享有平等权利。该法案本来是为了使黑人和其他少数民族获得与白人同等的法律权利,但它也可能不利于黑人和其他少数民族,因为它假定黑人与白人处在同一起跑线上,不考虑黑人实际已历史地落在了后面,而白人对此负有历史责任。这就好像在自行车比赛中,我已提前放掉你车轮里的气,那即使我们现在处在同一起跑线上,你其实已落后了。

使肯尼迪政府在推动国会通过《民权法案》之后又随即以行政命令的方式执行一项有违宪法和《民权法案》基本精神的非自由主义政策的原因,是白人对黑人的一种历史犯罪感。优待黑人的政策似乎既是白人历史犯罪感的集体供认,又是一种制度性补偿("赞助行动"又被称为"补偿措施",正好体现了这一点),让并没有参与历史罪恶的白人下一代为他们有罪的祖辈还历史债。由于任何社会在就业和高等教育方面的机会有限,因此对某些黑人的优待,就直接意味着对某些白人的权利的剥夺。这种本来以扭转种族不平等状态为目标的政策被那些被剥夺了就业或升学机会的白人不无道理地称为"逆向歧视"(reverse discrimination),并以宪法和《民权法案》为法律依据,起诉执行"逆向歧视"政策的机构。这些诉讼案导致了民权运动内部的分裂,使此前一直支持黑人民权事业的一些大法官在处理这些案例时出现巨大分歧。美国的政治地图也因此发生了微妙的变化。在1945年,一个叫斯威特的黑人申请就读德克萨斯大学法学院,没有被录取,理由是该州法律规定只有白人才能进法学院。四分之一个世纪后,事情似乎颠倒了过来,一个叫德福尼斯的白人仅因为自己的肤色而被华盛顿大学法学院拒之门外(白人录取人数已满),尽管他的考试成绩比那些靠"种族配额"进入该法学院的黑人高得多。

他们都分别起诉了对他们进行"种族歧视"的校方,依据的也都是宪法修正案第十四条。就斯威特案,联邦法院裁决德克萨斯州的那一法律违宪,但在德福尼斯案中,联邦法院却一直未能拿出裁决意见。大法官威廉·O.道格拉斯在意见书上写道:"任何种族在宪法上都无权享受优待……无论他属于哪个种族,他在宪法上都有权使他的申请以种族中立的方式并基于其个人才能加以考虑。"不过,同为大法官的瑟古德·马歇尔在与德福尼斯案相似的1978年加利福尼亚大学校委会诉巴克案的裁决中却提出相反意见:"必须记住,过去两百年的大部分时间里,本法院所阐释的那部宪法一直没有去禁止那种最巧妙、最盛行的歧视黑人的行为。现在,当一个州起来弥补歧视留下的后果时,我不相信这同一部宪法居然会成为一道障碍。"

道格拉斯的观点基于美国宪法的自由主义和个人主义精神,即法律的主体是个人而不是团体(种族、政治、信仰团体等),人人机会均等,而决定一个人的成功机会的是其个人才能(meritocracy),而不是任何意义上的群体特权,因此每一个美国人,无论其肤色、种族、信仰、性别如何,都不能因其肤色、种族、信仰和性别而遭受不平等对待。换言之,就宪法而言,只存在一个个美国人,而不存在黑人、白人、男人或女人。但马歇尔的观点却有历史感,认为作为一个群体的黑人在历史上遭受的漫长种族歧视延缓了黑人群体的发展,使其群体地处在了机会不均等状态,根本谈不上"人人机会均等",因此作为一个群体的白人必须为他们在历史上歧视黑人的群体行为补偿黑人。

法学家罗纳德·德沃金在对上述两案的分析中,从宪法第十四条修正案和《民权法案》的角度认为优待黑人无异于一种逆向歧视,却肯定华盛顿大学有权制订除种族以外的其他标准:"法学院有时可以通过其他标准来补充智力考试,以更好地服务于那一政策:例如,它有时候偏好勤奋的申请人,而不愿录取更聪明但也更懒惰的申请人。它也服务于特殊的社会政策,知识与这种社会政策不相干……假设一个法学院通过抓阄来决定要几个中产阶级的学生付双倍学费,以提高穷学生的奖学金,这一行为将服务于一个理想的社会政策——机会平等——通过侵犯那些通过抓阄被选中的学生与其他也负担得起双倍学费的学生的平等权利。"但既然允许"其他标准",就意味着高校有权任意制订标准,其中包括不利于穷学生的录取标准。

"赞助行动"不仅是一个法律问题,也是一个历史问题。法学家在该问题上的分歧,并不意味着他们中的一方不支持黑人享有与白人平等的权利,而是不支持黑人享有政策上的优先权。坚持宪法自由主义和个人主义的人有理由把"赞助行动"视为另一类种族主义,它与白人种族主义的区别仅在于它针对的是白人,而种族主义思维方式并无不同。另一方面,尽管支持"赞助行动"的人可能在合宪性上遇到问题,却具有一种道德优势,一种源于黑人受迫害史的道德优势。毕竟,支持被压迫者获得比当初的压迫者优先的待遇,比支持被压迫者与当初的压迫者进行平等竞争,在道德感上可能更过得去。

由于"赞助行动"获得了最高行政当局的支持,是肯尼迪"新边疆"政策的一部分,很快成为一种制度。大量黑人依靠"种族配额"进入高等学府,使一些成绩更优秀的白人申请者失去了升学机会。但在就业方面,"赞助行动"则不如人意。雇主们虽迫于"赞助行动"的道德压力而表示愿意雇用黑人,但为利润或效率着想,却又对所有申请者进行统一考试,择优录用,实际上执行的仍是不利于黑人的自由主义政策,因为黑人的知识和技能肯定普遍低于白人,而这与黑人曾经被剥夺受教育的机会有关。另一方面,如教育家德里克·博克在《现代大学的社会责任》一书所说,"赞助行动"的普遍化可能导致大学教育和研究质量的下降。通过"种族配额"被录用的黑人教师可能不如择优录用的白人教师优秀,但大学的责任之一就是高质量的教学和科研,正如患者有权选择更优秀的医生,而无论其肤色如何。

黑人对这一问题也存在着两种对立的倾向。以金博士为代表的黑人民权运动家以否定自己的黑人性来获得与白人平等的"百分之百的美国人"身份,而以马尔柯姆·X为代表的黑人种族主义者则认为黑人性是黑人的真正身份,强调黑人在文化、道德甚至性能力上的优越,认为表面看来有利于黑人的"赞助行动"其实暗含一个歧视性前提,即黑人在智力上低于白人。

作为一个群体,黑人在智力上低于白人,可能是一个历史事实,但这并不归因于黑人智力本身的问题,而是一种历史延缓,即黑人在历史上曾被群体地剥夺了受教育的机会,妨碍了他们的智力发展。支持"赞助行动"的历史乐观主义者认为,随着"赞助行动"的实施,用不了多久,黑人就会赶上来,与白人站在同一条起跑线上(一些计划的名称暗示了这种乐观主义,如"Catch — up Programs"、"Talent — hunt Programs"、"Upward — bound Programs"等),到那时,"赞助行动"才算完成其历史使命,而宪法保证的机会均等才真正具有社会公正性。

在"赞助行动"实施的最初二十多年里,以宪法和《民权法案》为依据来反对该政策的,主要是作为该政策受害者的那些白人,如上述两起诉讼案的当事人,认为这是一种逆向歧视。而作为"赞助行动"受益者的黑人则大多心安理得地享受这一政策带来的好处。但极少数对自己肤色更敏感的黑人则把该政策当做白人种族歧视的一种更为精致的形式,认为它会"加重许多黑人已经存在的低人一等的感觉"(德沃金语),不过他们的声音即使在黑人群体中也没有多少召唤力,而且由于经常与"黑是美的"这样非理性的口号以及"黑豹党"的暴力行为联系在一起,被认为是一种黑人种族主义,是被压迫者的一种复仇的意识形态。然而,随着黑人意识的觉醒,这种观点对享受"赞助行动"的黑人也产生了微妙的影响,使他们对自身的黑人身份、地位和种族尊严更为敏感。

在这个微妙而敏感的时期,斯坦福大学发生了一件事,似乎从科学的角度间接证实了"赞助行动"所暗含的歧视性,引发了黑人对"赞助行动"的怀疑。引起这场风波的是威廉·肖克利教授,此公于1958年因半导体方面的成就获诺贝尔物理奖,但他从1960年代末开始对实验遗传学产生了兴趣,发表了不少论文,宣称从实验遗传学的角度看,白人在智力上优于黑人,以科学实验的名义将一个本来属于社会历史范畴并可以历史地解决的问题永恒化了。按这种遗传学理论,黑人之所以在智力上低于白人,不是因为种族制度造成的历史延缓,而是因为黑人种族的内在遗传特征。照此逻辑,"赞助行动"就不是白人的历史犯罪感的供认和对黑人的制度性补偿,而是白人对黑人的"照顾"。肖克利被人看做是一个白人种族主义者,他在斯坦福大学开设的实验遗传学课程被勒令停课。

在教授顾问委员会上为肖克利辩护的哈佛法学家艾伦·德肖微茨教授认为对肖克利的惩罚违反了宪法修正案第一条。肖克利不是因为其种族主义行为而是因为其观点而被惩罚。如果任何机构有权决定哪一种观点合法或者非法,那美国和一个专制国家就没有什么不同。德肖微茨的辩护激起了黑人民权主义分子的义愤,说他居然为一个极端的种族主义分子开脱。教授顾问委员会主席唐纳德·肯尼迪并非黑人民权主义者,却认为自己站在道德正义一边。他带着道德优越感嘲讽德肖微茨,说这只哈佛猫头鹰最好赶快"飞回哈佛去,找一个不属于法学院的系开一门课"。我之所以引这一段与本文无关的讽刺话,是因为这就是当时的语言风格和思维习惯,即把法律问题道德化,而把法律问题道德化,正如把历史问题非历史化,可能产生一种微妙的始料未及的反作用,反过来危及道德正义本身。

"赞助行动"试图以违反宪法和《民权法案》的方式把黑人从历史的延缓中带出来,它的合法性不是来自宪法和《民权法案》,而是来自黑人在历史上的不幸经历和白人在历史上的种族犯罪。《公正游戏?不平等与赞助行动》一书的作者约翰·C.利文斯通说:"除非我们准备去接受遗传上的不平等这个种族主义的假设,否则,我们必然得出结论说,少数民族在竞争中的[落后]表现恰好反映出种族主义所带来的社会和文化后果。""赞助行动"虽不具备宪法上的合法性,却具有某种历史合法性,基于一项古老的法律,即过去的犯罪行为必须受到惩罚,受害者必须获得补偿。由于当初的犯罪者和受害者都已随时间消失(作为当事人的原告和被告不在场),那么这种基于惩罚和补偿的法律就暗中转化成了更为古老的类似西西里岛"家族复仇"的不成文法,即白人的无罪的后代必须代其有罪的先人受过。因此,惩罚和补偿的对象不是某个具体个人,而是抽象的群体,尽管最终会落实到具体的个人身上,即任何一个人都可能仅因为其继承的血缘(肤色)而受损害或获补偿。难怪反对"赞助行动"的人会把这类优待政策称为"种族封建主义"(ethnic feudalism)。所谓封建主义,就是一种基于代代相传的血缘而不是个人成就的制度,它与美国宪法的自由主义和个人主义精神格格不入。

在"赞助行动"开始实施时,黑人在美国总人口中所占比例为11.5%,而他们在以前属于白人中产阶级的那些职业中所占比例远低于其人口比例,如黑人律师和法官只占该行业从业者的1.2%,黑人医生占2%,黑人工程师占1.1%,黑人大学生和大学教授占2.6%。"赞助行动"的目标是以激进的方式使黑人在这些行业中所占比例达到其人口比例。一个相反的情形是犹太人,犹太人占美国总人口的3%,远低于黑人,但70%以上从事高收入的专业职业,远高于美国总人口从事此类职业的平均比例(29%),而25岁到29岁的男性犹太人78%受过高等教育,在哈佛等常春藤联校中,犹太学生竟占到学生总人数的40%左右(保守统计是28%)。这多少可以解释美国中下层的反犹倾向,尽管1960年代最坚决支持黑人民权运动的恰恰也是犹太大学生。

对相应比例的要求,根源于美国宪法本身(如宪法第一条第二款关于众议院代表比例的规定),它把各州人口所占比例作为代表所占比例的依据,要求一种与其人口比例相应的充分代表权。将这一原则引申开来,就可能变成各个种族团体按其在美国总人口中所占比例要求在一切领域占据相应比例。尽管1787年美国宪法具有种族歧视色彩(如把美国黑人和其他有色人种折算为 3/5 个美国白人计入选区人口），但该宪法又被解释为一部自由主义和个人主义的宪法，规定每个美国公民都不能因其种族或肤色而遭受歧视。美国内战后通过的那两条宪法修正案（第十四条和第十五条）试图消除 1787 年宪法的种族主义，在种族上保持一种"色盲"或者"中立"的态度，这样做的结果反倒使黑人问题被旷日持久地拖延下来。1964 年的《民权法案》重申了前两个修正案的种族中立原则，使黑人不因其肤色而遭到歧视，但同时也不因其肤色而受到优待。它无意以种族群体在总人口中的比例来规定它们在各种职业中的相应比例，而是不论肤色把平等的权利赋予每个美国人，他必须自己在竞争中赢得机会和成功。他的成功和失败全在于他个人的才能和运气。这些体现人人平等的修正案和法案，从深处瓦解了个人以种族集团的形式提出要求的可能性，试图使美国社会免于"两个阶级"或"两个种族"之间的战争，但它们缺乏一种历史维度，无视个人原本就属于某个种族群体的历史事实，而正是作为群体的白人对作为群体的黑人的歧视才造成了作为个人的黑人在竞争中不可能获得与作为个人的白人均等的机会。

因此，从法律形式主义的角度认为"赞助行动"违宪，可能缺乏充足的历史依据，把一个历史问题非历史化了。"赞助行动"并不是要违宪，而是想使宪法实现实质上的正义，实现其未完成的许诺。这正是法律实质主义者试图使法律成为政府政策而不是形式条文的内在原因。尽管此类政策可能有利于共同体的整体利益，但也会导致联邦政府权力的强化，危及作为共同体核心原则的个人自由，从而瓦解宪法原则本身。毕竟，能够约束或抗衡政府侵权行为的有效工具仍是宪法的形式条文，它是使黑人获得平等权利的法律基础。

另一方面，既然"赞助行动"是补偿政策，就隐含了一个前提，即补偿不可能无限期。曾使"赞助行动"的支持者和受益者获得道德和历史方面的合法性的那种白人种族主义历史记录，在该政策施行四十年后（这意味着三代人的时间过去了），已经逐渐丧失其说服力。尽管黑人在各个领域涌现出不少杰出人物，反驳了肖克利当初的遗传学理论，但黑人在那些主要为白人所占据的行业中所占的比例仍远低于其人口比例。大多数黑人仍处在下层，在蓝领工人、普通警察和监狱犯人中所占比例尤其偏高。与此形成对照的是，美国其他一些少数民族，特别是曾经同样受歧视的亚裔美国人，尽管很少求助"赞助行动"，但他们在专业性职业和高校中所占比例却常常高于其在美国总人口中的比例。这对"赞助行动"的有效性和合理性是一个质疑。

实际上，当谈到"赞助行动"时，往往是指美国黑人。黑人在美国历史中的漫长经历，无论是作为殖民地时期的奴隶，由来已久的种族歧视的受害者，还是作为美国内战时的北方士兵，都使其深深嵌入了美国历史，这使黑人比其他少数民族具有更大的道德优势和发言权（作为受害者的道德优势和作为地道美国公民的发言权）。然而，在美国黑人的历史资源差不多被耗尽的时候，能够使他们在个人竞争中获得优势的东西，仍是个人才能，这就迫使黑人重新回到强调个人成就的美国宪法的基本精神上。成功的黑人之所以反对"赞助行动"，是因为该政策导致了一种不利于黑人的普遍心理倾向：一方面把黑人的成功看做是受了"赞助行动"的逆向歧视的好处，一方面又把黑人的不成功看做是智力问题，因此无论从成功还是不成功的角度看，都从智力上贬低了黑人。在来自中下层白人的不满和来自中上层黑人的反对的双重压力下，"赞助行动"是否会被当初支持它的联邦法院裁决为"违宪"？这大有可能。

"赞助行动"之所以面临法律方面的问题，是因为它是一项行政制度，象征着政府对个人权利的干预。但还存在着一种半公开半隐蔽的逆向"赞助行动"，它不表现为制度，也不体现为一种明确的配额。我这里指的是高等学府对某些身份特别的白人学生往往降格以求，如捐助者、政治家、名流、校董以及其他裙带关系的子女。这可以解释少数上层白人家族何以在某些著名的学府里代代相传。这并不意味着这些家族的智力在几代人里居然维持不坠，而仅仅意味着非智力资源成功地转化为了"机会"，正如体育明星和影星将非智力资源转化成"破格录取"的资格，使那些没有此类资源的竞争者处于不平等的竞争地位，因而与宪法的自由主义和个人主义精神相违，是另一种带有特权色彩的"种族封建主义"。毫无疑问，一个人不能因其肤色而获得优待，正如他不能因其家族而获得特许，因为肤色和家族同属群体特征，不代表个人才能。但至今没出现哪怕一桩起诉这种逆向"赞助行动"的案例，尽管受其损害的竞争者并不罕见。对逆向"赞助行动"的沉默，意味着围绕"赞助行动"的法律与道德方面问题的那些嘈杂的声音在多大程度上代表了一种种族-阶级偏见。按法律形式主义者的见解，如果要禁止这种显然不公正的逆向"赞助行动"，就必须一视同仁地禁止"赞助行动"，尽管后者的初衷是为了实现共同体的整体公正，却可能危及平等的真正法律基础，导致种种逆向"赞助行动"，因为它在公共法律之外，另设了一些特殊的具有排斥性的"其他标准"。

犹太复国主义者伯林的想象力

以赛亚·伯林生前就给他带来大名的那些厚薄不一的著作，在当今这个民族身份日益模糊的全球化时代，又被当做了新福音，并支持着各地的民族主义。如同福音书的教义阐释者只在文本中发现神秘的启示或信仰的根据而回避对其进行历史的阐释一样，伯林的自由主义教义也正在经历一场非历史化解读，仿佛"身为当今之犹太人"的伯林关心的只是哲学问题，而不是带着"身为当今之犹太人"特定的历史—现实吁求进入思想场的。

译林出版社在数年间推出了至少六部伯林的著作的中译本。如果仅阅读《自由论》、《俄罗斯思想家》、《自由及其背叛》、《启蒙的时代》和《反潮流》，我们可能觉得伯林的确是一个为思想而生活的哲学家，从中难以发现一个忠心耿耿的犹太复国主义者的影子——毋宁说这位英国爵士是一个文化上的犹太复国主义者，并以自己的著述支持了政治上和行动上的犹太复国主义者。

难道伯林是他笔下的那只狐狸，"其生活、行动与观念是离心的，而不是向心的；其思想或零散、或漫射，在许多层次上运动"？在那六本书中，最不起眼的或许是《伯林谈话录》。既然是私人谈话，就免不了大量牵涉伯林个人。恰恰是在这些东拉西扯的谈话中，伯林抖搂出那个驱使他笔耕不辍的隐蔽的激情中心——正是它，才赋予伯林那些经不起逻辑推敲的大量表述以一种"心理逻辑"，从情感上黏合了那些逻辑断裂，也使断裂获得了说明。

当伯林区分"刺猬"和"狐狸"两类不同的思想家时，或许他该把自己归于"刺猬"："刺猬总是力图依照他们所热衷的某个模式去联结和表现事物，他们常常运用某个统一的原则来观察事物和考虑它们的意义，而不是对事物本身感兴趣。"（第171页）但伯林只是看来像只狐狸，他谈到许多事物（自由、启蒙运动、浪漫主义等等），可他对这些事物本身并不感兴趣，它们不过是刺猬身上的刺，其存在意义仅在于为那个统摄一切的"原则"提供一种合法性防护。

换个角度看，每个著作家的每部著作，无论怎么曲折隐晦，都以各种方式暗中指向与他的内在渴望密切相关的一个激情中心。就伯林而言,这个激情中心显示为他"身为今日之犹太人"所感到的暧昧身份。完全可以引陀思妥耶夫斯基《罪与罚》中预审官波尔费利谈拉斯柯尼科夫那篇文章的话来描绘在牛津安宁的书房里伏案写作时的伯林的精神状态:他那些著作"是在许多不眠之夜,在狂怒的状态下,怀着一颗跳动的心和满腔被压抑的热情构思出来的"。倘若说萦绕在拉斯柯尼科夫想象中的是一把斧头,那么萦绕在伯林想象中的则是一片古老的土地,即犹太教祈祷文中的套语"明年在耶路撒冷"所呼唤的那片土地。

谈话是在1988年12月底,伊朗访客拉明·贾汉贝格鲁给伯林带来三百多个问题,与他逐一讨论,后整理成书,即《伯林谈话录》。尽管贾汉贝格鲁长期执教于西方,但他肯定像萨义德一样,经常意识到自己的阿拉伯人身份,所以,当他把这几百个有关"思想史"的问题分成几类向伯林提出时,其中一个私人问题却像幽灵一样徘徊于所有这些问题的后面:"您认为您自己是犹太复国主义者吗?"

"我当然是犹太复国主义者。"伯林回答,"我不是改宗成为犹太复国主义者的,这甚至可追溯到我的小学生活。在俄国时我父母都不是犹太复国主义者,而我信仰犹太复国主义是再自然不过的了。"这隐含了一个其实对伯林的犹太复国主义不利的结论,即一个犹太人不见得非是一个犹太复国主义者,因而他信仰犹太复国主义也不是"再自然不过"的事。进一步说,"犹太人问题"对许多犹太人来说并不是问题。

他给自己的犹太复国主义下了一个定义:"犹太人活了下来,但只有迁移到他们的故土,也就是巴勒斯坦,他们才能作为一个民族重新振兴。"(第93—94页)在另一处,自己并不打算移民以色列的伯林写道:"犹太人也有了一个祖国,在巴勒斯坦,在耶路撒冷。从心理上讲这是一个替代的祖国。如果犹太人没有真正的地理上的根,他们就用想象的根来安慰自己,这是一种通过非殖民化来实现巨大的心理自我转型的活动。"(第81页)

只有谈到犹太复国主义,哲学家伯林才会显出少有的个人激情。他感到自己的根扎在遥远的耶路撒冷,正是它滋养着他的生活和思想,而他将以从文化上证明以色列存在的合法性来报答它。在《反潮流》中,他以"落叶"和"树干"来比喻个人("我")与其民族("我们")之间的关系:"脱离了它们,我将成为脱离了树干的一片落叶、一根树枝,而只有树干才能给它们以生命。所以,如果我因为环境或自愿脱离了民族,我将失去目标,我将枯萎消亡,充其量只剩下一缕乡愁,回忆着当年真正充满生机与活力的时光。"

伯林的比喻和隐喻太多,仿佛他更多地是靠比喻和隐喻所激发的想象力而不是严密的论证来进行说服。这并不奇怪,犹太复国主义主要作用于犹太人的情感和想象力。把个人与其民族的关系喻为"树叶"和"树干",就聪明地将民族共同体概念暗中转换成了生物有机体概念,而这两者并非一回事。联想到伯林爵士在英国上流社会圈子里是个敏捷合群的人物,绝非一片枯萎的落叶,那又会得出一个不利于伯林的结论,即同化是可能的。当然,伯林区分了两种共同体,即文化共同体(民族)和政治共同体(国家),但难道不存在某种想象的共同体,即一个混杂着多个民族的政治共同体通过一系列象征和仪式等想象性行为来塑造一个新的文化共同体?说到底,任何共同体都是塑造出来的,而不是神创的。

由于伯林把民族文化共同体(犹太民族)视为个人所属的家,他就不可能把政治共同体(英国)看做自己的家。他说:"我去以色列时我感到自由自在,我没觉得我是一个外国人。在以色列,我尤其不觉得自己是犹太人,在英国我还觉得我自己是一个犹太人。"(第 81 页)这句话,完全可被英国的反犹主义者用作反犹主义的依据。它暗示存在着一个"犹太国际"。伯林回避或忽略了这么一种可能性,而这种可能性对他是一种严峻的考验:假若英国和以色列发生冲突,他作为犹太人,或作为英国人,将忠于哪一方?

伯林认为,犹太人在其居住国所遭受的一切不公正和迫害,纯粹是因为他们是所在国的少数民族(可犹太人并非唯一的少数民族)。尽管他"并不主张犹太人都要离开现在他们所在的国家",但据此推断,"犹太人问题"的最终解决方式,是散居于各地的犹太人全部回到以色列。但西欧和中欧的许多犹太人,并不把反犹主义归因于"犹太人问题",而是将其看做一个社会—经济现象。例如,在 19 世纪 50—70 年代欧洲经济大繁荣时,反犹主义几乎销声匿迹,而到 80 年代经济大萧条时,反犹主义又死灰复燃。

伯林对单一民族共同体的诉求,基于一种古老的浪漫主义观念:它认为国家是反自然的,"硬把分散的、各不相同的民族拼凑成一个人为的联合体";只有民族才是自然的,"一个民族不是一个国家,而是一个文化实体,同一个民族的人说共同的语言,生活在共同的地域,有着共同的习惯、共同的历史和共同的传统";"自然创造了民族,而不是国家。国家带给我们的只是冲突、征伐和对人的贬低"。

但如果一个民族就是一个国家,那伯林是不会反感的,因为此时国家成了单一的民族—国家,不会发生一个民族对另一个民族的压迫。至于不同的民族—国家之间的潜在冲突,伯林认为,只要双方恪守消极自由,尊重对方,就可避免。他可能意识到消极自由只是一种捉摸不定的善良愿望,不足以保证各自的安全,于是,又求助于地理:"上帝创造高山和大海来分隔世界,以防坏猎人侵入他人领地。"(《维柯与赫尔德》)

这听起来倒有一点威尔逊主义的味道。在1919年巴黎和会上,美国总统威尔逊提出一种国界重新划分方案,即以民族边界作为国界,仿佛这么一来,欧洲因多民族杂居而导致的民族冲突就会随之平息。该方案的荒诞性在于,它臆断各民族能够从地理上泾渭分明地分隔开,而忽视了多民族杂居的现实—历史状况。凯恩斯说:"这是一位老人的政策,他最鲜明的印象和最生动的想象系于往昔,而不是面向未来。"(《精英的聚会》)伯林的智慧也是一位老人的智慧,他的犹太复国主义的想象力同样来自往昔的浪漫主义。

抬高民族而压低国家,是浪漫主义寻求民族认同的策略,以此来对抗体现于法国启蒙运动和法国大革命中的那种不顾地方和民族特色的普世主义。这种民族主义虚构了一个古代神话,认为在前国家时代,各民族生活在各自的土地上,老死不相往来。阿克顿对这种民族性理论没有好感,说:"不包容不同种族的国家在拆自治的墙脚。因此,民族性理论,是历史的退步。"

浪漫派虽身处工业化的19世纪,却似乎生活在大地依然载满神迹的中世纪,就像伯林"表现主义"的目光把他身处的全球化的20世纪幻想成大地仍被高山和大海阻隔的古老世界,各民族形成一个个封闭的文化共同体。格雷谈到伯林时说:"价值不可通约性也表现为其传递性的中断。"这种不可跨越的地理距离,保证了纯粹的民族性。可问题是,民族性必须在比较中方能显示出来,封闭的自我是不可能自行产生自我意识的。尽管浪漫主义时代也是比较人类学和比较语言学兴起的时代,但受浪漫主义民族性理论影响的伯林却像存在主义者萨特一样强调不可透入的"他者存在的核"。

可人类似乎遭了天谴,命该比邻而居,甚至杂居一处。如果一片土地上不止居住着一个民族,而他们又不愿建立一个联合体,那民族冲突就不可避免。基于同样的理由,希特勒提出他的种族—民族主义,即德意志土地是日耳曼民族的祖国。当然,伯林在把犹太复国主义归于诸种民族主义的一种的同时,强调其差别,即存在着一种侵略性的民族主义,其基本教义是"一个民族优于另一个民族",因此导致了对少数民族的迫害,但还存在着一种多元论的民族主义,即"人类大花园中的所有花卉都能和谐地生长,各种文化都能相互激励"。

倘若说政治共同体内部因存在不同的文化共同体而势必存在压迫和歧视,那是否就可由此推论出:一个单一的民族文化共同体内部能免于压迫和歧视,不存在阶级、阶层、集团、性别及任何其他的社会性冲突？对民族共同体的渴求,使伯林有意回避了一个关键问题,即阶级和社会冲突。"犹太人问题"就这样以民族取代了阶级,把犹太人的问题归于民族问题。

既然任何一个民族共同体都是一种靠权力维持的秩序,那出于何种天恩,犹太民族共同体就能免于习见于其他民族共同体内部的阶级或社会冲突？伯林在谈到作为少数民族的犹太人时,对权力因素非常敏感,但一当涉及民族共同体内部,就显得过于浪漫,忘了权力在其中同样起作用。但伯林并不是因为浪漫而忽略了这一点。他知道,如果承认民族共同体内部也存在冲突,那等于掏空了犹太复国主义的理论基石———民族共同体的同质性。为说明"共同体"中的个人并未失去自由,反倒更自由,伯林于是把"民族共同体"想象成一个同质体,一种"我"与"它"密不可分的状态。

由于地球上已不存在一片无人居住的空地,那犹太复国主义者势必在巴勒斯坦遇到另一个民族。当犹太人成为以色列的主权民族时,他们能否仁慈地允诺阿拉伯人作为另一个民族共同体继续生活在犹太人的以色列？或者,用隔离墙将他们驱逐到另一边,像当初的欧洲犹太人被限制在 ghettos（犹太人区）？犹太复国主义者选择了后者,也就选择了反犹主义的逻辑。反犹主义和犹太复国主义虽是一对冤家,但它们都是同一种浪漫主义民族理论的子弟。

在以色列,伯林提倡的消极自由不见了,倒是盛行萨特的存在主义："我"在这片过于拥挤的土地上一定会遇到"他人",而"他人"是一种威胁,因为那也是一种意志。萨特是在"占领下的巴黎"思考自由的,他即使不出门,也会遇到作为"他人"的德国占领军。"他人"时时侵入、威胁甚至毁灭"我"的存在,因为在占领下的巴黎,一切都被从空间上拉拢、挤压,安全所需的空间距离已经消失。而伯林当初是在田园牧歌般的牛津思考自由的,他幸运地感到英吉利海峡阻挡住了"坏猎人"（纳粹德国）对英国的入侵。这给他留下了深刻印象,仿佛各民族共同体之间只有拉大空间距离,大到见不到面,才能确保各自的安全。

当然还存在着一种内心的距离,在那儿保存这个流浪的民族共同体（"想象的根"）。瓦尔特·本雅明也曾谈到"距离"。不过,他的"距离"只是一个有关批评或反思的空间隐喻,是为了使原野上的一棵树成为风景而与树拉开的距离。在伯林那里,"距离"却成了一种内在认同形式,即为了使一棵树重新融合在原野上的一大片树林里,因此无关乎批评。他说："我们之所以应该遵循这些教义、学说、原则,并非因为它们产生美德、幸福、正义、自由,或它们是由上帝、教会、国王、议会或某一普遍认可的权威所决定,也不是因为它们本身是好的、正确的,并因其正确性而对所有人是有效的;相反,它们之所以被遵循,只因为这些价值是'我的群体'的价值———对民族主义者来说,这些价值就是'我的民族'的价值。"(《反潮流》)

搁置价值判断,是伯林自然主义的民族共同体理论的逻辑结果。他说:"自然创造了民族,而不是国家,也没有使某些民族在本质上高于其他民族。"在这里,"自然"又一次被迫充当"多元论"的保护神,正如它曾经充当的非常不同的角色。例如"君权神授"也是一种自然决定论。甚至连伯林痛恨的社会达尔文主义和纳粹主义也被其理论家视为一种自然主义。对启蒙主义普适论的反感使伯林求助于自然,求助于神,而自然和神恰恰也是纳粹主义和一切地方主义、集权主义的神秘依据。

这种多元论,看起来是对不同价值的平等相待,其核心却是相对主义:既然缺乏普遍价值标准,"价值处于永恒冲突中",就无从给出好与坏的评判。不同价值甚至不可比较,因为比较也需要共同基础。然而,奴隶制也是一种地方制度,有其特定传统、文化、宗教信仰、社会机构及生活方式。但这些能否构成它存在的绝对理由?以搁置价值评判来维护民族文化的特殊性,这即或能使一民族文化"免于"另一民族文化的压制,却也为同一民族中那些侵犯个人或其他社会集团权利的强势集团提供了合法性。伯林的多元论慈悲地允诺不同民族—文化共同体的平等,但又阻止其交往,以"高山和大海"来守卫民族性。但在狭小而平坦的巴勒斯坦地区,自然没有馈赠"高山和大海",于是,一道几米高的人造隔离墙就起到了相似的功能。

多元论是就不同文化共同体而言,而对于同一个文化共同体,伯林的多元论就被同质论所取代,因为他的自由主义的主体不是个人("我"),而是作为群体的民族("我们")。由于伯林把"我的民族"的价值当做"我的价值",就阻断了"我"对"我们"进行批评的可能性。实际上,当伯林说"我"之所以遵循这些价值并不是因为它们本身是好的、正确的而仅仅因为它们是"我的民族"的价值时,就对民族—文化共同体采取了一种非价值评判的立场。这导致了一种后果,即任何对本民族共同体提出批评的人,都"令人讨厌"。他对汉娜·阿伦特的态度就是如此,而且刻毒得失去了逻辑和分寸。他说:"没有迹象显示她有严肃的哲学思考和史学思考。她写的东西全是乱七八糟的形而上学大杂烩,甚至句与句之间没有逻辑上的关联,也没有合乎理性的或可以想象的联系。"这等于说阿伦特是一个疯子,然后他下了驱逐令:"任何一个真正有教养的人和严肃认真的思想家都不会与她为伍。"(第77—

79页)这不仅是在侮辱阿伦特,也顺便侮辱了欣赏阿伦特的人。

既然伯林承认自己只"读了她几本书",有的书根本没读过,那他基于何种理由,说"她写的东西全是乱七八糟的形而上学大杂烩"?他对阿伦特做出如此有失公正甚至在逻辑上都站不住脚的评判,恐怕不是一句"话不投机"解释得了的。或许伯林有失分寸的愤怒,源自阿伦特以《艾赫曼在耶路撒冷》一书冒犯了以色列,而在伯林看来,她本应感谢自己是犹太民族大树上的一片树叶才是。"您讨厌她是因为她不是一个犹太复国主义者吧?"贾汉贝格鲁不失时机地问。问到了痛处,可伯林断然否定这一点。

伯林对"积极自由"充满反感,认为那是一种侵犯性的自由主义,但"消极自由"也不见得那么自由,甚至比"积极自由"更不自由,因为积极自由(例如斯密的自由主义)尊重个人的价值和选择,以适应市场竞争经济,最终成为一种个人主义,而伯林的消极自由只看重群体的价值,以支撑犹太复国主义,最终可以沦为一种集权主义。迈克尔·莱斯诺夫说:"伯林的多元论以捍卫自由主义始,以认可自由主义最凶恶的敌人'共同体主义'终。"或许这并非始和终的关系,而是表和里的关系:伯林自始至终都是一个共同体主义者,但他聪明地将共同体主义表述为一种自由主义。

"树",正如他大量使用的诸如"高山"、"大海"、"花园"这些空间比喻,不是修辞学上的巧合,其灵感来自浪漫主义的静态想象力。这种静态想象力主要是空间的,而不是时间的,尤其不是历史的。当雪莱伤感于自己飘零的落发时,他感受到的主要是生理时间在指缝间的流失,而不是浩荡的历史时间之流。

浪漫主义陶醉于"自然"、"地方色彩"、"民族性"、"古代"、"内心"、"热情"等等,以对抗"人工性"、"普遍性"、"工业"、"现代"和"理性"。当然,"历史"也是浪漫主义经常遁入的想象空间。当犹太复国主义尚未实现其地理目标时,伯林只得遁入"想象的根",一个精神上的以色列,并以消极自由来守卫它("通过非殖民化来实现巨大的心理自我转型")。不过,当犹太复国主义要求一片属于犹太民族的国土时,它就在要求把想象中的历史化为现实。当初的消极自由于是变成了现在的积极自由。

犹太复国主义最初不打算以武力夺取土地,而是采取非武力的殖民方式,属于一种个人商业行为,即通过个人购买,从那些除了一小片贫瘠的土地之外身无长物的负债累累的巴勒斯坦阿拉伯农民手里买地,建立自己的农场,然后据此建立犹太人定居点。他们抱着这么一种就他们自身而言可能并不十分真诚但对阿拉伯人却有诱惑力的经济假设:犹太人的到来和对农场的经营,将使阿拉伯人获得工作机会,从而摆脱贫困,这样,两个民族就在同一片土地上振兴起来。事实证明,振兴的只是其中一个民族,即犹太人,他们在这片土地上建立了自己的主权国家,使阿拉伯人处于被压制地位。

祈祷文中的"明年在耶路撒冷"在1948年变成了地理上的耶路撒冷。于是,当初作为一个心理上的民族—文化共同体的以色列(即作为民族的以色列),如今必须面对作为一个政治共同体的以色列(即作为国家的以色列)肯定出现的内部冲突,因为在这个地理上的以色列,不仅有犹太人,还有阿拉伯人,而且,从法律上说,他们更有权居住在这片土地上。但犹太复国主义向往的是单一的民族共同体,因此阿拉伯人必须生活在别处,生活在隔离墙的另一边。

阿拉伯人发现自己和当初的欧洲犹太人相同的处境。犹太复国主义者声称只有建立犹太人主权国家,才能一劳永逸地解决"犹太人问题",但以色列建国之日,亦是"阿拉伯人问题"出现之时。

尽管伯林认为"现在的以色列政府犯下了可怕的错误",并声称自己"不是沙米尔先生、沙龙先生或贝京先生的支持者",但他所主张的单一的民族共同体不正体现于沙米尔先生、沙龙先生或贝京先生对阿拉伯人的政策?如果所有散居在外的犹太人在犹太复国主义和民族共同体的召唤下都回到以色列,那国土狭小的以色列何以承受?是否也会产生"生存空间"的焦虑,继而以扩大生存空间作为解决办法?

以色列国的建立标志着政治犹太复国主义的一次重大成功,但还不是其终结,因为犹太复国主义者还要求更多的曾属于两千年前犹太人祖先的土地。他们通过武力征服在阿拉伯人居住区建立新的犹太人定居点,好安置越来越多的犹太人。

作为文化犹太复国主义者的伯林不赞成作为政治犹太复国主义者的沙米尔先生、沙龙先生或贝京先生,但他的犹太复国主义其实是对政治犹太复国主义的合法性的辩护。伯林当然不可能从法理上为犹太人的复国提供辩护的依据,因为声称犹太人对两千年前的故土依然享有所有权,这在国际法上无论如何都显得勉强。这正可以解释伯林何以求助于"自然"、"想象的根"、"民族共同体"、"血统"、"土地"、"希望"以及"大屠杀"——作为犹太复国主义表述中最具震撼力、劝说力和感召力的一章——来作为以色列的合法性资源。

伯林主张文化—民族共同体是单一的,就否定了同一个文化—民族共同体内部的多元性，进而否定了多个民族组成平等的政治共同体的可能性。倘若这不是为政治犹太复国主义所作的辩护，那就很难相信它是对人类的现实状况的真实描绘。即便退一步说，托了"高山和大海"的福，人类曾经（什么时候？）以民族共同体的形式分而居之，因此免于了相互的侵害，那在民族杂居远比民族分隔更为常见的当今时代，融合了不同民族的政治共同体（国家）才是常态，这无法改变，也很难说一定是历史的不幸。人类如今是生活在政治共同体里，而不是单一民族共同体里。政治共同体若要免于内部的民族冲突，不是靠回归到各民族的特殊性（当今频繁发生的民族冲突正源于此），而是在政治共同体之上创造一个想象的共同体。伯林说"（巴以）和解是迫在眉睫的事"。谁都承认此事迫在眉睫，但通过伯林的道路是走不到谈判桌上的，因为妥协总是基于共同的东西，而不是各自的独特性。

死于1997年的伯林按说目睹了新欧洲的出现。倘若说在老欧洲时代欧洲各国之间和各国内部各民族之间的冲突，部分源于各个国家或民族对自身独特性的要求，致使欧洲成为民族主义的发源地，那么，在欧洲各国和各民族部分放弃自身的独特性而以"欧洲人"身份组成一个政治共同体（欧盟）时，一个想象的共同体浮现了，并接受了和平（虽不一定是"永久和平"）的祝福。与此形成对照，巴勒斯坦成了当今民族冲突最激烈的地区。人们或许会由此产生这种想法，即犹太同化论者比犹太复国主义者更有远见，因为他们承认现实，然后面向未来，而不是依恋想象中的过去。

对两起谋杀案的审判

1997年10月7日,对一连几天阴雨迷蒙的马萨诸塞州来说,是一个难得的雨过天晴的天气。恢复了热力的太阳,重新把它灿烂的阳光倾斜在潮湿的大地上。阳光很好。街道对面的人行道上,邻居家的孩子们在滑旱冰,他们已经有一小伙人了,叽叽喳喳,飞快地滑过去。我在扶手椅里坐下来,准备接着往下读托克维尔的《美国民主》,可我的烟盒空了。我想先去拐角上老卡雷拉斯的杂货店买一包烟,顺便带回一份当天的《波士顿邮报》。

"今天报纸上有一则不好的消息。"老卡雷拉斯把《波士顿邮报》递给我时,感伤地说,"一个叫柯里的十岁男孩失踪了。"

报纸上的那则消息说,吉奥费里·柯里,那个十岁的男孩,几天前的一个下午,从马萨诸塞州与新罕卜谢州交界处的一个小镇他祖母的家里出来,沿着一条笔直的街道,步行回仅隔两个街区的父母家。可是,就在这不足几百米的行程中,他奇特地失踪了。他的父母非常着急,给所有的亲戚和小柯里的朋友家打电话,可是谁也不知道小柯里的下落。最后,预感到会发生什么不幸的老柯里给警察打了电话。报纸上说,警察正在展开调查。我又仔细地看了看小柯里的照片。那是一个非常可爱的男孩子,栗色的头发,大大的眼睛,张大嘴笑着。当天晚上,马萨诸塞州和波士顿市的电视新闻也分别简单报道了此事,说如果谁看见了这个孩子,请速与警察局或者柯里家联系。

随后几天,媒体对寻找小柯里的进展情况进行了跟踪报道。没有发现什么线索。可是,第四天,电视上的一消息震动了整个马萨诸塞州,并随后覆盖了这个州几乎全部报纸的头版:警方宣布破案,逮捕了两名嫌疑犯,是柯里家的两位街邻。他们已经交代了犯罪事实。

在那个细雨霏霏的下午,吉奥费里从祖母家出来,沿着通往父母家的那条街道步行回家。街上空无一人。当他中途经过停在街边的一辆白色面包车时,看到两个街邻正坐在门廊又矮又粗的栏杆上,一边抽着烟,一边望着迷蒙的细雨。小柯里和他们很熟,他们总喜欢拿些小玩具给他,然后把他带进房子,在那儿脱光他的衣服,抚弄一番。小柯里虽然觉得不好受,但也不明白他们这是在干什么。何况,他手里还拿着他们给的玩具呢。他从那个房子里一出来,就把这些事忘得一干二净了。看到小柯里走过来,这两个家伙跟他打招呼。其中一个突然说,他们想送他一辆小山地车。小柯里睁大了眼睛,问山地车在哪里。"跟我们走吧。"那个人说。他们上了车,驶出小镇。后来,面包车突然拐下了国家公路,朝远离公路的密林里跌跌撞撞开了一段后,停在那里。两个家伙在汽车里鸡奸了小柯里。为了灭口,又掐死了他,把尸体塞进面包车里的一个铁皮箱,慌慌张张地发动汽车,离开了第一作案现场。他们驾着面包车,在弯弯曲曲、岔路众多的林间公路上乱蹿,中途把铁皮箱抛进了一条小河。

十多天后,潜水员终于找到了这个铁皮箱。当全马萨诸塞州的人通过电视屏幕,看到潜水员把铁皮箱拖上岸时,既为小柯里的悲惨遭遇流下伤心的泪水,又对两个杀人犯令人发指的罪恶感到愤怒。人们开始呼吁,要恢复1986年在马萨诸塞州废除的死刑,将这两个家伙送上电刑椅。"不对这样的罪犯绳之以极刑,类似的犯罪还会出现。"痛失爱子的老柯里在电视上说。人们注意到这个不到四十岁的男子显得非常苍老,仿佛是一夜之间变老的。

这个案件还引出了一个牵涉到所有人的话题:谁还敢信任他的近邻?这正是此案最大的负面影响,它在邻居之间产生一种互不信任的感觉,像一个无形的幽灵,徘徊在街道上,污染了本来祥和的生活。好几个月里,我都没有看到丹恩街上的孩子们在人行道上滑旱冰。甚至,老卡雷拉斯杂货店附近那个给孩子们玩耍的露天小活动场,也失去了平日的热闹气氛,显得冷冷清清。老卡雷拉斯对我说,"这一切,都是那两个该死的家伙造成的。真希望州议会快点投票,恢复死刑。""您觉得恢复死刑的提案会通过吗?"我问。"当然啦。"老卡雷拉斯说,"难道,那些州议员们就没有孩子?"

案件本身的性质,以及媒体对案件铺天盖地的报道和连篇累牍的分析,吸引了全马萨诸塞州的注意力。每天都有大量的人挤在位于波士顿的马萨诸塞州议会大楼前,要求恢复死刑。州议会受到极大的舆论压力。议员们进行着旷日持久的辩论。到10月底,马萨诸塞州人相信,将于11月6日举行的议会表决投票,如果不是全票的话,也将以压倒多数票,通过在马萨诸塞州恢复死刑。州议长鲍特鲁齐先生在对整个议会的发言中,强调恢复死刑的必要性和迫切性。"如果我们不想更多的孩子遭遇吉奥费里的不幸,"他大声说,"那么,我们必须严惩这些罪犯。"鲍特鲁齐那充满义愤的脸显示在马萨诸塞州各家各户的电视屏幕上。人们等待着11月6日的来临,等待着杀害小柯里的那两个家伙被送上电刑椅。"毫无疑问，"老卡雷拉斯对我说，"州议员们全都会投票赞成恢复死刑。那两个可恶的家伙活不了几天。"

然而，就在这时，对另一起谋杀案的审理，很快把马萨诸塞州人的热情引向了另一个方向，这个案件最终挽救了杀害小柯里的那两个罪犯的生命。

露易丝·伍德华是一个来自英国艾尔顿镇的十九岁姑娘，受雇在剑桥镇的医生伊本夫妇家当保姆，看管两个年幼的孩子。其中那个较小的孩子，刚满八个月的小马修，在一个星期三，被发现神秘地死亡了。露易丝作为犯罪嫌疑人，被警方逮捕。她在法庭上向法官承认，因小马修不停地哭哭闹闹，她一烦，就抓着他的双腋，在空中重重地摇晃了几下。但露易丝不承认自己杀害了小马修，因为导致小马修死亡的颅内出血显然并非摇晃所致。不过，这说服不了什么人。

该案本来发生在几个月前，一直在审理。但由于小柯里案的出现，人们开始呼吁在马萨诸塞州恢复死刑，而且，11月6日州议会就将投票通过这一提案，因此，对露易丝的审判的结果，就有可能使她成为恢复死刑后头一批坐电刑椅的人。这当然吸引了媒体和大众的关注。整个马萨诸塞州的报纸充满了对该案审判的详细报道。电视也没完没了地直播对该案的庭审情况。到处都在谈论露易丝，就像几天前到处谈论小柯里一样。我注意到，对小柯里的热情似乎已经被对露易丝的热情取代了。她成了一个新闻人物，各家报纸的头版都登着她的大幅照片。她圆圆的脸蛋，大大的眼睛，虽然谈不上非常漂亮，她青春的忧伤表情倒也显得凄楚动人。

案件本身并不复杂，因为露易丝不否认曾摇晃过小马修。然而，正是这一点，使审判陷入没完没了的争论：摇晃能够致人死地吗？这仿佛是一个技术性问题，只要医学专家拿出证据，一切就清楚了。不过，令人遗憾的是，讲究精确性的医学专家不能断定露易丝的摇晃属于哪一种程度的摇晃，因为没有人看见她摇晃。到这个时候，法庭出现了一幕幕滑稽的场面：法官要求露易丝重复当时的动作。露易丝伸出双臂，似乎抓着一个孩子，在空中晃了晃。当然，露易丝并不一定丝毫不差地再现了当时的动作以及力量。于是，在此后的法庭辩论中，检察长和被告律师出于各自当事人的利益，都或重或轻地重复着这个动作。这影响了其他人，大家全都开始伸出手臂，琢磨着露易丝当时是怎样摇晃小马修的，要使用多大的力量才能把这个八个月的小生命摇晃得断了气。已经悲惨地死去的小马修，在人们的模拟动作中，又一次次悲惨地死去。

然而，10月25日，我打开电视时，发现整个气氛出现了某种微妙变化。

波士顿电视台主持人指着直播屏幕上楚楚可怜的露易丝对观众说:"她这么年轻,在这儿又无依无靠,远离自己的家乡。"尽管这些话和露易丝案没有关系,而且也说明不了什么,但却唤起了观众对这个楚楚可怜的英国姑娘的同情。要知道,普通大众是最富有同情心而最缺少判断力的。主持人凄婉的语调,加上被告席上露易丝的孤立无援,使大众动了恻隐之心,而恻隐之心一旦觉醒,就有可能模糊人们对公正的判断力。瞧,法庭上的露易丝,这个十九岁的英国姑娘,独自来到剑桥镇当保姆,却有可能在异国他乡命丧黄泉。她怎么可能是杀人犯呢?你瞧,她多漂亮(报纸开始说她"漂亮",但此前的报道并无此类描写),多文静,又多娴雅,根本不像杀害小柯里的那两个杀人犯那样惊慌失措。我并不希望露易丝是杀人犯,然而,那些感伤的观众的理由却站不住脚:正如伊本太太所说,一个人可能漂亮、文静、娴雅,像露易丝一样,但同时也可能是一个杀人犯。

这种对露易丝的感伤的同情,使人们对作为原告的伊本夫妇的态度起了微妙的变化。人们觉得他们心肠很硬。他们为什么一定要把这个可怜的姑娘送上马上就会派上用场的电刑椅呢?难道他们的小马修死了,就非得让露易丝也死吗?可是我们制订法律,不正是为了惩罚犯罪吗?这种言论其实把法律的严肃性扔在一边了。一些家庭妇女甚至觉得伊本夫妇并不热爱孩子。"如果伊本太太真爱她的孩子,她就应该自己带孩子。"电视上一位被采访的胖太太说,"有伊本先生工作就行了。他们又不缺钱。"可保姆这种职业,不正是为了给那些因为种种原因不能亲自带孩子的人家带孩子的吗?难道因为我们热爱自己的家,就一定非得把自己锁在家里?再说,这会导致所有的保姆失业。少数有左派倾向的人,甚至以一种独特的眼力,从这件诉讼案中发现了阶级压迫的迹象:伊本夫妇是很有钱的医生,接受过很好的教育,属于上等人;而可怜的露易丝不仅没有上过大学,而且家境贫寒,离乡背井地来到美国,靠给有钱人带孩子来养活自己。不过,这是杀死一个孩子的理由吗?而且,这种言论还忽视了一个事实:尽管露易丝和伊本太太都是白人,可伊本先生是个黑人,他的小马修也是个黑人。按照上面这种逻辑来推论,那么,这里面是不是还存在着一种种族压迫:黑人对白人的压迫?

不管这些言论多么经不起逻辑的推敲,也不管它们与案情本身有无关系,它们都煽起了对露易丝的普遍的同情。一些被自己的同情心折磨得发痛的人,便成群结队地聚拢在剑桥镇的高等法院门前,打出"露易丝无罪"或者"释放露易丝"诸如此类的牌子,向法庭内部的审判施压。可是,他们从何处得知露易丝无罪呢?他们几天前才通过电视知道世界上有这么一个叫露易丝的英国姑娘。这些呼喊声同样回荡在露易丝的家乡,英国的艾尔顿镇。马萨诸塞州的电视台居然不辞辛苦,向大西洋彼岸的艾尔顿镇派出了自己的远方报道记者,每天发回那儿的大众舆论。当我在电视屏幕上看到遥远的艾尔顿镇的人们打出同样内容的牌子声援露易丝时,我感到这个已经变得复杂的案件更掺进了民族感情的因素。毫无疑问,不管露易丝是否有罪,艾尔顿镇的人都会说她无罪,因为这关系到本乡本土的荣誉。这些人都在说露易丝无罪,但他们的依据是什么?大多数人根本分不清同情与正义的界限到底在哪儿。甚至连那些医学专家在解剖了小马修的尸体后,都无力得出一个准确的结论。然而,同情心还具有一种可怕的转化力。不久,人们对坐在原告席上的伊本夫妇开始另眼相看了,觉得他们冷酷、自私。伊本夫妇还沉浸在失子之痛里,本指望大家的同情,却惊讶地发现自己成了受指责的对象,仿佛他们正在法庭上进行一场不光彩的活动,把一个妙龄少女推向火坑。我看到他们坐在法庭上的那种惶惑的不自在的表情,真替他们难过。

面临这种尴尬局面的还不止伊本夫妇。起诉露易丝的检察长托马斯·莱利更被人当做一个冷酷的家伙,仿佛他人生的唯一乐趣就是把羔羊般的无辜者送上电刑椅,因为他一次次严词恳请法庭宣判又年轻又漂亮、无依无靠的露易丝犯有一级谋杀罪。法官左贝尔被两种截然不同的意见推来推去,左右为难。毫无疑问,在左贝尔先生长达几十年的法官生涯里,他是头一次遇到这种棘手的案子,使他清白了大半辈子的名誉以及奋斗了二十几年的前程都处于冒险中。

随着11月6日的临近,声援露易丝的力量增强了。雇佣露易丝的奥佩尔保姆公司宣布:将负担露易丝的全部法庭费用。该公司慷慨解囊,并不一定百分之百地出自对露易丝的恻隐之心。它希望打赢这场官司,好挽回公司因露易丝案造成的名誉损失,而一个公司的名誉恰好等于它的利润额。替露易丝出庭辩护的有好几位著名律师,其中之一便是几年前因O.J.辛普森一案的成功辩护而名声大振的巴里·谢克。

电视上的直播越来越显示出一种感伤情调。10月28日,当露易丝在警察的护卫下走上高等法院的大台阶时,主持人指着直播屏幕上的她,凄怆地说:"瞧,天冷了,可她还穿着裙子。"言下之意是,可怜的露易丝甚至连买一件抵御晚秋寒意的大衣的钱都没有。殊不知,露易丝在艾尔顿镇的家乡人,已经募集了三十万美元,好让露易丝的父母能够从大西洋彼岸飞过来,长期留在剑桥镇,给受审中的女儿以精神支持。这三十万美元,怎么说,也足够伍德华一家三口阔阔绰绰地花一阵子,不至于买不起一件御寒的秋衣。何况,这时节,不少爱漂亮的美国女孩子也穿着单薄的夏裙。然而,主持人的这种说法,把大家的同情心一下子推向了顶点。要是现在法庭宣布露易丝犯有谋杀罪,那真是美国整个司法制度对露易丝犯了谋杀罪。

11月2日是悲剧性的一天。一再拖延的宣判不得不在这一天得出一个最终判决。电视对整个宣判过程进行了长达几小时的直播。像所有的马萨诸塞州人一样,从一大早,我就坐在电视机前,而且,甚至把面包和绿茶都准备好了。这几个小时,案情本身并没有出现什么新进展,双方当事人和律师无非又把过去几个月在法庭上反反复复说过的话言简意赅地重复了一遍。由于我对此早已熟谙于心,听得直走神。在法庭直播的间隙,电视台还插播了围聚在高等法院门外声援露易丝的人群,以及露易丝的艾尔顿镇的家乡人聚在该镇最大的一家酒吧里等待宣判结果的场面。"先生,您觉得露易丝有罪吗?"采访记者在人群中穿梭,不时向某个人提问。"她当然是无辜的。"被采访者总这么说,"她应该马上获得自由。"公众舆论已经一边倒了。看来,几小时后,露易丝就要被宣布无罪,当庭释放了。终于,由九位女士和三位男士组成的陪审团,在秘密投票以后从一个侧门鱼贯而入,重新回到了法庭。首席陪审员将一张写有投票结果的纸条递给了法官席上的左贝尔先生。左贝尔展开纸条,然后,以一种低沉的嗓音当庭宣布:露易丝有罪。这意味着,在以后的量刑中,露易丝很可能被定为二级甚至一级谋杀,至少会被判以十五年以上的徒刑,如果恢复死刑,也很可能上电刑椅。我想,法官左贝尔和陪审团的成员们,在持续了几个月之久的精疲力竭的审判后,一定是冒着巨大的舆论压力和自己的精神压力,还得冒自己的名誉受损的危险,才最终拿出这个判决结果来的。检察长莱利在判决后接受记者采访时说的那番话,很能反映他们这些人在这几个月里所感受到的内心的矛盾和痛苦。"我知道有些人会因为我指控露易丝有罪而认为我冷酷。"他说,脸上没有一丝一毫胜利者的笑容,"但是,为了法律的尊严,我仍会尽我的职责。"

整个法庭没有一个人感到高兴。甚至,连终于为死去的儿子报了仇的伊本夫妇,都面无表情地坐在那儿,身体虚弱得靠在一起。露易丝的几个律师垂手而立,悲痛而又沮丧,巴里几乎流出了眼泪。突然,被告席上的露易丝失声哭了起来。几个月来支持着她在法庭上从容应对的神经,在这最后一刻终于崩溃了。她的哭声,她的眼泪,具有无比的震撼力,我相信整个马萨诸塞州的人都为之心悸,为之动容了。至少,我当时就感到非常难过。我想哪怕她真是一个杀人犯,我也会为她一洒同情之泪。几个月来一直牵挂露易丝命运的人们,听到这个判决,都感到自己被出卖了,几个月来一点点汇聚起来的同情心,顷刻间就化作了悲痛。我看到围在高等法院门前的那些支持露易丝的人,都一个个泪流满面。电视上,法警心情沉重地给露易丝带上手铐。当押送露易丝去监狱的车队穿过黄昏的街道时,整个马萨诸塞州的人都通过电视心情沉重地为她送行。"今天夜里,"主持人凄然说,"可怜的露易丝不能再和她的父母住在旅馆里了。她将在州监狱的牢房里度过她漫长的第一夜。"

这弥漫在马萨诸塞州和大西洋彼岸艾尔顿镇的悲伤,很快使少数人激烈地指责起陪审团来,说这些人压根儿不懂法律。有些人甚至说,陪审团制度是一种陈旧的早该废除的制度。"我们不能随随便便凑合十二人,来决定另一个人的命运。"一位被采访的先生说,"得找那些真正精通法律的人。"这引发了后来关于陪审团制度的旷日持久的激烈讨论。可是,精通法律的左贝尔法官也未能幸免于更为恶毒的指责。"他愚蠢无比,"艾尔顿镇的一位女士对波士顿电视台的记者说,"他根本没有自己的见地。"电视画面上显示出这位女士身后神情激昂的人群,以及那些高举在人头之上的牌子,上面用大字体写着"左贝尔是个傻瓜"、"笨蛋左贝尔"诸如此类的黑字,似乎早就知道左贝尔的智商,可这些人不过在几天前,才知道遥远的剑桥镇有这么一个叫左贝尔的法官。

与此同时,前不久关于在马萨诸塞州恢复死刑的辩论,又戏剧性地转向了另一个方向,因为11月6日的州议会投票,如果通过恢复死刑,那露易丝很可能坐上电刑椅。州议长鲍特鲁奇先生又一次出现在电视上,脸上一副哀伤的表情。他对全马萨诸塞州人说:"露易丝被判刑,使我想到,死刑也有可能处死无辜者。"这就等于说,露易丝是无辜者。显然,州议长的话虽与高等法院的判决不一致,却代表了马萨诸塞州人的心声。与鲍特鲁奇先生一同出现在电视屏幕上的老柯里,脸上的表情既痛苦,又犹疑,看得出,这个善良的人处于两种对立的感情的折磨中:如果不恢复死刑,那么杀害小柯里的两个罪犯就不能偿命;而如果恢复死刑,那么无辜的露易丝就要丧命。当记者问他的看法时,老柯里痛苦地欲言又止,悲伤地叹息了一声。他无法赞成或者否定任何一种选择。可以说,这两个同时出现的案件,由于越出了法律的范畴,使马萨诸塞州的良心受到一场可怕的考验。

11月6日,来自马萨诸塞州各地的160名州议员,云集在州议会的大厅里,就是否在马萨诸塞州恢复死刑进行投票,投票的结果是:80票对80票。由于票数没有过半,恢复死刑的提案遭否决。人们为露易丝未卜的命运松了一口气。州议会的表决,对杀害小柯里的那两个罪犯来说,也是一个绝处逢生的特大喜讯。我想,他们会以一种如释重负的心情,度过他们漫长的狱中生涯里最轻松的一个夜晚。是他们素不相识的英国姑娘露易丝救了他们的命。

可是,事情还没有结束。11月10日,州高等法院再一次开庭,以确定露易丝所犯罪行的性质,并对刑期进行裁定。又一次出现了戏剧性的场面。饱受指责的左贝尔法官突然宣布:将11月2日法庭对露易丝裁定的谋杀罪,改判为过失杀人罪,处279天刑期。如果说,将谋杀罪改判为过失杀人罪,还不特别出人意料的话,那么,"279天"这个奇怪的数字,就让人莫名其妙了。很快,我们就得到了答案。"由于从被捕之日算起,到今天,露易丝已经被羁押了279天,"左贝尔说,"按羁押天数算作刑期的规定,她今天已经服满刑期,所以当庭释放。"

过失杀人犯露易丝在法庭上甜甜地笑了,而聚在高等法庭门外等待结果的那些本已失望的支持者,以及露易丝远在艾尔顿镇的家乡人,都为这一突然降临的喜讯而欣喜若狂。电视画面上,艾尔顿镇的人全涌到了街道上,像开庆祝会一样欢呼雀跃。人群中打出了"谢谢你,左贝尔法官"的巨大标语,全然忘记了几天以前还骂过左贝尔是一个笨蛋。我注意到,另一些标语上写着"欢迎你回家,露易丝"诸如此类的文字,看情形,艾尔顿镇人将会像迎接凯旋的本地英雄一样热热闹闹地迎接露易丝的归来。与这种轻松愉快的场面形成鲜明对照的是原告席上的伊本夫妇,他们失神地坐着。我敢肯定,此刻,在经历了几个月的痛苦并从这种痛苦中获得某种宗教般的力量后,这个突如其来的消息并没有立刻摧垮他们的神经,甚至没有使他们惊慌失措,然而,看得出,他们眼睛里透露出深深的绝望和伤心,那不仅是一种失子之痛,还是一种被全马萨诸塞州人背叛后产生的孤立无援感。

左贝尔法官在宣布这个消息后,补充说,虽然露易丝获得了自由,但是,她必须在今天晚上12点以前离开美国,而且从此不准踏上美国的领土,否则,将被视为违法,予以逮捕。

我看到左贝尔法官的表情比前些天还痛苦。他坐在高高的法官席上,整个身体差不多都陷进了宽大的法官黑袍里。我察觉到,他动了动嘴唇,似乎要补充一些话,不过,又犹豫了,可能他在想,他将要说的一番话,是不是适合法庭,适合一个法官的身份。这时,他轻轻地挥了挥袖子,脸上的表情说明他不想再考虑什么身份之类的事情了。"我作这个决定,"他艰难地说,嗓音低沉,"绝对不是无视马修·伊本的死亡,以及伊本家的痛苦。我认为,该是将这个特殊事件的司法部分,以一种悲悯的方式结束的时候了。露易丝虽然获得了自由，但是，她必须记住，不管怎么样，是她曾经导致了一个无辜的孩子的死亡。我想，她一辈子都会记住这一点。对她来说，这是一种永久的惩罚。我不希望艾尔顿镇的人给她举行欢迎仪式。我们大家都必须记住，这是一个非常不幸的事件。我们得本着宗教的精神，去宽容，去悔罪。"

我觉得左贝尔法官这一席话，是他漫长的法官生涯中最杰出的部分，它把大家几个月来对公正的骚动不宁的热情，导向了一个更崇高的境地，导向了人性的最深处。只有经历过长久的内心矛盾而又不失其爱人之心，才能摆脱狭隘的思想，达到一种宗教的宽恕精神。左贝尔的话，使马萨诸塞州人从喧哗中慢慢沉静下来。

然而，艾尔顿镇的人似乎没有体会左贝尔的深意。在最后一次电视直播中，可以看到回到故乡的露易丝面带笑容，被同样面带笑容的左邻右舍簇拥着，走进自己的家门。然而，画面又切换到剑桥镇的一所房子前，在黯淡而又寒冷的暮色下，伊本夫妇抱着剩下的那个孩子，忧伤地走上自己家的汽车，准备离开给他们留下了无数伤痛的马萨诸塞州。我看到伊本夫妇面带忧伤地尽量避开摄影机镜头。我想，伊本夫妇可能太相信法庭了，以为只要有陪审团和法官，一切就会解决。他们显然不喜欢喧哗，可是，他们没有料到，他们出于修养、悲痛、生活方式以及其他原因，不想把儿子的惨死演变成一个公众事件，在失去一个孩子的情况下，再使不幸的家庭成为人人议论的对象，忍受着更多的伤害，而电视台的摄影机却违背他们的初衷，粗暴地一次次侵入他们的生活，把他们一次次展示在千家万户的电视屏幕上。伊本夫妇大概痛心地感到了，他们本来宁静的生活先是被露易丝破坏，接着又被记者们破坏，在成为一个人人谈论的对象后，他们自己却失去了能够控制这一切的力量，甚至在众人的喧哗中失去了自己的声音。他们的生活从小马修死的那一天起，就被彻底地、永久地破坏了。而这几个月来，他们还得承受陌生公众的种种非议带来的更多的伤害。

小马修已经被埋在了剑桥镇的墓地里。当伊本夫妇带着剩下的那个孩子，在暮色下悲伤地、悄悄地离开生活了许多年的剑桥镇时，躲在一棵大树后的摄影机把这个感伤的场面传到了全马萨诸塞州人的电视屏幕上。人们放下晚餐的刀叉，望着伊本夫妇那痛苦的隐忍的脸，突然感到从平静的同情心里泛起一种歉疚感。尤其是几分钟前刚看到露易丝灿烂的笑容后，这两张悲伤的脸更让人不好受。在这么一个寒冷的夜晚里，他们将怀着怎样一种凄怆的心情穿过他们的伤心之地马萨诸塞州啊。这一夜，对伤感的马萨诸塞州人来说，也会像几天前听到法庭上露易丝的哭声时那样，将是一个不眠之夜。同情心会在大家的辗转反侧中转一个方向,姗姗来迟地为伊本夫妇跳动。

果然,第二天,在电视的早间新闻后,主持人问观众:"你赞成释放露易丝吗?"这句话已经失去了实际意义,因为露易丝此刻正在艾尔顿镇她父母家里享受她自由后的第一顿午餐。但这句废话却代表了马萨诸塞州人的同情心的变化。"这不公平。"我去老卡雷拉斯的杂货店买《波士顿邮报》时,他对我说,"露易丝弄死了一个孩子,却显得那么高兴,而失去这个孩子的伊本夫妇,到头来却这么凄惨。"我回到自己的房间,翻开报纸。"这又是一起O.J.辛普森案。"其中一篇文章引述一位女士的话说。这确定了此后几天所有报纸的倾向。从另一个角度,大家又谈到了陪审团制度。"必须改革美国的司法。"一位资深的法律评论家说,"要么废除陪审团,要么建立一个四人法官团,以判断出庭法官的判决。"

谁也没有谈到"公众舆论"在这两起案件中的作用,更没有涉及其他一些可能在暗中左右"公众舆论"的法庭之外的力量。至少,在这两起不幸案件的一波三折的审判过程中,平日观众不多的几家公共电视台,使出了浑身解数,把观众都吸引到了自己的屏幕前,而这和电视台的广告收入有密切关系。这些公共电视台本就靠广告收入维持自己。当然,各家报纸的发行量在这段时间里也猛增了几个百分点。毫无疑问,这些大众传媒必须寻找新闻,并使新闻显得一波三折,这样,才能持久地抓住观众和读者的注意力,这就等于抓住了他们的钱包。难道,这些电视台和报纸果真那么关心他们报道的那些人的命运吗,甚至,当这种关心可能使挂在它们各自董事长办公室墙上的利润表的箭头往下倾斜时,也义无反顾?它们不停地调动大众的同情心,倒好像每一个人都有权力和资格在另外一个人的生死问题上发言。

说真的,我真担心这些聚在一起的大众。我们大部分人都孤陋寡闻,见识有限,判断力和同情心一样残缺不全,甚至没有弄懂自己的生活,就以为对世界了如指掌。这里面潜伏着一种可怕的倾向。而且,如果说存在着真理的话,那么真理也不一定站在人数多的一方,因为它不是一个数的概念,而是一个质的概念。民主制的确给予了每个人以发言的权力,但并不保证每个人具有发言的资格。如果不具备发言的资格而又有发言的权力,那就可能导致权力的滥用。

我又拿起了因两个案件而中断阅读的托克维尔的《美国民主》。窗外已经开始下雪了。毕竟,对多数人来说,生活依然如故,几天前充满在自己内心的那些真实的愤怒、伤感和同情会不知不觉地消退,再过一些日子,就记不起那些他们曾为之激动不安的面孔了。电视和报纸会提供一些新的消遣。可是,那些在这两起案件中受伤的人,心中会留下永久的隐痛,在不为人知的角落苦度余生。我望着纷纷扬扬的大雪下那些房屋、街道、树木和远处教堂的尖顶,突然想起了左贝尔法官在法庭上那一番引人深思的话。是的,假若我们对真理还没有把握,那么就先让我们仁慈吧。

他人之痛的见证

被围困的萨拉热窝

1993年8月,在萨拉热窝城的一个剧场里,由于战争造成供电中断,人们只好点起蜡烛,在烛光中演出贝克特1952年创作的荒诞剧《等待戈多》。导演是60岁的美国人苏珊·桑塔格,演员是当地的塞尔维亚人和波西尼亚人。在这座被暴力的野蛮之水淹没的城市里,这个闪烁着烛光的剧场成了文明残留下来的唯一景象。一则评论以崇敬的笔调写道:"当政治领袖们把萨拉热窝城扔给了狙击手和炮火来料理时,桑塔格和她的塞尔维亚以及波西尼亚演员们却展示着艺术和艺术家的力量。"

这位评论家显然高估了艺术和艺术家在一个暴力时代所拥有的那种微不足道的力量。桑塔格本人则把自己的萨拉热窝之行更多地看做是一个象征行为,"是去见证,去哀悼,去树立一个明确的榜样,去介入,等等,这就已经足够了。相信正确的行动,不是一个作家的责任,而是一个人的责任"。在8月19日的那场演出结束后,她写了一篇文章,篇名是《在萨拉热窝等待戈多》,其中写道:"在8月19日下午二时那场演出快要落幕之前和信使宣布戈多先生今天不会来、但明天肯定会来之后,弗拉迪米尔们和埃斯特拉贡们陷入了沉默,我的眼睛开始被泪水刺痛。弗利博尔(演员)也哭了。观众席鸦雀无声。唯一的声音来自剧场外面:一辆联合国装甲运兵车轰隆隆地碾过那条街,还有狙击手们的枪发出的噼啪声。"

桑塔格无法使萨拉热窝免于战火的蹂躏,她所能做的,仅仅是在战火中为饥饿和恐惧的萨拉热窝人上演一场荒诞剧,而该剧场之所以能免于战火的袭扰,大概与她的美国人身份以及著名知识分子身份不无关系。这引来了对她的此番行为持怀疑态度的法国理论家让·鲍德里亚尔的冷嘲热讽,说她凭着知识分子高人一等的特权,屈尊俯就,完成了一次漂亮的但毫无意义的象征性介入,为的是把自己塑造成一个明星。桑塔格反唇相讥,说鲍德里亚尔是"当代最狡黠的虚无主义思想家"。考虑到在海湾战争时,鲍德里亚尔就曾撰文怀疑过战争的真实性,把实际发生在中东沙漠上的血腥场面描绘为一场"虚拟现实",像电脑上的战争游戏,从而把现实符号化,那桑塔格的反驳也并非无的放矢。

换一个角度看,鲍德里亚尔的说法也具有批判性。为了制造"干净的战争"的幻觉,从而使国内外的批评力量确信对伊战争的正当性和无害性,美国政府和军方暗中阻断了战争的现场画面。这是一场没有血腥现场的战争,人们通过电视上显现的瞄准镜,只看见导弹在空中划出漂亮的弧线,远远朝地面目标飞去,接着地面便升起火光和浓烟,但人们看不到下面被炸得七零八落的人。美国政府和军方吸取了越南战争的教训,全面控制了战争报道。当初,越南战争之所以引发了美国国内的反战运动,是因为大量的美国记者进入了战争现场,从地面目睹了美国飞机扔下的炸弹在地面造成的血腥场面,并以摄影机和照相机把这些场面拍下来,传回美国。这些画面刺痛了美国人的良心和犯罪感,纷纷加入了反战行列。

但海湾战争的画面如此干净,全然见不到烧焦的尸体、血淋淋的肢体和无辜平民的眼泪,也就不必劳驾自己的良心了,完全可以心安理得地坐在沙发里,惊叹电视里演示的美国导弹精确的飞行轨迹。鲍德里亚尔以多少有点深奥的理论术语将美国政府和军方暗中灌输给人们的那种看待战争的方式表述出来,肯定会使美国政府和军方感到难堪。但鲍德里亚尔的批判性也就到此为止,因为他尽管揭示了"虚拟现实",却没有揭示"现实"。他是在高空俯瞰地面的,与轰炸机飞行员的视角重叠在一起,而在这个高度上,地面只有被标识出来的目标,而没有人——人被拉远到看不见的距离。

现实必须是在现场才能获得的。即便退一步说,桑塔格在硝烟弥漫的萨拉热窝城上演《等待戈多》,是为了获得某种道德资本,但她进入了现场,与处于战火中的当地人在一起,也就把现场带到了后方,使后方人在"虚拟现实"之外突然遭遇到了不安的现实,而这个现实是他们难以承受的。多年后,在东单一条胡同的一家旧书店里,我在满是灰尘的书架上发现了两大册无人问津的封面简朴的摄影集,里面尽是在地面贴近拍摄的血腥场面(大量残缺的尸体、散落四处的肢体以及像睡着了的死儿童),此乃北约空军在高空中创作的杰作。但照片上的这些血腥场面不再具有抗议的效果,因为早在它们被公布出来以前,战争就干净地结束了,像一场电子游戏。

越南战争之后,对战争的感知方式发生了改变:以前是两个对立的角度,即轰炸机的角度和炸弹落点的角度,或天上的角度和地面的角度;现在被暗中转变成了唯一的一个角度,即轰炸机或天上的角度,也即强者的角度,而地面的或弱者的角度则关闭了。战争完全成了被强者单方面所再现和解释的战争,因为强者不仅控制了制空权,也控制了传媒,并通过传媒控制了大众的感知方式。这是所谓"远距离打击"的战争,甚至是"超视距"的战争,被远远推在视距之外的是作为战场的另一国的土地——那儿的人民、建筑和街道。

桑塔格却固执地把被推远的场面重新拉回视野中。进入被围困的萨拉热窝,并不是她头一次进入现场。在1960年代的越南战争期间,当美国飞机轰炸北越时,她曾两度深入越南。在1973年,当以色列发动中东战争时,她深入前线,拍摄了《承诺的土地》。此外,她在萨拉热窝不止是呆了一阵子,而是前后三年,这或许能反驳那种说她此行仅仅是为了上演《等待戈多》而获得关注的不实之词。她是为了与萨拉热窝人一起在被战争所围困的萨拉热窝城等待戈多,但信使一次次走过来,宣布戈多先生今天不会来了,但明天肯定会来。

土星气质

桑塔格原本并不想成为一个政治人物。她曾以"在土星下"为题,写过一篇描绘瓦尔特·本雅明的文章,说他的气质属于土星星象,是一种土星气质,表现为一种深刻的忧郁,"冷漠、迟缓、犹豫不决"。这种气质还见于桑塔格喜欢的另几位作家,如卡夫卡、波德莱尔、普鲁斯特等。她说:"土星气质的标志是对于自我有自觉的本能与毫不宽容。自我从来不被当做是理所当然的。自我是一个有待译解的文本(因此,这就是知识分子特有的气质)。自我是一个有待建设的工程(因此,这就是艺术家和殉道者特有的气质,正如本雅明评价卡夫卡时说的,他们追求'失败的纯粹和美感')。"

但桑塔格并不希望把"知识分子"这个标签贴在自己身上:"知识分子这个词对我来说作为形容词比作为名词更能说明问题。我认为人们把知识分子看做是一批笨拙的怪物,如果是女人,就更糟了。这使我更明确地抵制那些甚嚣尘上的反知识分子的陈词滥调。"对知识分子,桑塔格的看法是矛盾的:在她1960年代写作《反对阐释》、《一种文化与新感受力》以及《关于"坎普"的札记》时,她显示出一种激烈的反智主义色彩,而自1990年代初以来,当大多数知识分子在道德虚无主义的迷药的药力作用下遁入符号世界的幻境,与现实越走越远时,她却逐渐回归到启蒙主义知识分子的严肃立场。关于启蒙,康德在1784年《何谓启蒙:一个答复》一文中,曾把它定义为一个从"未成年状态"摆脱出来而进入理性的过程。由于这一过程不可能完结,所以米歇尔·福柯在1984年发表的同名文章中进一步把康德的"启蒙"阐释为一种"气质",一种永不停止的批判态度:"当我参考康德的这篇文章时,我自问,人们是否能把现代性看做是一种态度而不是历史的一个时期。我说的态度是指对于现时性的一种关系方式:一些人所作的自愿选择,一种思考和感觉的方式,一种行动、行为的方式。它既标志着属性也表现为一种使命,当然,它也有一点像古希腊人叫做'气质'的东西。"

甚至在桑塔格被认为最具有反智主义色彩的1960年代,她也与一般的反智主义者不同:她反对的是关于现实的种种诠释,而不是现实本身。恰恰相反,她呼吁回归到现实感觉,恢复那种已被忘却的现实感。而大部分反智主义者后来都成了虚无主义者,他们瓦解一切,包括作为批评之基础的那种核心的道德价值,在层出不穷而又相互拆台的符号的游戏中乐而忘返。桑塔格的作家身份使她免于成为一个虚无主义者:如果要写作小说的话,那就必须有构成小说的东西。对她来说,现实就在那里,是可以被再现的,而绝对不是一团飘浮的能指。她的问题不是有没有现实,而是以何种方式来再现现实。她甚至还以一起真实的历史事件创作了一部历史小说。那个时代最时髦的语言学认为,不存在现实这回事,有的只是关于现实的写作,现实于是从现实领域被移入了叙事领域。

于是,对现实的关注,被对符号的关注所取代。知识分子从现实关注者成了符号游戏者,其后果是,知识分子不必再对现实承担责任。但桑塔格却说:"所谓作家,就是一个对世界充满关注的人。"她说出这句话,说明她把自己看做是从"费尔奈的老人"伏尔泰到喊出"我控诉"的左拉、再到主张"介入"的萨特这一路数的作家,而不仅是一个具有土星气质的人。

纽 约 文 人

1933年,在中国北方做皮毛生意的美国犹太人杰克·罗森布拉特带着身怀六甲的妻子回到纽约。不久,罗森布拉特夫人生下了一个女婴。由于放不下在中国的生意,罗森布拉特夫妇把孩子交由孩子的祖父母抚养,自己则又返回中国。在日本发动侵华战争的时候,罗森布拉特先生染上了肺结核,死在了中国。他的遗孀悲伤地回到了美国,几年后嫁给了军官纳森·桑塔格。她与前夫所生的那个女孩按现任丈夫的姓氏改名为苏珊·桑塔格。

桑塔格是一个早慧的孩子。她10岁就开始读百科全书,并根据前方战报,自己编写剪报,以每份5分钱卖给邻居们。15岁时,她就进了加州大学伯克利分校,次年转至芝加哥大学,并与比她大12岁的社会学教师菲律普·

里夫结婚。在1950年代末他们的婚姻最终破裂前,桑塔格一直在大学学习:从芝加哥大学毕业后,她进入哈佛大学,在那儿攻读博士学位,但3年后去了巴黎大学,后来又在牛津求学。1960年是桑塔格决定结束自己漫长的学生时代的一年,她重返纽约,在纽约哥伦比亚大学当了4年教师,后来又以住校作家的身份在拉特格斯大学呆了一年,此时她已经是长篇小说《恩人》的作者。她这一时期为《党派评论》、《纽约书评》和《哈泼》等著名刊物写了不少文章,迅速跻身于以批评家莱昂内尔·特里林夫妇为核心、以《党派评论》为基地的"纽约文人集团"之中。

老一辈的评论家们从桑塔格身上看到了又一个玛丽·麦卡锡,而且刊物的编辑们也的确希望她成为麦卡锡的接班人,以麦卡锡的风格为刊物撰写文章。但桑塔格对此没有太大兴趣,而且她也无法成为麦卡锡那一类的批评家。她可能更喜欢汉娜·阿伦特。这倒不是因为《恩人》一发表便获得了阿伦特的好评,也或许不是因为阿伦特本人的传奇经历,而是因为阿伦特是一个严肃对待伦理困境的人。1961年,当以色列法庭审判被抓获的纳粹军官艾希曼时,阿伦特亲临审判现场,后来据此写下了《艾希曼在耶路撒冷:关于恶的平庸性的一个报告》,在《纽约客》上分5期连载,立刻引起轩然大波。阿伦特自己是一个犹太人,却说以色列法庭不仅没有完全按照法律程序审判艾希曼,而且把审判政治化了,目的是把犹太人的受难史变成以色列国的一笔政治资本,用来为犹太复国主义提供合法性。更令大部分犹太人不可接受的是,在几乎所有的评论家都把纳粹定义为一种深层次的邪恶时,她却放弃了这种看法,而去挖掘纳粹的邪恶的平庸性,即纳粹的邪恶并非一种人性层面上固有的东西,而是体现为一种可怕的肤浅性,"是拒绝言语和思考"。她还引述一些史料,揭示纳粹期间犹太人评议会在协助纳粹灭绝犹太人时所起的作用。这当然更刺痛了犹太人的自尊心,因为阿伦特使他们感到自己并非全然无瑕的受害者。

阿伦特由此遭到了来自世界各地的犹太人的激烈批评。但也有极少数像阿伦特一样把正义和真相看得比种族利益更重要的犹太人对她表示了或公开或私下的支持。桑塔格1964年在《书评周刊》上发表《论〈代表〉》一文,在评论这部以犹太人大屠杀为主题的剧本时,委婉地表达了对阿伦特的观点的赞同。不过,桑塔格对阿伦特的赞同,对阿伦特所遭遇到的责难和犹太人所面临的伦理问题并没有太大的影响力,因为1964年的桑塔格还只是一个仅发表过一部长篇小说(《恩人》)的初登文坛的作家,所谓"人微言轻"。她必须通过其他途径,先使自己成为一个像阿伦特一样有名望的思想家、一个社会名人后,才能对当代问题具有重大的影响力,因为到那时,她的每句言论、每个行为才会成为一个公共事件。

1966年桑塔格把前几年为刊物所写的文章以"反对阐释"为名结集出版。实际上,自1964年的《反对阐释》和《关于"坎普"的札记》、1965年的《论风格》和《一种文化与新感受力》等文章发表后,她已经享有一定的文学名声了。1967年她出版了她第三部长篇小说,1969年出版评论文集《激进意志的类型》,之后,大约有七八年左右的时间,除了偶尔发表几篇短篇小说和评论文章外,就很少看见她发表大部头的东西,几乎从文坛上隐退了,以致1977年当文化史家莫里斯·狄克斯坦为1960年代的反文化运动作传时,几乎是带着历史的口吻谈到她。接着,大约在1976年前后,桑塔格被诊断患了乳腺癌。

患病和治疗的经历,对桑塔格后来的思想发展来说,倒不见得是一种不幸。在治疗期间的1976年,她把曾发表于《纽约书评》上的文章以"论摄影"为题结集出版(该书在1977年获国家书评人评论组首奖),次年又出版了一个短篇小说集,收录了她此前所发表的一些小说。这预示着桑塔格的重返文坛。1978年,大病初愈,她就在《纽约书评》上以连载的方式发表了《作为隐喻的疾病》,又于1989年发表该文的续编《艾滋病及其隐喻》。这两篇长文,使桑塔格以一个眼光犀利的文化批评家的身份广为世人所知,成了美国首出一指的公共知识分子。1992年她出版长篇历史小说《火山情人》,1999年又推出另一部长篇小说《在美国》,此书荣获2000年全美图书奖。接着,她又出版了两个评论文集——2001年的《重点所在》和2003年的《注视他人之痛》。

尽管桑塔格的著述生涯开始于1960年代初,至今仍在延续,但她全部的著作都有一个共同的主题,那就是神话与现实、词与物、现象与本质之间的关系:现实、物或者本质总是被神话、词或者现象有意或者无意地掩盖,而这些掩盖物会获得自身的生命,成为一个具有可怕压制力量的"意义世界"。例如当人们把结核病看做是一种浪漫病、把癌症看做是没有情趣的人容易患上的病时,那就已经不是在谈论疾病本身,而是在把疾病隐喻化,使其进入道德和美学的价值判断领域,最终变成一种政治压迫。

桑塔格的批评智慧无疑具有极强的穿透力,无愧于人们在她晚年授予她的种种重要奖项。这些奖项,既是对她的重要性表示的敬意,同时又增加了她的重要性。像1961年的阿伦特一样,1993年后的桑塔格开始对重大的时事问题发表见解,而她每有言出,都几乎会引发一场激烈的争议。前面谈到,1993年她曾在被围困的萨拉热窝上演《等待戈多》,引来了鲍德利亚尔的嘲笑;而当霍梅尼对《撒旦诗篇》的作者拉什迪下达追杀令时,她拍案而起,呼吁人们要在卑鄙的暗杀面前表现出"市民的坚韧";在2000年以色列授予她国际文学奖时,她在受奖演说《文字的良心》中却厉声抨击以色列人镇压巴勒斯坦人的政策,以致引来众多犹太人的愤怒,令人想起阿伦特当初遭遇到的情形;9.11事件爆发时,她看到仇恨之语和丑化之词充斥于美国的媒体(最著名的是布什总统的"懦夫"一说。比尔·马赫尔在ABC新闻网谈话节目中嘲弄道,布什总统奇怪地把那些劫持美国飞机撞击双子大厦的恐怖分子称为懦夫,可美国人自己却在3千公里外向敌人发射导弹,是真正的懦夫),而不同言论却遭到严厉封杀时,感到自己不能沉默,于是在《纽约客》上发表一篇短文,说9·11后美国的广播电视充斥着"自以为是的胡言乱言和彻头彻尾的欺人之谈"。

当举国都陷在狂热的仇恨感和炙热的爱国情中时,有一个国民居然唱反调,那这个人很容易被戴上卖国贼的帽子。苏珊·桑塔格这个名字于是被人恶意改换了,叫做"奥萨马·本·桑塔格"。更偏激的人则向她发出死亡威胁。约翰·彼德列兹在《邮报》上向她开火:"这儿还有一群仇恨美国的家伙……舒服地在大学里教书,住在纽约出租公寓的大房间里,享受着优先借书的特权,拿着基金会的钱。"威廉·德勒希维茨则在2001年11月间的《纽约时代周刊》上撰文说:"其实,在很长一段时间里,桑塔格都是头一号公开以圣徒自诩的人。"甚至,在2000年,卡尔·罗利桑和利莎·帕多克两人未经桑塔格授权,就出版了一部有关桑塔格的传记,书名叫《一个偶像的制作》,把桑塔格在1990年代以后的声名鹊起,归结为"一种精心操作的自我制作策略"。在9·11事件后同仇敌忾的气氛中,只要以一种粗鲁的语言把一个唱反调的同胞说成是卖国贼,那就似乎一定能获得爱国者的名誉了。

我们对真理并没有太大把握,但关键在于,必须永远站在受害者一边,并对各种神话保持警觉。桑塔格把恐怖分子对纽约的袭击,归因于美国的中东政策及其颐指气使的帝国作风。是美国先伤害了阿拉伯,才遭到阿拉伯人的可怕报复,伤害了美国人。如果在一种仇恨的情绪下拒绝语言和思考,或者以胡言乱言和欺人之谈(例如丑化恐怖分子、侮辱阿拉伯人)来激起更大的仇恨,并且追求暴力的解决,那美国人就会像恐怖分子一样陷入阿伦特当初所说的恶的平庸性中,只是比恐怖分子更缺乏合法性——至少,阿拉伯的"恐怖分子"可以把阿拉伯人在历史上所遭受的漫长的西方压迫作为自己的恐怖行动的合法性来源。

出乎美国的意料，欧洲大陆肯定了桑塔格的批评智慧。在继阿富汗战争之后的伊拉克战争期间，欧洲与美国对世界的看法发生了公开的严重分歧，更急切地想在美国人中寻找一个敢于批判美国的著名人士，作为一种呼应力量。并非偶然的是，恰恰是在伊拉克战争仍在进行的 2003 年 10 月，德国书业协会把著名的和平奖授予了桑塔格，似乎故意在与美国的反桑塔格声浪唱对台戏。授奖辞写道："在一个充斥着假意象和扭曲的真理的世界，她维护着思想自由的尊严。"欧洲和美国对桑塔格的不同态度，说明欧洲不再愿意按照美国的眼光看待世界。

另一堵柏林墙

但欧洲大陆与美国之间的分歧，其实早在 1989 年就已埋下隐蔽的种子。1989 年柏林墙的倒塌，并没有终结一个暴力抗衡的时代。相反，当外部不再存在一个强大的制衡力量时，暴力就变得更加赤裸裸了，再也没有必要求助于道德和正义——或者说，道德和正义被垄断在了剩下的那个唯一的强权手中，完全可以按照自己的利益来任意解说道德和正义。欧洲人在柏林墙倒塌的那一年，仿佛看到了西方时代的美妙幻觉，彻夜欢呼它的降临，并对促成这一伟业的美国心存感激之情。

事后证明，1989 年的欧洲人处在历史意识的错觉中。他们没有立刻意识到，处于衰落之中、自身力量不足以对抗东欧阵营的欧洲之所以能在冷战中成为一种力量，恰恰是因为东欧阵营的存在。当阻隔东西两个敌对阵营的那堵水泥墙倒塌后，作为国际政治基础的权力制衡格局就随即瓦解，而作为以美国为核心的西方阵营中的跟班的西欧各国的战略价值也就随即贬值。既然东欧社会主义阵营已经分崩离析，再也没有强大到足以与自己抗衡的对手，那美国完全可以自行其是，不必再去照应过去的小兄弟们的要求。因此，当伯林墙的倒塌在欧洲人那里唤起西方时代来临的幻觉时，它在美国人那里唤起的则是帝国时代来临的幻觉。

帝国的幻觉改变了美国的传统政治哲学。1787 年制订的美国宪法以权力制衡作为民主政治的基础，它处处制约联邦政府的权力，以免它强大到危及个人自由的程度。这是美国小城镇时代的政治哲学，同时也是美国孤立主义时代的政治哲学。当 20 世纪后半叶越来越庞大的工业经济和越来越迫切的政治平等愿望使得个人不再有能力自己来处理自己的事务时，美国人就要求政府越来越广泛地干预经济和社会，实际上把越来越大的权力赋予了美国政府。自由主义实际上已经破产了，取而代之的是一种全面的控制。

权力制衡的格局尽管还保持着过去的外观,可内部已经被挖空。在外交事务方面,自第二次世界大战开始,美国放弃了孤立主义政策,全面卷入世界各地的事务,逐渐建立起了一个以美国本土为中心、全方位向外扩展的庞大势力圈。美国的意志不仅是想压垮社会主义阵营,而且是想成为一个世界帝国。因此,当柏林墙倒塌后,美国并没有像它的垮台的夙敌那样进行战略上的收缩,而是进一步实施战略扩张:1991年的海湾战争,是美国抢占苏联势力撤出后留下的战略空地的开始,接着是第二次海湾战争、1993年的波西尼亚战争、1999年的波黑战争、2003年的阿富汗战争以及随即展开的伊拉克战争——只是到了这一年,欧洲人才突然明白自己并不是西方人,而是欧洲人:柏林墙的确倒塌了,但另一堵无形的墙却开始在大西洋两岸的传统西方阵营内部耸立起来。

对帝国的梦想,缠绕着1989年之后的美国。但奥萨马·本·拉登却以一次恐怖冒险行动,击中了帝国的核心。这突如其来的事件,改变了冷战之后形成的短暂的世界格局。走向帝国时代的美国以帝国的强硬姿态要求全世界听从它的指挥,试图重新把世界划分为两个敌对阵营,并把作为报复行动的反恐战争定义为一场圣战。这使本来因9·11事件而对美国充满同情的欧洲大陆感到自己的独立性受到了威胁,而这种危机感又强化了欧洲的自我意识。欧洲人学会了以美国传统政治哲学、国际法和普遍正义来对付美国的帝国冲动。但这对美国来说决非一件坏事,因为帝国时代的来临也意味着衰败的开始:至少,帝国是一个无法从经济上和道义上支撑下去的庞大梦想。当历史上的帝国在野心的驱使下将自己的势力范围扩展到远离自己边界的地方时,它的力量其实逐渐变得稀薄了。换言之,它在扩张的过程中把自己架空了。从这一点看,恰恰是对美国的帝国政策持批判态度的人——例如桑塔格——才最有利于美国的真正的长久的利益。

纽约的窝婆

当桑塔格的批评者依次把"奥萨马·本·桑塔格"、"黑暗女士"、"仇恨美国的家伙"等名号贴在她的头上时,就把她妖魔化了。但桑塔格其实是一个非常普通的女人。甚至她的写作方式,都令人联想到一个颇为传统的文人。她只是到了近些年,才学会使用电脑,而在此前,她习惯于用笔写作:"用圆珠笔,有时用铅笔,在黄色或白色的横格纸上,像美国作家惯常的那样,从事写作。我喜欢手写所特有的那种舒缓之感,然后把它们打出来,再在上面修改。之后不断再重打。"

她住在纽约的一套不大的公寓里,是一个自由撰稿人,完全靠稿费和演讲来维持生计。但她经常旅行,又酷爱藏书(个人藏书达2万多册),结果使自己的经济状况每每捉襟见肘。于是,在2002年,她决定出售自己的个人文献,包括手稿、书信、藏书等等。纽约的一家图书馆决定收购她的个人文献,但她似乎对把自己的文献保存在加州更感兴趣,她说:"南加州一直是我生命的一部分。"于是,加州大学的洛杉矶分校斥资110万买下她全部的文献,其中44万用于收购她的2万册藏书。

对她出售个人文献的做法,她的批评者肯定还有一番难听的话要说。但桑塔格本人的解释却更普通,完全像一个纽约寓婆说的话:"我在纽约只有一间公寓,又存放了很多东西,因此我有典型的曼哈顿人的空间问题……钱不是主要因素,但我已经很长一段时间没有收入,这笔钱可以让我维持好几年。"一个人出售自己的个人文献,就像是在挖去自己的生命的一部分。但这部分文献保存在公共机构,又使这种生命获得了延续,因为更多的读者将有机会看到它们,她的生命又一次次在别人的身体中复活。

1998年,我在波士顿时,本来有机会随一位诗人朋友去纽约访问她,后来我因故未能成行,朋友只得一人前往,并写下了一篇桑塔格访问记。我那时没想到,我自己后来鬼使神差地成了她的两部著作的译者,而我着手翻译时,恰逢非典肆虐北京。身处那时被人称为"鬼城"的北京而翻译一部有关流行病的文化政治阐释的著作(《疾病的隐语》),倒是一种奇特的体验,书里书外仿佛失去了界线。

桑塔格于2004年12月28日去世,那一天,我正站在西南一座山城的医院的妇产科住院部的阳台上,疲惫的妻子和刚出生的儿子都已熟睡,而劳累了一天的我则抽空到阳台上抽支烟,外面下着雪,这时,我的手机响了,一位朋友向我通报万里之外的桑塔格的死讯。

桑塔格死后第三年,我在桑塔格的一位朋友寄来的一本纪念她的摄影册里看到了桑塔格纽约公寓的书房(兼作客厅)的内景,里面有一些中式家具,房间中间是一张方桌和条凳,被桑塔格当做了书桌椅,墙壁上满是书架,而房间的深处是几株巨大的沐浴在窗前阳光中的盆栽绿色植物。摄影集中还有一幅中年的桑塔格身着中式服装的照片。另有一幅照片则是1960年代拍摄的,是一个年轻而美丽的桑塔格,她懒洋洋地坐在房间的一个光线黯淡的角落,凝视着对面墙角一张桌子上立着的毛泽东像,而在她和毛之间,是一大片从窗口斜射进来的雾状的光线。

两种想象力
——评《乱》与《英雄》

史诗的诱惑

在今年 4 月 17 日与张艺谋的一次交谈中,斯皮尔伯格赞叹电影《英雄》对色彩的令人称奇的使用,建议张艺谋拍摄一部科幻片,"因为我从你的武打片中看到了想象力。我觉得你如果能够把你自己完全地解放出来,能够拍一部超现实的,完全不写实的片子,完全表达你的想象的故事,肯定能成功"。自《英雄》公映以来一直遭遇批评界和普通观众的批评以至沮丧得仅指望观众"记住其中几个画面就心满意足了"的张导演,听到斯大师此番评论,定有"惺惺惜惺惺"之感。

可换一种读法,斯氏的建议就变成了一种转弯抹角式的规劝。假若你自以为拍了一部出色的武打片,而一位对此非常在行的电影大师在观赏后,却建议你去拍科幻片,完全从"现实"解放出来,那只是在委婉地提醒你,你的那种想象力更适合拍科幻片,而且拍起来肯定能成功,但你从此绝对不要再碰武打片了。

尽管斯皮尔伯格用"武打片"而不是"史诗片"来定位《英雄》,尽管张导演本人也谦虚地把《英雄》称做武打片,但张导演内心其实极度渴望影评人和观众从中得出"史诗片"的观感。可这些"众口难调的中国观众"(张艺谋语)就是不买这个账,甚至将其奚落为"风光片"——于是,才有了张导演那句"希望观众记住几个画面就心满意足了"的聊以自慰的话。的确,《英雄》当初的雄心壮志决不止于成为一部"武打片"或"风光片"。自秦国的意象十几年前进入张艺谋的创作灵感的那一刹那起,他就决定将以此为题材拍一部史诗片,而其创中国电影之最的三千万美圆的投资也的确是为一部大型史诗片预备的。

更关键的是,在看厌了港台的古装武打片和大陆的戏说历史片后,观众希望看到一部真正能够使他们为本民族辉煌的历史感到骄傲的史诗巨片,好让世界知道这个似乎只能生产廉价玩具、衣服和鞋的"世界工厂"也能生产世界一流的电影。是的,是时候了,既然大陆当今的经济发展已完全能够应付一部史诗巨片的巨大投资,既然中国大陆在历经五代导演之后终于出了一两个"大手笔"的导演,那么,一部史诗巨片的各种前提条件似乎都已齐备。正所谓"一个需要天才的时代",张艺谋听到了召唤,而他本人也正渴望成为民族历史神话的书写者。

张导演最初是以农村题材的电影而蜚声影坛的,那时候,他给人的感觉不仅是"现实主义的",甚至是"超级写实主义的",以至众多感到自己的拳拳爱国心受到了莫大的冒犯的观众指责张艺谋丑化了中国人。但张艺谋其实是十分愿意描绘壮美的。作为革命时代的孩子,他在英雄主义的气氛中度过了自己的青少年时代。可当他长大成人,准备像英雄一样有一番轰轰烈烈的作为时,却发现时代精神已堕入平庸和琐碎。尽管他经常在平庸和琐碎之中发掘出一些残存的英雄因子(所谓"一根筋的精神",如《秋菊打官司》中秋菊固执地"讨一个说法"以及《一个都不能少》中的代课女教师固执地寻找走失的学生),但这种村姑或乡下丫头式的倔劲太缺乏气派,场面也太小家子气,远远不能满足张艺谋对"旷世英雄"的期待。既然在中国的当代史中找不到类似的题材,那就不妨返回历史,在那里发现一个伟大的时代。

张艺谋头一次涉足历史片,是在1989年香港动作片导演程小东执导的《古今大战秦俑情》中,他饰演男主角。尽管他是以演员身份出现在这部电影中,可程小东对秦朝宏伟的宫殿、排山倒海的秦军方队等大场面的展示,还是激起了作为导演的张艺谋的一种艺术雄心,即他日后在适当的时候要以自己的方式执导一部以秦灭六国为背景的历史片。

以动作片见长的程小东导演的兴趣不在历史,而且事实上很难将《秦俑》归于历史片的范畴,但他对秦朝的大场面的展示,却激发了大陆两个最有才能的导演的创作冲动——另一个是陈凯歌,他于1998年完成《荆轲刺秦王》一片,比张艺谋的《英雄》还要早四年。由于两位导演都选择"刺秦"作为自己的题材,于是,喜欢八卦新闻的影评家就臆断,一直互不服气的张陈两人是想在史诗剧上一决高下。这种臆断,随着2003年两人相继推出《十面埋伏》和《无极》,似乎获得了一些可信度。不过,我却认为,他们两人并不把对方作为自己的对手。他们有一个共同的对手,这个人当然不是程小东,而是一个幽灵——1998年谢世的日本导演黑泽明,正是他,像座高山似地横亘在亚洲电影史与世界电影史之间,使得亚洲导演们若要在世界电影史而不仅是亚洲电影史上留下赫赫大名,就必须翻越他。

使黑泽明一举成名的是《罗生门》(1950年)，该片显示出一个导演对电影中多重叙事的可能性的发现。不过，使他名垂世界电影史大师之列的，却是史诗片《乱》(1985年)。所谓"大师"，意味着有鸿篇巨制：一个小说家若仅写些短篇，无论写得多么精致巧妙，也肯定不被看做文学大师，顶多被冠以"小说名家"之名；一个学问家若只写出一些论文，而没有几个大部头，也很难获得"学术大师"的称号；同样，一个导演若只拍出一些小题材电影，而没有史诗类的大制作，那无论他拍得多么出色，也只能屈居"名导演"之列。这种偏见没有什么道理可言，无非人们对高山大海一样宏伟壮阔的东西的一种景仰之情所致。所以，影评人李道新不无道理地说："因为只有史和诗才是鸿篇巨制，才能够让一个导演从一个普通的作者成为一个大师。"

显然，仅有《红高粱》和《秋菊打官司》或《黄土地》和《霸王别姬》，还远远不够，它们可能是诗，或者可能是史，却不是史诗。张艺谋和陈凯歌都感到自己必须拿出至少一部史诗片，从而把自己从流星的轨道发射到恒星的轨道。李道新博士接着说："他[指张艺谋]面前横亘着一个人，这个人就是黑泽明。这位日本电影大师，拍了那么多的史诗影片。张艺谋尽管获得的奖可能比黑泽明还要多，但是他还需要有一部作品。这部作品必须有一个历史的宏大建构，同时又有着导演自己对于历史、对于时代、对于人性的深刻理解和诗意的传达，所以张艺谋要拍《英雄》。"

以诗叙史

1954年9月，参加第14届威尼斯电影节的黑泽明虽因《七武士》(1954年)与头奖无缘而感到沮丧，但评委之一的斯特拉米·乔丽女士却别具慧眼，在一次私人会面中，高度赞扬《七武士》对历史题材的把握方式。

"不，黑泽明，请你千万别以为我们是在有意地吹捧你，"乔丽女士郑重地说，"我们认为你的《七武士》可以参赛，完全是看到了它具有上述武打片[指《战国群盗传》、《川中岛会战》等日本武打片]所不具备的东西。在上述两部日本武打电影里，那些导演所满足的只是用竹枪与敌兵争斗拼杀，骑马征杀的场面都像赛马一样，并没有真正体现出骑射的勇猛和艰险。当然，如果一位电影导演满足于拍摄那种群马奔腾的美也是可以的，可是那样就太肤浅了。你的《七武士》则不同了，你的镜头始终是对准了那些骑马的人。因为任何人都知道，电影毕竟是为了表现人的，而不是为了表现马！"

黑泽明感到自己在威尼斯遇到了知音，于是将他多年来的一个愿望和盘托出：

"是的,夫人,拍一部反映日本历史战争大场面的电影,我确实梦想了多年了!"

《七武士》当然是一部历史片,但够不上是一部"反映日本历史战争大场面"的鸿篇巨制,因为所谓史诗,一定要以历史上的重大事件作为题材。好战的日本为战争题材的电影提供了无数的题材,但黑泽明之所以选择日本的战国时代作为其历史巨片的题材,是因为他身处战败后的日本(他父亲还是帝国的一名下级军官),不可能拍摄一部有关日本对外战争的影片,来冒犯国际政治和道德的舆论。但目睹日本国民在二战后的颓丧心理(那种因被打败、被占领、被侮辱、被贬低而造成的民族精神的涣散和国民心理的自卑),他又试图向日本国民和国际社会描绘日本的"伟大而辉煌的过去",使日本国民在精神上重新振作起来,使日本在国际社会重新恢复其尊严。他只剩下唯一的一个题材,即战国时代,那里有金戈铁马,还潜藏着日本武士的梦,这些都是一个在精神上被阉割的民族最需要的东西。在黑泽明成功地将日本武士的形象带向银幕后,日本的导演们就不断在自己的影片中重复地制造着武士,并从中发掘出了一种几乎已失落的民族精神。

仅仅因为黑泽明在《乱》中对人的命运发了一通莎士比亚式的感叹,就把他说成是一个人道主义者,那就太肤浅了,没有抓住黑泽明史诗片背后的动机。实际上,他是一个民族主义者,而他通过电影所要描绘的或虚构的,正是日本民族的"伟大历史"。

随着日本经济在 1960 年代以后的强劲崛起,恢复了经济自信的日本国民更需要从历史和文化上恢复自己的自信,而经济上的保障使一部耗资巨大的史诗片成为可能(投资 26 亿日元,创日本电影制作的最高纪录)。拍摄于 1985 年的《乱》,是黑泽明的史诗片的顶峰之作。该片的拍摄动用了三万演员和一万五千匹战马,而片中最后被焚毁于烈火的巨大城堡也是用从美国进口的木材搭建而成。至于高质量的摄影机和胶片,对于日本这个能够生产最好的摄影机和胶片的国家来说,更是不在话下。拍摄一部史诗巨片的一切物质条件均已到位,余下的就要看导演的了。

黑泽明套用了莎士比亚悲剧《李尔王》的故事框架,用它来填充一个虚构的日本故事,好使这个日本故事一开始就带上史诗的痕迹。用一个外国悲剧的框架来填进一个日本故事,这肯定要冒险,但黑泽明具有厚重的民族历史感,加上摄影机有着远比舞台更为广阔的视觉空间,使他得以像他多年前所希望的那样展现"日本历史战争大场面"。有论者说:"故事背景已从中世纪的苏格兰荒原移到了同时期的日本列岛,人物也不再是欧洲的骑士与君王,而是日本战国时代的武士与霸主。在改编本中,实际上已经辨认不出任何从原本中翻译过来的东西。"

日本为一狭小的岛国,而其战国时代的各个王国,其面积更像是数座城市加上周边地带。例如《乱》中的霸主秀虎拥有一国,而这个所谓"国"其实是三座城市,整个故事也是围绕这三座城市(代表着秀虎的三个儿子)之间的争夺战而展开。显然,在这么狭小的地理空间上,是难以产生"历史大场面"或史诗的,倒更适合产生精致的制品(如日本的小家电)。为克服地理对史诗的阻碍,黑泽明大量使用长镜头和全景式的表现手法,竟然把一道日本盆景拍成了广袤的原野和连绵不绝的群山,使得没有到过日本的外国人还以为日本和西伯利亚一样广阔无边。当黑泽明的镜头舒缓地从日本的土地上滑过,并将它表现得如此壮观时,他就把对土地的感情带给了他的日本国民。

不仅如此,他还将人物缩小成这个大场面上的黑色微粒,来衬托场面的宏大。鹫津矢在谈到《乱》的大场面时,说:"黑泽明影片画面构图上受日本传统美术的影响也是明显的。日本美术所特有的构图方式是留一大片空白,而把人和物画在很有限的一小块地方。曾是画家的黑泽明在安排影片构图时自然而然地采用了这种传统。许多影片他都是先画好图,如《乱》一片画了好几百张,而且都是以油画的画法画的。他在拍摄时对人物的姿势也有严格的指示,因为如果演员进入一个不正确的位置,出了画格,那么画面就会失去均衡。将画面的角落留成空白,人物盯着虚无的空间,这与中国和日本的古代风景画中人物的传统姿势相同。而银幕上作为这一方法的变种,就是大量使用云雾风雨和阳光,使画面的细部变成空白。"

在《乱》中,人物很少单独出现,更不会独占整个银幕,因为,黑泽明很清楚,历史不是个人、而是群体的产物,而史诗片恰恰是描绘群体的运动。该片中的几个主要人物,其实只起到了线索的作用,是几种互相冲突的群体力量的象征,因而就性格刻画而言,非常面具化,其动作、表情和台词均显得僵硬,甚至连他们的名字都以数字代替(如大郎、次郎、三郎)。"人群",而不是"人",才是这部史诗片的主角。惟有人群,才能展现历史的运动。所以有论者说:"在这部影片中,人物已不再占据绝对的中心位置,场面成了第一表意符号。人物不过是穿连场面与场面或构成场面的语言元素之一。在场面与场面交迭更替的'运动'中,观众看到并感到了世界的变化和沧桑。"

当然,黑泽明在展现这些大场面时,处处显示出他的唯美风格的精雕细刻——只不过,与那些宁可以美来牺牲历史的真正的唯美主义者不同,黑泽明使美服从于他的专横的意志,不使它们游离于"历史真实"之外,片刻都不行。"在《乱》中，寥落的荒原上，几座饰有一文字、藤卷、绫部等霸主族徽的军帐，也使画面洗练、纯净而古朴。"一位影评人写道，"影片中所展示的日本技巧的建筑和战国时代武士的服装、盔甲等也是很迷人的。黑泽明以此为自豪：'我觉得是可以向全世界大大夸耀日本有其独自的美的世界。'"

到此为止，黑泽明已成功地将本来默默无闻的日本战国史描绘成了一段"壮美"的历史——这正是史诗片欲以达到的效果，也难怪斯皮尔伯格称他为"电影界的莎士比亚"。

片段的美

张艺谋说："黑泽明是我的偶像。"当他终于决定拍摄《英雄》时，是想完成他本人电影生涯中至关重要的一个步骤——"弑父"。但他靠什么去翻越黑泽明这座大山呢？他拥有众多的资源，例如充足的投资、出色的演员、对色彩的感悟力、本国丰富的历史题材等等，他甚至把黑泽明《乱》的服装师和香港最著名的电影武术指导都请来了，为的是组成一个世界顶级的制作班底。

张艺谋唯一缺少的，是历史想象力。正如乔丽女士从黑泽明的武打片《七武士》中发现了历史一样，斯皮尔伯格从张艺谋的武打片《英雄》中发现了非历史。这当然不是张艺谋导演个人的缺陷，实际上，非历史正在成为我们这个时代的日常状态，它渗透于社会生活的各个领域，甚至业已成为我们大部分人的一种思维习惯、说话方式或行为模式。

但历史想象力的匮乏，对一个试图拍摄一部史诗巨片的导演来说，却是致命的。倘若张艺谋不是一个真正的唯美主义者，那么，他可能会拍出一部平庸的历史片——但不管怎么平庸，依然是历史片，所以陈凯歌的《荆轲刺秦王》是历史片，尽管远不足以成为一部史诗片。但张艺谋不幸是一位真正的唯美主义者，而一个真正的唯美主义者绝对忍受不了平庸，于是，在《英雄》中，对美的刻意追求完全盖过了本来就十分淡漠的对历史感的追求，甚至唯美到失去理智的程度，以致处处以美来取代历史。

那些颜色艳丽的风景，那些通常持续很长时间的漂亮的打斗场面，到底与《英雄》所欲表现的历史主题有何关系？它们只是一个个孤立的片段，为自己的美而存在。黑泽明当然也具有唯美倾向，但他从来不以美来损失历史。美被严格控制，并被一一编码，服从于他的历史主题。换言之，黑泽明的美是为了营造一种历史感，而张艺谋的美恰恰相反，是为了从历史中脱离出来，而这就损害了历史感，最后竟至使人忘却了历史，而流连于那些非历史的美的场面中。倘若说在《乱》中，美完全被历史所吸收，构成了历史的一部分,那么,在《英雄》中,美一直在拒绝历史,它老是在历史的外面搔首弄姿,像一个抢主角镜头的配角。

当然,张艺谋可以在《英雄》中炫耀他对战国时代的历史知识,例如大量使用黑色,建筑和服装均从秦国制度。但,问题是,张艺谋对历史的尊重,仅止于此,即所谓文物上的真实,而对于史诗片的导演来说,这远远不够。我这样说,并不意味着史诗片拒绝想象力,相反,它像科幻片一样需要想象力,好把平庸的历史描绘成壮美的史诗。但史诗片需要的那种想象力并非科幻电影的那种想象力,后者(按斯皮尔伯格的说法)是一种"超现实的、完全不写实的"想象力,而前者,是将诗意灌注于平庸的历史中,从而使平庸的历史"辉煌化"(原谅我生造了这么一个蹩脚的词)。

黑泽明的历史想象力,使他严格控制幻想,把一切幻想都停留在历史的可能性的限度,而张艺谋的唯美想象力,使他放纵幻想,似乎惟有将一切从历史的可能性的限度中拯救出来,才能进入艺术的领域。假若张艺谋没有受到港台武打片中那些令人眼花缭乱的武术动作的影响,那他可能更接近黑泽明一些。无疑,黑泽明的史诗片中也有动作,但这些动作非常克制,从不喧宾夺主。换言之,黑泽明的史诗片中涌动着历史运动,而《英雄》中却只见到大段大段浮夸的武术动作。

《华盛顿邮报》的影评人斯蒂芬·亨特以东洋刀和中国剑分别在黑泽明史诗片和张艺谋《英雄》中的不同表现方式,来暗示一部真正的史诗片与一部马戏式的武打片之间的区别:"[《英雄》中]那些频繁出现的武打片断,从中国人的角度看,可能美妙无比。它们艳丽,夸张,编排得十分精致,大多是在展示主人公如何使用那柄笔直而柔韧的中国剑。这柄剑以气流喷射的速度划过空中,剑锋嗡嗡作响,吟唱不已。诚然,打斗场面美妙绝伦,可引不起我半点兴趣。这有时或许完全是偏好在作怪。我喜欢日本武术,特别是武士电影中展示的合气道,其关键之点在于刀出鞘的速度,随后是控制得恰到好处、近乎仪式性地规定好了的动作,同样也如气流喷射一样迅疾。斗杀的过程短促、迅捷而残忍;鲜血喷溅,如同烤肉野餐上的调味番茄酱。然后,主人公拭去刀锋上的血迹,回剑入鞘,落座时神色庄重。中国式的打斗则更像马戏,它以吊钢丝为特色,使打斗者完成那些匪夷所思然而令人眼花缭乱的杂技动作,辅之以更加富于表现力的声响(嘶!哗啦!),其动作编排更具有百老汇风格,只不过其天马行空般的动作需要更开阔的空间而已。"

很难想象战国时代的剑客(或冷兵器时代的任何武士)会以《英雄》中的方式来使用自己手中的剑。司马迁描绘荆轲刺杀秦王时,提到秦王抽剑反抗的动作,只一个字——"击",也就是"砍"或"刺":"遂拔以击荆轲,断其左股……复击轲。"(《史记·刺客列传》)动作迅疾,丝毫不让于亨特所说的日本武士的使刀风格。显然,黑泽明只不过把日本武士实战中的刀法搬进了电影(当然加上了一些仪式成分),但丝毫未减损其观赏性。可为何到了张艺谋那里,同样在实战中追求一剑致命的剑法却变成了"匪夷所思然而令人眼花缭乱的杂技动作",还美之名曰"剑道"?

张艺谋无疑也是出于观赏性才让他的剑客不知疲倦地把手中那柄剑舞得上下翻飞。他觉得这样还远远不够,还一定要让他的演员们吊在钢丝上,从地上打到半空,又从半空打到地上;纵身一跃,一般都在百八十米开外。这哪里是人嘛,分明是一些妖魔鬼怪,而妖魔鬼怪绝对不适合出现在史诗片中,因为史诗片是对历史中的人的限度以及数种冲突力量之间的漫长斗争史的描绘。此外,如果你是头一次从银幕上看到这种天马行空、匪夷所思的功夫,或许会万分惊奇,可看多了以后,尤其是你后来知道这些所谓身怀绝技的高手无非是在钢丝的帮助下才做出这些高难动作,你就会感到好笑,并同情那些犹如失足的攀岩队员一样被难受地吊在半空中的演员。不幸的是,《英雄》恰恰出现在香港武打片已经风靡了几十年并开始引发观众的笑的时候。谁都知道这种功夫背后的伎俩。张艺谋的聪明之处,是将这种假功夫的展示置于一些美得令人心痛的场景(客栈、红树林、戈壁等)中,还配以雨水、古琴、落叶、书法等,最突出的是艳丽的色彩。看得出,他是在以美的过度表现来弥补历史感之过度匮乏。

张艺谋想以非历史或非现实的动作来再现历史。以这种方式来增加观赏性,代价是牺牲了现实可能性,可现实可能性恰恰是一部史诗片的基础。黑泽明的《乱》虽然也是一个虚构故事,但其可信性却使当代观众仿佛目睹了16世纪日本的战国时代。《乱》的开篇便是有关人的限度的一个说明:在"折箭"那场戏中,没有一个武士能将三支箭一起撅断,因为这是人的臂力的极限。但这一点小活对《英雄》中的那些妖魔鬼怪来说,简直就不值得一试。他们拥有的是超越人和历史的双重限度的魔法,而观众看到的,也是一部穿着战国时代服装的超级科幻片。

即便就唯美想象力而言,张艺谋也显得非常有限。片中的那些匪夷所思的打斗场面,不时插入的长镜头等等,分别让我们联想到一些早已熟知的东西,如港台武打片、《卧虎藏龙》以及《乱》。《英雄》中至少有两个关键场景是对《乱》的直接模仿:在第一个场景中,秦军的乱箭穿墙而过,射进室内,而残剑和那几位剑客似乎有一种护身魔法,无名甚至挡在门外,以不可思议的功夫,把遮天蔽日般飞来的箭打落在地(所不同的是,在《乱》中,穿过木墙的箭不时击倒房间里的人);在第二个场景中,无名在对秦王布完道后,走出宫殿,下台阶,穿过内庭,走到宫门前,而在他四周,是手执利刃的黑压压的秦军围成的一个移动的大圈(就像歌剧中的场面),但这个圈没有用,如果无名想走,谁也拦不住(所不同的是,在《乱》中,老国王痴呆地从烈火熊熊的城堡走出来,下台阶,两边是黑压压的军队,其中任何一个人都可以轻易地把他砍死)。

尽管有这些模仿痕迹,但张艺谋的确是一位有想象力的导演,只不过其想象力主要是一种对色彩的想象力。在色彩的大胆使用上,我敢说,当今世界导演无人能与之匹敌,连斯皮尔伯格都甘拜下风。但问题恰恰出在这种性质的想象力上。假若张艺谋只是一位摄影师,那他对色彩的运用将服从他的导演的意志(即在他之上,还有一个更强的意志在约束他,使他不至于喧宾夺主),也就是说,色彩只被当做电影整体效果的一个方面,而没有成为整个电影的叙事方式。但张艺谋不止是一位摄影师,而且是一位导演,这就不难理解他的每一部作品何以最终都成了一次摄影展,因为他本来就是从摄影师的角度去执导作品的。导演不见了,剩下的只是喧宾夺主的色彩。套用乔丽女士的那句话,用在张艺谋身上可能非常合适:任何人都知道,电影毕竟是为了表现人的,而不是为了表现色彩——否则,就太浅薄了。如果失去了对历史的把握,那一个人十有八九会失之浅薄,而浅薄,哪怕它带来听觉或视觉上的愉悦,也是极为无聊的,连唯美主义的浪子奥斯卡·王尔德似乎都说过:浅薄,乃万恶之首。

秦灭六国,建立帝国,本来是一部史诗巨片的上佳题材。首先是拥有广袤的任"人群"作大规模移动的地理空间,其次,战国时代的历史本身就带有史诗的特征。可是,在《英雄》中,很难看到广袤的地理空间,即便后半部场景由江南山林(九寨沟外景)移到了塞外大漠(敦煌外景),也只是色彩的替换,因为在这个空旷的地理场景中,依然只有几位剑客的身影。外景是够漂亮的,甚至漂亮得太不真实,以至观众难以对自己的国土产生一种真实的感情。

张艺谋虽动用了一千名军人来出演秦兵,但他们主要用途——正如片中的风景、建筑和武打场面——也是摆看的,而观众能够记住的也只是他们发出的吼声("北风")和他们射出的密集的箭。他们从来就不像《乱》中的军队那样,如同几股洪流似的冲撞在一起,演出历史的大场面。一句话,张艺谋使历史静止了,以便有时间来画出几幅静物画,而在《乱》中,连天上的云彩、山坡上连绵的草甚至掠过高原的狂风,都被历史化了,成了日本战国史的一部分。

  的确,张艺谋以巨大的投资、绚丽的色彩、美轮美奂的建筑以及大量的长镜头营造了一个个大场面,可这些大场面空落落的,见不到几个人影。或者说,这些大场面是寂静的,除了偶尔回荡几声悠长的金铁之声外,你根本听不到历史的浩荡之声。在《英雄》中,同样也看不到受困于历史的人,看不到几种历史力量的较量。这一切都被省略了。可临了,我们却被告知,秦王之所以胜,在于它代表了历史进步的方向("天下主义")。这就有点使人不知所措了:张导演在前面一个多小时的胶片中,反复给我们展示几位剑客超越人和历史的限度的能力,仿佛他们几位江湖人士完全有能力决定历史的走向,可到了最后十几分钟,他又以说教的方式将我们重重地掼在历史的地板上,不容置疑地告诉我们,那几位剑客之所以不去改变历史的方向,完全是因为他们突然洞悉了历史的方向。一部以古装科幻片风格开始的影片,最后以一篇胡乱立论的所谓历史论文的形式结束。这,决不是一部史诗片可能采用的风格。

小说

木樨地桥

马岱沿着钓鱼台路缓步往南走,很快,就望见了在通红的落日余晖下闪闪发光的护城河——在前方不远,护城河像一条缎带似的从西边一处树林中蜿蜒而出,顺着钓鱼台路静静地向前流淌,延伸。

马岱走上了河堤。河堤倾向河道的宽大斜坡上,不远处的稀疏的树林里,一些想在傍晚时分出门呼吸一点新鲜空气的市民,正三三两两、悠闲自得的散步。轻柔的风不时从河面上拂来,河岸柳树的细枝条飞舞着。河面上倒映着对岸高楼大厦的影子,风一拂过,这些晃动的巨大建筑立刻泛起了一些皱纹。

他是一位身材瘦高、表情严肃的男子,脑顶已经谢了大半,额上堆满了纵横交错的沟壑。他走路的姿势显得有点儿僵硬,手脚的配合不很自然,这和长期伏案工作、缺乏户外活动有关。几个手提鸟笼的老头说说笑笑,像一群老顽童,与他擦肩而过,悦耳的鸟鸣声一直透进了他的心底。不知怎的,他的内心隐隐泛起了一丝伤感,也许这和傍晚宁静而又带点忧郁的情调多少有点儿关系。

四十年来,他的生活就和他书房里的那架老式座钟一样,不紧不慢,没有激情,没有奇迹。当然,这架老式座钟这些年来也曾出过一次小小的故障,那是三十七年前——那时,他才二十八岁——当他的爱情被那位女子婉言拒绝后,他在一个僻静的角落待了两天两夜,忘了回家给钟上弦。两天以后,他回家了,又恢复了以前那种平静的节奏。他的岁月就在这种滴滴答答的声音中缓缓地流淌着。他是古代汉语学者,这种职业有时——当然,他总是回避这些纷乱的想法——让他感到他与时代的一种隔离,而且,这些年来,隔离感渐渐让位于一种茫然若失的感受。他觉得这座自己生于斯、长于斯并且活了大半辈子的城市,竟在自己眼中显得陌生起来;或者,他在城市的眼中成了一个陌生人。这后一种感受对他来说更是一种刺痛。他在街边踽踽独步的时候,如潮的车流,如蚁的人流,以及某种渗透在一切事物里的疯狂的节奏,都似乎与他毫无关系。他像一个在都市里迷了路的异乡人,在街边驻足观望,仿佛是在观看一些疾速变换着的幻灯片,而他的内心,却在这种节奏之外,像墓地一样寂静、遥远。尽管失落的感觉有时会搅扰内心的平静,在心底投下一些忧悒的阴影,可与此同时,他又为自己远离时代的尘嚣而感到一丝得意。他是一个伟大的游离者,在这个时代的边缘上默默地生存着;属于这一类的还有乞丐、艺术家、诗人与弃儿。

他从不深究他的这一处境,就像讳疾忌医的病人怕被人戳到痛处一样;何况,时代的喧嚣传到他的书斋时,已经变得十分微弱,并悄没声地消遁在那座旧钟的缓慢的节奏里。

一张书桌,一些稿纸,一支笔,一些糊口的食物,几个书架的藏书,当然,还有一个容纳所有这些东西的小空间——这,就是他对世界的全部要求了。他已经拥有了这些。他不奢求了。

一些疾病开始纷纷进驻他的全身,时不时地,总有某个部位感到一阵隐隐的刺痛。每逢潮湿天气,所有的关节都像爬进了无数的虫蚁。他用无力的拳头依次敲打着骨节,一边轻声叹着气。当他照例在每天下午五点钟左右从那个周边爬满常春藤的小窗探出头去,呼吸一点傍晚的新鲜空气的时候,他都感到自己的肉体正在逐渐地衰老,就像倒在庭院里的那棵老槐树一样,悄然地腐朽着。带点馨香气和甜丝丝的味儿的清凉的空气涌入他的肺腔,他接连剧烈地咳嗽了几下,接着有点儿迫不及待地吸上几口,才渐渐地缓过气来。

一叠书稿在他的书桌上已经放了将近十年,这是他毕生心血的结晶,可是,没有一家出版社表示愿意接受它。"这是一部杰作。"一家还算客气的出版社在回函里这样写道,接着字里行间突如其来地显示出一种无可奈何的语调,"不过,敝社感到非常遗憾……您也知道,订数太少,敝社难以承担经济方面的损失……您不妨写点别的,例如……"下面的词句在马岱看来简直就是对他的一种侮辱,他的脸涨得通红。"这多下流啊!"他自言自语道,"简直是一群商人!"从那以后,马岱就将这部《音韵原理》的书稿视为一己之物,不再示人。他拒绝了时代的产品,作为报复,时代也拒绝了他的产品。

邻居们也都把他看做一个不好接近的怪人,甚至就连那些在楼道里蹒跚学步的幼童,一看到他那高大而又僵硬的身躯走近,就笨拙地转过身去,扑向母亲,藏在母亲的呢裙后面。这种情景最最刺伤马岱的心了。这颗心尽管衰惫,尽管笨拙,却也不乏温柔,渴望与人亲近。

只有一个患白血病的十岁小女孩偶尔来到他的书房,坐上一个钟头,翻翻他的那些藏书。每逢此时,马岱几乎是带着谢恩的心情等待着房门被她纤弱的手指轻轻地敲响。这已成了他的节日。他用鸡毛掸子把房间掸一遍,接着跑到楼下水果商贩那儿买来几个苹果,擦干净,整齐地摆在小桌上,又在小女孩常坐的那把椅子上垫上软垫,然后忐忑不安地等待着。每当门外走廊上传来一阵脚步声,他都立刻站起身来,奔向房门……随即,又沮丧地坐回椅子里。可是,一年以后,小女孩死了。马岱躲在小窗子的窗帘后,木然地望着人们把她那单薄的身体抬到柩车上,消失了……马岱病了一场,躺了整整一个星期,直到一位碰巧来访的青年时代的朋友走进他的卧室,才发现他已经好几天不曾进食,鼻息微弱。

这位青年时代的朋友和他形成鲜明的对比。这是一个快活的男子,个子不高,略微有些发胖,天性好动而又多话,总是说个不停,一边搓着发红的双手。青年时代他常自居为比他高出一头的马岱的保护人,而这不无道理。大学毕业后,他们各奔东西,自此杳无音信。两个多月以前,他为了逃避丧妻的痛苦,逃避那座给他带来如丝如缕的感伤回忆的城市,请求调回首都的一个部门。他的天性本身并不悲观,加上首都灿烂的阳光以及绚丽的色彩的影响,丧妻的阴影不久就消散殆尽了。一个星期以前,他打听到他青年时代的朋友马岱仍在首都,他按几个可能的地址找了好几天,终于找到了他。旧友的情形让他吃了一惊。他在朋友床头守了一天一夜,又请来了医生,打针、吃药、喂汤,使他终于脱离了险情。

可是,此后,马岱的生活并无多少变化。他的一生仿佛都被这种缓慢的节奏内在化了,不会在六十岁上下突然出现某种类似昆虫脱壳般的蜕变。他的朋友带着玩笑的口吻说他像个"出土文物",就和他桌子上那些稀奇古怪的古文字一样,并让人联想到瑞普·凡·温克一觉醒来之后重返小镇时的情形。

"老光棍,"他的朋友在一次难得的散步中对他说,"抛开那些形而上的怪物,享乐吧!"

马岱走上木樨地桥的桥头。在他眼中,这座老式木桥正是变迁的象征:它目睹了它同时代的伙伴及周围的物象——那些低矮的四合院,那些灰色的或蓝色的长袍,那些身着黑色警服的军警,那些老式的福特牌汽车,那些黄色的人力车,那些如潮如涌的红旗……——消失,物聚物散,而它居然能在现代社会的四面楚歌声中独存,尽管衰老得像个七旬老妪,坐在街边晒着太阳,却充满了回忆。

远处一座高大建筑的顶部,一块巨大的金属广告牌反射着落日的余辉,恰像一个着了火的窗口,在城市的上空横着射出一束微弱的光芒;在它下面,五颜六色的商业广告以及招贴画层层叠叠,几乎盖满了人眼能触及的所有临街的墙面。这些广告总是让他产生一种悲哀的感觉。作为一位古代语言学家,他对纯正的汉语具有一种神经质般的敏感,可他发现,现在,人们都以某种奇怪的方式讲话,这些稀奇古怪的句法以及用词进入他的听觉,就像一位敏感的音乐家在宏伟的交响乐中听到突然掺进的几个嘈杂、走调的乐音一样,感到一种刺痛,一种蒙羞。可是,他却无可奈何。

  这些纷乱的思绪涌入他的脑海,使他几乎短暂地忘却了这次外出的目的。各种车辆一辆接着一辆驶过他的身边,像一些疾奔的怪兽。汽车排出的尾气使他的嗓子有些发涩。自行车吵吵嚷嚷的铃声像夏夜里那些骚动不安的昆虫一样,发出刺耳的鸣叫,一阵阵撞击着他的耳鼓。

  走下木樨地桥的时候,他瞥见了一家礼品商店,这才想到应给他的朋友送点什么礼物,聊表新婚祝福。几天以前,他的朋友给他寄来了一封烫金的请帖,说他将在本星期五举行婚礼,请他准时参加,扮男傧相。这个消息对他来说过于突然,过于不可思议,以致好一会儿,他还明白不了这几行字的意义。接着又看了看封套上寄信人与收信人的名字,仍旧半信半疑。他的这位朋友尽管生性快活,可并不喜欢搞恶作剧。这种考虑使他终于承认了这样一件不易承认的事实。

  "咄咄怪事!"这位老单身汉最后低语了一句。

  礼品商店的小姐正在把垂在耳畔的那串发环弄得更卷曲些,这时,看见马岱推门进来,她漂亮的脸蛋上立刻露出了一种顽皮而又狡黠的微笑。这种微笑常常见于某些具有强烈对比色彩的场合。在她眼里,这位神情僵硬的老人显然具有很多可笑之处。他的上衣是件早已落伍的灰色中山装,这种样式的衣服即使在跳蚤市场也难得见到了。假若衣服的成色与它的样式一般陈旧,那倒并不显得过于滑稽,那只是贫穷罢了;假若式样过时,而成色却是新的,那就显出几分滑稽,因为它与时代风气脱了节,却被主人当宝贝似地珍藏着。十年以前,他曾穿过一次,那是为了参加一次学术会议。可想而知,单是这件散发着刺鼻的樟脑味、折痕深得使衣服看起来就仿佛裂成了几大块的"礼服",就足可以使这位衣着入时、满脑袋垂着优美的发环的小姐启唇一笑。

  "先生,要点什么?"这位顶多不过十八九岁的小姐冲他轻声问道,嘴角仍残留着那缕欲去还留的讥讽的笑意。

"要点……礼品。"马岱嗫嚅着说,游移的目光从琳琅满目的货架上落到小姐漂亮的脸蛋上。

"什么礼品?"

"结婚……"

"怎么,您……"小姐险些笑出声来,她乖巧地把压抑着的笑声混进了一声毫无必要的轻咳里,目光在中山装的皱褶丛里游离了片刻。

"哦,不……"马岱慌了一下,有点儿发窘,忙解释道,"我的一个朋友结婚,我想……"

"您的一位朋友?"小姐笑着问道,"我想,他也有七十多岁了吧。"

"不。六十三岁。"马岱对这个言不过脑的姑娘有点儿反感。他从对面墙上的一面大镜子里瞥了自己一眼,沮丧地看到了一个又老又丑的男人。他平时不照镜子;假若镜中那个老头在大街上朝他迎面走来,他断断想不到那就是他自己。

"您就送他一束鲜花吧。"小姐按照这个时代的风尚建议道。

"鲜花?……好的。什么样的呢?"

"您看这束怎么样?康乃馨……"

"好吧,就要这一束。"

马岱抱着鲜花走出店门。他没听见背后那双红唇在指缝间露出来的几声掩不住的笑声。色泽艳丽的花朵像一窝小猫似的从塑料纸里探出摇摇晃晃的脑袋来,散发出阵阵馨香。坐在店门侧边台阶上,晒着最后那缕余晖的一位老太婆以奇异的眼光瞥了马岱一眼,接着像被定住了似的,望着这个身材高大、双腿又瘦又长的同龄人怀抱鲜花,沿着街道往前走去。她盯着他的背影望了很久,仿佛被一个问题弄糊涂了。

马岱缓步往前走着。有一两回,他甚至把面孔埋进花丛里,感到花的馨香,花的抚摸。此刻,他的思绪全部留在这束盛开的鲜花上。此前,他从未留意过这些如此被人讴歌过的象征物,他也叫不出它们的名字,可是现在,这些像陌生的笑靥一样的花朵,红的、黄的、粉的,好像在呼唤他。在某个瞬间,有一道光,一道从岁月的密室里透出的微弱的光,落入他的脑海,就像一颗火星溅出炉膛,飞入夜空。他在这道微光下,看见了自己青年时代的一幕,那个由他亲手采摘来的矢车菊和蒲公英扎成的花束,那个没被接受而在自己手里枯萎凋零的花束……还没等他仔细回想起来,这缕微光就熄灭了。马岱重新感到夕阳的余辉落在肩膀以及头顶上时那种暖融融的感觉。

几个围着圈儿踢着毽子的女孩回过头来,目光落在马岱的胸前,随着他往前移动着。毽子落在她们中间的地上。没有人去拾起它。马岱感觉到了从女孩子单纯而又好奇的目光中透出的那种隐约的渴望的分量,这使他一下子想起了一年以前那个患白血病死去的小邻居,那双在书页里流连的漂亮的眼睛,这种回忆几乎使他落下泪来。他望了望这几双天真的眸子,差一点摘下那朵最漂亮的花朵递给她们,可是,这个想法还没来得及成形,他已经走出很远了,另外一些思绪很快占据了他的思想。

马岱走过一个街车站点,那儿,一个小伙子正不耐烦地用皮鞋跟踢着草皮,眼睛间或地掠一掠木樨地桥那个方向,看看街车是否来了。他的女友背靠站牌柱,装作满不在乎的神情用眼睛的余光打量着一位正在横穿马路的时髦女郎的白色皮鞋。这当儿,她的男友用胳膊肘轻轻碰了碰她的胳膊,说道:

"瞧,滑稽剧来了!"

那个姑娘的目光从白色皮鞋上跳开,移向男友所指的方向。

"啊,真有意思!一个花痴!——噢,不对……他太老了……会不会是从哪个医院里逃出来的呢?……"

"准是!"她的男友附和着说。这个神情本来显得有些厌倦的青年此刻像一下子被振奋起来了,他伸出手来,在空中打了一个响指。

马岱惊讶地望了他们一眼。两个年轻人笑了起来。马岱看到他们的目光不时地落到自己身上,这才猜到他们是在笑话他。他的颈部感到一阵胀热,可他并未显出任何窘相,只是稍微加快了一下步子。在这短暂的时间里,他的脑浆像凝固了,不能去想任何事,脚步机械地往前挪动着,把他带离这个地方……终于,他拐进了一条与街道成直角的胡同。他顺着胡同往前走着,刚才的兴致一下子全烟消云散了。一阵伤感自心底泛起,他差点将鲜花扔进附近一个掀开了盖儿的垃圾桶内。

马岱的那位朋友站在自家的台阶上,正朝胡同口瞅着,这时远远望见了马岱的身影,便朝门内喊了一声,出来一位打扮得花枝招展的女子,三十多岁,脸上依然露出年轻女子才有的那种娇态。

"你来了!太好了!我还以为你会迟到的呢!……"年老的新郎一边快活地搓着肥厚的双手,一边抱住他的瘦高的朋友,险些把那些摇摇晃晃的花朵挤扁了,"……还买了鲜花!多漂亮的康乃馨啊!我还以为是玫瑰呢……"他叫了一声身边那位新娘的昵名,又接着说,"我说过的,他肯定会来的……没错儿吧！——哦，对了，我忘了介绍一下，这是内人。这是马岱，我的朋友，我常向你提起的……"

马岱把康乃馨花束递了过去。他不知道要说些什么话才好。好在新郎几乎一刻不停地说着，把他一直领进了客厅。那儿已经坐满了人。他把马岱介绍给了大家。

马岱还礼以后，在一个角落里坐了下来。他的朋友在他的上衣上别了一朵红绢花。"你看，你真像一个男傧相！"他的朋友嚷道。又有一些人走了进来。新郎赶紧招待去了。都是一些陌生的面孔。"他的朋友可真多啊！"马岱想着，"我还以为，我是他唯一的朋友呢！……"

婚礼场面很吵。在座的都是一些天性快活的人们，加上酒精以及烟丝的刺激，更是喧嚣不宁。马岱觉得头晕脑胀，肺部火辣辣的。他从没有在一个弥漫着烟雾和酒气的场合里待过这么长的时间，他也很不习惯这些吵吵嚷嚷、快快活活的人的言谈举止。他孤独惯了，几乎不知道在这种场合里他应该怎样表现自如。他的笑是僵硬的，因为他看到那些人笑得前仰后合，才觉得自己也应该笑一下。渐渐地，婚礼就和整个城市一样，在他的眼里成了一个隔膜的东西。他感到自己像一个不合群的老傻子，碍手碍脚。

婚宴开始了。精美的食物端上来了。这伙饕餮们立刻张开了血盆大口。一瓶瓶的葡萄酒围着桌子传来传去；各处不时响起又一瓶酒的瓶塞被启开时的声音。高脚圆肚的玻璃酒杯直要灌到溢出杯口才算罢休。大块大块的食物还没怎么嚼碎，就一股脑地塞进了胃里。空盘子撤下去了，又换上了另外的佳肴。有人用手在桌子上拍着，把玻璃杯震得跳了起来；他的一个邻座极想跟着这个拍子唱首情歌，却总是力不从心。

酒宴到了这个时候，往往出现这样的情形：人们直着嗓子嚷着，满脸泛红，一边开着放肆的玩笑，一边任性地笑闹着。

"马岱，你什么时候也找个老婆啊？"他的朋友在一片嚷声中朝他喊了一句。

酒鬼们都乐开了。

"是啊！找个老婆吧！"有个人嘎着嗓子应和道。

一个鬈发的小个子中年人摇摇晃晃地站了起来，手里端着洒了大半的酒杯，嚷道："为我们的老教授干上一杯！"

"干啊！干啊！"

几个杯子碰到了一块，差点儿全碰碎了。淡红色的液体洒了下来，把白色的桌布弄湿了。

马岱坐在桌角,吃得很少。新娘不时地往他的盘子里添点东西,到了后来,新娘也被酒精麻醉得有点昏昏然了。

新郎斜着身子走了过来,手里端着一个酒杯,要和"我的朋友马岱"碰上一杯。马岱推辞不过,喝了一小口红葡萄酒,觉得这种晶莹的液体迅速在舌尖上化作了泡沫,于是又尝了一点,觉得味道很好。后来,新郎又过来和马岱碰了一杯。新郎极力想走直线走到他的朋友身边,可还是身不由己地绕了一个弧形,碰翻了一把椅子,还把大半杯的酒洒在了马岱的中山装上。

马岱感到太阳穴有一根筋在突突地跳着,脑门发沉,眼前的一切似乎都在雾中渐渐远去。可他又觉得此刻身心舒畅,像有一股热流注入体内。他身边的客人们有的躺在椅子上,有的滚落在地板上,有的独自喝着酒,不时把酒杯举到眼前,对着灯光,看看上一口喝了多少。还有两位在前言不搭后语地争论着一个问题,就是酒宴上常争论不休的那个"我醉了吗?……我没有醉"的经典问题。他们没有得出结论,于是又启开了一瓶葡萄酒。

新郎搂着像软骨病患者一样直往地板上滑去的新娘,蹒跚地朝洞房走去。客厅一派狼藉,此刻,惟有马岱是坐着的。马岱就这么坐着,感到自己的脑袋像是浮在半空中。到了后来,客厅里变得安静了,在此起彼伏的鼾声中,他才想起自己应该睡在三个街区之外的自己的床上,这才站起身来,一连碰翻了几个酒杯,朝门口走去。

马岱走上街道。清凉的夜风顺着冷寂的街道吹过,他顿时觉得一阵头晕,胸口闷得发慌。他在一棵梧桐树的树干上靠了好一会儿,才步履踉跄地继续往前走。宽敞的长安街上空无一人。他的身影跟着他,在发滞的路面上爬行。

他从来就不曾在子夜时分在街上蹓跶过。现在,第一次,他感觉到了夜晚的美丽,那是一种宁静、柔和而又伤感的美,带有神秘的色彩。夜空上点缀着几颗黄色的星星,在大气的漩流中忽闪着;下弦月在云影中穿行,像一艘金色的船。街灯在街面上投下一个个发黄的圆圈,一些小昆虫在灯光下飞舞着;梧桐树则洒下了一些头角峥嵘的阴影,横卧在街面上。

他的眼前固执地浮现着婚礼的热闹场面,还有乐呵呵的老新郎在新娘脸颊上印的那个响亮的吻,大伙儿扯直了嗓子唱歌的情形,还有笑吟吟的新娘依次替所有的来客剥开糖纸、点燃烟卷时的又娇又羞的神态……那时候,他显得多笨拙、多拘谨呵,好几次碰落了新娘递过来的烟卷。

他在人行道的坎沿上坐了下来。街灯洒下的昏黄的光亮落在他的谢了大半的脑顶上,落在他因长期伏案工作而高耸的双肩上,而面部和其他部位却隐在了子夜的阴影中。

一个乞丐在空寂的大街上行,不时掀开街边的一个铁皮垃圾桶的盖子,他弯曲的身影在街面上投下一个时而长、时而短的阴影。寂静的街上偶尔传来铁盖被重新扣上的响声,以及一声失望的叹息。这些声音渐渐远去了,取而代之的是街边绿地里昆虫喧嚣的尖鸣。

一些往事,一些画面,像鸟雀一样无声地飞进了他的脑际,他的眼前蓦地浮现出一张温柔的面庞。起初他还没有辨认出这是谁的面影,如此熟悉,如此亲切,可又如此遥远。后来,也许这张早已消失的面孔在他内心唤回了多年前的那种温柔而又惆怅的情感。他感到了这股柔情在他心里浸润,弥散。这张面孔也渐渐清晰了。可是,他又几乎立刻想到了那束用矢车菊和蒲公英扎成的花束,它在记忆里再一次地枯萎着,凋零着。"现在,她躺在哪个墓园里呢?……她的墓边肯定也长满了矢车菊和蒲公英……"他低语着,想到三十五年前的某一天他突然听到她难产死去的消息时的惊厥而又伤心的感受,"那时,她才二十二岁,像花一样美丽、娇羞,也像花一样脆弱易谢……"她嫁给了另一个男人,并在未能做母亲的遗憾中死去。"在墓穴里,她是否还像从前那样美丽,那样娇嫩,那样光泽照人,是否像是睡着了似的平静地躺着,做着梦?……"这个老单身汉伤感地想着,"还是,也像任何肉身一样,在泥土里腐烂,化为泥土呢?……"

两大颗眼泪滚出了他的眼角,顺着皱纹密布的脸颊淌了下来,四散开去。

酒精往往能够开启内心密室的闸门,从那里涌出汩汩不息的伤感之泉;而酒徒正像畅饮酒精一样,来饮用这种有毒的泉水。对于一个一生贫乏得由仅有的几个遗憾连缀而成的可怜人来说,尤其如此。

失落感就像一处致命伤,折磨着他。他叹着气,傻乎乎地低泣着。不知这样坐了多久,突然,他背后那幢黑魆魆的大楼的一个窗子——它还亮着灯呢——传来几句隐隐约约的歌声,像是一位彻夜难眠的情郎正情不自禁地歌唱,轻快,缠绵,宛如某支小夜曲的一段;紧接着,一个低沉、苍老而又严厉的嗓音制止了它。这短暂而遥远的歌声消失了,四周重又沉入子夜的寂静中。不久,那个窗口的灯光也熄灭了。

这时,马岱想到了自己的房间,于是站起身,用衣袖擦了擦眼角。他感到有些头重脚轻,脑门发烫,身体却冷得直抖。他摇摇晃晃地朝木樨地桥走去,想快一点赶回家。

他走上了木樨地桥,扶着桥栏晃悠着一直走到木桥的中间。一阵潮湿的风从河面上吹过,他站住了,双手扶着木栏杆,凝望着远处夜雾笼罩下的小树林,还有泛着街灯闪烁不定的倒影的河面,仿佛一时出了神似的。

夜雾在河面上飘荡,时聚时散。整个城市都在下雾,在淡淡的雾中沉睡着。

他就这么站着,衰老而又疲惫。在他四周,迷蒙的夜雾自天而降,像半空中垂下的一顶薄薄的帐幔。

一位巡夜的警察顺着街道缓步走了过来,皮鞋有时踢着了街面上的小石子。他走上了木樨地桥,看到桥栏上伏着一个人,一个上了年纪的男子,凝神远望,犹如一尊石像。这时,子夜的风吹过来,他嗅到了一股难闻的酒气。"这些酒鬼,这么晚了还在外面闲逛!"这位尽职的警察自言自语地说,走到马岱的身边,拍了拍他的肩膀。马岱蓦地转过头,像从一个梦中回过神来。"喂,老伙计,"警察对他说道,一边用手摸了摸被雾气濡湿了的栏杆,"快点儿回家去吧。会着凉的。"

马岱茫然地点点头。警察还想说点什么,大概独自夜巡了一个多钟头,特别想找个人聊聊,不过,看到这个老酒鬼发痴的模样,就打消了这个念头。他掏出一支烟,背着风,擦亮了一根火柴,用手掌拢住摇曳的火苗,点燃了烟。然后,他把火柴梗扔到了河水里,火星划出了一道弧形,扑落在水面上,嘶的一声熄灭了。

"快回家吧,"他最后对马岱说,"家里人会着急的。"他走下木樨地桥,朝另一个方向走过去,不久便消失在梧桐树的阴影里。

马岱听着脚步声渐渐远去,直到四周重又恢复了寂静。他的目光从远处那片已被夜雾笼罩的小树林收回,缓缓地,沿着波光粼粼的河面依次往回收着,最后落在木桥墩附近的那些小漩涡上,它们发出阵阵微弱而又清脆的水响。马岱俯瞰着这些旋转着的水圈,突然看见了自己胸前别着的那朵红绢花。他把它摘下来,仔细端详了好一会儿,然后,松开了手指,红绢花从手中坠落了,飘到了水面上,跟着小漩涡旋了起来……

两天以后,一个在河边洗衣物的女人吓得晕了过去。人们从护城河里捞起了一具男尸。法医的验尸报告上这样写着:马岱,男性,××大学古代汉语教授,×月×日夜晚酒后不慎落入护城河。身上没有任何外伤,胃液里含有酒精成分。

那天夜里值勤的那位警察也证实了死者生前身上的确飘着一股酒气。

马岱的那位朋友听到马岱的死讯以后,痛哭了一场,悔恨当时不该劝他喝下太多的酒。

"我该知道,他是不喝酒的呀!"这位老好人最后这样哭着说道。

1994 年 3 月

雪地上的图案

他躺在床上,两眼望着黑沉沉的天花板,睡不着。他想翻一下身,换个睡姿,可又担心会惊醒妻子。这会儿,她睡得正熟呢,鼻息均匀,长发披落在枕头上。再说,他已经翻过几次身了。有什么用呢?仍是睡不着。

很长一段时间以来,大约有二三年吧,这种失眠症就一直纠缠着他。往往是这样:夫妻俩枯坐在电视机前,彼此很少谈话(谈什么呢?),眼睛无神地望着变幻着的画面,脑袋里茫茫然,偶尔被拙劣的滑稽场面逗乐了,就笑几声。可一笑完,又觉得很无聊,这样索然寡味地熬过了三个钟头(不管电视节目是否有趣),总要拧开电视开关,看满三个钟头,这已成了一种习惯,就像上班,到11点,该睡觉了,于是疲惫不堪地在床上躺下来。妻子脑袋一着枕头,便睡着了。他与她一起生活了6年,彼此间习惯了。有时,当他俩偶尔想重温一下当初的激情时,彼此都觉得很做作。他不免问自己:当初那些亲昵的称呼,那些战栗的拥抱,那些灼热的接吻,是不是真的发生过?它们真实吗?或许不该这么去想。他望着这张熟睡的脸庞,打量着,每一次,都能发现一点陌生的痕迹,久而久之,这张本该熟悉的脸庞就变得陌生了。他有一种奇特的感觉,仿佛身边躺着的是一个陌生的女人。这让他略略有些吃惊。他便闭上眼睛,免得再打量下去。可他怎么也睡不着,身子翻过来,转过去,换着各种各样的睡姿;有时,他想数数数也许管用,就在心里默念起来,当数到1000的时候,他发现自己的睡意更淡了。他想推醒她,与她聊一会儿天。他害怕这长夜的孤独。不过,他知道,她一向睡得很沉,往往还没有听完一句,含混地嘟哝几声,就又睡着了。夜晚漫长而又孤独。他这样一连折腾了三四个钟头,精疲力尽,到凌晨3点左右,才很不安稳地睡着了。可一到早晨6点半,搁在床头的小闹钟蓦地响起来,丁零丁零,像有一只狂乱的手在他耳边抖动着铁链子,他惊骇地一骨碌坐起来,醒了,耳朵里依然轰鸣着刺耳的金属声。他昏昏沉沉地下床,像梦游人一样穿衣,刷牙,洗脸,每隔两天刮一次胡髭,吃早点,两个人救火似的在屋子里奔过来蹿过去,到7点钟,这一切总算忙完了,他便拎起公文包,脑袋一片空白地走出公寓楼,汇入街上行色匆匆的上班人流。他在前面那个路口搭开往东直门的那一路公共汽车,再从那儿转乘地铁。一路上到处都是上班的人,尤其是在十字路口,人流汇合着,交叉着,从各个方向奔过来,又朝不同的方向奔过去,有的小跑着去追赶一辆正在启动的电车。男人们许多穿着灰色的风衣,拎着深色公文包,低着头,面无表情,急匆匆地走着。小姐们打扮得很时髦,肩上挎着小巧的浅色手提包,有时手上还拎着一个大纸袋,高跟鞋一路凿击着路面,裙摆随着腰肢的动态而变换着形状,在这蠕动着的灰色人流里,她们宛如几只旁若无人的孔雀。

因为老是睡不着觉,他心里着实有些烦,他觉得脑袋里有一些不听使唤的神经在捉弄他,使他不能入睡。他一躺下,脑袋里便浮光掠影地闪现出一缕缕思绪,一幅幅画面,一些模糊的感受,他不知道它们之间有什么联系,仿佛只是神经末梢随意放射出的一串串闪光的微粒,溅入黑暗中,把它照得通亮。他多想一一捻灭这些发光源,让深沉的黑暗降临在脑袋里,甚至连一个梦的回光也没有,这样,当黎明把它的头一束红光投进窗子里时,他会带着多么恬静的心睁开眼睛,迎接这灿烂的白昼呵,就像他少年时那样。他知道,脑神经这么无休无止地兴奋,会导致紊乱,或许会像线团一样纠缠在一起,那样的话,他就完了。他真担心这样一个黯淡的结局。谁也不愿意在那堵忧郁的高墙内度过凄楚的余生。两个月前,医生对他说,他患上了严重的神经衰弱。衰弱,唉,多可怕的词,想一想吧,他才34岁呢。他感到脑袋里盛着一团黏稠的冻状物,从中难以产生多少灵动的活力,就像一根拉得过紧的橡皮筋,一松下来,失去了原先的弹性。每当他坐在部里的办公桌前,面对桌上那一大堆无聊而又枯索的报表、文件和公函,心思却在别处,正像一个迟钝的小学生,双眼茫然地望着黑板,一动不动,脑袋却像个木疙瘩,不开窍。不过,他以前一直是一个聪慧的学生,小学、中学、大学,无一不是顺利通过,抽屉里有一大堆奖状和证书。11年前,他大学毕业,分配到了部里,开始了他的小职员生涯。

房间里的空气有点儿冷了。这是11月份,公寓楼还没有供暖气。他把被子往上拉了拉,免得睡着时脖子和肩头受凉。妻子熟睡着,很安静。他瞧着她的额头,闭着的双眼、鼻子、嘴唇。他想,要是这会儿,她突然睁开眼,他准会很尴尬的,而她也会发窘。他瞧了一会儿,接着,眼光洒向了窗帘。厚厚的布窗帘合拢了,静静地垂立着,在昏暗中散发出一股呛鼻的尘土味。

他隐隐听到几声凄厉的风哨声。"起风了。"他想。在这寂静的冬夜,寒风从街上吹过,一路卷起那些枯树叶、废纸片,把它们高高地送上夜空,一路摇动着各家各户的窗板,发出一连串噼啪的拍响声。他突然记起了很久以前自己的一个比喻,那时,他像一切同龄人那样爱好文学。他在笔记本上记下了这么一段观察:"冬风像一只狼,从原野蹿进了沉睡中的城市,在冷寂的街道上逡巡着,低嗥着。"他又默念了一遍。"那时,我怎么会想到把冬风比作一只狼呢?"他惊讶地想,"多好的比喻!……可现在,冬风在我听来,不过就是一阵风,是呵,一阵风……"他有点伤感了,便不再往下想了。

他闭上了眼睛。"睡吧,快1点钟了。"他对自己说。可是,脑袋里的那一双眼睛却依然睁着,恶作剧地逼着他没完没了地观看那些纷繁而又杂乱的画面,听着那些遥远而又杂沓的声音……一座没有扶栏的石桥,下面的流水发出清朗的溅泼声……哦,这是童年时走过的一座桥……一尊青铜像,耸立在一块圆形的林间空地边上,一群麻雀从树林里飞出来,落在铜像的头顶上、肩膀上……在哪儿见过这尊青铜像呢?……唉,想不起来……也许是哪部电影里的一个镜头吧……部里的灰色大楼,底层台阶上那个旋转门像齿轮一样转动着……一个苍白而又模糊的面影……是谁?……哦,是妈妈……这会儿,她大概睡着了,离这儿两千里……铁路,架在河上的铁路桥……树叶上的水凝成了冰,像一片片玻璃树叶,一摇树干,整棵树发出丁零丁零的声音……罗高现在在哪儿?……我唯一的朋友……他去南方了……"救命啊!救命啊!"……哪儿来的喊声?这么凄厉……对,是在水边,一个人在沙石上跑过来,奔过去,他妹妹落水了,可他不会游泳……一个人跳下去了……河水溅起的声音……雨声……这些零乱的思绪,像初春时飘飞的杨花,来去无踪,没有固定的形状,你抓不住它,唉,这些永不停歇的神经丛,末梢辐射出一串串光粒,每颗光粒都残留着一个过去的零碎画面,在纷乱地飞溅着……他翻了翻身,脸颊贴着柔软的枕头,脑袋发沉……

医院的走廊又宽敞又明亮,可老是弥漫着那种酸苦的消毒水味。两旁的白色长椅上,垂头丧气地坐着一些病人。

那位秃了顶的医生(奇怪,他并不老啊!)给他做了检查,末了,让他坐回到椅子上,隔着摆满了大厚本医学书、病历本、测压器、体温计和墨水瓶的写字台,把他打量了好一会儿,然后,眼光在厚玻璃片后闪了一下,低声问:

"这么说,您对女人不感兴趣?"

"不。"

"我说对啦?"医生挺兴奋地问,伸出一个指头,把滑到鼻尖上的镜架又推上去,"您……"

"不,您错了,我说'不',意思是'是'……"

厚镜片后的眼光一下子黯淡下去,疑惑地盯着就诊者。

"当然,您可以这么说。不过,您为什么来这儿呢?……这说明,您也感觉到您这儿有一点不对劲了。"他用手指点了点自己圆滚滚的脑袋。"您有什么烦恼吗?"医生又问。

他想了一下,回答说:

"烦恼么?谈不上……您知道,办公室的工作都差不多,喝喝茶,聊聊天,读一遍当天的报纸……"

医生似乎对这些不感兴趣,他摆摆手,厚镜片后的一双笑意渐起的眼睛扫了一下就诊者,肥胖的身体往后一靠,伸出手指把眼镜往眉心处一顶,说:

"那就怪了!……当然,病人总是躲开最内在的病因……那些人起先也是这样,与医生兜圈子,可临了,不得不承认。您想想吧,要我们这些精神分析医生干吗?……我们是侦探。只不过,我们要寻找的东西,在脑袋里,在沟回中,在末梢上……您瞧瞧,这是探险啊!……"他笑了笑,似乎对职业表示了相当的敬意。他把那只肥厚的右手搁在那几本厚书上。就诊者注意到其中一本的书名——《梦的解释》,他恰好以前读过这本书,不过,厚镜片后的那一双窥探的眼睛还是令人不自在。

"好吧,我再问您一个问题。"医生想再努力一次,要是能把这个精神沮丧的家伙像蝴蝶标本一样钉死在硬纸板上,那对他来说,是一次不小的成功呵,值得向同行们夸耀一番。"就一个问题,"他说,眼睛严肃地盯着就诊者,"您小时候,有没有过心理挫伤?……这样问吧:您恨不恨您的父亲?"

"恨我的父亲……为什么?"他惊讶地瞧着医生。

"因为他爱您的母亲呀!"医生大声说。

他走下医院的大台阶,烦恼并不比刚才少。"唉,这些医生!"他苦笑了一声,想,"你一说头痛。他就想到了受了挫伤的感情,接着就迅速地想到了你的潜意识,啊,您原来在恨您的父亲!"他模仿医生的腔调,大声说。

医生给他开了一些药丸。但他讨厌这些白色、黄色、红色或者橙色的药丸。一个34岁的年轻人,总不能像老头儿似的,临睡前,抓一大把五颜六色的药丸塞到嘴里,用一大杯水咕嘟咕嘟地灌下去吧……还不如开一些安定片呢,他想。他仍睡不好,一躺下,脑袋里那千百个陀螺便旋转起来,像床头上那个小闹钟,表面看来似乎很安静,可铁壳内却是一派繁忙景象,大齿轮、小齿轮,还有大轴、小轴,这一切,都在准确无误地运转着。不过,这会儿,他的脑袋更像是一台仿佛出了故障的闹钟,一切都脱轨了,随意地旋转着,偶尔牵动了一下小铁锤。于是深更半夜蓦地响起一连串抖铁链子的声音,丁零,丁零……不过,它同样也像一大片隐匿着无数昆虫的草坪,在夏夜里发出盈耳的聒噪,此起彼伏,但只要一个脚步走近,就骤然间静寂下来,似乎整草坪上就只有这个脚步声。

他隐隐听见从很远的地方传来几声拖长的叫声,微弱,凄厉,哀婉……啊,是野猫!这声音一下子使他喧嚣不宁的大脑安静下来了,或者说,所有那些纷乱的意念一下子附着在这个突如其来的声音上,并迅速呈现出一幅清晰的画面:一个小黑影在昏暗无人的街道上踟蹰着,彷徨着,经过昏黄的路灯光下时,拖着一个长长的阴影,它一边走,在人类的遗弃物上嗅一嗅,一边用绿色的眼睛窥探着黑糊糊的门洞,偶尔扬起圆滚滚的脑袋,往黏滞的寒风中送出一两声哀婉的鸣叫。他知道,天气冷,这些野外草丛的王者忍受不了日甚一日的寒流,披着夜幕,朝不远处的城市的迁移,希望找到一个温暖的栖身处,食物也不用愁,好歹熬过寒冬,一等冰消雪融,就又自由了,奔向自己的王国。他知道,这些灵物会找到一处废弃的仓库,或者一个无人问津的棚屋,甚至躲进了黑暗的地下室。这些地方,或许就是它们上个冬季的住所,它们凭记忆又找到了,它们在这些偏僻的角落寄居着。一到夜晚,它们便从隐庐中走出来,来到了雪地上,散散步(自由奔跑的本能仍忘怀不了,仍搅动着血液),要么,就到下水道或者垃圾堆去寻觅寻觅人类的残羹剩汁,饱餐一顿,但它们不知道,它们留在雪地上的爪印将使它们的夜间消遣付出多大的代价……一到早晨——他回忆着小时候的场景——孩子们醒来,望见窗外的雪,总是兴奋得不得了,跑出家门,在雪地上又是蹦,又是跳,搓雪球,堆雪人,而这时,他们往往就发现了雪地上那一串串奇怪的四齿爪印。"是野猫!"大男孩嚷道,"快去拿弹弓!"他们手持弹弓,像小猎人似地循着这些爪印追踪。爪印蜿蜒地延伸着,在一个垃圾堆前绕了几大圈("瞧",大男孩指着被刨开的积雪,大声说,"它在这儿找过吃的!"),然后悠闲地穿过广场(看来,它还散过步呢!),绕进了一大片房屋之间的曲折小巷,消失在某一个旧仓库的窗台上,或者某一个破棚屋的板缝里——"瞧",孩子们透过玻璃窗洞或者板缝望进去,"它在那儿!……别作声!"一种残酷的天性使这几个人兴奋得发抖。弹弓包上了石子儿,一齐瞄准,砰砰砰,石子儿弹出去,打在了野猫身上,有的打偏了,削下了一小块墙皮,野猫哇地惨叫一声,撕心裂肺,等明白是怎么回事后,赶紧夺路而逃,从几条腿间穿过,一瞬间便不见了……不过,它逃不了。这一点,小家伙们有经验。他们很快找到了它在雪地上留下的爪印。它的爪迹出卖了它。小坏蛋们像最耐心的猎人,手持弹弓,循着这染着血点的爪迹,追击……"它受伤了!"大男孩气喘喘地嚷着,"瞧,血迹!"……爪印跳下了台阶,拐了个弯,沿着树篱跑了一段路,接着穿过树篱的一个缺口,朝一堆枯树枝奔去……枯枝堆随即被包围了,又是一阵弹射,野猫发出凄厉的惨叫,蹿出来,继续逃……可它逃不出自己的爪印呵!……就这样,在刺目的雪地上,一只受伤的猫在一瘸一拐地逃着,身后留下了一串带血迹的爪印,几个小猎手正沿着这条蜿蜒的爪印追击着,奔跑着……"看,在那儿!"……几颗小石子儿嗖嗖嗖地从弹弓里飞出去,在凛冽的空气中划出几道弧线,打在野猫的脑袋上或者脊背上,打偏的石子儿也像刀子一样,在雪地上豁开一条凹槽,溅起一小溜雪尘……野猫跑着,蹦着,不时屈下一条腿,又往上一蹿,就这样颠着瘸腿蹦跃了十几米,终于绝望地躺下了,身子蜷缩着,肚子剧烈地一起一伏,嗓子里发出愤怒的哀鸣,眼睛却惊恐地望着那几个屠杀者一步步跑近了,跑近了,鞋子扬起了团团雪尘……砰!砰!砰!……小猎人围上来,一阵乱射,弹无虚发……野猫把愤怒而又绝望的最后一眼投向了它的屠杀者,脑袋一垂,死了……小坏蛋们擦了擦棉帽下渗出的汗水,欢叫着,神情又骄傲又野蛮,就像士兵在战场上打死了一个敌人,而且更刺激。"你们看,"其中一个男孩突然指着不远处的雪地,大声说,"那儿又有一串爪印!……追!"于是又开始了一场追猎……

他想着,想着,仿佛自己一下子跑在了雪地上,踩着一条蜿蜒向前延伸的爪印,追击着……瞧,看见了那个黑点!……它一瘸一拐地跑着…石子儿从弹弓里嗖地飞出去,朝那个黑点远远地飞过去,飞过去……小时候这种残酷的乐趣,此刻,在他心里,唤起了一种多厌恶的感觉呵,他仿佛听见了那凄厉的叫声,看见了那临死的灵物在雪地上扭动着身躯……这一切,让他的心发抖了,"天啊,那个时候,我怎么会那么残忍?"他想着,"也许,对小孩子来说,生与死是没有界限的。他们不知道死亡就是结束,是关闭世界……他们虐杀小动物,从中取乐……"他记起了有一次放暑假,他把这种冬季追猎当做荣耀向姨妈吹嘘了一番,善良的姨妈瞪大眼睛,望着他,大声说:"天啊!想不到,你小小的年纪,竟这么残忍!"其实姨妈过虑了,"人一长大,这些残酷行为就收敛了,"他继续想着,"或者说,改变了方式,成了权力欲,破坏欲……战争与儿时这种虐杀有什么差别?……对,有差别,人们赋予战争以神圣的色彩,给英雄挂奖章,立碑……还有一个差别:前一个的牺牲品是人,后一个的牺牲品是动物……"

他的思绪有些乱了,走了神。

"可是",他又想,"怎么现在会有野猫的叫声呢?——才11月份呢……报纸上说:'夜间有雾。最低气温零上3度。'是呵,还没下雪呢,它在草丛中的窝还没有被封住,另外,还能找得到食物……等积雪覆盖一切的那一夜……"

他迷迷糊糊地快睡着了,这时,一阵轻微的窸窣声又把他弄醒了。他感到肩头冰凉。哦,胳膊全露在被子外面呢。他往上拉了拉被子。妻子的呼吸声有条不紊,仿佛黑夜中一只精巧的风箱。这会儿,她在做梦吗?她的梦境里会不会有一座花园?会不会有他?……他望着这个漂亮的脑袋,它里面变幻着的画面他却看不着。他觉得有点儿不可思议,叹了一口气。可这时,那窸窣声又隐隐传来了,像一大把碎纸片撒在了树枝上,发出一种干燥的摩擦声。

"奇怪,下雨了吗?"他自言自语地低声咕哝着,"天气预报没说有雨呵……"他讨厌雨天,尤其是冬天的雨天,阴沉沉的天空,湿漉漉的街道,这一切,再加上又冷又潮的大衣,让人情绪低落,压抑。可是,还得上班,得穿过一连串大大小小的水洼,无处落脚,你不得不从一块石头跳到另一块石头,就像在跳岛作战,稍有不慎,皮鞋就踩到泥水里了,那潮湿劲儿,别提多难受了。"到哪一天,这条路才能铺上方石板呢?"他想。

窗外的窸窣声一阵阵传来,似乎是不时吹来的一股股寒风,将万千颗雨滴播撒在树枝上、窗玻璃上以及枯草丛里。他眼前蓦地展现出一幅雨中夜景:细密的雨丝斜斜地穿过黑夜,鞭打着树木、道路、房顶。路面上泛起了一串串气泡。大树在雨水中肃立着,像羽毛被淋湿的鸡。房顶上的铅皮管发出哗啦的溅泼声。在这样孤独的雨夜,一个夜行人持着雨伞,顶着倾斜的雨丝(雨滴真像是一大串从一根串线上散落下来的玻璃念珠,一颗颗砸碎在伞面上,水花四溅),走在泥泞的道路上……啊,脑袋里怎么会闪现这么一个忧郁的场景呢?……不过,这不像是雨声,他侧耳细听着,嗯,不,不像,雨声没有这么柔和。"是下雪吗?"他突然想,可立刻又觉得,才11月份,怎么会有雪呢?"得再过一个月,才会下第一场雪……唉,脑袋里怎么会有这么多莫名其妙的念头呢!……现在几点了?……我一直没睡着……"

他伸手从床头上拿下小闹钟。这是一只白色的夜光小闹钟,两个半球形的闹铃在黑暗中反射出两点冷光。他眼前浮动着一个由小亮点组成的圆圈,圆圈中间是两支闪亮的箭头,短的一支指向第二个亮点,长的一支指向第一个亮点。

"2点过5分了。"他嘀咕了一声,把小闹钟放回了原处,"唉,老是睡不着,怎么办呢?……又在下雨。真烦人!……不过,这倒真像下雪的声音……"

这个念头缠着他,他犹豫了好一阵。谁也不愿意离开温暖的床,衣着单薄地穿过寒气刺骨的房间,去撩开窗帘看一看。这简直是发疯。睡吧,一大早还得上班呢。他紧了紧被子。可是,这柔和、羞怯的窸窣声一直在耳边飘忽着。突然,他轻手轻脚地下了床,从椅背上拿起那件大衣,披在身上,蹑手蹑脚走到了窗帷前,撩开一角,——呵,白色!……他本以为会看到一座夜雨下的城市,街灯在水洼上反射出跳跃的破碎光斑,邮筒、树干以及路上的玻璃碴映照出湿漉漉的冷光,方形建筑的巨大黑影沐浴在冷雨中……但窗外一片洁白,不是那种耀眼的白色,而是某种柔和的白,像一大堆荧光粉,在黑暗中发出微弱的亮光。

"下雪了!"他惊喜地低语道。这种盼望下雪的心里多少有点儿不可思议。那些有雪的早晨,躺在床上的人常常听到窗外有人一边跑,一边喊:"下雪啰!快来看下雪啰!"于是也赶紧伸出脑袋,仿佛雪花是一种罕见的天赐之物。而下雨天则很平常,没有谁在街上一边跑,一边兴奋地喊:"下雨啰!快来看下雨啰!"

一望见雪,望见街灯的灯罩下,雪花密密匝匝地朝地面旋着,飘着,轻盈地落下,望见马路两旁的球状树的树冠上盖满了泡沫般的积雪,像一团团冰淇淋,望见大马路成了一条条白色的绒毯,一望见这些,他就有一种说不出的兴奋感。呵,这场雪来得多突然呵,连气象台也没有料到,它就这么在寂静的夜里静悄悄地穿过茫茫的夜空,朝城市飘落,像慈爱的父母在熟睡的孩子的枕畔放上一件生日礼物,让他一大早醒来时惊喜万分。

雪片在黑漆漆的宇宙间弥漫着,飞舞着,飘落着,只在穿过街灯的光亮时,才显示出它那轻盈的动态,让人误以为只有那一团团灯光下才在落雪。但他知道,此刻,整个城市都在下雪,它们像来自天国的白色蝴蝶,一群群,一串串,密密匝匝,永不间歇地朝地面飘飞,飘飞,歇在瓦棱上,歇在街面上,歇在树冠上,歇在邮筒上……到白天,又歇在行人的伞面上,把整个城市染上洁白。可一俟太阳照临,一俟气温回升,它又羞怯地从这些地方退去,像蒙在黑色大理石上的白色纱巾,被一只无形的手缓缓地抽掉了,露出了城市的难看的本色。

他站在窗前,面对这一幅寂静无声地垂落的白缎,面对这温柔而又朦胧的夜空,心有所动。他多想找一个人,与他一起感受这宇宙间庄严的律动,对,不用说一句话,就能感受到这无语的柔情。他回头望了望妻子,想叫醒她。但他打消了这个念头。他凝望着那闪闪发光的碎屑。他甚至想到,此刻,整个沉睡的城市,就他一个人在看雪,是的,就他一个人,而其他人却还酣睡在暖和的被子里。他记起多年前,当他还在念大学时,也是在这么一个寒冷的晚上,凌晨3点的时候,夜空突然洋洋洒洒地飘起了鹅毛大雪。这是那一年的头一场大雪。宿舍的几位同学醒了,兴奋地跑出了大楼,在漫天雪中奔跑着,狂闹着,后来跑到了校园的草坪上,在厚厚的积雪上踢起了足球,球从脚下旋转着飞出去的时候,都挟带着飞扬的雪屑,有人滑倒了,又有两个撞在一起,倒在了积雪里,多开心的笑声啊……一直到4点钟,两个巡夜的校警才发现这一帮"夜游虫"。他们的大盖帽上顶着一小堆积雪,尖尖的,像一座小雪峰。同学们拿他们取笑,他们就用校规威吓……呵,那一夜多美啊!青春、热情、幻想、冲动、弥漫的大雪、冒险、友情,所有这一切,都以"那一夜"的形式完美地保留在记忆里,尤其是当我们不再年轻、不再有这种激情的时候,"啊,那时候多好啊!……"

　　他望着灯光下飞舞的雪花,望着它们飘着,旋着,轻盈地落在街面上。街面上的积雪已经很厚了,匀称,平缓,柔软。一想到天亮后,无数只皮鞋将践踏它,无数个车轮将磨辗它,还有渐渐升起的太阳将消融它,它将被泥浆和脏水弄得一团糟,然后从人的视线中羞愧地消失,化作水,流进了污秽的下水道,他就觉得一阵淡淡的伤感自心底浮起。他真想去雪地上走一走。这个偶然闪现的念头,起初让他觉得挺好笑。是呵,不再是疯狂的年龄了,幻想和激情早已像冬眠的昆虫一样蛰居在他那小职员平庸的肉体里,或许已僵死在那儿了。他已习惯于公函似的循规蹈矩。

　　他离开窗子,重新在妻子身边躺下来。他闭上了眼睛,想努力睡着。可窗外那此起彼伏的窸窣声却一刻不停地传过来,让他心神不宁,脑际固执地浮现出一幅幅似曾相识的漫天大雪景象,渐渐地,他的脑海里盈满了纷飞的雪片……他抗不住这种诱惑了,一种既陌生而又亲切的情感正在他的血液里苏醒着,鼓荡着。他起床,穿好了衣服,套上了皮鞋,犹犹豫豫地穿上了大衣,当他把那顶蓝白条纹的风雪帽拿在手里时,他还拿不准自己是不是真的会出门。他望望窗子,又望望熟睡着的妻子。这时,那神秘的热情又一次涌向他,他把风雪帽严严实实地扣在了脑袋上,接着,走了几步,轻轻拉开了房门,立刻,一阵寒风扑进来,几张纸片从书桌上飞起来,他又关上了门。他回头望了望。妻子侧了一下身,模模糊糊地说了一句梦话。他笑了笑。不过,他不再犹豫了,拉开门,走了出去,在门外用钥匙把门轻轻锁好,免得碰锁的声音惊醒了妻子。他穿过寂静、昏暗的楼道,小心翼翼地下着楼梯。冷空气从底层的门洞里灌进来,顺着楼梯往上爬。他每走下一层楼,都觉得气温更低了一些。

他终于走出了门洞,踩在了雪地上。积雪在他的鞋子下咔嘣咔嘣地凹陷着,每走一步,都会留下一个清晰的脚印。去哪儿呢?他犹豫了一下,接着,便信步朝那条小石径走去。这条平日里坑坑洼洼的小石径现在铺上了一条厚厚的绒毯,而且,夜空还继续把无数的碎纸片洒下来,增加它的厚度。他走着,走着,恍然置身于一大群纷飞的白色蝴蝶中,它们飘舞着,翻飞着,有时轻轻碰触一下他的面颊,或者俏皮地歇在他的帽顶上、肩头上和眉毛上。四周的楼房都寂静无声,像一些巨大的方形黑影,森然耸立。他感到很自在,一个人享受着大自然在深夜里馈赠给大地的礼物,可以像个孩子似的无拘无束。他走着,走着,仿佛囚徒从一个压抑、死板、窒息而又无聊的小空间走出来,一下子呼吸到自由、新鲜的空气,心头上那些像冰壳一样裹着的东西顷刻间融化了。

他拐上了一条通往东坝河的街道。平日,清晨或者黄昏,当他搭乘公共汽车穿过那座横跨河上的石桥时,他都远远地凝视着右边河岸上那一排挺拔而单薄的杨树,它们沿着河岸往前延伸着,远远地伸向了西边那一大片苗圃——那儿,对他来说,已是城市的边缘了,是一个他不曾涉足而又想象过的地方。

他的帽子上堆落了雪,他一晃动,小雪山就坍塌了,可过不了一会儿,又垒起了另一座。路上的积雪很厚,要不是路两侧那两行小树清晰地勾勒出路的形状,恐怕他早已跌进路旁积雪覆盖了的深沟里去了。有时,他回头望一望,看着身后留下的脚印,它们弯弯曲曲从脚下向黑暗的远处延伸而去,他知道,在那儿,最初留下的脚印已被雪花填没了,覆盖了,消失了。他没留下永久的踪迹,让早起的人追寻他。他感到有点儿遗憾,可又知道这只不过是一种孩子气的想法。只有小孩子才带着梦幻般的神情在雪地上留下一连串的图案,有时是小小的脚印,有时是一些类似车轮齿印的交叉纹,有时是信手画出的小动物。他小时候这么做过;后来,当他不再是小孩子了,在下雪天,他也常常在雪地上发现这些零乱的图案,不知是哪个小孩子的杰作,但肯定是出于一种热烈而又无以名之的朦胧冲动。

他远远地望见了那一排模糊的树影,衬托在迷蒙的雪光上,浅得就像一幅褪了色的素描。

他走上了石桥。桥栏上盖着厚厚一层雪,像一层松软的泡沫。他靠着桥栏站着,凝望着向西蜿蜒而去的河道。黑沉沉的河水在无声地流淌着,只有碰着水面下的石头时才发出一两声微弱而清脆的水响。纷飞的雪花飘落在河面上,一触着水便溶化了。两岸都染白了,河岸的线条变得柔和。右岸上那一长排细瘦的杨树在漫天大雪中静立着,他仿佛听见了雪片穿过那光秃秃的繁密的枝丫发出的窸窣声。左岸是一长溜低矮的民房,平时看上去就像是半陷在泥土里,屋顶低低地隆起,这会儿,积雪厚厚地覆盖了这平缓的屋顶、低矮的院墙,使它们简直与大地浑然一体了。要不是屋顶上的烟囱还提醒着过路人,那它们很容易被误认为是一长溜起伏不平的小土丘,被积雪覆盖着。

他犹豫了一下,可还是拐上了右边的河岸。在这寂静无人的雪夜,他居然不怎么感到孤独与恐惧。也许白雪掩没了无数个幽暗的角落,那些把人的想象力一个劲地引向鬼蜮的角落。这幅天赐的绒毯使大地肃穆、宁静、圣洁,宛如那些高尚的心灵。他走着,在每一根树干前都停留一下,用手抚摸那粗糙而又朴实的树皮,这会儿,树皮上沾满了细盐似的雪屑。这些在喧嚣的白日里被他的目光远远凝视过的树,此刻,在这万籁俱静的雪夜里,又被他的双手所触摸。他觉得在这一切无声的景象中,有某种超凡入圣的东西,缓缓地渗入他的心灵,他想找一个词来描绘它,可是徒然。

他沿着河岸往前走,深一脚浅一脚,在身后留下了一连串凹陷歪扭的脚印。他突然觉得,雪变得稀疏了,雪片只是偶尔地才碰一下他的面颊,最后,雪停了,宇宙间那轻微的窸窣声一下子沉寂了。

"啊,雪停了!"他自言自语地说了一句。被这庄严、肃穆的寂寞感动了。这时,附近的枯草丛里隐隐传来一阵枯草被折断的声音,这声音枯燥、干涩,似乎有什么小动物在草丛里穿行着。草丛顶上白茫茫的一片。他躲在了一根树干后,借着雪地上微弱而苍白的反光观察着,过了一会儿,从草丛里钻出了一个黑糊糊的东西,在雪地上踌躇着,犹豫着,一边抖动着身体,似乎想把粘在背上的枯草、雪片抖落掉。它那绿色的眼睛朝河面望了一眼,然后,又转向了东边——那儿,城市的街灯和霓虹灯在弥漫着水汽的夜空下辉映出一片迷蒙的红光。它望了一会儿,朝寒冷的空气里呼出了几团热气,接着,沿着河岸,朝那遥远的红光走去,它知道,在那儿,它能找到食物和栖身处。他望着它,望着它逆着他留下的那一串浅黑的足迹不紧不慢地走着,黑色的尾巴高耸,犹如一根节杖。它并不怀疑自己是这黑夜的主人,它不知道,在它背后的某根树干后,有一双人类的眼睛在盯着它。它很快就消失在黑夜中了。他想象着它走进沉睡中的城市,在空落落的街道上逡巡着,不时凄婉地叫一声,让这哀鸣与寒风混杂在一起,飘入熟睡者的梦境……他一下子想到了妻子,这会儿,她在做梦吗?要是她被一个噩梦吓醒了,睁开眼,看到他不在身边,会何等的惊恐啊!……

"回家吧。"他对自己说,可他对这浩渺而又宁静的夜空与大地有了一种柔情。他抬头望了望,黑沉沉的夜空犹如一大块黑色大理石,那上面镶嵌着一颗颗橙色的星星,遥远,宁静而又寒冷。他记起了小时候姨父送给他的一块铜矿石,在夜里,它闪烁着无数个亮点。他望着这清辉四溢的夜空,望着那颗钻石般闪亮的长庚星,刚才那会儿,漫天纷飞的大雪遮住了它们,不过,冰雪犹如圣洁的水,洗濯了它们,在夜幕上发出梦一般柔和的光芒。在这光芒的辉映下,大地显出它浑厚的原色。可是,他得回家了。一想起要沿着脚印走回去,他就觉得扫兴。他朝前方望了望,他知道,再走上一段路,就到了那一大片森林般的苗圃。他曾在地图上凝视过它,老在想去那儿散一次步。它并不远。可他太忙了——不,不是忙,而是太疏懒。脑袋里不停地制订计划,可身体却闲躺在沙发上。

　　他记起有一条路穿过苗圃,远远地汇入一条街道,从那儿,他就可以走回公寓了。以前,他在地图上沿着这条线路散步过几次。他提起脚,沿着河岸,继续朝西走,当右前方出现一大片朦胧的树影时,他就离开河岸,朝那片树影走过去。成片成片的幼树覆盖着这方圆几里的苗圃,一条宽阔的土路从中穿过。他现在走在树苗中间了,密密实实的树苗,细瘦,挺直,在苍茫的雪光的映衬下,模糊得像两面墙。这儿离城市并不远,既可以说它在城市的边缘,又可以说它被城市包围着,因为,在这座正迅速朝四野扩大的都城的蓝图上,它变成了几栋灰色的大楼以及两条交叉的柏油路。是呵,再过几年,这片宁静安详的苗圃就变成了一个喧哗扰攘的烦恼地,人们在上面紧张而苦闷地工作,恋爱,奔忙,像一群苍蝇。

　　突然,前方出现了几道闪烁的红光,似乎是一座木板棚屋,屋子里烧着火,火光透过木板间的缝隙,射向四周的夜空。他有些惊讶,便朝那儿走去。不错,是一座钉得不很牢实的木板房。他轻手轻脚地走近它,眼睛贴近木板上一个小圈孔(大概是一个捅开了的树结,一束闪烁不定的红光从那儿射出来),朝棚屋里望。屋子正中间的地上生了一堆火,火苗在木头上乱窜着,一串串火星飘上来,又迅疾地熄灭了。淡淡的烟升上了屋顶,在那儿聚成了一朵似乎凝止不动的云。火堆旁坐着两个人,都披着褪了色的军大衣,火光忽闪忽闪的当口,可以看清两张满是胡髭和皱纹的老脸,其中一张缩在毛茸茸的宽领里,正打着盹,另一张则出神地望着那堆火,嘴里在唠叨着什么,没有留意他的伙伴已经睡着了,"是啊,"他像在回忆什么,"他被一发迫击炮弹打死了……那时,我们正坐在壕沟上,抽着烟,这当儿,一发炮弹呼叫着飞过来,我们赶紧跳下了壕沟,伏在了地上,可他慢了一步……"说到这里,他咳嗽了两声,往火堆里吐了一口痰,又在火堆上添了一根枯树枝,接着回忆道,"等硝烟散了,我站起来,身上盖满了土……天啊,我看见什么啦?……他的大半个脑袋都炸飞了,手里却还攥着那个烟头!……我们把他埋在了朝鲜……那正是12月的天气,冷得要命……"他自顾自地说着,也不看一眼他的伙伴。有时火堆里轻微地发出一连串噼啪的爆裂声,大概是什么草籽烧着了,这才短暂地打断他的回忆。老头儿凝视着火光。屋子里充满了种子被烧焦时的香味。

　　他猜这两个裹着旧军大衣的人大概是苗圃的看守者。他听了一会儿那个老头的自言自语,但后来,那老头似乎深陷在回忆中了,只是凝望着火堆,不再作声。他离开了那个火光闪烁的小圆孔,离开了木板房,沿着那条林中土路继续往前走。土路在前面拐了一个大弯。他一边走,一边想:天亮后,那两个看守人走出木板房,望见门前雪地上那一串脚印,一定会惊讶不已,这串脚印从河岸那边延伸过来,绕木板房兜了一圈,又走上那条林间土路,往城区的方向蜿蜒而去,"天啊,谁的脚印?"他们会问自己,"一个贼?趁着雪夜来偷树苗……不像呀,脚印并没有进苗林……他是什么人?深更半夜到这儿干什么?……"

　　他笑了,回过头,望了望那红光四溢的木板房,望了望那两堵深色的树墙。当他再一次回过头,那木板房已被那一大片模糊的树影挡住了。

　　他走出了苗圃,顿时觉得眼前开阔。这是一大片草地。那条土路继续穿过草地,往前延伸。地上的积雪有两寸厚。皮鞋深陷在松软的积雪里,走起来很吃力。他望见土路的那一头有一长排灯光,橙色的灯光,一团团,似乎悬浮在半空中。那是街道。

　　当他的鞋一踏上街道,他便感到柔软的积雪下坚硬的柏油路面。这使他内心掠过一种踏实的感觉。他意识到,他多像一个寄生虫,离不开这漠然、紧张的城市。

　　街灯在雪地上投下一个个巨大的橙色圆圈,而圆圈之外的街面则笼罩在夜色中。他站在一个圆圈里,他的瘦高的身体在晶莹的雪地上投下一个短短的阴影。他一迈步,这个阴影就从自己脚下往前延伸着,越伸越长,像是伸向雪地的一只探索的手,但过了一会儿,又被圆圈外的黑暗吞没了,直到走进前面的一个街灯的光圈,这个阴影才会突然从黑暗中挣脱出来,长长地拖在他的背后……他仿佛在玩味着自己的影子,它一会儿出现在前面,一会儿又退缩到自己的脚下,跑到了背后。他伸开双臂,于是,那个影子就变成了一个大黑十字架,印在白布上……这种孩子气的游戏让他觉得有趣极了。一想到天一亮,从各个阴暗的楼道口涌出的上班的人流将践踏这晶莹的白毯,他就感到惋惜。

街道的右侧,是那片空旷的草地,再远一点,就是那片苗圃。他朝那儿望了好一会儿,不敢相信自己竟是从那儿走过来的。街道的左侧是一栋栋大楼,每隔不远,就耸立着一座。偶尔,他能望见一两个窗口亮着灯。"这会儿,这些人在干什么呢?"他想。再往前走一段,就到家了。前面,在两座相隔甚远的大楼之间,有一大片空地,是足球场,被高高的铁网围着。他站在铁网外,望着这一大块长方形的雪地。他对这个足球场很熟悉,因为它离他的住处不远。他望着这平坦的白色长方形,真想在上面画点什么。他知道,足球场铺了一层细煤渣,一划开积雪,就露出那醒目的黑色。他从铁网上一个平日里顽童们钻进钻出的窟窿穿进去,脚步放得很轻,一走一停地朝球场的中央走去。他僵直地站在那儿,望了望四周建筑物黑魆魆的巨影,然后,仰起头,目光朝无穷的夜空投去……

"那儿有一个人。"

"哪儿?"

老头躺在床上,背后垫了好几个枕头,正在读一本书。他的眼光没离开书页。

"足球场。"

"足球场?这会儿?……他在干吗?……踢足球吗?"

他略略抬起头,朝窗子的方向望过去。窗帘半拉开着,他的妻子站在那儿,身上只穿了睡衣和睡裤,显得又矮小又瘦弱,银白的短头发稀疏地垂在肩头上,凹陷的脸颊几乎贴在玻璃上,双眼似乎在出神地望着楼下模糊的雪景。

"为什么一定是踢足球呢?"

老太太低声问。

"你想,在足球场……"老头想解释一下,但一想到近几个月来,老伴的脾气一直显得有点儿怪,就不再理会这种固执劲了,"你呀,会着凉的。"他说,"快睡吧……一到晚上,你就睡不着。"

"他在玩雪呢。"她说。

"咳,管他呢!……你快睡吧。"

"好奇怪,这时候,他一个人在那儿……"

老头的目光又回到了书本上。

"外面该有多冷啊!……他又穿得那么单……他踩着雪,右脚很用劲,好像要在雪地上滑出一条槽……"

"也许是个神经病吧。"老头笑了笑,合上书。他已习惯老伴这些没完没了的唠叨,可他的眼睛感到有点儿疲劳了,不想再往下看。他把书往床头柜上一放,拉了拉被子,又朝窗子那边望了一眼:"你瞧,4点半了。再过两个钟头,天就亮了……"可她还站在玻璃前,一动不动,望着窗外。

老头下了床,从衣架上拿下那件厚睡衣,披在身上,又摘下妻子的大衣,拿在手上,走到窗前,把它披在了她的身上。他的个子很高。她用手拢了拢大衣的宽领,靠在了他的胸前,可眼睛还凝视着窗外。

"你猜一猜,他在干什么?"

"太远了,看不清。"

老头吃力地朝黑夜望了望。从这第十五层的窗口望过去,他只望见了对面那幢高楼的黑影以及两幢高楼间的那一大片雪。

"你再看看,在铁网的上方……"

"嗯,看见了,一个人。"

"你猜猜,他在干什么?"

"不知道。"

"你猜呀!"

"也许在散步吧……"老头说,但又觉得这个解释显得过于应付了事,便又说,"咳,真见鬼,在这个时辰散步?……除非是疯子,对,没错,这人准是一个疯子!……要么,就是一个艺术家……本来么,艺术家都带点儿疯劲,古怪得很。"

"也许他正爱着一个姑娘呢,远远地望着她的窗子……要不,就是失恋了。"

"深更半夜在别人的窗子下兜圈子?"老头几乎是带着讽刺的口吻说,但马上又温和了,"谁会有这股子疯劲呢?……我可想象不出这是什么滋味,手脚冻得发痛,耳朵都冻木了……"

"你没有过吗"老太太偏了一下头,问,语气里有某种得意的成分。

"什么?"

"这股子疯劲啊。"

"我又不是一个疯子!"老头说。

老太太狡猾地笑了笑,望了望这张陪伴了她35年之久的脸,眼睛里闪过一丝柔情,她转向窗外,声音柔和地说:

"35 年前,也是一个下雪的夜晚……"

"35 年前?"老头莫名其妙地说了一句。

"对,35 年前,那个夜晚,嗯,我记得,也差不多是在这个时辰,我正躺在自己的小房间里,睡不着觉。隔壁房间里传来父亲低沉的鼾声。突然,窗玻璃上传来了砰砰的响声,声音不大,像有什么东西打在上面……"

"有人在敲窗子?"老头问。

老太太不满地望了他一眼,似乎觉得有点儿委屈:

"当时,我家住在四层……夜里很静,窗玻璃上的声音显得很响,我吓了一跳,但我知道那是谁……我跳下床,跑到了窗子前,掀开窗帘。玻璃上有几朵花,是小雪球打在玻璃上,撞碎了,粘在上面,像一朵朵白花……又有一个小雪球飞上来,砰地打在玻璃上,碎成了一朵花……我真害怕父母会被这可怕的声音惊醒……我怕极了……我赶紧轻轻拔掉插销,推开窗,望见了你……"

"我?"老头被弄糊涂了,望着老伴,极力回忆着这一场景。

"是你,你站在雪地上,头仰着,望着窗子,嘴里冒出一团团热气……"

老头凝紧眉头,吃力地回忆着,过了一会儿,他的眉头突然舒展开了,他大声说:

"哦,我记起来了!……咳,我怎么会忘记呢!……那一夜,我在楼下花园里走过来,走过去,把积雪都踩成冰了……不过,我倒不觉得冷,真奇怪……我盯着头顶上那个窗子……后来,我想哭……真的,想哭一场,我绝望了……我不知道你的想法……我从花坛上捧起一团雪,搓成一个小雪球,朝你的窗子扔去……小雪球碰碎在玻璃上,砰的一声,像花一样散开了,雪屑飘了下来……没有动静。我又捧起一团雪……好吧,豁出去吧!……"

"我听到声音……对,我还拉亮了灯!……我推开窗子,俯身往下看……冷风直往房间里灌,可我不觉得……你愣愣地站在雪地上,楼底门洞里的灯光洒在你的身上……我觉得我看到了一双绝望的眼睛……"

"我想起来了,想起来了,"老头此刻显得很激动,他抢着说,"你伏在窗槛上,朝楼下望……窗口的灯光把你的影子投到了雪地上……你真漂亮,长头发垂落下来……一望见你,我觉得自己一下子僵住了,嘴唇直打哆嗦……后来,你就从窗口消失了……我听见一连串开门的声音,似乎你跑着穿过整个家……又听见你妈妈的喊声……听见脚步声急骤的从楼梯上飞奔下来……你突然出现在门洞的光亮里,身上穿着件白色的睡袍……你奔过来,一下子扑到我的身上……"

他用长长的手臂环抱着她,脸颊轻轻摩挲着她的头发。

"那时,我们多年轻啊!……"她说。

"还有呢,"老头仍沉浸在回忆中,说,"我紧紧地抱住你,觉得已经抓住了幸福,可是,我望见了你的父母……他俩站在门洞口,背后的灯光使他们显得很单瘦……他俩只穿了睡衣睡裤,喘着气,吃惊地望着我们……"

"可怜的爸爸妈妈……"老太太又幸福又内疚地说,"不过,他们终于同意了……我现在多想他们呀……他们躺在地底下,会不会感到冷?……地面上覆盖着厚厚的雪……"

她把目光洒向远处地面上苍白的积雪。两个人依偎着,不再说话了。足球场上的那个浅黑色的人影在移动着,移动着……他们望着它……后来,这个人影穿过大半个球场,从铁网上那个窟窿钻出去了。

"瞧,他走了!"老太太说,"他上哪儿呢?"

"回家呗。"

"他也许失恋了……"

"谁知道呢?"

那个瘦高的人影沿着白毯一样的街道往前走着,街灯将他孤独的身影拖在雪面上,他走得很快,不一会儿,前面那栋塔楼就挡住了两位老人的视线。

"睡吧。"老头说,握了握老伴的手,"瞧你,手指冻得冰冷的。"

"好吧。"老太太顺从地说,最后望了一眼楼下远处的那个白色的足球场,除了那片苍茫的白色,其他一切都模糊不清。

他沿着街道往前走着。这当儿,他觉得气温低多了。寒风迎面刮来,扬起一缕缕雪尘,他的耳朵都快冻掉了。他把大衣的宽领竖起来,一只手按着风雪帽,身体前倾着,步子迈得很大。他觉得衣领和袖口又湿又冷,仿佛结了一层薄冰。大概体温把积雪融成了水,又被夜寒凝成了冰。皮鞋里更是难受,又潮又冷,袜子湿透了,脚趾头冻麻木了。一时间,他又想起了苗圃里那座木板房,那火光闪闪的柴堆。坐在这堆噼啪作响的火堆旁,身上一定烤得暖暖和和。手里还可以拿一本诗集,借着摇曳的火光读……这时,他脑袋里闪出几行诗句,那是他读大学时所熟悉的一首诗:

  当你老了,头发灰白,满是睡意,
  在炉火边打盹,取下这一册书本,

缓缓地读,梦到你的眼睛曾经
　　有的那种柔情,和它们的深深影子……

可他只记起了这么一节,这使他有点儿懊恼。想当初,叶芝的诗多让他着迷呵。他踩着泡沫般的积雪,一边走,一边极力回想着剩下的诗句,可只勉勉强强念出了两句:

　　在燃烧的火炉旁俯下身,
　　凄然地喃喃说,爱怎样离去了……

他低声地把这两行诗念了几遍,内心若有所动。他感到了一种凄凉的美感。他叹了一口气,挥了挥手,似乎想把命运沉沉的黑影挡开。他不再想这首诗了。

街面上的积雪冻硬了。踩上去发出薄玻璃般的碎裂声。他差一点滑了一跤,因为积雪下有一个凹坑。

他远远地望见了那栋公寓楼,像个庞大的怪物,耸立在前方。他想起了自己的妻子。这会儿,她醒了吗?不,不会的,他想,她一向睡得很沉。他多羡慕这种植物般的睡眠啊,宁静,安详,梦境里只会浮现阳光与花园。

他走进了公寓的门洞,摸黑走上了楼梯,掏钥匙,开门,进门,摸着了打火机。他朝大床那边望了望,被子仍勾勒出妻子安睡的身姿,和他离开时一样。他熄灭了拢在手心里的火苗,在黑暗中无声地笑了笑,但他觉得,自己笑得挺难看。

"我这趟夜游,她一无所知……对,只是一片空白。"他一边脱大衣,一边想,"任何人,对另一个人而言,都是空白。"他坐在椅子上,一只接一只地脱掉了潮湿发胀的皮鞋,"谁能说,他了解另一个人,既然他不是他?……再说,谁又能了解自己多少呢?……不过也是一片空白罢了。"他上了床,轻手轻脚地躺下,又把被子拉了上来。"人呵,真像被遗弃在一个拥挤的孤岛上,每个人与自己的影子相伴……我这是怎么啦?……几点了?……5点钟了……睡吧,明天……哦,不对,应该说'今天'……还要上班呢……"

天色已大亮了。窗帘开着,昨夜忘了拉上。雪光的反射使城市的上空十分明亮,仿佛大地上平放着一块块巨大的玻璃镜,使天空充满了洁净的光线。

老太太起床了。她睡得不安稳,夜里老是梦见漫天纷飞的大雪,自己在雪地上走着,雪花飘落下来,钻进了围脖,融化了,凉丝丝的。她觉得好惬意。雪地上到处可以望见一丛丛金黄色的花,是黄刺玫,它们傲立在积雪上,成了雪原上唯一的风景。

她走到窗前。

"哎呀,你快来看!"

她大声说了一句,瘦削的身体几乎贴在了玻璃上。

"怎么啦?"

老头刚睡,翻了一下身,有点埋怨地问。

"你过来嘛。"

"瞧你,一大早,一惊一乍。"老头嘴里嘟哝着,有点不情愿起床。房间里的空气有些冷。"你会感冒的。"他提醒了一句。

"我真想把它拍下来。"

老太太凝视着窗外,自顾自地说。

"什么?"

"对,我要把它拍下来。"

"你在说什么呀?"

老头望着老伴贴在玻璃窗上的身影,纳闷地问。他从床上坐起来,双脚在床底下探着找棉拖鞋。

"对,我要拍!"

"拍什么?"老头站起来,披了睡衣,朝妻子走过去。这时,老太太转过身,飞快地离开窗子,跑到五屉柜前,拉开顶上面的那个抽屉,在里面翻找着。

"你找什么?"老头望着她,感到有点儿莫名其妙,但老太太没回答,似乎所有的心思都放在要找的那个东西上。她把几件旧衬衣扔在地上,继续找着,动作很急。老头皱起眉头。奇怪,她怎么啦?"你到底找什么呀?"他又问了一遍。

"啊,在这儿!"老太太终于找到了。她把那部照相机拿在手里,看了看,"嗯,太好了,还剩下几张胶片呢。"她又跑到窗子前。

"你拿照相机干什么?"

老头望着她跑过来。在她身后,抽屉大敞着,挂下了衬衣和袜子。他不满地摇了摇头。

老太太站在玻璃窗前,端着照相机,对着楼底下什么地方,一边自言自语地说：

"过一会儿，太阳一出来，它就融化了……再说，孩子们会来踢足球，会踩坏它，多可惜啊！……"

老头走了过去，站在老伴的身边，朝窗外望着。雪光让他的眼睛不太好受，不过，他慢慢适应了。城市刷上了一层耀眼的白色。远远近近，高高低低，所有的建筑物顶上，都堆满了雪。街边那些修剪成球形的树也裹上了白绒絮；还有那些绿色的邮筒以及黑色的垃圾箱，都戴上了一顶白帽子。他的目光渐渐地移到近旁那条宽敞的街道。街道的那一侧是一大片雪原，他知道，那是一大片草地，再过去，就是小树林依稀可辨的树影。他的眼光落回到街道上。街上蠕动着灰色的上班人流，像一条肮脏的河。每个人都紧紧裹着大衣，脑袋冲前，一只手按着帽子，一只手拎着公文包，嘴里呼出大团大团的白色雾气，行色匆匆。偶尔有人滑倒在紧硬的积雪上，便引起一阵嘻笑声。他们枯索、灰暗的身影衬托在白色的雪面上，显得又孤独，又伤感。街面上的积雪被无数只鞋子踩烂了，露出了肮脏的柏油色。汽车在两股逆向的人流中缓缓行驶着，一个劲地鸣喇叭。车轮在雪地上碾出一条条黑色的车辙。

"这有什么可拍！"他嘀咕着，低下头，但这时，他看到照相机的镜头并没有对着那蠕动着的人流。他顺着镜头的方向望过去——呵，在街道这一侧的雪地上，在那块被铁网圈出来的白色长方形上，有人画出了一个巨大的心形图案。

"一颗心！"

他惊讶地喊道。不知怎的，这个时候，他的脑际迅速浮现出一个又高又瘦的黑色人影，它映衬在朦胧的雪光上，映衬在那块长方形的雪地上，移动着，移动着，右脚的鞋跟拖曳着，在雪地上划开了一条凹槽，黑色的细煤渣露出来了。这条黑色的线延伸着，回转着，像一只渴望的手，在一张容易消融的白纸上，无意地勾勒出某种朦胧的热望。

1995.7.21—27

屋顶上的巴黎

从下午3点起,天色就阴沉下来了。空气骤然间变得潮乎乎的,又冷又湿,像雾气一样,粘在人的衣服上,钻进人的鼻孔里,真让人讨厌。电台的天气预报说:一股西伯利亚寒流将南下,途经本市。气温陡降至零下3度,傍晚有小雪。这一天是11月13日。他记得这个日子,因为是星期天,不用去学校;此外,这一天,他突然接到一个邀请:何卫从突尼斯回国了,邀请几位大学时代的老同学聚一聚。

"这家伙发财啦!"他站在玻璃窗前,心不在焉地望着正黯淡下去的天色,又望了望街上行色匆匆的过路人,想着,"奇怪,才11月份,就这么冷,真要命!"他摸了摸窗台下的暖气片,"冷冰冰的!……那些家伙真是死脑筋,非要等到11月底才开始供暖气,倒好像日期比气温更重要,真是十足的衙门气!"他又接着往下想,"真快啊,11年啦!……他会是什么样子呢?"他的眼前浮现出一个又矮又瘦的形象,又大又圆的脑袋使整个体型显得很滑稽,"还是大学时的模样吗?"他猜着,叹了一口气,"唉,那时候,他可一点儿都不起眼。转眼一晃11年了。他成了最有出息的人……徐宁在电话里说:他至少有四千万!——四千万!这是一个多大的数字呀!……他才33岁,和我一般大呢。"他耳畔又回响起电话里徐宁的声音,充满了惊奇、羡慕和自卑。"可怜虫!"他想着,"除了那副门板似的身架,其他的仿佛都萎缩了。可怜虫……不过,倒是一个顶好的人,没得说……不像乔芒那小子,老是玩手腕,冷不丁地蜇你一下。这在大学时倒没怎么看出来。那时,他坐在他那把厚实的靠背椅上,整天整天地读传记、谋略之类的书。想不到,他这是在'练笔'啊!……这小子,现在混上部长秘书了。一个月前,他还在电视上露过一面呢,跟在部长的后面……徐宁说何卫也邀了乔芒,'我和他可不是一路人啊。'徐宁还这么补充了一句。他说得对,尽管有点儿犯傻。"

窗外的梧桐树落光了叶子,细密的秃枝肃立在潮冷的空气里,显得又凄凉又悲伤。他不喜欢这种景象。他是南方人,小时候晒惯了灼热的阳光,看惯了绿色,看惯了丘陵和湖泊,对北方的土地和空气缺乏亲近感。不过,他倒也习惯了。再说,他娶了一个北方姑娘,还有了一个儿子。他算是在这儿扎下根了。他是大学的文学教师,讲授19世纪的法国文学史,还搞点评论,空闲时给小报写写专栏,补贴家用。不过,他以前的理想是当一名作家,而不是评论家,更不是嚼着笔杆子每个月拼凑几篇短文的专栏作家。他不停地练笔,梦想着一部署着自己赫赫大名的伟大著作,书名就叫《死刑犯手记》。他甚至想好了某位幻想中的评论家对这部幻想中的杰作的作者的评论。它这样开始:"他披着隐身衣走上了文坛";它这样结尾:"假若读者不喜欢这部作品,那只能说:这位作者只不过在对牛弹琴。我不知道这是牛的悲哀,还是弹琴者的悲哀。总之,这是一种悲哀。"真是才华横溢的评论……他还一再陶醉在这样的幻想中:他在街道上散步,行人中有一个认出他来了。他听到背后不止一个声音在窃窃私语:"快看,那就是彭可,《死刑犯手记》的作者!""啊,是吗,这么年轻!""还很帅呢!""真可惜,我没来得及看!"……不过,蒙受如此厚爱的这部伟大的小说,就和那位幻想中的评论家一样,一直是幻想中的巨著,以提纲的形式在他的书桌抽屉里搁了至少五六年了,而他只不过写出了几篇才气平平的短篇小说,发表在几家同样默默无闻的地方刊物上,也没引起什么评论家的注意。这真让人泄气。他甚至想用一个化名替自己写一篇评论。不过,时间久了,这种不愉快也就淡漠了,随之淡漠的还有文学上的雄心以及书桌抽屉里的那部伟大作品的提纲。只是每当文坛上冒出一个走红的新作家,而这个作家的年龄又比自己小时,他才感到一种隐隐的妒意,随即,这妒意就化为惆怅了。

好在他口才不错,文学史课颇受学生们的欢迎。当他站在讲台上时,他脸上那副又庄重又入迷的表情,他那浑厚而又迟缓的语调,再加上一些适可而止的手势,简直可以把这些爱幻想的孩子们带到19世纪的巴黎去漫步一番。"夜幕已经在巴黎降落,"他朗诵着莫泊桑作品中的片断,那神情,仿佛是在朗诵自己的作品,"那是一个风息全无的夜,一个闷热的夜。勒拉先生沿着布洛涅树林大街朝前走,望着那些从旁边驶过的马车……"要是能去一趟巴黎就好了,那他就满可以对学生们尽情地描绘一下布洛涅树林。那可怜的勒拉老头便是吊死在这片树林里的;还有塞纳河,凯旋门,以及巴黎那令他神往的一切。他的巴黎一直只不过是纸上的巴黎。不过,时间一久,这一点渴望,也就和人生的其他渴望一样,渐渐地化作了淡淡的遗憾,深埋在心灵厚厚的灰烬下,犹如田野里那些没完全烧死的草根。

梧桐树的秃枝像猫爪一样轻轻挠着窗玻璃,发出难听的摩擦声。起风了。他望着街上的行人在弥漫着的湿气中行走时的狼狈样儿。他们没料到这骤然间袭来的寒流,身上仍穿着单薄的秋装。他们紧紧裹住风衣,脑袋朝前冲着,脖子缩进宽大的竖领里,逆着风,一步步往前走,一团团热气不时从口里喷出来,又迅疾飘散在又冷又粘的空气里。他突然想起了什么,眉头皱在一起。他看了看腕上的手表。

"快4点了……她怎么还不回来?"他自言自语道。一大早,妻子就抱着1岁半的儿子回娘家了。每逢星期天,老外婆就想看一看小外孙,可对他这个女婿,一家人并不怎么热情。不过,这倒免掉了他的一项头痛的义务,用不着尴尬而又无聊地在老人和女人中坐上几个小时,尽听些和说些婆婆妈妈的话。"可平时这会儿,她也该回家了。"他想着,"莫不是因为寒流吧?老太太怕冻坏了小外孙,不愿让女儿走……或者是,她现在在路上,就像外面这些人,冻得直哆嗦……"一想到这一层,他心里就不舒服。"唉,她应该叫辆出租车。"他叹了一口气,"不过,她害怕花钱。这个月,家里只剩下两百多块钱了,她又是那么节省……这倒是她的一个优点。唉,要是我有四千万……哦,不,有一百万就行!……对,要是我有一百万,我就……"他又陷入那种辉煌而又无聊的白日梦了。

他在窗边又站了一刻钟,一边幻想着,一边时不时地望一望街口,看妻子是否来了。可天色越来越阴沉。他又看了看手表。"4点半啦!"他有点儿惊讶,"不行,我不能再等。聚会定在5点半。从这儿到皇冠饭店,还得花半个钟头。可是,她一回家,见我不在,又不知道我上哪儿了,会着急的……怎么办?——得,留一张字条在桌上吧。"他拿了纸和笔,走到饭桌旁,低着头,写着,写了几个字,又觉得不妥当,就把那张纸一团,扔进了满是纸团的字纸篓。他又在另一张纸上写起来:"妻:我去参加一个同学聚会。地点在皇冠饭店。晚上8点左右回家。即日。"写好后,他想了想,犹豫了一下,就又在后面添了一个潦草的"吻"字。

他走进狭小的卫生间,拉亮灯,开始对着方镜子刮胡子。刮完后,又洗了洗脸,往头发上仔细地梳了一点妻子平日用的摩丝。他对自己的镜中形象还算满意。"有点儿像大人物。"他开玩笑地对自己说,"瞧,这就是《死刑犯手记》的作者,著名作家!……要是哪一天,这部小说真完成了,我一定要把这幅照片印在封皮上。"他回到卧室,换上一件新衬衣,又从立柜里取出那套西服,一套与这房间的清贫景象不相称的名贵西服。

这套西服,倒有一个令人啼笑皆非的来历:他的一位舅公(他小时候曾听外婆谈起过这么一个人)从台湾回大陆探亲。这个白发苍苍的矮个儿老头,42年前,18岁时,卷进了出逃的洪流中,随部队去了台湾,一去就是42

年,在那儿结了婚,有了孩子。这次回大陆,是想最后看一看祖坟。可惜,连故乡的亲戚都不怎么记得祖坟的确切位置了。他只得对着那一大片杂草丛生的荒坡地烧了一大叠纸钱,相信地底下的祖先至少能分享一点。老头儿很哀伤地回去了。他到北京转机,临行前,顺道看望了一下北京的这位"外孙"。老头儿觉得"大学讲师"是个了不得的职位,何况还是一位作家,怎么说也该有自己的小洋楼、小汽车和佣人吧。他犯难了:该给这个"外孙"送点什么礼物留作纪念呢?老头儿打量了一下年轻人的穿着,唉,这些个作家啊,艺术家啊,总是穿得邋里邋遢,"好标新立异!"老头儿寻思,说,"当然啦,艺术家有自己的风格,我不反对,可也得注意仪表啊。"说罢,硬拉着"外孙"去了时装店。

这是一套西服套装:西服,西裤,皮带,领带。有一次,妻子说把这套西服退回时装店算了。"我宁可要那3000块钱,也不要这套花里胡哨的东西。"她说,"有什么用呢?"可他还是觉得,"舅公"送的礼物,若换成了钞票,老头知道了,会伤心的。这样,这套名贵的西装便挂在了立柜里。此刻,他站在穿衣镜前,一件件地穿戴着,小心翼翼,生怕揉皱了料子。领带按照《礼仪手册》上的式样打了好几次,可总是不够挺。他又系了一次,好歹过得去了。他一直没碰上什么场合能用上这套行头。他觉得自己像在用彩纸包裹一件商品。穿着这簇新的套装,他浑身都觉得不自在。有时,为了不弄皱领子,连转一下头,也得把整个身体转过去。

他穿好了,对着镜中的自己笑了笑,又做了几个很有风度的握手的动作,在镜子前走动了几步,然后,停下来,低头瞧了瞧手表。"快5点了。得走了。"他一边自言自语,一边走到五屉柜前,拉开顶上面的那个抽屉,在一大堆散发着樟脑丸味儿的袜子下面,找到了一个信封,捏了捏,又犹豫了一阵子。"还是带上吧。"他对自己说:"肯定不用我花一分钱……可是,万一出现要花钱的事儿呢?……掏不出钱,那才叫尴尬呢。带上吧。"他把信封塞进了西装的内口袋,又从衣架上取下那件棉风衣,小心翼翼地披在身上,然后,就出了门。

一辆漆着宽大红白条纹的公共汽车,从潮湿的暮霭中驶来,汽缸发出一连串噼噼啪啪的爆炸声。两个车灯射出两道光束,颤颤晃晃,透过迷蒙的雾气,落在街面上,落在那些匆匆而过的人影上。有时,灯光里突然显出一张冻红的脸。汽车缓缓地行驶,穿过小亮马桥,在一个站牌前停下。售票员嘎着嗓子报站名,显得很不耐烦。"快点儿!"她对一个下车动作迟缓的老头儿嚷了一声,"冷死了!这鬼天气!"随后,折叠门哐当一声合拢。汽车又启动了,缓缓地朝东驶去。红色的尾灯像两颗渐渐远逝的流星。

彭可沿着人行道往前走。寒风刺骨。他把风衣的大宽领竖起来,挡一挡从河面上吹过来的冷风。本来,出门时,他想把风衣的腰带束紧,可又担心,这会在笔挺的西装上留下一道勒痕。在汽车里,他也尽量往里站,那儿空一些,不至于让人挤皱了他的行头。"我穿得太单了,"他一边走,一边心猿意马地想,"可是,我没有好一点的大衣呀……总不能穿着军大衣走进皇冠饭店吧……要是有一件皮大衣——唔,就像这一件,"他在一个灯火通明的大玻璃橱窗前停住脚步,那里面装模作态地站着一个身披貂皮大衣的石膏模特儿,脸色苍白,一双高傲而又无神的眼睛望着雾气纷飞的街道。"看上去挺合身。"他自言自语道,可凑近一看价格牌,就叹口气,裹紧风衣,走开了。

街道两边的饭店、商场鳞次栉比,像一个个内部着了火的镂空盒子,灯光四溢,可天空与街心反倒显得更暗了。多少次,他上下班时,乘坐公共汽车穿过这一片豪华区,从车窗里心情复杂地望着这些个富丽堂皇的场所。尤其是在冬天的傍晚,当公共汽车在冻硬的街道上像灵车一样缓缓行驶时,猛一瞧见这些暖房般的宽敞大厅,瞧见那些身着艳丽旗袍的服务员小姐端着银光闪闪的托盘,在餐桌间轻盈地穿梭,望着摆满佳肴和美酒的餐桌,望着食客们那快乐的面孔,望着大玻璃窗下那葱郁的热带植物,他就不禁叹道:"要是能在那里面喝上一小杯咖啡,那多好啊!"

他觉得那些有钱人真像梦幻中的人物,某一类自己无法洞悉其奥秘的神秘群落。可另一方面,他又瞧不起他们,私下里叫他们"暴发户"。"鬼才知道那些钱的来历呢!"他说。而且,钱既然来得容易,这些阔老阔少们自然也就挥霍成性了。"不能指望这些人。"他愤愤地想,"可有人居然把他们称为未来的中产阶级、艺术的赞助人,真是活见鬼,瞎扯淡!"

他抬头望了一下夜空,觉得有一股冷湿的潮气正缓缓地垂向城市。"快下雪了。这鬼天气!"他不情愿地把手从口袋里抽出来,看了看手表,又赶紧插回去。"还有7分钟。"他靠在马路边的一个玻璃电话亭上,望着对面灯火辉煌的皇冠饭店。"他们都到了吗?……等一会儿吧。去得太早,人家会说你着急:哼,这小子,准没见过什么世面;去得太迟,也不好,人家会说你不懂礼数、傲慢。还是等一会儿吧,差两分钟的时候走进去。"

他感到夜空中那股冷湿的潮气又低了一点。空气中弥漫着黏乎乎的雾气,呼出的热气还没飘过头顶,就仿佛凝成了冰渣了。他浑身冷飕飕的,直打颤,赶紧躲进了电话亭。这儿好多了。他觉得自己像个哨兵,在一个玻璃哨棚里，监视着对面那个灯光四溢的大厅。可过了一会儿，他又觉得自己更像一个等候在后台的演员，瞧，像演员一样，在戏装的外面临时裹了件大衣，御御寒，只等一个上场的手势。他的舞台就在对面，那个玻璃大厅。他自嘲地笑了笑，觉得自己很滑稽。他不再往深处想了，只是远远望着那个"舞台"。

宽大的台阶顶上，站着两个很气派的年轻侍者，身着红呢制服，袖口和领子上镶着麦穗图案的金色边饰，胸前是两大排金光闪闪的铜扣子。最有意思的是那两顶红色的硬衬方帽，让人联想起电影里奥地利宫廷中的那些侍卫。每有食客走上台阶，他们便极有风度地欠一欠身，殷勤地替食客们拉开厚重的大玻璃门。

他仿佛听见了这些客套的简短对话：

"您好，小姐。您好，先生。"

"您好。"

"您好。"

"哼，装模作样！"他讥讽地自言自语道，"都是一些伟大的戏子！……不错，这儿环境豪华，高贵，富丽堂皇，像广告上说的，'贵族气派'。在这儿，你得收敛本性，变得温文尔雅，一举手，一投足，都显得有分寸，得体，不能让人看出一星半点的粗俗味儿，更不能让人误认为是一个乡巴佬。这就是金钱的力量。瞧那两个看门的，神气活现，俨然一副大人物的庄重派头，可一看见有钱人，就立即换上了一副笑脸，殷勤得很！……当然啦，他们崇拜钱，也崇拜有钱人。瞧，这种动作，略略欠了一欠身，右手往前一摆：'您好！'——哼，千篇一律，明摆着是礼仪学校的设计。可诚意呢？……一旦脱掉了这套行头，一旦下班了，这些个'您好'啊就不见了。"

他对自己这些愤世嫉俗的想法有点儿吃惊。不过，细想一下，又觉得不是愤世嫉俗，只不过是内心不平衡罢了。"愤世嫉俗还算得上一种信仰的激情。"他想着，"可我呢，已经没有激情了。"

一辆银色的小轿车从车道上拐下来，绕过电话亭，缓缓驶进了饭店前的停车场。彭可的目光尾随着它。车停稳了，发动机的嗡嗡声一下子沉寂了。车门打开，钻出一位又矮又胖的男子，裹着一件带毛领的鹿皮大衣。他抖了抖宽肩膀，朝宽台阶走去，一走到台阶顶上，红帽子便殷勤地替他拉开玻璃门。从服务台那边走过来一位身材很高的引座员小姐，一袭翠绿色的旗袍。只见她站着，与比她低一头的穿鹿皮大衣的男子聊了几句，便引着他，朝大厅的深处走过去，从大玻璃窗上消失了。

"准是何卫那小子！"彭可想，又看了一下手表，"没错，就是他。他变多了,胖得像一个圆滚滚的皮球。"他好玩地想着,一个皮球从车里滚下来,又滚上了台阶,滚进了大厅,他觉得挺滑稽。"瞧他那副派头,真像一个十足的阔少!——是啊,徐宁说他有四千万。四千万,这就是自由的通行证啊!……怎么,徐宁还没来?他不会迟到的呀!"

他的眼光扫了扫饭店前那一大片空地。侧边墙根下的阴影里,有个高大的身影,正在那儿费劲地支自行车,支好后,拍拍手,像要拍掉手掌里什么脏东西似的,然后,从阴影里走出来,走到亮光中。"是徐宁。"彭可看清了。这个大块头在台阶下犹豫了片刻,抬起腿,迟缓地跨上几级台阶,又站住,转过身,望了望,像在寻找什么人,然后,继续往上走。红帽子的目光放肆地停留在大块头身上。他穿了一件稍嫌紧促的黑色旧呢子大衣,就是一般小职员常穿的那种。一双笨重的皮鞋踏得台阶咯噔咯噔响。他走到了台阶顶上。红帽子脸上显出一种滑稽的表情,不过,还是笑了笑,替大块头拉开了玻璃门。引座员小姐的手朝大厅深处一指,这位新来的食客便在一片晃眼的灯光中朝那个方向走去。高大笨重的身躯拘谨地躲闪着那些在餐桌间来回穿梭的穿绿旗袍的服务员小姐,显得有点儿不知所措。

"可怜虫。"彭可的目光从大玻璃窗上收回来,落在手腕上,"还差两分钟。我可以进去了。"他四下望了望,"乔芒还没有来,这小子!"他走出了电话亭。

穿过饭店前那一片红色方砖地时,他觉得冷湿的空气包围着他,他像是在飘飞的碎玻璃碴中穿行。风割痛了他的皮肤,他冷得直发抖。一到台阶下,他便脱下风衣,挽在手臂上,挺有风度地昂了一下头,朝台阶上走去。一瞬间,他突然有了一种预感,仿佛自己逃出了自己,不再受它的约束了。

"您好,先生。"

"您好。谢谢。"

他略略点点头,低声说,然后走进红帽子替他拉开的玻璃门。

大厅里灯火辉煌,光线耀眼,温暖如春。他感到肌肤一下子舒展开了。"真暖和!"他想着,一边用手紧了紧领带,让它看上去更挺些。他四下望了望。就餐者并不多。从天顶上悬下来的那些巨大的枝形吊灯,使墙壁上那些浮饰凸现出来,宛若殿堂。一位漂亮的引座小姐走过来,笑靥可人,裁剪得体的旗袍充分显露了她的动人线条。还有那一双小巧的脚,穿着棕色的宽跟高跟鞋,走路的姿势又文雅,又轻盈。

"先生,您订座了吗?"

她微笑着问,仰头望着他。的确,他算得上是一个美男子,身材魁梧,气度不凡,像是时装杂志封面上的人物,很能吸引姑娘们的目光。

他愉快地望着这一张妩媚的脸,轻声说:

"哦,是的,小姐,不过……"

他突然瞧见大厅的那一端,一张餐桌旁,有人扭过头来,朝这边招了招手。

"您瞧,在那儿……"

他偏过头,对引座员说。

"请跟我来吧。"

引座员嫣然一笑,说。

他跟在引座员后面,贴着紧靠落地大玻璃窗摆着的那一大排郁郁葱葱的热带植物,朝大厅深处走去。大厅里的空气暖和,馨香,既有鲜花的芬芳,树叶的青草味儿,又有佳肴的香味,还有女人身上各种名牌香水的味道。有一阵子,他的目光落在引座员小姐耳垂下那个闪闪发光的饰物上,它随着她走动时的动作微微晃着,闪亮着。他觉得可爱极了。

"笔杆子,你来啦!"

何卫望着他,亲切地用他大学时代的绰号招呼,肥胖的脸上绽开了笑纹,一双小眼睛都挤没了。

"你好,圆头!"彭可一下子受了感染,也用这种轻松的语调招呼他。他走到餐桌前,徐宁正回过头来。"你好,门板!"他拍了拍徐宁厚实的肩膀,亲切地说,"哎,我说,圆头,我们有十多年没见面了吧。你说呢,门板?"

"整整11年呢!"徐宁感慨地说了一句,握了一下彭可的手,"不过,彭可,我俩倒是见过一面,半年前,还记得吗?"

"当然记得,老兄。怎么样,还好吗?"

"凑合吧。"

彭可微笑着,在引座员替他拉出来的椅子上落座,他回过头,挺有风度地低声说了句"谢谢",就把目光转向何卫,说:

"圆头,你可胖多了!乍一看去,真认不出来……怎么样,你的突尼斯?——你在那儿呆了七八年吧。"

"怎么说呢,"何卫一脸满足的笑容,那神情,仿佛是见多了大世面的人,反倒不愿多谈自己的经历似的,"嗯,马马虎虎吧。不过,那儿比这儿气候好。这个时候,你真可以躺在海滩上,晒一晒地中海懒洋洋的太阳呢……那儿的人也真懒,整天睡懒觉,像一群海狮。"

"你经常去那儿?"徐宁轻声问。

"哪儿?"

"海滩呀。"

"当然,"何卫好像才弄明白,随随便便地说,"每天,工作一结束,要么,就在节假日,我就开车去那儿……再说,我在那儿常年租了一间小木屋,在岩石脚下。海水涨潮时,一直漫到我的台阶前。屋子里爬满了螃蟹,"他伸出两手,胖胖的指头在空中一张一合,模仿螃蟹的钳子,"不用费劲儿,就能吃上一顿美味……哎哟,"他突然停下来,"都5点40分了,靠背椅怎么还没来?——门板,你给他打电话了吗?"

"打了,打了。"徐宁赶紧说,"过一会儿,他就来。他呀,还是老习惯,让人等。"

"听说他当上部长秘书了。"何卫说。

"他么,官路亨通呢!"徐宁接着说,又自嘲地笑了笑,"不像我,还是一个科员——"

"当初,我就看出这小子是这块料。"何卫不等徐宁说完,就大声说,接着,笑了一下,"瞧,不出所料!——你们还记得他那个绰号的来历吗?"

"当然记得,"彭可站起来,把风衣挂在了衣帽钩上,又坐下来,说,"怎么不记得呢?那时候,他整天坐在他那把靠背椅里,一个劲地读大人物传记,读谋略。"

"还有呢,"徐宁插话说,"他说起话来呀,那神情,简直就是一个政治家。我记得,他开口总带这么一句口头禅:'嗯,这个嘛……'"

几个人都乐了。

"想起来,过得真快啊!"何卫感叹地说,又把头转向彭可:"那时候,你也老是闷在宿舍里,写诗啊,小说啊什么的,从不到操场上踢足球。门板可是我们的好门卫呢!他这个绰号,肯定是从足球场上得来的。"

"哦,不,是因为他长得像门板。"彭可揶揄地说,"正像你,圆头,长了一个圆滚滚的脑袋。"

何卫笑了起来,说:

"那时候真快活啊!想不到,一晃十几年过去了,我们都大了一轮。"

"瞧,乔芒来啦!"徐宁突然伸出手,指向玻璃门。其他两个人的目光也朝那儿投过去。

乔芒跟在引座员小姐的后面走过来。他穿着一件双排扣的深色西服,开领很小,露出一圈洁白的衬衣领和一小截领带。他中等个儿,头梳得很讲究,鼻梁上架着一副金丝边眼镜。他逐一握了握老同学的手,然后落座。彭可感到乔芒的掌心又潮又冷,可握起来很有力,甚至可以说,太有力了,把人的手指都捏痛了。相反,他觉得自己的手在那张又潮又冷的手掌里软绵绵的。"这家伙,握个手,干吗这么发狠?"他有点恼怒地想,"下一次,我得回敬他一下。"这时,他突然意识到,或许真不该接受邀请,参加这个聚会。随便找个什么借口,不就推脱了?他和他们并不是一路人啊。徐宁在电话里说过这句话。原本彼此之间就不存在多深的友情,加上阔别了十几年,大伙儿和陌生人差不多。可是,还得显出亲热,显出多谈得来,无聊透了。不过,唉,应酬嘛,不就这样?他头一次感到有点儿想家了,想妻子,想儿子,他太敏感,只有在自己家里,他才觉得自在。

餐桌上,各人面前摆着一块叠成三角形的橘黄色餐巾,上面搁着一套刀叉,熠熠闪光。此外,每个桌角上都搁着一本烫金的菜谱,有大 16 开大小。这当儿,何卫拿起手边的菜谱,扫视了一下那 3 个人,笑着问:

"怎么样,点菜吧。随便点。"

穿绿旗袍的小姐站在桌旁,笑意盈盈望着他们,耐心地等着,手里拿着记菜本和圆珠笔。

"我要一盘红菜汤。一份牛排,要嫩一点。"乔芒望着菜谱,头也不抬地说,"一份油煎蜗牛。一份火腿沙拉。再来一份奶油薄荷球。"

"你呢,笔杆子?"何卫问。

"来一份羊排吧。"彭可说,目光迟疑地在菜谱上滑动。要知道,他对西餐并不怎么熟悉,"再来一份肝泥。"他说,可肝泥到底是什么呀?"一份奶汁烤鱼。另外,再来一份奶油可可冻吧。"

"你呢,门板?"

"等一会儿……我再看看,"徐宁脸上一副没主意的神情,他把那几页菜谱一会儿翻过来,一会儿翻过去,弄得纸页沙沙直响,"都这么贵!"他嘟囔了一句,"嗯,来一份猪排吧。"他说,又把菜谱翻到最后一页,"一份素沙拉……再来一个小甜面包吧。"

"我猜你一定爱吃牛肉。"何卫望着这个大块头,温厚地说,"怎么样,来一份咖喱牛肉?"

"那好吧。"徐宁说。

"靠背椅点的油煎蜗牛不错,是这儿的特色。"何卫继续说,"门板,你也来一份吧。另外,给你来一点黑鱼子酱,抹在面包上,味道不错。"

"足够了,足够了,"徐宁赶紧打断他的话,"这么多,会撑死我的!"

何卫笑了笑,然后转过头去,轻声对服务员小姐点了自己的几样菜。临了,他转过来,对那三个人说:

"对了,每人再来两只油焖对虾,怎么样?另外,喝什么酒?——得了,我来替你们点吧。"

长形的餐桌上摆满了细瓷盘,盛着五颜六色的佳肴。深红色的红菜汤,浅褐色的牛排、猪排和羊排,黑色的油煎蜗牛,深褐色的肝泥,焦黄的奶汁烤鱼,肉红色的对虾,乳白色的奶油蟹肉汤,浅黄色的奶油烤通心粉,棕红色的咖喱牛肉,还有浅绿的素沙拉,宛若一幅色彩缤纷的拼贴画。在这幅平面拼贴画的边缘,像角塔一样,耸立着四只高脚圆肚的镂花玻璃酒杯。另外,还有几只盛着各种颜色果冻的阔口玻璃杯。邻近,靠墙壁的一张长条形小桌上,摆着一排酒瓶:一瓶大肚子的拿破仑,一瓶细长的波尔多葡萄酒,一瓶炮弹似的苏格兰威士忌,还有两瓶体态臃肿的黑啤酒。瓶颈上都扎着彩色的镶边丝带,丝带上挂着圆形或者盾形的商标牌。

一个身着白色制服的瘦高个男服务员,侍立在小条桌旁,手里拿着一只银光闪闪的开塞钻,犹豫不决,望着这四个人。

"先生,现在开酒吗?"他轻声问何卫,大概从神态上已猜出何卫是东家。

"请吧。先开那瓶波尔多。"

男服务员动作麻利地把开塞钻旋进软木塞,轻轻一拔,噗的一声,启开了。他右手用一方白餐巾斜托着酒瓶,左手放在腰后,绕着桌子,挨个地把四只高脚杯注满酒,动作轻巧,得体。当翡翠色的液体从细瓶口流入彭可的高脚杯时,他注意到悬在瓶颈下的那个圆形商标牌,那上面是一片葡萄园风景,一条绿色的小河蜿蜒于其间,远处是一长串黛色的低矮山丘。他一时想起了莫泊桑小说中对波尔多葡萄园的描绘。

"好吧,诸位!"何卫站起来,右手端着满满一杯葡萄酒,对同伴们说,"为重逢干杯!"

几个人站起来,端起酒杯。这时,徐宁突然说:"为何卫的归来干杯!"

一阵不易察觉的短暂沉默。彭可留意到,当徐宁冒冒失失说出这句祝酒令时,乔芒的眼角露出了一丝鄙夷的讥笑。"这小子,准在心底里嘲弄门板。"彭可愤愤地想,"这也怪门板自己。太没心眼。我知道,他只是笨拙,冒失,觉得该说点什么道谢的话,可又不会说。"

"啊,别这样,"何卫微笑着,挥挥手,说,"还是为重逢干杯吧。要知道,大学时代才是最值得纪念的日子,那时候的朋友才是真朋友!——诸位,咱们还像从前那样,彼此叫绰号吧。怎么样,门板!"

"好呀,好呀!"徐宁赶紧说。

"来,干杯吧!——为重逢!"何卫把手往前一伸,与那三只酒杯碰在一起。

徐宁的酒量小，不敢像那三个人，一口气把一大杯葡萄酒灌进喉咙里。他像女人喝酒那样，一小口一小口地呷着，一边丝丝地吸着气，好容易才让酒杯见了底。

"门板，你真行啊！"彭可惊讶地说。他记得徐宁读大学时滴酒不沾，聚餐时躲不过一轮轮劝酒，但也顶多象征性地舔上一小口，算是应应景，绝不再喝第二口。

"不行，不行，"徐宁摇摇手，微笑着，说，"这一大杯，够我受一阵子的！我们这四个人，论酒量，头一号要算圆头。有一次，他一口气灌了三瓶啤酒，三瓶啊，一口气吹了三只喇叭！……至于笔杆子，还有你，靠背椅，谁的酒量大，我就不清楚了。——也许，笔杆子的酒量大一些吧，俗话说……"

"门板，你可说错了。"彭可打断他的话，说，"论酒量，靠背椅是海量。你瞧他，脸上一点儿颜色都没有！"

乔芒低着头，笑着，不表态，两根细长的手指轻轻旋转着指间的空酒杯，让它的切口闪出一道道光，而他的眼睛，却盯在阔口玻璃杯里盛着的奶油薄荷球上，那上面嵌着一颗鲜红的小樱桃，像一滴血。男服务员又绕着桌子给他们倒酒。"这家伙，他在想什么？"彭可用眼睛的余光观察着乔芒，寻思着，"真让人捉摸不透。连喝酒这么一点小事，也绝不开诚布公。他么，他的酒量，既是一杯，又是几瓶，没个准，这可就要视情形而定了。"他一边想，一边用餐刀切着羊排。

"这么说，圆头，你在突尼斯待了11年？"徐宁隔着宽大的餐桌，问何卫，"你习惯那儿的气候吗？据说那儿的空气潮得很哪——"

"我在突尼斯只呆了三四年。"何卫把吃干净的虾壳扔到盘子里，用餐巾擦了擦手指，说，"起初那几年，我在巴黎，是公司驻巴黎的商务代表……"

"巴黎？"彭可轻轻脱口而出，又若有所思地把眼光收回到切碎的羊排上。巴黎这个地名触动了他。多少年来，他在课堂上一直讲授着19世纪的巴黎，它的艺术，它的文学，带着他的学生一次次凭吊想象中的先贤祠，站在想象中的米拉波桥上，远眺塞纳河的波光……巴黎，这是他的专利，他最有资格谈论它。他书房的墙壁上，贴着一张巴黎地图，他熟悉它的街道、河流、建筑，熟悉它的每一条纹络。这想象中的巴黎，在他站在自家阳台上俯瞰下面那一大片低矮的平房时，就悬浮在那片灰色的屋顶上，像一座若隐若现的海市蜃楼，又像一位故友的朦胧面容，能感受到它的存在，却又遥不可及。而眼前这个商人，这个从前的劣等生，对艺术一窍不通的粗俗汉，居然是从这片朦胧的绯色云雾里走出来的。他两条又短又粗的腿，曾亲近过它的土地！……彭可隐隐感到一种痛苦,他莫名其妙地端起高脚杯,喝了一大口。

"巴黎怎么样?"徐宁感兴趣地问。

"怎么样?"何卫的眉毛往上一挑,"当然是好地方!——可以说,是首屈一指的城市,是城市中的精品!……拿咱们北京和它一比,顶多只能算个乡村。"他以权威的口吻下了这个论断后,又似乎陶醉在回忆中了,"卢浮宫、凡尔赛、塞纳河、蓬皮杜、布洛涅树林……你就是花上整整两个月,也看不过来。还有法国大菜,真是顶呱呱!——对了,还有巴黎女人呢,我敢说,只有巴黎女人才叫女人!"

"你这么说,大概是有亲身体验吧。"乔芒冷不丁地说了一句。

"体验?"何卫哈哈笑了起来,尖着嗓子说,"鄙人在情场上,可不那么走运。那句话怎么说来着,赌场走运,情场失意,对不对?要是我有笔杆子那副身架,那我今天倒真可以谈谈我的巴黎艳史呢。可是,不走运!……笔杆子,你这身西服还不错,皮尔·卡丹,对不对?"

"好眼力!"乔芒阴阳怪气地笑着说,把那颗红樱桃塞进了嘴里。

"说到巴黎,"何卫放下叉子,慢腾腾地饮了一小口波尔多,惬意地往椅背上一靠,"我还真有一件奇遇。说出来,你们准会大吃一惊……尤其是笔杆子。"

"我?"彭可抬起头,望了望何卫的眼睛:"怎么会!"

"快说说看!"徐宁着急地说。

"你们还记得韦娜吗?"何卫身体往前一倾,挺神秘地瞧了瞧那三张面孔。

彭可感到自己的脸一下子红了。但,迅疾,他意识到,这层红晕不会显露在皮肤上。两杯波尔多已使他的脸颊泛红了。他觉得脸上有点儿胀热。

"韦娜吗?谁不知道啊!"徐宁有点失望了。

"说起来,她还是笔杆子的意中人呢!"乔芒以一种深谙内情的口吻说,又仿佛漫不经心地补充了一句:"曾经的意中人,对不对?"

"笔杆子的意中人!"徐宁惊讶地说,"我那时怎么没看出来?"

"门板,要是连你都看出来了,那还算得上秘密吗?"何卫笑了起来,接着,做了一个怪脸,对彭可说:"你说呢,笔杆子,是不是一个秘密?"

"怎么会扯到这上面来的!——诸位,别开玩笑了,我——"

"有什么关系!都过去的事了,说一说也无妨嘛。"何卫开心地说,"再说,你老婆又不在这儿。"

"对!"徐宁喊了一声。

"她,她怎么样!"彭可犹犹豫豫地问:"这么说,你在巴黎遇见了她?她在巴黎?"

"对,这就是我说的奇遇。"何卫从盘子里拿起一根芹菜枝,在手里把玩着,脸上摆出一副要讲故事的派头,"说起来,还是五年前的事呢。有一天,我闲得无聊,在香榭里舍大街转悠了一圈,便挑了家临街的露天咖啡馆坐下,要了杯咖啡,坐在那儿,望着大街发愣,差一点睡着了。这时,有人叫我的名字。是个女人的声音。我惊讶地回过头。一个高个子亚洲女人站在我的桌子旁。她穿着一条亚麻色的宽松连衣裙,波浪形的头发披在肩膀上——"

"得了,"乔芒不冷不热地打断他,"你用不着这么细致地描绘她。我们又不是不认识。再说,这儿有个人会吃醋。"他用眼角瞥了瞥彭可。

"靠背椅,这一回,你可说错了。"何卫挺认真地说,"她变多了,乍一看,还真认不出来。怎么说呢?——唉,要是我有笔杆子的文采,我肯定能给你们画出一幅肖像。她有一种特别的气质,嗯,艺术家的气质。这么说吧,她一下子震住了我——"

"圆头,你可得小心你那圆脑袋啊!"乔芒乐了,怪声怪气地说,"笔杆子会写文章,也会抡酒瓶子呢!"

徐宁在一旁自顾自地笑着,望望这个,又望望那个,觉得挺有趣。

"你误会了。我不是那个意思。"何卫尴尬地说,把芹菜枝放在桌布上,"我当时没认出她,只当是在什么商务洽谈会或酒会上有过一面之交。要知道,这样的应酬太多,甭想记准所有人。她见我愣着,以为认错了人,便歉意地说:'Pardon, Monsieur, je me suis trompé.'我赶紧说:'你是韦娜?'她吃了一惊,接着,笑了起来,说:'是你,何卫!我还以为认错了人呢?'我说:'是啊,谁想得到呢!我们有六年没见面了吧?……而且,是在这么个地方!'"

"圆头,我发现你还是一个当作家的料。"乔芒笑了笑,端起高脚杯,惬意地饮了一口葡萄酒,又拿起刀叉,对着那盘油煎蜗牛,一边说,"简练点吧。怎么样,她在巴黎干什么?嫁人了?"

"她离婚了。"何卫叹了口气,说,"不过,倒也不坏。她说他们彼此志趣不投,走不到一块儿——唉,才女,对男人来说,是一种灾难,一种甜蜜的灾难。"

"我倒觉得,她和笔杆子是天生的一对。"乔芒把一大块油煎蜗牛送进了嘴里,一边嚼着,一边说,"只可惜呀,他们错过了这个缘分。你说呢,笔杆子,要是当初——"

"没有的事!"彭可急忙解释,"当初,我们只是彼此有好感,可又猜不透对方的意思……"

"猜？不，要去证实！"何卫说，"只可惜，当初，我们大伙儿都太没有男子气，老是猜呀，猜的，一个人闷在房间里兜圈子。其实，只需要一点点勇气，就能获得幸福。好啦，不谈过去了。——我刚才说到哪儿了？"

"她离婚了。"徐宁提醒他。

"哦，对，她离婚了，来到巴黎，一心画画。她不想对我多谈那些艰难的日子。只说：她是靠着一种激情才支撑着。孤独，紧张，贫困，地下室，还有接连不断的失败，并没压垮她。她没日没夜地画，从不放松。还说：'把生命抹在画布上。'说真的，我不大理解这句话。她还说，后来，她渐渐找到了自己的感觉。她对我谈了这些感觉。可我听不太懂，总之是一些'色调'啊，'原色'啊，什么的。我遇到她时，画廊正在举办她的个人画展。"

"这么说，她出名了？"乔芒问。

"这个么，我不大知道艺术圈里的事。她邀我去看画展。我去了。大厅里人真不少，尽是些披散着长头发的艺术家。奇怪，艺术家总爱留长头发！我沿着墙壁在大厅里蹓跶了一圈。说实话，我看不很明白。可我听见那些长头发低声说着什么'Formidable!'，'Quelle disposition!'，还有一位在画布上指指点点，似乎在说那块颜色真漂亮……行家们既然这么说，我想她的画一定错不了——而且，卖价很高。我记得一个画商当场提出要用50万法郎购买其中一幅画。"

"50万法郎！"徐宁惊讶地喊了一声。

"她后来对我说，她有两幅画获过艺术奖。"何卫接着说，"哦，忘了告诉你们，我离开巴黎的那一天，她还送了我一件礼物呢！——你们猜一猜，是什么？"

"一幅画。"乔芒漫不经心地说。

"对，一幅肖像画！"

"呀，靠背椅，你真行！"徐宁佩服地望着乔芒，说，"一猜就准！"

"得了吧，这有什么难的！"彭可在心里不屑一顾地说，"一个画家，能送什么别的礼物呢？"他突然回忆起很久以前的一幅素描，那是韦娜当初送给他的一幅铅笔头像，她的头像，脑袋斜靠着窗框，下巴搁在窗台上，眼睛俏皮地望着他。他觉得有点儿伤感了。

"还有呢，"何卫接着说，"画下面有一行字：'露天咖啡馆里的何卫。巴黎。'要是没有这一行字，我还真认不出画面上这个一脸油彩的就是我！——不过，颜色真漂亮。我把它挂在突尼斯的客厅里了。真该带回来让你们瞧一瞧!"

"她没问起过笔杆子?"乔芒问,把餐刀搁在盘子上。

"她把老同学都问了一遍。"何卫笑着说,"只是,说真的,连我自己都不知道大伙儿的去向……谈到笔杆子时,她说:'他是一个好人。'"

"就这些?!"乔芒拖长音调,几乎是以嘲弄的口吻大声说。

"先生,再开哪一瓶酒?"这时,那个一直侍立一旁的男服务员略略躬下腰,低声问何卫。餐桌上的四只酒杯都空了。

"拿破仑。"

"好的。"

他走到小条桌旁,拿起那瓶大肚子拿破仑,动作干净利落,撕下瓶口的彩纹锡箔纸,旋开瓶塞。四只酒杯都倒满了。一股诱人的醇香从桌面上扑散开来。

"来,干杯!"何卫举起杯子。

"干!"

几个人一饮而尽。徐宁的动作照例要慢些。男服务员又过来了,绕着桌子斟酒。他们一时没说话,似乎都在品味着舌尖上残留的佳酿的滋味。徐宁还咂巴咂巴了嘴,那模样,就像一个馋嘴的小男孩,吮吸着手指上黏着的糖霜。"他喝过头了,"彭可想,觉得又好笑,又可怜,"瞧,脸色都发青了。"他瞥了一眼醉意渐起的徐宁,"这家伙,怎么不克制一点呢?可别闹出什么笑话来!"他又望了望乔芒。那张脸的皮肤本来就薄,这会儿,却显得更白,鼻子两侧那几颗平时不怎么显眼的雀斑,颜色变深,像钢笔尖戳出的几个黑点。脸上那一对方镜片,反射着灯光,遮蔽了眼睛,显得有点儿不可捉摸。"这家伙总有一天会发迹的。"彭可想,"他现在不就发迹了么?"彭可也说不清自己为什么会对这张脸充满了厌恶。也许这纯粹是个人的好恶问题。说不定有那么几个女人发疯地爱这张脸哩。女人嘛,总这样。不知怎的,这种想法让他有点儿伤心。他把眼光从这张脸移开,落在何卫那张胖脸上,它显得浮肿,泡松,宛若发酵的面,酒精一染,居然成了紫红色,很像是松弛的老妇人的脸,有某种未老先衰的迹象。不过,颧骨部分的皮肤却泛出一种俗气的红光,眼睑泡肿,过度的酒色使它们显出疲劳的僵态。"想不到,这家伙在生意场上居然是一个身手敏捷的高手。"彭可暗自想,"这颗圆滚滚的脑袋,大概装满了数字,一个个准确无误。"他对这颗头发稀疏的脑袋的感觉很复杂,但其中有一种,他明白,是佩服,也是妒忌。

"圆头,"乔芒突然开口说话了,声音很低,给人的感觉是随便提一提,

"你这次回国,有什么打算?在国内投资?"

"有这个想法。"何卫说,"这次回来,就是为了考察一下。得看准形势。谁知道气候怎么变!——喂'部长',"他偏过头,问乔芒,"这方面,你知道得多,你说一说。"

"气候?"乔芒诡秘地一笑,"嗯,这个嘛,大概下雪了吧。"他瞅了一眼窗外,"——瞧,我没说错。"

果然,窗外不知不觉下起了雪。稀疏的雪花斜斜地飘落,穿过街灯的光亮,像夏夜里的小飞蛾,不知疲倦地飞呀,舞呀,旋呀,好一阵,才降落到地面。停车场里的车顶上,远处的电话亭顶上,还有街边那些圆滚滚的冬青树冠上,薄薄地积了一层雪,像一道道白色的镶边。

四个人都出神地望着窗外,望着雪花。

"你们记不记得,"过了一会儿,彭可突然说,"洛威尔有一首仿汉诗,叫《飘雪》,文学史课上讲到过它?"

那三个人都说忘了。"你朗诵一下,让我们也好饱饱耳福。"乔芒说。

彭可看了看他们,想了一下,便低声吟诵起来,一时间,他又仿佛置身于讲台上:

> 雪在我耳边低语。
> 我的木屐,
> 在我身后留下印痕。
> 谁也不打这路上来,
> 追寻我的脚迹。
> 当寺钟重新敲响,
> 就会盖没,就会消失。

"一首好诗。"彭可一念完,乔芒便评价说,"有一股遁世味,孤寂,空灵,虚无,像是意象派的手笔。"

"洛威尔本就是一个意象派诗人。"彭可说。不过,他吃惊地感到,乔芒那简单的三言两语中,显露出一种毋庸置疑的感受性,这使他感到不舒服。可是,他也知道,在这三个听他朗诵的人当中,唯有乔芒,才能领略一点诗境。

"笔杆子,你还没丢掉你那个老行当啊。"何卫笑着说,"怎么,还在写小说?"

彭可笑了一下,算是默认了这句话。

"有什么大作?"乔芒问。

"有过一些作品。不过,我不太满意。"彭可身体往后一靠,做了一个暧昧的手势,说,"艺术嘛,总是难的。你得调遣好笔下的千万个词语,让它们排列出一个理想的阵形。有时候,为找到一个恰当的词语,得盘桓个三四天,到头来,还不见得能找到。还有呢,有时,睡到下半夜,突然醒来,发现灵感像梦境一样浮在半空中,得赶紧爬下床,找张纸,把它捕捉到纸上。要不然,一偷懒,说,天亮了也不迟嘛——可是,往往一天亮,就迟了。看来,灵感就和鬼魂一样,是怕听到鸡鸣的。"

彭可说了这一大通,以委婉的方式,勾勒了一个想象中的艺术家与旁人不同的生活。在他看来,这生活应带一点病态的色彩,不修边幅,懒散,满是烟草味与酒气,一俟灵感降临,就又像巫师或者高烧患者一样痉挛着,满口的呓语,一旦疯劲过去,连自己都不甚明白这绝妙的呓语的来历。

"你半夜老这么折腾,你老婆不说你?"徐宁慢吞吞地说,似乎舌头在妨碍他说话。

彭可笑了笑。不过,他显然不愿张扬内室里的秘密,就说:"她么,对文学,也有兴趣。有时,闲下来,我就把自己刚写完的一页读给她听。她呢,也总是帮我誊稿子。"

彭可一边说,一边斟酌着这幅幻想中的家庭场面是不是太过火了。他和某一类患有幻想症的女人有一点相似,那就是很容易把幻想的东西当做现实的东西。在这种心理下,他甚至还考虑了是不是该把《死刑犯手记》题献给他的"爱妻"——不过,浮现在他眼前的却似乎是韦娜的面影。

"你刚才说,你写了一部长篇小说。叫什么名字?"乔芒问。

"《死刑犯手记》。"

"《死刑犯手记》!"徐宁大声说。

"听起来挺有趣。"乔芒说,"什么时候出版?"

"有三家出版社争着想出它。我还得再考虑一下,哪一家更合适。"

"对,"何卫说,"这是生意,谁付的钱多,就给谁。"

"对!"徐宁说。

彭可脸上露出一种尴尬的笑容。显然,何卫误解了他的意思。他顶认真地说:

"不,我考虑的不是钱。要是我能写出一部不朽之作,我宁可倾家荡产,甚至,搭上性命也在所不惜。罗曼·罗兰少年时在一张纸上写过这么一句话:'不创作,毋宁死。'"

"对!"徐宁又喊了一声,惹得彭可看了他一眼。不过,从那双因充血而布满纤细的血丝的眼睛里,他只看到了一种浑浊的表情。

"情节呢?"乔芒突然问,"能谈谈吗?"

"对呀,能谈谈吗?"徐宁跟着说。

彭可犹豫了一下,像在回忆小说的内容,又望了望浮在桌面上的那三张面孔。他拿不准他们到底是出于客套,还是出于诚意。不过,有一种心理在挑逗他,让他说。

"《死刑犯手记》,你一听这书名,就知道它跟犯罪有关。它也的确是一个死刑犯的忏悔录。不过,你们可别以为,这是一个普通的刑事犯。不,它的主人公是一个大学生。当然啦,大学生也有可能成为普通的刑事犯。但是,我在这部小说中所要处理的,与其说是犯罪的行为本身,还不如说,是导向犯罪的一连串精神上的疾病……瞧,我的头绪有些乱了。也许按小说的时间来讲述,会给人一个更清晰的印象。

"刚才,我说过,主人公是一个大学生。我再添一点:是八十年代中期的一个大学生。诸位,你们瞧,他和我们是同年代的人。这样,我们更容易理解他。可以说,他的那些苦闷、激情、希望与绝望,我们那时也多多少少感到过。毕竟嘛,这是时代的精神特征,像我们呼吸的空气。这位大学生来自内地省份。我强调这一地理特征,诸位可以想象,并不是出于纯地理兴趣。地理特征里包含了太多的精神特征。我感兴趣的是描绘一种对比:内地的精神与首都的风尚。我们这几个人也是来自外省。在我看来,生命力主要表现在外省的优秀人物上。而在首都,生命力变成了一种浮华的装饰物。至于生命力的源泉为何在外省,我只能说,也许外省更原始些,更与土地接近,因而更容易滋生出幻想,并且,产生这些幻想的头脑,是些意志坚强的头脑。这便是理想、野心、激情,再加上顽强。而在首都,过多的文明使幻想力衰竭了。此外,更糟的是,过分的舒适又使意志力衰颓了。外省的新鲜血液不断流入首都,才维持着首都的生机。

"我们这位主人公来自外省。他性格上有很多英雄主义的东西,有激情,爱冲动,自尊心敏感得近乎病态。他偏爱宏大。他爱登山,总是独自一人坐在山顶的岩石上,随身带着尼采的著作。想想我们当初吧,谁不曾读过尼采的东西,像着了魔?不过,这阵风魔,对我们这些人来说,是发生在这里面的。"彭可用手指指了指自己的脑袋,"像发了一场高烧,激动一阵,也就过去了。但这位年轻人不同,他要把脑袋里的高热倾泻出来,变成一种力量,来改造社会。你只要看一看他的这些计划,就会说,这其中并不缺少高尚的动机,甚至,它本身就是高尚的化身,它代表一种超越于芸芸众生之上的道德。可正是在这一点上,他碰了不少钉子。要知道,芸芸众生基本上是一种保守的力量,害怕变革,担心变革的浪潮会把他们脚底下的一切卷走,甚至把他们本人卷走。

"他发现他的敌人便是这芸芸众生。这个孤独的人,像堂·吉诃德一样,一个人对抗着一个抽象的群体,那些巨大的风车。不过,他并不像堂·吉诃德那样,给自己的敌人安上'风车巨人'的雅号。他觉得这个词过于优雅,甚至,也太大了。他带着无比的轻蔑,扔给芸芸众生一个名字,"他望了望那三张面孔,"你们猜一猜,什么名字?……"那三双眼睛只是望着他,于是,他提高嗓音,像宣布什么似的,大声说,"苍蝇!听,苍蝇!……看来,他也会像查拉斯图拉那样,自喻为'蝇拍'。我得替他解释一下,他并不是要从肉体上消灭'苍蝇',而是要消灭世人身上的'苍蝇性'——"

"苍蝇性?"徐宁迷惑不解地问。

"对,苍蝇性。"彭可点点头,说,"就是说,人本为人,可是,一些苍蝇的特征进入了人,人就有了苍蝇一样的习性。他演讲。他写文章。甚至,他还自费印刷了一本小册子。当然啦,这本非法印刷品被查封了。至于那听他演讲的芸芸众生,因为莫名其妙挨了他的一顿骂,便骂他是'疯子',说得把这样的疯子送进疯人院。他绝望了。他一直与之斗争的是一个抽象的群体,无所不在,又无形无迹,而他是一个具体的人,有血有肉,占据着一个有限的空间。与虚无作战,常使人一下子坠入虚无。为了不至发疯,他多想找到一个具体的敌人,与他痛痛快快地决战一番。他自己都不曾意识到,他血液里的激情炙伤了自己,到头来,会变成一种病态的毁灭欲。恰巧,这时,一个倒霉鬼出现在他的跟前,是他的一个邻居。平日里,他就把他视作一只'苍蝇',只不过,那时,他还只把他当做一只理论上的'苍蝇'。可是,有一天,为了一件小事,'苍蝇'竟侮辱了他,甩手打了他一耳光。他血液中那全部狂暴的毁灭性冲动,再加上与'苍蝇们'旷日持久地搏斗感到的无限的绝望,使他把眼前的这只'苍蝇'当做了一切'苍蝇们'的代表,一刀刺死了他。当尸体带着刀柄滚下楼梯的时候,他还以为,自己完成了一项使命,最后的使命。"

"为了一记耳光,他竟把人杀了?"徐宁惊讶地问。

"对,他这样做了。"彭可瞧了瞧徐宁一眼,又瞅了瞅何卫,他正百无聊赖地望着自己玻璃杯里的酒,有一搭没一搭地听着;至于乔芒,低头盯着桌布,用叉子拨弄着盘子里的虾壳,看得出,他听得很仔细,"当然,"彭可继续说,"他并不想逃避法律的惩罚。这不符合他的性格。他踩着那个人的血迹,走下楼梯,上街,朝派出所走去,径直走进大门,推开走廊里的头一扇门,对正坐在办公桌后面办公的那几个人平静地说:'我杀了一个人。你们去吧,尸体躺在那儿的楼梯上。'"

说到这里,彭可停顿了一下,因为他看到乔芒做了一个动作,似乎要说什么。

"我觉得,你是在他的性格中寻找一种残酷的诗意呢。"乔芒扔开叉子,身体往后一靠,说,"不是超人杀死了人,而是诗人杀死了庸人,是诗杀死了散文。这样理解对吧?"

"两者都对。"彭可说,沉默了片刻。乔芒能准确地看出他内心最朦胧的念头,这使他感到有点儿不自在。

"后来呢?"徐宁催促他。

"后来嘛,很简单,他自首了,进了牢房。在法庭上,他一方面承认自己杀了人,自愿接受死刑,可又坚持说,他不过是在哲学的意义上杀死了一个人。他杀死的只是一个象征,一个携带着'苍蝇病毒'的人。'医生切除患者的病灶,你们就说,他救了人。'他在法庭上辩护说,'要是有人切除了一个患者的精神病灶,你们却说,他杀了人。难道精神上的疾病,不比肉体上的疾病,更有害于人么?'他不认为自己是一个普通的杀人犯,不是死于贪欲或者情欲,而是死于一种悲壮的激情。他的这些自辩,使旁听席上一些充满着幻想的女听者流下了眼泪。不过,检察长雷鸣般的反驳让所有人都抬起了头:'你在哲学的意义上杀死了这个人。但是,由于你也在肉体的意义上杀死了他,他就断无在哲学的意义上复活的可能了。而且,'他带着一种激愤的表情,指着证人席,那儿坐着死者的妻子和年幼的儿子,'你看,你在所谓哲学的意义上杀死的不止是一个人,还株连了另外两个人。你的哲学在杀死了一个男人以后,还给世界留下了一个寡妇,一个失去父爱的儿童。'在一阵油然而起的激动中,这位检察长怒吼道,'如果这种哲学只能带来这样的好处,我宁可先杀死这种哲学!'"

"检察官说得对!"徐宁大声说。

"庭审结束。死刑犯被法警押回了死牢。他还有一个月的生命。死亡在一个月后的某一时刻等着他。一粒子弹将了结一切。太阳的每一次升起,都意味着那个时刻的靠拢。有时,在睡梦中,他恐惧地大喊起来。可是,一醒了,他又瞧不起自己的胆怯。不过,渐渐地,有一种更宽广的东西,悄悄地进入了他那激烈的内心。他猛然意识到,他只不过是一个彻头彻尾的杀人犯,因为他不可能让一个死于观念的人复活。当意识到这一点,那支撑他的意志的全部哲学便像纸牌搭成的房子一样坍塌了。他顿时觉得脚底下失去了大地,自己短暂的一生无非是一个空白。内心深处的这种坍塌使他疯狂。他像溺水者抓住水面上的浮草一样,抓住最后一样东西。他在手记里写下了一段话:'我是杀了人。可是,我们中有哪一个又没杀过人?当我们恨一个人时(谁一生中没恨过个把人呢?)我们会在幻想中用人类的想象力所能发明的一切酷刑折磨他,临了,再用千百种方式一次次杀死他。我们陶醉于这种残酷的想象。可当我们在街道上或走廊上遇见这个人时,我们居然会和颜悦色地与他握手!——人,这虚伪而又怯弱的动物啊!'"

"这是狡辩。"徐宁说。

"不,门板,这个人的全部哲学,只有手记中的这一段,才有意义。"彭可做了一个断然的手势,"这不是狡辩,而是对人性及其矛盾的揭示。我问你,门板,你恨没恨过什么人,譬如说,一个老是无缘无故刁难你的上司?一个人恨另一个人,并不需要太多的理由。"

徐宁被问得有点儿发窘了,他嘿嘿地笑着。

"你回答。要真诚。"

徐宁想了一下。

"恨过吧。"他尴尬地说,搔搔脑袋。

"那么,你在想象中,是不是杀死过他?你回答。要真诚。"

徐宁犹豫了。

"是呀。"他低声说。

"很好。"彭可像个审判长似的一抬头,抓住被告供词中的矛盾,"你恨这个人,在想象中一次次杀死他,可是,当你在部里的走廊上遇见他,你却会握着他的手,微笑着,寒暄着,仿佛是一对久违的朋友,尽管你心里恨得要命,是不是这样?"

徐宁想了想,然后点点头,说:"没办法呀!"

"瞧,这就是伪善。"彭可终于把徐宁赶进了逻辑的死角。

"你们这些作家啊,艺术家啊,脑袋里都装了些什么稀奇古怪的玩意儿呀!"何卫用小勺子敲了敲玻璃杯,懒慵慵地说。

"倒是一幅愤世嫉俗者的肖像。"乔芒又恢复了那种漫不经心的神情,仰靠在靠背椅上,"不是指你,笔杆子,而是那个人,《手记》的假托的作者。"

彭可一时没理解乔芒这句话的用意,这时,何卫拿起了酒杯,站起来。

"来,"他大声说,"为大作家干一杯!"

正说着,引座员小姐从餐桌旁走过,她后面,是一个穿着入时的漂亮女人,娇美的身躯裹在一件名贵的紫貂皮大衣里,毛茸茸的大领上,支着一个又小巧又细腻的脑袋,头发梳拢在脑后,扭成一个发髻,罩着一个紫色的发网。她的毛领上有几片洁白的雪花。她穿过大厅,给大厅里温暖而又有些窒闷的空气,带进了一丝清香的寒气。

许多双眼睛都望着这位陌生的美人。

"你们猜,她是谁?"

何卫放下酒杯,压低嗓子,神情挺神秘地问那三个人。

"谁?"几个人一起问。

"是位女演员吧。"徐宁回头望了望,又说,"要么,就是一个时装模特儿。"

"告诉你们吧:是只鸡!"何卫低声说,接着大笑起来,愉快地望着那三张从餐桌上仰起的疑惑不解的面孔,又俯下身,补充说,"想想吧,良家妇女,有谁会在夜里独自一个人坐在一家豪华酒店呢?——你们瞧,有个家伙坐过去了……在搭讪呢!……"

"圆头,你倒是有想象力。"彭可笑着说。

"不,"乔芒插了一句,"是判断力。"

"先生,您要走?好的,我来替您拉开门!瞧,下雪了。——哟,这位先生的手套掉在地上了。我来帮您捡起来。给,您拿好。请走好。再见,再见。欢迎各位下次光临!再见。"

四个人挨个儿走出了玻璃门,站在台阶的平台上,仰头望着夜空。稀疏的雪花从高空飘下来,无声地扑落在台阶上。几片雪花飘落在大衣的宽领上。他们一下子感到了寒气逼人,大衣里裹着的那一点从大厅里带来的暖意,转眼间也荡然无存了。几个人都本能地缩了缩脖子,裹紧衣服。

"你们怎么走?"何卫把镀金的钥匙圈套在右手的食指上,打着旋儿,钥匙互相碰撞发出一连串悦耳的金属声,"要不,我开车送你们回家?"

"我……我骑车。"徐宁口里冒出一团团带酒味的热气,声音发颤。

"骑车?"何卫右手的动作停下来,"可得留点神哪,路面上结冰了呢……你呢,靠背椅?还有你,笔杆子?我送你们,怎么样?"

"好吧。"乔芒说。

"我……我还有件小事儿,"彭可犹豫了一下,歉意地一笑,"我得去一趟鲜花店。你送靠背椅走吧。我嘛,还可以陪门板一段路。你们瞧,他可喝得不少呢!"

"不要紧……不要紧……我能骑……"徐宁赶紧争辩道。

"鲜花店?"何卫一脸吃惊的神色,接着,像一下子猜到了什么,哈哈大笑起来,"太浪漫了! 这么晚了,还去买花! 你们这些作家啊,都和疯子差不多。法国有一个称呼,专门用在你们这种人身上,叫'伟大的情人'。"他又压低声音,像打听什么隐秘似地贴近彭可,"能问一下,送花给谁?……是情人吧。"

"实在说,"彭可谦逊地一笑,"送给妻子。"

"你老婆?"何卫显得有点儿失望,看上去,他压根儿不相信彭可的话,"没听说过,半夜到花店买花,送给自己的老婆! 依我看,还不如送她一把芹菜,花钱少,你还可以吃上一盘芹菜熏鱼。一举两得!"

大伙儿都笑了。连彭可自己也被逗乐了。

"说实话,男人嘛,给情人送花,还说得过去,"何卫继续说,"这划算呢。至于老婆,这种固定资本,有这个必要吗? ——喂,门板,你听说过给自己老婆送花的怪事吗?"

"没……没听说过!"徐宁乐坏了,"买包烟倒可以:自个儿抽着玩!"

"门板,你倒是个实在人。"乔芒用一种模棱两可的腔调说。

"这小子,他在含沙射影,讥笑我呢!"彭可愤愤地想,"这么说,我就不是个实在人? ……哼,靠背椅,我不实在,你也不见得好! ……幸亏,刚才没答应坐圆头的车。要不,和靠背椅这小子坐在一起,在车里颠上半个钟头,别提多别扭!"

"好吧,哥儿们,"何卫以当年系足球队队长的口吻说,"再见! ——也许,今后常有见面的时候。"他握了握彭可的手,"怎么样,大作家,大作一出版,一定送我一本,好不好?"又握了握徐宁的手,"门板,你的手怎么这么冷! ……好吧,再见! 有空打电话!"

乔芒伸出手,碰了碰徐宁的手,又碰了碰彭可的手,算是告别。

何卫和乔芒走下台阶,朝停车场走去。雪片纷纷飘落。彭可望着他俩的背影。一个矮而胖,又裹在宽毛领的鹿皮大衣里,圆滚滚,活像一只臃肿的猫。另一个则太苗条了,远远望去,倒像一个瘦高的女人,只是动作要僵硬些,臀部要细窄些。

这时,徐宁突然抑制不住地大笑起来,似乎有人在挠他的胳肢窝。他全身抖动着,手套再一次落到地上。

"你笑什么?"彭可问。

"你说……你说……圆头他……他长得像……像什么?"

"什么？"

"一只怀孕的母猫！"

徐宁大声说，似乎在宣布一个重大的发现。他连声笑着，喘着气，可一股寒气冲进了他的肺部，他剧烈地咳嗽了几声。

彭可感到有点儿惊讶。他觉得徐宁的这个比喻比他自己想到的要生动得多。这使他又有点儿沮丧。"想不到，他这么个迟钝的人，也有亮光一闪的时候。"他暗自思忖，"'怀孕的母猫'，唉，真像！毛茸茸的圆脑袋，圆滚滚的肚子，在积雪上拖出一条痕迹……那靠背椅呢，他像什么？"他搜肠刮肚地想着，一定得找到一个绝妙的比喻，胜过徐宁。这种孩子气的想法刺激着他。他想啊想，一个意象陡然间停留在他的脑海中。"蜥蜴！"他内心喊起来，"圆圆的眼睛，细长的身体，再加上会变色的皮肤，活脱脱一个乔芒！"他马上把这个比喻告诉了徐宁。这个大块头正吃力地弯下腰，拾掉在地上的手套。

"蜥蜴？"

徐宁大吃一惊，一脸疑惑。他似乎没见过这种动物。彭可预想中的愉快已经打折扣了。不过，他还是三言两语地向这个不知蜥蜴为何物的人描绘了一通蜥蜴。"动物园里就有。"他最后说。

他这一提，徐宁倒记起了这种动物。"蜥蜴？"他嘟哝着，想着，猛地，像一下子体味到个中妙意似的，爆发出几声开心的笑，"蜥蜴！"他说，"嗯，像！太像了！像极了！——靠背椅变成了蜥蜴！"他又大笑了几声，"笔杆子，你真行，不愧为大手笔！本来么，大学时，一块儿玩比喻游戏，也总是你赢。"这个大块头一脸憨厚的表情，又友好又敬佩地望着彭可，笑了笑，接着，大手突然一伸，指向停车场，"哟，你瞧，他们走了……在朝我们招手呢……再见！再见！……多漂亮的车啊！"

"我们走吧。"彭可说。

"好。"

他们走下台阶。徐宁穿着一双笨重的旧皮鞋，重重地踩在台阶上，走得很不稳，险些儿把最低的那级台阶踩空了，他踉跄了几步。彭可赶紧扶住他。

"你喝多了。"彭可笑着说。

"多？……不，不，正合适！……嗯，真舒服！"他把黑呢大衣的领口敞开了一点，好让雪片飘进脖子里，"凉丝丝的，这些雪花啊……"

"快扣上。会冻着的。"

"不要紧,不要紧。"徐宁快活地瞅了瞅彭可,一边扣着衣领,一边说,"老兄,你以为……以为我喝多了,醉了,是不是?……不,不,没醉,还喝得下一杯拿破仑!……你别这么奇怪地望着我。打不打赌:我没醉?……我只是高兴,高兴!……一喝酒,话就多,你说,怪不怪?……"他停住了脚步,"你在这儿等我……我去取车……"他走开了,宽大的肩膀在纷飞的雪花中一摇一晃,"'那灿……烂的……时光,多么令人……神……往……'"他一边走,一边哼唱着大学时代的一支老歌曲,"'在……紫……荆…一树……的花影……旁……一只……百灵……在……'"

彭可听着这渐渐远去的歌声,一时间觉得很伤感。他伫立在夜幕下。雪花纷纷扬扬地飘下来,像堆雪人,飘落在他的头发上,肩膀上,面孔上。雪开始下大了。天与地之间似乎充满了一种无形的骚动。他突然记起了另一场雪,很久以前的一场大雪,他站在滑板上,与几个同伴一道,像几个黑点,从山顶一直冲向山脚,又兴奋,又恐惧,尖声叫喊着,身后扬起一长溜雪尘……那时,他是幸福的,无忧无虑的,热血沸腾,充满力量,对阳光,树木,河流,大雪,暴雨,岩石,满怀着一种奇特的亲近感。

"'……我……们奔向……那远方……'"那颤抖的变了调的歌声,又从雪帘中传来,由远而近,"'那儿……有田野……的芬芳……'——喂,笔杆子,走吧。"徐宁推着自行车走过来,"瞧,雪下大了!"

两个人沿着昏暗的街道往前走,中间隔着那辆嘎嘎作响的旧自行车。走了几步,徐宁突然问:

"哦,对了,你不是说,要……要去鲜花店么?——这附近有没有……"

"拐角就有一家。我们可以走到那儿再分手。"彭可说。他记得前面的拐角那儿有一家鲜花店,上下班经过街口时,他常常从公共汽车的车窗里望见屋顶上的那个招牌。"这么晚了,关了吧?"他思忖,接着,一丝自嘲的笑意掠过嘴角,"见鬼!倒好像我真要买什么鲜花似的!"他轻轻叹了一口气,漫不经心地想着,"多拙劣啊,编了这么个借口!……可是,我真不愿意和那只蜥蜴同路……怎么这么冷啊!"他把风衣的宽衣领竖起来,"大概刚喝完酒,一出门,就着风……"

街面上的积水被冻成一层脆弱的薄冰,一脚踩下去,发出咔嚓咔嚓的碎裂声。黑魆魆的街道上,每隔不远,就耸立着一个巨大的橙黄色的尖锥形,是带遮罩的街灯洒下的光。雪花像蚊群一样,在尖锥形的光里飞舞着,当它们轻轻掠过面孔时,挠得皮肤痒痒的。彭可烦躁地挥了挥袖子。随即,他意识到,自己的举动一定很可笑。

"你还在部里?"他问徐宁。

"是啊,还在部里。不在那儿,又能在哪里?"这时,他们刚好走到一个路灯下,徐宁侧过脸来,脸上那些僵硬的线条显得特别清晰,"老兄,部里也不错,对不对?"他笑了笑,"很久以前,我也有过某一类的雄心大志。现在,我明白了,并不是每个人都能做出一番事业来……况且,做不做得出什么事,这也并不重要,你说呢?"彭可做了一个模棱两可的手势,算是回答,他心里猜,这些话有几分是真情,又有几分是掩饰,"哦,笔杆子,我忘了告诉你,我有了一个儿子。"徐宁突然想起了什么,眼睛熠熠发亮,"四岁,又漂亮,又可爱!……唉,一想起这个小家伙,真是无比幸福!……你猜他怎么叫我?"徐宁兴奋地望着彭可,彭可摇了摇头。"你猜不中,猜不中的!"徐宁此刻真陶醉在父爱中了,"他叫我'陛下'!你听听,'陛下'!这小机灵鬼!……大概是从电视上学来的……我坐在椅子上看报纸,他蹑手蹑脚走过来,小手伏在我的膝头上,嗲声嗲气地喊一声:'陛下'……"

"真有意思。"彭可笑着说,被这一幅家庭场景感动了。可是,与此同时,他又从这幅场景的背后,察觉到了一些隐情。他觉得有点不好受,为这个大块头,也为自己——因为,他一下子想到了自己的家。

"笔杆子,到了!"徐宁说。

"哪儿?"

"鲜花店呀。"

"对,是这儿。"彭可回过神来,望了一下那一大片玻璃窗,说,"太好了,还没关门!"

"真漂亮!"徐宁望着点缀着鲜花图案的玻璃,望着店内艳丽的装饰,向往地说,"花大概很贵吧。"他一边说,一边握住彭可伸过来的手。"哪天,你有空,一定上我家坐一坐。你真该看看我那儿子。唉,这会儿,我真想这小家伙!……好吧,再见,笔杆子!别忘了,代我向尊夫人问声好……她一定很漂亮,对吗?"

彭可笑了笑,没有回答这个问题。

"再见,门板。有空的话,一定去看你的儿子。路面很滑,骑车多留点神啊。再见,门板!……"

徐宁骑着自行车远去了。宽大笨重的身躯在纤细的车架上摆动着,越骑越远,消失在弥漫着雪花、雾气以及夜色的街道的远方。彭可站在鲜花店的台阶前,望着寒气四溢的街道。"但愿他别滑倒了。"他自言自语了一句,然后,转过身,准备回家。前面有一个街口。从这个街口走进去,穿过一条斜街,再沿小亮马河走一段,就可以走到小亮马桥,搭上回家的公共汽车。他看了看手表。快10点了。他紧了紧风衣,咒骂了一声气温,双手插进风衣的口袋,提起步子,刚准备走,鲜花店的大玻璃门推开了。售花小姐从半开的门探出半个脑袋,友好地对他说:

"先生,您是不是要买花?我看您在这儿站了好一会儿呢。快点,要打烊了。"

"好的。谢谢您。"彭可点点头,笑着回答,自己也对这句脱口而出的话感到有点儿莫名其妙。"我这是怎么了?怎么顺口就说了句'好的'的呢?"他懊恼地想,但还是踏上了那三级台阶,"难道在花店前站一会儿,就意味着买花?"他推开玻璃门,一股混杂着各种鲜花的芳香的暖流扑面而来,他深深地吸了一口,"嗯,这地方真不错!……咳,要是我这么回答:'对不起,小姐,我不买花,我只是路过这儿。'那不就行了!"

"外面很冷,是吧?"那位小姐躬着腰,站在大花架旁,一边随便问着,一边把几朵残花收拾在一起,"这么快就下雪了。您瞧瞧,这些郁金香,一冻就蔫了。还有这些紫罗兰,都是娇贵的花,冻不得……您买什么花?"小姐抬眼望着他,妩媚地笑了笑。

"玫瑰花。"

彭可望了望花架上的几个空篮子,说。

"对不起,真不巧,玫瑰花只剩下一枝了。"小姐歉意地说,"不过,我们还有丁香花,您要是——"

"不,就要玫瑰花。"彭可笑着说,接着,带点神秘的口吻补充了一句,"她呀,只喜欢这种花。"

"这我理解,"她也笑了,一边说,一边用透明塑料纸包着这朵紫色的玫瑰花,"女人嘛,总喜欢选择某一种花,作为象征。不像男人,根本不喜欢花,可为了献殷勤,就和买菜差不多。"她把扎好的花递给他,"不过,您是一个例外。您和他们不一样。"

彭可觉得很羞愧。"多少钱?"他问。

"9块。"

他解开风衣的圆纽扣,露出一身崭新的西服。

"不用找了。"他说,递过去一张钱。

"谢谢您。"她看了一下钱,有点惊讶。

彭可用一只手扣好了风衣的全部纽扣。小姐走过去,替他拉开了玻璃门。

"谢谢。"他说,走出了玻璃门。

"不用谢。欢迎您明天来。保准让您买到一大束顶漂亮的玫瑰花。再见!"

"再见!"

彭可走下台阶。他朝刚才那个街口走去。走了十几步,他无意间回了一下头,大概是想再看一眼那个白色的灯光招牌,它耸立在花店的屋顶上,在夜雾与雪花的包围中闪闪发光。他的目光顺着斜屋顶落下来,吃惊地望见,那个灯火通明的大玻璃门后,站着一个女人,是那位售花小姐,正出神地朝他这个方向望着。一触到他的目光,她莞尔一笑,转过身去了。

他继续往前走,心头洋溢着一种虚荣的快乐。"钱,的确是一种身份。"他一边走,一边想,"瞧,那个售花女,她把我当做了一个百万富翁……而且,还是一个充满诗意的百万富翁。"他觉得挺好笑,便自个儿笑了几声,不过,马上又觉得有点儿怅然,仿佛一片黯淡的阴影突然飘了进来,他皱了皱眉头,"我这算什么呢?"他恼恨地想,"是啊,我这算什么呢?"他一下子想起了自己在聚会上的神态,那些夸夸其谈,还有那些大言不惭的"文学成就",以及花店里的那五分钟以及一百元,心中又懊悔又羞愧,还有一点心疼,"人多么善于欺人,又多么善于自欺啊!"他想着,"可怕的是,有时候,你是在不知不觉中做这一切,你成了你内心中那个虚荣的促狭鬼的扯线木偶。我既不是我所描绘的那个艺术家,也不是何卫所说的'伟大的情人',更不是那个幻想中的死刑犯,这些人,不管怎样,都有一种真实的激情。而我呢,我没有,可我装作有,好让人把我看做一个特别的人!……不仅如此,我还以此来掩饰我的无能,把自己在生活上的潦倒,归结为艺术上的一种献身。这多虚伪,又多可恶啊!……"这种自我分析使他十分痛苦,他恨恨地对自己说,"你一直想做一个莫泊桑,到头来,倒做了他笔下的一个人物。一个可笑的角色。"想到乔芒也许会猜出他那话里的水分,他脸上一阵阵发热,血液像着了火。"真糟,我竟成了他的一个笑料!他会多瞧不起我啊!"乔芒那双眼睛浮现在他眼前,不冷不热,可其中闪烁着一种异样的光亮。彭可看清了,那是一种轻蔑的讥意。这病态的多疑情绪,使他甚至觉得,连徐宁这个迟钝的人,也看出了他在装模作样。一时间,他耳畔充满了笑声,起初是一个人的笑声,紧接着,变成了两个人,三个人,最后,变成了一大群人的笑声,仿佛头顶上的夜空,每根树干后,每一个昏暗的门洞,每张半掩的窗帘后,都传来这样的笑声……他跨着大步,极力抛开这些不愉快的念头,可立即又觉得自己的步态也是一个戏子的步态,就仿佛黑暗中有人在观看他走路的姿势。"嗯,挺有风度,对不对?"他讥讽地朝自己在地上的投影喊道,"去你的吧!

……甚至,在你独自一人的时候,你也还做戏,对自己做戏!——瞧,身上穿着别人送的衣服,手里拿着一朵一百块钱买来的玫瑰花,一脸的蠢笑!"他恼怒地差点儿把玫瑰花摔在地上,踩个稀巴烂。"……唉,"他叹了口气,伤感地想,"留着它吧……留给她……让她高兴一下吧……她活得很压抑。看得出来……她不会怪我花了这一百块钱吧……是啊,结婚五年了……我已经32岁了!"他好像才想起自己的年龄,"32岁!……可不,"他自言自语道,"莫泊桑在这个年龄,已写出了《羊脂球》!"他一下子明白了自己为什么写不出《死刑犯手记》,"因为,在我内心,不是超人杀死了庸人,而是庸人杀死了超人,我内心深处蜷缩着一个地地道道的庸人……"

他就这么一边走着,一边伤感地想着。雪花静悄悄地飘落,飘在街两旁的屋顶上,飘在光秃秃的树枝上,又塞塞窣窣地穿过秃枝,飘在人行道上。地面上已积了薄薄一层雪。在他身后,留下了一串脚印。他望了望夜空。几朵雪花扑落在他的面孔上。黑沉沉的天幕上闪烁着几颗星星,那么遥远,那么寒冷。他叹了口气,继续往前走。出了斜街,从小亮马河的河面上吹过来一阵阵寒风,挟着一团团雪尘,裹住了他。他低着头往前走,孤独,伤感,像一个失去希望的人。他远远望见了小亮马桥,桥上那一串路灯倒映在河水里,望见了桥这边的那个公共汽车站牌,它四周伫立着几个模糊而又臃肿的身影,像几只企鹅,在寒风中抖抖索索,不时笨拙地扭过身体,望一望末班车是否来了。

彭可站着等车。他把自己隐在黑暗中。"10点半。"他把表壳对准远处的街灯,好让指针反射出微弱的光,辨认时间,"末班车该来了。唉,真冷!"他后悔不该买这朵玫瑰花,"我没戴手套,又不能把花塞在兜里,那样会挤扁花瓣。"他只好仍拿在手里,而且,他隐隐感到,他似乎对这朵花产生了一种感情,"她看到这朵花,会怎么想?会高兴吗?"他把玫瑰花举到鼻尖下,闻了闻,又茫然若失地抬起头,望着雾雪纷飞的街道。

末班车终于在小亮马桥的那一边出现了。它缓缓地驶过桥,一路辗轧着薄冰和积雪。车轴哐当哐当响,车头冒出一团团蒸气。

车门打开。彭可最后一个上车。车上很挤。乘客们一个个僵立着,懒得挪动半步,似乎全被寒冷和生活弄得灰心丧气了,面孔掩在阴影里,眼睛半闭。彭可高高地举着那朵玫瑰花,免得被人挤坏。有几只眼睛懒洋洋地瞥了一下这朵兀立在这一大片灰蒙蒙的人头之上的鲜花,眼神中闪过一种稍纵即逝的惊异,又顺着那条手臂往下看,瞥了瞥执花人,随即,又不感兴趣了,半闭起眼睛,似乎打着盹。彭可固执地举着那朵花,似乎在这一刻,这是他唯一可做的事。在车厢里的灰暗中,只有一双眼睛,一双天真而羞怯的眼睛,一直凝望着那朵玫瑰花。那是一个十三四岁的小姑娘,瘦弱的身体紧靠着她那昏昏欲睡的母亲。她的眼睛成了这一大片灰色中唯一的亮点。

汽车像害了感冒,咳嗽着,有时,又像喝醉了酒,晃来晃去。司机是个脾气很坏的小伙子,一路骂骂咧咧。他骂鬼天气,骂这辆破玩意儿,也含沙射影地骂乘客。乘客们似乎睡着了,无动于衷地听着这些咒骂,每逢汽车拐弯,或者车轮在沟坎上颠一下,臃肿的身体才略微动一动。

汽车缓缓地行驶。它驶过那一片被霓虹灯照射得如同童话中的宫殿般的豪华街区,往西,又驶过一大段灯火昏暗的旧街道;在牛王庙停下,留下几个乘客,又接收几个新乘客;接着,又启动了,低哼着,车灯颤颤晃晃,吃力地爬上了立交桥;然后,拐了个弯,顺着引桥,朝灯光稀疏的北郊驶去。寒风挟着雪片,一个劲地往窗洞里灌。乘客们背对车窗,缩着脖子。有人打了一个长长的响亮的呵欠,引来了一声笑。不过,笑的人大概也觉得很无聊,笑了一声,便沉寂了。

刚才那些搅扰他的痛苦的念头,此刻,在这缓缓行驶着的车上,又回到了他的脑海。彭可望着窗外纷飞的雪花。每当一辆相逆而行的车驶过,刺眼的灯光便照亮了它们,纷纷扬扬;他望着路边那黑沉沉的带状树林,树木一棵棵往后退,在寒风中抖索;他望着远远近近、不时闪入眼帘的灯光,望着它们像星星似的在空气的涡流中闪烁着,他想象着灯光下一家团聚时的热闹情景,想象着灯光下的用功、热情、孤独以及希望;他望着渐渐映入眼帘的东坝河,它那隆起的黑魆魆的河岸,他不知望见过多少回;他望着,望着雪花打着旋儿,扑落在黑沉沉的河水里……他又伤感,又惆怅。"此刻,我在这儿,在这一大堆陌生人中间,"他痛苦地想,"而在两千里之外,在家乡,这个时候,在客厅的那张圆桌上,年迈的父母临睡前,最后一次翻动着相册,望着我,望着他们一生的唯一的希望,唯一安慰,唯一欢乐。我离家远行,来到这儿,为的是什么?当初,那驱动着我的激情,现在在哪儿?它从源头上枯竭了吗?……一千多万人口的都市,掉下去,便沉了。但,这还不是全部。主要的是,我得了一种病,那就是'虚无'。我假装相信一些东西,假装对一些东西有激情,可是,我搜遍了我的内心,没找到一星半点的真正的激情。不,我内心深处其实冷漠得很。我只爱我自己,——甚至,连我自己都不爱。唉,唉,我这是怎么了?……"

他觉得眼睛有点湿润,便把头转向窗外。寒风吹在皮肤上,他觉得好受了一些。车灯照在前方一个骑车人身上。他躬着腰,顶着雪,孤独地骑行着,帽顶和肩头积了一层雪花。片刻功夫,汽车驶过,又把他扔进黑暗中了。彭可突然想起了徐宁,这时候,他也正顶着风,冒着雪,怀着一颗爱子之心,在夜色中匆匆往家赶吧？车铃震得直响……他儿子走到他膝前,柔声柔气地叫着"陛下"……在小家伙的眼里,这个巨人般的父亲该是怎样一个无所不能的英雄啊,像国王一样……可是,孩子会长大,这样一个形象终有一天会在光线下还其本来面目,变得千疮百孔,因为它本身就那么脆弱。唉,人生就如同一场赛马。彭可仿佛看见了一大群骑手,勒着马,站在白线后,发令枪一响,便争先恐后往前飞驰,渐渐地,一群马拉成了一长串马,不时有骑手从马背上栽下来。越往前奔,马匹之间的距离越大,路两旁不时能看见死马的尸体,还有跌坐在尸体旁边的落马的骑手。彭可仿佛看见了徐宁。然而,就在这时,他胯下的马也突然颠踬了几下,后腿一软,一下子摔倒了,他从地上坐起来,愣愣地望着前方,只望得见腾起的尘埃,以及在尘埃中远去的几匹马的依稀的影子……"那就是何卫和乔芒吧。"他苦涩地想,"那么,她呢？"他突然想起了韦娜,立即,一些画面浮现在他眼前,是啊,此刻,巴黎正好是白天。天空明媚,韦娜一定站在窗前,目光掠过那一大片灰屋顶,眺望着远处波光粼粼的塞纳河。河上,一艘白色的轮船,向空中喷吐着一条蜿蜒如蛇的黑烟,从天边驶过来……他幻想着,此刻,他就站在她的身旁,一起凝望着那跳跃的波光,聆听着遥远的汽笛声……但,马上,他又觉得对不起妻子。他叹了一口气,悲哀地笑着,把这些幻想的画面扔进了夜色,扔进了过去的岁月……

1996 年 11 月

敞向草坪的窗口

1

谢东骤然惊醒,从床上坐起来的时候,一簇沉闷的雷正轰隆隆地滚过天顶。雹子一般大小的雨点,发出沙沙沙沙的声音。整座房子都在雨中微微战栗。泄水的铅皮管发出沸腾的水响。

"积水大概又淹没了最低的一级台阶。"睡在隔壁房间的祖母此时正这么想着,她和所有上了年纪、身体依然硬朗的老人一样,睡得很少,尤其是在这样的雨夜。她们总在没完没了地回忆往事。"小东也是在这么一个落雨的日子里被送到我这儿来的……已经二十多年了!……这场雨下了整整一个星期,我的骨节都受潮了……"就在这自言自语中,她一边揉着隐隐作痛的膝盖,一边渐渐睡着了。

谢东听到隔壁房间隐隐传来的熟悉的鼾声,这声音一下就使他从惊恐中安静下来。直到这时,他才感到四肢冰冷,脑门烫得厉害,太阳穴像针刺一样难受。几天以来,刺痛就像生锈的铁钉一样牢牢扎在他的脑袋深处,起初只是神经的间歇性痉挛,到了后来,整个脑袋像是灌满了又烫又沉的铅汁,在雨季里凝成一个疼痛的硬块。

这是四月的一个凌晨,也是这个地区雨季的一天。连绵的雨水从城市上空浓厚的铅色云团里倾泻而下。低处的街道早已积满了水。一个星期以来,整个城市都充斥着污秽之物的恶臭。

谢东推开堆在膝盖上的薄棉被,动作迟钝地下了床。他的裸着的双脚在床底下探着,想要找到那双拖鞋。屋内很暗。他仅凭着感觉在找。最后,他找到了,于是趿着拖鞋,身上只穿着单薄的衬衫衬裤,朝着屋角摸索而去,想倒杯水解解渴。

他向黑暗的前方伸出双臂,边走边探着,指尖不时触着一些木质家具的棱角。"潮透了!"他一边说,一边往前探着,生怕碰翻什么东西,惊醒隔壁的祖母。这时,一道闪电划破夜空,一瞬间,将这个雨中的城市照得如同白昼……尔后,黑暗浓重的帷幕重又合上。

借着闪电透进窗口的破碎的光亮,他看清了屋角的东西。他从玻璃柜里拿出一个杯子,倒了一杯水,一口喝了下去;接着,又倒了一满杯,靠着柜角,一小口一小口地喝着,动作很慢。他略略感到好受了些。

远处,城市的边上,隐隐传来一列火车缓缓驶过的声音。即使是在雨夜,这种喘息一般的声音也会透过厚厚的雨网,传进城里,令人想起机车喷出的乳白、潮湿的蒸汽。

他的手指有些颤抖,倾斜的杯口洒出了一些水,溅在地毯上。他又感到脑袋里那个折磨了他整整一个星期的痛块在要命地蠕动。他把脑门贴在玻璃柜顶的边缘上,想静一静;可是,火车的鸣声仍在城市边上远远回荡,仿佛就和让一切东西长霉的雨季一样,没完没了。

"妈的!"谢东骂了一句。

一些恐怖的意象又从闪电过后的黑暗之中朝他翩翩飞来。它们就像黄昏时分的蝙蝠一样,一到夜晚,尤其是在这样的雨夜,就从巢穴里飞出来,和他纠缠不休。谢东筋疲力尽地倒在玻璃柜旁的长沙发上。此刻,他的全身都被一种莫名其妙的烫热裹着,就像那些处于昏迷状态的高烧患者的情形。他昏昏沉沉地睡着了。

2

一列载货列车正在穿越大雨来临前的岑寂的树林。这是一个星期以前,雨季行将开始的那个傍晚。一些巨大的铅色云块低低地掠过大地,在低沉的空中碰撞着,集拢着,这些饱含雨水的云团低得简直可以擦着柏树的尖顶。

远处的城区在大雨前显得格外寂静。那些矗立的白色高楼宛如墓园里的墓碑,重重叠叠,高低错落,映在一片黯淡的天光下面。一些雨燕在天空中飞翔,像是一些随风飘飞的树叶。

谢东本来可以顺着大桥以及一条宽街走回城区。这是他平时下班回家的路线。可是,低低的灰色云团使他改变了主意。他从大桥的引桥拐了下来,想要穿过左侧那片树林,赶在大雨来临前返回家里。

他对这片树林还算熟悉:那儿,有条穿过树林、横过林中铁路的小路,可以通到城区,算是一条捷径。

他是一个中等身材的男子,年龄约在二十七八岁之间,脸上的表情颇为阴沉。他的身上穿着一件沾满油污的深蓝色工作装,这正可以说明他的职业以及经济状况。两年以后,我在本城法院的卷宗里翻找有关谢东这个两起凶杀案的当事者的早期情况的时候,了解到,他是一个被父母遗弃的孩子,好心的祖母收养了他,他们相依为命,住在本文开始时提到的那座老宅子里。这位六十五岁的老太婆觉得她唯一的孙子就和自己一样命苦,常常因此独自垂泪。这个性格孤僻的孩子从不混入街邻顽童的游戏;受人欺侮的时候,要么把欺侮者打得鼻青脸肿,要么带着浑身的伤痕一声不吭地回到祖母家。他恨这个世界,除了祖母,他对一切其他人都充满了敌意;在他看来,这个城市以及它的形形色色的居民,都对自己抱有一种深深的偏见。"对他来说,这座城市成了一座异己的城市。"他的那位辩护律师事后曾对我说。他说这话的时候,已被送入精神病院监护治疗的谢东坐在距离我们只有十来步远的喷水池旁的一张漆成白色的木椅上,傻呆呆地望着远处阳光下绚丽如霞的花坛——红得耀眼的太阳花连成一片,真像一滩鲜血。一位护士小姐端着托盘走了过去。她对谢东这个已经没有多少灵性的躯壳反复做着同样一个手势。"我真佩服这些护士小姐的耐心。"辩护律师换了一个坐姿,对我说道。那个冠以谢东之名的躯壳终于抬起了头,张大嘴巴;护士小姐赶忙在它里面塞进几粒药丸,又把杯口靠近他的嘴唇。"一切都是源于两年以前那个令人心烦意乱的雨季的一天,那种又潮又霉的日子仿佛就是一些毒菌,总会让一些人中毒。"律师喝干手中那杯冰镇饮料,站起身来,一边继续对我说道,"人的种种灾难,仿佛总是因为一时的疏忽,或者,一时的一念之差——你瞧,我们这位可怜的谢东,要是当时他选择的不是那条林中小路,而是那条宽街呢——那他也许不会落到眼下这个地步。谁知道呢……哦,不谈这些了,"律师紧了紧领带,与我并肩走出精神病院的草坪,"今晚的首场演出据说是由××小姐……"律师边走边说。一个身材高大的看门人替我们打开了一扇小铁门,那门嵌在精神病院那扇牢不可破的大铁门上。

谢东双手插在裤袋里,沿着通往小槐树林的那条土路往前走着。四下阒无一人。一些横着爬过小径的藤类植物不时地在他的裤脚上留下几个带刺的球果。

压在他头顶上的天空,此时变得愈来愈暗。大团大团的乌云忽聚忽散,裂隙之间掠过道道惊龙一样的扭曲的闪电。

谢东感到踝骨附近有个带刺的东西在刺痛他。他蹲下来,在裤脚内侧及布袜子上寻找着——这时,远处传来火车的鸣笛。

"火车快进树林子了。"谢东想着,扔掉手里的刺果,直起身子,快步朝树林走去,想在火车来到之前,穿过那条林中铁路。

最后几块铅色云团终于彻底地填死了那些依然漏进微弱天光的云层缝隙,整个世界顿时暗了下来,就像夜幕提前垂落在这个城市。沉闷的雷声在云层上不时滚过,随着一道撕破黑色天幕的耀眼的闪电,早已等得急不可耐的雨水,就像从被捅破的水袋里一样,倾泻而下。迷蒙的大地片刻间就被雨神那双疯狂的大手织入一个巨网里。

谢东的衣服已被那些巨大的雨滴打湿。他在林中小径上面一路疾跑。那双笨重的老式皮鞋踏起的尘埃迅疾就被急骤扑下来的雨滴重又砸进土里。整个树林里顿时弥漫起这种略带土腥味的气息以及槐树叶的微香。

谢东远远看到铁路侧边的蓝色路灯,它们就像林中怪兽一样,低低地贴在轨基上。谢东记得:离他不远,铁路的这侧,有座被人遗弃的木屋。这座用废旧的枕木搭成的小木屋像个碉堡,他连奔带跑地冲到小木屋前,路基下面的石子几次差点把他绊倒;他一侧身,钻进木屋。

屋顶的防雨油毡像被千万根细鼓槌连续地敲打着,发出一片浑浊的混响。有个漏孔淌下一线雨水来。谢东挪了一下身体,尽量挤在这间又小又矮的方形木屋的深处。远处接连传来几声火车汽笛的鸣响。他侧过头,透过枕木垒成的"墙壁"中间凿出的一个"枪眼",朝外望去。

外面一片漆黑。偶尔还有一缕微弱的闪电掠过黑沉沉的天空,这样,一闪之下,整个雨景就会给人一个稍纵即逝的印象。黑暗以及大雨已经笼罩大地,统治一切。

谢东此时感到一种无依无靠的孤独。大雨以及黑暗仿佛在他与世界之间落下了厚厚的一重帷幕。他对这种孤独的生活早已习以为常;可是,正如雨水将使林中那些带毒的菌种萌芽,雨夜也使一些过去生活的凄惨情形重又回到他的眼前。他并不像外人所说的那样钝于想象——在一颗因过早的苦难而变得孤僻的心里,想象才是最为活跃的因素,它几乎是这种心灵的食粮,可是,这种食粮带有太多阴暗而又病态的成分,有时狂热,像一个热病患者;有时颓丧,又变成了一个地地道道的怪人。因此,从一开始,这种很少受到人间温情抚爱的灵魂就有一种危险的偏执倾向;而对那些像是沙漠甘霖一样降在他的头上的那些稀少的抚爱——这时,谢东也许想起了他的年迈的祖母,她也许正在家门前的台阶上,等着迟迟不归的孙子,焦急万分……想到这里,谢东的眼角滚落出两滴眼泪,顺着面颊,流进嘴里……

火车的汽笛声渐渐近了。谢东可以听见机车的那几个传动轮哐当哐当的响声。突然,一束刺目的光亮扫了过来,像探照灯一样依次扫过树林的边缘,慢慢移向前面的铁轨。火车拐过一个大弯,疾速驶入小槐树林。那些密集的雨鞭发疯似的在光束里狂舞着。借着耀眼的灯光,谢东看到路基下面的水沟已经积满浊水。木屋处在一个相对的高处,地面尽管已被从防雨油毡的漏孔泻下的雨水打得坑坑洼洼,可并没有积水。有一会儿,机车的灯光笔直射进这座枕木搭成的黑色小屋的门洞,将它照得通亮,"就像雨中的一座哨所。"这个比喻是一位机车司炉后来告诉我的;他是一个退役军人,在这条铁路线上跑了将近二十多年,对铁路两侧的一景一物了如指掌。当我问及案发的那天傍晚,他的那列火车经过这片槐树林时,他是否看见小木屋里藏着一个人?这位正在喝着一大杯散装啤酒的大汉兴致勃勃地回忆道:"那还用问!……只是当时,我还以为那是一个巡道员呢!……不瞒您说,当时我还朝他打了一个呼哨,向他问过好呢……两个星期以后,法院来了两个办案人员,调查我们这列火车是否挟带过什么人——听听!'挟带',我还记得当时他们用的就是这个字眼……可是,除了整厢整厢的原木,我们可没'挟带'什么活物!……那个掉下车去的倒霉鬼也许是自己扒的车呢。"这位性情粗犷、仿佛一拳就能打死一头公牛的汉子喝完一杯啤酒,又向柜台要了一大杯。"您不来一杯吗?"他问。"谢谢。我不喝酒。"我说。

火车轰隆轰隆驶了过来。谢东额头贴着窗洞的上缘,看着货车一节一节往前奔蹿。无数的铁轮辗着铁轨,发出刺耳的金属声响。火车驶过的时候,带着一股旋风,两旁的树木都发疯似地摇动着庞大的树冠。

货车走了一分多钟,才走完一半。谢东打算车过以后,他就立刻横过铁路,淋雨回家。"奶奶一定等得着急了。"他想着,"……看来,这雨一时半会儿停不了……妈的!我不能等了……"

他正这样自言自语着,突然,借着一道闪电急促的亮光,他看到从飞奔着的两节车厢的接合处,滚下一包东西。那包东西重重地摔在路基的斜面上,又因惯性往前颠来倒去蹿了十几米远,最后滚落在水沟里。

谢东的目光一直追着那包东西往前奔蹿,最后与它一起停了下来。"一包货!"谢东的脑际迅速而鲜明地闪过一个通亮的意象,他的精神为之一振,"会是什么呢?……"他捉摸着,"管它呢!先去瞧瞧再说!……"低头走出门洞的时候,他又自言自语地补了一句:"天上落金子……"他想起这是祖母在他小时候教给他的一首民谣的开头一句。

这时,这列节肢动物一样的货车也正好全部驶过。谢东望了一眼它那逐渐远去的红色尾灯,像是一颗在雨夜中远远消失的流星。为了不蹚水,谢东上了路基,沿着铁轨,朝那包东西的方向走去。铁轨上面泛起一种恶心的臭味;火车驶过以后,总会留下这种难闻的混合气味。雨点噼噼啪啪打在他的身上,打在枕木上,打在两侧的槐树上。他在走下路基的时候,差点被雨水冲得松动的碎石滑倒。四周全是沸腾的雨声。

那包东西半截儿已经滚进水沟,半截儿露在沟坎上。谢东缓缓挪动双腿,接近那包东西。他蹲下来,伸出右手,朝水沟边摸去——天啊,好像是一个人的背部!……他像触电似的缩回手来,心中充满恐惧,身体哆嗦着,一团又腥又苦的东西自胸口涌了上来……可是,慢着……"也许是我弄错了,"谢东这么想着,又犹犹豫豫地伸出手来,"怎么会是一个人呢?……刚才过去的是列货车啊……我再看看……"这时,那包东西突然发出一声轻微的呻吟。谢东吓得站了起来,往后紧退了几步,踩得铺路石哗哗直响,他想赶快离开这个令他魂飞胆丧的地方……一道像游龙般蹿过整个天幕的闪电瞬间照彻了整个大地。谢东看到他脚下的水沟边,躺着一具满是血污的人体,穿着白色衬衫,衬衣下面淌出缕缕血水,谢东停住了脚步。这个奄奄一息的人在水沟里动弹了几下,接着,缓缓抬起脑袋,一双瞪得老大而又绝望的眼睛一直望进谢东的眼里。谢东打了一个寒战;他从这双圆圆的眼睛里不仅看到了那道闪电最后的余光,还看到了一种哀求的神情。这颗颤抖不已的沉重的头颅重又跌落在碎石上,四肢掠过阵阵可怕的痉挛,像有一只魔手在不时地扯动着他全身的神经。

闪电不时地划过树林上方的夜空。雨仍在喧嚣地下着。

谢东的目光从这个人的脑袋慢慢往下滑去。他不知道自己为何抖得这么厉害。起初那种恐惧已经不再占据他的大脑;那么,是因为冰冷的夜雨吗?……此刻,瓢泼大雨正在落个不停,他的全身早被雨水淋了个透湿。他的目光停在那人的腰间,那里缠着一个鼓鼓囊囊的包裹。这在谢东的内心即刻引起了一种占有的欲望,他的全身抖得厉害,他神经质地咬了咬嘴唇。

人的理智其实只是一种强迫性的东西,就像人们被迫戴上各种无形的面具;隐在这些面具之后的却是各种阴暗的欲望,它们像一个最最可怕的马蜂窝,一旦被触,就会蜂拥而出,四处狂飞,在理智的面颊上扎进根根尾刺。

"他是谁呢?……"谢东想着,"难道是一个搭便车的人?……不像。瞧他的钱袋子!……那么,他是一个贼吧……他在前面那个城市里犯了案子,带着钱逃跑,刚好碰到这趟货车,于是扒车……到了这儿,脚下一不留神,滚下车来……"

根据两年以后我在本城法院的卷宗里找到的有关谢东一案的附件,可以证实谢东对于这位落车者身份的猜测是对的。他是这条铁路线上的惯偷,主要在铁路线上前面那个城市活动,技艺高超,警察曾经几次将他拘捕,终因证据不足予以释放。这次他又故伎重演,破窗而入,洗劫了一家首饰店,带走了全部的金银首饰以及钱箱里的钱,扒上这列朝南行驶的货车,企图销赃外地——当然,这是后话;两桩血案未破以前,这个失踪的小偷还是一个不曾露面的人。

谢东一边想着,一边重又蹲下身来。占有的欲望在他内心如毒瘤似的越肿越大,他既紧张,双手直抖,同时,整个身体又烫得厉害。他在心慌意乱之中伸出手来,摸到这人的腰间。解下一个似乎毫无反抗能力的人的腰包无疑像是囊中探物,可谢东的手指抖得不听使唤,他一着急,便发狠地扯着腰包的带子,想扯断它。大雨仍在下着;一阵闪电过后,四周重又遁入黑暗之中。

这具血肉模糊的人体在谢东忙乱的手下呻吟不止,浸在水沟里的双腿不时蹦弹几下,溅起一片污浊的血水。谢东用手抹了一下面孔,又伸出手去,突然,这个本已奄奄待毙的人体在水沟里站了起来,颤颤巍巍,伸出硕大的双手,朝着谢东扑了过来。这具可怕的肉体一步跨出水沟,歪歪扭扭站在谢东跟前,要比谢东高出大半个头。谢东被这突如其来的场面吓得跌倒在地,坐在一堆碎石子上,手脚并用,往后退着;眼前这个穿着白衬衫的高大的躯体一步一步迈着缓慢而又微颤的步子,双臂呈叉状地伸向夜空,双眼瞪大,朝下望着往后退着的谢东,嘴张开着……雨水打着这具缓步移动的血污之躯,血水顺着额头流了下来,汇入身体其他部位淌下的血水……阵阵闪电仿佛是在有意地为这具可怕的躯体勾勒背景,在他背后的天幕上不时地掠过,把天地间照得雪亮。

谢东的背脊一下顶住了坚硬的铁轨。那个庞大的躯体此刻已经逼到他的脚前,像一大袋面粉似的栽倒下来,扑在他的身上,一股血水吐在他的面孔上。谢东拼命推着这个笨重的肉体,可是他的双手变得软弱无力。两人扭在一起,滚下路基。任凭谢东怎样推,这具也许灵魂早已出窍的肉体也不反击,只是双臂狠命地抱住谢东的腰部。谢东慌乱之中,右手触到一块坚硬的石头,他举起来,猛击这个压在他身上的笨物的后脑勺,一下、二下、三下……谢东感到腰间那双巨蟒一样的手臂渐渐松开了,接着,那个朝他昂起的脑袋,往上挺了一下,旋即栽落下来,下巴磕在谢东的脑门上。一股温热的液体淌进谢东的口里,差点使他呕吐出来。他厌恶地推开这具笨重的尸体,坐了起来,喘着粗气。雨水淌进他的嘴角,他仿佛又尝到了一点血腥味,于是吐了出去。

当他的目光再次落在脚前这具白色的躯体上时,一个阴暗而又恐惧的意念迅速攫住了他。

"我杀人了!……"谢东恐惧地想,接着神经质地推了一下那堆肉体,它只翻了个身,面孔朝上,不再动弹,任凭雨水鞭打。谢东扭过头去……可是,一种害怕受到惩罚的恐惧心理又在他的内心泛起,他又胆战心惊地转过头来。

"我得赶紧把它藏好。"他自言自语地说。此刻,他的脑袋昏沉沉的,头顶的一根神经突突地跳动着。唯一清晰的意念就是赶快掩尸灭迹。这种心理也许源自人的本能。一些年幼的孩子失手打破母亲珍爱的某个花瓶以后,总是胆战心惊地把碎片藏得严严实实,生怕母亲察觉,受到惩罚。

他记起了,在那个枕木搭成的木屋里,零乱地放着几件破损而又生了锈的铁锹、铁镐。他站起来,朝着木屋的方向奔去,跑到半路,他又迅速折了回来,弯下腰,双手架起尸体的两条胳膊,往树林里拖去,"不能让它留在这里,"他一边喘着气,一边想着。"待一会儿,还会有车经过,车灯会照见的……"

他把尸体拖过积水没膝的水沟,一步一步进了树林。他喘着气,靠着一棵树干歇了片刻,接着又往前拖,一直拖了十几米远,到了林中,才停下来。

他扔下尸体,擦了一下脸上的雨水,摸索着,穿过树林,朝木屋的方向走去,全然不顾林中带刺的藤本植物划伤他的双腿双臂。

他在木屋的地面摸索了老半天,才找到了一把还能使用的铁锹。谢东奔出门洞,凭着感觉,朝林中那块地方跑去,几次撞在树干上。他一路骂骂咧咧地跑着,狠狠地用铁锹砍着树枝。

土质很松。谢东发疯似的掘着。可是大雨滂沱,刚挖的坑迅速就被雨水淹没。他一把脱掉外面的衣服,狠命掘了半个钟头,才在地上掘出一个大坑来。雨水流进坑内。挖到一半的时候,为了省劲,谢东干脆站进坑内。积水渐渐没过他的膝盖,他的腰间。有一瞬间,他有一个奇怪的意念,好像是在给自己掘一个坑。

"好了。轮到你了。"谢东扔掉铁锹,望了一眼静静地躺在一旁的尸体,说道。他在这种残忍的忙碌中,似乎感到了一种难言的兴奋、愉快。他拖起尸体的双脚,朝坑那边移动。

尸体落进坑内的时候,积水溢了出来。谢东操起铁锹,一个劲地往坑里填着泥块。泥块溅起一些污浊的水花,有时扑到他的脸上。他一锹接着一锹,往坑里填着土。等他填平土坑,已经筋疲力尽,腰部又酸又痛。他靠在一棵瘦瘦的槐树干上,喘着气,任着雨水冲刷着身上的污物……

3

接连几天,连绵的大雨落个不停,整个城市都在雨中。

谢东躺在床上,脑门发烫,身体发虚,脑袋不时地从枕上昂起,剧烈地咳嗽几声,然后又无力地落回枕头上。他总感到整个床铺发出一种略带腥味的潮气,这种气味使他很不舒服,在他滚烫的脑中不时产生一些幻觉。

一个臃肿的影子在昏暗的屋内蹑手蹑脚地走过。谢东盯着这个逐渐走近的影子,浑身痉挛不已,嘴嚅动着,发出一种恐惧的喉音。

"孩子,好点了么?"一只温暖而又柔和的手轻轻落在谢东冒着虚汗的脑门上面,"唉,又出汗了……"

"奶奶,是你。"谢东嗫嚅着说,刚才紧张起来的神经蓦地松弛下来,他又感到一种沉重的倦意向他袭来。他的身体在被单下微微抖动。

这是血案发生后的第四天。根据本城法院该案卷宗中辑录的这位祖母有限的证词——她以某种几乎农民似的既固执又狡黠的沉默态度,对付法官以及检察长的提问,以至两位急性的法律人员认为这个老婆子神智不怎么健全——那天傍晚,她在石台阶上等着迟迟不归的孙儿。"屋檐上的雨一直飘到我的脖子里呢。"两年以后,她在回忆当时的情境时,仍然不忘提到这个无关痛痒的细节。平时,谢东下班总能赶在六点以前回家。"可是,那时已经七点多了,"这位老祖母继续说道,"大概大雨把他堵在哪个门洞里了……可怜的孩子,他穿得太单了!……"说着说着,两行浊泪顺着她那衰老多皱的脸颊淌了下来。她说这话的时候,坐在谢东曾经住过的那个小房间里的一把椅子上,而我,作为某家报纸的特约记者,坐在离她约有一米左右的一只小木凳上,膝上摊着一个绿皮采访小本。距离我们所在的这座房子二十多里之外,城市的南端,那所精神病院的大草坪上,一位护士小姐也许正在帮着谢东服下成把成把的药丸。

祖母站在石台阶上,她的布鞋的鞋面早被雨水漂湿。

谢东腋下夹着那个包裹,一连穿过两个街口,身上的污浊早被雨水冲刷干净,只是被槐树林里棘刺划破的那些口子仍在渗血。"它们就像沙里的泉眼一样,流个没完。"谢东的祖母后来向人描述那个场面时,这样说道。拐过最后一个街角以后,透过厚厚的雨幕,谢东远远地望见了衰老的祖母,她正焦急万分地朝这边瞅着呢。他抹了一下满是雨水的脸,加快脚步;被水泡得松软膨胀的皮鞋踩得街面积水水花四溅。一只被淹死的耗子肚子朝天浮在积水上,随着水沟的浊流,朝他这边漂来。谢东感到一阵恶心,差点吐了出来。"那个雨季,整个城市都充满了这种带腥气的臭味。"一位上了年纪的女人在聊天时这样对我说道,她是本城法院院长的母亲;雨季开始的那天傍晚,她正在把几株差点枯死的盆花挪出客厅,摆在屋檐下面,淋点雨水。

谢东的祖母在浓重的雨雾中认出了匆匆疾走的孙子。她大声喊着他的乳名。谢东一步跃上台阶,望了祖母一眼,就笔直地走进了家门。"他的眼神让我好生奇怪,里面像有一种陌生的光亮。"这位祖母对我回忆说,"可我当时没去细想这些……他从我的跟前匆匆走过,走进满是亮光的房间里……他的身上淌下那么多水,像是刚从水里捞出来的……在他身后,留下了一溜湿湿的水印……那时,我还没有注意到,这溜水印里还有淡淡的血痕。"

谢东走进自己的房间,把那个包裹扔进床下,便一头栽倒在床上。他的祖母跟了进来,发现孙子面色苍白,脑门发烫,嘴唇直抖。"天啊!你怎么啦?"老婆子大惊失色地喊起来。"奶奶,没什么……摔了一跤……"谢东显得筋疲力尽,仿佛刚从一场噩梦中逃出来,额上沁出细密的虚汗,他轻声说,"奶奶……帮我找几件干净的衣服来……我好累……"

祖母惊恐不安地在整个屋子里奔来奔去,缠过的小脚一路踩得木地板吱咔作响,很快拿来了一条干燥的浴巾,一条毛巾,一件睡衣,一条睡裤,接着,又端来了一盆热水。在她帮着解开孙子湿漉漉的衣裤时,一些渗血的划痕映入她的眼帘。"孩子,你怎么啦?……全身都是血道道……"她哭着说。谢东轻轻推开祖母战栗不已的手指,没事儿似地说:"被棘刺划伤的……我跌进沟里了……没关系的,奶奶……"

祖母转身奔向自己的房间,在她那个黑色的木柜里翻来觅去。一些衣服、头巾还有袜子被抛到了地板上。她终于找到了一瓶红汞,一些棉签。她把药水仔仔细细地涂在孙子的伤口上,这些划伤多得就和血管一样,遍布他的全身。

这位上了年纪的老妇一直守在孙子的床边,看着孙子慢慢入睡,只在熬红糖姜水的时候才去厨房忙一会儿。在睡梦中,谢东有时喘着粗气,像有一块巨石压在他的胸口,有时他的双脚猛地一蹬,仿佛突然坠入万丈深渊似的……更多的时候,他的嘴唇不停地嚅动着,说着呓语,脸颊的肌肉触电似的痉挛。

"一连几天,他都高烧不退。"在这期间曾经看过谢东的一位医生——他是被老太婆硬拉来的,"那天雨水差不多堵住了所有的街道……您想想吧,我是卷着裤腿一连蹚过三条街道才到那儿的;刚进屋时,我嗅到了一股刺鼻的姜汤味。"他说——两年以后对我回忆道,"他仿佛受了巨大的刺激,昏迷不醒,满嘴呓语,老是'树林'、'铁轨'这些莫名其妙的词儿……当时,我把这些当做了淋雨以后高烧引起的某些症状……您要知道,雨季的那两个星期,整个医院都被这种高烧患者占满了,连走廊都不例外……我给这位病人照例开了一些退烧药和消炎药,打了一剂退烧针……直到后来法院传我到庭作证,我才知道,当时我的那些药剂压根儿就治不了他这儿的病。"他用食指点了一点脑袋。

4

谢东在沙发上醒来的时候,窗外低沉的天空已经泛出微明。大雨仍在下着,不停地拍打着玻璃窗,只是雨势仿佛小了一点。

隔壁房间传来祖母浑浊的鼾声。这种鼾声总是让谢东联想到卧在林间的巨兽的鼾鸣,或者夜间徜徉在荒野的走兽的低哞,从幼时起,这个意象就一直留在他的记忆里。他很害怕看到祖母熟睡时的情景,仿佛她是一个奄奄待毙的庞大的动物。这场景更多地让他想到死亡这个遥远而又经常光顾他的想象的意念。小的时候,由于害怕独自睡在一个房间,他就经常爬到祖母那个三边嵌有围栏的大床上,躺在早已熟睡的祖母庞大的身躯侧边。可是,过了片刻,另外一种恐怖的意念却又飞入他的想象:他总以为身边这具庞大的身躯发出的阵阵可怕的鼾声正是死亡降临的前兆。这个意念反复折磨着他,以至年幼的谢东既感到恐惧,又感到担心。最后,他轻轻推了推祖母的胳膊,可是祖母仍然睡得很死;这使谢东本就担忧而又恐惧的事实仿佛得到了某种证实,他便哭出声来了,双手仍旧摇着祖母的身躯……祖母这才从酣睡中迷迷糊糊地醒过来,伸手抹了抹谢东落在她面颊上的泪水,半睁着眼睛看了一下坐在身边的孙儿,咕咕哝哝地说:"你怎么了?孩子……快睡觉吧……"说完又睡着了。谢东这才感到刚才的恐怖景象一下子消逝得无影无踪。

不知怎的,幼年的这些印象重又掠过他的脑际。他在迷蒙的昏暗中睁大眼睛,目光从床头柜移向床铺,接着移向靠近床脚的窗子,窗帘,墙壁上贴的几张过时的画片,地上铺的一小块露着线头的旧地毯……他把整个房间仔细地打量了一番,这时,他才感到头顶仍在隐隐作痛,胸口也像堵了一块东西,呼出的气息又热又浊,舌苔像是蒙了一层厚碱,又苦又涩。因为睡了大半夜的沙发,他感到从脖子到踝骨,几乎所有的骨节,都又痒又痛,像被传说中的阴间之鞭抽打了一夜似的。

　　他站在房子中间穿衣服。当他拿起那叠叠得整整齐齐、搁在衣柜上层木格子里的衣服时,衬衣袖子上的几个补丁使他吃了一惊,一瞬间,这几个补丁让他猛然瞥见了小槐树林里的那些尖利的棘刺。他厌恶地把那件衬衣扔在沙发上,换上一件带格子的衬衫。从这时起,几天以来那个一直缠着他的恐怖场景重又回到他的脑里,此前,他还以为自己已经忘记了呢。

　　祖母大概已经起了床,在厨房里忙着做早餐。谢东听到一声瓷质的盘边碰响的声音,接着听到鸡蛋汁倒进烧红的煎锅里时发出的那种难听的嘶嘶声,这些声音使他产生了一种短暂的快意,一时忘了刚才的恐惧;可是,这种快意只持续了很短的时间,恐惧感又像阴云一样重新飘入他的脑际,落下大片大片的阴影。

　　他烦躁地扭开房门,穿过堂屋,朝厨房的小门走去,那儿飘过来一股油煎鸡蛋的诱人的香味。

　　"你别这样急着上班,再休息两天吧。"祖母把煎鸡蛋搁在小木桌上时,对他说,"瞧,你的脸颊还有点泛红呢,你的高烧也没有全退……"

　　"奶奶,我已经超假了。"谢东一边咬着鸡蛋,一边回答。

　　"可是,你……"

　　"奶奶,我已经超假了……那些讨厌的家伙会借故算计我的,他们不喜欢我,一有机会就想撵我走。"

　　"……好吧,孩子……"老太婆叹着气,在谢东的对面坐下来,"可是,"她说,"孩子,下班以后,早点回家。"

　　"好的,奶奶。"

　　祖孙两人不再说话,默默地吃着早餐。扑打在窗面上的雨点声渐渐小了。天色早已大亮。街上不时传来行人走过的声音。

　　整个白天,谢东都是在工厂里度过的。体力活使他全身的肌肉以及全副的精神都活跃起来,暂时扔开了几日以来纠缠着他的那些恐惧。

　　下班回家的路上,他的心情依然很好,仿佛万事俱消,在脑际里,仅仅掠过雨后清凉的感觉,非常惬意。在拐过一条泥路,走上通往城区的那条街道的时候,他甚至吹起了口哨。

　　这是四月的傍晚,大雨初歇;依然流连着几片淡淡的乌云的天空,洒下苍白的天光,仿佛天光也被雨水洗得格外洁净似的。远处的城区在天光下显出清晰的轮廓,一时让人想起了描写中的海市蜃楼。

谢东随着人流走上大桥的引桥。数股铁路穿过桥下，一直向南延伸。一些孩子以及好奇心很重的男人伏在铁栏杆上，望着南边远处的机车调度站，那儿闪烁着红色、黄色或者蓝色的指示灯，偶尔还传来机车倒车时活塞哐当哐当的声音，不时，一团蒸汽升上天空，又像雾一样飘散了。

谢东下意识地朝北边望了一眼。数股铁路一直朝北延伸，消失在那片槐树林里。他的目光刚好落在这片槐树林的顶部的时候，树林中突然蹿出一股机车喷出的白色烟雾；轮碾着铁轨发出的单调而有节奏的金铁之声，也隐隐传来，不时夹杂着汽笛的一声长鸣，越来越近。

那些本来伏在南侧栏杆上的人，听到火车驶来的声音，一下子全都涌到北侧的栏杆，望着那团烟雾远远而来。谢东差点被一个莽撞而又笨拙的看热闹的人撞倒，他退到一边，两眼直愣愣地望着那柱迅疾朝大桥靠拢的烟雾。火车很快穿过了大桥与小槐树林之间的那片开阔地，一头钻进桥洞。整座桥都在微微颤动。看热闹的人又奔到南侧栏杆，目送火车向南驶去，渐渐远去。大团的蒸汽从桥面上飘过，消散在空中。

谢东仍站在北侧栏杆旁，眼光望着那片小槐树林。一些不祥的意象又像蝙蝠一样在他脑际飞来飞去。恐惧感很快攫住了他。"我太大意了！"他惊恐地想，虚弱得用手扶住铁栏杆，"太大意了！——那个家伙埋得不怎么深，也许大雨早把盖着他的那层薄土冲走了……完了！尸体肯定被人发现了……想想吧，雨停以后，总有一些孩子拎着篮子，到树林里去拾地木耳，这种滑腻腻的东西林子里有的是！……要是有人发现了尸体呢？……那么……"他感到脑袋像灌进了铅汁似地垂了下来，眼前掠过几片黑影。"可是，"他抬起头来，眼光再次洒向远处的槐树林，"尸体要是被人发现了，槐树林会这么平静吗？……"他想着，恐惧感渐渐冲淡了，"是啊，这些看热闹的人没有谁议论这件事。没有人议论这件事？——如果树林里突然发现了一具尸体，这会引起多大的议论啊！……他们什么不知道啊……可是，他们没有议论这件事，他们一点也不知道——这就是说，尸体没有被人发现！……"这个想法差点让他激动得栽倒在桥上，他太虚弱，几乎承受不了过度的兴奋，他把手指按在怦怦直跳的太阳穴，静了一会儿。"我得到林子里去看看……"他最后想到了这点，"还得提防一下那些到处又刨又挖的小孩。"

他沿着桥栏杆往回走着，装出一副漫不经心的样子，从引桥侧边的旋梯走了下去，很快踏上了那天傍晚他所走的那条小路。大桥和人群很快就从他的视界里消失了。

路上泥泞不堪。他的鞋底沾满了泥。这是南方那种又黏又沉的红泥。

脚下变得又笨又重。他不时停下来,鞋底蹭着路边的草皮,想把粘在鞋底的厚泥蹭掉。

树林里很安静,弥漫着潮乎乎的湿气以及吸饱了雨水的树叶散发出的香味儿。可是,在这些扑面而来的气息里,谢东总能嗅到一股血腥气,越往林子深处走,这种恶心的气味就越来越浓。他差一点呕吐起来,捂着胸口,大口大口地喘着气。有一会儿,他又觉得这种充斥在整个树林里的血腥味儿只是他的一个错觉;这些天来,他所有的神经似乎都乱了套,像团乱麻一样缠在一起,他分辨不清这种味儿到底是树林里的,还是记忆里的。

他靠在一棵树上。

树林里仍飘忽着这种恶心的血腥味儿。谢东朝四下望了望。林中只有他一个人。他离开那棵树,沿着林中小径,继续往前走着。越来越浓的血腥气使他不得不时常掉过头去。

铁轨就在前面。他走上路基,像个偶然经过这里的人那样,四下望了望。铁路在树林里延伸。不见一个人影。

他沿着路基,朝"那个方向"走去,又走下路基。水沟里的积水已经流走,沟底积着一层淤泥。连日的大雨冲洗了一切,甚至连谢东在梦境中时常看见的路基上的血污也无影无踪了。

谢东的心里涌起一阵轻松感,仿佛所有的证物都被雨水冲得干干净净。他轻轻一跃,跳过水沟,感到自己身体很轻。脚下的泥泞更稠更粘,像是一块巨大的磁石,紧紧吸着他的鞋底,每走一步,总要发出吧唧吧唧的声音。谢东尽量挑着长着草皮的地方走。有一次,他偶尔回头看了一下,看到身后留下的那串歪歪扭扭的脚印,感到一种恐惧,仿佛这串脚印会暴露他似的。"我太大意了!"他惊骇地自言自语道,"那些受过训练的警犬能嗅出脚的气味……这些脚印还能被浇出石膏模子……不过,也没关系,总算没被发现。再过几天,拾地木耳的小孩就会把这儿踩得乱七八糟……瞧,地下到处都是地木耳,够他们折腾的……我得把那个家伙藏好,免得被人发现。"

他在树干之间走着,尽量轻地提着步子。那天夜里留在树林里的脚印已被雨水冲得踪影全无,他凭着记忆寻找着。

他在一个大浅坑前停住脚步。没错,是这儿!……可是,堆着的土怎么会凹陷下去这么深呢?倒好像这层土下面什么也没有似的……他的整个神经一下子揪紧了,眼前迅速掠过一个可怕的画面:尸体已经被人发现、掘走。一阵极度的恐惧袭上心头,他的牙卤都在打战。他朝整个树林扫了一眼。林子里仍然寂静,阒无人影。"可是,"他接着想,"如果尸体被人发现的话,全城肯定早就风风雨雨,不会不被我的祖母听见……可我没有听她谈起过……尸体肯定还在坑下面……这些天老下雨,挖松的泥土会陷下去,——天啊,这是常识!——我怎么这么紧张啊!"

他从邻近的那棵树上折断一根树枝,不耐烦地除掉小枝小杈,握在手里试了试,看看是否合用。接着,他把树枝戳进坑里,想探一探薄土下面的那具僵尸。"也许它早被水泡得胖了许多呢!"他开心地想着,脑子里浮现出一具被水泡得苍白、臃肿的尸体,接着,这个画面的恐怖感也感染了他,他向四周望了一眼,刚才恶意玩笑的情绪顿时飞散。"小心报应!"他低声对自己说,这是他的老祖母摔给那些欺侮他们的人的一句诅咒,他小时候常常听到,此时,竟像一个龇着牙的恶魔,对他发出冷笑。他厌恶地挥了挥手,想把又在内心深处涌起的乱麻一样的恐惧情绪赶开。

树枝戳进泥土。一股淡淡的血水渗了出来。谢东的手抖了一下,胸口闷得难受,直想呕吐。他把脑袋掉了过去,避开那阵直扑过来的血腥味儿。待他目光重新落在树枝上时,一个恐怖的意象在他脑际蓦然耸现。树枝戳入的深度按说早该触着了尸体,可是……尸体不在下面!这个想法一下子把他推落到恐惧的深渊。"它不在了!——谁掘走了它呢?……还是……还是尸体自己掀掉了盖着他的薄土,爬走了呢?……"这后一个想法使他因恐惧而扭曲的面孔露出一丝可怕的笑意,"是啊,是啊,僵尸也会走路了!……可是,他真的死了吗?……"这个想法差一点使他晕了过去,脑门淌下细密的汗珠,"……当时,我用石块砸了他的后脑勺,砸了三下,我想当时用的劲一定不小,他不动弹了……难道这就能说他死了吗?……天那么黑,下着大雨……而我,又是那么忙乱……"

这些纷至沓来的思绪缠在一起,折磨着他,他差点栽倒在坑里。他脑袋像是沸水翻腾的大锅,几乎不能静下来细想任何一个细节。他往后面挪了一挪变得不怎么听使唤的双脚,靠在一棵树上,喘着粗气,一边继续胡思乱想。几天以来一直折磨着他的剧烈的头痛也乘虚而入,他感到额头发沉发烫,像被箍带箍着。一片水汽在他脑门上蒸发,模糊了他的视线。在这些像热病患者的幻觉一样翩翩而至的想法里,有个想法渐渐占了上风,正如任何一个处在偏执的激情之下的人通常所做的那样,谢东狠命地攫住了这个救命稻草似的意念。他朝铁轨附近那座枕木搭成的棚屋跑去,全然不顾厚厚的泥泞以及横生的荆棘。片刻以后,他带着一把锈得不成样子的铁铲旋风般地跑回树林。一铲下去,立即渗出一股血水,接着又是一下,二下……等他掘了约半人深时,他才既绝望又恐惧地停下手来。毫无疑问,尸体已经不在这儿了。他神经质地在坑底坐了下来,望着血水从坑壁上缓缓淌下来,简直弄不明白那个家伙——那具庞大的僵尸——是怎样穿过这些泥土消失得无影无踪的。他会穿墙术吗?"他死了啊……"他痛苦地想,"我记得我用石头狠狠地砸过他的后脑勺……也许他的脑骨都被碰得稀烂了呢……可是,死人难道还会走路吗?……"

这时,一只归巢的鸟儿飞进了树林,翅膀碰着树叶,发出一阵窸窸窣窣的微响,像一股阴风吹进树林,吓得坐在坑内的谢东全身抖了一下。他惊恐地从坑沿上往外望了一眼。什么也没看见。这时他才发现,暮霭已经悄悄降临,如同一张愈来愈厚的纱帐,垂向寂静的树林。一些形状飘忽不定的雾气在树林间游移,就像一些有灵性的物质。一些小时候从祖母那儿听来的鬼怪故事也从记忆里飞出来,飘向渐渐黯淡下来的林间,并在雾气中时隐时现。一时间,整个树林里充满了各种各样令人毛骨悚然的形体。

谢东爬出土坑,神经紧张,嘴唇直抖。他朝林间各处望了望,可是暮霭越来越重。对他来说,林间那些看不清晰的角落似乎藏着无数的危险,这些危险正在向他逼近,就像正在弥合的雾霭一样向他涌了过来。每一片雾的后面仿佛都藏着那个几天以前被他杀死的人。这个满脸是血的家伙隔着雾气在远处瞅着他,嘲笑他,直到要把他折磨够了,才一口吞掉他。

谢东忙乱地把泥土铲回坑内,浑身哆嗦不已。草草填平土坑以后,他把铁铲往草丛里一扔,拔腿朝铁轨那边跑去。他要赶紧离开这个鬼地方,他仿佛听见白雾的那一边传来了那个家伙的走兽般的喘气声和脚步声——浑浊、厚重,不紧不慢,可是越来越近。

5

接连一个星期,谢东卧病不起,虚弱得简直像是换了一个人。在这期间见过谢东的人都会大吃一惊。"他的脸颊陷了下去,显出两个坑来,"他的祖母对我说道,眼前又浮现出那个雨季的情形,"眼窝也凹下去了,眼睛老是瞪得很大,像是害怕什么……有时,半夜里,我被他的梦话惊醒了,跑进他的房间,看见可怜的孩子嘴唇抽搐着,单薄的身子在被单下直抖,老是让我想起那些抽风的人……"

雨季连绵不断。窗外的雷声,扑落在玻璃窗上的雨点声,常在半夜将他惊醒,脑门上冷汗涔涔。他的眼光在黑暗中紧张地搜寻着,想要找到那个在梦魇中死死追赶他的那个幻影。有时,死者的幻影常在夜里沿着铁轨缓步朝他走来,坐在一处路碑上,凄然地望着他,神色黯淡。这个梦境几乎每夜都在他的脑中闪过,而且不止一次。风一吹,垂下的白色窗帷轻轻一动,他便看到死者穿着生前的衣服款步来到他的床前,一双茫然的眼睛无神地望着他。

另外一个恐怖的梦境,不知是梦,还是实际发生的事。谢东在高烧中总把现实与梦搅在一起:在那个充满着血腥味的槐树林里,那具庞大的僵尸在地底下叹着气,然后伸出硕大的手掌,掀掉盖在身上的那层湿土,站了起来,淋着冷雨,一步跨出土坑,穿过整个树林,循着谢东的脚印慢慢走过来了……在他身后,留下了一串滴着血水的巨大的脚印……

谢东自小所受的教育部分来自她的祖母,可想而知,这种教育包含了多少迷信的恐怖成分,在他高烧不断、神智迷糊的时刻,这些成分又与小时候听来的因果报应的故事缠在一起。他怕死者的鬼魂会在某个雨夜穿城而过,来索他的命;有时,在幻觉中,他又觉得那个家伙并没有死,他会一把掀开掩在身上的那层薄薄的泥土,走出小槐树林,循着通向城区的小路来寻找他。"我的脚印留在那条小路上了……"谢东在他半清醒时,这样悲哀而又恐栗地想,"他会像只猎狗似的嗅出我的脚印,一步一步找过来的……"

他从床上一跃而起,奔到窗口,透过雨水淌过的玻璃,模模糊糊地望着窗外那块草坪和草坪那一边的一片树林。"他会从哪个方向来呢?……"他嗫嚅着,"……奶奶说过,亡灵都有一种特殊的本领,能够循着气味找到他的亲人,或者他的仇人……"他在立柜的背后抽出一把双管猎枪——这是他的祖父留给他的唯一遗产;他的祖父曾向他夸口:二十年前,一只重约两百公斤的野猪死在这把猎枪的枪口之下,"子弹把它的整个脑壳都打碎了!"——他又从抽屉里找到了一盒子弹,把子弹填进枪膛,把枪搁在床边,然后,虚弱无力地倒在床上,脑门上的汗把枕巾濡湿了。

一个神经处于崩溃边缘的高烧患者,会以某种独特的逻辑思考眼前这个世界的种种现象,可他分辨不清这个世界的确切的界限,往往把想象中的意念也当做这个世界实际存在着、活动着的东西。谢东现在时刻都在提防死者的幻影的降临,"他那双笨重的鞋子会一步一步地把他引到这儿来的。"他这么疯狂地想着。与日俱增的恐惧感又强化了这些幻象。他在幻觉中与这个尚未来临然而终将来临的幻影对峙着,搏斗着,累得筋疲力尽。"这个家伙现在正在某个十字街口寻找我的痕迹呢!"他想着,一面把发烫的额头贴在玻璃窗上,好看清外面的动静,"该死的!……雨水是不是能把那些看不见的痕迹也冲掉呢?……唉,这些痕迹是冲不掉的,就像槐树林里的那股味儿……"

谢东的祖母一直为他担心,忧心如焚。这位上了年纪的寡妇对于孙儿有着一种偏执的溺爱。孙儿现在处于这种状况,委实让她放心不下。这位身体臃肿的老太婆几次单独出门,把裤腿卷得高高的,露出早年被缠得难看的小脚,穿着一双凉鞋,手里撑着一把千疮百孔的旧伞,脚下挑着积水稍浅的路面,在雨中一连走过三条街道,几乎穿过大半个城区,去医院找医生。还是那位瘦高个子的医生接待了她,被她缠得脱不开身,只好又去出诊了一次。谢东虽然神智迷糊,可听见房门一响,看见跟在卷着裤腿的祖母后面,进来一位医生,就本能地装出一副若无其事的样子,还挺了挺肩膀,好像自己不过是受了点凉,有点发烧罢了。他装得很像,以至医生都有点相信他了。"您要知道,"这位医生后来对我说,"这家伙很狡猾,我看不出他有什么不对劲的地方,尽管他的脑门烫得就像烧着的炭一样……再说,"他补充道,"医院还有一大堆病人,我不能老是跟他捉迷藏。"他给谢东量了量体温,看了看舌苔,然后开了一些药。当他望见上次开的那些药仍堆在桌上,没怎么吃,就说道,"你要按时服药。否则,你的感冒还得拖上一段时间。"

一天早晨——那是雨季最末几天的一个早晨——谢东醒来的时候,仍感到脑袋昏沉沉的。他从床上爬了起来,想去屋角的小柜子上倒点水喝。他站起身,感到有点头重脚轻,于是又跌坐在床上。这时,他的目光正好对着窗子。窗帘半拉开着,透过落满雨星的玻璃,他看到,窗外下着毛毛细雨。窗子前面的那片草坪积满了水,上面布满了圆圆的水坑。谢东一时想起了童年时光着脚丫在草地上奔跑的情形。草坪那边的树林也在毛毛细雨中静立,像是一幅水墨画——可是,谢东的眼光似乎在这静谧的水墨画里,突然触着了什么画外的东西,他猛地站起身,扑到窗前,推开窗子,伸出半个身子,脑袋朝前伸着,扶在窗槛上的手指紧张地抓挠着,指甲几乎陷进了木里,嘴角也痉挛地抽搐着——那边,远处,草坪的边上,一棵树冠很大的榕树下,站着一个穿白色衬衫的巨人,正隔着雨雾朝这边张望着呢。

一些雨星飘落在谢东的脸颊上,可他对此毫无知觉。一股烫人的热流在他身体内狂奔着,一直冲到太阳穴。白色影子正是他,那具僵尸!"他来了!——他终于找来了!——我没猜错!——"谢东嘴唇哆嗦着说。他感到一片沉重的阴影飘入眼中,他的脑袋重得要坠落下来。他狰狞地笑了一下。透过濛濛细雨,他仿佛望见了那个家伙正以嘲弄的眼光瞅着他呢。他的神经高度紧张,额头发烫,眼前掠过一些可怕的幻象。他受不了了!他双手撑住窗槛,脑袋倾斜地冲向那个白色的人影,发出一串可怕的吼叫:"你快滚开!——你这混蛋!滚开!——我要杀死你!——滚!——"

当时听到这一连串可怕的吼声的人,还有一位退休在家的老人,曾经的邮递员,他是谢东的邻居,他家的一扇窗子正好斜对着谢东家的那面窗子。为了尽可能详尽地了解本案的全部细节,两年以后,我也曾采访过这位退休在家的老人。"当时,"这位好心的老人对我说,一边望着我在采访本上快速地记着,"我正对着挂在窗口的一面小圆镜子刮胡子——您要知道,上了年纪,脸上的肌肉松了,刮胡子很费事的——我正刮着,窗外突然传来几声可怕的吼叫,这吼声那么可怕——不瞒您说,我从小胆子就不大——我惊得朝窗外望去,只见我的邻居从窗子里伸出整个脑袋,向草坪那边的一个人吼着。我还没有弄清是怎么回事,那个受辱的人就离开了那棵榕树,朝这边疾奔过来,看那架势,仿佛是要狠揍一下那个朝他直嚷的人……他的皮鞋踩得草坪水花四溅,留下一串深坑……当他奔到草坪中央的时候,这时,一声刺耳的炸响传了过来——那声音可真大,震得我的小镜子也晃起来了——那个身穿白衬衫的人刚冲到草坪中间——瞧,就是那儿,"他用手指了指窗外的草坪,"刚冲到那儿,就猛地立住了,就像被定身术定住了一样,他的双臂向上撑开,举向天空,双脚叉开着,就这么站了十几秒钟,也许是半分钟吧,就这样站在雨中,一直保持那个姿势……一股鲜血从他的胸口淌了下来,顺着白衬衫流下,溅到草坪上……后来,他的身体打了一个旋儿,歪扭着,倒在草坪上,溅起了许多水花……我又惊又怕,刀架都差点抖落到地板上……我朝枪响的方向望去,只见我的邻居手里平端着一把大得吓人的猎枪,枪口还冒着烟呢,在雨星中飘着……他痴呆呆地站在窗前,枪口仍冲着草坪……过了一会儿,他也往后一倒,大概摔在地板上了……我听见猎枪落在地板上的声音……接着,又传来了那个老太婆的叫声……"

6

谢东从手臂上抬起隐隐作痛的脑袋,看到眼前——白炽灯的亮光下——浮着一张细窄的脸,上面嵌着两颗机警的眼睛,鼻梁笔直,紧抿的嘴唇略带一丝嘲弄的意味。

"你醒了。"这位陌生人说,用手松了松勒得过紧的领带,然后脑袋悄悄向前倾着,额头差点碰着遮光罩,压低嗓子说,"我是你的律师。不瞒你说,你的案子有点糟。"

"我的案子?"谢东有点疑惑地问。他的脑袋昏昏沉沉的,太阳穴像被什么东西连续地敲打着。他不明白自己怎么会在一个陌生人的房间里,面前坐着一位素不相识的人。他隐隐约约记得自己似乎一直躺在床上,窗外的雨一直落着,没完没了。

"是啊,你的案子。"律师有点不大放心而又带点微笑地说——"他倒装得挺像,"他在心里这样想着,"好像从来就没有发生什么似的。"——"他已经死了,当场死亡,子弹穿过心脏,把它打成了碎片。"

"我不明白……"谢东迟疑地说,他有点烦,觉得心口堵得很难受,额头沉得又要落到手臂上面。

"谢东,你得对我说实话,"律师坐直身子,这使他的个头一下子高了许多,"现在的情形对你十分不利,"他接着说,"我们得想办法……我是你的律师,我会帮助你的。"

谢东的眼光落在律师的手上,接着,又慢慢地移向别处,开始打量整个房间,这才发现自己坐在一间空荡荡的陌生房间里,天花板上悬下唯一的一盏带遮光罩的白炽灯。屋内光线很暗。厚实而又潮湿的墙壁上嵌着一个又高又窄的小窗子,安了铁栅——窗外的天空阴云密集,"还在落雨呢。"他想着,不知道现在是傍晚,还是白天,"天光总是那么暗。"——律师背对着的是一扇铁栏门,外面不时传来钉了铁掌的皮鞋来回走动的声音,一个帽檐压得很低的警察出现在门口,朝房间里望了一眼,又慢慢地侧过身来,走开了。

门外的走廊传来一阵嘈杂的声音。两位持枪的法警押着一个上了手铐的中年汉子走了过来,经过律师背后的那扇铁栏门,一直往前走着。律师对这些声音无动于衷,他看惯了,也听惯了,凭感觉就知道走廊上的一切。谢东的眼光一直盯着这几个人,直到他们从门口消失。他听着他们沿着走廊走了很远,停了下来,有人打开了另一扇铁门,传来哐当的声音,接着,那些脚步踏上了几级石阶,走远了。不一会儿,铁门又被哐的一声合住了,一把大铁锁扣了进去,发出一阵金属碰撞的声音。

"你再回忆一下,"等门外这阵嘈杂声过去后,律师开口说道,嗓音低得只有他们两个才能听得见,"那天,也就是星期三,天下着雨,你打开窗子的时候,看到树林那边站着——"

"这是什么地方?"谢东不耐烦地打断他的话,他不明白这个陌生人尽给他讲些莫名其妙的话。

"拘留所。"

律师盯住谢东的眼睛,瞧了好一会儿,没有找到那种狡黠的光亮,那里只有一种莫名的烦躁以及恐惧的神情。"看来,"他捉摸着,"我的当事人已短暂地失去了记忆,他对那件事一点也记不起来了……他受了刺激……这种情形以前的案子也曾有过……不过,看他脸上的表情,似乎问题还要严重些……"

"我怎么……怎么会在这里呢?"谢东从凳子上站了起来,在房间里走来走去,烦躁不安。他的身影随着他的脚步的移来移去,一会儿投在墙面上,一会儿又爬上了床铺和凳子,接着掠过潮湿的地面,落在律师的身上,显得非常扭曲。他在铁栏门前停住,双手扶着铁栏,朝外望着。

律师仍旧坐着,双眼看着谢东在房间里来回走动。他的当事人脸上一副疑惑而又痛苦的表情,双手有时在空中做出一个手势,仿佛要推开什么。

谢东停在房子中间。这时,在雨声中,从开得很高的小铁窗那儿,远远传来城市边缘火车驶过时鸣笛的声音。谢东蓦地转身朝小铁窗望过去,望见被铁杆切成几块的阴沉而狭窄的天空。他的眼前迅速而又鲜明地浮现出小槐树林的情境。一大片沉重的阴影垂到他的脑际,他虚弱得差点倒在地上,可他只是晃了一晃,又立稳了。他慢慢地移动脚步,在凳子上坐下来,感到整个身体冷得直抖。

律师从口袋里掏出一包纸烟,抽出一支,递给谢东。谢东犹犹豫豫地伸出手来,他不习惯抽烟,可他还是接过了烟。律师点燃打火机,谢东对着蓝色的火苗点烟,手抖得厉害,几次都没有点着,最后总算点着了。律师自己也点了一支烟,抽了起来。谢东起初被烟雾呛得咳了几下,可他仍旧吸着,大口大口地吸着,不一会儿,白炽灯的灯罩就罩在了一片升腾的烟雾之上。

"你回忆一下,"律师看到他的当事人已渐渐地平静下来,便说道,"那天,也就是星期三,你打开窗子的时候,看到那个人正在干些什么?……我的意思是说,他是否已显出侵犯的动机,或者,侵犯的行为?"

谢东在眼前的烟雾中仿佛又看见了雨中的一幕:那个从土坑里爬出来的家伙,那个鬼魂一样的影子,淋着细雨,穿过整个城市,来到附近,在树林边远远地瞅着他家的窗子……他朝窗子奔过来……他栽倒下去了……

"是啊,那天的雨好像并不怎么大,"律师用催眠师才有的那种引入进入回忆的声调轻松而又柔和地说,仿佛他自己在回忆那天的情形,"那是一场毛毛细雨,像雾一样从天上洒落下来……窗前的那片草坪被水泡得湿漉漉的……草坪尽头的树林也被细雨罩着……一个穿着白衬衫的人站在一棵榕树下——"

谢东搁在桌上的手指抖了一下,燃着的烟卷从指间滚落下来,他有点急切地把它重新抓在指间,狠吸了几口。律师看着他的当事人这些细小的动作,他知道,凭他律师生涯的经验知道,此刻,他的当事人处在神经最为脆弱的时候,烦躁、忧郁、恐惧几乎将他压碎了。每当这个时候,这些可怜虫们总是会把自己完全交给律师,把他看做最后的稻草,尽管他们也许不怎么明白这个陌生人为何要搭救他们。这位名声很好的律师感到他的作为律师的责任就要开始了。果然,烦躁、恐惧之中的谢东从烟雾中抬起一双茫然失措的眼睛,望着对面的律师。他总觉得,眼前这位身材高大,西装革履的人已掌握了他的全部秘密,因而也就掌握了他的命运——"不,不是全部秘密,只是一部分秘密,"谢东狡黠地想,神经错乱的人有时会有这么一点狡黠,"他没有提到铁路边的那个秘密呢!……可是,也说不准!……"他是他的律师,也就是说,他会帮他的忙的。

"当时,他站在那棵榕树下,"律师接着自己的话,不紧不慢地往下说,"靠着树干,他——"

"他……他盯着我看……,"谢东嘴唇颤抖地说,"……他威胁我……我讨厌他……他经常这样……"

"这样说,你们以前认识?"

"认识……"谢东刚刚说出这两个字,觉得有些失口,于是停了下来。

"可是,"律师显然没有留意谢东刚才欲言又止这个细微的动作,他的嗓音仍像开始那样不紧不慢,他说,"可是,死者的家属认为死者生前与你并不相识——他们一周以前才由外地迁到我们这座城市……再说,承认你们以前认识,这对你并不利——"

"他们是在撒谎!"谢东突然吼了起来,他感到一个阴谋正在围绕着他,逐渐把他包围住,好让他落网,突然之间,他好像觉得整个大地在往下沉,拘留室的墙壁仿佛也在晃动。被迫害感以及怀疑攫住了他,撕碎了他,他的脑袋痛得厉害,双手因绝望和恐惧而神经质地在桌面上拍了一下。

"你冷静点,情绪对你无济于事。"律师望着他的当事人因痛苦而扭曲的面孔,冷静地说,"根据户口登记以及搬迁证明,还有死者的邻居们的作证,死者一家的确是在一周以前——刚好七天以前,上个星期五——迁到我们这座城市的,住在老街十号,一套旧房子里。"

"他们撒谎!……他们撒谎!……"谢东嚷着,眼里闪出绝望、痛苦的神情,"……我认识他!……我认识他!……我怎么不认识他呢?……"最后的话音低了下去,他觉得自己的脑袋痛得快要裂开了,身体像突然被人抽去了脊椎一样直往下滑,好不容易才用双肘撑住桌面。

律师觉得再问下去,也是白费工夫。他的当事人处在目前这种既亢奋又混乱的情绪中,根本不可能回忆几天以前的种种细节。他朝门外喊了一声。那个年轻的警察出现在门口。他打开铁栏门。律师收好黑色的律师包,把一叠还没用上的案卷材料塞了进去,拉上拉链,走了出去。他在踏上小拘留室那两级台阶的时候,回头对伏在桌面上、肩头直抖的当事人说了一句:"明天下午我再来。"他在门口对看守低声说了句什么。看守点了点头。

一会儿后,一名警服外面套着白大褂的医生,拎着医用皮箱,跟在看守后面,走进了谢东的小拘留室。

7

两年以后,在精神病院花园的一棵散发出苦味的枇杷树下,这位律师给我描述了他走出拘留所大门时的感受。

"铁门在我身后哐地关上了。外面还在落雨。那年的雨季仿佛要比往年长。这种没完没了的雨景总是让人产生一些忧郁的念头。我在门口撑开雨伞,把文件包夹在腋下,朝两条街外的事务所走去,一边想着谢东的案子。我有一种预感:我的当事人所知道的事情,要比我这个律师多得多。作为他的律师,我所了解到的,几乎就和任何一个目击者或者晚报的读者所知道的差不了多少,而且,这些情况,对我的当事人都很不利。一些重要的秘密锁在谢东的脑袋里了,可他也许把钥匙弄丢了——我是说,他肩膀上的这台机器也许已经失灵了。"

他说这话的时候,我们正坐在藤条椅里,望着草坪那边那些身穿条纹衣裤、四处走动的病人。草坪的边上站着几个身强力壮的监护医生,他们聊着天,有的抽着烟,不时朝草坪扫上一眼。

有个病人像顽童似的在围墙下爬来爬去。他发现了一个小孔,想从这个简直容纳不了他的一只拳头的小孔钻出墙去,这时,草坪边传来的一个喝声制止了他:"323,回草坪去!"其中一个监护医生对他喊道。这个计划没有得逞的老顽童一脸沮丧地往回走,走着走着,突然高兴起来,在穿过小花园时,竟沿着小石径又蹦又跳。他在经过呆坐在喷水池边的谢东的时候,冲他做了一个鬼脸:"玫瑰花,舞会开始了吗?"我听见他这么问了谢东一句。

"这就是我的当事人的世界,"律师的目光从谢东身上移开,说,"一个无知无觉的世界,一个按照疯狂的逻辑构成的极乐世界。据说疯人都很快乐,无忧无虑,因为疯狂已使他们从'欲望'这个人类之轭下解脱了……不过,你看,谢东却像一尊木雕。他在理智上已经瘫痪了……这比极刑甚至还要残忍。两个冤魂在地底下诅咒他的名字。作恶者必得报应。我从八年来的律师生涯里得出了这个结论……可是,律师的责任在于尽可能地维护当事人的利益,这样也可能减少法律条文在运用时的偏颇……那时,从拘留所出来以后,我就决定,先且绕开谢东,尽可能在那些与本案多少有些关联的人物那里了解情况。于是,次日一早,我就去找谢东的祖母。她在中心医院住院。谢东被拘捕的时候,她昏厥了,在医院里躺了两天两夜。她一醒来,哭了一场。不过,她是一个意志如铁的老婆子,清醒地意识到孙儿的结局,她一边哭,一边给我拨电话,请我做她孙儿的辩护律师。我已去过医院两次。"

律师在一把漆成白色的靠背椅上坐着。他在这间狭小的女病房里已经坐了两个钟头。老太婆躺在病床的斜面上,埋在皱纹堆里的那双眼睛发出凄凉的光亮,落在律师身上。

"律师,他会被判死刑吗?"老太婆老是缠着这个问题。

"这说不准。"律师耐心地说,"法庭合议以后会有一个判决,当然,还可以上诉……不过,您请我来,不正是为了避免一个最坏的结果吗?……我们得搜罗那些对他有利的证词——您瞧,我们手头上的材料真少得可怜!"

"那么,律师,怎样才不被判死刑呢?"老太婆有点绝望地问。

"要是能证实这是由神智错乱导致的一起误杀的话——"

"神智错乱? 误杀?"

"是这样。"律师接着说,"谢东那时处在神智错乱中,被幻觉驱使,扣动了扳机——我们要证实的就是这一点:神经错乱。"

"那他就会被宽大吗?"

"可能。"他说,又补了一句:"最好的结果甚至是——免刑。"

"您先回答几个问题。"律师避开老太婆急切的眼光,摊开本子,对她说,"第一,您的孙儿和死者认识吗?"

"我……我不知道……我没见过照片上的这个人……小东从来就不和别人交往,认识的人少……我想他们不认识的——"

"可他硬说'认识'——大概是疯话吧,"律师说,"这对他不利啊!……您到庭作证的时候,这么回答就行了。"

老太婆点了点头。"他们不认识。"她说。

"第二,"律师接着问道,"案发的那天早晨,您不在家,是吗?"

"当时,我出门了……我去医院请医生,医院的值班护士可以作证……医生不在……我回家了,走到离家只有十几米远的地方,突然听到家里传来一声枪响,声音很大,我赶紧冲进去,一连穿过三个房门……小东端着枪,呆呆地站在窗前……他往后一晃,倒在地板上了……"

"好的。"律师边作记录,边说,"第三,谢东的病是从何时开始的?"

"那是雨季的头一天,"老太婆回忆道,"那个傍晚,他淋了大雨回来,着凉了,病倒了,病了两个星期……中间有一天,他去上班了……他不爱惜身体!……回家后,病得更重了,老说胡话,脑门热得烫手,直到……直到三天前……"

这些就是这位祖母所能提供的所有细节了。"您若再记起什么的话,就打电话通知我。我会来的。"律师离开病房前,对她说。

老太婆又重复了那些恳求。

"希望您能早点出院。"

"我会的。"老太婆说,"我要到庭作证。"

律师走下中心医院湿漉漉的台阶时,突然产生了一种预感,仿佛他是在松散的沙地上搭建一座堡垒。老太婆提供的情况少得可怜,她和别人知道的一样少。"那位医生的一张诊断证明,才是这座堡垒的稳固基石,"律师一边走,一边想,"而且,是唯一的基石。也许这位医生才是谢东的唯一一根稻草呢!"

这位医生住在几条街外。律师走进去的时候,他正在帮一个邻居小女孩往一只受伤的鸽子的脚上缠纱布。小女孩望了一眼进来的人,抱起裹好伤脚的鸽子,走了出去。

医生对律师的来访感到吃惊。律师向他说明,他诊治过的一个病人,几天以前杀了人。

"这与我有什么关系吗?"医生从椅子上站起来。

"您误解了。"律师笑着说道,"您和我一样,与这起凶杀案没有一丝半毫的联系,既不是帮凶,也不是被害者——可是,却又被一些无形的线牵进了这起血案里,您也许是一个旁观者吧,准确地说,是一个证人,重要的证人。想想吧,您的一句证词就能救一个人的命,正如您从手术台上救活一个垂危者一样。"

"我能做点什么呢?"

"您能描述一下,谢东,也就是那个杀人者,您的病人,住在林荫路七号的那个小伙子,当时的病情吗?"

医生努力地回忆着,眼前渐渐浮现出了一个老太婆的臃肿的身影,他在雨中随着这个影子一连走过了三条街道,走进一间满是潮气和姜汤味的屋子。那个名叫谢东的病人躺在床上,听到开门的声音,惊恐地瞪大了眼睛。

"他……他那时病得不轻,发着高烧,脑门上尽是汗……"

"您能断定他那时已处在神智模糊甚至混乱的状态吗?"

"我不能肯定。"医生诚实地回答,"当时,只作了例行的检查……一般说来,持续高烧会引起大脑神经系统的紊乱。"

"有当时的出诊单吗?"律师问。

"有的。"

"能看一下吗?"

"我想能的。"

整个上午,律师就是在这类谈话中度过的。他努力捕捉着一些关键的细节,想把它们像钉蝴蝶标本一样钉在他的辩护词里,可是,这些细节总不时地从钉子上脱落下来。

"还有一些秘密藏在谢东的脑袋里。"律师重新走上细雨中的街道时,这样想着,"是的,那里面藏着一些重要的细节……我这就去拘留所。"

律师在一条街的拐角,一家食品店里,买了两块面包,几片火腿,还有一杯热牛奶,依着柜台吃了起来。门外仍下着小雨。几个行人站在食品店的台阶上躲雨,其中一个展开一张小报。几个脑袋聚在一起。"这家伙,他用的是大口径的双筒猎枪呢!"其中一个说道。"足可以一枪打死一头牛。简直是一个疯子。"另一个说。"会判死刑吗?""那还用问!"

律师撑开雨伞,走下台阶,沿着污水横流的街道往前走着。他在律师事务所干了整整八年。三年以前,他曾成功地为一起闹得满城风雨的案子出庭辩护。他的那些同事一致认为这起案子是没有任何胜诉的可能的,而他居然打赢了,为他的当事人追回了四百万现金。这使他在该城一时间确立了大律师的名声。当然,他也同时受到败诉一方的非议,说他"以雄辩之舌替罪犯开脱"。这些流传的非议使他颇为伤感。他在骨子里是个善人,从不忍心看到败诉的一方遭受的苦难,哪怕这种苦难是罪有应得的。"也许从一开始,我就选择了一个错误的职业。"盛誉下的律师居然这么想。

他在沉思中接连走过了几条街道。雨渐渐小起来了。他在十字街口的一个拐角停了下来,看着海报柱,留心上面的每条消息。雨水早把那些彩色海报淋了个透湿,颜料被冲刷下来,顺着柱子流到街沟里,倒像一滩鲜血。

他继续往前走着。前面就是拘留所。他在三角岗亭的小窗口前亮了一下证件。一只白手套在窗口朝他挥了一下,示意让他进去。

看守打开谢东的拘室。躺在床上的谢东被开铁锁的嘈杂声惊醒,恐惧地从床板上撑起半个身子。

看守低声对律师说了一句话,关上铁门,走开了。律师坐在昨天坐过的那张木凳子上,把伞搁在脚边。

"你怎么样?好点了吗?"律师问道。

谢东从床板上下来,慢腾腾地坐到律师的对面。他的整个表情显得有点呆痴,可不时会有一种恐栗疾速掠过他的整个呆钝的面孔,这时,他的嘴角就神经质地扯动着。

律师知道昨天警医已经给他的当事人服了镇静剂。他仔细地观察着,想从这个已经屈服下来的罪犯身上看出某种合作的可能。"我倒像是法官,而不是他的律师。"律师自嘲地暗想,一边在桌面上摊开律师包,取出一些东西。

"谢东,"律师低声地说,"我是你的辩护律师,你应该相信我,我会尽可能地帮你的忙……现在,你瞧,你所提供的材料不仅少得可怜,而且对你并不怎么有利……所以,我想让你从头至尾尽可能详细地回忆一下整个事件的经过,不要遗漏什么——"

"我会死吗?"谢东蓦地抬起眼睛,望着律师。

律师没有立刻回答这句问话。

谢东的眼睛里立刻闪出一种绝望的神情,他从律师的沉默中仿佛看到自己被推到一堵厚厚的土墙前,上面布满了弹孔,一只手枪紧紧顶住他的后背,靠近心脏的地方,扳机扣动了,一颗灼热的枪子钻进了他的后背,把心脏打了个洞,接着从前胸飞出去了……这种恐怖的幻觉使他再次抬起头来,哀求地望着眼前这位冷静的律师。

"救救我,律师,我会被……被枪毙的……"他的双手一下抓住了律师的袖口,摇得律师的双手直晃。

"谢东,我们暂时不要在这个问题上花时间,"律师考虑片刻以后,以冷静的口吻这样说,"假若你不想……不想死的话,我们现在唯一可以做的,就是找出整个案情里有利于你的那些方面,这在量刑的时候会适当减轻你的惩罚……但我不能保证,因为眼下掌握的材料太少了,而且不容易被证实……当然,这件案子里有一些不可理解的成分,一些常理无法解释的成分,也许只是偶然性在起作用……——好吧,现在,我们回到昨天的一个问题上:你和被害人是什么时候及在什么地方认识的?"

谢东垂下脑袋,脑门差一点碰着桌面。搁在膝盖上的双手在颤抖着。他的脑际迅速掠过小槐树林的一幕,可他又极力把它赶回记忆中去。

"我……我不认识他。"他嗫嚅着说。

"这就怪了——你昨天还说你们认识。"律师的笔在白纸上停下来,威严的目光直逼谢东怯懦而又躲闪的双眼,"谢东,"他说,语气显出一种不可抗拒的力量,"要是你尽对我说些出尔反尔的话,那我对你的案子也只好爱莫能助了。"

"我真的……真的不认识……他。"谢东脑中像蜂箱似的嗡嗡直响,混乱不堪,可他几乎是本能地抱定了一点,那就是不能承认曾经见过那个人。他在恐惧中隐约地意识到,一旦承认他和被害人相识的话,那就会引向铁路边的那次杀人,一次没有成功的杀人。他第二次才在草坪上把他杀死。而他因此被捕了。

"哦?是吗?"律师在桌子上摊开双手,带点讥讽的语气问道,"你难道不想再看一看他的照片?他躺在草坪上,眼睛睁大着,望着天空……"

谢东摇了摇头。他害怕再看到那副可怕的面孔,它每天晚上都在他的梦境里出没。

"我不认识他……不认识……"他断断续续地说。

"那你向他扣动扳机的时候,是不是还以为是在瞄准一只偶然穿过草坪的野猫,或者在草坪上觅食的麻雀呢?……"律师几乎笑了起来,又迅疾转为严肃的神情,问道,"你为什么杀他,我的意思是说,基于什么动机?"

"我……我不知道,我讨厌他……"谢东啜嚅着,声音很低,刚一出口,又停住了。

"这是杀掉一个陌生人的全部理由吗?"律师有点不耐烦地问。

谢东垂下了头,不吭一声。

"这个家伙,"律师在心里说道,"不是神经真有问题,就是狡猾透顶……真是我见过的最难对付的当事人。听听,'对付我的当事人'——他还以为我要害他呢……"

"或许你真的不认识他,"律师接着说道,"可因为这么一个微不足道的原因杀人,法庭不会那么宽容你的……诉状上写明你和死者并不相识,这和你的说话一样;有一位证人,你的那位老邻居,也能证实你曾出口伤人……"律师一边说着,一边从凳子上站起来,在房间里来回踱着,这是他的思考习惯,"——现在唯一对你或许有利的证词,我的意思是说,我们可以从中找到一些有利成分的证词,仅有一份,那是中心医院那位医生的证词,他曾给你看过病。你还记得吗?"——他朝谢东瞥了一眼,谢东畏惧地点点头——"他在证词中说你那时——那几天中——一直处在高烧状态,可是,这位谨慎的医生又在下面一行指出:他不能肯定,患者那时已显出明显的神智错乱的征兆。——你瞧,所有这些细节最终可以归为一点:你的杀人动机,或者,如果没有动机的话,是否可以找到'神智错乱'的证据。"

"神智错乱……"

"对,神智错乱。"律师说,"要是这项证词成立,那么,你会得到法庭的宽容。这是你可能得到的最好结果……当然,这得证实你那时确实处在神智错乱的谵妄状态,并在这种状态下开了枪……你看,医生的证词以及那些目击者的证词——例如你的祖母,你的那位老邻居——多么重要!"

谢东低头不语。律师的话像在他黑沉沉的脑壳里突然凿开了一个小孔,一缕光线透了进来,他所有的思绪全都扑向这缕救命星似的光线,就像在夏夜里,田野的飞蛾从四面八方涌向一盏诱惑的油灯……"这么说,我不会死。"他这么想,"可是,神智错乱……"

"另外,你自己的描述,"律师的目光再次落在谢东身上,看到他正出神地想着什么,于是提高嗓音,接着说,"你自己的描述——我想法庭会让你描述一下案发以前的一些情形——对于你的案子,也很关键……现在,你向我描述一下星期三以前,也就是案子发生的那一天以前,你都做了些什么……一直都躺在床上吗?"

谢东点了点头。他几乎本能地意识到:他要尽量地少说,语言里有众多的陷阱……不过,眼前这个人是不会给他设陷阱的,他是他的律师,这就是说,有一根无形的共同利益的绳将他和他连在一起。他必须从律师的话中测出一个限度,他对自己的描述便在这个限度内。

"你是从什么时候开始病的?"

"我记不清了,好像是……"

"你的祖母肯定地说是在雨季的第一天,那个傍晚。"

"是的,我记起来了。"

"是因为淋雨了吗?"

谢东点了点头。

"那你为什么不躲躲雨呢?"律师刚提出这个问题,又自嘲道,"见鬼,那是雨季,没完没了的雨,躲不开的。"——"我的意思是,"律师说,"你离开工厂大门时,是五点半,门卫证实了这一点。这是下班的时间。你到家的时间是七点。这中间有一个半小时。而平时,你顶多花半个小时就能走完这段路程。剩下的那一个小时……"

"我躲雨了。"

"你的祖母说,你是淋着雨回家的。"

"我躲了一会儿,大概有一个钟头吧……后来,我觉得雨不会停了,就走进了雨中。"

"在哪儿躲雨?"

"宽街的那个大车棚下……那儿有很多人躲雨……"谢东的眼前浮现出宽街的影子,他在这个影子里寻找着一个合理的避雨点,最后选中了这个街边大车棚,几个月前,那场突如其来的冰雹落下来时,他就是在这儿躲避的,他仍记得那些豌豆粒般大的雹子砸在棚顶上发出的声音,这声音又在他耳畔回荡着。

这样,谢东生命中最震惊的一个小时,就在描述中被改写了,被隐去了。

律师又问了一些其他问题。最后,他收起材料,站起身来。在等着看守替他打开铁门时,他回过头来,对谢东说:"对了,我通知你,庭审定在下星期五。我们还有一些时间查找证据,研究诉讼状……庭审的时候,你要尽可能地保持沉默。我会替你回答问题的。记住,如果法官问你问题,你就按照我们商量好的去说,尽量少说。"

"那个星期里,为了找到更多有利的证据,我几乎跑遍了所有与这案子哪怕沾点边儿的人。"两年以后律师对我回忆说,"……我还去拜访了一位有名的精神分析医生,这位满头白发的教授把谢东的'突然爆发'解释为'儿时起郁积起来的某种情结突然受到外界的刺激而宣泄出来'……到了庭审的前一天,就我掌握的材料而言,我有七成的把握打赢这场官司。"

这个星期对于身陷囹圄的谢东来说,只是一些恐怖的昼和夜。律师来的时候,他才感到这种恐惧以及伴随恐惧而来的胡思乱想有所减轻。可是,律师一走,孤独以及某种要比孤独更可怕的东西,来自自身的某种东西——想象,就在他的七平方米的小囚室里,幻生出一幅幅恐怖的场景,有时突然掠过他的梦境;一会儿是蒿草丛生的刑场,他被推到一堆厚土墙前,枪声一响,枪子射入他的胸膛,他栽倒在那个刚刚为他挖好的坑里;一会儿是高墙环绕的精神病院,他的那些疯狂的病友在夜里袭击他,像狼一样扑了过来,用牙齿咬断了他的喉咙,他淌着血,最后抬起虚弱的头,望了一眼那个还在嚼着他的喉骨的人,竟是那个穿白衬衫的巨人……

有时,当恐惧感短暂地休憩的时候,他就想起了他的祖母,他不明白她为什么不来看他。"她一定是病了!"谢东这样想着,眼泪滚落下来,"可怜的奶奶!……"下一次律师来的时候,谢东向他问起祖母的情况。律师向他说明除了律师以及办案人员,其他人不被特许不能进来。"再说,"他补充道,"你的祖母受了刺激,在医院里……不过,不要紧……昨天我去看她的时候,她已经能够下床走动了……她想出庭作证。"律师边说边把随身带来的一个布包递给神情沮丧的谢东,"这是你的祖母托我带给你的几件内衣,另外还有一些吃食。"律师说,"看守已经检查过了。"

8

看守打开铁门。谢东夹在两名持枪的法警中间,走上小拘留室的台阶。他们沿着狭长走廊往前走着。

看守接着打开最后那道铁门。一股湿润而又清鲜的空气扑了下来。谢东觉得脑袋里那个又痛又硬的肺块顿时溶化了,神清气爽,在这一瞬间,他突然觉得这个世界很美,可惜,以前,他并不怎么留意。

拘留所的院子里停着一辆囚车。两个警察靠在车门上,正吸着烟。囚车的后门敞开着,正对着拘留室的大铁门。谢东走出铁门。

押送谢东的那两个法警在拘留所看守递过来的一个大本子上匆草地签了名字,然后押着谢东走下台阶,把他推进囚车后,锁上了车门。他们自己也随即钻进了驾驶室。

囚车缓缓驶过院坪,穿过刚被哨兵打开的大铁门,拐了个弯,上了街道。一到街上,车速就快起来了。此刻街上行人车辆显得有点拥挤。囚车打开警笛。尖利刺耳的笛声在街道上响起。路边的行人纷纷把目光投了过来。

谢东的眼前闪过无数像画面一样疾速向后飞去的街景,这些熟悉的一景一物,不能不在他的内心唤起某种对于自由的模糊的回忆和热切的向往。现在,他在三个陌生的执法人员中,乘着一辆窄小的囚车,驶往那个正等待着他的法庭……而此后呢,生死未卜。一些阴暗的想法像蒙太奇似地重叠在车窗外一闪而过的街景上,使得这些自由的街景也染上了一层阴暗的色调,渐渐模糊起来。警笛的呼啸一阵一阵刺进他的心里。一刻钟前的那种莫名的轻松,那种因吸进了雨后清新的空气而有的轻松,也像飞逝的街景一样消失了,脑袋重又感到昏沉沉的,痛得像被无数的针扎着。到了后来,他干脆把脑门靠在手腕上的手铐上,陷入一种昏然的状态,在这种状态中,他只感到了自己的模糊的存在,仿佛脱窍的灵魂在观望着下坠的肉身,而其他的一切,街景,囚车,警察的后背,等待着他的法庭,路边的行人,以及整个城市,都像梦一样远去了,似乎这一切于他已经毫无意义。只是囚车驶过街上的沟坎的时候,车身猛地颠簸几下,这才把他从沉钝的状态中骤然间拉回现实。

　　囚车在一座旧式建筑前停住了。这是该城中级法院的法庭。这座建筑的风格,以及墙面上残留的上个时代用白浆刷的标语,说明不久以前它还是一座用于集会的礼堂。台阶顶上的平台,那些大石柱间,站满了人。看到囚车驶来,他们的目光全都洒了过来。有几个报社记者模样的人匆匆走下台阶,想抢一些消息。警察挡住了他们。谢东望了一眼这座高大的建筑以及那些朝他奔来的陌生人,垂下了头。法警把他押到礼堂原来的小休息室,让他坐在一条长椅上。休息室的窗子全都拉上了厚绒布做的窗帘,透不进一点儿阳光。门关上后,屋子里暗了下来。一个法警提议抽一支烟,他的伙伴欣然接受了。谢东望着他们背靠着门,用火柴点燃了烟,抽了起来,烟头的红火光一闪一闪的。

　　小休息室的内侧有一道小门,通向审判庭。谢东隐隐听到一些嘈杂的声音透过门缝传了进来,好像有人在低声交谈,或者搬动着椅子。

　　谢东从来没有见过法庭,也不知道自己将有一天会以这种奇特的身份光临法庭,成为所有目光的中心。这个法庭难道不是为他准备的吗?这些想法让他有些胆怯。他的脑袋隐隐作痛,昏昏沉沉;后来,他想抽支烟,可他不敢找法警要,慢慢地,想抽烟这种欲望也没有了。有那么一会儿,他真想快一点开庭,这样能早一点回到拘留所,在床板上睡一觉。他感到自己腰酸背痛,难受极了。

　　半个钟头就这样过去了。这时,审判庭那边有人敲了敲小休息室的小门。一个法警在地上踩熄烟头以后,走了过去,打开门。来人朝小休息室里望了一眼,并不进来,在门口向法警低语了几句,转身走开了。

　　这时,那边传来法官洪亮的声音:"传被告到庭。"

　　谢东走在两名法警的中间,走出小休息室。在昏暗中呆了那么久,一到审判庭的耀眼的灯光下,谢东顿时觉得眼前白花花的一片。渐渐地,他的眼睛适应了,整个法庭在他眼中有了一个大致的轮廓。他的目光有一阵子落在旁听席上,那儿坐满了人,他从里面认出了几位邻居,还有工厂里的几位同事。他有点发窘。可他没有找到他的祖母。他朝整个旁听席望过去,不时遇到一张似曾相识的面孔。在这些熟悉的目光前,谢东赶紧垂下了头。

　　法警一直把他带到法庭的中央,让他站在一个马蹄形的木栏后面。这时,从律师席上站起一位身着西服的高个子律师,朝被告席走来,谢东这才认出是他的律师,可又觉得他的个头好像比平时高。律师压低嗓音,对他说了几句交待的话。谢东一句也没听明白。他的脑袋嗡嗡直响。他总觉得屋顶那盏水银灯的强光过于刺眼,那些浮在眼前的面孔又是那么遥远,那么陌生,而这些人,将要决定他的命运。

审判长宣布开庭。检察长从席位上站起来,戴上眼镜,开始念起诉书。他是一位五十多岁的矮个子男人,脸上很瘦,制服显得过于宽松。他的语调带点方言的味道,这使一篇枯燥的起诉书听来充满起伏的色调。整个法庭异常寂静。对于诉状内容早已熟谙于心的法官们静静等着这一法律程序的结束,这和旁听席上那些听众的反应不同,他们几乎是以贪婪的神情听着起诉书的每一个字,猜测它的含义,推测这些充满暗示色彩的文字将使被告——他们的一个熟人,或者一面之交的人——面临怎样的结局。

谢东站在被告席上,觉得这些好像与他无关似的。话音从检察长一张一合的嘴里传出来,可谢东并不明白它的意义。他的脑袋痛得厉害,他希望检察长的嗓音低一点。有段时间,他恍恍惚惚地不知自己身处何处,眼光偶尔落在前面一排桌子上的小木牌上,才回过一点神,意识到这个法庭正在审判他,这些陌生人组成这个法庭就是为了他,谢东,这个一向受人忽视的人。这个意识起初使他有点不知所措,因为他一生中从来就没有遇到过这么大的一个场面,而他——这个曾被父母遗弃的人,曾被人们当做怪人一样避而远之的人——居然成了这个场面的主角。这些隐约的想法在他脑际像雾一样飘过,他的内心涌起某种类似骄傲的情绪。这种感觉他以前从来就没有过,这种甜蜜的感觉在他内心滋生、浸润,在这时候,他又觉得整个法庭也有一些可爱之处。他注意到高处的一个气窗映出一小块蓝色的天空,一只燕子在它上面掠过。"他们为什么要开灯呢?外面很亮啊……"他不大理解地想着,蓦地,听到有人叫他的名字,他惊讶得循声望去,检察长还在念起诉书,"谢东"的名字在他的嘴里出现了好几次,名字前都添了一个"被告"。这个时候,谢东知道了,检察长手上的那几页纸是关于他的。

检察长念完长达三页的起诉书后,松了口气,坐了下来,掏出手绢,擦了一下帽檐下的"汗珠"——那儿根本就没有什么"汗珠",这是他的一个习惯性动作。

法庭这时出现一阵为时极短的沉寂。

"被告,"审判长突然大声说,"你被指控蓄意杀人。"

谢东抬起头来,他不知道审判长是不是在向他说话。他有点胆怯地把目光转向他的律师。律师已经站起来了。

"审判长,审判员,各位陪审员,"律师站起来,洪亮的嗓音在法庭里回荡着,"'蓄意'一词没有根据,因为死者生前与被告并不相识,这一点,甚至连死者的家属也证实了。"

"反驳成立。"审判长说。

"我想向被告提一个问题。"检察长站起身来,冷静地说。

"准许。"审判长说。

"被告,"检察长把眼光投向被告席,"据我所知,你不是在枪杀死者的那一瞬间上的子弹。子弹是在凶案发生前的五天或者六天上膛的。那么,是不是可以说,你在五天或者六天以前,就作了准备?"

"我反对公诉人以这种方式诱导我的当事人。"律师大声说。

"反对不能成立。"审判长说,"——公诉人可以提问。"

"被告,"检察长盯着谢东的眼睛,再次问道,"既然你在案发的数天以前就做好了准备,显然,你和死者以前认识——假若我们并不具备超验的预见能力,那么,我们就不可能去为一个偶然经过窗前、素不相识的人做什么准备。"他说后一句话时,脸稍稍转向旁听席,仿佛这话是说给他们听的。

谢东感到所有的目光都落在了他的身上,他感到眼前白晃晃的一片,头脑昏沉沉的,他扶了一下围栏。

"我的当事人的神经当时受了极大的损伤,"律师说道,"他至今仍没有完全恢复过来——我想,不能逼迫一个神经紊乱的人回答什么问题。作为他的辩护律师,我要提醒一下公诉人,我的当事人的猎枪早已经过登记,他有公安局签发的持枪证,也就是说,我的当事人持有这支老式双筒猎枪是合法的,这是问题的核心。至于他上不上子弹,何时上子弹,那是他的自由——我看不出从他上子弹这个行为就必然推出他预谋杀人。难道,"他提高嗓音说,"假若一个人用菜刀杀了人,那么,按照这种逻辑,是否就能推断,这个人自买刀之时起,就成了一个杀人犯呢?"

"假若被告智力健全的话,那么,"检察长驳道,"他的杀人举动,肯定基于一个动机,这个动机如果不是仇恨或者财产,还会是什么呢?……遗憾的是,各种资料都能证实被告是个智力健全的人——尽管他上学时并不是一个优等生。"

谢东惊异地望着他们两个人,他不明白现在他们是不是还在谈自己,他弄不清刚才好像是他一个人的事现在怎么与他没有一点关系了。

"我不认为我的当事人是基于什么动机才杀人的,"律师反唇相讥地说,"是的,没有动机!但和公诉人所说的智力不健全这个假设不同——我的当事人当时处在神智错乱的状态,我不妨说,那时,他处在精神崩溃的时刻,他在那一瞬间的杀人行为只能被理解为误杀,而非蓄意谋杀。"

"有证据吗?"审判长问。

"我的当事人的祖母可以出庭作证。"

"好的。"审判长说,"传她到庭。"

右侧墙壁上的一扇小门打开了。老太婆提着小脚,走了出来。谢东一下子看到了祖母,差一点哭起来。老太婆用既坚定又慈爱的目光望了孙儿一眼。这目光像安魂曲一样,使他乱哄哄的脑子静了下来。

一个女法警把她引到证人席上。审判长照例问了她的姓名、年龄、住址、与被告的关系等问题。老太婆一一作答。

"那么,证人,"审判长说,"您能描述一下被告当时的病情吗?"

"好的。"老太婆说,顿时觉得所有的话全都涌到嘴边,竟不知怎么讲好,"当时,他已病了好几天了,高烧不退,老是说胡话,那情形,真和疯子一模一样,我真担心!……法官,他是一个好孩子,不爱说话,胆子小,平时连只活鸡都不敢杀……"

"证人,"审判长打断她的话,"请您主要描述被告当时的病情。"

"好的……他躺在床上,躺了整整两个星期……病得可不轻呢……"

这时,检察长站起来,用眼光瞥了一眼证人席,然后说:

"证人,你对被告病情的描述,就和任何患重感冒的人的症状一样。这个雨季患流感的人可真不少,可是,并不是每一个重感冒病人都去杀了人吧。您说呢?"

老太婆怔了一下,望着这个戴眼镜的小个子,不知道他是什么人,一时不知怎么回答。

"审判长,"律师立刻站起来,说,"公诉人使用了一个并不高明的三段论,可惜,他的小前提是虚假的。我的当事人和一般的流感患者除了共同的症状外,还有一些特殊症状,那就是持续的高烧导致的大脑神经紊乱。这里,特殊正是偶然的原因。"

"可是,还有另外一种解释。"检察长说,显出一种成竹在胸的气势,"根据被告的一位邻居的证词,被告曾经辱骂被害人,并在被害人尚无显示任何攻击倾向的时候,枪杀了他。可以传这位证人到庭作证。我想提请法庭注意,这位证人是凶杀案的唯一目击者,直接的目击者,他的证词应该受到最大的重视。"

那个老邮递员慢腾腾地走到证人席。老太婆走下证人席时,盯了那个老头一眼,接着叹了一口气。她不明白为什么她才说了几句话,就让她退下去。她原准备好好说上一通的。

"证人,你能证实公诉人刚才所说的话全属实吗?"审判长问。

"属实。"

"我想向这位证人提一个问题。"律师这时插言道,"请问证人,当时,被害人是不是朝我的当事人的窗子奔过来的?"

"是的。"

"很好。"律师说道,"那么,他想干什么呢?"

"可能是想……想教训一下我的那个邻居吧。"老头想了一下,回答。

"这就是攻击性,"律师像一下子抓到了什么似的,大声说,"是啊,攻击性!一旦一个神智错乱的人感到威胁逼近,这只会导致他更严重的恐惧感,而为了解除这种压迫他的全部神经的恐惧感,他就有可能做出出人意料的事。为了证实我的当事人当时的情形,我请求法庭传我的当事人的医生出庭作证。"

"准许。"审判长说。

"证人,"医生走到证人席上后,审判长说道,"你是被告的医生,你能描述一下被告当时的病情吗?"

"好的。我第二次去他家的时候,给他试过体温,高达四十一度。通常说来,这样持续的高烧会引起大脑功能的暂时紊乱。"

"你能不能肯定被告当时已经处在神智错乱的状态?"审判长问。

"我不能肯定……我只给他作了例行检查……当然,此后几天的病情也有可能发展……"

"你还有没有补充?"审判长又问。

"暂时没有。"医生如释重负地说。

"好吧。"审判长说。话音未落,检察长从席位上站起来,清了清嗓子,提高嗓音说:

"我想向证人提一个问题。"得到允许后,他接着说,"假若被告那时的确处在'神智错乱'的状态,而且,这是因高烧引起的,那么,请问:高烧是不是也会导致身体的虚弱?刚才一位证人不是提到被告一直'躺在床上',应该是这样吧?"

"我想是的。"医生点了点头,望着检察长那张皱纹密布的脸,一时想起了他还是医学院的大学生时,在解剖课上,教授切开一个颅骨,用手术刀指着颅内密集的回沟幽默地说:"这就是智慧呵!""是啊,"这位证人想着,"检察长一定也是个有智慧的人。"

"谢谢。你可以下去了。"检察长满意地说,"也就是说,被告一直都是躺在床上的。——那么,是什么使他一跃而起,奔向窗子呢?"他像是向整个法庭提出了这个问题。法庭里非常寂静,只有屋顶的横梁上几只从气窗飞进来的麻雀在旁若无人地聒噪着,把一些积尘拂落下来。审判长抖了抖厚厚的卷宗,不耐烦地仰头望了一眼高高的屋顶。"……再说,"检察长让他的第一个问题在法庭里停留了相当一段时间后,才自己再次打破寂静,说道,"法医的验尸报告写着:子弹击中心脏。请问,一个身体虚弱、神智错乱的病人,会有这么好的耐心去瞄一个移动的目标吗?……命中心脏,这就能够说明一切!"

检察长挥动了一下手臂,说完最后那句有力的话。他在旁听席那边传来的嗡嗡声中坐回检察长席,神态庄严,高傲,冷漠,宛如一尊正义之神。

"审判长,审判员,各位陪审员。"律师站了起来,他意识到他将陷入一场艰苦的辩论,现在,全场都在等待着他将为被告作出的辩护,他控制着自己的声音说,"难道验尸报告的'击中心脏'一句就能说明我的当事人是蓄意杀人吗?……难道这一切中没有偶然性吗?……我想说明的是:我的当事人一直处在神智错乱的谵妄状态,他被幻觉支使,才朝窗外一个想威胁他的目标开了一枪。案件发生以后的几天,他仍处在这种状态。我想医院的诊断书上已经写明了这些。"

"幻觉?"检察长站起来,目光扫了一眼大厅,威严地说,"幻觉,这是解释,还是开脱?……假若每种犯罪都假'幻觉'之名,那么,谁都可以在'幻觉'下犯罪,不必担心受到法律的制裁。"

"可是,在本案中,幻觉的确是真正的被告,而此刻站在被告席上的这位当事人,只是幻觉的工具。"

事后,这位律师对我回忆道,"那时,我凭直觉知道这个案子里有一些不可理解的成分,我指的是犯罪的潜在动机。这是一桩没有动机的犯罪,唯一的诱因倒好像是高烧产生的幻觉……我差一点就把'雨季'当做这桩谋杀案的真正凶手指给法庭……可是,您知道,这听起来多荒诞!……其实,有些犯罪只是意念的一时之差,没有什么'蓄意'的动机……当然,这不包括本案。本案只是对于一个'幻觉'的蓄意谋杀。"

法庭辩论仍在进行。检察长与辩护律师的论驳,已由本案延伸到了犯罪的一般情形。旁听席上开始出现一些小小的骚动,旁听者们的兴趣已经从辩论上移向被告本人。他们小声议论着。审判长以及陪审员们耐着性子听着他们冗长的争论,不时下意识地摸摸卷宗,或者在座位上扭动一下发僵的身体。书记员飞快地记录着。这是一个脸蛋红扑扑的青年,刚分来的大学生,他有点兴奋地几乎一字不漏地记下了检察长与律师之间的唇枪舌剑。

谢东站在被告席上,感到整个法庭好像抛弃了他。他的双腿有些酸痛,想坐一坐。他羡慕地望着前面那些木椅的宽大靠背,它们从审判者们的背后耸立起来,宛如一张张厚实的盾牌。

旁听席上的嗡嗡声有点儿大了。审判长于是敲了敲桌子,说道:"请旁听席保持肃静。"整个法庭立刻安静下来。"辩论继续。"他转向律师席,说,"不过,请主要就本案的情形进行辩护。"

"好的,审判长。"律师朝审判长点点头,又转过头来,朝整个法庭望了一眼,说,"法律对于事实的强调不应超过对于动机的强调……一般情形下,事实总是动机的实现……而在本案中,杀人动机是什么呢?……我想提请法庭注意这么一个事实,那就是,本案没有任何符合正常逻辑的动机,这仅仅是神智错乱导致的一个悲剧,一个不幸事件……这是一场不幸,一场无可挽回的不幸……难道还要以另外一场不幸来弥补这场不幸吗?"

律师说这几句话时,情绪有些激动。一位当时坐在旁听席上的女士两年以后对我描述那场法庭辩论时,说:"那时,律师的眼睑有点湿润了……当然,也有可能是天窗射下来的光线的缘故。"

"辩护律师刚才谈到'动机'这个微妙的问题,"检察长在律师留下的那片笼罩整个法庭的岑寂之中站了起来,抑扬顿挫地说,"或者,不如说,他一直在谈'动机'。那么,我们再来看看,被告是不是有某种潜在的杀人动机……"

书记员的记录上写着"我们"一词。我不知道这是笔误,还是检察长真的使用了"我们"这个集体名词,而使全法庭无意之中成了他的同盟。多年以后,当我抚卷沉思之际,我总感叹着语言的威力,而人在语言面前是无力的。语言是一张网,而人只是一些小飞虫。

"就这个人的成长过程来说,他的杀人行为不是不可以解释的。"检察长继续说,"他自幼父母离异,像个孤儿似的被抛弃了……后来,他的祖母接受了他,住在一起。他的祖母对他过分溺爱,这使他在两种极端的亲情之间失去了平衡……他只爱他的祖母,可想而知,那是一种狭隘到可怕的爱……他常被人欺侮,准确地说,他常感到周围的人都在欺侮他,他对这个世界抱有很深的敌意,这样说吧,他恨这个世界……"

谢东本被刚才的辩论吵得昏昏欲睡,可这时,他从被告席的围栏上抬起头来,仿佛一种力量吸住了他。他望着检察长那张严厉的面孔,一时间对它充满了好感。他觉得这个陌生人理解他,说出了他的感受,"而我的律师,"他嘀咕着,"却老是不着边际!……"

"是的,"检察长在长篇大论以后,又添了几句,"我要说,正是这些敌意的心理因素埋下了杀人动机这颗种子,这颗种子迟早要发芽的……现在,诸位已经看到,它已经结出苦果了。"说到这里,他停顿了片刻,目光像剑一样刺向被告席上的谢东,"对于这种仿佛天生的杀人犯,法律决不应该宽贷。"

谢东立即觉得所有的人都抛弃了他。他怀恨地望了一眼检察长,感到这股威严的目光正把他推向一个死角。旁听席上所有的目光都落在了他的脸上,他感觉到了它们的重量。他朝那片目光转了过去。那些眼睛纷纷避开他的目光。他觉得很奇怪。"这些人好像挺怕我……"他思忖着,"为什么呢?……"

坐在旁听席上的那位女士后来向我描述了当时的感受。"那时,"她说,"检察长的话音刚落,我们就有了一种预感,觉得被告毫无疑问要被判处死刑……我对各种各样的犯罪没有丝毫怜悯,可在那一瞬间,一当意识到这个人将被剥夺生命,我的目光就不自觉地投向他,没有仇恨,没有厌恶……也许甚至与此相反,带点怜悯……这时,被告朝旁听席望过来,我赶紧躲开他的目光……也许是害怕看到临死者绝望的无神的眼睛……也许是害怕被告从旁人眼中看到某种软弱的怜悯……反正,那时,我没有勇气去看他的眼睛,我在一个罪犯的目光前退却了……如果你曾去过屠宰场,目睹过屠牛,我想你会躲开临死的牛的哀怨的眼神的,这也一样……那时,我的眼前不知怎的浮现出另外一个场面:谢东被执法者推到一堵土墙前,脚前挖了一个深坑,一支枪管对准他的背部,枪声响了……这一声想象中的枪声差点使我呕吐起来……我感到喉咙里涌起一股又苦又涩的液体……"

整个审判庭里异常寂静。几只麻雀叽叽喳喳,飞进厅里,在横梁间嬉戏着。没有人去注意它们。审判长和陪审员们都在坐椅上坐直身子,所有的目光从被告身上转向他的律师。他孤独地站在律师席上。"在一场仿佛已成定局的审判中,辩护律师比他的当事人更像一个失败者。"两年以后,这位律师对我回忆当时的情形时说,"全场的目光,仿佛都在暗示我的辩护失败了,我突然感到我的当事人从我手中滑落了,从我的语言中滑落了,被检察长的语言紧紧地攫住,送往刑场。这是孤独而又忧伤的时刻。那些落在我的当事人身上的怜悯的目光,又落到了我的身上。他们在怜悯我!……我想说点什么,照例也该说点什么,但我知道,这只是一道法律程序了,我的语言不管多么有力,也只会无声地消失在那个气氛中,那个仿佛命定的判决里,无影无踪,仿佛只是一些例行的收尾工作,作为一个失败的律师的台阶……可我还是说了,尽管当时整个法庭都没有认真去听我最后的辩护……令人头痛的嗡嗡声以及审判席上那种似乎大功告成的轻松劲儿,让我难受极了!……"

"刚才公诉人谈到了我的当事人的成长岁月,"这律师激动地说,"我也想谈一谈这段抑郁的成长岁月,我得出来的结论却不一样……假若我们诉诸社会的良心,那么,我们是不是也会看到:社会,这个抽象物,不也对他——这个被遗弃者——抱有深刻的偏见吗?……他自出生之日起,脑门上就像被烙上了犯罪的痕迹,这就是公诉人称他为'天生的杀人犯'的原因……他在偏见织成的敌意网中长大,从小就感到了一种心理的压迫感。此刻,在这个法庭里坐着的所有的人,扪心自问一下,我们是不是曾经直接或者间接地促使了他走向犯罪?……是啊,我们生长在优裕的环境中,我们没有受过白眼,没有挨过饿,没有尝过一个被遗弃者的无处申诉的痛苦……当环境扭曲了一个心灵,然后这个心灵以变态的方式发泄他的仇恨的时候,为何我们不也去指责一下环境呢?……是的,法庭有权剥夺一个杀人犯的生命,可是,犯罪的根子并没有挖去,它就深藏在社会的肌体里……我的当事人处在被迫害的妄想中,他在受虐和施虐的极端间像被囚的野兽一样撞击着,压迫感在他内心深处不断沉淀着,压弯了他的每一根神经……我可以说,雨季的流感只是一个诱因,他的压迫感在高烧的刺激下,以变态的方式发泄出来……——这起误杀,只是神智错乱的时刻的一个不幸后果……我请求法庭给予宽大。"

他在一片嗡嗡声中坐回律师席,望着卷宗,沉默不语。

"这就是所谓的精神分析,一种新心理学?"检察长神态傲然地问。

审判长感到检察长话里的讥讽成分,委婉地提醒了一句。

"辩护律师,"审判长转向律师席,问,"你是不是还有补充?"

律师摇了摇头。所有的目光都从这个承认失败的动作里看到了被告的最终结局。律师的目光从桌面上缓缓抬起,落在他的当事人身上,那是一种无能为力的自责以及怜悯的目光。谢东凭本能一下子就抓住了这种目光所包含的可怕的意义。他不明白这个大厅里所有的人为何聚集在这里,他们仿佛与他没有任何关系,在辩论中,他们一直把他摆在一边,几乎忘记了他的存在,而在最后一刻,他却是唯一承担结果的人。

"被告,你有什么要说的吗?"审判长声音平和地问。

谢东蓦地转过头来。他大口大口地咽着口水,嘴巴张了几下,却没有说出什么。一阵可怕的痉挛掠过他的面孔。他感到极度的虚弱正在周身扩散开来,差一点栽倒在地上。他扶住了围栏。眼前浮起一片迷蒙的白光。那些金光闪闪的帽徽,或胖或瘦的面孔,还有高靠背椅,眼前的一切,都在这片模糊的白光里离得越来越远,仿佛不可企及。

在白光中,他看到了检察长那副瘦脸。他恨这个人。他的目光又落到律师脸上,他正垂头丧气地坐在那儿,等着事情快点结束。谢东几乎有点可怜他了。

审判长宣布暂时休庭。陪审员们退出。

人们都在等着。嗡嗡声越来越大。旁听席上的人仿佛已对本案不感兴趣。有一二回,那边甚至传来低低的笑声,原来有几个人正在谈论刚在本城上演的那出话剧,其中一位用"乌鸦"这个诨名影射某某女演员,逗得周围的人直乐。

旁听席一侧的门开了一下。进来一位迟到的记者。这时,一股风从尚未拉拢的门口吹了进来,穿过整个大厅,撞在对面的墙上,打了个旋儿。审判席上的一些纸片飞了起来,纷纷扬扬,撒在地上。一个法警赶忙弯腰去拾。

谢东的眼光在这些纷飞的纸片上游移着,嘴角掠过一个恶意的笑容,接着,又懊丧地垂下头。他的目光无意中落在脚尖前的一张照片上,那是一张四寸见方的头像。法警正要捡起来。谢东嘲弄似地问了一下站在身边的那个法警:"照片上这小子是谁?"法警笑了一下,本来不想回答这句疯话,可又觉得还是不要拒绝这个没几天好活的人的要求为好。"他是……"他用手指了指谢东,又在胸前比划了一下,做出瞄准的动作,低声说,"你忘了吗?……你一枪打在他的心脏上……真够准的!"法警又笑了笑。

一声可怕的吼叫从谢东的喉咙里冲了出来,传遍了整个大厅。"不是他!……我杀的不是这个人!……不是他!……你们、你们在陷害我!……不是他!……"他的嗓子像被突如其来的愤怒堵住了,他觉得在法庭的屋檐下有一个阴谋在悄悄地靠近自己,将他捕住,好置他于死地,他昂起头,神色凄凉地扫视了一下法庭的天顶,又低语道,"你们……你们怎么不明白呢?……我杀的只是一个影子……不是这个人!我不认识他……我杀的那个人埋在铁路边,那个小槐树林里……一个人怎么可能死二次呢?……"

整个审判庭都被这声吼叫以及随后的低声自语震惊了。他们的目光全都转向被告席,那儿,因愤怒和无告变得狂躁不安的谢东正用拳头砸着围栏,两个法警赶忙扭住了他的双臂,左边那个法警的胸脯上还挨了谢东的一拳,又奔过来一个法警,三个人好容易才把谢东制伏。他在三双有力的大手下面呻吟着,吼叫着。审判长让法警把他带出法庭,他一路喊着"阴谋!——阴谋啊!——",整个法庭一直回荡着这句绝望的喊叫。许多在场的人都不知道,在这笼罩一切的喊叫之下,还有另外一声喊叫,它被审判庭里这声喊叫盖住了——这是证人休息室里传来的一声微弱的喊叫,是被骤然传来的消息击倒在地的祖母发出的一声绝望的呻吟。

目睹这一场面的律师两年以后对我说:"那声可怕的吼叫使我猛地抬起头来,我看到我的当事人在激动中飞舞着拳头,三个法警才制伏他,他被带出审判庭的时候,一路喊着'阴谋!阴谋!'仿佛是整个法庭合伙陷害了他。他在最后一刻崩溃了,真的崩溃了……不是因为对于死刑的恐惧,而是对于'阴谋'的愤怒……说句实话,我们都被他欺骗了,被他的幻觉欺骗了……他的'阴谋'捉弄了我们,而他自己也在这个'阴谋'中毁灭了……在拘留所时,假若他看了被害人的照片,情形也许就不一样了……这是我的律师生涯里的一个败笔。"

9

天气晴朗。这是雨季以后持续的那些晴天中的一个。太阳的热力倾泻在潮湿的地面上。一股股又湿又热的潮气从地面上升腾起来。

四个警察、一名法医以及一名法官沿着铁轨走进了小槐树林。警察的手里拿着铁锹和铁锄。另外一个牵着一条警犬。

法医在空气中嗅着。"一股浓烈的腥味!"他后来对我回忆道,"怪难闻的。——不过,我倒是习惯了……可苦了那几个小伙子。"其他的人都用手绢捂住鼻子。法官说他差一点被从湿地里溢出来的血腥味熏晕过去。

槐树林里显得有些闷热。偶尔一阵清风吹进树林,这时,大家才隐约地嗅到一丝槐树叶的味儿。

他们在一个被挖得乱七八糟的大坑前站住了。坑里积满了水,一些虫子在水面游弋。

警犬却一个劲地往另一个方向蹿,惹得那个警察只得狠狠地勒住它。

"那个家伙曾在这里挖过尸体,"法医轻轻松松地说,瞥了一眼土坑,又瞥了一眼那只正紧张地在地上嗅着、用爪子刨着地的警犬,"可惜,那时,他太紧张了,天又那么暗,挖偏了一点儿……他大约记不清准确的地点了,是啊,那是雨季,一切都给冲得踪影全无了……他挖的只是一个巨大的蚁穴,雨水使它塌陷了……真正埋尸的地点在警犬的爪子下,它离这个蚁穴只有二米的距离……"

　　警察开始挖土,动作非常小心。法官和法医背靠着树干,一边吸着烟,聊着天,一边望着警察们干活。半个时辰以后,一具被水泡得肿肿的巨大的尸体被挖出来了。当他们用帆布担架将它抬出小槐树林的时候,跟在后面的法官呕吐起来,法医连忙让他服下了几粒药丸。

　　"假若谢东当时找到了这具尸体,"律师最后对我说,"那也许一切都成了疑案了。这具硕大无朋的尸体并未掀开那层薄土嗅着谢东的脚步寻觅而来……他只在谢东的幻觉中穿过整个城市,来到谢东的窗前,谢东于是朝这个'幻觉'开了枪……那个'幻觉'其实只是一个偶然路过的行人,在榕树下躲雨,不巧的是,他穿了白衬衫,而且碰巧个子很大……他听到草坪那边一扇窗子被鲁莽地推开了,一个讨厌鬼伸出头来,朝他直嚷,于是他奔过去,想教训他一顿……他的生命就停留在这个连他本人也莫名其妙的冲动上了……一颗大号的猎枪子弹打倒了他。"

10

　　精神病院位于这座城市的南端。几座到处装有铁栅的灰色建筑被顶部插有玻璃碎片的高墙围着。一扇巨大的铁门几乎终日紧闭。大铁门中间开着一扇小铁门。我和律师正从这个小铁门里走出去。当我最后一次回头望望那个两起凶杀案的当事人时,他还坐在白石砌成的喷水池边,嘴里低咕着一些毫无意义的片言只语。在他身后的远处,灰色建筑显出坚实的轮廓。

　　一个身材高大的老太婆与我们擦肩而过。她朝我们瞥了一眼。她的手里拎着一个篮子,与守门人打了一声招呼后,走进了小铁门。

　　"你没注意刚过去的是谁吗?"我从草坪那边收回目光的时候,律师低声对我说,我于是又朝身后望去,看见那个老妇人的臃肿的背影,她拎着篮子,迈着一双小脚,像只肥鹅似的朝草坪那边走去。"对,是她,"律师接着说,"医院准许病人家属每星期这个时候探望病人……不知怎的,她有点儿恨我,遇到我时,总是一声不吭,只是冷冷地望上一眼。"

　　"她恨这个世界。"我说。

1994年3月

后　　记

一本书的形成,就像一段旅程,旅行者沿途会获得许多人的帮助,其中一些为我所知,另一些则不为我所知,在此一并致谢。

但如果没有河南大学文学院耿占春教授的推荐、河南大学出版社总编辑张云鹏教授的盛意和责任编辑谢景和先生的敦促,本书是不可能成书的。我特别感谢他们。

感谢我的好友汪剑钊博士,他总是能及时给出一些正确的建议,这次也不例外。

感谢韩燕萍女士,她帮助我将部分旧作扫描成了电子版。

程　巍

2008 年 12 月